지식재산법의 이해

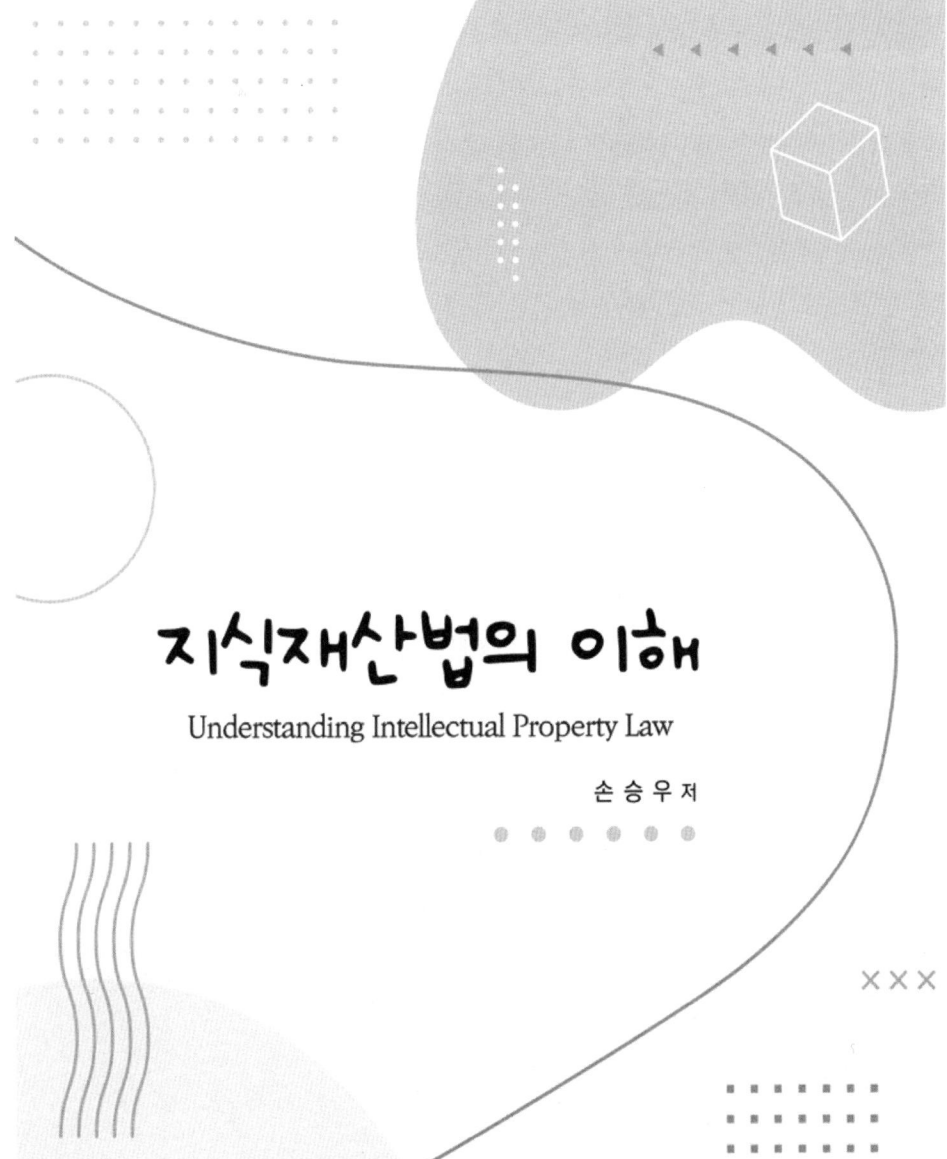

Understanding Intellectual Property Law

손승우 저

도서출판 동방문화사

들어가는 말

지식재산은 국가경제의 기초체력이자 우리가 당면한 위기를 극복하고 한반도를 넘어 대한민국의 기술·문화 영토의 확장을 이끌 유일한 요소라는 믿음으로 『지식재산법의 이해』를 출판한다.

세계 경제는 혁신적 기술과 창의적 아이디어가 부가가치의 핵심요소가 되는 지식기반 경제로 빠르게 변화하고 있다. 수많은 창의적 아이디어와 R&D 성과들이 새로운 비즈니스와 일자리를 창출한다. G7 국가에서 특허 건수 1%가 증가하면 1인당 GDP는 0.65% 증가하고, 고품질 특허를 보유할수록 더 높은 성장률과 양질의 일자리를 양산한다. 디지털 경제시대에서 경제성장 요소는 노동, 자본, 토지보다 기술과 지식재산이 중요한 요소로 여겨진다.

사회의 급변한 디지털화는 기업의 자산 비중에도 변화를 일으킨다. S&P 500 기업가치에서 지식재산을 포함한 무형자산의 비중은 90%를 넘어섰다. 작년 美 상무부 「지식재산과 미국경제」 보고서에 따르면, 지식재산의 집중적인 투입이 요구되는 '지식재산 집약산업'(2019년 기준)이 미국 내 경제활동(생산량)의 41%를 차지했고, 고용의 44%에 기여했다. 무형자산이 돈을 버는 시대가 된 것이다. 미국, 중국, 일본, 영국 등 과거 패권국들이 지식재산을 중시하는 이유를 분명히 알 수 있다.

새로운 산업환경은 지식재산 법제도에도 많은 변화를 일으켰다. 챗GPT의 등장으로 AI와 데이터의 중요성과 보호에 대한 요구가 커지고, 한류의 영향력 확대로 유명인의 초상・성명 등을 사용하는 제품・서비스가 다양해지면서 인격표지에 대한 보호의 필요성이 심화하였다. 2021년 12월 7일 「부정경쟁방지 및 영업비밀보호에 관한 법률」을 개정하여 데이터를 부정하게 사용하는 행위와 유명인의 초상・성명 등 인적 식별표지를 무단사용하는 행위를 각각 부정경쟁행위의 유형으로 신설하였다.

메타버스와 대체불가능토큰(NFT) 거래의 등장으로 크리에이터가 창작한 디지털콘텐츠가 가상공간에서 유통·소비되는 생태계가 만들어지면서 지식재산을 둘러싼 새로운 이슈들이 등장하였다. 현실세계를 가상공간으로 옮기는 과정에서 현실에 존재하는 저작물을 복제하게 되며, 이러한 활동을 획일적으로 침해로 취급하면 디지털콘텐츠나 가상현실(VR)과 같은 신기술 발전에 걸림돌이 된다. 2019년 11월 26일 개정 저작권법에 부수적 복제 등에 관한 조항(저작권법 제35조의3)을 신설했다. 그리고 2021년 3월 24일 「디자인보호법」을 개정하여 '화상디자인' 보호에 관한 새로운 전기를 마련하였다. 한편, AI 창작이 보편화하면서 AI가 작곡한 음악을 둘러싼 저작권 분쟁이 발생했지만, 기존 법제가 이를 포섭하지 못하는 현상도 등장하고 있다.

더 나아가 초격차 기술을 확보하고 지키려는 글로벌 경쟁이 심화하면서 '경제안보'가 국정아젠다가 되었다. 미국, 일본, 중국, EU 등은 경제안보 강화를 위한 법제 정비에 심혈을 기울이고 있다. 국내에서도 작년 2월에 「국가첨단전략산업법」을 제정하고, 「산업기술보호법」, 「중소기업기술보호법」, 「방산기술보호법」 등 기술보호 법제를 강화하는 추세이다. 이처럼 새로운 지식재산의 등장과 경제 패러다임의 변화는 한동안 계속될 것으로 전망된다.

이 책은 특허, 저작권, 상표, 디자인 분야 외에도 활발한 변화가 있었던 부정경쟁방지법과 기술보호법의 내용을 대폭 담았다. 부정경쟁행위 규제에 관한 별도의 장을 마련하여 13개 행위를 중심으로 주요 내용과 판례를 정리하였다.

이번 출간에서 판례와 조문 등의 내용을 꼼꼼하게 검토해 주고 조언을 아끼지 않은 권세진 교수님께 감사를 전한다. 동방문화사 조형근 사장님의 변함없는 관심과 독려는 이 책을 출간하는 데 가장 큰 힘이 되었다. 책의 구성과 디자인부터 출간에 이르기까지 궂은일을 맡아 좋은 책을 만들어 준 편집부에 진심으로 감사를 전한다.

2023년 정월, 손승우

목 차

서설

저작권

특허권과 실용신안권

상표권·디자인권

부정경쟁방지 및 영업비밀·산업기술 보호

Chapter 16 부정경쟁행위 규제

Chapter 17 영업비밀 보호

Chapter 18 산업기술 보호

그 밖의 지식재산권 및 국제적 보호

서설

Chapter 1 지식재산권이란?

Chapter 1 지식재산권이란?

웹3.0 시대에 메타버스, TikTok, YouTube 등의 이용자들은 단순한 콘텐츠 소비자가 아닌 크리에이터(콘텐츠 창작자)로서 활동한다. 만일 이용자가 유명 영화의 일부 장면을 패러디하여 콘텐츠를 제작하였다면 과연 저작권을 침해한 것일까? 인공지능이 렘브란트의 화풍을 모방하여 새로운 그림을 그렸다면 저작권으로 보호받을 수 있을까?

드론을 이용해 물품을 자동으로 배송하는 방법을 개발하였다면, 그리고 대학에서 암 연구를 위해 유전자 조작이 된 실험용 쥐를 만들었다면 지식재산권으로 보호받을 수 있을까? 디지털 시대에 핵심적 요소인 데이터는 어떠한 지식재산으로서 보호받는가? 영화 도입부에 들려오는 MGM 영화사의 사자 울음소리는 지식재산인가?

01. 지식재산권의 개념

지식재산권(Intellectual Property Rights)은 인간의 지식 활동의 성과로 얻어진 창작물에 대하여 부여되는 배타적 독점권이다. 발명이나 예술작품은 우리의 생활에 편리함을 제공해 주고 삶을 풍요롭게 해주는데, 그 이면에는 발명자나 창작자의 투자와 땀의 노력이 있었기 때문이다. 지식재산권법은 발명자와 창작자에게 특허권, 저작권, 상표권 등과 같은 독점배타적 권리라는 인센티브(incentives)를 제공함으로써 이들의 창작의욕을 고취시키고 궁극적으로는 과학기술과 문화의 발전을 도모하고 있다.[1)]

1) 미국 대통령으로서 유일한 특허권자였던 에이브러햄 링컨은 "특허는 천재의 불에 이익추구라는 연료를 붓는 것"이라고 말한 바 있다.

그렇다면 지식재산권법으로 보호되는 '지식재산'이란 무엇인가? 지식재산에 대한 법적 정의는 「지식재산 기본법」에 다음과 같이 정의되어 있다. "지식재산"이란 인간의 창조적 활동 또는 경험 등에 의하여 창출되거나 발견된 지식·정보·기술, 사상이나 감정의 표현, 영업이나 물건의 표시, 생물의 품종이나 유전자원(遺傳資源), 그 밖에 무형적인 것으로서 재산적 가치가 실현될 수 있는 것을 말한다.[2] 즉 지식재산권법은 이러한 지식재산을 보호하는 '법규의 총체'를 말한다. 지식재산권에는 특허권, 상표권, 디자인권, 저작권 등이 있으며, 특허법, 상표법, 디자인보호법, 저작권법 등이 각 권리의 실체적 면과 절차적 면을 개별적으로 규율하고 있다.

지식재산은 '무형의 재화'이므로 건물이나 자동차, 휴대폰과 같이 손으로 만질 수도 없고, 금고 안에 보관해 둘 수도 없다. 무형의 재화는 재생산을 위한 비용이 소요되지 않으므로 부가가치가 매우 높은 재화라고 할 수 있다. 특히 우리나라와 같이 자원의 불모지인 국가의 경쟁력은 기술개발과 창작과 같은 활동에 투자하는 정도에 따라 결정되므로 지식재산은 사람으로 비유하면 기초체력에 해당하는 국력이며 사람의 머리에서 캐는 무한한 자원이다.[3] 지식재산권은 이러한 연구와 창작 활동으로 만들어 낸 기술, 콘텐츠, 데이터 등을 보호하기 위하여 법률로써 부여한 권리이다.

지식재산권은 기업과 국가의 경쟁력과 직결된다. 그 이유는 지식재산이 혁신산업과 일체이며 산업정책과 따로 존재할 수 없기 때문이다. 연구개발(Research & Development, R&D) 성과물이 쓰임새가 없다면 아무리 많은 투자를 한들 무용지물이다. 기술에 대한 특허권을 획득하기 위해서는 '산업상 이용가능성', '신규성', '진보성'을 갖추어야 한다. 특허권은 새로운 혁신기술을, 저작권은 창의적인 창작물을 보호 대상으로 삼는다. 노벨경제학상을 수상한 폴 로머는 새로운 생산의 3대 요소로 사람, 아이디어, 재료를 제시하고 기술혁신과 지식재산

2) 지식재산 기본법 제3조(정의) 1호.
3) 우리나라는 미국, 유럽, 일본, 중국과 함께 특허 5대 강국(IP5)이다. IP5는 전 세계 90% 이상의 특허 출원을 하고 있으며 주요한 특허제도 개선을 주도하고 있다. 우리나라는 특허뿐만 아니라 문화콘텐츠 분야에서도 한류를 통해 세계를 이끌고 있다.

을 경제성장을 주도하는 제도로 언급하였다.

그럼 지식재산권자는 자신들의 노력과 투자에 대한 대가를 어떻게 보상받을 수 있을까? 지식재산은 지식재산권자가 독자적으로 사용하거나 다른 재화의 일부에 포함되어 활용되기도 한다. 즉 발명가나 예술가는 자신이 직접 수익을 창출하기도 하지만, 자신의 무형재화에 대한 권리를 타인이 이용하도록 하는 라이선스(license)계약을 체결하여 로열티 수익을 창출하거나 지식재산권 자체를 타인에게 양도하기도 한다. 또한, 지식재산권자는 타인이 지식재산권을 무단으로 이용하여 권리를 침해하는 경우 그 침해행위를 금지하고 발생한 손해에 대해 배상을 청구할 수도 있다.

그러나 하늘 아래 완전히 새로운 것이 없듯이 대부분의 지식재산은 선인들이 쌓아 놓은 지식과 문화유산에 대한 학습과 경험을 통해서 창출된 것이기 때문에 지식재산권은 일정한 공익성을 지닌 제한된 권리라고 할 수 있다. 또한, 특허권, 저작권 등 지식재산권은 발명과 창작을 증진시키는 역할을 주요하게 하지만 이것이 발명과 창작을 촉진시키는 유일한 수단은 아니다. 따라서 대부분의 지식재산권은 보호 기간이 한정되어 있으며 그 보호 기간이 만료되면 '만인의 공유(public domain)'가 되어 누구나 그것을 자유롭게 사용할 수 있다. 특허법, 상표법, 저작권법 등 지식재산권 관련 법률들은 이러한 공익성을 반영하고 있다.

이러한 점에서 지식재산권법의 근본적인 목적은 발명자나 창작자의 개인적 부의 창출이 아니라 과학기술과 문화의 향상발전을 통한 사회 전체의 부를 증진하는 것이다. 지식재산권은 반드시 공공정책과 부합하는 방향으로 행사되어야 하며, 지식재산권자가 권리를 남용하여 행사하는 경우에는 일정한 제재를 받을 수도 있다. 역사적으로 지식재산권과 관련된 구체적인 사례에서 권리자와 이용자 간에 이해관계의 충돌이 빈번하게 발생하며, 권리자의 독점을 견제하기 위한 카피레프트(copyleft) 운동이 탄생되기도 하였다. 따라서 지식재산권 정책은 지식재산권 보호와 공중의 이익 간에 정치한 균형을 유지하여 그 궁극적인 목적을 효과적으로 달성하는 것이 중요한 과제이다.

02. 지식재산권에는 어떤 종류가 있을까?

지식재산권은 크게 산업재산권, 저작권, 신지식재산권으로 나눌 수 있다. 우선 산업재산권은 산업에 널리 이용되는 상품 또는 서비스에 포함되는 무형의 재화로서 특허권, 실용신안권, 디자인권, 상표권이 여기에 속한다. 발명가가 자율주행에 관한 새로운 기술을 개발하였다면 특허등록을 통해 해당 기술에 대한 독점배타적 권리를 확보할 수 있다. 제품이 상품화되면 특허뿐만 아니라 상표나 디자인을 활용한 사업전략이 요구된다.

저작권은 인간의 사상이나 감정을 표현한 창작물에 대해 주어지는 배타적 권리로서 소설, 연극, 미술, 영화, 음악 등과 같이 문학·학술 또는 예술의 범주에 속하는 창작물과 함께 컴퓨터프로그램, 데이터베이스 등과 같은 기능적 저작물도 보호하고 있다.

한편, 경제 · 사회 또는 문화의 변화나 과학기술의 발전에 따라 새로운 분야에서 출현하는 지식재산이 있는데, 이를 '신지식재산'이라 한다. 신지식재산의 경우 그 보호의 필요성이 인정되면 기존의 법체계에서 포섭하거나 해당 지식재산의 특이성을 고려하여 새로운 법률을 제정하여 보호하기도 한다. 이처럼, 사회가 발전하면서 지식재산의 대상은 점차로 확대하고 있다. 새로운 지식재산을 보호하는 방식에는 저작권·특허권과 같이 '배타적 권리'를 부여하는 방식이 있고, 영업비밀과 같이 '부정경쟁원리'를 적용할 수도 있다. 그 밖에 행정적으로 정부 허가나 특별한 계약(예를 들면 유전자원의 접근과 이익공유에 대해 유전자원 제공자와 이용자 간에 상호합의조건(MAT) 체결이 요구됨) 등을 요구하는 방식으로 보호할 수 있다.

예를 들면, 고도의 기술에 적용되는 반도체칩의 배치설계에 대해서 기존의 특허법이나 저작권법으로 보호하기에는 충분하지 않아 「반도체집적회로의 배치설계에 관한 법률」을 제정하여 보호하는 경우라든지, 창작성이 없어 저작물로 보호받기 어려운 콘텐츠이지만 상당한 노력으로 제작되었다면 「콘텐츠산업 진흥법」에서 5년간의 보호를 하는 경우가 있다. 그리고 출처표시와 일정한 품질을 나타내는 기능을 갖는 지리적 표시를 지리적 표시 단체표장으로 상표법에서 이를 포섭하고 있다. 나아가 도메인이름, 영업비밀, 식물의 새로운 품종 등에 대해서도 지식재산권의 보호를 확대하고 있으며, 최근에는 전통지식, 유전자원, 생명자원, 그리고 타인의 성명이나 초상 등을 상업적으로 이용할 수 있는 권리인 퍼블리시티권(right of publicity) 등 새로운 유형의 지식재산에 대해서 보호 체계를 마련하고 있다. 또한, 4차 산업혁명시대의 상징인 인공지능(AI)이 스스로 창작한 것은 기존의 지식재산 관련 법률의 테두리 밖에 존재하나 그 보호가 필요한 영역에 놓여 있는 창작물이다.

지식재산의 보호 문제는 개별 국가에 따라 조금씩 다른 모습을 띠고 있으나 큰 틀에서는 유사한 모습을 보인다. 이는 FTA(Free Trade Agreement)와 같은 양자 간 협상이나 WTO/TRIPs 등과 같이 다수 국가가 참여하는 다자간 협상을 통하여 보호의 기준을 정하기 때문이다. 예를 들면, 2007년 타결된 한미 FTA에 따라 우리나라는 미국 영화제작사인 MGM의 영화 도입부에서 들려주는 사자울음 소리나 실이나 잉크에서 나는 향기와 같은 냄새에 대해서도 상표권으로 보호할 수 있도록 하였다. 또한, 2011.6.30. 한·EU FTA 이행을 위한 법률에서는 저작권의 보호기간을 저작자의 생애동안과 사후 50년이던 것을 20년간 더 연장하게 되었다. 또한, 지식재산권 보호에 관한 국제적 통일화 작업은 산업재산권에 관한 기본조약인 파리조약(1883), 저작권 보호에 관한 베른조약(1986), WIPO(세계지식재산권기구), WTO/TRIPs 등을 통하여 이루어지고 있다.

<지식재산권의 종류>

구분		보호 대상
저작권	저 작 권	인간의 사상이나 감정을 표현한 창작물(어문·영상·음악·미술·컴퓨터프로그램 등)(저작권법)
	저작인접권	저작물을 직접 창작한 자는 아니지만 실연자, 음반제작자, 방송사와 같이 저작물의 해석자 및 전달자로서 창작의 가치를 증진시키는 자들에게 주어지는 권리(실연·방송·음반)(저작권법)

산업재산권	특 허 권	자연법칙을 이용한 기술적 사상의 창작으로 고도한 것(산업상 이용가능성, 신규성, 진보성)(특허법)
	실용신안권	물품의 형상, 구조 또는 조합에 관한 고안(작은 발명, 개량발명)(산업상 이용가능성, 신규성, 진보성)(실용신안법)
	디자인보호권	물품의 형상・모양・색채 또는 이들을 결합한 것으로서 시각을 통하여 미감을 일으키게 하는 것(디자인보호법)
	상 표 권	나의 상품과 타인의 상품을 식별하기 위하여 사용되는 기호, 문자, 도형, 소리, 냄새, 입체적 형상, 홀로그램·동작 또는 색채 등으로 구성된 표시로서 상품의 출처를 나타내는 것(상표법)
기타 지식재산권	영업비밀	공공연히 알려져 있지 않고 독립된 경제적 가치를 가지는 것으로서 비밀로 관리된 생산방법, 판매방법 기타 영업활동에 유용한 기술상·경영상의 정보(부정경쟁방지 및 영업비밀 보호에 관한 법률)
	도메인이름	사용자의 입장에서 쉽게 이용할 수 있도록 숫자로 표현된 인터넷 주소 대신에 알파벳, 숫자 등 문자열로 나열된 주소(부정경쟁방지 및 영업비밀 보호에 관한 법률, 인터넷주소자원에 관한 법률)
	반도체집적회로배치설계	반도체집적회로를 제조하기 위하여 각종 회로소자 및 그들을 연결하는 도선을 평면적 또는 입체적으로 배치한 설계(반도체집적회로의 배치설계에 관한 법률)
	식물신품종	새로 육성된 식물품종을 각국이 공통의 기본적 원칙에 따라 보호하여 우수한 품종의 개발·유통을 촉진(느타리버섯, 영지버섯 등)(종자산업법)
	콘 텐 츠	상당한 노력으로 제작하여 일정한 표시를 한 디지털콘텐츠(콘텐츠산업 진흥법)
	데이터베이스	소재를 체계적으로 배열 또는 구성한 편집물로서 그 소재를 개별적으로 접근 또는 검색할 수 있도록 한 것(저작권법)
	지리적 표시	출처의 표시와 일정한 품질 표시기능(농산물품질관리법·수산물품질관리법 및 상표법)
	인격표지 보호	성명이나 초상 등을 상업적으로 이용할 수 있는 권리(부정경쟁방지 및 영엉비밀보호에 관한 법률)

03. 지식재산권은 왜 보호해야 할까?

지식재산은 토지나 자동차와 같은 유형물과는 달리 손으로 잡을 수 없으며 소유할 수도 없다. 그래서 이를 '무체재산' 또는 '무형재화'라고도 부른다. 그런데 오늘날 디지털 복제기술의 급격한 발전으로 인하여 이러한 지식재산을 저비용으로 대량복제하고, 빠른 속도로 인터넷망 등을 통하여 유통하고 있다. 인터넷 사이트에서 "*여기서 불법복제를 한 번도 한 적이 없는 자가 있으면 나에게 돌을 던져도 좋다.*"라고 한 네티즌의 말이 있다. 이는 MP3 음악파일, 영화콘텐츠, 소프트웨어, 게임 등 디지털콘텐츠를 누구나 한두 번쯤은 무단으로 복제해 본 경험이 있음을 말한다. 이러한 경험이 가능한 것은 사물인터넷(IoT)과 IT 디바이스를 기반으로 한 초연결사회(hyper-connected society)의 도래로 누구나 어디에서든 인터넷에 접근하여 빛에 가까운 속도로 콘텐츠를 주고받을 수 있으며, 대량의 콘텐츠를 제공하는 수많은 와레즈(warez) 사이트[4]와 P2P, 공유형 웹하드, 메신저 등 공유 서비스가 출현했기 때문이다. 그러나 무엇보다도 지식재산권 제도에 대한 이해 부족으로 창작자의 땀과 노력을 인식하지 못하는 것이 더 큰 문제라고 할 수 있다.

기업은 많은 재정적 투자를 통해 R&D를 수행하고 그 성과물을 특허권으로 보호하게 되는데, 특히 기업의 해외 진출을 위하여 해외 특허 출원을 하는 경우 그 등록과 유지에 상당한 비용이 소요된다. 그런데 특허가 침해되어 권리자가 권리 구제를 위한 소송을 국내에서 진행하게 되면 상당한 소송비용이 들고, 무엇보다도 손해액의 입증이 쉽지 않아 실제 손해배상으로 인정되는 액수는 생각보다 훨씬 적은 것이 현실이다. 이를 해결하기 위하여 2018년 12월 「특허법」을 개정하여 특허권 침해에 대해 3배 이내에서 손해를 배상하는 제도를 도입하였다.

발명자와 창작자의 땀과 투자를 통하여 개발한 창작물을 무단으로 사용하게 되면 발명자와 창작자는 창작 의욕을 상실하게 된다. 그로 인해 질 좋은 제품과

---

4) 정품 소프트웨어를 불법으로 다운로드받을 수 있는 사이트의 총칭.

다양한 콘텐츠를 위한 재투자가 이루어지지 못해 결과적으로 소비자는 좋은 기술과 창작물을 이용할 수 없을 뿐만 아니라, 장기적으로 기업과 국가의 경쟁력을 크게 저하하게 된다. 특히 중소기업이 우리 경제에서 차지하는 중요도를 고려하면 중소기업(개인창작자)이 보유한 지식재산권에 대한 침해는 해당 기업의 파산과 근로자의 실직으로 이어지는 경우도 있다.

04. 개별 지식재산권에 대한 개요

저작권

저작권은 음악, 영화, 소설, 건축물, 지도, 게임, 소프트웨어 등과 같이 인간의 사상이나 감정을 표현한 창작물에 대해 주어지는 배타적 권리를 말한다. 저작권은 '저작인격권'과 '저작재산권'으로 나누어지며, 각 개념은 다시 다양한 권리들로 세분화된다. 우리에게 가장 잘 알려진 '복제권'은 저작재산권 중 하나일 뿐이다. 문학·예술 및 정보통신기술이 발달하면서 저작권도 확대되었다. 예를 들면 저작권자의 허락 없이 인터넷상에서 저작물을 전송하거나 홈페이지, 게시판 등에 누구나 이용할 수 있는 상태로 두는 경우 '전송권'을 위반하는 것일 수 있다. 그밖에도 배포권, 방송권, 전시권, 공연권, 2차적저작물작성권 등도 있다. 그리고 방송과 통신이 융합된 기술(IPTV)이 등장하면서 이를 규율하기 위해 '공중송신권'이라는 새로운 권리도 생겨나게 되었다. 이와 같이 저작권은 많은 권리로 구성되어 있는 '권리의 다발'이라고 할 수 있다.

이러한 저작권과 관련하여 공유형 웹사이트, 링크, 오픈소스, 교육, 폰트 등을 둘러싸고 저작권자와 자유로운 정보공유를 주장하는 이용자 간에 끊임없는 충돌과 분쟁이 발생하고 있다.

특허권

특허권은 자연법칙을 이용한 기술적 사상의 창작으로서 고도한 것에 주어지는 독점배타적 권리이다. 저작권법은 주로 문학, 학술, 예술적 창작물을 보호

대상으로 하는 반면, 특허법은 기술적 창작 중 산업상 이용이 가능하고 새롭고 진보한 것을 보호한다. 또한, 저작권과는 달리 자신이 발명한 물건에 대해서 특허권의 보호를 받으려면 '출원'이라는 엄격한 형식적 절차를 통해 등록받아야 한다. 여기서 출원은 발명의 내용을 일정한 기재방식에 따라 작성한 특허명세서와 도면 등을 특허청에 제출하는 행위를 말하고, 이 과정에서 변리사의 조력을 받을 수 있다.

창작물을 아이디어와 표현으로 분류하는 경우 저작권법은 아이디어는 보호하지 않고 표현만을 보호하는 반면, 특허법은 기술적 사상 즉 아이디어까지도 보호하고 있다. 예를 들면, 저작권의 보호를 받는 컴퓨터프로그램의 경우에는 비록 기능(아이디어)이 유사하더라도 프로그래머가 만든 소스코드(표현)가 다르게 되면 별개의 저작물(흔글, MS Word, 훈민정음)로 존재하여 저작권의 침해가 아닐 수 있다. 반면, 특허의 보호를 받는 컴퓨터프로그램의 경우에는 프로그램의 표현방식에 상관없이 동일한 결과를 달성하는 알고리즘의 개념이 동일하다면 특허권 침해가 될 수 있다.

특허를 받을 수 있는 발명이 되기 위해서는 산업상 이용 가능성이 존재하고, 자연법칙을 이용한 기술적 사상의 창작이어야 한다. 또한, 출원발명이 기존에 공지된 발명과 동일하지 않은 신규성이 있어야 하며, 기존의 기술에 비해 기술적 난이도를 갖추어 진보성이 있어야 한다. 이 모든 요건을 충족하여 특허등록을 하게 되면 출원 후 20년간 보호를 받을 수 있다.

실용신안권

실용신안은 특허제도를 보완하기 위한 제도로서 개인발명가나 중소기업의 '소발명'이나 '개량발명'을 보호하여 창작활동을 장려하는 데에 목적이 있다. 실용실안은 물품의 형상·구조 또는 조합에 관한 실용적 고안에 대하여 주어지는 독점배타적 권리이다(실용신안법 제4조). 물건뿐만 아니라 방법이나 성질에 대한 기술까지도 보호하는 특허와는 달리, 실용신안은 이미 발명된 물품 등의 형상이나 구조를 개량한 것을 보호대상으로 한다. 예를 들면, 자동차 컵홀더, 백미러, 의

자높낮이 조절장치 등이 실생활에서 볼 수 있는 실용신안이며, 특허에 비해 일반인이 용이하게 권리자가 될 수 있다. 실용신안은 근본적으로 특허제도를 기반으로 하므로 등록요건으로 산업상 이용 가능성, 신규성 및 진보성이 요구된다. 다만 특허보다 진보성 요건이 다소 완화되어 있을 뿐이다. 실용신안권은 출원 후 10년간 보호를 받을 수 있다.

디자인권

디자인권은 물품(물품의 부분 및 글자체 및 화상(畵像) 포함)의 형상·모양·색채 또는 이들을 결합한 것으로서 시각을 통해 미감(美感)을 일으키게 하는 것에 대해 주어지는 독점배타적 권리이다(디자인보호법 제2조). 특허·실용신안이 기술에 관한 것이라면 디자인권은 물품의 디자인에 관한 것이다. 디자인등록을 하면 출원 후 20년간 권리를 보호받는다. 디자인보호를 받기 위해서는 디자인이 물품에 구현되어야 하며, 공업상 이용가능성, 신규성, 창작성을 만족하여야 한다. 예를 들면, 마시마로 캐릭터 자체는 저작권으로 보호받을 수 있고, 또한, 그 캐릭터를 인형이나 신발과 같은 물품에 구현하게 되면 디자인권의 보호를 받을 수 있다.

영업비밀

영업비밀(Trade Secret)이란 "공공연히 알려져 있지 아니하고 독립된 경제적 가치를 가지는 것으로서 비밀로 관리된 생산방법, 판매방법 기타 영업활동에 유용한 기술상 또는 경영상의 정보"를 말한다. 특허권이나 저작권 등은 권리의 존속기간동안 국가가 적극적인 보호를 해주는 대신 그 기간이 종료한 후에는 일반공중이 이를 마음대로 사용할 수 있도록 창작자와 국가 간의 약속이 있는 반면, 영업비밀은 그 특성상 보호받고자 기업 스스로가 자신의 정보를 비밀로 관리해야 하며 국가는 부정한 수단(절취, 기망, 협박, 산업스파이, 비밀유지의무를 위반한 부정 사용 등)으로 영업비밀을 취득하는 경우에만 부정경쟁방지 및 영업비밀보호에 관한 법률에 의해 처벌하게 된다.

특허의 보호대상은 기술적 창작인데 반해, 영업비밀은 기술상 정보뿐만 아니라 경영상 정보(고객명부)도 보호대상으로 하고 있다. 또한, 정당한 방법(연구, 실험, 역분석 등)으로 알아낸 영업비밀을 사용하는 경우에는 침해를 구성하지 않는다.

상표권

길을 걷다 M자형 황금색 아치를 보게 되면 무엇이 연상되는가? 바로 맥도날드의 햄버거와 특유의 바삭함을 지닌 후렌치후라이를 머릿속에 떠올릴 것이며, 이것이 바로 상표가 가진 힘이다. 상표는 타인의 상품과 내가 생산한 상품을 구별하고 식별하게 하는 기능을 하는 기호, 문자, 도형, 소리, 냄새, 입체적 형상, 홀로그램, 동작 또는 색채 등으로 구성된 표시를 말한다. 상표는 문자, 기호, 도형뿐만 아니라 코카콜라의 병과 같은 입체상표와 소리 또는 냄새상표도 등록이 가능하다.

등록된 상표(Ⓡ 표시)와 동일 또는 유사한 상표를 타인이 동일 또는 유사한 상품에 사용하여 소비자에게 혼동을 초래한다면 상표권자는 상표법과 부정경쟁방지법으로 그 사용을 제재할 수 있다. 특허청에 등록된 상표는 상표법으로 보호받을 수 있다. 그리고 등록되지 않은 상표라도 국내에 널리 알려진 표지(홈플러스, 코카콜라 등과 같이 '주지성 또는 저명성'이 있는 표지)는 부정경쟁방지법으로 보호받을 수 있다. 또한, 등록되지 않고 유명하지도 않은 표지일지라도 창작성이 있는 경우에는 저작권으로 보호받을 수 있다.

도메인이름

상표권은 속지주의가 적용되어 국가마다 발생하며 동일한 상표가 여러 개 존재할 수 있다. 즉 ABC라는 단어가 포함된 상표 또는 상호를 사용하고 있는 회사는 전 세계에 많을 수 있다. 그러나 국경이 없는 인터넷에서 사용되는 도메인이름인 ABC.com은 전 세계에 몇 개나 될까? 단 하나이다.

도메인이름은 그 희소성 때문에 동일·유사한 상표를 소유하고 있는 세계 각국의 상표권자들로부터 항상 공격의 대상이 되고 있다. 오랜 사용을 통해 도메인이름이 인터넷 주소로서의 본연의 기능을 넘어 상품의 출처표시 기능을 가지게 됨에 따라 그 경제적 가치가 점차로 증가하고 있다. 예를 들면, 2000년 1월 삼보컴퓨터 계열의 두루넷이 'korea.com'을 5백만달러에 구입한 바 있으며, 1994년 미국 '월스트리트닷컴(www.wallstreet.com)'을 70달러에 샀던 사람은 1999년에 1백만 달러를 받고 팔았다.

90년대 후반 도메인이름의 선등록주의(first come, first serve)를 악용하여 타인의 상표가 지니는 신용으로부터 부당한 경제적 이익을 획득할 목적으로 상표와 동일·유사한 도메인이름을 등록·사용하는 행위들이 빈번해졌는데 이를 '사이버스쿼팅(cybersquatting)'이라고 한다. 「인터넷주소자원에 관한 법률」은 이러한 행위를 금지하고 있으며(동법 제12조), 부정경쟁방지법도 국내에 널리 알려진 '주지상표'와 동일·유사한 도메인이름을 전매하거나 상표권자의 도메인이름 등록을 방해할 목적으로 도메인이름을 등록·보유하는 행위를 부정경쟁행위로 보고 있다(동법 제2조 아목). 예를 들면, 누군가가 조용필.com(choyonpil.com)을 먼저 등록하고 웹페이지도 개설하지 않는 등 아무런 사용을 하고 있지 않다가 가수 조용필씨에게 그 도메인이름을 판매할 목적으로 고액을 요구한다면 이러한 행위는 법으로 규제할 수 있다.

Discussion

주제 **코카콜라의 톡 쏘는 맛은 어떻게 제조되는 것일까? 그리고 펩시콜라의 비밀에 숨어있는 지식재산 이야기?**

설명 코카콜라 회사는 콜라제조 방법을 영업비밀로 관리하고 있으며, 현재 그 방법을 기록한 문서는 애틀랜타의 한 은행금고에 보관되어, 그것을 볼 수 있는 소수의 몇 사람 중 2명만이 현존하고 있다고 한다. 코카콜라 회사는 그 유명한 첨가물과 생산절차 등을 비밀로서 유지하기 위해 생산과정을 분리하고, 영업비밀 서약서 및 전직금지 서약서 등을 종업원과 체결하는 등 각고의 노력을 기울이고 있다. 과거 코카콜라의 여직원이 신제품의 제조방법과 샘플을 빼내려다 미국 연방수사국 경찰에 의해 체포되는 일이 있었다. 만일 코카콜라 회사가 그 제조방법을 영업비밀이 아닌 특허로서 등록하였다면 벌써 100년 전에 코카콜라는 음료수 시장에서 황제자리를 내놓았을지도 모르는 일이다.

그런데 재미있는 것은 코카콜라의 제조방법을 알아내기 위해 펩시콜라를 비롯한 경쟁사와 화학자들은 80년 이상을 노력하여 결국 99% 이상을 알아내었으나 나머지 1% 미만의 구성요소와 배합비율을 밝혀내는 것은 실패하였다고 한다. 그렇다면 펩시콜라 회사가 연구 등을 통해 알아낸 코카콜라의 비법을 자신들의 음료수 생산에 코카콜라 회사의 허락을 받지 않고 사용할 수 있을까?

특허와는 달리 영업비밀은 정당한 방법 즉 실험, 연구, 역분석 등으로 알아낸 타인의 영업비밀을 사용하는 것은 침해를 구성하지 않는다. 영업비밀로서 보호받고자 하는 기업은 자신의 중요한 정보를 스스로 비밀로서 잘 관리해야 하는데, 만일 경쟁사가 실험, 연구와 같은 정당한 방법으로 당해 영업비밀을 알아내고 사용하여도 영업비밀을 보유하고 있는 기업이 공개를 조건으로 하는 특허제도를 포기한 만큼 이를 제재할 권한은 없다고 하겠다.

Explanation

1. 패러디(parody)는 대중에게 널리 알려진 원작의 이면이나 진지함을 대상으로 하여 이를 흉내 내거나 과장하거나 왜곡시켜 원작이나 사회적 상황을 비판하거나 웃음을 이끌어내는 것을 말한다. 패러디는 그 속성상 원작의 일부를 차용해야 하는 반면 원작의 진지함을 비꼬고 풍자 및 비평을 하므로 원작자의 허락을 받기 어렵다. 또한, 문학의 한 장르로서 표현의 자유를 보장하기 위하여 일정한 패러디는 저작권 침해를 구성하지 않는다고 보고 있다. 그러나 패러디인지 알 수 없는 소위 '실패한 패러디'의 경우나 순수한 영리적 목적의 광고 패러디 등에 대해서는 저작권 침해의 논란이 발생할 수 있다.

2. AI는 인간밖에 할 수 없어 보이는 문화·예술 분야를 넘나들며 그림을 그리고, 음악을 작곡하며 심지어 짧은 소설을 창작하기도 한다. 인간 중심의 권리보호 체계로 구성된 현행 특허법 및 저작권법으로는 AI가 스스로 만든 창작물

에 대하여 보호를 제공하기 어렵다. 그러나 인공지능 산업을 진흥시키기 위해 세계 주요국들은 인공지능 창작물을 보호하기 위한 논의를 지속하고 있다.

3. 아마존은 2013년 12월 드론을 이용한 배송 서비스를 처음 발표하였는데, 당시까지 실현되지 않은 기술이었으나 아마존은 배송 거리의 문제를 해결하기 위해 비행선을 드론과 물류 기지로 이용한 기술에 대해 특허를 등록받았다. 한편 사람을 제외한 모든 동물에 대한 발명도 특허의 대상이 될 수 있다. 암에 잘 걸리는 쥐, 일명 '하버드마우스'도 동물특허로서 등록된 바 있다.

4. 데이터는 햇빛인가? 영국의 시사주간지 '이코노미스트'는 모든 산업에 필수적 자원이라는 의미에서 데이터를 햇빛에 비유했다. 그간 우리나라의 데이터 보호에 관한 법적 기반이 미흡해 그 보호가 충분하지 않다는 지적이 많았고 기업은 상당한 노력과 투자로 생산한 데이터를 거래를 위해 선뜻 내놓으려고 하지 않았다. 2021년 12월 개정한 「부정경쟁 방지 및 영업비밀 보호에 관한 법률」에서 데이터의 부정 사용행위를 새로운 부정경쟁행위로 신설하였다. 이 개정법은 빅데이터 경제에 큰 비중을 차지하는 SNS 게시글, 동영상, 사진, 목소리 정보 등 '비정형 데이터(소재가 체계적으로 배열·구성되지 않은 데이터)'에 대한 입법의 공백을 메워줬다는 점에서 중요한 의미가 있다.

5. 상표는 타인상품과 내가 생산한 제품을 구별하고 식별하게 하는 기능을 하는 기호·문자·도형·입체적 형상 또는 이들을 결합한 것으로 주로 시각적인 형태를 띠고 있으나 상표법은 소리, 냄새와 같이 시각적으로 인식할 수 없는 것도 보호를 하고 있다. 대표적으로 미국 MGM 영화 시작 전 포효하는 사자 울음소리, 레몬향의 레이저프린터 토너, 아몬드향의 윤활유 등이 있다.

저작권

Chapter 2 저작권의 기초와 저작물

01. 저작권이란?

저작권이란 "인간의 사상 또는 감정을 표현한 창작물"에 대하여 주어진 배타적 권리를 말한다.[1] 특허, 실용신안이 기술에 관한 것이라면 저작권은 문학, 학술, 예술의 범주에 속하는 창작물에 대한 배타적 권리라는 점에서 차이가 있다. 저작권은 창작자의 정신적 노고의 결과물인 저작물을 대중이 향유할 수 있도록 하며 궁극적으로 문화발전을 동인할 법적 장치로서 역할을 한다. 2006년 개정 저작권법은 저작물의 정의를 "문학, 학술 또는 예술의 범위에 속하는 창작물"에서 "인간의 사상 또는 감정을 표현한 창작물"로 변경함으로써 문학, 학술 또는 예술의 범위에 포함되지 않는 데이터베이스, 컴퓨터프로그램 등에 대해서도 저작물의 범위에 포함시킬 수 있도록 확대시켰다.

무형의 저작재산권은 저작물의 이용으로부터 발생하는 경제적 이익을 보호하기 위한 것으로 물건에 대한 배타적 권리인 소유권과 차이가 있다. 아래 도표는 소유권과 저작재산권의 공통점과 차이점을 설명해 준다.

<소유권과 저작재산권 비교>

	소유권	저작재산권
공통점	사용수익처분 권능이 있는 배타적 권리	
차이점	•유형의 물건 위에 성립하는 권리 •하나의 물건에 2인 이상이 같은 내용의 권리를 가질 수 없고, 여러 장소에서 동시 사용이 불	•저작자의 정신적 창작활동의 산물인 저작물에 대하여 성립하는 권리 •1개의 저작물(소설)을 다양한 형태(영화·연극)로

1) 저작권법 제2조 제1호.

	가능(물리적 제한) •유체물이 존속하는 한 영구히 존속하는 권리	여러 사람이 사용가능하고, 권리의 다발 중 일부 만 분리 양도 가능(가분성) •보호기간 제한(유한성) •권리행사 제한(공공성)
충돌문제	•소설을 수록한 매체인 책에 대한 권리는 소유권이지만 소설의 내용에 대한 권리는 저작권이므로 구매한 책을 친구에게 선물하거나 재판매하는 경우 양 권리가 충돌하는 문제가 발생됨 -저작권법은 책을 최초 판매 등의 방법으로 정당하게 구입한 경우 그 이후에 이루어지는 배포에 대해서는 저작권자의 배포권이 미치지 않도록 하여 소유권을 지나치게 제한하지 않도록 하고 있음 •미술품을 화가가 매매(양도)한 경우, ① 유체물인 그림 자체에 대한 소유권과 ② 그림에 대한 저작재산권은 독립된 권리로서 각기 양도 가능하지만 현실적으로 서로 분리하기 어려워 혼동이 발생함 -일반적으로 미술품이 매매된 경우 유체물에 대한 소유권 외에 저작재산권까지 양도된 것으로 보지 않음 -양 권리의 충돌을 조정하기 위하여 저작권법 제35조 제1항에서 미술저작물등의 원본의 소유자나 그의 동의를 얻은 자는 그 저작물을 원본에 의하여 전시할 수 있으며, 제3항에서 그 저작물의 해설이나 소개를 목적으로 책자에 이를 복제하여 배포할 수 있다고 규정하고 있음	

02. 저작권의 탄생과 발전, 그리고 목적

저작권의 탄생과 발전[2)]

1709년은 영국의회가 저작권법의 모태인 '앤 여왕법(Statute of Anne)'을 제정한 해로 유명하다. 앤 여왕법의 제정으로 저작권(copyright)의 개념은 문서를 복제할 수 있는 출판사의 권리(right to copy)로부터 저작자의 권리(right of the author)로 변모하게 되었다. 앤 여왕법 이전에는 1662년에 제정된 '출판인가법(Licensing Act)'이 존재하였는데, 이 법에 의해 국왕은 출판을 검열(censorship)하기 위하여 특정 출판업자들에게 독점적 출판권을 부여하였고, 출판업자들은 그로부터 경제적 이득을 얻을 수 있었다. 1694년 출판인가법의 효력이 만료되면서 출판업자들은 인가받지 않은 출판물에 대한 몰수, 처분, 벌금징수 등을 할 수 있는 무기를 잃게 되었다. 이에 출판업자들은 자신들의 독점권에 대한 근거를 '저작자의 권리'를 양도받았다는데서 구하였고 3년간의 강력한 의회 로비

2) 손승우, "디지털 저작권보호의 확대경향과 공정한 경쟁," 「상사판례연구」 제19집 제1권, 2006. 3. 31. "Ⅱ. 저작권의 탄생과 발전" 참조.

끝에 최초의 저작권법을 탄생시켰다.[3] 그러나 이 법이 저작자의 권리를 처음으로 규정하였다는 것에 의미를 찾을 수 있지만, 실제로 저작자는 독점자인 출판업자에게 자신의 권리를 양도하기 전까지는 작품이 시장에서 아무런 가치가 없었으므로 저작자가 얻는 이익은 그다지 크지 않았다.

앤 여왕법에는 몇 가지 특수한 제한이 있었다. 첫째 'Copyright'이란 용어에서 보듯이 저작권의 대상을 출판물에 한정시켰고, 둘째 저작권의 존속기간을 14년으로 제한하였다. 다만 저작자가 생존하고 있는 경우에 한하여 1회의 갱신을 허용하였으며(총 28년), 1709년 이전에 출판된 저작물에 대해서는 그 권리를 21년간만 존속할 수 있도록 하였다. 따라서 이 보호 기간 이후에는 누구나 자유롭게 출판을 할 수 있도록 보장하였다. 보호 기간의 제한은 곧 다양한 출판물의 등장을 가능하게 하는 것으로 '경쟁'에 대한 고려를 포함하고 있었다. 셋째, 저작권의 내용은 타인이 출판물을 재출판하는 것만을 금지하고 있을 뿐이므로 저작물의 일반적인 사용(예를 들면, 셰익스피어 작품을 공연이나 영화로 제작하는 행위 등)은 규제대상이 아니었다. 넷째, 출판물의 가격에 대해 소비자가 이의제기를 한 경우에 정부는 최고가격을 정할 수 있었다. 이는 오늘날 저작물에 대한 강제실시권의 기원이 되었다. 이러한 저작권의 내용은 현재의 포괄적이고 광범위한 저작권의 내용과는 매우 다른 모습을 하고 있었다.[4] 이와 같이 당시의 저작권은 매우 제한된 권리로서, 비록 배타적 권리라 할지라도 공공의 이익에 반하여 행사될 수 없도록 하였다. 예를 들면 기간에 한계를 설정함으로써 '만인의 공유(public domain)' 개념을 만들어 냈고, 경쟁을 담보하여 독점의 폐해를 막으려고 하였다. 앤 여왕법이 저작자의 권익을 규정하고 있음에도 불구하고, 이 법이 당시 인쇄업자와 판매자의 독점적 관행을 규율하고 공공의 이익

3) See PAUL GOLDSTEIN, COPYRIGHT'S HIGHWAY 42-43 (1994). 앤 여왕법이 제정될 당시 유럽에서는 계몽주의와 개인의 가치를 강조하는 개인주의 사상이 널리 보급되어 있었고 다양한 분야의 저서가 나타났으며 소유권 개념도 점차로 저작물에 확대되었다. 또한, 국왕의 권위가 쇠퇴하면서 인가제도가 유명무실해지고 출판물의 무단복제에 대한 규제를 요구한 것 등이 저작권법의 탄생원인 중의 하나로 보고 있다. 오승종/이해완, 「著作權法(제4판)」, 박영사, 2005, 13면; 허희성, 「(新稿)著作權法槪說」, 1984.

4) See LAWRENCE LESSIG, FREE CULTURE: HOW BIG MEDIA USES TECHNOLOGY AND THE LAW TO LOCK DOWN CULTURE AND CONTROL CREATIVITY (2004).

을 보호하고자 하는 이면의 목적을 내포하고 있었다는 점은 현재의 저작권 정책을 논의함에 있어 여전히 시사하는 바가 크다.5)

앤 여왕법의 제정 이후 문서 외에 다른 형태의 저작물을 위한 법령들이 제정되었다. 영국에서는 1735년과 1767년에 '판화저작권법 (Engraving Copyright Act)', 1777년에 '인쇄물저작권법(Prints Copyright Act)', 1814년에 '조각저작권법(Sculpture Copyright Act)'이 각각 제정되었다. 프랑스에서는 1791년에 공연권을 부여하는 '저작권령(Copyright Decree)'이 제정되었다.6) 그리고 앤 여왕법이 제정된 후 60년이 지난 1769년에 저작권에 관한 첫 번째 주요 판결이 나왔다.7)

미국은 16-17세기 영국법률을 계승하여 1790년에 책·지도·해도만을 저작물로 보호하는 연방 저작권법을 제정하였는데, 그 이전에 연방헌법에서 저작자와 발명자의 권리보호를 선언하고 있었다. 미국은 1976년 기존의 저작권법을 대폭 개정하여 현대적 모습의 저작권법을 갖추었으며, 이 개정으로 저작권의 존속기간을 저작자의 생존기간 및 사후 50년으로 정하게 되었다.

독일은 1794년 프러시아 민법전에 저작권을 규정하였고, 러시아에서는 1830년의 민법전에 저작권 규정을 포함시켰다. 일본은 1869년에 출판조례를 공포한 이래로 1899년에 이르러서 근대적 저작권법을 제정하였으며, 우리나라에서는 1957년에 최초의 저작권법을 제정하였다.

저작권법의 목적

저작권법의 헌법적 근거는 헌법 제22조 제2항에서 찾을 수 있다. 헌법 제22조 제2항에서 "저작자·발명가·과학기술자와 예술가의 권리는 법률로써 보호한다."고 규정하고 있다. 또한, 우리 헌법의 기본원리인 문화국가의 원리는 저작

---

5) See SIVA VAIDHYANATHAN, COPYRIGHT AND COPYWRONGS 40 (2001); LYMAN RAY PATTERSON, COPYRIGHT IN HISTORICAL PERSPECTIVE 142-45 (1968); GRANTLAND RICE, THE TRANSFORMATION OF AUTHORSHIP IN AMERICA, 70-96 (1997); PETER DRAHOS, A PHILOSOPHY OF INTELLECTUAL PROPERTY 47-72 (1996).

6) 송영식 외 1인, 「著作權法概說」, 1997, 30면.

7) Millar v. Taylor, 4 Burr.2303, 98 Eng. Rep. 201.

권법의 헌법적 근거를 제공해 주고 있다.[8)]

저작권법 제1조에서 “이 법은 저작자의 권리와 이에 인접하는 권리를 보호하고 저작물의 공정한 이용을 도모함으로써 문화 및 관련 산업의 향상발전에 이바지함을 목적으로 한다.”고 규정하고 있다. 즉 저작권법은 ‘저작권과 저작인접권의 보호’와 ‘저작물의 공정한 이용 도모’라는 수단을 통하여 궁극적으로 ‘문화 및 관련 산업의 향상발전’이라는 입법목적을 달성하고자 하는 것이다.

주의 깊게 보아야 할 점은 이 법은 궁극적인 목적을 실현하기 위하여 저작권 보호뿐만 아니라 공중의 저작물 이용 도모라는 이용자 측의 고려를 함께 하고 있으며 양자의 이익을 균형 있게 유지하는 것이 무엇보다 중요하다. 저작권 보호를 지나치게 강조하게 되면 저작물의 생산과 소비를 오히려 제한할 수 있으며, 반대로 저작물의 자유로운 이용을 지나치게 강조하면 창작에 대한 동기를 유인하지 못하여 문화발전의 속도를 더디게 할 수 있다. 이러한 점에서 저작권의 보호와 이용활성화는 충돌하는 이익간의 정치한 균형이 강조되며, 이를 통해 문화의 다양성과 질적·양적 발전을 달성할 수 있는 것이다. 이러한 점에서 저작재산권 제한에 관한 장에서 상술하는 바와 같이 저작권은 공중의 이익을 기반으로 한 제한된 권리라고 할 수 있다. 한편 저작권법은 2009년 개정을 통하여 입법목적에 ‘문화의 향상발전’에 ‘관련 산업의 향상발전’[9)]을 추가하였다. 이는 우리 정부가 문화산업을 육성하려는 정책적 기조에 의해 도입된 것이지만 저작권법에서 문화산업의 발전을 지나치게 강조하다 보면 자칫 이용자와 저작권자 간의 이해관계의 균형을 깨고 대중의 자유로운 문화 향유 기본권을 저해할 우려가 있다.

---

8) 헌법상 문화국가의 원리는 전문, 제9조, 제11조, 제22조, 제69조 등에서 찾을 수 있다.
9) ‘문화산업’이란 용어는 「문화예술진흥법」 제2조 제2호와 「문화산업진흥 기본법」 제2조 제1호에서 찾을 수 있다.

03. 저작물의 종류

저작권법에서는 저작물의 종류 9가지를 예시적으로 열거하고 있다. 저작물은 그 표현방법에 따라 ① 말과 글로 표현되는 "어문저작물", ② 음에 의해 표현되는 "음악저작물", ③ 연극 및 무용·무언극 등과 같이 동작으로 표현되는 "연극저작물"[10], ④ 회화·서예·조각·판화·공예·응용미술저작물 등과 같이 색채 또는 형상으로 표현되는 "미술저작물"(디자인 포함), ⑤ 건축물·건축을 위한 모형 및 설계도서 등과 같은 "건축저작물", ⑥ "사진저작물"(이와 유사한 방법으로 제작된 것을 포함), ⑦ 서로 관련된 연속적 영상으로 표현된 "영상저작물"[11], ⑧ 지도·도표·설계도·약도·모형 등과 같이 도형에 의해 표현된 "도형저작물", ⑨ "컴퓨터프로그램저작물" 이 있다(저작권법 제4조). 이는 예시적 규정에 지나지 않으므로 위 분류에 속하지 않는 저작물도 저작권법으로 보호받을 수 있다.

어문저작물은 소설·시·논문·강연·연설·각본 등과 같은 것으로 문자나 기호로 기록된 것은 물론 구술 또는 구연도 포함된다.

개인편지의 저작물성(서울중앙지법 94카합9230 판결)

이 사건은 이휘소 평전을 준비하면서 거짓으로 이휘소의 가족이 보관하던 편지를 가져가 사용하여 저작권 침해금지 청구 소송이 제기된 사안으로, 법원은 "편지의 내용은 이휘소가 미국에서의 유학 및 가정생활과 연구활동 등에 관한 것이었고 생활 속에서 느끼는 감정, 어머니와 형제 등에 대한 그리움, 물리학에 관한 평소의 생각 등이 나타나 있는 사실이 인정되어 위 편지는 이휘소의 감정과 사상이 표출되어 있는 것으로 저작물에 해당된다."고 판시하였다.

댓글의 저작물성(서울남부지법 2012고정4449 판결)

소설가 이외수 씨의 트위터 글의 저작권법상 보호에 관한 사건에서 법원은 "일반적

10) 발레와 같은 안무도 연극저작물이 될 수 있다. 그러나 스포츠댄스, 피겨댄스, 리듬체조와 같이 예술과 스포츠가 결합된 경우에 이를 연극저작물로 볼 것인지에 대해 의견의 대립이 있다.
11) 뮤직비디오의 경우는 영상저작물에 해당하나(법 제2조 제5호), 영화의 한 장면은 사진저작물로 보고 있다.

으로 트윗글은 140자 이내라는 제한이 있고 신변잡기적인 일상적인 표현도 많으며, 문제된 이 사건 트윗글 중에도 문구가 짧고 의미가 단순한 것이 있기는 하다. 그러나 이외수의 그러한 트윗글 조차도 짧은 글귀 속에서 삶의 본질을 꿰뚫는 촌철살인의 표현이나 시대와 현실을 풍자하고 약자들의 아픔을 해학으로 풀어내는 독창적인 표현형식이 포함되어 있는 것이 대부분이고, 각 글귀마다 이외수 특유의 함축적이면서도 역설적인 문체가 사용되어 그의 개성을 드러내기에 충분한 사실을 인정할 수 있다. 따라서 이 사건 이외수의 트윗글은 전체적으로 이외수의 사상 또는 감정이 표현된 글로서 저작물이라 보는 것이 옳다."고 판시하였다.

음악저작물은 악곡뿐만 아니라 그에 수반되는 가사도 음악저작물에 해당한다. 독립적으로 존재하던 시를 노래의 가사로 활용한 경우 그 가사는 어문저작물이기도 하다. 음악저작물은 반드시 악보로 그려져야 하는 것은 아니며 즉흥적으로 연주된 것도 저작물이 될 수 있다. 한편 음악저작물 중 오페라, 뮤지컬 등과 같이 연극저작물과 결합된 것을 "연극적 음악저작물(dramatico-musical works)"이라고 하는데 실무에 있어서 이를 일반 음악저작물과 달리 취급하고 있다.

화음의 저작물성(서울지법 선고 94카합9052 결정)

법원은 '칵테일 사랑' 사건에서 노래 '칵테일 사랑'은 주 멜로디를 그대로 둔 채 코러스를 부가한 이른바 '코러스 편곡'으로 코러스가 상당한 비중을 차지하고 있고, 코러스 부분이 단순히 주 멜로디를 토대로 단순히 화음을 넣은 수준을 뛰어넘어 편곡자의 노력과 음악적 재능을 투입해 만들어져 독창성이 있으므로, 「저작권법」 상 2차적 저작권으로서 보호받을 만한 창작성을 인정하였다.

미술저작물은 색채 또는 형상으로 표현되는 저작물로 디자인 등과 같은 응용미술저작물은 그 이용된 물품과 구분되어 독자성이 인정된다면 미술저작물로서 보호된다. 이를 위해 저작권법은 디자인이 미술저작물에 포함된다는 것을 명시적으로 규정하고 있다.

무대장치의 저작물성

무대장치는 조형미술의 범위에 속하는 경우에는 미술저작물로서 보호를 받지만, 이 경우에 보호의 대상으로 되는 것은 무대에 조립된 무대장치이고, 의상·조명 등을 포함한 무대 효과 전체는 아니다. 무대장치가 저작물로 성립하면 그 창작자인 무대미술가가 그 저작자로 된다. 무대장치의 설계도 등은 경우에 따라서 무대장치와는 별개로 도형저작물로 성립하는 경우가 있을 수 있다. 그러나 동일한 각본을 가지고 상연을 하면 그 무대장치는 각본의 내용, 무대의 공간적·기술적 제약에 의하여 실제에 있어서 서로 어느 정도 유사하게 밖에는 제작할 수 없는 경우가 많을 것이므로 무대장치에 있어서는 여러 가지 면에서 그 표현의 창작성이 제한될 수밖에 없다. 또한, 하나의 무대장치에 대하여 저작권의 보호를 주게 된다면 다른 제3자가 유사한 무대장치를 만드는 기회를 심하게 제한할 우려가 있으므로 무대장치에 있어서 보호받는 범위는 전체적인 대도구·배경이 아니라 창작성이 있는 세부적인 표현이나 소도구에 있는 것으로 본다.

사진저작물은 피사체의 선정, 구도의 설정, 빛의 방향과 양의 조절, 카메라 각도의 설정, 셔터의 속도, 셔터찬스의 포착, 기타 촬영방법, 현상 및 인화 등의 과정에서 촬영자의 개성과 창조성이 인정되어야 저작권법에 의하여 보호되는 저작물에 해당된다. 한편, 사진저작물의 보호는 비교적 엄격한 기준을 적용하여 판단하고 있다.

제품사진의 저작물성(대법원 98다43366 판결)

사진작가인 원고가 촬영한 햄 제품의 광고 사진을 피고 회사의 광고용으로만 허락하였음에도 불구하고 백화점 상품 가이드북에도 무단 이용함에 따른 저작권 침해가 주장된 사안에서 법원은 "사진저작물은 피사체의 선정, 구도의 설정, 빛의 방향과 양의 조절, 카메라 각도의 설정, 셔터의 속도, 셔터찬스의 포착, 기타 촬영방법, 현상 및 인화 등의 과정에서 촬영자의 개성과 창조성이 인정되어야 저작권법에 의하여 보호되는 저작물에 해당된다."는 확립된 판례의 원칙을 재확인하고, 원고가 촬영한 사진 중 ① 피고 회사가 제작, 판매하는 햄 제품을 단순히 우드락이라는 흰 상자 속에 넣고 촬영하여 제품 자체만을 충실하게 표현한 사진은 '제품사진'으로, ② 피고 회사의 햄 제품을 다른 장식물이나 과일, 술병 등과 조화롭게 배치하여 촬영함으로써 제품의 이미지를 부각시켜 광고의 효과를 극대화하기 위한 사진은 '이미지사진'으로 각 구별한 다음,

'제품사진'은 그 피사체인 햄 제품 자체만을 충실하게 표현하여 광고라는 실용적인 목적을 달성하기 위한 것으로서 원고의 창작적 노력 내지 개성을 인정하기 어려워 저작물성을 인정하기 어려운 반면, '이미지사진'에 대하여는 저작물성을 인정하여 피고 회사는 원고의 저작권을 침해함으로써 이로 인한 손해배상 책임이 있다고 판시하였다.

영상저작물은 연속적인 영상이 수록된 창작물로서 그 영상을 기계 또는 전자장치에 의하여 재생하여 볼 수 있거나 보고 들을 수 있는 것이다(법 제2조 제13호). 이때 연속적 영상이란 동영상을 의미하므로 음향이 가미된 슬라이드 사진은 영상저작물이 될 수 없다. 그러나 컴퓨터게임의 경우는 극히 짧은 간격으로 프레임이 연속하고 있으므로 영상저작물로 보는 것이 판례와 학설의 입장이다. 그리고 뮤직비디오의 경우에는 주로 음악을 표현하기 위한 것이기는 하나 영상을 우선시하여 영상저작물로 분류한다. 한편, 영상저작물이 되기 위해서는 매체에 고정되는 것이 요구되는데, 생방송으로 이루어지는 스포츠 중계의 경우 실시간 고정이 동시에 이루어지므로 영상저작물이 될 수 있다고 본다.

제품사용 후기동영상의 저작물성

영상저작물의 창작성이란 영상물 제작을 위한 카메라의 앵글이나 구도의 선택, 몽타주 또는 커트 등의 기법, 필름 편집 따위의 지적 활동이 이루어지면서 그러한 지적 활동에 창작성이 존재해야 한다는 의미를 담고 있다. 즉 길거리의 CCTV 녹화 영상이나, 소재의 편집기술이 없는 사진 및 그림들의 연속적인 촬영, 연극 등 공연의 단순 녹화와 같이 사실의 경과를 재현하는 것에 불과한 영상물들은 저작자의 창작성이 반영되지 않아 저작권법상 보호받는 저작물에 해당되지 않는다. 따라서 제품 사용 후기의 과정을 별도의 영상기법이나 편집기술을 이용하지 않고, 일정한 위치에 설치된 카메라를 이용하여 단순히 녹화한 것에 그치는 경우에는 저작권법상 보호받는 영상저작물에 해당되기 어렵다.

도형저작물은 지형이라는 사실을 기반으로 하고 있으나 상당 부분 축소되는 과정에서 많은 것이 생략되고 특정 요소는 부각이 되는데 이 과정에서 작성자의 창작적 선택이 관여되고 지도에 들어갈 주요도로나 건물 등을 도형이나 그림에 의하여 예술적 감각으로 구체적으로 표현하게 되므로 저작권 보호를 받을 수 있게 되는 것이다. 그러나 도형저작물은 소재의 선택이나 표현방법에 있어 작성자의 창작성이 관여되는 부분이 적은 경우가 많아 저작권의 보호가 미치는 범위가 일반저작물보다 좁을 수 있다.

도형저작물(서울중앙지법 2005가단12601 판결)

<사건 개요>

지도 제작업을 주로 하는 원고는 춘천시의 전경을 입체적으로 표현하는 관광지도를 제작하면서, 의도적인 왜곡표현으로 다운타운 지역을 크게 나타내고 다운타운 지역으로부터 원거리에 산재되어 있는 관광명소들을 실제보다 가까운 거리에 배치함으로써 관광객으로 하여금 한눈에 관광명소를 볼 수 있도록 지도를 제작하였고, 피고는 이와 실질적으로 동일한 지도를 제작하였다.

<법원 판결>

위 지도는 의도적인 왜곡표현으로 다운타운 지역을 크게 나타내고, 다운타운 지역으로부터 원거리에 산재되어 있는 남이섬과 같은 관광명소들을 실제보다 가까운 거리에 배치함으로써 관광객으로 하여금 한눈에 관광명소를 볼 수 있도록 하는 데 그 특징이 있다. 원고는 이 사건 관광지도의 제작에 의하여 기존의 관광지도와 구별되는 저작권을 취득하였다고 할 것이다.

화상설비도면의 저작물성(대법원 2002도965 판결)

이 사건은 고소인이 작성한 화상설비도면을 입수하여 피고소인이 로고와 명칭 등만을 자신의 것으로 변경하여 조달청에 제출한 것에 대하여 저작권 침해를 주장한 사안으로, 법원은 "기능적 저작물은 그 표현하고자 하는 기능 또는 실용적인 사상이 속하는 분야에서의 일반적인 표현방법, 규격 또는 그 용도나 기능 자체, 저작물 이용자의 이해의 편의성 등에 의하여 그 표현이 제한되어 작성자의 창조적 개성이 드러나지 않을 가능성이 크며, 이 사건 도면들은 일반적인 도면 작성방법에 따라 작성된 것으로 입찰 시방서에 의하여 제한된 기술적인 내용을 표현함에 있어 작성자의 창조적 개성이 드러나 있다고 보기 어려워 그 저작물성을 인정할 수 없다."라고 판시하였다.

한편 도형저작물과 관련하여 설계도나 모형에 따라 물품 등을 제작한 경우에는 저작권법상 보호가 미치지 않는다. 즉 설계도나 모형에 나타난 물품 제작 방법은 저작권법상 보호를 받을 수 없다. 다만 설계도 자체는 표현이므로 이를 복제하는 것은 복제권 침해에 해당한다. 주의할 것은 건축설계도는 별도의 건축저작물에 속하며, 이에 따라 건축물을 시공하는 것은 저작물의 복제에 해당하는 것으로 규정하고 있다(법 제2조 제22호).

특수한 기능저작물인 컴퓨터프로그램의 경우 TRIPs 협정(Agreement on Trade Related Aspect of Intellectual Property Rights)과 WIPO 저작권협정에서는 어문저작물로 분류하고 있으나 우리나라 저작권법에서는 이를 별도의 저작물 종류로 분류하고 일반저작물과 달리 취급하고 있다. 컴퓨터프로그램은 프로그램언어로 짜인 소스코드(source code)와 '0'과 '1'로 구성된 목적코드(object code)로 존재하는데 둘 다 저작권법의 보호를 받는다.[12]

<일반저작물과 컴퓨터프로그램의 비교>

구분	일반저작물	컴퓨터프로그램
저작권 보호기간	•저작자의 생존 동안과 사후 70년	
저작재산권 제한	•수업목적의 복제·배포·공연·전시·공중송신 허용 •공정한 인용, 점자제작 등	•수업목적의 복제·배포 허용(§101의3) •역분석[13] 및 백업 규정
저작권 양도	•2차적저작물의 작성권 유보(§45)	•2차적저작물의 작성권 함께 양도 •동일성유지권의 예외규정
저작인접권	•인정	•없음
감정	•실질적 유사성 판단	•실질적 유사성 판단 •복제도, 완성도, 개발비용산정 감정
임치	•없음	•있음
대여권(영리목적)	•상업용 음반	•상업용 컴퓨터프로그램
업무상저작물	•공표를 요함	•공표될 것을 요하지 않음

12) 소스코드는 인간이, 목적코드는 기계가 이해할 수 있는 표현이라는 점에서 차이가 있을 뿐 양자는 모두 동일한 것이다.
13) SW 역분석(reverse engineering)이란 다른 프로그램과의 호환에 필요한 정보를 얻기 위하

벌 칙	•최고 5년이하의 징역 또는 5천만원의 이하의 벌금(친고죄, §136①) •영리적 또는 상습적 침해(비친고죄, §140)	•최고 5년이하의 징역 또는 5천만원의 이하의 벌금(친고죄, §136①) •침해물임을 알면서 업무상 사용(반의사불벌죄, §140)

저작물은 그 밖에도 그 작성방법에 따라 원저작물, 이에 기초하여 작성된 2차적저작물, 편집저작물(예, 수필을 묶어 만든 수필집, 의료용구의 일종인 시력표)로 구분할 수 있다.

저작자의 수에 따라 단독저작물, 공동저작물로 구분할 수 있다. 그리고 저작자의 성명표시 방법에 따라 실명저작물, 무명저작물, 이명저작물(예, 필명) 등으로 분류할 수 있다.

저작물은 공표 여부에 따라 공표저작물과 미공표저작물로 분류할 수 있다. 공표저작물은 다시 단 한 번에 공표되는 일회적 저작물과 여러 차례 나누어 공표되는 계속적 저작물로 구분할 수 있다. 계속적 저작물은 다시 각 저작물의 독립성 여부에 따라 축차(逐次)저작물과 순차(順次)저작물로 나누는데, 하나의 이야기를 정기간행물에 연재하여 발행되는 소설의 경우에는 독립성이 없는 순차저작물에 해당한다. 그리고 미공표저작물의 경우에는 학교교육 목적의 이용이나 인용에 있어서 일정한 제약이 있다.

04. 저작권으로 보호받지 못하는 것은?

아이디어

저작권법은 표현(expression)은 보호하고 아이디어(idea)는 보호하지 않는다. 예를 들면, 의자라는 아이디어는 창작활동이라는 빌딩의 가장 기초적 벽돌의 역할을 하는 것으로 목수는 의자를 제작하여 표현하고, 화가는 그림을 그려서 표현하고, 시인은 시구(詩句)로 의자를 표현할 것이다. 저작권법은 이와 같이

여 소프트웨어를 역으로 분석하는 것을 말한다.

다양한 표현을 보호할 뿐 의자라는 아이디어는 만인의 공유(public domain)로 남겨두어 누구나 이용할 수 있게 함으로써 다양한 창작활동을 가능하게 하고 있다. 아이디어는 창작의 기본도구인데, 만일 이를 강하게 보호하게 되면 창작활동을 함에 있어서 과도한 시간과 비용이 소요된다. 또한, 이를 소유한 자로부터 사용허락을 받지 못할 경우에는 오히려 저작권법의 목적인 문화와 관련 산업의 발전에 장애가 될 수 있다. 이러한 이유에서 저작권법은 표현은 보호하고 아이디어는 보호하지 않으며, 이를 '아이디어와 표현의 이분법'이라고 한다.

희곡에 있어서 작품의 주제, 기본적인 플롯(plot), 표준적인 등장인물의 캐릭터 등은 창작 활동의 필수적 도구로서 보호받지 못한다. 그리고 컴퓨터프로그램에 있어서는 '해법' 즉 프로그램에서 지시·명령의 조합방법인 알고리즘이 보호대상에서 제외된다(법 제101조의2). 따라서 타인의 프로그램에서 알고리즘만 채용하고 그것에 새로운 창작성을 더하여 프로그램을 제작한다면 프로그램저작권을 침해하는 것이 아니다. 또한, 프로그램을 표현하는 수단으로서 문자, 기호, 체계인 프로그램언어와 특정한 프로그램에서 프로그램언어의 용법에 관한 특별한 약속인 규약도 보호대상이 아니다.[14]

그리고 미술저작물에 있어서 각각의 선, 색채, 형상, 원근법 등은 저작권법의 보호대상이 아니다. 그리고 음악저작물에 있어서 각각의 리듬, 음조, 화성 등도 보호대상이 아니다. 그밖에 역사적 사실, 퀴즈쇼의 진행방식, 작동원리, 조작방법, 회계장부의 부기방식 및 양식, 주문서 양식 등도 저작권의 보호를 받을 수 없다.

피아노 교본 사건(대법원 98도112 판결)

고소인 측의 '알프레드(Alfred) 피아노 교본'에서 택하고 있는 어린이를 대상으로 한 피아노 교습에 관한 교육이론과 이에 기한 교습방법 또는 순서 자체는 이를 저작권의

14) 저작권법 제101조의2 (보호의 대상) 프로그램을 작성하기 위하여 사용하는 다음 각 호의 사항에는 이 법을 적용하지 아니한다.
1. 프로그램 언어: 프로그램을 표현하는 수단으로서 문자·기호 및 그 체계
2. 규약: 특정한 프로그램에서 프로그램 언어의 용법에 관한 특별한 약속
3. 해법: 프로그램에서 지시·명령의 조합방법

보호대상이 되는 표현형식에 해당한다고 할 수 없으므로 피고인이 인쇄·판매한 '엘리트 피아노 교본'이 설사 고소인 측 교본과 같은 교육이론에 따른 것이라고 하더라도 이를 가리켜 저작권 침해가 되는 무단 복제에 해당한다고 할 수 없고, 그 외 이 사건 공소사실에서 적시하고 있는 도안과 그림 등에 의한 구체적인 설명 부분 중 피아노 교습에 있어서의 기초적인 사항에 관한 것은 고소인 측 교본의 설명 부분 자체가 저작권에 의하여 보호되어야 할 창작성이 있다고 보여지지 아니할 뿐만 아니라 그렇지 아니한 사항에 있어서도 고소인 측 교본과 피고인 측 교본 상호간에 실질적 유사성이 있다고 단정하기가 어렵다고 판시하였다.

프로그램의 인터페이스가 유사한 경우 저작권 침해인가?

A는 수입·수출 중계역할을 수행하는 회사로서 복합운송프로그램인 'FL00'의 저작권을 00시스템으로부터 양도받아 영업을 하고 있었다. A는 판로 개척을 위하여 영업을 하던 중 'FL00'과 유사한 프로그램이 납품되어 있는 것을 발견하고 확인한 결과 00시스템에 개발자로 근무했던 이00이 퇴사 후 B회사에 입사한 사실을 알게 되었다. A는 B회사의 위 프로그램의 인터페이스가 자신의 프로그램의 인터페이스와 매우 유사하다는 점에서 B회사가 A의 프로그램저작권을 침해하였음을 이유로 손해배상을 청구하였다.

☞ **두 프로그램의 인터페이스가 유사한 경우 프로그램저작권이 침해되었을까?**

인터페이스는 하드웨어와 소프트웨어 및 사용자 사이의 상호작용을 가능하게 하는 프로그램의 구성부분이다. 키보드나 마우스 등과 같이 프로그램 내에서 메뉴의 명령체계, 스크린의 디스플레이 등에 익숙해진 사용자는 프로그램과의 상호작용을 통해 자신의 일을 수행한다. 어느 프로그램의 인터페이스가 사용자들 사이에 익숙해져서 정형화될 경우 표준화로 이어지고 이러한 호환성은 사용자의 프로그램 사용의 용이성과 편의를 제공할 수 있다. 이러한 이유에서 저작권법은 '특정한 프로그램에서 프로그램 언어의 용법에 관한 특별한 약속'인 "규약"을 보호대상에서 제외하고 있다. 따라서 규약의 일종인 인터페이스는 저작권으로 보호받지 못하므로 위 사안에서도 인터페이스의 유사성만으로 B의 프로그램이 A의 프로그램저작권을 침해한 것이라고 할 수 없다.

관공문서

저작권법 제7조에서 다음의 저작물은 사회 공공성이 강한 것으로서 정책적으로 저작권법의 보호 테두리 밖에 두고 누구나 자유롭게 이용할 수 있도록 하고 있다.

- 헌법·법률·조약·명령·조례 및 규칙
- 국가 또는 지방자치단체의 고시·공고·훈령 그 밖의 이와 유사한 것
- 법원의 판결·결정·명령 및 심판이나 행정심판절차 그 밖의 이와 유사한 절차에 의한 의결·결정 등
- 국가 또는 지방자치단체가 작성한 것으로서 제1호 내지 제3호에 규정된 것의 편집물 또는 번역물

시사보도

저작권법 제7조 제5호에서 '사실의 전달에 불과한 시사보도'는 저작권법에 의한 보호를 받지 못한다고 규정하고 있다. 이는 일상생활에서 매일 일어나고 있는 시사적인 사실을 특정인이 독점하기 보다는 공중에게 신속하게 알려 국민의 알 권리를 충족시키는 것이 공익에 보다 부합하기 때문이다. 또한, 사실의 전달에 불과한 시사보도는 기자의 사상이나 감정을 표현하는 "창작성"이 결여되어 있으므로 저작권법에 의해 보호하지 않는다. 예를 들면, 부고, 인사, 모임, 동정, 육하원칙으로 작성된 사건, 단신 등은 사실을 단순하게 전달하는 것으로 자유이용이 가능하다. 그러나 이러한 단순 시사보도를 제외한 대부분의 신문기사, 사설, 칼럼 등은 저작권법의 보호를 받는다.

사실전달 시사보도(대법원 2004도5350 판결)

과거 한 지방 신문사 편집국장이 연합뉴스와의 기사 전재 계약 없이 약 6개월간 329건의 기사를 무단으로 전재한 사건에서, 대법원은 "저작권법의 보호대상이 되는 것은 외부로 표현된 창작적인 표현형식일 뿐, 그 표현의 내용이 된 사상이나 사실 자체가 아니다"라고 밝히면서, "시사보도는 여러 가지 정보를 정확하고 신속하게 전달하기 위해 간결하고 정형적인 표현으로 사용하는 것이 보통이어서 창작적인 요소가 개입될 여지가 적다는 점 등을 고려해, 독창적이고 개성있는 표현 수준에 이르지 않고 단순히 '사실의 전달에 불과한 시사보도'의 정도에 그친 것은 저작권법에 의한 보호대상에서 제외한 것"이라고 덧붙였다. 재판부는 피고인이 신문을 제작하는 과정에서 복제한 각 연합뉴스사의 기사 및 사진 중 사실전달에 불과한 시사보도 수준을 넘어선 기사를 사

용한 것에 대해 저작권 침해를 인정하면서도 나머지 상당수는 "정치계나 경제계의 동향, 연예나 스포츠 소식을 비롯해 각종 사건사고, 판결내용 등 여러 사실이나 정보들을 정형적인 간결한 문체와 표현을 통해 있는 그대로 전달하는 정도에 그치는 것"이므로 이를 피고인이 그대로 복제하여 신문에 게재했더라도 저작권을 침해하지 않는다고 판시한 바 있다.

캐릭터의 독자적 보호

미키마우스, 뽀로로 등과 같은 창작성이 있는 시각적 캐릭터의 경우에는 만화, 소설, 영화 등 작품으로부터 분리하여 독자적으로 보호받을 수 있다.[15] 세컨드라이프(Second Life)와 같이 가상세계 아바타는 미술적 표현의 비중이 크지만, 또한, 이용자의 분신으로서 행동, 명칭, 용모, 평판 등 하나의 인격을 형성하고 있다.[16] 이와 같이 아바타를 구성하는 다양한 요소 중에서 일부를 복제하는 것이 저작권 침해를 구성하는지가 문제된다. 아바타의 시각적 표현은 그 독자적 보호가 인정될 수 있으나 그가 가지는 인격이라는 추상적 개념은 저작권법상 보호받지 못하는 아이디어 영역에 두는 것이 타당하다고 본다.[17]

한편, 미국의 경우는 캐릭터의 독자적 보호를 폭넓게 인정하고 있다. 법원은 TV에 등장하는 보라색 공룡 바니(Barney) 자체뿐만 아니라 그를 구성하는 독특한 요소들까지 보호하고 있다. 즉, 바니의 시각적 모습의 한 부분을 차지하는 복장과 유사한 복장을 대여 및 판매한 피고의 행위에 대해 저작권을 침해하는 것으로 인정한 바 있다.[18]

15) 만화, 텔레비전, 영화, 신문, 잡지 등 대중이 접하는 매체를 통하여 등장하는 인물, 동물 등의 형상과 명칭을 뜻하는 캐릭터의 경우 그 인물, 동물 등의 생김새, 동작 등의 시각적 표현에 작성자의 창조적 개성이 드러나 있으면 원저작물과 별개로 저작물이 될 수 있다. 대법원 2010. 2. 11. 선고 2007다63409 판결.

16) 캐릭터란 만화, 텔레비전, 영화, 신문, 잡지 소설, 연극 등 대중이 접하는 매체를 통하여 등장하는 인물, 동물, 물건의 특징, 성격, 생김새, 명칭, 도안, 특이한 동작 그리고 작가나 배우가 부여한 특수한 성격을 묘사한 인물을 포함한 총체적인 아이덴티티(identity, 정체성)을 말한다. 서울중앙지방법원 2013. 5. 31. 2011가합103064 판결.

17) 이해완, 「저작권법」, 박영사, 2007, 154면.

18) Lyons P'ship v. Morris Costumes, 243 F.3d 789, 794-96, 802-06 (4th Cir. 2001).

Chapter 3 저작자

A사는 B에게 저작권 귀속에 관한 명시적 규정 없이 소프트웨어 개발을 위탁하였다. A는 전체적인 소프트웨어 개발 기획을 전적으로 맡아 모든 지시를 하였고 자금도 투자하면서 B의 인력만을 빌렸다. 그리고 위탁을 받은 B는 해당 소프트웨어 개발을 오로지 주문자인 A를 위하여 개발하고 납품하였다. 그런데 해당 프로그램의 개발이 완료되어 A가 프로그램저작권 등록을 마치자 B는 해당 프로그램에 대한 저작권이 자신에게 있음을 이유로 등록말소 청구를 하였다. B의 주장은 타당한가?

01. 저작자란?

저작자는 저작물을 실제로 창작한 사람을 말한다(법 제2조 제2호). 저작권법은 '창작자주의'를 원칙으로 한다. 따라서 소설을 창작함에 있어서 단순히 아이디어, 동기, 힌트 등을 제공한 자는 저작자가 될 수 없다.[19] 또한, 창작의 단순한 보조역할을 한 조수나 감수자 및 교열자도 저작자가 아니다. 다만, 이들이 원고 집필이나 대폭적인 교정에 실질적으로 관여하여 창작성 있는 표현을 만들어 내었다면 공동저작자로 인정될 수 있다.[20]

창작을 의뢰한 자도 원칙적으로 저작자가 될 수 없다. 예를 들면, 지도의 제작을 의뢰함에 있어서 의뢰자가 지역의 주요부분을 답사하고 공중 촬영하여 수집한 자료 등을 화가에게 제공하고, 또한, 지도의 도안·도형·색채는 물론 지도에 들어갈 주요도로나 건물 등에 이르기까지 상세한 지시를 한 경우에도 그것

19) 대법원 2009. 12. 10. 선고 2007도7181 판결.
20) 서울중앙지방법원 2013. 5. 31. 선고 2011가합103064 판결.

을 도형이나 그림에 의하여 구체적으로 표현함에 있어서는 화가 자신의 예술적 감각이나 기술이 구사되어 제작된 지도에 대한 저작자는 의뢰자가 아닌 화가가 될 수 있다.

그러나 저작을 의뢰한 경우라도 저작물의 제작에 있어서 의뢰자의 지휘 감독하에 모든 지시를 받으며 마치 그의 수족이 되어 작업을 도와준 것에 불과한 사람은 저작자가 될 수 없다.

그러나 현실적으로는 창작을 의뢰한 자가 해당 창작물에 대한 권리를 가지는 경우가 많은데, 이는 그 창작에 관한 도급 계약서에 저작권 귀속에 관한 규정을 명시적으로 발주자에게 귀속시키기 때문이다. 이러한 저작재산권 귀속에 관한 조항에 의해 창작자의 권리는 창작을 의뢰한 발주자에게 양도된다. 주의해야 할 점은 창작비용에 이러한 저작권 이전에 관한 비용까지 충분히 반영되어야 한다는 것이다.

■ 다른 사람이 대작(代作)한 경우에는 저작권이 누구에게 귀속될까?

저작권법은 저작물의 원본이나 복제물에 저작자로서의 실명 또는 이명(예명·아호·약칭 등)으로서 널리 알려진 것이 일반적인 방법으로 표시된 자를 저작자로 추정하고 있다(법 제8조제1항 제1호). 따라서 대작의 경우에는 직접 저작물을 제작한 자가 아닌 저작명의자가 저작자로 추정된다. 그리고 실명 등의 저작자의 표시가 없는 경우에는 발행자나 공연자 또는 공표자로 표시된 자가 저작자로서 저작권을 가지는 것으로 추정하고 있다. 다만 대작자가 자신이 저작자임을 입증함으로써 소급적으로 저작자가 될 수 있다.

천경자 화백의 〈미인도〉 사건과 가수 조영남의 '그림 대작' 사건

故 천경자 화백이 자신이 그린 그림이 아니라고 20년 넘게 주장한 <미인도>에 대해 2019년 유족들이 사자명예훼손 및 허위공문서 작성, 저작권법 위반 혐의로 국립현대미술관 측 6인을 고소한 사건이 있었다. <미인도>의 위작 논란은 1991년으로 거슬러 올라가는데, 당시 천 화백은 미인도가 자신이 그린 그림이 아니라고 주장했지만, 이를 소장한 미술관은 진품이 맞다고 반박했다.

한편, 유명 가수 조영남씨가 자신이 아이디어를 내고 실제 그림은 다른 사람이 그렸다는 사실을 알리지 않고, 자신이 직접 그렸다고 하면서 그림을 판매한 것이 사기죄에 해당하는지 여부와 관련하여 법원에서 공방이 벌어졌다. 이에 대해, 2020년 대법원은 "미술작품 거래에서 기망 여부를 판단할 때 가치 평가는 전문가의 의견을 존중하는 사법 자제 원칙을 지켜야 한다"고 설시하고, "작품의 위작 여부나 저작권에 대한 다툼과 같은 특별한 사정이 없는 한 기망이라고 볼 수 없다"고 판단하여 무죄를 선고했다.

02. 공동저작자와 결합저작물의 저작자

2인 이상의 작가가 함께 뮤지컬 대본을 작성하였다면 그 저작권은 참여한 작가 모두에게 귀속된다. 이를 '공동저작권'이라고 한다. 예컨대, 소설을 출간한 A는 해당 소설을 연극으로 만들기 위해 공연기획사와 계약을 맺고, A가 초벌 대본을 쓰고, 각색 작가인 B가 연극적 요소를 가미하여 대본을 완성하였다면 A와 B는 최종 대본에 대한 저작권을 공동으로 가진다. 공동으로 만든 저작물은 크게 '공동저작물'과 '결합저작물'로 구분한다. 공동저작물은 2인 이상이 공동 창작한 저작물로서 각자 부분을 분리하여 이용할 수 없는 것을 말한다(법 제2조 제21호). 예를 들면, 토론회나 좌담회의 경우 참여자 개개의 발언은 물리적으로 분리할 수 있지만 분리한 상태로 이용하는 것은 불가능하다. 공동저작물은 각자의 이바지한 부분이 있으나 그것을 분리하여 개별적으로 이용할 수 없는 것을 말하므로, 비록 각자의 이바지한 부분을 물리적으로 분리할 수 있는 경우라도 개별적으로 이용할 수 없다면 여전히 공동저작물이 된다.[21] 또한, 만화작가와 스토리 작가가 만화의 줄거리와 작화를 분리하여 작업하는 경우도 이에 해당한다. 이러한 공동저작물을 이용하거나 양도받고자 하는 경우에는 반드시 저작자 전원의 합의가 있어야 한다(법 제15조 제1항, 제48조 제1항).

반면 공동저작물과 달리 2인 이상의 저작자가 외관상 하나의 저작물을 창작

21) 복수의 저작자의 각 기여부분이 물리적으로 분리가능한지 여부를 따져 판단하는 것을 '분리가능설'이라고 한다. 따라서 '개별적 이용가능성설'이 '분리가능성'에 비하여 공동저작물성을 넓게 인정하고 있다.

한 경우라도 각자의 기여분이 분리되어 이용할 수 있는 경우가 있는데, 이를 '결합저작물'이라고 한다. 여기에는 뮤지컬[22], 심포지엄 자료집, 여행사진집(사진과 해설의 결합) 등이 있다. 결합저작물은 단독저작물을 단순히 결합해 놓은 것에 지나지 않으므로 다른 저작자의 허락 없이도 자신이 창작한 부분을 자유롭게 이용할 수 있다.

공동저작물의 경우 각 저작재산권자는 신의(信義)에 반하여 합의의 성립을 방해하거나 동의를 거부할 수 없다(법 제48조 제1항 단서). 그런데 위 규정은 어디까지나 공동저작자들 사이에서 각자의 이바지 한 부분을 분리하여 이용할 수 없는 단일한 공동저작물에 관한 저작재산권을 행사하는 방법을 정하고 있는 것일 뿐이므로 공동저작자가 다른 공동저작자와의 합의 없이 공동저작물을 이용하더라도 그것은 공동저작자들 사이에서 위 규정이 정하고 있는 공동저작물에 관한 저작재산권의 행사방법을 위반한 행위가 되는 것에 그칠 뿐 다른 공동저작자의 공동저작물에 관한 저작재산권을 침해하는 행위까지 된다고 볼 수는 없다(대법원 2014. 12. 11. 선고 2012도16066판결). 즉 공동저작자 중 1인이 다른 공동저작자와 합의하지 않고 저작물을 이용한 경우 다른 공동저작자의 저작재산권에 대한 침해죄는 성립하지 않는다.

그런데 이러한 저작권 행사의 형태는 저작재산권 침해행위에 대한 금지청구 등에는 적용되지 않는다. 즉 공동저작물의 각 저작자 또는 각 저작재산권자는 다른 저작자 또는 다른 저작재산권자의 동의 없이도 침해정지 및 손해배상을 청구할 수 있다(법 제129조).

그리고 공동저작물이 되기 위해서는 참여 저작자 간에 하나의 저작물을 창작한다는 공동의 인식 또는 의사가 있어야 한다. 만일 공동창작에 대한 의사가 없이 A가 만든 창작물에 더해 B가 추가 작업을 하여 상당한 변경을 가하였다면 공동저작물이 아닌 '2차적저작물'이 된다. 2인 이상이 직접 공동으로 창작하

22) 서울고등법원 2004. 7. 5. 자 2004라246 결정. 뮤지컬에는 작사가와 작곡가, 연출가, 안무가 등이 참여하지만 뮤지컬의 제작·공연에 공동으로 참여한 저작물들은 각자의 이바지한 부분을 분리하여 이용할 수 있으므로 뮤지컬은 결합저작물이라고 보아야 한다고 판시하였다.

지 않고 계약에 따라 공동으로 소유하는 경우에는 민법상 '공유'가 되어 여러 사람의 지분에 따라 공동으로 소유하는 형식이 되고 각 소유자는 각자의 지분에 해당하는 권리만 소유권을 행사할 수 있다. 이때 따로 지분의 비율을 정한 것이 없으면, 비율은 균등한 것으로 추정한다. 공유물을 변경하거나 처분하는 경우에는 공유자 전원의 동의가 필요하며, 공유물을 침해하는 자가 있는 경우 각 공유자는 단독으로 침해의 배제를 청구할 수 있다. 공유자는 원칙적으로 언제든지 공유관계를 단절하고 공유물의 분할을 청구할 수 있다.

한편 공동저작물에 대하여 A와 B 사이에 A의 명의로 저작물을 발표하기로 합의한 경우에는 대세적으로 A를 저작자로 추정한다.

논문지도 및 저술에 있어서 공동저작자의 기준

<사안 개요>

이 사건에서 H대학의 시간강사였던 J씨는 개설 예정과목에 대한 교재인 '○○정책론'에 대한 출판을 준비하면서 같은 대학 L교수에게 수백 페이지 분량의 초안을 보여주었는데, L교수는 책의 권위를 높이기 위해서는 자신과 공저로 출판할 것을 제안하였다. 처음에 J씨는 이를 원하지 않았지만 L교수의 지속적인 요구를 이기지 못하여 공동저술을 하자는데 합의하였다. 그러나 이후 L교수는 해당 저서의 내용을 이용해 무단으로 논문을 단독으로 출판하고자 하였고, 이를 알게 된 J씨는 공저 출판을 거절하고 단독으로 출간하기에 이르렀다. 이에 불만을 품은 L교수는 해당 저술은 자신의 주도하에 이루어진 것으로서, 원고 작성을 위해 자신이 그동안 작업해 온 자료와 디스켓을 J씨에게 주었고, J씨는 이를 토대로 초고를 작성하였다는 허위 사실을 들어 자신이 '○○정책론'의 공동저작권자이며 J씨의 단독 출간은 저작권 침해행위에 해당하다고 주장하면서 J씨를 고소하였다. 이에 대해 J씨는 L교수를 무고와 저작권법 위반 혐의로 고소하였고, 1심 법원은 L교수에게 10월의 실형을 선고하였고, 항소심은 징역 10월에 집행유예 2년을 선고하였다.

<법원 판결>

대법원은 이 사건에 대해 저작권법상 '저작자'는 저작물을 창작한 자를 말하고, '공동저작물'은 2인 이상이 공동으로 창작한 저작물로서 각자의 이바지한 부분을 분리하여 이용할 수 없는 것(법 제2조 제21호)을 말한다고 하였다. 또한, "저작권은 구체적으로 외부에 표현한 창작적인 표현 형식만을 보호 대상으로 하는 점에 비추어, 2인 이상이 저작물

의 작성에 관여한 경우 그중에서 창작적인 표현 형식 자체에 기여한 자만이 그 저작물의 저작자가 되는 것이고, 창작적인 표현 형식에 기여하지 아니한 자는 비록 저작물의 작성 과정에서 아이디어나 소재 또는 필요한 자료를 제공하는 등의 관여를 하였다고 하더라도 그 저작물의 저작자가 되는 것은 아니다"라고 판시하였다. 나아가 재판부는 설령 저작자로 인정되는 자와 공동저작자로 표시할 것을 합의하였다고 하더라도 이를 달리 볼 수 없으며 실질적인 공저 작업이 없는 이상 공동저작자가 될 수 없다고 보았다.

☞ 저작권법은 저작물의 표현을 보호하고 아이디어는 보호하지 않기 때문에 저서나 연구논문에 있어서 훌륭한 아이디어를 제공하였다고 하더라도 공동저자가 될 수 없다. 이 사건은 대학교수가 학생의 논문지도에 있어서 핵심적인 아이디어, 체계, 자료 등을 제공하는 경우가 대부분이지만 교수가 직접적인 표현에 기여하지 않는 한 공동저자가 될 수 없음을 잘 보여주고 있다.

☞ 한편, 박사학위 논문을 위한 연구과정에서 도움을 준 교수가 해당 논문을 학회지에 게재함에 있어서 자신을 제1저자로 기재하고 또한, 이 연구와 무관한 타인들을 공동저자로 기재한 사건에서 법원은 해당 교수에게 5천만 원의 손해배상 책임을 인정하였다. 해당교수는 동 논문을 전문 번역회사에 의뢰하여 영어로 번역하고 원저자를 명단에서 제외한 상태에서 미국 학회지에 게재하였다. 법원은 이러한 행위에 대해 허락없이 저자를 바꾼 것은 저작인격권 중 성명표시권을 침해한 것이고, 또한, 영문번역본을 작성한 것은 저작물의 내용이나 형식·제목을 그대로 유지할 권리인 '동일성유지권'을 침해한 것이라고 판시하였다. 위 두 사건은 교수의 학생 논문지도에 있어서뿐만 아니라 교수-제자 관계가 아닌 경우에 있어서도 공동저작자가 될 수 있는 기준을 잘 보여주는 사건이라고 할 수 있다.

03. 종업원이 만든 창작물 누구에게 귀속될까?

회사의 종업원이 업무를 함에 있어서 발명을 하거나 창작을 한 때에 그 권리는 누구에게 귀속될까?

저작권법에서는 "법인·단체 그 밖의 사용자(이하 "법인등"이라 한다)의 기획하에 법인등의 업무에 종사하는 자가 업무상 작성하는 저작물"을 "업무상저작물"이라고 정의하고 있다(법 제2조 제31호). 창작은 인간만이 자신의 사상이나 감정을 독창적으로 표현함으로써 가능하지만 법은 일정한 요건을 만족하는 경우 법인 등에게 저작자로서의 지위를 부여하고 있다.

저작권법 제9조는 "법인등의 명의로 공표되는 업무상저작물의 저작자는 계약 또는 근무규칙 등에 다른 정함이 없는 때에는 그 법인등이 된다"고 규정함으로써 회사의 기획하에 종업원이 업무상 작성한 저작물에 대한 저작권은 별도의 계약이 없는 한 회사에 귀속함을 원칙으로 하고 있다. 즉 업무상저작물에 대한 저작자의 지위가 처음부터 법인등에게 귀속되므로 저작물을 창작한 종업원은 저작재산권과 저작인격권을 가지지 못한다.

회사 또는 단체가 저작권자가 되기 위해서는 다음의 구체적인 5가지 요건을 모두 만족해야 한다.

첫째, 법인등이 저작물의 작성을 주도권을 가지고 기획할 것.

둘째, 법인등의 업무에 종사하는 자가 작성할 것. 즉 사용(고용) 관계에 있지 아니한 사람에게 주문 또는 위탁하여 작성된 저작물은 업무상저작물에 포함되지 않는다. 고용 관계는 출퇴근하는 아르바이트생과 같이 일시적인 경우에도 인정될 수 있다.

업무에 종사하는 자(서울고법 2016나2020914 판결)

<사안의 개요>

원고는 공연기획사를 운영하고 있고, 피고는 발레 무용수 겸 안무가로 활동하고 있다. 원고는 2012.2. 피고를 찾아가 발레 공연 업무를 함께 하자고 제안하였고, 피고는 위 제안을 받아들여 2012년부터 2014년경까지 창작 발레 작품들(이하, "이 사건 발레 작품들")의 예술감독 겸 안무가로 일하였다. 이후 피고는 2015. 5.경 원고가 이 사건 발레 작품들 중 하나를 자신과 상의 없이 공연하고 있다는 사실을 알게 되어 원고에게 해명을 요구하였고, 2015. 6. 2.에는 한국저작권위원회에 이 사건 발레 작품들에 관한 저작권등록을 신청하여 저작권등록을 마쳤다. 이에 원고는 이 사건 발레 작품들은 업무상 저작물이므로 그 저작권은 원고에게 귀속되며, 설령 업무상 저작물이 아니더라도 최소한 원고와 피고의 공동저작물에 해당한다고 주장하면서, 피고의 저작권 침해 금지 및 저작권 등록말소를 청구하였다.

<법원 판결>

법원은 ① 원고가 작성한 급여대장에 기재된 피고에 대한 급여 내역, ② 원고가 4대 보험료를 대신 납부한 사실, ③ 피고가 원고 운영의 공연기획사의 예술감독 및 안무가 직함의 명함을 가지고 다닌 사실을 인정하면서도 다음과 같은 사정을 들어 원고와 피고 사이에 고용관계가 있었다고 인정할 수 없다고 판단하였다. 즉, 법원은 ④ 원고가 피고에게 지급한 금원은 공연 준비비용, 공연수익 배분금 등의 명목이었던 것으로 보이고, ⑤ 원고가 공연을 섭외하면 피고가 무용수와 스텝진을 구성하여 공연을 하고 추후 원고와 피고 사이에 그 비용과 수익을 정산하는 식으로 공연 업무를 하였을 뿐만 아니라, ⑥ 원고와 피고 사이에 근로계약서가 작성된 바 없고 퇴직금 지급도 이루어지지 않은 사실 등을 고려하면, 원고와 피고 사이에 고용관계가 있었다고 볼 수 없으므로 이 사건 발레 작품들은 업무상 저작물이 아니라고 판단하였다.

셋째, 종업원이 업무상 작성한 것. 주된 업무의 파생적인 일이거나 업무와 단순한 관련성이 있는 것만으로는 업무상 창작이라고 볼 수 없다(예를 들면, 대학교수의 강의안).

넷째, 법인등의 명의로 공표되는 것(컴퓨터프로그램 제외). 주의할 것은 창작자의 성명과 사용자의 성명을 함께 표시하거나 창작자의 성명만으로 공표하는 경우에는 업무상저작물이 될 수 없다. 다만 창작자의 표시가 단순히 업무의 분담을 나타내기 위한 경우에는 그러하지 아니하다.

컴퓨터프로그램의 경우에는 법인등이 공표하지 않더라도 업무상 저작물이 될 수 있다(법 제9조 단서). 컴퓨터프로그램의 경우에는 저작물이지만 대개 영업비밀로 유지되는 경우가 많아 SW 개발업체가 전략적으로 프로그램을 공표하지 않는 경우가 많으므로 이러한 현실을 고려한 것이다. 또한, 회사의 종업원이 비밀로 관리되고 있는 프로그램 소스코드를 유출하여 자신을 위하여 공표할 경우 오히려 회사에게 부당한 피해를 줄 수도 있기 때문이다.[23] 따라서 저작권법은 프로그램에 대해서 업무상 저작물의 요건인 공표를 요구하지 않고 있다.

다섯째, 법인등과 종업원 사이에 계약이나 근무규칙 등에 다른 정함이 없을

23) 이러한 이유로 1994년 컴퓨터프로그램보호법을 개정하여 업무상 창작물의 권리발생 요건에서 공표를 삭제하였다.

것. 만일 회사와 종업원 사이에 개별 계약이나 근무규칙 등에 실제 창작한 자를 저작자로 정한다는 규정을 둔 경우에는 법인등이 저작자가 될 수 없다.

업무상 저작물 규정(저작권법 제9조) 합헌성

헌법재판소는 업무상 저작물에 관한 저작권법 제9조가 입법형성권의 한계를 일탈하였는지 여부를 검토하였다. 이와 관련하여 헌법재판소는 "심판대상조항이 업무상 창작된 컴퓨터프로그램저작물의 저작자를 법인 등으로 정한 것은 권리관계를 명확히 하고, 이를 바탕으로 컴퓨터프로그램저작물이 활발하게 개량되고 유통되며, 나아가 지속적이고 안정적으로 창작되도록 유인하기 위한 것으로서, 그 입법목적이 정당하다. 심판대상조항은 업무상 저작물의 성립요건을 엄격하게 제한하여 법인 등의 업무에 종사하는 자(이하, "피용자")의 이익을 충분히 배려하고 있고, 법인 등과 피용자 사이에 달리 합의할 가능성을 부여하여 이들의 이익을 상호 조정하는 수단도 마련하고 있다. 특허권에 관한 발명진흥법상 직무발명제도는 '특허를 받을 수 있는 권리'를 종업원에게 원시적으로 귀속시키고 종업원에게 보상청구권을 인정하고 있는데, 특허권과 저작권은 권리발생요건과 공시절차를 달리하므로, 직무발명제도와 심판대상조항을 단순 비교하여 심판대상조항이 피용자의 이익을 지나치게 경시하고 있다고 보기도 어렵다. 이상을 종합하면, 프로그램의 활발한 유통과 안정적 창작을 위하여 법인 등의 기획 하에 피용자가 통상적인 업무의 일환으로 보수를 지급받고 컴퓨터프로그램저작물을 작성한 경우 그 저작자를 법인 등으로 정하도록 하되, 계약 또는 근무규칙으로 저작자를 달리 정할 수 있도록 한 입법자의 판단은 합리적인 이유가 있으므로, 심판대상조항은 입법형성권의 한계를 일탈하였다고 보기 어렵다."라고 판시하였다.[24)]

학교의 시험문제 누구에게 귀속할까?

학생의 학업성취도를 평가하기 위해 출제한 시험문제에 대한 저작권은 교사와 학교 중 누구에게 귀속될까? 수학 교사가 수년간 직접 출제한 시험문제를 취합해서 시험문제집을 발간하고자 할 경우 학교의 허락을 받아야 할까?

최근 인터넷 교육정보 서비스 사업자(족보닷컴)가 국립학교 교사가 학업성취도 평가와 대입 내신성적 산출을 위해 출제한 시험문제를 데이터베이스화 하여 유상으로 복제·전송 서비스에 제공한 사건에서, 법원은 공립학교 교사에 의해 출제된 중간·기말고

24) 헌법재판소 2018. 8. 30. 선고 2016헌가12 판결.

사 문제에 대한 저작권은 지방자치단체에 귀속한다고 판시하였다.[25] 판결이유로서 공립학교 교사들이 출제한 시험문제는 고등학교의 기획하에 소속 교사들이 업무상 작성한 것이고, 문제지에 학교 명칭만이 표시되고 출제자는 표시되지 아니하였고, 특정 다수인인 위 학교의 해당 학년 학생들에게 배포되고 회수되지 아니하였으므로, 이는 당해 고등학교 명의로 공표된 업무상 저작물로서 저작권법 제9조의 의하여 그 저작권이 위 학교의 설립주체인 지방자치단체에 귀속한다는 하였다.

그런데 동 법원은 사립고등학교 교사들이 출제한 시험문제에 대해서는 시험지 중 일부에 해당 시험을 특정하는 시험지 표제 문구로 당해 학교의 명칭이 기재되어 있기는 하나, 이는 출제자가 임의로 해당 시험을 특정하기 위하여 표시한 것으로 저작권의 귀속주체를 표시하였다고 보기 어려운 점 등에 비추어 위 시험문제를 업무상 저작물로 보지 않고 출제자에게 저작권이 귀속한다고 판시하였다. 즉 동 법원은 공립학교 교사가 출제한 시험문제는 지역 교육청에 그 저작권이 귀속한다고 본 반면, 사립학교 교사가 출제한 시험문제는 출제자 개인 저작물로 보았다.

☞ 공익적 성격의 교육기관으로서 공립학교와 사립학교의 시험문제의 출제 과정이 사실상 동일함에도 불구하고 양자의 저작권 귀속을 달리 본 이 판결에 대하여 비판의 목소리도 있다.[26] 그러나 최근 들어 교육적 영역의 산물에 대해서도 업무상 저작물로 보는 경향이 강해지고 있으며, 특히 개정 저작권법은 종전의 법인 등의 명의로 공표된 저작물에 한정하여 "업무상저작물"로 인정하던 것을 미공표된 저작물도 포섭할 수 있도록 하였고,[27] 또한, 종업원의 성명이 표시된 경우에는 "법인"이 아닌 "종업원"을 저작자로 의제하는 내용을 삭제하여 업무상 작성하는 저작물은 명시적인 특약이 없는 한 법인을 저작자로 하였다.[28] 따라서 시험문제의 저작권 귀속에 관하여 여전히 논란의 소지와 연구의 필요성이 있으나, 학교와 교사 간에 특약이 없이 학교의 명의로 공표된 시험문제는 학교에게 저작권이 있는 것으로 보아야 할 것이다.

---

25) 서울중앙지방법원 2006. 10. 18. 선고 2005가합73377 판결.

26) 계승균, 중·고등학교시험문제와 저작권, 재산법연구 제24권 제1호(2007).

27) 저작권법 제9조에서 '공표된'을 '공표되는'으로 변경하였다. 즉 "법인등의 명의로 공표되는 업무상저작물의 저작자는 계약 또는 근무규칙 등에 다른 정함이 없는 때에는 그 법인등이 된다."고 규정하고 있다.

28) 구저작권법 제9조에서 "법인·단체 그 밖의 사용자(이하, 이 조에서는 "법인등"이라 한다)의 기획하에 법인등의 업무에 종사하는 자가 업무상 작성하는 저작물로서 법인등의 명의로 공표된 것(이하, "단체명의저작물"이라 한다)의 저작자는 계약 또는 근무규칙등에 다른 정함이 없는 때에는 그 법인등이 된다. 다만, 기명저작물의 경우에는 그러하지 아니하다."고 규정하고 있다.

업무외 제작한 학습교재의 저작자 (서울고법 98나32122 판결)

원고를 채용하여 유치원 학습교재를 제작한 후 그 제작비용을 지급하지 않아 분쟁이 된 사안에서, 법원은 "피고는 이 사건 저작물이 업무상저작물이라 항변했지만 법원은 피고가 이 사건 저작물의 저작과 출판에 필요한 기획을 하고 작업팀을 구성하여 저작활동을 지시하였다 하더라도 평소 수령하고 있던 급여 이외에 별도의 비용을 수령함이 없이 원고가 위 저작활동을 수행한 이상 수령한 급여 액수에 비추어 볼 때 원고가 순수한 피고의 피용자로서 피고의 비용 지출 하에 위 학습지를 저작하였다고 인정하기 어렵다고 볼 것이다"라고 판시하였다.

☞ 별도의 비용 지급 없이 업무 외에 학습교재를 제작하게 한 것은 업무에 해당한다고 보기 어려우며, 이 경우 해당 저작물은 업무상저작물에 해당하기 어렵다. 따라서 이 경우 해당 학습교재의 저작자는 법인 등이 될 수 없다.

■ 회사에 고용된 실연자가 업무상 만들어낸 실연에 대한 권리는 회사 또는 실연자 중 누구에게 귀속될까?

☞ 업무상 저작물에 관한 저작권법 제9조는 저작재산권에 한정하여 적용되므로 고용관계에 있는 실연자의 실연에 대한 권리는 원칙적으로 그 실연자가 갖는다고 볼 수 있다. 따라서 회사가 당해 권리를 행사하기 위해서는 별도의 근무규칙이나 계약에 의해 권리를 인수할 필요가 있다.

저작자와 저작권자

저작자(author)는 기본적으로 저작권자(copyright owner)가 된다. 그러나 저작재산권은 양도·상속 등에 의해서 이전이 가능하므로 저작자가 항상 저작재산권자가 되는 것은 아니다. 즉, 저작자가 자신의 권리 전부 또는 일부를 타인에게 양도한 경우에는 그 양수인은 직접 창작을 하지 않아서 저작자는 되지 못하지만 저작재산권자는 될 수 있다(법 제45조 제1항). 저작권 중 저작인격권은 일신전속적인 권리이므로 타인에게 양도되지 않는다. 따라서 양도에 의해서 저작재산권과 저작인격권이 분리되는 현상이 나타날 수 있다. 또한, 특정 저작물의 소유자가 달라지는 경우에는 저작자, 저작권자, 소유자가 분리되기도 한다.

Discussion

주제 **영화제작 과정에 소설의 작가, 각본, 감독, 촬영, 음향, 배우, 영화제작사, 투자자, 연출, 편집 등 수많은 사람들이 참여하여 제작된 영화에 대한 저작권은 누구에게 귀속될까?**

설명 우리 저작권법은 영상저작물에 대한 권리를 특례로 명확히 하고 있다. 즉, 영상제작자와 영상저작물의 제작에 협력할 것을 약정한 자(영상제작에 참여하는 모든 이해관계인)가 그 영상저작물에 대하여 저작권을 취득한 경우 특약이 없는 한 그 영상저작물의 이용을 위하여 필요한 권리는 영상제작자가 이를 양도받은 것으로 추정하고 있다(법 제100조 제1항). 따라서 영상저작물의 제작에 활용된 소설·각본·미술저작물 또는 음악저작물 등의 저작재산권을 제외하고는 영화 그 자체에 대한 저작권은 영상제작자가 갖는 것으로 볼 수 있다. 이러한 특례를 둔 이유는 영상저작물의 제작에 관여한 수많은 사람들의 기여 부분을 개별적으로 분리하여 이용할 수 없고, 또한, 이들 모두를 저작자로 인정할 경우 영상저작물의 원활한 이용이 방해받을 수 있기 때문이다. 영상제작물의 제작에 협력할 것을 약정한 자로부터 영상제작자가 양도 받는 영상저작물의 이용을 위하여 필요한 권리는 영상저작물을 복제·배포·공개상영·방송·전송 그 밖의 방법으로 이용할 권리이며, 이를 양도하거나 질권[29]의 목적으로 할 수 있다(법 제101조 제1항). 또한, 실연자로부터 영상제작자가 양도받는 권리는 그 영상저작물을 복제·배포·방송 또는 전송할 권리이다.

영상저작물의 저작자와 영상제작자는 구별되는 개념인데, 전자는 그 제작에 창작적으로 기여한 사람을 말하며, 후자는 제작에 있어서 전체를 기획하고 책임을 지는 사람을 말한다. 영상저작물 제작에 사용될 저작물을 단순히 이용허락한 자는 원저작물에 대한 권리자이나 영상저작물의 저작

29) 질권(質權)이란 채권자가 채무의 변제를 받을 때까지 그 채권의 담보로서 채무자 또는 제3자로부터 받은 물건(또는 재산권)을 유치하고, 변제가 없는 때에는 그 물건의 가액(교환가치)에서 우선적으로 변제를 받을 수 있는 담보물권을 말한다.

자는 될 수 없다. 또한, 배우 등 실연자도 제작에 창작적으로 관여한 것이 아니므로 영상저작물의 저작자가 아니다. 그러나 영상저작물의 창작에 저작자로서 참여한 감독, 촬영감독, 조명감독, 미술감독 등(현대적 저작자)은 영상저작물의 저작자가 된다.

주제 **「발명진흥법」의 직무발명제도는 업무상저작물에 대해서도 적용될까?**

설명 「발명진흥법」의 직무발명제도에서는 종업원의 직무발명에 대한 권리를 사용자가 승계한 경우 정당한 보상을 하도록 법률로 의무화하고 있다(동법 제15조 제1항). 또한, 직무발명에 대해서는 특허등록, 실용신안등록, 디자인등록을 받은 경우에는 사용자는 그 특허권, 실용신안권, 디자인권에 대하여 통상실시권을 가진다. 따라서 업무상저작물에 대해서는 직무발명제도가 적용되지 않는다. 산업재산권(특허, 실용신안, 디자인)의 경우에는 그 권리 획득에 신규성 등 엄격한 요건을 필요로 하고 개인적 성격이 강한 점을 들어 발명 등을 장려하기 위해 직무발명제도를 두고 있다. 그럼에도 불구하고, 업무상저작물에 대해서는 원천적으로 그 권리를 사용자에게 귀속시키고 있어서 직무발명제도와 비교해 볼 때 형평성의 문제가 남아 있다고 본다.

Explanation

저작권법 제9조에서 "법인등의 명의로 공표되는 업무상저작물의 저작자는 계약 또는 근무규칙 등에 다른 정함이 없는 때에는 그 법인등이 된다"고 규정하고 있다. 즉, 고용계약에 따라 회사에 고용된 종업원이 업무상 창작한 저작물은 일반적으로 당해 회사에 귀속된다.

그런데 컴퓨터프로그램 위탁개발계약은 당사자 일방이 어느 일을 완성할 것을 약정하고 상대방이 그 일의 결과에 대하여 보수를 지급할 것을 약정하는 도급계약으로서, 근로계약에 기한 업무상 창작에 관한 저작권법 제9조가 적용되지 않는다. 따라서 위탁개발에 의해 창작된 프로그램에 대한 저작권은 원칙적으로 위탁한 자가 아닌 개발자에게 귀속된다.

그러나 위 사례와 같이 개발계약서에 저작권 귀속에 관한 명시적인 규정이 없는 상태에서 모든 기획과 아이디어를 제공하고 개발에 있어 모든 지시를 전적으로 주문자가 도맡아서 하고 개발자는 단지 코딩작업만 하는 경우에 있어서 저작권을 개발자에게 귀속시키는 것은 부당하다고 할 수 있다. 따라서 프로그램 개발계약관계에 있어서 주문자가 전적으로 프로그램에 대한 기획을 하고 자금을 투자하면서 개발업자의 인력만을 빌어 그에게 개발을 위탁한 경우에는 예외적으로 개발자가 사실상 주문자에 고용된 것과 같이 업무상 창작한 프로그램에 준하는 것으로 보아 주문자를 프로그램저작자로 보게 된다(대법원 2000. 11. 10. 선고 98다60590 판결).

Chapter 4 저작권과 저작인접권

호텔 롯데(피신청인)는 놀이동산 개점에 앞서 어린이의 관심을 끌기 위하여 작가 10명을 위촉하여 마스코트 도안을 의뢰하여 그 중 신청인이 너구리를 주제로 하여 그린 롯티라는 이름의 작품을 당선작으로 선정하고 당선료를 지급하였다. 당시 롯데와 신청인은 '캐릭터제작계약'을 체결하였는데 계약서에 따르면, 제작된 도안에 대한 소유권 및 저작재산권 등 일체의 권리는 롯데에게 귀속되며, 나아가 수정요구를 할 수 있도록 하였다.

당선 이후 롯데의 요구로 신청인은 수차례에 걸쳐 너구리 도안을 수정, 보완하여 기본도안과 이를 기초로 한 응용도안을 제작하였다. 그런데 롯데는 도안에 대해 다시 수정을 요구하였으나 신청인은 이를 거부하였다. 그러자 롯데는 만화영화 제작자인 A에게 신청인이 제작한 도안을 참고로 하여 새로운 캐릭터를 개발해 줄 것을 의뢰하였고, 현재 롯데월드에 사용하고 있는 캐릭터인 롯티를 완성하였다.

이에 신청인은 저작재산권이 양도되었다 하더라도 여전히 저작인격권을 보유하고 있으며, 롯데가 A에게 의뢰하여 제작한 도안은 자신의 도안을 변형하여 만든 것이므로 동일성유지권을 침해한 것이라고 주장하면서 저작물 사용을 금지하는 가처분을 법원에 신청하였다. 신청인의 주장은 타당한가?

01. 저작권자는 어떤 권리들을 가질까?

저작권자가 되면 복제권을 비롯하여 다양한 권리를 가지게 된다. 저작권은 크게 '저작인격권'과 '저작재산권'으로 나누어지며, 이 두 권리는 다시 세분화된 권리들을 포함한다. 저작인격권은 창작자의 인격적 권리로서 공표권, 성명표시권, 동일성유지권으로 구성되어 있다. 그리고 저작재산권은 경제적 이익을 추구할 수 있는 권리로서 복제권, 공연권, 전시권, 공중송신권, 배포권, 2차적저작물작성권, 대여권 등이 있다. 이와 같이 저작권은 많은 권리로 구성되어 있으며 이를 '권리의 다발'이라고 부르기도 한다.

한편 저작물을 직접 창작한 자는 아니지만 가수, 음반제작자, 방송사와 같이 저작물에 대한 해석 및 전달자로서 창작의 가치를 증진시키는 자들에게 주어지는 권리를 '저작인접권'이라고 한다. 각 저작인접권자들은 저작권의 일부를 갖는다. 한편 프로그램저작권도 저작인격권과 저작재산권을 포함하나 저작인접권은 존재하지 않는다.

<저작권과 저작인접권의 종류>

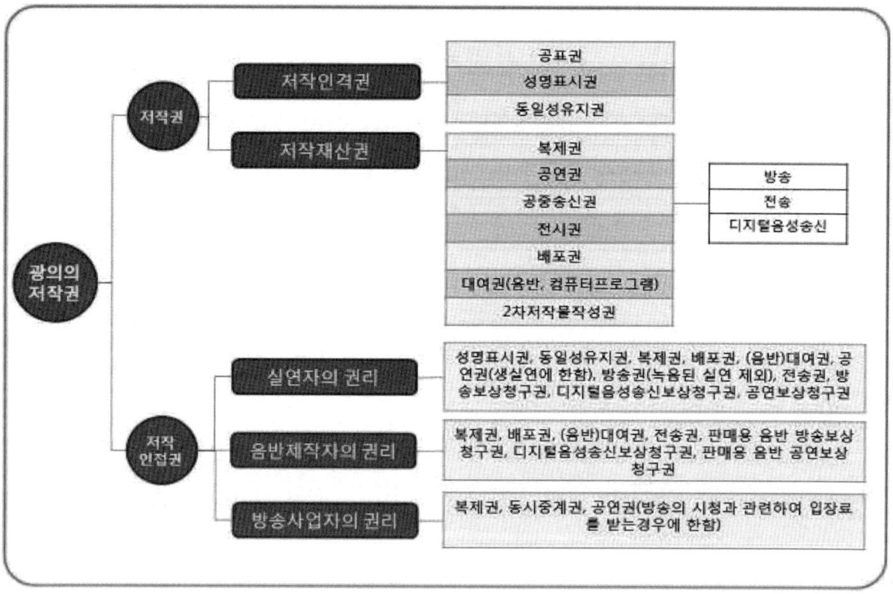

저작인격권

저작인격권(moral right)이란 창작자의 정신적 산물인 저작물에 대하여 저작자가 가지는 인격적 이익을 보호하는 권리로서 경제적 이익을 추구하는 저작재산권과는 구별되는 개념이다. 저작인격권은 저작자의 인격과 항상 함께하는 일신전속적(一身專屬的) 권리이므로 양도할 수 없을 뿐만 아니라 저작자가 사망하면 그와 동시에 소멸하게 된다. 즉 저작인격권은 저작물을 창작한 자에게만 보장되는 권리이므로 타인에게 양도하거나 상속되지 않는다. 그러나 아래에서 상술하는 바와 같이 우리 저작권법은 저작자 사후의 인격적 이익을 보호하기 위하여 특별한 규정을 두고 있다.

저작인격권에는 공표권, 성명표시권, 동일성유지권이 있다. 그 외에도 배타적발행권과 관련하여 저작물의 수정·증감권(법 제58조의2)과 저작자의 명예를 훼손하는 방법으로 그 저작물을 이용하는 행위로부터 보호받을 권리(법 제124조 제4항)가 있다. 이중 저작자의 수정·증감권은 오류의 발견이나 시간이 흐름에 따라 저작물을 수정할 필요가 있는 경우 등에 있어서 저작자에게 주어진 인격적 권리이다. 이러한 이유로 법조문에서 이 권리를 가지는 사람을 저작재산권자가 아닌 저작자로 규정하고 있다.

1) 공표권

공표권(right of disclosure 또는 right of divulgation)이란 저작자가 저작물을 공표할 것인지, 아니면 공표하지 아니할 것인지를 결정할 수 있는 권리를 말한다(법 제11조 제1항). 시·소설·음악 등은 한번 공표되고 나면 사회로부터 평가를 받게 되는데 저작자는 이를 원하지 않는 경우가 있으며, 저작자는 미공표저작물을 보관하고 있다가 후일의 어느 시점에서 공표할 수 있다. 따라서 공표하지 않겠다는 저작자의 의사를 어기고 저작물을 무단으로 공표하게 되면 저작자의 공표권을 침해하는 것이다. 공표권은 미공표저작물에 대해서만 적용되며 일단 공표되고 나면 이 권리는 소멸한다.

그러나 저작자가 미공표저작물에 대한 저작재산권을 양도, 이용허락, 배타적발행권 또는 출판권을 설정한 경우에는 저작물의 공표에 동의한 것으로 추정한다(법 제11조 제2항). 저작자가 공표되지 아니한 미술저작물・건축저작물 또는 사진저작물(이하, "미술저작물등")의 원본을 양도한 경우에는 그 상대방에게 저작물의 원본의 전시방식에 의한 공표를 동의한 것으로 추정한다(법 제11조 제3항). 원저작자의 동의를 얻어 작성된 2차적저작물 또는 편집저작물이 공표된 경우에는 그 원저작물도 공표된 것으로 본다(법 제11조 제4항). 저작자가 공중의 이용에 도서등을 제공하는 도서관등에 기증한 경우 별도의 의사를 표시하지 않는 한 기증한 때에 공표에 동의한 것으로 추정한다(법 제11조 제5항).

토플시험 공표 사건(서울고법 93나47372 판결)

원고인 토플시험시행사가 토플시험 문제를 복원한 기출 문제집을 출판하는 피고에 대해 저작권법상 공표권 및 저작재산권 침해를 주장한 사안으로, 법원은 "공표란 저작물을 공연, 방송 또는 전시 그 밖의 방법으로 일반 공중에게 공개하는 경우와 저작물을 발행하는 경우를 말하는바, 원고가 토플시험 응시생들에게 문제지의 소지, 유출을 허용하지 아니하고서 그대로 회수한 사실이 인정되고 제한된 범위의 응시생들이 토플시험을 치르는 행위만으로는 이를 공표라 할 수 없고, 이와 달리 토플문제가 일반 공중에게 공개되었다거나 발행되었음을 인정할 아무런 증거가 없다"라고 판시하였다.

2) 성명표시권

성명표시권(right of paternity 또는 right to claim authorship) 이란 저작물을 공표함에 있어서 저작자의 실명 또는 이명을 원작품이나 복제물 또는 저작물의 공표 매체에 표시할 권리를 말한다(법 제12조). 따라서 저작권자의 허락 없이 실명으로 기재된 것을 이명으로 바꾸거나 삭제하게 되면 성명표시권을 침해하는 것이 된다. 또한, 무명 또는 예명으로 공표된 저작물에 본명을 표시하는 경우에도 성명표시권을 침해한 것이 된다(예를 들면, 김소월의 본명인 '김정식'으로 '진달래꽃'을 출판하는 경우).

저작자가 자신의 저작물을 공표함에 있어서 타인에게 그 사람의 명의로 공표할 것을 허락하였더라도 저작인격권의 일신전속적 성격에 따라 그 타인은 저작인격권을 행사할 수 없다.

휴대폰 벨소리 서비스 사건(서울고법 2007나70720 판결)

저작자의 성명표시권을 보호하는 취지는 인터넷 이용자들의 인식 여하를 불문하고 적정한 방법으로 저작자의 성명이 표시되도록 하는 것이므로, 인터넷 이용자들이 음악 저작물에 관한 작사·작곡가를 저작자가 아닌 다른 사람으로 인식할 가능성이 적은지 여부 등의 사정이 성명표시권 침해 여부에 어떠한 영향을 미칠 수는 없다. 인터넷상의 음악사이트 운영자가 음악저작물에 관한 웹페이지 또는 음원서비스의 각종 창 내지 화면 등에 적정한 방법으로 작사·작곡자의 성명을 표시하지 아니한 경우 저작자의 성명표시권을 침해한 것에 해당한다.

3) 동일성유지권

동일성유지권(right of integrity)이란 저작물의 내용·형식 및 제호의 동일성을 유지할 권리를 말한다(법 제13조 제1항). 이 권리는 저작자의 사상이나 감정의 표현을 완전하게 유지하여 저작자의 인격적 이익을 보호하고 동시에 공중이 저작물을 원형 그대로 이용할 수 있도록 하기 위한 것이다. 따라서 저작자의 허락 없이 저작물의 원형을 변경·삭제·개변하는 경우에는 동일성유지권을 침해한 것이 된다. 이 권리를 침해하기 위해서는 일정한 개변에 의해서 저작물의 완전성을 손상해야 하는데, 만일 개변의 정도가 지나쳐서 저작물의 본질적인 특징을 감득할 수 없을 정도(예를 들면, 그림이나 사진을 완전히 훼손하여 원래의 모습을 알아볼 수 없게 만든 경우)로 만든다면 동일성유지권의 침해를 인정할 수 없게 된다.[30)]

동일성유지권에는 일정한 예외가 존재한다. 즉 학교 교육목적상 부득이하다고 인정되는 범위 안에서는 저작물의 동일성을 변경할 수 있으며(예를 들면, 어려운 한자를 학생의 수준에 맞게 쉬운 우리말로 고쳐 쓰는 경우), 건물을 증축·개축하거나 노후한 건축물을 유지 관리하기 위해 변형하는 것이 가능하다(법 제13조). 컴퓨터프로그램의 경우 특정한 컴퓨터 외에는 사용할 수 없는 프로그램을 다른 컴퓨터에 사용할 수 있도록 하기 위하여 필요한 범위 안에서 변경할 수 있다. 또한, 컴퓨터프로그램을 특정한 컴퓨터에 보다 효과적으로 사용할 수 있도록 하기 위하여 필요한 범위 안에서 변경할 수 있다. 그 밖에 저작물의 성질이나 그 이용의 목적 및 형태 등에 비추어 부득이하다고 인정되는 범위 안에

30) 오승종, 「저작권법」 제4판, 박영사, 2016, 445면.

서의 변경할 수 있다(법 제13조 제2항). 여기서 부득이한 예로서 영화로 제작된 영상물을 TV 방송을 위해 전체 비율을 축소하는 경우, 인터넷포털사이트에서 이미지 검색을 위하여 썸네일 이미지로 변환한 경우[31] 등이 있다. 그러나 영화를 TV에서 방송하면서 TV 편성시간에 맞추어 일부를 삭제하고 한글자막을 포함시키지 않은 경우는 부득이한 경우에 해당하지 않는다.[32]

한편 위와 같은 예외적 변경이라도 그것이 '본질적인 내용'을 변경하는 것이거나 저작자의 명예를 훼손하는 것일 때에는 저작인격권의 침해에 해당한다(법 제124조 제2항).

예술작품의 파괴는 동일성유지권을 침해한 것인가?

통일부는 서울과 신의주를 잇는 도라산역에 통일을 염원하는 작품을 작가 A에게 의뢰하고 2007년 5월 경에 벽화를 완성하여 설치하였다. 그런데 이 작품에 대하여 전반적으로 색상이 어둡고, 난해하며, 그림 내용을 이해하기 곤란하고, 민중화로 '무당집' 분위기를 조성한다는 부정적 여론이 일자 통일부는 작품 설치일로부터 채 3년도 지나지 않아 벽화를 철거하고 소각하였다. 이에 A는 통일부가 자신의 허락 없이 작품을 철거한 행위에 대하여 동일성유지권 침해와 예술의 자유 또는 인격권 침해를 이유로 3억원의 지급과 침해 인정에 관한 광고문을 일간지에 게재할 것을 청구하였다.

1심 법원은 작품에 소유권을 가진 통일부가 저작자의 동의 없이 작품을 완전히 파괴한 경우는 예술가의 동일성유지권을 침해하는 행위에 포섭되지 않는다고 판시하였다. 항소법원(서울고법 2012. 11. 29. 선고 2012나31842 판결)도 1심 법원과 같이 저작인격권 침해를 부정하였으나, 예술가가 갖는 인격적 이익에 대한 침해 부분을 인정하고 불법행위 성립을 인정하였다(서울중앙지법 2012. 3. 20. 선고 2011가합49085 판결).[33]

---

31) 서울고등법원 2005. 7. 26. 선고 2004나76598 판결.

32) 서울고등법원 2001. 10. 11. 선고 2000나36738 판결.

33) 고등법원은 정부미술품의 보존의무를 규정한 정부미술품 보관관리규정(2010. 2. 4. 조달청고시 제2010 - 4호) 위반을 이유로 피고의 불법행위 성립을 인정하였다. 동 규정 제4조제1항 제2호에서 '미술품의 보존·관리를 위하여 수선을 하거나 장소 변경 등 이동할 필요가 있을 때에는 미술품의 가치를 충분히 고려하여 원형이 손상되지 않도록 하여야 한다.'라고 규정하고 있고, 제9조제2항에서 '미술품의 손상의 정도가 심하여 수복이 불가능

대법원은 미술작가가 국가에 기증한 예술 작품을 정부가 작가에게 아무런 통보 없이 철거하여 소각한 것은 헌법상 예술의 자유와 인격적 이익을 침해한 것으로 배상책임(위자료 1천만 원)이 있다고 보았다(대법원 2015. 8. 27. 선고 2012다204587 판결).

☞ 이 사건은 비록 저작권법상 동일성유지권을 인정한 것은 아니지만 대법원이 작가의 인격권 침해를 인정한 최초의 사건이라는 점에서 의미가 있다. 그러나 동일성유지권은 저작물의 원본을 그대로 유지할 권리임에도 불구하고, 이 사건에서 1심법원과 고등법원은 예술작품을 완전히 파괴하는 행위는 변경 · 삭제 · 개변하는 행위에 해당하지 않으므로 동일성유지권을 침해하지 않은 것으로 보았다는 점에서 아쉬움이 많은 판결이다. 즉 예술품의 파괴는 변경보다 더 심각한 행위이며, 이를 인정하지 않을 경우 예술품의 폐기를 조장할 수 있으며, 또한, 해당 조문의 취지에도 맞지 않는다는 점에서 비판의 소지가 있다. 나아가, 이 사건 벽화와 같이 도라산역이라는 남북한을 잇는 장소의 특수성을 고려하여 설치한 작품(소위 '장소특정형 미술(site-specific art)')이라는 점에서 저작자의 허락 없이 해당 장소에서 다른 곳으로 옮기는 것 자체가 동일성을 해치는 행위인지 여부에 관하여 향후 논의와 연구가 필요하다고 본다.

TIP

신문사가 기고자의 동의 없이 기고문의 일부 내용을 삭제하거나 변경하는 경우, 제한된 스페이스에 맞추기 위해 포스터를 트리밍하는 행위 등은 동일성유지권을 침해하는 것이 된다. 한편, 오타나 문법 등을 교정하는 정도로는 동일성을 침해하였다고 보기 어렵지만, 번역을 함에 있어서 오역이 심하여 원본의 내용을 변경하는 경우에는 동일성유지권을 침해한 것으로 볼 수 있다. 그리고 창작물의 제호는 저작물로서 보호받지 못하는 경우가 많으므로 전혀 다른 별개의 내용을 담고 있는 창작물이 서로 제목이 동일하다고 하여 동일성유지권을 침해하였다고 할 수 없다('가자, 장미여관으로' 사건, 서울민사지법 1991. 4. 26. 선고90카98799 판결). 그러나 특정 저작물의 제목을 저작자의 허락 없이 변경하는 것은 이 권리를 침해한 것이 된다.

◦ 사후 인격적 이익 보호

저작권법은 저작자 사후의 인격적 이익을 보호하고 있다. 즉 저작자의 사망 후에 그의 저작물을 이용하는 자는 저작자가 생존하였더라면 그 저작인격권의

하거나 보존가치가 없는 미술품에 대하여는 전문가의 자문을 거쳐 폐기처분할 수 있다.' 라고 규정하고 있다.

침해가 될 행위를 하여서는 아니 된다. 다만, 그 행위의 성질 및 정도에 비추어 사회통념상 그 저작자의 명예를 훼손하는 것이 아니라고 인정되는 경우에는 그러하지 아니하다(법 제14조 제2항). 예를 들면, 영화감독이 사망한 후에 타인이 해당 흑백 영화를 무단으로 컬러화한 행위 정도는 사회통념상 그 감독의 명예를 훼손하는 정도에 이르렀다고 보기 어렵다. 저작자가 사망한 후에 그 유족(사망한 저작자의 배우자·자·부모·손·조부모 또는 형제자매를 말한다)이나 유언집행자는 해당 저작물에 대하여 제14조제2항의 규정을 위반하거나 위반할 우려가 있는 자에 대하여는 제123조의 규정에 따른 침해정지 청구를 할 수 있으며, 고의 또는 과실로 저작인격권을 침해하거나 제14조 제2항의 규정을 위반한 자에 대하여는 제127조의 규정에 따른 명예회복 등의 청구를 할 수 있다(법제128조). 그 구제수단에 있어서 침해정지 및 명예회복 청구로 한정하고 손해배상은 인정되지 않는다. 또한, 제14조제2항 위반에 대해서는 비친고죄(1년 이하의 징역 또는 1천만 원 이하의 벌금)로 규정하고 있다(법 저137조 제1항 제3호).

저작재산권

저작권은 창작자의 인격 이외에도 창작물의 경제적 가치를 보호하고 있는데 이러한 권리를 저작재산권이라고 한다. 저작인격권과 달리 저작재산권은 저작자의 일신에 전속하지 않고 양도 및 상속이 가능하다. 따라서 저작재산권의 양수인 및 상속자도 저작재산권자가 될 수 있다. 여기에는 복제권, 배포권, 전시권, 공연권, 공중송신권, 대여권, 2차적저작물작성권, 배타적발행권 등이 있다.

1) 복제권

저작권은 '불법복제를 금지할 수 있는 권리'라는 등식이 성립할 만큼 '복제권'은 우리에게 가장 친숙한 권리이다. 복제권은 저작자가 자신의 저작물을 복제할 수 있는 권리를 말하며, 타인이 허락 없이 저작물을 복제하는 것을 금지할 수 있는 권리를 말한다(법 제16조).

복제권은 '복제'라는 행위를 전제로 성립한다. 복제란 저작물을 "인쇄·사진

촬영·복사·녹음·녹화 그 밖의 방법으로 일시적 또는 영구적으로 유형물에 고정하거나 유형물로 다시 제작하는 것"을 말하며, 건축물의 경우 건축 모형 또는 설계도서에 따라 시공하는 것을 포함된다(법 제2조 제22호). 강연을 무단으로 녹음하거나 파일 공유 사이트로부터 음악, 영상, 소프트웨어, 게임 파일 등을 다운로드 받아 PC에 저장하거나, 또는 자신의 블로그를 꾸미기 위하여 타인의 웹사이트상의 이미지나 사진 등을 무단으로 복제하는 것은 저작권법상 '복제'를 구성한다. 또한, 건축물의 도면을 복제하거나 그 설계도에 따라 시공하는 것도 복제가 된다.

복제의 방법에 의한 저작재산권 침해는 무단으로 저작물을 복제함으로써 저작권침해행위가 종료한다.[34] 예를 들면, 유명 노래가사를 저작권자의 허락없이 돌에 각인으로 새겨넣는 방법으로 노래비를 제작하여 공원에 설치한 경우 복제행위는 노래가사를 노래비에 새겨넣는 순간 종료한다. 노래비를 공중이 항시 드나들 수 있는 장소에 설치하였다고 하여 복제행위가 계속되는 것은 아니다.

◦ **'일시적 복제'는 저작권 침해일까?**

오늘날 네트워크 기술의 발달로 영화, 음악, 게임, 소프트웨어 등 디지털 저작물의 이용은 PC에 저장하지 않고 인터넷 등을 통해 접근하여 일회적으로 이용하는 것으로 변화하고 있다. 이와 같이 디지털화된 저작물을 저장 매체를 거치지 않고 사용하는 동안 컴퓨터 RAM 등에 일시적으로 저장하는 것을 일시적 복제(temporary copy)라고 한다. 저작물을 복제, 배포, 공연, 공중송신, 전시 등의 방법으로 이용하지 않고 저작물이 화체된 물건을 단순히 보거나 비디오 등 장치를 통하여 저작물을 감상하는 행위에는 저작권이 미치지 않는다. 과거 저작물을 구매하여 소유하던 사용방식이 인터넷 기술의 발달로 필요할 때마다 서버에 접속하여 이용하는 형태로 변화하면서 저작권자들은 일시적 복제를 복제

---

34) 대법원은 "... 따라서 복제의 방법에 의한 저작재산권침해의 죄에 있어서는 저작권자의 동의 없이 저작권자의 저작물을 복제함으로써 범행이 종료되어 기수에 이르는 것이고, ..."라고 판시하였다. 대법원 1999. 3. 26 선고 97도1769 판결.

의 개념에 포함시킬 것을 요구하였다.

일시적 복제는 저작물을 이용하는 동안에만 컴퓨터의 RAM에 복제물이 잠시 머물 뿐 전원을 끄게 되면 사라지게 되므로 전통적인 복제의 요건인 '고정(fixation)'에 해당되지 않아 기존 법률에서는 복제권 침해가 발생하지 않았다. 우리나라는 일시적 복제를 인정하는 국제적 흐름과 디지털환경의 변화에 대응하기 위해서 2011.12.2. FTA 이행을 위한 저작권법 개정에서 일시적 복제의 보호를 명문화하게 되었다. 즉 개정 저작권법은 복제의 정의를 "인쇄·사진촬영·복사·녹음·녹화 그 밖의 방법으로 일시적 또는 영구적으로 유형물에 고정하거나 다시 제작하는 것을 말하며, 건축물의 경우에는 그 건축을 위한 모형 또는 설계도서에 따라 이를 시공하는 것을 포함한다."라고 수정하였다.

일시적 복제 사건(서울고법 2014나19891 판결)

일시적 복제 개념이 도입된 후 최초의 판결에서 법원은 무료버전의 컴퓨터프로그램이 자동으로 유료버전으로 전환되면서 프로그램을 실행한 것은 라이선스계약 위반에 해당한다 하더라도 저작물의 이용이 아닌 사용에 해당하므로 저작권 침해를 구성하지 않는다고 판시하였다. 이 법원은 저작물의 이용을 지분권에 속하는 행위로 보고, 사용은 단순히 저작물을 향수하는 것에 불과하다고 하였다. 또한, 법원은 프로그램의 실행과 그 과정에서 발생하는 일시적 복제를 구분한 후 후자는 제35조의2에 따라 복제권이 제한되고 전자인 프로그램의 실행은 저작물의 이용이 아닌 단순한 사용에 해당하므로 침해가 되지 않는다고 보았다.[35]

한편 일시적 복제를 무한히 인정하게 되면, 이용자의 정당한 이용(예를 들면, 인터넷브라우징, 응용프로그램의 로딩 등)이 제한받을 소지가 많고 또한, 뜻하지 않은 범법자를 발생할 수 있다. 이러한 문제를 해결하기 위해 일시적 복제에 대한 예외를 저작권법 제35조의2에 규정하게 되었다.

35) 위 판례는 스트리밍 방식을 통하여 무단으로 프로그램을 실행한 경우에도 저작권 침해로 보지 않을 소지를 주었다는 점에서 비판이 있다. 이대희, 컴퓨터프로그램의 일시적 복제와 그 예외, 「계간저작권」 2015 봄호, 147-148면.

제35조의2(저작물 이용과정에서의 일시적 복제) 컴퓨터에서 저작물을 이용하는 경우에는 원활하고 효율적인 정보처리를 위하여 필요하다고 인정되는 범위 안에서 그 저작물을 그 컴퓨터에 일시적으로 복제할 수 있다. 다만, 그 저작물의 이용이 저작권을 침해하는 경우에는 그러하지 아니하다.

일시적 복제행위에 대해서는 위 규정 외에도 사적이용을 위한 복제, 공정이용 등과 같이 저작재산권 제한 사유들이 중첩적으로 적용될 수 있다.

2) 배포권

배포란 음악과 같은 저작물의 원본 또는 그 복제물을 공중에게 대가를 받거나 받지 아니하고 양도 또는 대여하는 것을 말한다(저작권법 제20조). 따라서 저작권자는 저작물을 스스로 배포하거나 타인에게 배포할 수 있도록 허락할 수 있으며 또한, 이를 금지할 수 있다. 배포는 복제물에 대한 점유의 이전을 수반한다는 점에서 인터넷상의 전송과 구별된다.

그런데 저작물이 한번 판매되고 난 후에는 저작자는 그 구매된 특정 복제물의 재배포에 대하여 더 이상 권리를 행사할 수 없다. 이를 "최초판매의 원칙(first sale doctrine)" 또는 "권리소진의 원칙(doctrine of exhaustion)"이라고 한다(법 제20조 단서). 예를 들면, 음악 CD를 적법하게 구입한 사람은 해당 음악 CD를 자유롭게 친구에게 양도·처분할 수 있다. 이를 인정하는 이유는 저작물이 최초 판매된 이후에는 배포권을 양수인의 이어지는 배포에까지 미치지 않도록 하여 중고거래 등의 안전과 공중의 이익을 도모하기 위한 것이다. 이 원칙은 배포권의 예외라고 할 수 있다. 주의할 것은 이 원칙의 대상은 저작권 중 배포권에 한정되므로 적법하게 구매한 저작물을 재판매하면서 동시에 그 복제물을 자신을 위하여 사용하는 것은 허용되지 않는다.

◦ 디지털 권리소진의 원칙[36)]

배포의 개념과 관련하여, 위에서 설명한 권리소진의 원칙이 소프트웨어의 온

36) 보다 자세한 내용을 위하여, 손승우, "소프트웨어 거래와 권리소진의 원칙- 미국의 판례를 중심으로 -", 「계간 저작권」, 2010 가을호.

라인 거래에도 적용되는지가 문제된다. 즉, 인터넷을 통해 소프트웨어 다운로드를 통해 소프트웨어를 구매한 이용자가 그 복제물의 재판매를 위해 이메일 등을 통해 제3자에게 재전송하는 경우에도 권리소진의 원칙이 적용될지 여부이다.

우리나라 저작권법은 '배포'를 저작물 등의 원본 또는 그 복제물을 공중에게 대가를 받거나 받지 아니하고 양도 또는 대여하는 것으로 정의하고 있다(법 제2조 제23호). '배포'는 복제물에 대한 유체물의 점유이전을 수반하는 개념인데, 저작권법은 이와 구별되는 개념으로서 온라인상의 '전송'을 규정하고 있다. 즉, 전송은 일반공중이 개별적으로 선택한 시간과 장소에서 접근할 수 있도록 저작물을 유·무선 통신의 방법에 의하여 송신하거나 이용에 제공하는 것을 말한다(법 제2조 제10호). 대법원도 배포와 전송을 구분하면서 인터넷을 통해 MP3 파일을 이용자들이 손쉽게 다운로드 받을 수 있도록 한 행위를 배포로 보지 않고 있다.[37] 따라서 우리나라 저작권법 하에서 배포권에 대한 예외로서 권리소진의 원칙은 온라인상에서 소프트웨어를 다운로드 받아 사용하는 경우에는 적용되지 않는다고 볼 수 있다.

그러나 미국 연방저작권법 하에서는 디지털 권리소진을 인정할 여지가 있다. 즉 연방저작권법은 배포와 전송을 구별하지 않고 있으며 거래의 형태가 제109조(a)상의 요건을 만족한다면 비록 온라인상의 거래라도 그 결과로 인해 복제물을 이용자가 적법하게 소유한다는 점에서 온·오프라인의 단순한 구별로 권리소진 원칙의 적용 여부를 달리 볼 이유는 없다고 생각된다. 또한, 디지털 전송에 대해서도 권리소진의 원칙이 적용되어야 한다는 견해를 취하고 있는 미국 학자들은 저작물 거래의 촉진과 소비자 권익 보호 등 공공정책에 부합하고 전송 후 삭제가 가능하다는 이유로 이를 긍정하고 있다.[38]

---

37) 대법원 2007. 12. 14 선고 2005도872 판결.

38) e.g., Melville B. Nimmer & David Nimmer, NIMMER ON COPYRIGHT § 8.12 (E) (2008); R. Anthony Reese, *The First Sale Doctrine in the Era of Digital Networks*, 44 B. C. L. Rev. 577 (2003); Keith Kupferschmid, Lost in Cyberspace: The Digital Demise of the First-Sale Doc-trine, 16 J. Marshall J. Computer & Info. L. 825, 844-48 (1998); James V. Mahon, A Commentary on Proposals for Copyright Protection on the National Information Infrastructure, 22 Rutgers Computer & Tech. L.J. 233, 262-63 (1996).

그런데 1995년 지식재산권 및 정보기반에 관한 대통령 특별전문위원회(presidential task force)는 지식재산권백서(The Report of the Working Group on Intellectual Property Rights)를 통해 디지털 권리소진의 허용 여부에 관한 검토 결과를 내놓았다.[39] 이 백서의 결론에 따르면 연방저작권법 제109조(a)는 인터넷 전송에 대해서는 적용되지 않으므로 현행법하에서는 디지털 권리소진은 허용되지 않는다는 것이다. 이러한 결론은 학계와 실무계에 상당한 논의를 촉발시켰고 연이어 디지털 전송과 삭제를 조건(forward and delete)으로 하여 디지털 권리소진을 허용하는 연방 저작권법 개정안들이 의회에 제출되었다.[40]

동일한 맥락에서, DMCA(Digital Millennium Copyright Act of 1998) 제104조[41]에 따라 2001년 8월 연방저작권청이 의회에 제출한 보고서[42]에 따르면, 디지털 권리소진의 원칙을 도입할 만큼 기술적 보호조치가 아직 보편화되지 않았고, 기술적 보호조치가 적용되는 곳이라도 저작물의 중고거래 시장의 축소 가능성이 권리소진 원칙의 운용을 방해할 정도에 이르지 않았으므로 온라인 전송과 관련된 권리소진의 원칙을 도입하는 입법은 시기상조라고 보았다.[43] 하지만 이 보고서는 삭제를 조건으로 한 저작물의 전송에 관한 권리소진의 원칙의 도입을 지켜보자는 입장임에도 불구하고 분명 디지털 권리소진 원칙의 필요성에는 공감하고 있다.

한편, 저작물을 소유하지 않고 서비스로서 빌려 사용하는 SaaS(Software as a Service) 형태의 거래에 있어서는 권리소진의 원칙이 적용되지 않는 것으로 보

39) Info. Infrastructure Task Force, Intellectual Property and the National Information Infrastructure: The Report of the Working Group on Intellectual Property Rights 92-94 (1995)

40) The Digital Era Copyright Enhancement Act, H.R. 3048, 105th Cong. (1997) (pro-posed 17 U.S.C. § 109(f)); Digital Choice and Freedom Act of 2002, H.R. 5522, 107th Cong. (proposed 17 U.S.C. § 109(f)).

41) Pub. L. No. 105-304, 112 Stat. 2860 (Oct. 28, 1998). DMCA 제104조는 연방저작권 등록관 및 정보통신무역 차관보로 하여금 기술적 보호조치 관련 조항의 효과와 권리소진의 원칙 운용에 있어서 전자상거래와 관련 기술의 발전에 관하여 의회에 보고하도록 하고 있다.

42) U.S. Copyright Office, Library of Cong., DMCA Section 104 Report (2001), available at http://www.copyright.gov/reports/studies/dmca/dmca_study.html (last visited Aug. 2010).

43) *Id.* at 74.

아야 할 것이다. 즉 연방 저작권법은 이용자가 복제물의 적법한 소유자일 것을 요건으로 하고 있는데 SaaS와 같은 on-demand 소프트웨어 사용은 인터넷을 기반으로 라이선스를 통해 소프트웨어를 빌려 사용하기 때문에 권리소진의 원칙이 적용되지 않는다.

3) 공연권

저작자는 자신의 저작물을 공연할 권리를 가진다. '공연'이란 "저작물 또는 실연·음반·방송을 상연·연주·가창·구연·낭독·상영·재생 그 밖의 방법으로 공중에게 공개하는 것"을 말한다(법 제2조 제3호). 공연에는 연극을 상연하는 것 외에도 영화를 상영하거나 노래를 가창하는 것을 포함하며, 강연을 위해 PPT를 이용하여 연속된 사진을 보여주는 것 등도 공연이 될 수 있다. 이처럼 공연은 저작물 등의 공개가 사람의 실연이나 전자장치를 통해 이루어진다는 특징을 가진다.

비용을 지급하고 악보를 구입하였더라도 저작권자의 허락 없이 그 악보를 가지고 연주회를 열어 경제적 이득을 취하게 되면 '공연권'을 침해할 수 있다. 악보를 구입하면서 비용을 지급하는 것은 악보의 복제물에 대한 비용을 지급한 것에 불과하고 공연에 대해서는 별도의 허락이 필요한 것이다. 유사한 경우로서, 노래방 기계를 합법적으로 구매하였다 하더라도 그 기계에 수록된 음악을 이용하여 영업하는 경우에는 저작권자 또는 신탁된 음악인 경우 한국음악저작권협회 등으로부터 공연에 대한 별도의 허락을 받아야 한다. 공연이 되기 위해서는 공중에게 공개되어야 하므로 개인적으로 이용하는 것(예, 혼자 또는 가족모임에서 노래 부르는 것)은 공연이 아니다.

그리고 동일인의 점유에 속하는 연결된 장소 안에서 이루어지는 송신에 의한 것도 공연에 포함된다(법 제2조 제3호). 예컨대, 동일인의 점유에 속하는 연결된 장소인 학교 내에 교내방송을 통해 음악을 들려주는 것은 방송이 아닌 공연에 해당한다. 다만, 청중 또는 제3자로부터 어떤 명목으로든 공연·방송에 대한 반대급부(관람료 등)를 받지 아니하는 경우에는 저작권자의 허락 없이도 저작물을 이용할 수 있다(법 제29조).

4) 공중송신권

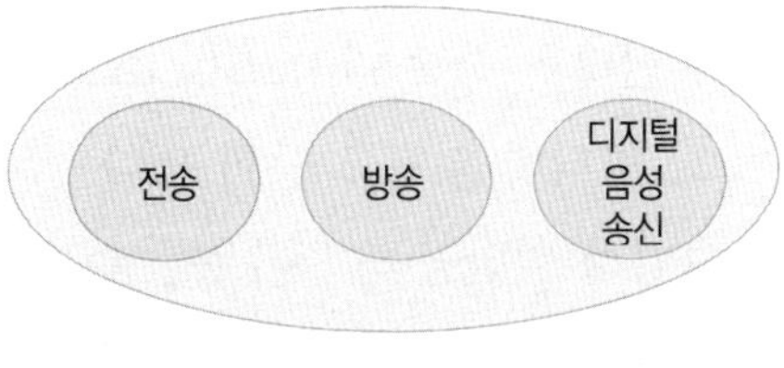

공중송신이란 저작물등을 공중이 수신하거나 접근하게 할 목적으로 무선 또는 유선통신의 방법에 의하여 송신하거나 이용에 제공하는 것을 말한다(법 제2조 제7호).44) 2006.12.1. 개정 저작권법 이전에는 '방송'과 '전송' 개념만 법률에 존재하였다. 그런데 디지털기술이 발전하면서 방송과 통신이 융합된 기술(예를 들면, IPTV, 웹캐스팅)이 등장하고 저작물의 이용형태도 변화하면서 기존 법으로는 새로운 형태의 저작물 이용을 효과적으로 규율하는 데 한계가 있었다. 이에 2006년 개정 저작권법에 방송, 전송 등을 포괄하는 '공중송신' 개념을 신설하면서 전송과 방송 외에 '디지털음성송신'을 추가하였다. 이 3가지를 구별하는 실익은 저작물 이용이 어떤 형태(개념)로 제공되느냐에 따라 부과되는 저작권료와 보상금의 차이에 있다. 따라서 실무적으로 저작물 제공서비스가 위 3가지 중 어떤 것에 해당하는지를 구분하는 것은 중요하다. 공중송신권이 새롭게 생겨나면서 방송권과 전송권은 저작권자보다 저작인접권자에게 더욱 의미 있는 권리가 되었다.

◦ **전송의 의미**

사이버 공간에서 이루어지는 저작물의 불법유통을 가장 효과적으로 통제할 수 있는 수단이 되었던 것이 바로 전송권이다. 저작자는 자신의 저작물을 전송할 권리를 가지는데, 전송은 일반공중이 개별적으로 선택한 시간과 장소에서 접근할 수 있도록 저작물등을 이용에 제공하는 것을 말하며, 그에 따라 이루어지는 송신을 포함한다(법 제2조 제10호). 이 권리는 인터넷상에서 저작물을 송신하는 행위에 대하여 저작권자가 통제할 수 있는 권리로서 1996년 WIPO 외교회의에서 인정되었다. 네트워크상에서 저작물이 송신될 경우 기존 복제권으로 많은 부분을 통제할 수 있으나 저작물을 이용에 제공하는 행위(making available works to

---

44) 저작권법상 '공중송신권'은 WIPO 저작권조약상 '공중전달권'과 유사한 권리이다.

the public)는 그러하지 못하여 새로운 권리의 창설이 필요하였다.

'동시성'을 요구하는 방송과 달리 전송은 '이시적·쌍방향적인 송신'이며 주문형 서비스에서 흔히 볼 수 있다. 전송의 예로서 인터넷 방송 다시보기, 스트리밍 방식의 인터넷 영화보기, 주문형 음악서비스, 인터넷 업로드 등이 있다. 주의할 것은 전송은 저작물을 송신하는 것뿐만 아니라 일반공중이 이용할 수 있는 상태에 두는 것도 포함한다. 따라서 저작권자의 동의 없이 인터넷 홈페이지, 게시판 등에 디지털 저작물을 업로드하여 이용자의 이용에 제공하게 되면 전송권을 침해하는 것이 된다. 그러나 전송은 '일반공중(public)'을 대상으로 하는 것이므로 가족과 같이 사적 관계에서 서로 이메일을 통해 자료를 송신하거나 이용에 제공하는 것은 전송에 해당되지 않는다.

◦ **방송의 의미**

방송이란 일반공중으로 하여금 동시에 수신하게 할 목적으로 음·영상 또는 음과 영상 등을 송신하는 것을 말한다(법 제2조 제8호). 방송은 방송사업자와 청취자 사이에 시간적 차이 없이 방송이 송신되는 동시성을 요하지만 쌍방향성이 없고 주문형이 아니다. 방송의 예로서 지상파방송, 케이블방송, 위성방송, DMB 등이 있다. 그러나 'VOD' 또는 'AOD'를 인터넷 방송이라고 부르고 있으나 방송의 성질을 가지고 있지 않으므로 전송에 해당된다.

◦ **디지털음성송신의 의미**

디지털음성송신이란 "공중송신 중 공중으로 하여금 동시에 수신하게 할 목적으로 공중의 구성원의 요청에 의하여 개시되는 디지털 방식의 음의 송신을 말하며, 전송을 제외한 것"을 말한다(법 제2조 제11호). 디지털음성송신을 인정하게 된 배경은 Winamp 방송과 같이 개인 인터넷방송이나 지상파방송사의 방송물을 동시 웹캐스팅(Simulcast)하는 실시간 음악 웹캐스팅이 방송인지 아니면 전송인지 명확하지 않은 문제를 해결하기 위하여 도입한 것이다. 웹캐스팅은 인터넷에서 이루어지므로 방송과 달리 주파수를 할당받을 필요가 없으면서 '동시성'과 '쌍방향성'을 지니고 있다.[45] 주문형은 디지털음성송신에 해당되지 않는다.

디지털음성송신과 관련하여 논란이 되는 점은 저작권법이 디지털 방식의 '음'의 송신만을 대상으로 정의하고 있어서 '음'과 '영상'을 포함한 웹캐스팅(TV+라디오)이 과연 이것에 포함되는지가 문제 된다. 이에 대해 음과 영상을 포함한 웹캐스팅을 '방송'으로 분류하는 견해도 있으나 공중송신의 도입은 방송과 전송으로 분류하기 어려운 교집합 성격을 가진 매체의 등장에 기인한 것으로써 디지털음성송신과 동일한 서비스에 영상이 포함되었다는 이유로 단순히 방송으로 취급하는 것은 입법 취지에 맞지 않는 것으로 생각된다.[46] 이와 관련해서 이러한 비주문형 웹캐스팅을 방송이나 전송이 아닌 '기타 공중송신'으로 분류하는 견해가 있다.[47] 그러나 이 견해에 따르게 되면 실연자와 음반제작자의 경우 공중송신이 아닌 '전송권'과 '디지털음성송신권'만을 가지고 있어서 저작인접권의 보호에 공백이 발생하게 된다.[48] 결국 '음'과 '영상'을 동반하는 웹캐스팅이 공중송신 중 어떤 것에 해당하는지는 입법론적으로 명확히 해결하는 것이 바람직하다.[49]

한편, 음반제작자는 디지털음성송신사업자에 대하여 채권적 권리인 보상금 청구권만을 가지므로(법 제83조),[50] 디지털음성송신사업자는 음반제작자로부터 사전에 이용허락을 받을 필요는 없이 음반 이용에 대한 보상금을 사후적으로 지

45) 정의규정에서 '동시에 수신하게 할 목적으로' 부분은 수신의 동시성을 나타내고, '공중의 구성원의 요청에 의하여 개시되는' 부분은 쌍방향 송신을 의미한다.

46) 심동섭, "개정 저작권법 해설". 「계간 저작권」, 2016년 겨울호, 임원선, 실무자를 위한 저작권법, 개정판, 한국저작권위원회, 2009, 132면.

47) 이해완, "저작권법상 공중송신의 유형 및 그 법적 취급에 관한 연구", 「성균관법학」 제24권 제4호, 2012, 400-401면.

48) 박성호, "디지털음성송신 관련 쟁점의 재검토 - 키메라의 권리, 디지털음성송신권의 생성 및 전개에 관한 비판적 고찰", 미래 저작권 환경에 적합한 저작권법 개정을 위한 연구, 한국저작권위원회, 2016, 446면.

49) 이와 관련하여, 2021년 1월 15일한 발의한 저작권법 전부개정안은 '음'과 '영상'을 디지털 방식으로 실시간 송신하는 행위(전송 제외)를 포괄할 수 있는 '디지털동시송신'을 새롭게 정의하고 있다.

50) 제83조(디지털음성송신사업자의 음반제작자에 대한 보상) ①디지털음성송신사업자가 음반을 사용하여 송신하는 경우에는 상당한 보상금을 그 음반제작자에게 지급하여야 한다.

급하면 된다.

5) 전시권

저작자는 미술저작물등의 원본이나 그 복제물을 전시할 권리를 가진다(저작권법 제19조). 저작권법은 '전시'에 관해 정의하고 있지 않으나, '전시'는 '미술저작물등의 원작품이나 복제물과 같은 유형물을 일반인이 자유로이 관람할 수 있도록 진열하거나 게시하는 것을 말한다.[51] 전시권의 적용대상에는 미술저작물·사진저작물·건축저작물이 포함된다. 따라서 소설이나 노래비와 같이 미술저작물 등이 아닌 저작물을 공중에게 보여주더라도 전시라는 방법으로 이용된다고 볼 수 없다. 저작권법상 전시는 공중에 전시할 목적의 것으로만 한정되므로 가정 등과 같이 한정된 범위에서 이루어지는 전시는 포함되지 않는다.

미술저작물의 원작품을 저작권자로부터 양도받은 자는 비록 저작권자가 아니더라도 저작물을 원작품에 의하여 출처를 명시하여 전시할 수 있다(법 제35조 제1항). 또한, 그 저작물의 해설이나 소개를 목적으로 하는 목록 형태의 책자에 이를 복제하여 배포할 수 있다(법 제35조 제3항). 다만, 가로·공원·건축물의 외벽 등 일반공중에게 개방된 장소에 항시 전시하는 경우에는 저작권자의 허락을 받아야 한다(법 제35조 제1항 단서). 또한, 저작권법은 위탁에 의한 초상화 또는 이와 유사한 사진저작물의 경우에는 위탁자의 동의가 없는 때에는 이를 이용할 수 없도록 규정하여 초상권과의 충돌을 해결하고 있다(법 제35조 제4항).

6) 2차적저작물작성권

저작자는 자신의 저작물을 번역, 편곡, 변형, 각색, 영상제작 등의 방법으로 2차적저작물을 작성할 권리를 가진다(법 제5조, 제22조). 예를 들면, 영국의 베스트셀러 작가인 조앤롤링(J.K. Rowling)의 소설 해리포터를 영화로 제작하는 경우가 이에 해당한다. 콜럼부스(Chris Columbus) 감독이 해리포터 영화를 만들고 싶다면 조앤롤링으로부터 2차적저작물을 만들 수 있는 권한을 얻어야 한다. 또한, 불어로 된 소설

51) 대법원 2010. 3. 11. 선고 2009다4343 판결.

<'해리포터' 소설책 표지와 영화포스터>

을 한글로 번역한 것은 2차적저작물이 된다.

2차적저작물로 보호받기 위해서는 원저작물을 기초로 하여 작성한 것이므로 원저작물과 실질적 유사성이 있어야 한다. 또한, 원저작물의 단순한 변경이나 사소한 가감만으로는 2차적저작물이 될 수 없으며 사회통념상 새로운 저작물이 될 수 있을 정도의 수정·증감을 가하여 새로운 창작성을 부가하는 등 실질적이고 상당한 변화가 있어야 한다.[52] 예를 들어, 원곡 가사를 약간 변경하여 무단으로 공연할 경우에는 2차적저작물의 작성권이 문제되는 것이 아니라 복제권 침해의 문제가 발생할 수 있다.

비보이를 사랑한 발레리나 사건(대법원 2010도7234 판결)

'비보이를 사랑한 발레리나' 사건에서 대법원은 "이 사건 무언극의 시놉시스와 '프리즈(Freeze)' 시놉시스는 우연히 비보이를 만나게 된 발레리나가 비보이로 동화되어 간다는 기본 설정이 실질적으로 유사하나, 이 사건 무언극의 시놉시스는 단순히 '프리즈' 시놉시스에 나타난 기본 설정을 그대로 차용하여 구체적인 상황설정 등에만 다소의 수정·증감이나 변경을 가한 데에 그치지 않고, 구체적인 사건의 전개과정, 등장인물들의 성격과 상호관계 등에 발레리나가 비보이와 동화되어 가는 과정에서의 사랑, 내·외적 갈등 및 그 극복 구조 등을 새로이 추가한 것이어서, 원저작물인 '프리즈' 시놉시스와는 구분되는 새로운 저작물로서 저작권법 제5조 제1항 소정의 2차적저작물에 해당한다."고 보았다.

◦ 2차적저작물작성권 v. 2차적저작물에 대한 저작권

2차적저작물작성권과 2차적저작물에 대한 저작권은 구분된다. 즉 2차적저작물을 작성하는 권리는 원저작자의 권리이고, 원저작작물을 기초로 하여 작성된

52) 대법원 2004. 7. 8. 선고 2004다18736 판결.

2차적저작물에 대한 저작권은 그것을 작성한 자의 권리이다. 그런데 2차적저작물에 대한 저작권은 원저작자의 동의를 반드시 얻어야 발생하는 것은 아니다. 예를 들면, 소설을 기반으로 뮤지컬을 만들었을 때 소설가의 동의를 받지 않았더라도 2차적저작물인 뮤지컬에 대한 저작권은 유효하게 존재하므로 누군가 뮤지컬을 무단으로 복제하였다면 뮤지컬 제작자의 저작권을 침해하게 되는 것이다. 주의할 것은 2차적저작물의 독립성과는 별개로 원저작자의 동의를 얻지 않고 2차적저작물을 제작한 경우 그 2차적저작물은 원저작물의 전부 또는 상당부분을 이용한 것이므로 원저작자의 저작권을 침해하는 것이 된다(법 제136조 제1항).

한편, 저작재산권의 전부를 양도하는 경우에 특약이 없는 때에는 2차적저작물을 작성하여 이용할 권리는 포함되지 아니한 것으로 추정한다.[53] 다만, 컴퓨터프로그램의 경우 특약이 없는 한 2차적저작물작성권도 함께 양도된 것으로 추정한다(저작권법 제45조 제2항 단서).[54]

일반적으로 2차적저작물의 작성권 침해는 복제권 침해를 수반한다. 소송 실무에서도 2차적저작물의 작성권 침해를 입증하기 위해서라도 무단 복제 사실을 입증해야 한다. 그럼 저작재산권에서 2차적저작물이 가지는 의미는 무엇일까? 예를 들면, 소설의 저작권자가 출판사에게 복제 및 배포를 허락하면서 무단 변경을 금지하였다. 그런데 출판사가 소설가의 허락없이 원작에 기초한 다른 작품을 작성하였다면 이는 소설가의 2차적저작물작성권을 침해하지만 복제권을 침해한 것은 아니다.

7) 대여권

저작자는 상업적 목적으로 공표된 음반(이하, "상업용 음반")이나 상업적 목적으로 공표된 프로그램을 영리를 목적으로 대여할 권리를 가진다(저작권법 제21조). 즉 저

53) 일반저작물의 경우 2차적저작물작성권에 대한 권리자의 별도의 동의를 구하도록 함으로써 저작인격권 중 동일성유지권과의 충돌을 피하여 분쟁의 발생 가능성을 줄이기 위한 것이 아닌가 생각한다.

54) 프로그램의 경우 양수인은 양도 받은 프로그램을 개작하여 양수인의 사용환경에 적합하게 만드는 것이 프로그램의 양도에 핵심이므로 프로그램의 전부를 양도할 경우 특약이 없는 한 2차적저작물작성권도 함께 양도된 것으로 추정한다.

작권자의 허락 없이 상업용 음반을 영리적 목적으로 대여하거나 복제하여 판매할 수는 없다. 대여권은 1980년도 초 일본 소니사가 워크맨을 출시하면서 등장한 권리이다. 당시 일본에서 음반 가격은 비싼 편이었는데(약 3만원), 한 대학생이 저렴한 비용으로 음반을 대여하는 사업을 하여 큰 성공을 거두었다.[55] 대여점에서 음반을 빌린 사람들은 이를 카세트테이프로 복제하여 워크맨으로 들을 수 있었는데 이 대여점으로 인하여 일본 음반 매출액이 큰 폭으로 하락하게 되었다. 이를 계기로 저작권자에게 대여권이라는 새로운 권리를 인정하게 되었다. 저작권법은 '상업용 음반' 및 '상업용 프로그램'에 한해서 '영리적 목적'의 대여를 통제할 수 있는 대여권을 인정하고 있다. 대여는 배포에 포함된 개념이므로 대여권은 위의 배포권에서 설명한 '권리소진의 원칙'의 예외라고 할 수 있다.[56]

WIPO 저작권조약(WCT)은 배포권과 권리소진을 규정하면서 컴퓨터프로그램과 영상저작물 및 체약국법에서 정한 음반저작물에 대해서 저작자의 상업적 대여권을 규정하고 있다. WTO/TRIPs에서도 컴퓨터프로그램과 영상저작물에 관하여 대여권을 인정하고 있다. 그러나 우리 저작권법은 '상업용 음반' 및 '상업용 프로그램'만을 대여권의 대상으로 규정하고 있다.[57]

8) 배타적발행권

저작권자는 다른 사람에게 그 저작물에 대하여 독점적으로 복제하여 배포 또는 전송할 수 있도록 하는 배타적 권리("배타적발행권")를 설정할 수 있다. 2012년 3월 15일 시행된 개정 저작권법 이전에는 이러한 배타적 권리는 컴퓨터프로그램과 출판에 대해서만 인정되었다. (구)컴퓨터프로그램보호법에서 프로그램배타적발행권을 도입한 이유는 프로그램 저작권자로부터 배타적 권리(복제+배포 또는 전송)를 설정 받은 자는 컴퓨터프로그램저작물에 대하여 독점적으로 발행·판매할 수 있게 되므로 투자자가 프로그램 개발자에게 안심하고 투자할 수 있게

55) 임원선, 실무자를 위한 저작권법, 한국저작권위원회, 2009, 136면.
56) 제21조 대여권 규정에서 "제20조 단서에도 불구하고..."라고 명시하고 있다.
57) 저작권법 제2조 제5호 "음반"은 음(음성·음향)이 유형물에 고정된 것(음을 디지털화한 것 포함)을 말한다. 다만, 음이 영상과 함께 고정된 것을 제외한다.

하여 SW산업의 활성화에 기여하기 위한 것이다. 개정 저작권법은 프로그램뿐만 아니라 오프라인 출판 및 전자출판 등 다양한 저작물의 이용형태에 대해서도 배타적발행권을 설정할 수 있도록 하였다. 이에 발행의 범위에 전송을 포섭하도록 하였다. 저작권법 제57조제1항에서 "저작물을 발행하거나 복제·전송(이하, "발행등")할 권리를 가진 자는 그 저작물을 발행등에 이용하고자 하는 자에 대하여 배타적 권리(이하, "배타적발행권"이라 하며, 제63조에 따른 출판권은 제외)를 설정할 수 있다."고 규정하였다.

저작재산권자는 그 저작물에 대하여 발행등의 방법 및 조건이 중첩되지 않는 범위 내에서 새로운 배타적발행권을 설정할 수 있다(법 제57조 제2항). 그리고 그 저작물의 복제권·배포권·전송권을 목적으로 하는 질권이 설정되어 있는 경우에는 그 질권자의 허락이 있어야 배타적발행권을 설정할 수 있다(법 제57조 제4항). 배타적 발행권을 설정받은 배타적발행권자는 그 설정행위에 특약이 없는 때에는 배타적발행권의 목적인 저작물을 복제하기 위하여 필요한 원고 또는 이에 상당하는 물건을 받은 날부터 9개월 이내에 이를 발행등의 방법으로 이용하여야 한다(법 제58조 제1항). 또한, 배타적발행권자는 저작재산권자의 동의 없이 배타적발행권을 목적으로 하는 질권을 설정하거나 제3자에게 배타적발행권을 양도할 수 없다(법 제62조 제1항). 그리고 배타적발행권은 그 설정행위에 특약이 없는 때에는 맨 처음 발행등을 한 날로부터 3년간 존속한다(법 제59조 제1항).

9) 출판권

출판은 인간이 자기의 사상이나 감정을 기록에 의해 다른 사람에게 전달하는 수단이며 인쇄술 기타 이와 유사한 방법에 의하여 저작물을 문서 또는 도화로서 복제·배포하는 것을 말한다. 저작물을 복제·배포할 권리를 가진 자는 그 저작물을 인쇄 그 밖에 이와 유사한 방법으로 문서 또는 도화로 발행하고자 하는 자에 대하여 이를 출판할 권리("출판권")를 설정할 수 있다(법 제63조 제1항). 여기서 '설정'이란 쌍방간의 계약에 따라 새로이 제한적인 물권 등의 배타적 권리를 발생시키는 것을 말하며, '발행'은 복제와 배포를 포함하는 개념이다.[58] 이러한 점에서 출판권설정계약은 채권적 권리를 발생시키는 출판허락계약과 본질적으로 차이가 있다. 출판허락계약은 저작물을 이용하여 출판물의 형태로 만들어 배포(판매)하는 것을 단순히 허락하는 계약이므로 출판권설정계약에 의해 창설되는 출판권에 적용되는 저작권법상 출판권의 존속기간, 출판권자의 의무, 출판권의 소멸에 관한 규정은 이 경우에 적용되지 않는다. 설정출판권은 등록에 의해 제3자 대항력을 가질 수 있다. 한편 출판권을 설정받은 자("출판권자")는 그 설정행위에서 정하는 바에 따라 그 출판권의 목적인 저작물을 원작 그대로 출판할 권리를 가진다. 따라서 출판권자가 출판권 설정을 받더라도 저작자의 동일성유지권 등 저작인격권을 침해해서는 아니된다.

출판계약과 관련하여 출판 산업은 표준계약서를 마련하고 있다. 여기에는 단순출판허락계약서, 배타적 발행권 설정계약서, 출판권설정계약서, 출판권 및 배타적 발행권 설정계약서가 있다. 출판권설정계약은 독점적으로 출판을 할 수 있는 권리를 설정하는 것인 반면, 단순출판허락계약은 여러 출판사가 동시 출판이 가능한 계약이다. 배타적 발행권 설정계약은 출판권을 제외하고 저작물을 공중의 수요에 충족시키기 위하여 복제·배포하는 것과 복제·전송하는 것에 관한 배타적 권리를 설정하는 계약이다. 출판권 및 배타적 발행권 설정계약은 배타적 발행권뿐만 아니라 출판권을 포함하는 계약이다.

한편 여기서 '인쇄 그 밖에 이와 유사한 방법'에는 녹음 또는 녹화에 의한 복제는 포함되지 않는다. 즉 서적이나 사진집, 그림집 등 문서 또는 도화로 복제하는 것이어야 한다. 따라서 최근 스마트폰, 태블릿 PC 등을 통해 널리 이용되고 있는 전자책(e-book)은 여기에 해당되지 않는다고 볼 수 있다. 전자책은 전송과 관련된 이용허락에 의해서 가능할 것이다. 앞서 설명한 바와 같이, FTA 이행 개정 법률안에서 배타적발행권의 설정계약에 의해서 전자책 발행이 가능해졌으므로 출판권과 유사한 법적 효과를 기대할 수 있게 되었다.

---

58) 저작권법 제2조 제24호 "발행"은 저작물 또는 음반을 공중의 수요를 충족시키기 위하여 복제・배포하는 것을 말한다.

이와 같이 출판은 저작물의 다른 이용형태와 달리 타인에게 준물권적 성격의 출판권을 설정할 수 있다. 저작권자로부터 출판권을 설정받은 출판권자는 해당기간동안 물권에 유사한 독점적 권리를 가지며, 저작권자는 출판권 설정 후에는 해당 저작물을 출판할 수 없다. 이러한 점에서 출판권자는 배타적발행권자와 같이 제3자의 출판행위에 대하여 손해배상뿐만 아니라 금지청구도 할 수 있다. 배타적발행권에 관한 제58조부터 제62조까지는 출판권에 관하여 준용된다. 이 경우 "배타적발행권"은 "출판권"으로, "저작재산권자"는 "복제권자"로 본다. 출판권자는 9개월 이내에 출판할 의무가 있으며, 관행에 따라 계속해서 출판하여야 한다(계속출판의 의무). 또한, 출판물에 복제권자를 표지하여야 한다. 출판권은 그 설정행위에 특약이 없는 때에는 맨 처음 출판한 날로부터 3년간 존속한다. 복제권자는 그 저작물의 복제권을 목적으로 하는 질권이 설정되어 있는 경우에는 그 질권자의 허락이 있어야 출판권을 설정할 수 있다(법 제63조 제3항).

매절(買切) 계약이란?

국내 출판계의 오랜 관행이 된 매절계약은 저작물의 이용대가를 판매(발행)부수에 따라 지급하지 않고 한꺼번에 일괄하여 미리 지급하고 이후에는 아무런 금전적 대가를 지급하지 않는 형태의 계약을 말한다. 주로 무명작가의 작품, 공동저작물, 번역물 등에 대한 계약에서 흔히 볼 수 있다. 이 매절계약이 문제되는 것은 여기에 저작권 양도가 포함되어 있는지 여부이다.

<사건 개요>

'갑'은 1979년경부터 중국 무협소설을 전문적으로 번역해 오던 중 대만 작가 김용의 <녹정기(鹿鼎記)>라는 작품을 번역하여 서적출판업을 하는 A로부터 원고 1매당 6백 원 내지 1천 원에 상당하는 원고료를 받고 1987년 10월부터 1990년 12월까지 같은 제목의 서적 전 11권을 출판하게 되었다. 그런데 서적이 출판되는 과정에서 그 번역 마감일과 원고료 지급 날짜를 명백히 하기 위해 1987년 3월 31일자로 원고 매절계약서 형식의 서면계약을 체결하였으며, 신청인 A는 이를 저작권 양도계약으로 해석하고 있다. 그러던 중 A가 경영하는 출판사가 노사분규로 인해 1991년 4월경 폐업하게 되어 더 이상 출판업을 하지 못하게 되었다. 이에 갑은 1992년 7월경에 다른 서적출판업자인 B와 신청인 A가 출판하던 위 서적을 일부 수정하고 가필하여 이를 다시 출판하기

로 하는 출판권설정계약을 체결하고 원고료로 원고지 1매당 금 1천8백 원을 지급받기로 하였다. 그리고 갑은 1994년 1월 26일에 이 사건 서적에 대한 저작권을 등록하였고, 피신청인 B는 같은 날 출판권설정등록을 마친 바 있다.

한편, B가 "녹정기"라는 제목의 이 사건 서적을 발행하는 사실을 안 A는 1987년에 번역자 갑과 체결한 서면계약서를 근거로 하여 이 사건 서적에 대한 저작권이 자신에게 있으므로 B의 이 사건 서적에 대한 인쇄·제본 및 그 판매를 금지하게 해달라는 가처분 신청을 서울민사지방법원에 제출하였다. 이에 법원에서는 앞서 언급한 바와 같이 A의 주장이 타당하지 않다고 판단하였다.

<법원 판결>

법원은 A의 주장이 타당하지 않다고 판단하였는데, 그 이유로 원고료로 일괄지급한 대가가 인세를 훨씬 초과하는 고액이라는 등의 소명이 없는 한 매절계약은 출판권설정계약 또는 독점적 출판계약이며, 저작권양도계약이 아니라고 보았다. 또한, 번역의 완성과 동시에 그 번역저작권을 출판사에 귀속시키는 합의는 저작물의 저작권을 그 저작과 동시에 저작자 일신에 전속하도록 한 저작권법에 위배되어 무효라고 판시하였다(서울민사지방법원 1994. 6. 1. 선고 94카합3724 판결). 따라서 매절계약은 출판권 존속기간 3년의 적용을 받는다.

TIP

'추급권'이란?

2007년 5월에 시작된 한-EU FTA에서 EU 측은 우리나라에 추급권의 도입을 제안하였다. 추급권은 미술작품에 관련된 것으로, 미술작품이 재판매될 때마다 저작권자인 작가나 사후에는 작가의 상속권자가 70년까지 판매액의 일정한 몫을 받을 수 있는 권리를 의미한다. 다만 이는 경매시장이나 전문 중개상을 통해 거래된 경우에만 해당되고 개인간의 직거래나 개인이 공공미술관에 판매할 경우에는 해당되지 않는다.

미술작품에 추급권이 도입된 것은 작품 판매액에 따라 지속적으로 수입을 올릴 수 있는 소설가나 작곡가 등 다른 예술분야와는 달리 한 번 작품을 팔면 추가 수입을 기대할 수 없는 미술작가의 특수성을 감안한 것이 이 제도를 도입한 이유라고 볼 수 있다. 추급권에 따른 수수료는 일반적으로 작품거래액 상승분의 1~5% 수준인데, 거래액의 규모가 커질수록 수수료는 감소하게 된다.

02. 저작인접권이란?

저작인접권(neighboring rights)이란 실연자, 음반제작자 및 방송사업자에게 부여되는 저작권에 유사한 권리를 말한다. 배우, 가수, 연주자, 연출자 등 실연자와 음반제작자 및 방송사업자는 저작물의 직접적인 창작자는 아니지만, 저작물의 해석자 내지는 전달자로서 창작에 준하는 활동을 통해 저작물의 가치를 증진시킨다. 이러한 저작인접권자는 실연, 음반 또는 방송의 이용을 통제할 수 있는 일정한 권리를 가진다. 저작인접권자는 2차적저작물의 작성권을 갖지 않으며, 실연자를 제외한 저작인접권자에게는 저작인격권이 인정되지 않는다.

저작인접권의 보호기간은 실연은 그 실연을 한 때, 음반은 그 음반을 발행한 때, 그리고 방송은 그 방송을 한 때부터 권리가 발생되고 그 보호기간은 그 다음 해부터 기산하여 70년(방송은 50년)간 보호한다(법 제86조).[59] 컴퓨터프로그램에 대해서는 저작인접권을 인정하지 않고 있다.

현재 저작권의 효율적인 관리를 위해 저작권별로 신탁관리단체를 지정하고 있는데, 다른 분야와 달리 음악분야는 한국음악저작권협회와 함께하는 음악저작인협회(음악저작권), 한국음반산업협회(음반제작자의 저작인접권), 한국음악실연자연합회(실연자의 저작인접권)의 4개 단체가 지정되어 있다. 따라서 웹블로그 배경음악이나 웨딩샵의 디지털 앨범의 배경음악 등의 제작시 이용자는 이들 단체로부터 모두 이용허락을 받아야 하는 불편함이 존재한다. 이러한 문제를 해결하기 위해 한국저작권위원회는 "저작권비즈니스지원센터"를 구축하여 저작물의 권리정보의 체계적 수집·관리와 이용허락 계약체결 등을 온라인에서 수행할 수 있도록 하는 서비스를 제공하고 있다.

■ 캐나다 동계올림픽에서 김연아 선수의 프리 스케이팅 음악으로 사용된 조지거슈윈의 1925년 피아노 협주곡 F장조를 새롭게 연주하여 음반으로 제작한 자가 저작권법상 갖는

59) 1957년 저작권법(저작물로서 저작자의 사후 30년간 보호)→ 1987년 저작권법(발생한 날로부터 20년간 보호)→ 1994년 저작권법(발생한 날로부터 50년간 보호)→ 2013년 8월 1일 이후(실연과 음반은 그 다음 해부터 기산하여 70년간 보호(방송 제외)

권리를 무엇이라고 하는가?

☞ 원저작자인 조지거슈윈의 저작권 보호기간이 만료되더라도 그의 피아노 협주곡을 새롭게 실연하여 음반으로 제작한 자는 해당 음반에 대해 저작인접권을 갖는다.

〈저작인접권자의 권리〉

	실연자	음반제작자	방송사업자
저작인격권	성명표시권·동일성유지권	없음	없음
저작재산권	복제권·배포권·상업용음반 대여권·(생실연) 방송권·(생실연) 공연권·전송권 방송보상청구권·상업용 음반보상청구권·디지털음성송신 보상청구권	복제권·배포권·대여권·전송권 방송보상청구권·상업용음반보상청구권·디지털음성송신보상청구권	복제권·동시중계방송권·공연권

※ 저작권법은 'WIPO 실연·음반조약(WPPT)'과의 조화를 위하여 실연자의 인격권, 배포권, 생실연 공연권, 디지털음성송신 보상청구권 등을 마련하였다.

한편, 인터넷상에서 불법복제가 만연하자 이를 효과적으로 대처하기 위하여 2005.1.16부터 시행된 개정 저작권법은 실연자 및 음반제작자에게 전송권을 새롭게 부여하였다. 따라서 인터넷망을 통해 음악파일을 송신할 경우에 실연자나 음반제작자의 허락이 없다면 이들의 저작인접권을 침해하게 되는 것이다. 즉 음악파일을 웹사이트, 미니홈피, 카페, 블로그, P2P, 웹캐스팅 등을 통하여 올리거나 송신하는 경우에는 저작재산권은 물론 실연자 및 음반제작자의 권리도 침해할 수 있다.

실연자의 권리

실연은 "저작물을 연기·무용·연주·가창·구연·낭독 그 밖의 예능적 방법으로 표현하거나 저작물이 아닌 것을 이와 유사한 방법으로 표현하는 것"이다(법 제2조 제4호). 실연은 저작물을 예능적 방법으로 표현한 것 외에도 자연의 소리(새소리, 바람소리 등)와 같이 저작물이 아닌 것을 예능적 방법으로 표현한 것도 포함한다. 실연자는 이러한 실연을 표현한 자와 실연을 지휘, 연출 또는 감독하는 자도 포함한다(법 제2조 제4호). 따라서 저작권법상 실연자는 연기, 연주 등을 직접 실연하는 자는 물론 교양학단의 지휘자, 무용의 연출가, 영화감독[60] 등도 실연자의 범위에 포함된다.

보호받는 실연의 범위와 관련하여 저작권법은 저작물의 실연뿐만 아니라 마술, 곡예, 서커스, 만담, 리듬체조, 피겨 스케이팅, 쇼 등과 같은 비저작물을 실연하는 경우도 포함하고 있다. 따라서 마술, 곡예 등과 같이 저작물이 아닌 것을 실연하는 자도 저작권법상 실연자의 권리에 의해 보호받을 수 있다. 그러나 축구, 체조와 같은 운동경기는 예능적 방법으로 표현한 것이 아니므로 동조의 실연에 포함되지 않는다고 하겠다.[61] 또한, 실연은 공연과 달리 공중을 대상으로 한 공개를 요건으로 하지 않으며, 녹음·녹화물의 재생에 의한 것은 포섭하지 않고 있다.

실연자는 다른 저작인접권자들과 달리 성명표시권과 동일성유지권의 인격권을 가진다. 이는 WIPO 실연음반조약을 반영하고자 2006년 저작권법을 개정하면서 부여된 것이다. 따라서 실연자는 저작인접권자 중 유일하게 저작인접인격권과 저작인접재산권을 함께 가지게 되었다. 이용자는 실연의 성질이나 그 이용의 목적 및 형태 등에 비추어 부득이한 경우(수천 명이 등장하는 대하드라마의 보조출연자의 성명표시)를 제외하고는 실연자의 실명 또는 이명을 표시한 바에 따라 표시하여야 하고, 실연의 내용과 형식의 동일성을 유지해야 한다(법 제66조, 제67조). 실연자에게 인격권 중 공표권을 부여하지 않고 있는데, 공표권을 인정하게 되면 저작물의 이용을 방해받을 수 있기 때문이다.

실연자는 복제권, 배포권, 상업용 음반 대여권, 공연권(생실연권)[62], (생실연) 방송권, 전송권을 가지며, 보상청구권으로서 상업용 음반을 이용한 방송사업자,

---

60) 로마협약에서는 실연자(performer)를 배우, 무용, 연주가, 가수 등 실연을 행하는 자 및 실연을 지휘 또는 연출하는 자로 보고 있기 때문에 영화감독은 실연자의 범위에 포함되지 않는다.

61) 오승종, 저작권법, 박영사, 2007, 759면.

62) 저작권법 제72조 (공연권) 실연자는 그의 고정되지 아니한 실연을 공연할 권리를 가진다. 다만, 그 실연이 방송되는 실연인 경우에는 그러하지 아니하다.

디지털음성송신사업자, 음반공연에 대한 보상청구권을 가지고 있다.

복제권은 실연자의 실연 자체를 복제하는 경우에 적용되며, 해당 실연과 유사한 실연을 녹음·녹화한 경우에는 적용되지 않는다. 한편 최근 음반에 의한 공연이 증가하면서 생실연의 기회가 상실되고 음반판매가 감소하여 실연자 및 음반제작자의 경제적 손실이 발생함에 따라 2009년 저작권법은 실연이 녹음된 상업용 음반을 사용하여 공연을 하는 자에 대해 실연자 및 음반제작자의 보상청구권을 새롭게 인정하였다(저작권법 제76조의2 및 제82조의2).63)

TIP

보상청구권

보상청구권은 준물권적 성격(이용 시 저작권자의 허락 필요)을 가진 저작권과 달리 저작물을 먼저 이용하고 이후 일정한 보상을 요구할 수 있는 채권적 권리이다. 대표적인 예로서 실연자의 음반공연 보상청구권, 음반제작자의 보상청구권, 교육목적의 보상청구권 등이 있다. 보상청구권은 법률이 정한 일정한 요건이 충족되면 저작권자의 사전협의를 거치지 않고 소정의 보상금을 지급하거나 공탁하고 저작물을 이용할 수 있다. 음반제작자에 대한 보상금의 경우 매번 음악을 사용할 때마다 지급할 수 없으므로 일정 기간을 정해 지정된 집중관리단체가 음악을 사용하는 각 방송사 또는 해당 기관과 미리 계약한 내용에 따라 보상금을 징수한 후 다시 각 제작자에게 분배하고 있다. 이처럼, 보상청구권의 대상이 되는 이용자는 저작권자의 허락 없이도 저작물을 이용하고 그 이용에 대해 대가를 저작권자 또는 저작인접권자(집중관리단체)에게 지급한다.

이와 관련하여, 저작권법 제76조의2의 실연자의 음반공연 보상청구권과 제29조의 비영리적 목적의 공연과의 관계가 문제된다. 저작권법은 저작재산권의 제한에 관한 규정은 저작인접권의 목적이 된 실연·음반 또는 방송의 이용에도 준용된다고 규정하고 있다(법 제87조). 따라서 영리를 목적으로 하지 않고 상업용 음반을 사용하여 공연한 자에 대해서는 제76조의2의 실연자의 음반공연 보상

63) 이는 1996년 12월에 체결된 「WIPO 실연 및 음반 조약」(WIPO Performances Phonograms Treaty, WPPT) 제15조를 반영한 것으로, 동 조약은 실연자와 음반제작자에게 '이용제공권'(전송권)을 부여하도록 규정하고 있다. 한편, 이 조약과 함께 채택된 「WIPO 저작권 조약」(WIPO Copyright Treaty, WCT)는 저작자에게 '공중전달권(Right of communication to the Public)'과 '이용제공권(Right of making available to the public)'을 부여할 수 있도록 규정하고 있는데, 전자는 우리나라 '공중송신권'의 준거를 제공하였다.

청구권이 실연자에게 생기지 않는다.

한편, 2인 이상이 공동으로 합창·합주 또는 연극 등을 실연하는 경우에 실연자의 권리를 반드시 공동으로 행사해야 할지가 문제된다. 예컨대 30명 이상으로 구성된 합창단의 실연을 이용하고자 할 경우 그 구성원 전원으로부터 허락을 받기란 여간 불편한 일이 아닐 것이다. 저작권법은 이러한 문제를 해결하고 실연의 이용활성화를 위하여 공동실연자가 선출한 대표자로 하여금 권리를 행사할 수 있도록 하고, 대표자의 선출이 없는 경우에는 지휘자 또는 연출자 등이 이를 행사할 수 있도록 규정하였다(법 제77조 제1항).[64]

음반제작자의 권리

"음반제작자"는 음을 음반에 최초로 고정하는데 있어 전체적으로 기획하고 책임을 지는 자를 말한다(법 제2조 제6호). 음반은 음이 유형물에 고정된 것(음을 디지털화한 것 포함)으로 음과 영상을 함께 고정하여 재생하는 뮤직비디오는 영상저작물이기 때문에 음반에 포함되지 않는다. 이와 같이, 음반은 CD 등 매체에 수록된 음뿐만 아니라 MP3 파일과 같이 디지털화된 파일도 음반에 해당한다. 음에는 음악, 새소리, 시낭송 등이 포함된다. 한편 음반제작자와 구별되는 음반사가 있다. 음반제작자는 음을 마스터 테이프에 처음 녹음하는 자인 반면, 음반사는 음반제작자가 만든 마스터 테이프를 CD 등으로 대량 복제하여 유통하는 자를 말한다.

음반제작자는 실연을 하는 자가 아니므로 실연자의 권리 중 인격권, 공연권 및 방송권을 제외한 권리를 동일하게 가지고 있다. 즉 음반제작자는 복제권, 배포권, 대여권, 전송권, 상업용 음반의 방송사용에 대한 보상금청구권, 디지털음성송신보상청구권, 상업용 음반의 공연에 대한 보상청구권을 가진다. 이러한 보상청구권들을 인정하는 이유는 음반제작에 많은 시간과 노력, 비용이 투여되기 때문이다. 보상청구권은 교과용도서의 보상금에 대한 권리에 관한 규정을 준용한다. 그리고 보상금의 지급 및 금액에 대해서는 실연자의 보상금에 관한

64) 공동실연자의 인격권 행사에 관해서는 저작권법 제15조 공동저작물의 저작인격권 규정을 준용한다.

규정이 준용된다. 방송사업자가 상업용 음반을 방송에 사용할 경우에는 해당 보상금을 실연자 및 음반제작자에게 각각 지급하여야 한다. 이때 실연자와 음반제작자는 문화체육관광부장관이 지정하는 보상을 받을 권리를 가진 자로 구성된 단체, 즉 한국음반산업협회를 통해서만 그 권리를 행사할 수 있다(법 제82조 제2항). 한편 복제권과 관련하여 다른 음반제작자가 이미 존재하는 음반을 그대로 복제하지 않고 새로이 녹음을 하는 것은 복제권 침해에 해당하지 않는다.

방송사업자의 권리

방송사업자는 방송을 업으로 하는 자로서 그의 방송을 복제할 권리(복제권)을 가진다(저작권법 제84조). 그리고 방송사업자는 그의 방송을 동시중계방송할 권리를 가진다(저작권법 제85조). 동시중계방송은 방송을 수신과 동시에 다시 재송신하는 것을 말한다. 예를 들면, 과거 베이징 올림픽 경기에 대한 방송권은 우리나라의 3개 방송사가 방송권을 보유한 중국 방송사로부터 동시중계방송권을 부여 받아 방송한 것이다. 이와 같이 방송을 동시중계방송하려면 원방송사업자의 허락을 받아야 한다. 또한, 가입자들로부터 일정 요금을 받고 케이블방송사로부터 수신한 방송신호를 인터넷망에 적합한 컴퓨터 파일 형식으로 변환하여 전송하는 이른바 '실시간 재전송' 서비스는 시청자의 케이블방송 수신행위를 보조하는 수준을 넘어 그 자체가 독자적인 방송신호 송신행위로서 방송사업자의 동시중계방송권을 침해한 것에 해당한다(마이티비 사건, 서울지법 2010. 9. 28. 선고 2009카합4625 결정).

한편 2011년 7월 1일 한·EU FTA가 발효되면서 방송사업자의 공연권이 새롭게 인정되었다. 즉 방송사업자는 공중의 접근이 가능한 장소에서 방송의 시청과 관련하여 입장료를 받는 경우에 그 방송을 공연할 권리를 가진다(저작권법 제85조의2). 이는 방송 시청에 관한 시설을 갖춘 사업장(예, 유럽국가에서 볼 수 있는 스포츠 방송 사업장)에서 입장료와 같은 직접적인 반대급부를 받는 경우에 한정되므로 음식점, 술집 등과 같은 일반업소에서 방송 프로그램을 공연하는 경우에는 적용되지 않는다.

Bugs Music 사건

2003년 웹 스트리밍(streaming) 방식으로 음악서비스를 해오던 벅스뮤직(www.bugs.co.kr)에 대하여 법원은 음반사의 신청을 받아들여 신곡 1만곡에 대하여 서비스 중지 가처분 명령을 내렸다. 벅스는 음반제작사들이 보유하고 있는 저작인접권에 대하여 저작료를 지급하지 않고 무단으로 음원을 사용했기 때문이다.

2002년 8월에 벅스뮤직은 '(사)음악저작권협회'와 총 매출액의 1%에 해당하는 음악사용료 지급 계약을 체결하였고, 또한, 2002년 12월에는 '(사)한국예술실연자단체연합회(現 한국음악실연자연합회)'와 총 매출액의 0.5%의 저작인접권 사용료 지급 계약을 체결하였다. 그러나 음반제작사와는 어떠한 계약도 체결하지 않아 문제가 되었다.

한편 벅스의 스트리밍 서비스는 음악파일을 하나의 형태가 아닌 여러 개의 파일로 나누어 물 흐르듯이 연이어 보내 실시간 전송하는 방식이라는 점에서 복제물을 일반공중에 양도 또는 대여하는 것이라고 볼 수 없으므로 배포권을 침해한 것은 아니다.

■ 지상파 방송을 케이블방송서비스 업체가 고객에게 재송신하는 것은 저작권 침해인가?

☞ 방송법상 난시청을 해소하고 보편적 서비스 제공을 위해 마련된 의무재송신 대상인 KBS1과 EBS의 방송프로그램을 재송신하는 것은 저작권법상 동시중계방송권이 적용되지 않는다(방송법 제78조 제1항, 제3항).

■ 의무재송신 대상이 아닌 KBS2, MBC, SBS의 프로그램을 재송신하는 것은 저작권을 침해하게 되는 것인가? 케이블방송사들의 재송신 행위는 난시청해소와 보편적 서비스의 실현에 기여하고 있으며, 지상파방송의 수신확장을 통해 그들의 이익을 증진시키고 있으므로 법적 문제가 되지 않는 것일까?

☞ 법원은 케이블방송사업자들이 의무재송신 대상이 아닌 지상파 방송의 재송신을 통해 상업적 이익을 얻고 있으며, 또한, 이러한 행위가 난시청해소라는 시청보조 목적을 넘어선 방송행위이므로 지상파 방송사업자의 동시중계방송권을 침해한 것으로 본 바 있다(서울지방법원 2009. 12. 31. 선고 2009카합3358 결정 등).

03. 저작권은 언제 발생할까?

저작권은 저작물의 창작이 어느 정도 완료되는 시점부터 발생하며, 어떠한 절차나 형식적 요건을 필요로 하지 않는다.

첫째, 저작물이 되기 위해서는 우선 '창작성(originality)'이 있어야 한다. 여기서 창작성이란 특허의 요건인 신규성이나 진보성과 같은 고도의 창작성을 요구하는 것이 아니며 자신의 감정이나 사상을 표현한 것으로서 타인의 창작물을 베끼지 않고 독자적으로 창작한 것이면 된다(대법원 1995. 11. 14. 선고 94도2238 판결).[65] 즉 저작물의 창작성은 신규성, 유명성, 예술성과는 다른 개념이며, 남의 것을 단순히 모방한 것이 아니고 저작자 나름대로 정신적 노력의 소산으로서의 특성이 부여되어 있으며 다른 저작자의 기존의 작품과 구별할 수 있을 정도를 말한다.

창작성을 어느 정도 요구할 것인가에 대하여 '노동이론(labour theory)'과 '유인이론(incentive theory)'은 각기 다른 기준을 제시하고 있다.[66] 노동이론은 일명 '이마의 땀(sweat of the brow)'이론으로 불리기도 하며, 저작자의 정신적 노동이 투여된 이상 창작성의 정도가 낮더라도 저작권을 부여할 수 있다는 견해이다. 반면, 유인이론은 저작권법의 궁극적 목적인 문화발전을 유인할 정도의 창작성을 요구하고 법은 그 대가(incentive)로서 저작권을 부여한다는 견해이다. 따라서 문화발전을 견인할 정도의 일정 수준의 창작성을 갖추지 못한 경우에는 저작권을 부여하지 않게 된다. 우리나라 판결에서는 위 두 가지 이론을 모두 확인할 수 있는데, 특히 기능적 저작물에 있어서는 저작자의 창조적 개성이 드러나는지를 보고 있으므로 유인이론의 입장을 취한다고 볼 수 있다.

둘째, 저작물이 되기 위해서는 인간의 사상이나 감정을 표현한 것이어야 한다. 따라서 동물이 그린 그림이나 전화번호부, 식당의 메뉴, 열차시간표, 소프트

65) 대법원은 2005. 1. 27. 선고 2002도965 판결에서 창작성의 성립요건으로서 저작물의 독자적인 작성 외에도 최소한의 창조적 개성이 반영될 것을 요구한 바 있으나 이 판결은 전원합의체 판결이 아니어서 1995년 대법원 판례를 보완하고 있다.

66) 오승종·이해완, 「저작권법」(4판), 25면 참조.

웨어에 의해 자동적으로 작성되는 기상도나 악보 등과 같이 인간의 사상이나 감정에 관한 것이 아닌 단순한 사실의 나열은 저작물이 될 수 없다.

셋째, 사상이나 감정이 표현되어야 하므로 시를 낭송한다든지 머릿속에 있는 생각을 종이, 하드디스크 등과 같은 유형의 매체에 '고정(fixation)'시켜 외부로 '표현(expression)'하거나 춤과 같은 동작으로 표현되어야 한다. 다시 말해 저작권법은 사상이나 감정 자체를 보호하지 않고 그것이 오감으로 느낄 수 있도록 표현되어야 한다. 우리나라는 표현하기만 하면 저작권에 의한 보호를 받을 수 있으므로 즉흥시를 낭독하는 경우에도 저작물이 될 수 있다. 이 점은 저작권 보호에 고정을 요구하는 미국을 비롯한 영미법계 국가와 다르다고 할 수 있다.

출처: http://bestuff.com/stuff/congo-chimpanzee

위 그림은 오른쪽 사진에 있는 Congo(1954-1964)라는 침팬지가 그린 추상적 인상주의 스타일의 그림이다. 콩고의 그림 3점은 1만2천파운드에 낙찰되기도 하였다.

2011년 영국의 한 동물 사진작가가 원숭이에게 사진기를 주어서 스스로 찍게 한 사진[67]에 대하여 원숭이에게 저작권이 귀속되는지 문제된 바 있다. 美

67) 이 사진은 2011년 영국 사진작가 데이비드 슬레이터가 인도네시아 술라웨시를 여행하며 밀림 사진을 찍던 중 당시 6살이던 원숭이 나루토가 바닥에 놓여있던 슬레이터의 카메라를 들고 자신의 모습을 찍은 것으로 위키피디아가 이 사진을 게재하면서 인터넷에 널리 퍼지게 됐다. 슬레이터는 사진 저작권이 자신에게 있다며 위키피디아에 사진 삭제를 요구했지만, 위키피디아 재단은 슬레이터가 사진을 직접 찍지 않았으므로 저작권이 없다고 반박했다. "원숭이는 셀피 저작권 없어", 중앙일보, 2016. 1. 7. 자

연방 법원은 저작권사무소가 지난해 추가한 '저작권은 인간이 작업한 출판물에만 적용할 수 있다'는 조항에 근거해 원숭이에게는 저작권이 없다는 판결을 내렸다. 따라서 원숭이가 찍은 사진이나 코끼리가 칠한 벽화 등은 저작권 보호 대상이 아니다.

한편 중국의 한 화가가 지렁이를 다양한 물감에 묻혀 그 궤적을 아름답게 표현하여 그림을 그렸다면 과연 저작물로서 보호 받을 수 있을까? 이 경우에는 위에서 본 원숭이가 직접 그린 그림이나 사진과 달리 지렁이를 하나의 도구로서 이용하여 작가가 자신의 사상이나 감정을 표현한 것이므로 저작권 보호 대상이 될 수 있다.

인공지능(AI)이 만든 창작물은 저작권 보호를 받을 수 있을까?

AI(Artificial Intelligence)는 4차 산업혁명시대에 사회 모든 분야에 혁신적 변화를 일으키고 있다. 최근에는 AI가 인간밖에 할 수 없어 보였던 문화·예술 분야까지 넘보고 있다. 넥스트 렘브란트(The next Rembrandt)는 마이크로소프트와 네덜란드의 델프트과기대·렘브란트미술관 등이 합세해서 렘브란트의 화풍을 그대로 재현한 그림 그리는 AI이다. 구글은 수년 전부터 인공지능으로 빈센트 반 고흐 등 유명 화가의 화풍을 재현하는 시도를 하였으며 2016년 2월에는 AI가 그린 그림으로 전시회를 열어 9만 7600달러(1억1265만원)의 수익을 내기도 했다. 또한, 미국 예일대학교에서 개발한 작곡 AI 쿨리타와 스페인 말라가 대학에서 개발한 아야무스(Lamus)는 실제 작곡가들이 들어도 인정할 만한 수준의 곡을 만들고 있다. Lamus는 한곡을 작곡하는데 8분 정도 소요되며 실제 런던 심포니 오케스트라가 연주하고 판매되기도 하였다. 또한, AI가 언론 기사를 작성하는 것은 이제 흔한 일이 되어 버렸다. 심지어 일본에서는 작가 호시 신이치의 플래시 픽션(극히 짧은 소설) 1,000개를 기반으로 AI가 단편 소설을 작성하게 하는 프로젝트('변덕쟁이 인공지능 프로젝트 작가인데요')를 진행한 바 있다. 미국의 테일러 브랜드(Tailor Brands)는 AI를 이용하여 제품 로고를 자유롭게 디자인할 수 있게 하였고, 또한, AI가 스스로 소프트웨어를 개발하기도 한다.

인공지능이 그린 그림들

AI의 렘브란트 화풍의 초상화 빈센트

반 고흐의 화풍을 학습한 AI 그림

출처: AI가 그린 그림 900만원에 팔려…예술 넘보는 인공지능, 중앙일보, 2016.4.7.

인간 중심의 권리 보호 체계를 갖고 있는 현행 저작권법으로는 AI가 스스로 만든 창작물에 대하여 보호를 제공하기 어렵다. AI는 소위 '딥러닝(deep learning)' 혹은 '특징표현 학습(representation learning)' 이라는 기술을 통해 스스로 학습하여 창작적 표현을 하므로 창작과정에 인간이 개입하지 않는다. 저작권법은 저작권을 인간의 사상이나 감정을 표현한 창작물에 대해 주어지는 배타적 권리로 정의하고 있어 인간이 아닌 AI의 창작물은 보호 대상이 될 수 없으며, 나아가 업무상 저작물이 되기도 어렵다.[68]

산업계에서는 인공지능에 대한 투자보호와 산업 진흥을 위하여 인공지능 창작물에 대한 보호를 주장하고 있으며, 주요 선진국 중 일본과 EU를 중심으로 이러한 논의가 활발하게 이루어지고 있다. 그러나 일부에서는 인간에게만 인정되던 저작권을 대량의 창작물을 생산해 낼 수 있는 AI에게 배타적 권리를 부여할 경우 독점화로 인한 부작용을 우려하고 있으며, 이점에서 일본과 유럽 등 주요국에서는 제한적 보호 방안을 제시하고 있다.

한편, 영화·만화·서적·음악 등의 제목(만화제목 '또복이', 소설 '애마부인', 무용극의 제명 '행복은 성적순이 아니잖아요', 무역노트 사건), 출판사의 상호(운전면허학과시험문제집 출판사의 상호 '크라운출판사') 등도 저작자의 사상이나 감정의 표현으로 볼 수 없으므로 저작물성이 인정되지 않는다.[69]

68) 손승우, "인공지능 창작물의 저작권 보호", 「정보법학」 제20권 제3호, 한국정보법학회, 2016.12.31.

69) 서적류의 제호에 대한 상표법의 보호와 관련하여 서적류의 제호는 특별한 사정이 없는 한 해당 저작물의 창작물로서의 명칭 내지는 그 내용을 함축적으로 나타내는 것으로 해당 상품의 품질을 나타내는 보통명칭 또는 관용상표와 같은 성격을 가지는 것이므로 제

그리고 "근하신년", "건강하세요"… 등 일상의 표현, 흔한 말, 간략한 문장, 단순한 표어, 슬로건 등은 창작성이 없으므로 저작권법의 보호를 받기가 용이하지 않다. 예를 들면, 법원은 영화 왕의 남자 사건에서 "나 여기 있고 너 거기 있어"라는 대사는 일상생활에서 흔히 쓰이는 표현으로 저작권법에 의하여 보호받을 수 있는 창작성 있는 표현이라고 볼 수 없다고 판시하였다(서울고등법원 2006. 11. 14 자 2006라 503 결정). 또한, 하이트 맥주 광고 사건에서 "가장 맛있는 온도가 되면 암반천유수 마크가 나타나는 하이트, 눈으로 확인하세요"라는 문구는 '맛있는 온도를 눈으로 알 수 있다'는 단순한 내용을 표현한 것으로서, 그 문구가 짧고 의미도 단순하여 그 표현형식에 위 내용 외에 어떤 보호할 만한 독창적인 표현형식이 포함되어 있다고 보기 어렵다고 판단하였다(서울고등법원 1998. 7. 7. 선고 97나15229 판결).

반면 2018년 9월 서울중앙지법은 현대백화점이 타인의 앨범에 사용된 "난 우리가 좀 더 청춘에 집중했으면 좋겠어"라는 문구를 네온사인 홍보물에 무단 사용한 사건에서 해당 한 줄의 문장도 저작권을 인정할 수 있다고 판시한 바 있다. 법원은 "이 사건 어문저작물의 창작성을 살펴보면, 이 사건 저작물은 원고가 발매한 음반의 겉면에 스티커로 부착된 것으로서 "우리 조금 불안하더라도 인생에서 다시 없을 청년 시절을 충분히 만끽하고 즐기자"라는 사상이 표현되었다 할 것이고, 용어의 선택, 리듬감, 음절의 길이, 문장의 형태 등에 비추어 독창적인 표현 형식이 포함되었다고 할 것이므로 창작성이 인정된다"라고 설시하였다.[70]

호로서의 사용에 대하여 상표권의 효력이 미치지 않는 것이 원칙이다(대법원 1995. 9. 26. 선고 95다3381 판결). 그러나 타인이 등록한 상표를 정기간행물이나 시리즈물의 제호로 사용하는 등 특별한 경우에는 사용 태양, 사용자의 의도, 사용 경위 등 구체적 사정에 따라 실제 거래계에서 제호의 사용이 서적의 출처를 표시하는 식별표지로서 인식될 수도 있으므로, 그러한 경우까지 상표권의 효력이 미치지 않는 것으로 볼 수는 없다(대법원 2005. 8. 25. 선고 2005다22770 판결).

70) 서울중앙지방법원 2018. 9. 4. 선고 2017가소7712215 판결.

게임규칙, 표현방식 등의 보호(대법원 2017다212095 판결)

<사안 개요>

외국회사인 원고는 2010년 매치-3-게임(동일한 그림이 3개 이상 직선으로 연결되면 사라지면서 점수를 획득하는 게임)을 출시하고, 2013년 페이스북 플랫폼 게임을 출시하는 한편, 2014년 6월에는 카카오톡플랫폼 모바일 게임을 출시하여 서비스하고 있다. 국내회사인 피고는 2014년 2월 카카오톡플랫폼 매치-3-게임을 출시하여 서비스를 하고 있다.

원고는 피고의 게임이 자사 게임을 모방한 것으로 저작권침해 및 부정경쟁행위에 해당한다고 주장하면서, 서비스 중지 및 손해배상을 청구하였다.

<법원 판결>

1. 게임 저작물성 및 창작성 판단기준

게임물은 저작자의 제작 의도와 시나리오를 기술적으로 구현하는 과정에서 다양한 구성요소들을 선택·배열하고 조합함으로써 다른 게임물과 확연히 구별되는 특징이나 개성이 나타날 수 있다. 그러므로 게임물의 창작성 여부를 판단할 때에는 게임물을 구성하는 구성요소들 각각의 창작성을 고려함은 물론이고, 구성요소들이 일정한 제작 의도와 시나리오에 따라 기술적으로 구현되는 과정에서 선택·배열되고 조합됨에 따라 전체적으로 어우러져 그 게임물 자체가 다른 게임물과 구별되는 창작적 개성을 가지고 저작물로서 보호를 받을 정도에 이르렀는지도 고려해야 한다.

2. 실질적 유사성 판단

원고 게임물(팜 히어로 사가, Farm Heroes Saga)은 개발자가 그동안 축적된 게임 개발 경험과 지식을 바탕으로 게임물의 성격에 비추어 필요하다고 판단된 요소들을 선택하여 나름대로의 제작 의도에 따라 배열·조합한 것으로서 개별 구성요소의 창작성 인정 여부와 별개로 특정한 제작 의도와 시나리오에 따라 기술적으로 구현된 주요한 구성요소들이 선택·배열되고 유기적인 조합을 이루어 선행 게임물과 확연히 구별되는 창작적 개성을 갖추고 있어 저작물로서 보호 대상이 될 수 있고, 피고 게임물(포레스트매니아, Forest Mania)은 원고 게임물의 제작 의도와 시나리오가 기술적으로 구현된 주요한 구성요소들의 선택·배열 및 유기적인 조합에 따른 창작적 표현형식을 그대로 포함하고 있으므로, 양 게임물은 실질적으로 유사하다고 볼 수 있다.

저작권 등록

저작권 발생은 '무방식주의'를 취하고 있으므로 등록을 권리 발생의 요건으로 하지 않는다.[71] 저작권은 저작물을 창작한 때부터 발생하며 어떠한 절차나 형식의 이행을 필요로 하지 아니한다(저작권법 제10조 2항). 이 점에서 권리발생에 등록을 요구하는 특허권, 상표권 등 산업재산권과 차이가 있다.

저작물을 등록시 장점을 살펴보면, 분쟁이 발생한 경우에 창작연월일을 추정할 수 있으므로 누가 먼저 창작했는지를 입증할 수 있다(저작권법 제53조). 또한, 저작재산권을 양도하거나 질권(담보권) 설정에 있어서도 등록은 효력발생요건은 아니나 등록을 해 두면 제3자에 대하여 대항력(제3자 대항요건)을 행사할 수 있다(저작권법 제54조). 예를 들면, 저작권자가 자신의 권리를 양수인에게 양도한 후에 제3자에게 이중양도나 이용허락을 하는 경우가 있는데, 만일 양수인이 양도등록을 하지 않았다면 제3자에게 자신이 저작권자로부터 저작재산권을 양도받았다는 주장을 할 수 없고 해당 양도 또는 이용허락의 효력을 다툴 수 없다.

무명 또는 널리 알려지지 않은 이명저작물(보호기간 공표 후 70년)을 실명등록하는 경우 보호기간이 사망시부터 기산되어 저작자 사후 70년까지 보호된다(저작권법 제40조제2항). 그리고 저작권 침해행위가 일어나기 전에 저작물이 등록되어 있으면 법정손해배상을 청구할 수 있다(저작권법 제125조의2).

주의해야 할 점은 저작물의 등록이 등록저작물의 저작물성을 보장하는 것은 아니다. 저작물 등록사무는 한국저작권위원회가 담당하고 있으며, 한국저작권위원회의 등록은 제출된 신청서 또는 물품자체에 의하여 저작권 등록 신청대상이 저작물에 해당하지 않는다는 것이 법률상 명백한 경우에만 등록을 거부하는 형식적 심사에 해당한다.[72]

등록의 대상이 되는 것에는 창작으로 발생하는 저작권, 저작인접권, 데이

71) 무방식주의는 베른협약에서 채택하고 있는 것으로 거의 모든 국가에서 취하고 있는 방식이며, 이와 반대되는 방식주의는 저작권 보호를 위해 등록, 저작권 표시 또는 납본 등을 요구하는 방식이다.

72) 서울고등법원 2012. 6. 13. 선고 2011나50785 판결.

터베이스 제작자의 권리에 대한 사항이 있으며,73) 설정행위로 발생하는 출판권과 배타적발행권에 대한 사항이 있다. 그리고 등록의 종류는 크게 권리등록, 권리변동등록, 등록사항의 변경등록으로 나눌 수 있으며, 각 등록의 종류에 따라 신청할 수 있는 등록권리자 또는 등록의무자도 달라진다. 한국저작권위원회는 저작권등록을 위해 온라인 등록 시스템을 구축하여 운영하고 있다.74)

뮤지컬과 같은 공연은 공연 자체를 저작물로 등록할 수 없으며, 곡은 음악저작물로, 대본은 어문저작물로, 안무는 연극저작물로 각각 등록할 수 있다. 다만 독창성이 인정되는 공연의 촬영본이나 편집물의 경우 그 영상을 등록할 수 있는데, 이 경우 공연을 등록한 것은 아니라고 할 수 있다.

안무의 저작물성(서울고법 2011나104668 판결)

저작권법은 제4조제1항제3호에서 '연극 및 무용·무언극 그 밖의 연극저작물'을 저작물로 예시하고 있다. 이 사건 안무에 사용된 각종 동작의 요소는 각종 댄스장르의 전형적인 춤 동작, 그리고 이미 공개된 여러 춤에서 발견되는 특징들과 유사한 측면이 있지만, 이 사건 안무는 'J'라는 노래의 전체적인 흐름, 분위기, 가사 진행에 맞게 종합적으로 재구성된 것이고, 4인조 여성 그룹 구성원(K, L, M, N)의 각자 역할(랩, 노래, 춤 등)에 맞게 춤의 방식과 동선을 유기적으로 구성하였으며, 기존에 알려진 다양한 춤 동작도 소녀들로 구성된 그룹과 'J'라는 악곡의 느낌에 맞게 상당한 창조적 변형이 이루어졌고, 각 춤 동작들이 곡의 흐름에 맞게 완결되어 이 사건 안무 역시 전체적으로 하나의 작품으로 인식되는 점 등을 종합하면, 이 사건 안무는 전문 안무가인 원고가 'J' 노래에 맞게 소녀들에게 적합한 일련의 신체적 동작과 몸짓을 창조적으로 조합·배열한 것으로서 원고의 사상 또는 감정을 표현한 창작물에 해당한다.

---

73) 등록부에는 저작권 등록부, 프로그램등록부, 저작인접권 등록부, 데이터베이스제작자권리 등록부가 있다.

74) 한국저작권위원회 저작권등록 <https://www.cros.or.kr/page.do?w2xPath=/ui/main/main.xml>

※ 저작권등록신청서 작성례

저작권등록신청서

※[ ]에는 V표를 합니다. ※반드시 뒤쪽의 작성요령을 읽고 작성합니다. (앞쪽)

접수번호	접수일자	처리기간 4일

저작물	① 제 호 (제 목)	Hong's Secret(**홍스 시크릿**)※ 외국어의 경우 한글을 함께 기재합니다. ([ ] 여러 건 등록: 총 건)		
	② 종 류	※ 뒤쪽의 저작물 분류표 및 작성요령을 참고하여 기재합니다. **음악저작물>대중가요>작곡**		
신청인 <등록권리자>	③ 성 명 (법인명)	(한글) **주식회사 활빈당** (한자) (영문)		
	④ 국 적	**대한민국**	⑤ 주민등록번호 (법인등록번호)	000000-0000000
			⑤ 사업자등록번호	000-00-00000
	⑥ 주 소	**경상남도 진주시 충의로** 19, **늘벗동** 1**층**		
	⑦ 전화번호 (휴대전화번호)	02-0000-0000 (010-0000-0000) ※ 휴대전화번호는 선택사항이나, 기재하지 않은 경우 신청 진행 등이 지연될 수 있습니다.	⑧ 전자우편주소	hong@copyright.or.kr
	⑨ 신청인 구분	[V] 저작자 본인 [ ] 공동저작자 중 1인(목록 별첨) [ ] 상속인 등 [ ] 공동상속인 중 1인(목록 별첨)		
대리인	⑩ 성 명 (법인명)		⑪ 주민등록번호 (법인등록번호)	
			⑪ 사업자등록번호	
	⑫ 주 소			
	⑬ 전화번호 (휴대전화번호)	※ 휴대전화번호는 선택사항이나, 기재하지 않은 경우 신청 진행 등이 지연될 수 있습니다.	⑭ 전자우편주소	

※ 등록을 거짓으로 한 경우에는 「저작권법」 제136조제2항제2호에 따라 3년 이하의 징역 또는 3천만원 이하의 벌금에 처해질 수 있습니다.

「저작권법」 제53조제1항, 같은 법 시행령 제26조제1항 및 같은 법 시행규칙 제6조제1항제1호가목에 따라 위와 같이 등록을 신청합니다.

2020 년 8 월 5 일

신청인 주식회사 활빈당 (주식회사 활빈당의 법인감 날인)

한 국 저 작 권 위 원 회 귀중

※ 저작권 등록신청명세서 작성례

<table>
<tr><td colspan="7">저작권 등록신청명세서
※ □에는 V표를 합니다</td></tr>
<tr><td rowspan="3">저작물
※ 기존 등록물인 경우 기재하지 않음</td><td>① 제 호
(제 목)</td><td colspan="2">Hong`s Secret(홍스 시크릿)</td><td>② 종 류</td><td colspan="2">음악저작물>대중가요>작곡</td></tr>
<tr><td>③ 복제물 형 태</td><td colspan="3">□ 책 □ 인쇄물 □ 사진 ☑ CD □ DVD
□ 디스켓 □ Tape □ 비디오테이프 □ 기타( )</td><td>④ 복제물 수 량</td><td>1</td></tr>
<tr><td>⑤ 내 용</td><td colspan="5">4/4박자, 단조. 아버지를 아버지라 부르지 못하는 홍길동의 억제된 슬픔을 표현한 곡이다. 미니멀리즘 스타일의 곡으로 주제 멜로디가 후반부로 갈수록 여러 번 반복되고 변주되는 점이 특징이다.</td></tr>
<tr><td colspan="2">⑥ 전등록번호 및 등록연월일</td><td colspan="5">※ 동일 저작물에 기존 등록 있는 경우에만 기재</td></tr>
<tr><td rowspan="13">등록사항</td><td rowspan="2" colspan="2">2차적저작물
※ 원작을 번역·편곡·변형·각색·영상제작 등의 방법으로 재창작한 저작물을 등록 신청하는 경우에만 기재</td><td colspan="2">⑦ 원저작물의 제호</td><td colspan="2"></td></tr>
<tr><td colspan="2">⑧ 원저작물의 저작자</td><td colspan="2"></td></tr>
<tr><td colspan="2">⑨ 권리에 대한 지분</td><td colspan="4">주식회사 활빈당 50%, 홍길동 50%</td></tr>
<tr><td>창 작</td><td>⑩ 창작연월일</td><td colspan="4">2014.01.01</td></tr>
<tr><td rowspan="3">공 표
저작물이 신청 전에 전부 공표된 경우에만 기재</td><td>⑪ 공표연월일</td><td>2014.02.15</td><td>⑫ 공표국가</td><td colspan="2">대한민국</td></tr>
<tr><td>⑬ 공표방법</td><td>□ 출판 ☑ 복제·배포
□ 인터넷 □ 공연 □ 전시
□ 방송 □ 기타( )</td><td>⑭ 공표매체정보</td><td colspan="2">OO부 이상 복제하여 관계자 00명 이상에 배포</td></tr>
<tr><td colspan="2">⑮ 공표 시 표시한 저작자 성명(이명)</td><td colspan="3">활인당※, 홍길동</td></tr>
<tr><td>저작자</td><td>⑯ 성 명
(사업자명)</td><td colspan="4">한글) 주식회사 활빈당 외 1인 한자)
영문)</td></tr>
<tr><td rowspan="5">저작자
※ 신청인과 같은 경우 아래에 v표를 하고 기재하지 않음
☑ 신청인과 같음</td><td>⑰ 국 적</td><td colspan="2"></td><td>⑱ 주민등록번호
(법인등록번호)</td><td></td></tr>
<tr><td>⑲ 주 소</td><td colspan="4"></td></tr>
<tr><td rowspan="2">⑳ 전화번호</td><td>자택(사무소)</td><td>휴대전화</td><td rowspan="2">㉑ 전자우편주소</td><td rowspan="2"></td></tr>
<tr><td></td><td></td></tr>
<tr><td>㉒ 사망연도</td><td colspan="4">※ 저작자 사망시에만 기재</td></tr>
</table>

※ 신청인명과 다른 상표(브랜드명)로 공표된 경우, 필(이)명확인서 또는 저작자확인서 제출

한편 주변에서 Ⓒ 와 같은 저작권 표시를 흔히 볼 수 있는데, 저작권 보호를 받기 위해 이러한 표시를 반드시 해야 하는 것은 아니다. 다만 Ⓒ 표시가 권리를 발생시키는 법률상 요건은 아니지만 자신의 저작물을 보호받기 위해서는 저작권 또는 무단복제에 대한 주의문구 등을 표시해 두는 것이 실무적으로 좋다. 특히 인터넷 공간에서는 복제가 용이하고 정보 공유 역할을 하므로 저작권에 대한 인식이 미흡할 수 있으므로 다음과 같은 저작권 문구를 표시해 두는 것이 바람직하다.

"ⓒ 저작권자 홍길동, 무단전재 및 재배포시 법적 제재를 받게 됩니다."

"저작권이 있으므로 무단복제 금지함."

"Copyright ⓒ 2006.8.15. Gil-Dong Hong. All Rights Reserved."

"Reproduction of this book in whole or in parts is prohibited without permission of the publisher."

---

04. 저작권의 보호기간은?

저작권의 보호기간의 원칙은 저작자의 생존동안과 사후 70년간 존속한다(저작권법 제39조). '사후 70년'에 대한 보호는 저작자뿐만 아니라 그 가족이 저작재산권으로부터 이익을 받게 하기 위한 정책적 고려이다.76)

한편 영상저작물의 경우 다수의 참여자가 있는 공동저작물이며 복잡한 권리 관계 속에서 진정한 저작자를 찾아 보호기간을 정하기보다는 공표한 때부터 70년간 존속(2013년 7월 1일부터 적용)하는 것으로 정하고 있다(저작권법 제42조). 그런데 무명 또는 널리 알려지지 아니한 이명이 표시된 일반 저작물의 경우에는 그 저작자의 사망 시기를 알기 어려우므로 그 저작재산권은 공표된 때부터 70년간 존속하는 것으로 법은 정하고 있다(저작권법 제40조). 또한, 업무상저작물의 저작자는 법인등

---

76) 2011.6.30. 한·EU FTA의 국내이행을 위해 저작권법을 개정하면서 저작권 보호기간을 사후 50년에서 20년 더 연장한하여 저작자의 생존동안과 사후 70년으로 개정하였다.

이 되므로 저작재산권의 존속기간을 공표한 때부터 70년간으로 정하고 있다(저작권법 제41조). 저작재산권은 양도가 가능한데 개인 저작자가 자신의 권리를 법인에게 이전시킨 경우에 해당 저작물에 대한 보호기간은 법인을 기준으로 70년간 존속하는 것이 아니라 원저작자의 사후 70년까지 존속하게 된다.

신문의 연재소설과 같이 책·호 또는 회 등으로 공표하는 저작물의 경우에는 매책·매호 또는 매회 등이 공표된 다음해부터 70년간 존속하고, 일부분씩 순차적으로 공표하여 완성되는 순차저작물의 경우는 최종부분이 공표된 다음해부터 70년간 존속(무명 또는 널리 알려지지 않은 이명저작물, 업무상저작물 한정)한다(저작권법 제43조).

어린왕자 사건

<그림 아르데코 7321>

이 사건은 2009년 생텍쥐페리(1900~1944)의 '어린왕자'라는 한글 제목과 'Le Petit Prince'라고 필기체 프랑스어로 쓴 제목, 그리고 어린왕자가 혹성에 서서 별을 바라보고 있는 삽화, 어린왕자가 망토를 입고 있는 삽화 등 4종에 대한 상표권 침해에 관한 분쟁이다.

1996년 10월 프랑스의 SOGEX는 GLI 컨설팅을 통해 어린 왕자가 혹성에 서서 별을 바라보는 삽화와 어린 왕자가 초록색 망토를 입고 정면을 보는 이미지 2컷을 상표 등록했다. 이 그림은 저자인 생텍쥐페리가 그린 것이다. 생텍쥐페리의 유족재단(SOGEX)과 국내 상표권 라이선스 계약을 맺은 국내 문구업체 아르데코7321 및 출판사 위즈덤하우스 등은 2008년 4월 위 4종의 표장을 무단으로 사용한 교보문고, 인터파크 등 대형 온·오프라인 서점에 대해 위 표장이 들어간 책의 유통을 중단할 것으로 요구하였으며, 이로 인해 약 1개월 가량 판매가 중단된 바 있다. 한편 2009년 2월 16일 <어린왕자>를 출간했던 문예출판사, 문학동네 등 출판사 10곳은 이 책의 상표권 등록과 관련하여 상표등록 권리범위 확인 심판결정 청구를 제기하였다.

특허심판원은 "창작 저작물 내용 그대로가 수록된 단행본의 제호만으로 사용되는 확인대상 표장은 특별한 사정이 없는 한 누구나 자유롭게 사용할 수 있는 보통명칭 또는 관용상표와 같은 성격을 갖는 것이어서 등록상표의 권리범위에 속하지 아니한다"고 밝혔다.

☞ 이 사건은 생텍쥐페리가 '어린 왕자'를 1943년 발표하고 1년 후에 불의의 비행기 사고로 사망했으므로 그 보호기간은 사후 50년인 1994년까지였다. 즉 저작권이 만료된 책에 삽입된 이미지와 제호는 이미 만인의 공유가 되었지만 이를 다시 상표로서 보호하는 것이 적절한지에 대한 논란이 되었다.

05. 저작권의 소멸과 기증

저작재산권자가 상속인 없이 사망한 경우 또는 저작재산권자인 법인 또는 단체가 해산된 경우 저작재산권은 민법(제1058조) 기타 법률의 규정에 따라 국가에 귀속될 수 있다(저작권법 제49조). 이 때 저작재산권은 소멸한 것이 되어 만인의 공유로서 일반국민이 자유롭게 이용할 수 있다. 다만, 저작권 중 저작인격권은 국가로 귀속되지 않는다.

사적 소유의 저작권이 국가로 귀속되는 다른 예로서 저작재산권을 국가에 기증하는 경우가 있다(저작권법 제135조). 대표적인 예로서, 안익태 선생의 애국가가 국가에 기증된 사례이다. 우리나라의 애국가는 안익태 선생이 74개국 국가를 6년에 걸쳐 연구하여 작곡한 것인데, 안익태 선생이 타계한 후 40년간 유족들이 저작권을 보유하고 있다가 2005년 3월 16일 국가에 기증한 바 있다. 기증된 저작물은 누구나 자유롭게 이용할 수 있는 것이 원칙이다. 그러나 기증자가 기간이나 이용범위에 관한 권리범위를 정한 경우에는 국가로부터 일정한 이용허락을 받아야 한다.[77] 애국가의 경우 2013년 저작권 개정으로 그 보호기간이 저작자 사후 70년이 되면서 2036년에 저작권이 소멸되지만, 비영리적 목적이라면 일정한 절차를 거쳐 자유롭게 이용할 수 있다.

---

77) 기증권리 범위를 정한 기증저작물을 이용하는 경우에는 이용허락 신청서를 관리단체인 한국저작권위원회에 제출하여 이용승인을 받은 후 이용할 수 있다.

한국저작권위원회는 2006년부터 기증저작물, 저작권 보호기간 만료저작물, 일정한 조건으로 자유이용을 허락하는 CCL 표시 등으로서 자유롭게 이용 가능한 저작물, 공공저작물 등, 소위 '공유저작물'을 DB화하여 공유마당(gongu.copyright.or.kr)을 통하여 제공하고 있다.

Discussion

주제 드라마에 출연하는 엑스트라(extra)는 저작권법상 실연자에 해당될까?

설명 저작권법상 실연자는 저작물 등을 연기·무용·연주·가창·구연·낭독 그 밖의 예능적 방법으로 표현하는 자를 말하는 것으로 일정 수준의 전문성을 요구한다. 프랑스 저작인접권법은 보조적 실연자를 실연자의 범위에서 배제하고 있다.

한편, 저작권법 제77조 제1항에서 2인 이상이 공동으로 합창·합주 또는 연극 등을 실연하는 경우에 실연자의 권리(인격권은 제외함)는 공동으로 실연하는 자가 선출하는 대표자가 이를 행사하며, 다만, 대표자의 선출이 없는 경우에는 지휘자 또는 연출자 등이 이를 행사한다고 규정하고 있다. 공동저작물의 저작재산권을 행사함에 있어서 저작권자 전원의 합의가 요구되는 것과는 달리 공동실연의 경우는 전원의 동의를 구하는 것이 매우 불편한 일이므로 반드시 대표자를 통해서 실연자의 권리를 행사하도록 하고 있다. 그러나 공동실연이 독창 또는 독주와 함께 실연된 경우에는 실연자의 권리행사에 있어서 독창자 또는 독주자의 동의를 얻어야 한다(법 제77조 제2항).

주제 저작물에 대한 접근권

설명 접근권은 저작자가 저작물의 원본 또는 복제물의 소유자 또는 점유자에게 자신의 접근을 요구할 수 있는 권리이다. 접근권은 우리나라 저작권법에서는 인정되고 있지 않으나 독일 저작권법 제25조[78], 스위스의 저작권법 제14조와 오스트리아

78) 독일 저작권법 제25조 (저작물에의 접근) ① 저작자는 자신의 저작물의 원본 혹은 복제본의 점유자로부터 동인의 정당한 이익이 침해되지 아니하는 범위에서 복제본의 제작이나 저작물의 개작에 필요한 경우, 위 원본 혹은 복제본을 자신에게 접근시킬 것을 요구할 수 있다.
② 위 점유자는 원본 혹은 복제본을 저작자에게 교부할 의무는 없다.

저작권법 제22조에서 규정되어 있다. 즉 저작자가 저작물을 양도한 후 해당 저작물을 복제하거나 개작할 필요가 있는 경우에 그 원본 또는 복제본의 소유자 또는 점유자에 대해 접근권을 행사하여 그 원본 등에 대한 자신의 접근을 요구할 수 있다. 접근권은 양도 및 포기가 불가능하다는 점에서 저작인격권적 성격을 지니고 있다.

접근권은 미술저작물의 원본 또는 원고의 원본 등을 양도한 후에 그 원본 또는 복제물을 소유하지 못한 저작자가 복제물 제작 또는 개작을 위해 사용할 수 있는 유용한 권리이다. 그러나 이러한 접근권의 행사에 대해 저작물의 점유자등은 저작물을 반드시 인도해야 할 의무는 없다(독일 저작권법 제25조). 예컨대, 미술작품의 원본을 저작자에게 제공했을 경우 원본이 훼손될 우려가 있는 등 점유자의 정당한 이익이 침해될 우려가 있는 경우에는 저작자의 접근을 거부할 수 있다.

Explanation

이 사건은 저작인격권 중 동일성유지권과 관련된 중요한 판례로서, 이른바 '롯티사건'으로 알려져 있다. 대법원은 이 사건에 대하여 다음과 같이 판시하였다. 즉 "신청인이 제작한 너구리도안은 순수미술작품과 달리 그 성질상 주문자인 피신청인의 기업활동을 위하여 필요한 경우 변경되어야 할 필요성이 있었고, 위 캐릭터제작계약에 의하여 피신청인측에서 도안에 관한 소유권이나 저작권 등의 모든 권리는 물론 도안의 변경을 요구할 권리까지 유보하고 있었음을 알 수 있을 뿐 아니라 신청인이 피신청인측의 수정요구에 대하여 몇차례 수정을 하다가 자기로서는 수정을 하여도 같은 도안 밖에 나오지 않는다면서 더 이상의 수정을 거절한 사실까지 보태어 보면, 신청인은 그의 의무인 위 도안의 수정을 거절함으로써 피신청인측이 위 도안을 변경하더라도 이의하지 아니하겠다는 취지의 묵시적인 동의를 하였다고 인정함이 상당하다 할 것이다. 따라서 피신청인측이 제3자로 하여금 신청인이 제작한 너구리도안을 일부 변경하게 한 다음 변경된 기본도안과 응용도안을 그 기업목적에 따라 사용하고 있다 하더라도 위 변경은 신청인의 묵시적인 동의에 의한 것이므로 저작권법 제13조 제1항에 규정된 동일성유지권의 침해에 해당하지 아니한다 할 것이다."라고 판시하였다. 이 사건에서 대법원은 여러 정황을 고려해 볼 때 신청인은 자신의 동일성유지권을 묵시적으로 포기하였다고 사실을 인정하였다(대법원 1992. 12. 24 선고 92다31309 판결).

신청인 도안

피신청인 도안

Chapter 5 저작재산권의 제한사유

Acuff-Ross Music 음반사는 영화 "귀여운 여인(1990)"의 주제음악으로 유명한 "Oh, Pretty Woman"의 저작자인 Roy Orbison과 William Dees로부터 저작권을 양도받았다. 그런데 '2 Live Crew'라는 랩그룹은 "Oh, Pretty Woman"곡을 여성에 관한 가사와 함께 랩형식의 패러디로 변형하여 앨범을 발표할 계획을 가지고 저작권자에게 사용허락을 받으려 했으나 거절당하자 Acuff-Ross Music 음반사의 허락 없이 패러디("Pretty Woman")를 감행하였다. 이러한 행위에 대하여 음반사는 저작권 침해를 주장하였는데 과연 패러디는 저작권 침해일까?

01. 저작재산권을 자유롭게 이용할 수 있는 경우란?

저작재산권을 제한하는 이유

저작권법은 저작물과 관련된 권리의 보호뿐만 아니라 그 공정한 이용을 도모함으로써 문화 및 국민경제의 건전한 발전에 이바지함을 궁극적인 목적으로 하고 있다. 즉 이 법은 기본적으로 저작자의 권리를 보호하는 것이지만, 동시에 저작물의 원활한 이용을 활성화하고 궁극적으로는 문화와 관련 산업의 발전을 지향하고 있다. 따라서 저작권을 무제한으로 보호하게 되면 동 법의 목적을 효과적으로 달성할 수 없게 된다.

문학·예술·학술의 창작이라는 것은 선인들이 이루어 놓은 문화유산을 학습하고 그것에 터 잡아 이루어지는 것이기 때문에 완전히 새로운 것이란 없으며, 또한, 저작권법은 저작자의 개인적 부를 보장하기 위한 것이 아니라 문화와 관련 산업의 발전을 도모하고자 하는데 그 본질적인 목표가 있다. 이러한 측면에서 저작권은 제한된 권리라고 할 수 있으며, 우리 법은 일정한 경우에 저작권자의 허락 없이도 저작물을 자유롭게 복제, 배포 등을 할 수 있는 경우를 규정하고 있다. 다만, 그 사용은 목적상 필요한 범위 안에서 공표된 저작물에 한해 복제·배포할 수 있으며, 저작물의 종류·용도 및 복제된 부분이 차지하는 비중과 복제의 부수 등을 비추어 저작권자의 이익을 부당하게 해하는 경우에는 자유이용이 제한된다.

재판 등에서의 복제

1. 재판 또는 수사를 위하여 필요한 경우, 2. 입법·행정 목적을 위한 내부자료로서 필요한 경우에는 그 한도 안에서 저작물을 복제할 수 있다(저작권법 제23조). 예를 들면, 증거자료 등 재판자료를 제출하거나 판결문에 저작물을 사용하는 경우, 국회 및 지자체 의회의 법률심의, 행정기관의 업무 등에 있어서 내부 자료를 위한 복제가 이에 해당한다. 이러한 복제에 있어서 출처를 명시해야 하며, 외부적 사용을 목적으로 한 복제는 허용되지 않는다. 또한, 그 저작물의 종류와 복제의 부수 및 형태 등에 비추어 해당 저작재산권자의 이익을 부당하게 침해하는 경우에는 허용되지 않는다(법 제23조 단서). 예를 들면, 행정기관의 전직원에게 배포하기 위해, 또는 저작물 전체를 복제하는 것은 내부적 사용이라고 하더라도 허용되기 어렵다.

정치적 연설 등의 이용

공개적으로 행한 정치적 연설 및 법정·국회 또는 지방의회에서 공개적으로 행한 진술은 어떠한 방법으로도 이용할 수 있다. 다만, 동일한 저작자의 연설이나 진술을 편집하여 이용하는 경우에는 그러하지 아니하다(저작권법 제24조). 2006년 법 개정 이전에는 이를 보호받지 못하는 저작물로 규정하였으나 현재는 저작권 보호를 전제로 하되 저작재산권 제한 사유로 규정하고 있다. 대통령의 유명한 연설을 모아서 자유롭게 책으로 출간할 수 있으나 동일한 사람의 연설이나 진술을 편집하여 제작하는 경우에는 별도의 허락을 받아야 한다.

교육을 위한 목적

고등학교 및 이에 준하는 학교 이하의 학교의 교육목적을 위한 교과용도서에 공표된 저작물을 게재하는 것은 허용된다(저작권법 제25조 제1항). 교과용도서를 발행한 자는 교과용도서를 본래의 목적으로 이용하기 위하여 필요한 한도 내에서 제1항에 따라 교과용도서에 게재한 저작물을 복제 · 배포 · 공중송신할 수 있다(법 제25조 제2항).[79] 다만, 이 경우에는 저작물을 이용하고자 하는 자는 문화체육관광부장관이 매년 고시하는 기준에 의한 보상금을 해당 저작재산권자에게 지급하여야 한다(법 제25조 제6항). 이 제한 사유는 작가의 동의 여부와 관계없이 해당 저작물이 가지는 교육적 의미가 커서 교육이라는 공익적 목적을 위하여 교과서 게재할 수 있도록 허용함에 의미가 있다.

또한, "수업"을 위한 저작물 활용을 규정하고 있다. 1. 특별법에 따라 설립된 학교, 2. 유아교육법, 초·중등교육법 또는 고등교육법에 따른 학교, 3. 국가나 지방자치단체가 운영하는 교육기관이 수업 목적으로 이용하는 경우에는 공표된 저작물의 일부분을 복제 · 배포 · 공연 · 전시 또는 공중송신(이하, "복제등")할 수 있다. 다만, 공표된 저작물의 성질이나 그 이용의 목적 및 형태 등에 비추어 해당 저작물의 전부를 복제등을 하는 것이 부득이한 경우에는 전부 복제등을 할 수 있다(법 제25조 제3항). 이 제한규정은 수업과 관련된 직접적인 활동으로 제한된다. 가정통신문이나 수업과 직접 관련 없는 활동에 타인의 저작물을 활용할 때에는 이 규정이 적용되지 않는다.

공중송신에 의한 수업을 허용하는 것은 이러닝 및 원격교육 등 변화된 교육환경을 수용하기 위한 것이다. 그리고 저작물의 성질이나 그 이용의 목적 및 형

---

79) 온라인 등을 통한 다양한 교육 콘텐츠 제공이 가능하도록 교과용도서에 게재된 공표된 저작물을 공중송신할 수 있는 근거를 마련하였다.

태 등에 비추어 저작물의 전부(음악 전곡 감상, 시 한편 등)를 이용하는 것이 부득이한 경우에는 전부 복제등을 할 수 있다. 수업시간에 저작물을 이용하는 경우 문화체육관광부장관이 정하는 기준에 의한 보상금을 저작재산권자에게 지급해야 하는데, 다만 고등학교 및 이에 준하는 학교 이하의 학교에서 복제등을 하는 경우에는 보상금을 지급하지 않아도 된다(법 제25조 제6항).[80] 따라서 대학에서 수업을 위하여 교재의 일부를 복제하는 등의 경우에는 저작재산권자에게 일정한 보상금을 지급해야 한다.

그리고 교과용도서를 발행한 자, 학교·교육기관 및 수업지원기관이 저작물을 공중송신하는 경우에는 저작권 등의 권리의 침해를 방지하기 위해 복제방지조치 등의 필요한 조치를 하여야 한다(법 제25조제12항, 시행령 제9조).[81] 학교 또는 교육기관에서 교육을 받는 자는 수업목적상 필요하다고 인정되는 경우에는 제3항의 범위 내에서 공표된 저작물을 복제하거나 공중송신할 수 있다(법 제25조 제5항).

한편, 공표된 저작물을 교육을 위하여 이용하는 경우에는 반드시 저작물을 공정한 관행에 합치되게 이를 인용하여야 한다.

사적이용을 위한 복제

공표된 저작물을 영리를 목적으로 하지 아니하고 개인적으로 이용하거나 가정 및 이에 준하는 한정된 범위 안에서 이용하는 경우에는 그 이용자는 이를 복제할 수 있다. 다만, 공중의 사용에 제공하기 위하여 설치된 복사기기, 스캐너, 사진기 등 복제기기에 의한 복제는 그러하지 아니하다(법 제30조). 비영리 목적

80) 초·중·고등학교는 저작권법 제25조에 따라 '수업목적 보상금'을 지급하지 않아도 되지만, 2012년부터 17개 교육청은 각각 교육청 내 교육기관 간 수업저작물을 공유하기 위하여 일정한 보상금을 지급하고 있다.

81) 저작권법 시행령 제9조 (교육기관의 복제방지조치 등 필요한 조치) 법 제25조제12항에서 "복제방지조치 등 대통령령으로 정하는 필요한 조치"란 다음 각 호의 조치를 말한다
1. 불법 이용을 방지하기 위하여 필요한 다음 각 목에 해당하는 기술적 조치
   가. 전송하는 저작물을 수업을 받는 자 외에는 이용할 수 없도록 하는 접근제한조치
   나. 전송하는 저작물을 수업을 받는 자 외에는 복제할 수 없도록 하는 복제방지조치
2. 저작물에 저작권 보호 관련 경고문구의 표시
3. 전송과 관련한 보상금을 산정하기 위한 장치의 설치

으로 공표된 저작물을 개인이나 가정과 같이 한정된 범위에서 이용하는 것을 '사적 복제'라고 하며 저작권자의 허락 없이 복제할 수 있다.

사적 복제를 인정하는 근거로서 개인적으로 또는 가정 및 그에 준하는 인적 신뢰에 바탕을 둔 소수의 한정된 범위 안에서 타인의 저작물을 이용하는 것은 저작권자의 경제적 이익을 크게 손상시키지 않을 뿐만 아니라, 그러한 이용을 일일이 규제하는 것이 현실적이지 못하기 때문이다. 그러나 이 규정은 디지털 복제기술과 인터넷 환경이 발달된 오늘날에 있어서 저작권자의 경제적 이익을 해칠 수 있다는 우려의 목소리도 제기되고 있다. 독일 등과 같은 국가에서는 디지털 사적이용을 제한하는 입법을 하기도 하였다. 사적이용을 위한 복제는 다른 저작재산권 제한사유와 달리 저작권자의 시장수요를 대체할 가능성이 높은 편이며, 법이 특별히 공익적 측면에서 허용하고 있는 것이다.[82)]

사적복제에 해당되기 위해서는 ① 공표된 저작물을 대상으로 하며, ② 영리를 목적으로 하지 아니하고, ③ 개인적으로 이용하거나 가정 및 이에 준하는 범위 안에서의 이용이어야 한다. ④ 복제는 이용자가 직접하여야 하며, ⑤ 공중용 복사기기, 스캐너, 사진기 등과 같은 복제기기에 의한 복제가 아니어야 한다. 저작권법 제30조 단서에서 공중의 사용에 제공하기 위하여 설치된 복사기기에 의한 복제에는 사적 이용을 위한 복제가 적용되지 않도록 규정하고 있다. 전국에 설치된 복사기기에 대해서는 신탁단체인 한국문학예술저작권협회가 관공서, 기업체 및 복사업체들과 일괄 계약을 체결하고 매년 저작권료를 징수하고,[83)] 이를 저작권자들에게 분배하고 있다. 이로써 개인들이 개별적으로 공중에 설치된 복사기를 이용하여 복사하더라도 별도의 허락을 받지 않아도 된다.

사적이용을 위한 복제 시에는 출처명시를 할 필요가 없다(법 제37조 제1항). 그 이유는 이러한 이용은 개인적으로 또는 가정적으로 제한된 범위에서 이루어지기 때문이다.

---

82) 미국은 사적이용을 위한 복제를 저작권법에서 규정하지 않고 개별사항을 공정이용(fair use) 법리를 적용하여 해결하고 있다.

83) 한국문학예술저작권협회. <https://www.kolaa.kr/jsp/main/MainCtrl.jsp?ACT_CD=MVW>

한편, 소프트웨어의 경우에는 사적 복제를 인정하게 되면 저작권자의 경제적 이익이 부당하게 침해받을 수 있으므로 이를 매우 엄격히 적용하고 있다. 일부에서는 이를 폐지하고 복제기기 제조업자에게 일정한 보상금을 부과하여 이를 저작권자에게 보상해 주는 '복제보상금제도'를 도입하자는 주장이 있다.

청주지법 2014고정232 판결

<사건 개요>

피고인은 3개월간 A로부터 캘리그라피를 배운 후 '◆◆캘리그라피' 공방을 운영하면서, 위 '◆◆캘리그라피' 공방에서 자신이 운영하는 인터넷 카페, 블로그 사이트에 A가 창작한 저작물 "붓놀림이 자유로울 때 꿈을 꿉니다"의 2차적저작물을 작성하는 방법으로 A의 저작재산권을 침해하였다.

이에 대하여 피고인은 '사적 이용을 위한 복제'에 해당할 뿐만 아니라 저작권법 제35조의3(현 제35조의5)에서 정한 '저작물의 공정한 이용'에 해당한다고 주장하였다.

<법원 판결>

피고인이 A의 저작물을 개인적으로 이용하거나 가정 및 이에 준하는 한정된 범위 안에서 이용한 것이라고 볼 수는 없는 점, 출처를 명시하지 않았고, 저작물의 이용방법 등에 비추어 피고인의 위와 같은 행위로 인하여 A의 정당한 이익이 침해되지 않았다고 할 수도 없는 점 등을 들어 사적이용을 위한 복제 또는 저장물의 공정한 이용에 해당하지 않는다고 판결하였다.

공표된 저작물의 인용

최근 언론에는 국회의원, 고위 공직자, 대학교수 등의 논문표절 의혹이 제기되고 있다. 표절(剽竊)이란 다른 사람이 쓴 글의 일부 또는 전부를 그대로 베끼거나 아니면 관념을 모방하여 마치 자신의 독창적인 창작물인 것처럼 공표하는 행위를 말한다. 우리가 논문이나 글을 쓸 때 필요한 경우 타인의 창작물의 일부를 이용하게 되는데 보통 출처를 표시하는 방법으로 이용하게 된다. 이것을 "인용"이라고 한다. 저작권법은 표절을 예방하기 위한 인용에 관한 규정을 두고 있다. 즉 이법 제28조에서 "공표된 저작물은 보도·비평·교육·연구 등을 위하여 정당한 범위 안에서 공정한 관행에 합치되게 이를 인용할 수 있다."고 규정하고 있다. 또한, 이법 제37조는 저작물을 이용할 때에는 출처를 표시하도록 규정하고 있다. 따라서 타인의 저작물을 정당한 범위 내에서 공정한 관행에 합치되는 방법으로 인용을 하고, 합리적인 방법으로 출처를 명시한다면 타인의 저작권을 침해하는 것이 아니므로 저작권자로부터 별도의 허락을 받을 필요가 없다.

저작권법 제28조는 "보도·비평·교육·연구 등"과 같이 비영리적인 목적을 예시로 제시하고 있지만 우리 판례는 공표된 저작물의 인용이 반드시 비영리적 목적에 한해서만 허용되는 것은 아니라고 판시하고 있다.

서울남부지법 2007가합18479 판결

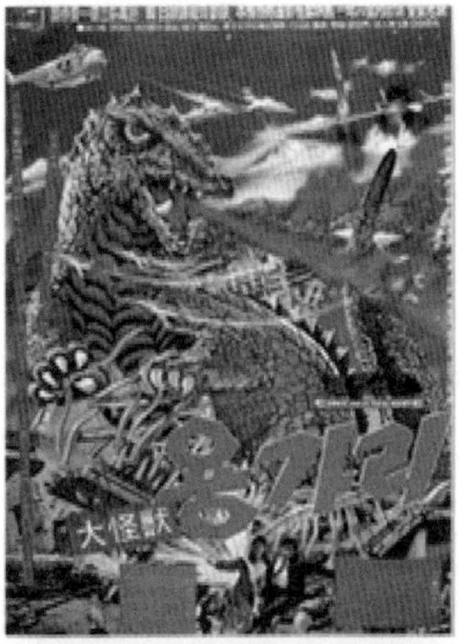

유명 오락프로그램인 "신동엽의 있다! 없다!"에서 피고는 스타의 숨은 이야기를 발굴하는 코너인 '스타 UCC' 편에서 연기자 이순재가 이 사건 영화에 출연한 사실이 있는지를 확인하기 위하여 1967년 영화 "대괴수 용가리"의 일부 장면을 저작권자의 허락 없이 3분 정도 방영한 것에 대하여 법원은 저작물의 상업적·영리적인 목적을 위한 이용은 비영리적 목적을 위한 이용의 경우에 비하여 자유이용의 허용되는 범위가 상당히 좁아질 수 있다고 판시하였다. 동 법원은 저작권법 제28조에서 공정한 관행에 합치된 인용인지 여부는 인용의 목적, 저작물의 성질, 인용된 내용과 분량, 피인용저작물을 수록한 방법과 형태, 독자의 일반적 관념, 원저작물에 대한 수요를 대체하는지 여부 등을 종합적으로 고려하여 판단하여야 한다고 하였다. 이 사안에서 피고는 영리적 목적으로 대상 저작물을 3분간 방영한 것 외에 인터넷 홈페이지를 통해 유료로 프로그램을 방송하였고, 원고로부터 인용에 대한 동의를 받는 것이 어렵지 아니하였던 점 등을 고려해 볼 때 이 행위는 공정이용에 해당하지 않는다고 보았다.

한편, 인용이 정당한 것이 되기 위해서는 자신이 창작한 저작물과 인용된 저작물 간에 "주종관계"가 있어야 한다. 주종관계에는 양적·질적 관계를 고려하게 된다. 즉 본인의 창작물에서 인용된 타인의 저작물이 차지하는 양적 비중이 지나치게 많게 되면 공정한 범위 내의 인용이라고 보기 어렵다. 비록 출처를 표시하였다고 하더라도 인용된 저작물 상당부분 또는 전체를 이용하게 되면 저작권 침해가 될 소지가 높다. 그리고 전체적으로 볼 때 인용 부분이 본인의 창작에 비해 질적으로 높은 가치를 가지고 있어서 피인용저작물의 시장수요에 영향을 미쳐 인용저작물 저작자의 경제적 이익을 저해할 경우에는 합리적인 주종관계를 인정하기 어렵다. 예를 들면, 과학관련 보고서를 작성하면서 보고서를 단순히 장식하기 위해 보고서 내용과 직접적으로 관련이 없는 사진이나 그림을 이용할 경우에는 정당한 범위 내의 인용이라고 할 수 없다. 이와 같이 글을 작성함에 있어서 인용된 타인의 저작물이 참고·예증·보충자료로서 활용되지 않고 본인 창작의 주된 부분을 차지하거나, 또는 타인의 저작물 전체가 인용되는 경우에는 정당한 범위 내의 인용이라고 할 수 없으므로 주의해야 한다.

끝으로 저작물의 인용은 공정한 관행에 합치되어야 한다. 이는 인용의 목적, 방법, 이용형태 등에 있어서 일반적으로 허용되는 방법이어야 한다는 것이다. 여기에는 영화나 미술품 등에 대한 오마쥬(homage), 패러디(parody), 패스티시(pastiche) 등이 포함될 수 있다. 출처표시에 대해 법률상 정해진 기준은 없지만 원출처를 인지할 수 있는 정도면 충분하다고 할 수 있다. 저작물을 인용하는 경우에는 그 이용목적에 부합하도록 약간의 변형을 가할 수 있으며, 이용 목적 및 형태 등에 비추어 부득이한 경우에는 성명을 표시하지 않을 수도 있다.

서울중앙지법 선고 2013노232 판결

<사건 개요>

피고인들은 교육 정보 서비스 업체를 운영하면서 시험지를 스캐너를 이용하여 PDF 파일로 변환한 후 인터넷 사이트에 업로드하고 일정한 비용을 받고 이용자들이 다운로드할 수 있게 하였다. 그리고 이 사건에서 피고인들의 행위가 저작권법 제28조(공표된 저작물의 인용)에 해당하는지 여부가 쟁점이 되었다.

<법원 판결>

피고인들의 행위는 시험지의 일부가 아닌 전체를 그대로 복제하여 이용한 점, 시험지의 내용이나 형식에 어떠한 변형을 가하지 아니하였으며 추가적인 내용 부가도 전혀 없었던 점, 시험지가 다른 저작물의 일부로서 이용된 것이 아니라 그 자체만을 그대로 이용한 점을 고려할 때 저작권법 제28조의 '인용'에 해당한다고 보기 어렵다.

피고인들의 행위가 교육을 위한 목적이 일부 있었다고 하더라도 그 이용의 근본적인 목적은 상업적, 영리적이라고 보이는 점, 이 사건 각 복제물은 이 사건 각 시험지를 그대로 복제한 것으로서 원저작물에 대한 완전한 대체물에 해당하여 이 사건 각 저작권자들의 이 사건 각 시험지에 대한 현재 또는 향후의 저작권 행사를 직접적으로 침해하는 점을 감안하면 이 사건 행위가 저작권법 제28조의 '공표된 저작물의 인용'에 해당하는 것이라고 볼 수 없다.

'테마가 찾은 뉴스' 사건(서울지법 2004가합76058 판결)

A사는 웹사이트에 회원들이 많이 찾은 뉴스 기사에 대한 목록 및 정보를 제공하는 것을 목적으로 하는 '테마가 찾은 뉴스' 서비스를 개설·운영하였는데, 위 서비스는, ① A사가 자사의 메신저 서비스에 가입한 회원들 가운데 자신이 방문한 웹페이지에 대한 정보를 A사에게 제공하는 것에 동의한 회원들을 대상으로 하여 이들이 방문한 웹페이지의 주소를 수집한 다음, ② 로봇프로그램을 이용해 해당 웹페이지의 텍스트, 사진 등의 정보를 수집하여 키워드 등을 통해 이를 자동적으로 '연예/방송', '스포츠', '영화' 등의 범주로 분류한 후, ③ A사의 '테마가 찾은 뉴스' 서비스 웹페이지에 위와 같이 수집한 기사의 제목 또는 제목 및 3줄 가량의 일부 내용, 작은 이미지로 축소한 사진을 출처를 명시하여 게재하고, ④ 이용자가 이와 같이 게재된 기사의 제목, 일부 내용 또는 축소 사진을 클릭하면 해당 기사 및 사진이 게시된 웹페이지로 직접 연결(deep link, 링크된 웹사이트의 초기 페이지를 거치지 아니하고 정보가 있는 하위 페이지로 바로 이동하도록 하는 링크)되어 독립된 창으로 해당 웹페이지가 화면에 나타나도록 하였다.

A사의 '테마가 찾은 뉴스' 서비스에 위와 같은 방식으로 링크된 웹페이지 중에는 B가 작성한 뉴스기사, 사진이 게시된 B의 웹페이지 또는 B로부터 위 기사 및 사진을 제공받은 제3자의 웹페이지도 포함되어 있었다. 이에 B는 '테마가 찾은 뉴스' 서비스가 B의 저작권을 침해한 것이라는 취지로 항의하였다. B의 주장은 타당한 것일까?

☞ 이 사안은 타인의 저작물이 있는 웹사이트에 링크(link)를 걸어 두는 행위가 저작권 침해에 해당하는지를 묻는 사안이다. 링크는 기본적으로 자신의 웹페이지에서 다른

웹페이지로 이동하게 할 뿐 웹페이지상의 저작물을 복제·전송·전시하지 않으므로 저작권 침해를 구성하지 않는다.

☞ 이 사안에서 A가 '테마가 찾은 뉴스' 서비스를 제공하면서 자신의 웹사이트에 B가 저작권을 가지는 사진을 B의 허락 없이 작은 크기로 축소하여 게시한 부분에 관하여, B의 복제권 및 전시권을 침해한 것이라고 할 것이나, 다음과 같은 사정 즉, ① A사는 자신의 웹사이트에 원고들이 작성한 뉴스기사 및 사진을 게시한 웹페이지를 직접 연결(deep link)하면서 이용자들에게 연결되는 위 웹페이지의 내용에 대한 정보를 제공하기 위하여 위 웹페이지에 게시된 사진을 작은 크기로 축소하여 자신의 웹사이트에 게재한 것에 불과하고, 이용자가 게재된 축소 사진을 선택(click)하면 해당 웹페이지로 직접 연결되어 이용자는 독립된 창을 통해 해당 웹페이지에 게시된 원래의 사진을 보게 되는 점, ② '테마가 찾은 뉴스' 서비스는 이용자들에게 피고의 회원들이 많이 찾은 뉴스기사에 대한 목록 및 정보를 제공하는 것인데, 이는 인터넷을 통하여 제공되는 방대한 양의 정보 중 이용자가 많은 관심을 갖는 정보에 대한 쉽고 빠른 접근을 제공한다는 점에서 공공성을 인정할 수 있는 점, ③ A사가 사용한 로봇프로그램은 일반인들이 자유롭게 열람할 수 있는 웹사이트에서만 텍스트, 사진 등을 수집하는 점, ④ 당시 피고의 웹사이트가 제공하는 주된 서비스로서 페이지뷰에 직접적인 연관이 있는 부분은 커뮤니티 서비스나 채팅 서비스였고, '테마가 찾은 뉴스' 웹페이지에는 광고가 게재되지도 않았으므로, A사가 위 서비스를 명백히 상업적으로 이용하였다고 보기 어렵고, 오히려 A사의 '테마가 찾은 뉴스' 서비스로 인해 A사의 웹사이트에 직접 연결된 B의 웹페이지가 보다 많은 방문자를 얻게 되는 이익을 보았다고 보이는 점 등에 비추어 보면, A사가 자신의 웹사이트에 B가 저작권을 가지는 사진을 작은 크기로 축소하여 게재한 것이 B의 사진저작물에 대한 복제, 전시 행위에 해당하더라도, 이는 공표된 저작물을 정당한 범위 안에서 공정한 관행에 합치되게 인용하는 것으로 볼 수 있으므로, B의 주장은 타당하지 않다.

☞ 저작권법 제28조에서는 공표된 저작물은 보도·비평·교육·연구 등을 위해서는 정당한 범위 안에서 공정한 관행에 합치되게 이를 인용할 수 있도록 규정하고 있다. 위 사안은 디지털로 된 신문기사를 인용하는 방법으로서 타인의 사진을 축소하여 게시하는 것을 정당한 범위 안에서 공정한 관행에 합치되게 인용한 것으로 보고 있다.

시험문제로서의 복제

학교의 입학시험이나 그 밖에 학식 및 기능에 관한 시험 또는 검정을 위하여 필요한 경우에는 그 목적을 위하여 정당한 범위에서 공표된 저작물을 복제・배포 또는 공중송신할 수 있다. 다만, 영리를 목적으로 하는 경우에는 그러하지 아니하다. 따라서 영리를 목적으로 하는 사설학원에서 수험료를 받고 치르는 시험에 대한 출제에는 이 규정이 적용되지 않는다. 시험은 그 성질상 비밀리에 작성되어야 하므로 사전에 저작권자의 허락을 받게 하는 것은 적절하지 않다. 한편, 국·공립학교의 교사가 출제한 시험문제는 업무상저작물로서 해당 교육청이 저작권을 보유하고 있다고 하더라도 저작권법 제24조의2, 즉 공공저작물의 자유이용을 허용함에 따라 저작권자의 허락 없이도 해당 시험문제를 자유롭게 이용할 수 있게 되었다. 그러나 사립학교의 시험문제는 이러한 예외에 해당하지 않는다.

영리를 목적으로 하지 아니하는 공연·방송

영리를 목적으로 하지 아니하고 청중이나 관중 또는 제3자로부터 어떤 명목으로든지 반대급부를 받지 아니하는 경우에는 공표된 저작물을 공연(상업용 음반 또는 상업적 목적으로 공표된 영상저작물을 재생하는 경우 제외) 또는 방송할 수 있다. 다만, 실연자에게 통상의 보수를 지급하는 경우에는 그러하지 아니하다. 또한, 청중이나 관중으로부터 해당 공연에 대한 반대급부를 받지 아니하는 경우에는 상업용 음반 또는 상업적 목적으로 공표된 영상저작물을 재생하여 공중에게 공연할 수 있다(저작권법 제29조).

전자의 실연은 생방송 또는 직접공연과 같은 생실연에 한정되는 것으로서 실연자에 대해 보수를 지급하지 아니할 요건이 부여되어 있다. 후자는 상업용 음반 등에 의한 재생공연의 자유이용을 규정한 것이다.

주의해야 할 점은 상업용 음반 및 영상물에 관한 본 규정은 현행 저작권법 시행령에 따라 유흥주점, 백화점, 대형마트, 항공기, 나이트클럽 등 일정한 영업소 등에는 적용되지 않는다. 또한, 동 시행령은 지자체, 공공기관, 청소년수련관, 공연장, 미술관 등 일정한 기관들은 발행일부터 6개월이 지나지 않은 상업적 목적으로 공표된 영상저작물을 공연할 수 없도록 규정하고 있다.[84)]

84) 대통령령이 정하는 다음과 같은 경우에는 저작재산권자의 허락을 받아야 한다. 현행 저작권법 시행령 제11조(상업용 목적으로 공표된 음반 등에 의한 공연의 예외) 법 제29조제2항 단서에서 "대통령령이 정하는 경우"란 다음 각 호의 어느 하나에 해당하는 공연을 말한다.

1. 「식품위생법 시행령」 제21조제8호에 따른 영업소에서 하는 다음 각 목의 공연
   가. 「식품위생법 시행령」 제21조제8호가목에 따른 휴게음식점 중 「통계법」 제22조에 따라 통계청장이 고시하는 산업에 관한 표준분류(이하, "한국표준산업분류"라 한다)에 따른 커피 전문점 또는 기타 비알코올 음료점업을 영위하는 영업소에서 하는 공연
   나. 「식품위생법 시행령」 제21조제8호나목에 따른 일반음식점 중 한국표준산업분류에 따른 생맥주 전문점 또는 기타 주점업을 영위하는 영업소에서 하는 공연
   다. 「식품위생법 시행령」 제21조제8호다목에 따른 단란주점과 같은 호 라목에 따른 유흥주점에서 하는 공연
   라. 가목부터 다목까지의 규정에 해당하지 아니하는 영업소에서 하는 공연으로서 음악 또는 영상저작물을 감상하는 설비를 갖추고 음악이나 영상저작물을 감상하게 하는 것을 영업의 주요 내용의 일부로 하는 공연
2. 「한국마사회법」에 따른 경마장, 「경륜 · 경정법」에 따른 경륜장 또는 경정장에서 하는 공연
3. 「체육시설의 설치 · 이용에 관한 법률」에 따른 다음 각 목의 시설에서 하는 공연
   가. 「체육시설의 설치 · 이용에 관한 법률」 제5조에 따른 전문체육시설 중 문화체육관광부령으로 정하는 전문체육시설
   나. 「체육시설의 설치 · 이용에 관한 법률 시행령」 별표 1의 골프장, 무도학원, 무도장, 스키장, 에어로빅장 또는 체력단련장
4. 「항공사업법」에 따른 항공운송사업용 여객용 항공기, 「해운법」에 따른 해상여객운송사업용 선박 또는 「철도사업법」에 따른 여객용 열차에서 하는 공연
5. 「관광진흥법」에 따른 호텔 · 휴양콘도미니엄 · 카지노 또는 유원시설에서 하는 공연
6. 「유통산업발전법」 별표에 따른 대규모점포(「전통시장 및 상점가 육성을 위한 특별법」 제2조제1호에 따른 전통시장은 제외한다)에서 하는 공연
7. 「공중위생관리법」 제2조제1항제2호 숙박업 및 같은 항 제3호나목의 목욕장에서 영상저작물을 감상하게 하기 위한 설비를 갖추고 하는 상업적 목적으로 공표된 영상저작물의 공연
8. 다음 각 목의 어느 하나에 해당하는 시설에서 영상저작물을 감상하게 하기 위한 설비를 갖추고 발행일부터 6개월이 지나지 아니한 상업적 목적으로 공표된 영상저작물을 재생하는 형태의 공연
   가. 국가·지방자치단체(그 소속기관을 포함한다)의 청사 및 그 부속시설
   나. 「공연법」에 따른 공연장
   다. 「박물관 및 미술관 진흥법」에 따른 박물관·미술관
   라. 「도서관법」에 따른 도서관
   마. 「지방문화원진흥법」에 따른 지방문화원
   바. 「사회복지사업법」에 따른 사회복지관
   사. 「양성평등기본법」 제47조 및 제50조에 따른 여성인력개발센터 및 여성사박물관
   아. 「청소년활동진흥법」 제10조제1호가목에 따른 청소년수련관

그러나 이 규정이 공연권을 인정하는 해외 입법례와 비교하여 국내 저작재산권자의 공연권을 지나치게 제한한다는 지적이 제기되었다.[85] 이에 상업용 음반 등의 공연권을 행사할 수 있는 범위를 일부 확대하도록 저작권법 시행령을 개정하여, 상업용 음반 등의 자유이용이 허용되는 주요 업종 중 음악 사용빈도가 높은 주점업 및 비알콜음료점업(생맥주 전문점, 커피 전문점 등), 종합체육시설 및 체력단련장, 복합쇼핑몰 및 그 밖의 대규모점포(전통시장 제외) 등을 추가로 공연권 행사범위로 포함하였다. 다만, 50㎡ 이하의 소규모 영업장에서 상업용 음반을 재생하는 것은 공연권 징수 대상에서 제외하였다.

한편, 해당 음반 및 영상물은 P2P를 통해 무단으로 내려받은 것이나 불법으로 복제된 DVD가 아닌 적법한 유통경로를 통해 획득된 것이어야 한다(법 시행령 제11조). 그리고 음반을 CD나 DVD와 같은 유형의 매체에 수록된 것뿐만 아니라 스트리밍 음악을 제공하는 것도 컴퓨터에 일시적 유형물로 고정되기 때문에 음반으로 볼 수 있다. 2015년 12월 대법원은 음원서비스업체와 계약을 통해 백화점 매장에 스트리밍 음악을 사용한 경우에도 공연보상금을 지급하여야 한다고 판시하여 음반의 개념을 디지털 매체로 확대하였다.

'상업용 음반' 의 의미

2016.3.2. 개정 저작권법 이전에는 대형매장 등 일부 영업장을 제외하고 저작권료 부담없이 '판매용 음반'을 재생하여 공연할 수 있도록 규정하고 있었다. 스타벅스 사건에서 대법원은 동 조항상의 '판매용 음반'을 시중에 판매할 목적으로 제작된 음반을 의미하는 것으로 제한적으로 해석하였으며, 스타벅스가 주문하여 제작한 CD는 불대체물로서 시판을 위한 것이 아니며, 또한, 암호화가 설정되어 있어 배경음악 서비스 제공업

자. 「지방자치법」 제161조에 따른 공공시설 중 시·군·구민회관

85) 이와 관련하여, 헌법재판소는 "제29조 제2항으로 인해 저작재산권자 등이 상업용 음반 등을 재생하는 공연을 허락할 권리를 행사하지 못하거나 그러한 공연의 대가를 받지 못하게 되는 불이익이 상업용 음반 등을 재생하는 공연을 통해 공중이 문화적 혜택을 누릴 수 있게 한다는 공익보다 크다고 보기도 어렵다"며 "해당 조항이 비례의 원칙에 반해 저작재산권자 등의 재산권을 침해한다고 볼 수 없다"고 판단했다. 헌법재판소 2019. 11. 28. 2016헌마1115, 2019헌가18(병합).

체가 제공한 플레이어에서만 재생되는 등을 고려하면 해당 CD는 "판매용 음반"에 해당하지 않으므로 이를 이용하여 재생한 것은 저작권을 침해한 것이라고 판시하였다(대법원 2012. 5. 10.선고 2010다87474 판결).

그러나 매매가 아닌 대여의 방법으로 음반을 이용하거나 기술 변화로 음악의 유통과 이용방식이 변하면서 디지털 스트리밍 서비스 방식을 '판매용 음반'으로 볼 것인지에 대한 논란이 발생하였다. 2016.3.2. 개정 저작권법은 음악서비스의 형태가 매체 구매에서 다운로드, 스트리밍 서비스로 재편되면서 '음반'[86]의 범위에 디지털음원이 포함되도록 개정하고, 또한, 제29조 '판매용' 음반을 '상업용' 음반으로 변경하였다. 상업용 음반이란 '공중에게 음반을 판매의 방법으로 거래에 제공하거나, 해당 음반의 판매와 관련된 간접적인 이익을 얻을 목적으로 공표된 음반'을 의미한다. 이로써 작은 커피숍이나 호프집 등 소규모 매장에서 플랜티넷, 샵캐스트, KT뮤직 등 인터넷 서비스에서 구매한 디지털음원을 이용하는 경우 상업용 음반에 해당하여 별도의 저작권료 지급 없이 공연할 수 있게 되었다.

시사보도를 위한 이용 및 시사적인 기사·논설의 복제

방송·신문 그 밖의 방법으로 시사보도를 하는 경우 그 과정에서 보이거나 들리는 저작물은 보도를 위한 정당한 범위 안에서 복제·배포·공연 또는 공중송신할 수 있다(저작권법 제26조). 전시회를 보도하면서 출품작품이 불가피하게 보이게 되는 것과 같이 보도 과정에서 우발적으로 저작물이 이용된 경우에는 출처표시의무가 면제된다. 또한, 정치·경제·사회·문화·종교에 관하여 「신문 등의 진흥에 관한 법률」 제2조의 규정에 따른 신문 및 인터넷신문 또는 「뉴스통신진흥에 관한 법률」 제2조의 규정에 따른 뉴스통신에 게재된 시사적인 기사나 논설은 다른 언론기관이 복제·배포 또는 방송할 수 있다(저작권법 제27조). 다만, 이용을 금지하는 표시가 있는 경우에는 그러하지 아니하다.

도서관 등에서의 복제

「도서관법」에 따른 도서관 및 문서·기록 등을 공중의 이용에 제공하는 일정

86) 저작권법 제2조 제5호 "음반"은 음(음성·음향을 말한다. 이하 같다) 이 유형물에 고정된 것(음을 디지털화한 것을 포함한다)을 말한다. 다만, 음이 영상과 함께 고정된 것을 제외한다.

한 시설에서는 그 기관에 보관된 자료를 이용을 위하여 복제를 할 수 있다(법 제31조 제1항). 복제가 가능한 경우로서, 1. 조사·연구를 목적으로 하는 이용자의 요구에 따라 공표된 도서 등의 일부분의 복제물을 1인 1부에 한정한 복제(디지털 형태로 복제 불가, 디지털도서로부터 복제하는 경우에는 일정한 보상금을 지급), 2. 도서관 등이 도서등의 자체 보존을 위하여 필요한 복제(디지털 형태로 판매중인 도서는 제외), 3. 다른 도서관 등의 요구에 따라 절판 등 사유로 구하기 어려운 도서등의 복제물을 보존용으로 제공하는 경우(디지털 형태 복제 불가, 디지털 도서는 제외) 등이 있다.

도서관 등은 컴퓨터를 이용하여 이용자가 해당 도서관 내에서 자료를 열람할 수 있도록 보관된 자료를 복제하거나 전송할 수 있다(법 제31조 2항). 이 경우 동시에 열람할 수 있는 이용자의 수는 그 도서관 등에서 보관하고 있거나 저작권자로부터 이용허락을 받은 그 도서 등의 부수를 초과할 수 없다.

그리고 도서관 등은 컴퓨터를 이용하여 이용자가 다른 도서관 등의 안에서 열람할 수 있도록 보관된 도서 등을 복제하거나 전송할 수 있다(법 제31조 3항). 다만, 그 전부 또는 일부가 판매용으로 발행된 도서 등은 그 발행일로부터 5년이 경과하지 아니한 경우에는 그러하지 아니하다. 다른 도서관 내에서 열람하기 위한 복제나 전송의 경우에는 일정한 보상금을 지급하여야 하며, 디지털 형태로 판매되고 있는 도서 등은 디지털 형태로 복제할 수 없다.

시각·청각 장애인을 위한 복제

공표된 저작물은 시각장애인 등을 위하여 점자로 복제·배포 할 수 있도록 규정하고 있다(법 제33조 제1항). 그리고 시각장애인의 복리증진을 목적으로 하는 시설은 영리를 목적으로 하지 아니하고 시각장애인의 이용에 제공하기 위하여 공표된 어문저작물을 녹음하거나 시각장애인을 위한 전용 기록방식으로 복제·배포 또는 전송할 수 있다(법 제33조 제2항).

2013년 개정법에서는 청각장애인 등을 위한 수화의 복제·배포·공연·공중송신을 규정하였다. 누구든지 청각장애인 등을 위하여 공표된 저작물을 수화로 변환할 수 있고, 이러한 수화를 복제, 배포, 공연, 공중송신할 수 있다(법 제33조의2 제1항). 그리고 청각장애인의 복리증진을 목적으로 하는 시설은 영리를 목적으로 하지 아니하고 청각장애인의 이용에 제공하기 위하여 필요한 범위에서 공표된 저작물등에 포함된 음성 및 음향 등을 자막 등 청각장애인이 인지할 수 있는 방식으로 변환할 수 있고, 이러한 자막 등을 청각장애인 등이 이용할 수 있도록 복제 · 배포 · 공연 또는 공중송신할 수 있다(법 제33조의2 제2항).

방송사업자의 일시적 녹음·녹화

저작물을 방송할 권한을 가지는 방송사업자가 자신의 방송을 위하여 자체의 수단으로 저작물을 일시적으로 녹음하거나 녹화할 수 있다(법 제34조 제1항). 이 경우 녹음물 또는 녹화물은 원칙적으로 녹음일 또는 녹화일로부터 1년을 초과하여 보존할 수 없다. 다만, 그 녹음물 또는 녹화물이 기록의 자료로서 대통령령으로 정하는 장소에 보존되는 경우에는 그러하지 아니하다(법 제34조 제2항).

미술저작물등의 전시 또는 복제

미술저작물등의 원본의 소유자나 그의 동의를 얻은 자는 그 저작물을 원본에 의하여 전시할 수 있다. 다만, 가로·공원·건축물의 외벽 그 밖에 공중에게 개방된 장소에 항시 전시하는 경우에는 그러하지 아니하다(법 제35조 제1항). 그리고 공중에게 개방된 장소에 항시 전시되어 있는 미술저작물등은 어떠한 방법으로든지 이를 복제하여 이용할 수 있다. 다만, 1. 건축물을 건축물로 복제하는 경우, 2. 조각 또는 회화를 조각 또는 회화로 복제하는 경우, 3. 제1항 단서의 규정에 따른 개방된 장소 등에 항시 전시하기 위하여 복제하는 경우, 4. 판매의 목적으로 복제하는 경우의 어느 하나에 해당하는 경우에는 그러하지 아니하다(법 제35조 제2항). 또한 제1항의 규정에 따라 미술저작물등의 원본을 전시하거나 판매하고자 하는 자는 그 저작물의 해설이나 소개를 목적으로 하는 목록 형태의 책자에 이를 복제하여 배포할 수 있다(법 제35조 제3항).

부수적 복제

사진촬영, 녹음 또는 녹화(이하, "촬영등")를 하는 과정에서 보이거나 들리는 저작물이 촬영등의 주된 대상에 부수적으로 포함되는 경우에는 이를 복제・배포・공연・전시 또는 공중송신할 수 있다. 다만, 그 이용된 저작물의 종류 및 용도, 이용의 목적 및 성격 등에 비추어 저작재산권자의 이익을 부당하게 해치는 경우에는 그러하지 아니하다(저작권법 제35조의3). 2019.11.26. 개정 저작권법은 가상・증강 현실 기술을 이용한 산업의 발전을 뒷받침하기 위하여 촬영 등의 주된 대상에 부수적으로 다른 저작물이 포함되는 경우 저작권 침해를 면책할 수 있는 근거를 마련하기 위하여 동 규정을 신설하였다.

부수적 이용(대법원 2012도10786 판결)

<사건 개요>

인터넷상에서 사진의 양도나 이용 허락을 중개하는 포토라이브러리업을 영위하는 피고인들이 2002년 한일 월드컵 당시 널리 사용된 "Be The Reds!"라는 응원 문구를 도안화한 저작물이 그려진 티셔츠 등을 착용한 모델을 촬영한 사진들을 그 홈페이지에 게시하였다. 그리고 이 사건에서 피고인들의 사진들과 도안화된 저작물 사이의 실질적 유사성이 쟁점이 되었다.

<법원 판결>

법원은 "사진 촬영이나 녹화 등의 과정에서 원저작물이 그대로 복제된 경우, 새로운 저작물의 성질, 내용, 전체적인 구도 등에 비추어 볼 때, 원저작물이 새로운 저작물 속에서 주된 표현력을 발휘하는 대상물의 사진 촬영이나 녹화 등에 종속적으로 수반되거나 우연히 배경으로 포함되는 경우 등과 같이 부수적으로 이용되어 그 양적・질적 비중이나 중요성이 경미한 정도에 그치는 것이 아니라 새로운 저작물에서 원저작물의 창작적인 표현형식이 그대로 느껴진다면 이들 사이에 실질적 유사성이 있다고 보아야 한다"고 판단하였다. 법원은 원저작물의 창작적인 표현형식이 사진에 어떻게 나타나야 저작권법 위반으로 판단하는지 기준을 제시하였는데, '저작물의 원래 모습이 온전히 또는 대부분 인식이 가능한 크기와 형태일 것', '저작물이 사진의 중심부에 위치할 것', '저작물이 양적·질적으로 사진의 상당한 비중을 차지할 것'이라는 저작권 침해의 요건을 따져 판단하였다.

문화시설에 의한 복제

국가나 지방자치단체가 운영하는 문화예술 활동에 지속적으로 이용되는 시설 중 대통령령으로 정하는 문화시설은 상당한 조사를 하였어도 공표된 저작물(제3조에 따른 외국인의 저작물 제외)의 저작재산권자나 그의 거소를 알 수 없는 경우 그 문화시설에 보관된 자료를 수집·정리·분석·보존하여 공중에게 제공하기 위한 목적(영리 목적 제외)으로 그 자료를 사용하여 저작물을 복제·배포·공연·전시 또는 공중송신할 수 있다(저작권법 제35조의4 제1항). 저작재산권자가 해당 저작물의 이용을 중단할 것을 요구하는 경우, 요구를 받은 문화시설은 지체없이 해당 저작물의 이용을 중단해야 하고(법 제35조의4 제2항), 저작재산권자는 그 이용에 대하여 보상금을 청구할 수 있으며, 문화시설은 저작재산권자와 협의한 보상금을 지급해야 한다(법 제35조의4 제3항).

번역·편곡·개작에 의한 이용

저작권법은 제24조의2, 제25조, 제29조, 제30조, 제35조의3부터 제35조의5까지의 규정에 따라 저작물을 이용하는 경우에는 그 저작물을 번역·편곡 또는 개작하여 이용할 수 있도록 하고 있으며, 제23조·제24조·제26조·제27조·제28조·제32조·제33조 또는 제33조의2에 따라 저작물을 이용하는 경우에는 그 저작물을 번역하여 이용할 수 있다(저작권법 제36조). 따라서 공공저작물, 교육목적, 영리를 목적으로 하지 아니하는 공연·방송, 사적복제 등 저작권 제한사유를 위한 이용에 있어서는 번역, 편곡 또는 개작이 허용된다.

02. 공공저작물의 자유이용

국가나 지방자치단체에서 업무상 작성한 저작물은 공익목적으로 예산을 투입하여 제작된 저작물이므로 저작재산권의 보호를 배제하고 납세자인 국민들의 자유로운 이용을 보장하고자 2013.12.30. 저작권법을 개정하여 공공저작물의 자유이용 규정을 신설하였다. 저작권법은 공공저작물의 보유 주체를 국가 또는 지방자치단체로 한정하고 있으나 동 개정이 이루어지기 이전부터 정부가 운용해 오고 있는 '공공누리(Korea Open Government License)' 사업의 경우에는 국가나 지방자치단체 외에도 다양한 공공기관을 포섭하고 있다. 아래에서 상술하고 있는 공공누리는 공공기관이 보유·관리하고 있는 공공저작물을 민간이 문화적·경제적으로 활용하여 부가가치를 창출하도록 표준화된 자유이용허락제도를 운영하고 있다.[87] 즉 공공저작물 중 공공누리 마크(출처표시, 상업적 이용금지, 변경금지 표시)가 붙어있는 콘텐츠를 이용자가 별도의 이용허락 없이 무료로 활용할 수 있게 하고 있다. 한편, 문화체육관광부는 「공공저작물 저작권 관리지침」을 고시로 제정하여 공공저작물의 활용을 촉진하고 있다.

제24조의2(공공저작물의 자유이용) ① 국가 또는 지방자치단체가 업무상 작성하여 공표한 저작물이나 계약에 따라 저작재산권 전부를 보유한 저작물은 허락 없이 이용할 수 있다. 다만, 저작물이 다음 각 호의 어느 하나에 해당하는 경우에는 그러하지 아니하다.

1. 국가안전보장에 관련되는 정보를 포함하는 경우
2. 개인의 사생활 또는 사업상 비밀에 해당하는 경우
3. 다른 법률에 따라 공개가 제한되는 정보를 포함하는 경우
4. 제112조에 따른 한국저작권위원회에 등록된 저작물로서 「국유재산법」에 따른 국유재산 또는 「공유재산 및 물품 관리법」에 따른 공유재산으로 관리되는 경우

② 국가는 「공공기관의 운영에 관한 법률」 제4조에 따른 공공기관이 업무상 작성하여 공표한 저작물이나 계약에 따라 저작재산권 전부를 보유한 저작물의 이용을 활성화하기 위하여 대통령령으로 정하는 바에 따라 공공저작물 이용활성화 시책을 수립·시행할 수 있다.

③ 국가 또는 지방자치단체는 제1항제4호의 공공저작물 중 자유로운 이용을 위하여 필요하다고 인정하는 경우 「국유재산법」 또는 「공유재산 및 물품 관리법」에도 불구하고 대통령령으로 정하는 바에 따라 사용하게 할 수 있다.

87) 지식재산기본법에 따라 마련된 지식재산기본계획에서는 지식재산 수익 창출체계 고도화의 일환으로 공공 지식재산 이용 확대를 정하고 있다.

CCL과 공공저작물 이용허락표시제도

저작권 전문가들은 지속적인 저작물의 발전과 다양한 콘텐츠의 양산을 위해 저작권 침해 문제는 필수적으로 수반될 수밖에 없다고 지적하면서 저작물 활용에 대한 새로운 패러다임으로의 전환이 절실한 시기라고 말하고 있다.

이러한 문제의 해결책으로서 저작물의 이용확대와 안전한 이용을 보장하기 위하여 저작물 이용허락표시 운동인 ‘크리에이티브 커먼스 라이선스(Creative Commons License : CCL)’ 운동이 전개되어 왔다. CCL은 저작권자가 자신의 저작물에 대한 이용방법 및 조건을 표시하여 이용자들이 그 방법과 조건 내에서 자유롭게 저작물을 이용할 수 있도록 하는 자유이용허락표시 방법을 말한다. 예를 들면, 저작자표시, 상업적 이용금지, 변경금지 등과 같은 표시를 붙여 놓는 것이다. 저작자는 그 중에 필요한 라이선스 유형을 선택하여 저작물에 표시함으로써 자신의 저작물에 대한 이용범위를 설정하여 자유롭게 공유하도록 할 수 있다.[88)]

자유이용허락(CCL) 기본원칙

Attribution (저작권정보 표시)
저작물 · 저작자명, 출처, CCL 조건을 반드시 표시해야 합니다.

Noncommercial (비영리)
영리목적으로 사용할 수 없으며, 영리목적의 이용을 위해서는 저작권자와 별도의 계약이 필요합니다.

No Derivative Works (변경금지)
저작물을 변경하거나 저작물을 이용하여 새롭게(2차적 저작물*) 제작하는 것을 금지합니다.

Share Alike (동일조건변경허락)
저작물을 이용하여 새롭게 저작물(2차적 저작물)을 제작하는 것은 허용하되, 새로운 저작물에 원 저작물과 동일한 라이선스를 적용해야 합니다.

Creative Commons License

이 저작물은 크리에이티브 커먼즈 코리아 저작자표시-비영리-변경금지 2.0 대한민국 라이선스에 따라 이용하실 수 있습니다.

자료 <http://creativecommons.org/licenses/by−nc−nd/2.0/kr>

88) Creative Commons 웹페이지 <http://creativecommons.org/licenses/by-nc-nd/2.0/kr>

CCL 운동은 디지털 환경 속에서 정보공유와 저작물 이용을 활성화하는데 기여하고 있다. 예를 들면, 미국의 세컨드 라이프(Second Life)와 같은 가상세계에서 이용자들은 대부분 창작자로서 저작물에 대한 개방적 접근 및 혁신(open innovation)을 통해 가상세계를 함께 건설하고 있는데, 세컨드 라이프에서는 콘텐츠의 안전한 이용을 도모하기 위하여 CCL을 도입하였다. 그리고 서비스협약조건(Terms of Service)에서 이용자가 제작한 콘텐츠의 소유권을 명시적으로 인정하고 있다. 현실 세계에서 저작물 이용허락의 절차는 복잡하고 쉽지 않은 경우가 많은데, 가상세계에서 이러한 저작물의 이용허락 표시와 저작물에 대한 이용자의 권리 인정은 가상세계산업의 활성화에 매우 중요한 동인이 되고 있다. 이용자가 사전에 그 이용의 범위가 명확하게 표시된 저작물을 자유롭고 안전하게 이용할 수 있다면 저작물의 활용이 증대되어 다양하고 창작성이 높은 저작물의 탄생도 기대해 볼 수 있다. 또한, 이를 위하여 보호받고자 하는 창작자는 자신의 권리를 표시하는 최소한의 노력이 요구된다.[89)]

우리나라는 공공분야에서 유사한 이용허락표시제도를 도입하여 공공저작물을 자유롭고 공정하게 이용할 수 있도록 하고 있다.[90)] 2012.2.9. 문화체육관광부는 공공저작물의 자유이용허락 범위·조건을 표준화·간소화하기 위하여 「공공저작물 자유이용허락 표시 기준」을 공고하여 민간에 의한 활용을 증진하고 있다. 또한, 정부는 공공기관이 만들어 내는 공공데이터를 국민에게 개방하여 누구나 자유롭게 활용할 수 있도록 하고 있다. 2013년 「공공데이터 제공 및 이용 활성화에 관한 법률(이하, "공공데이터법")」이 시행되면서 공공기관은 다른 법률에 특별한 규정이 있는 경우를 제외하고 공공데이터를 영리적 이용이 가능하도록 국민에게 제공하여야 한다.[91)] 정부는 공공데이터를 쉽게 이

---

89) 손승우, 가상세계에 대한 저작권법의 새로운 접근", 「국제거래법연구」 제19집 제2호, 2010.12, 250-251면.

90) 저작권법 시행령 제73조 및 「공공저작물 저작권 관리 지침」 제22조에서는 저작물의 이용허락표시제도의 활성화 사업에 대한 법적 근거를 규정하고 있다.

91) 「공공데이터 제공 및 이용 활성화에 관한 법률」 제3조(기본원칙) ④공공기관은 다른 법률에 특별한 규정이 있는 경우 또는 제28조 제1항 각 호의 경우를 제외하고는 공공데이터의 영리적 이용인 경우에도 이를 금지 또는 제한하여서는 아니 된다.

용할 수 있도록 이용허락 조건을 표시하는 ‘공공저작물 자유이용 허락 표시제도(Korea Open Government License)’를 도입하였다.[92] 즉 국가, 지방자치단체, 공공기관이 ‘출처표시’, ‘상업적 이용금지’, ‘변경금지’ 등 4가지 공공누리 유형을 표시하도록 하고, 이용자는 별도의 이용허락 없이 데이터에 표시된 조건대로 이용하면 저작권 침해 없이 이용이 가능하다.[93] 현재 공공누리는 ‘출처표시’만을 원칙으로 하고, ‘상업적 이용금지’나 ‘변경금지’ 표시는 필요한 경우에 예외적으로 하도록 한다.

기본마크	이용허락조건 마크		
	출처표시(기본조건)	상업적 이용금지	변경금지
OPEN 공공누리 공공저작물 자유이용허락	출처표시	상업용금지	변경금지

03. 패러디

인터넷 이용자들이 직접 제작한 콘텐츠인 UCC(User Created Contents)가 사이버 공간에 봇물 터지듯 쏟아져 나오면서 저작권 관련 쟁점이 주목받고 있다. 창의적인 UCC로 대기업 사장의 마음을 사로잡은 한 대학생의 콘텐츠로부터 마케팅, 홍보전략 등으로까지 활용되기 시작한 콘텐츠까지 UCC는 다양하게 발전해 가고 있다. 그러나 이용자가 제작하는 UCC 중 타인의 기존 저작물의 전부 또는 일부를 그대로 사용하거나 단순 편집한 정도에 그치는 콘텐츠는 저작권 침해에 해당할 가능성이 크다.

제17조(제공대상 공공데이터의 범위) ①공공기관의 장은 해당 공공기관이 보유·관리하는 공공데이터를 국민에게 제공하여야 한다. 다만, 다음 각 호의 어느 하나에 해당하는 정보를 포함하고 있는 경우에는 그러하지 아니한다. (이하 생략)

92) 공공데이터법의 대상인 공공데이터는 전자적 자료 및 단순수치로 한정된 반면, 저작권법상 공공저작물은 전자적 형태의 저작물 외에도 보고서 등과 같은 비전자적 형태의 공공저작물을 포함한다는 차이가 있다.

93) 공공누리 홈페이지 <https://www.kogl.or.kr/info/introduce.do>

한편, UCC 중에서 가장 저작권 논란이 되는 것은 패러디(parody)와 2차적저작물인데, 인터넷 이용자들이 타인의 유명 저작물을 패러디하여 제작한 콘텐츠에 대한 저작권 침해 여부가 문제 된다.

미국 "Oh, Pretty Woman" 사건(510 U.S. 569 (1994))에서 미국 연방대법원은 패러디를 새로운 장르의 창작물로 보았고 패러디를 위해서 요구되는 기존 저작물의 사용은 공정한 이용(fair use)으로 보아 저작권 침해를 구성하지 않는 것으로 보았다. 그러나 모든 패러디가 저작권 침해에 해당하지 않는 것은 아니다. 즉 패러디가 인정되기 위해서는 원작이 존재한다는 사실과 패러디라는 사실이 동시에 패러디 속에서 느껴져야 하는데, 만일 원작의 존재만이 드러나고 패러디가 느껴지지 않으면, 이는 소위 '실패한 패러디'로서 저작권의 침해를 구성할 수 있다.

서태지 컴백홈 사건(서울지법 2001카합1837 결정)

기존의 저작물에 풍자나 비평 등으로 새로운 창작적 노력을 부가함으로써 사회 전체적으로 유용한 이익을 가져다 줄 수 있는 점이나 저작권법 제25조에서 "공표된 저작물은 보도·비평·교육·연구 등을 위하여는 정당한 범위 안에서 공정한 관행에 합치되게 이를 인용할 수 있다'라고 규정하고 있는 점 등에 비추어 이른바 패러디가 당해 저작물에 대한 자유이용의 범주로서 허용될 여지가 있음은 부인할 수 없다 하겠으나, 그러한 패러디는 우리 저작권법이 인정하고 있는 저작권자의 동일성유지권과 필연적으로 충돌할 수밖에 없는 이상 그러한 동일성유지권의 본질적인 부분을 침해하지 않는 범위 내에서 예외적으로만 허용되는 것으로 보아야 할 것이고, 이러한 관점에서 패러디로서 저작물의 변형적 이용이 허용되는 경우인지 여부는 저작권법 제25조 및 제13조 제2항의 규정취지에 비추어 원저작물에 대한 비평·풍자 여부, 원저작물의 이용 목적과 성격, 이용된 부분의 분량과 질, 이용된 방법과 형태, 소비자들의 일반적인 관념, 원저작물에 대한 시장수요 또는 가치에 미치는 영향 등을 종합적으로 고려하여 신중하게 판단하여야 할 것이다."

이 사건 원곡에 추가하거나 변경한 가사의 내용 및 그 사용된 어휘의 의미, 추가변경된 가사 내용과 원래의 가사 내용의 관계, 이 사건 개사곡에 나타난 음정, 박자 및 전체적인 곡의 흐름 등에 비추어 피신청인들의 이 사건 개사곡은 신청인의 이 사건 원

> 곡에 나타난 독특한 음악적 특징을 흉내를 내 단순히 웃음을 자아내는 정도에 그치는 것일 뿐 신청인의 이 사건 원곡에 대한 **비평적 내용을 부가하여 새로운 가치를 창출한 것으로는 보이지 아니하고**, 피신청인들이 상업적인 목적으로 이 사건 원곡을 이용하였으며, 이 사건 개사곡이 신청인의 이 사건 원곡을 인용한 정도가 피신청인들이 패러디로서 의도하는 바를 넘는 것으로 보이고, 이 사건 개사곡으로 인하여 신청인의 이 사건 원곡에 대한 사회적 가치의 저하나 잠재적 수요의 하락이 전혀 없다고는 보기 어려운 점 등 이 사건 기록에 의하여 소명되는 여러 사정을 종합하여 보면, 결국 피신청인들의 이 사건 개사곡은 패러디로서 보호받을 수 없는 것이다.

공정이용에 관한 일반 규정

한미 FTA 이전의 우리 저작권법은 저작재산권 제한 사유를 제한적으로 열거하는 방식으로 규정하였다. 이러한 방식은 저작물 이용환경의 급격한 변화 속에서 새롭게 나타나는 공정한 이용을 충분히 포섭하지 못하는 한계를 지니게 한다. 이에 한미 FTA를 이행하기 위한 개정 저작권법에서 저작물의 공정이용(fair use)에 관한 일반조항을 신설하게 되었다.

앞서 살펴본 제23조부터 제35조의4까지, 제101조의3부터 제101조의5까지의 경우 외에 저작물의 통상적인 이용 방법과 충돌하지 아니하고 저작자의 정당한 이익을 부당하게 해치지 아니하는 경우에는 저작물을 이용할 수 있다(법 제35조의5 제1항). 공정이용 법리(fair use doctrine)는 저작권에 의해 보호받는 저작물을 저작권자의 허락을 구하지 않고 제한적으로 복제, 배포, 공연 등으로 이용할 수 있도록 허용하는 법리로서 이용자는 저작권 침해로 인한 책임으로부터 면책된다. 대표적으로 학술 목적의 저작물 인용이나 교육목적의 복제 등이 있다. 앞서 살펴본 패러디의 경우 저작권법상 명시적인 저작재산권 제한 사유에는 해당하지 않지만, 제35조의5에 의해서 공정이용으로서 구제될 수 있다. 서태지 컴백홈 사건에서 본 바와 같이 동 규정이 신설되기 전에는 공표된 저작물의 인용에 관한 제28조가 다양한 공정이용을 포섭하는 규정으로서 역할을 하였으나 충분하지 않았다.

한편 제35조의5에서 규정하고 있는 '저작물의 통상적인 이용 방법과 충돌하지 아니하고 저작자의 정당한 이익을 부당하게 해치지 아니하는 경우에는 …'

의 의미와 관련하여, 인터넷에 공개된 개인의 글을 이용자들이 자신의 블로그에 단순히 퍼다 나르면서 해당 출처를 표시한 경우에 그 행위는 저작권법 제28조 공표된 저작물의 인용으로 구제되기 어렵다고 하더라도 그러한 개인적이고 비영리적 행위로 인하여 저작권자에게 손해가 발생하였다고 보기도 어렵다. 이와 같은 복제·전송 행위는 저작권자의 통상적인 저작물 이용과 충돌하여 정당한 이익을 부당하게 해치고 있는 경우에 해당하는지가 분명하지 않다.

저작물 이용 행위가 공정이용에 해당하는지 여부를 판단할 때에는 ① 이용의 목적 및 성격, ② 저작물의 종류 및 용도, ③ 이용된 부분이 저작물 전체에서 차지하는 비중과 그 중요성, ④ 저작물의 이용이 그 저작물의 현재 시장 또는 가치나 잠재적인 시장 또는 가치에 미치는 영향 등을 종합적으로 고려하게 된다(법 제35조의5 제2항).[94] 그 판단에 있어서도 네 가지 기준 중 네 번째 요건인 저작물의 현재 또는 잠재적인 시장수요를 대체하는지 여부가 가장 중요하다. 그리고 첫 번째 요건은 네 번째 요건인 시장에 미치는 영향과 밀접한 관련이 있다. 앞서 설명한 저작재산권 제한사유에 이용의 목적이 반영된 경우도 있으며, 저작재산권 제한 사유 중에서는 이용의 목적 및 성격상 복제가 허용되는 경우라도 그 저작물의 종류와 복제의 부수 및 형태 등에 비추어 저작자의 정당한 이익을 부당하게 침해하는 경우에는 복제를 허용하지 않는 경우가 있는데 이는 위 두 번째 및 세 번째 요소와 관련되어 있다.[95] 저작권법은 위 네 가지 요소를 규정하고 있으나 이는 예시일 뿐이므로 법원은 폭넓은 요소들을 종합적으로 고려할 수 있다.

---

94) 공정이용 법리는 저작권자와 이용자의 이익균형을 위하여 형평의 견지에서 미국 판례에 따라 발전되어온 이론으로 1976년 미국 저작권법 제107조에 규정하게 되었다. 제107조는 "비판, 논평, 보도, 교육, 학문 또는 연구 목적의 … 저작권이 있는 저작물의 공정사용은 … 저작권의 침해가 아니다."라고 규정하고 이를 판단하기 위한 4가지 요소를 제시하고 있다. 저작물의 이용이 공정한지를 판단하기 위하여, ① 저작물 이용의 목적과 성격(상업적 성격인지 아니면 비영리적인 교육적 목적을 위한 것이지 등), ② 저작물의 특성(창작성이 높은 저작물에 대해서는 보다 강한 보호 인정, 접근성), ③ 이용된 부분이 차지하는 분량과 중요도, ④ 이용이 저작권자의 현재 그리고 잠재적 시장에 미치는 영향이 그것이다.

95) 이러한 예로서, 재판절차 등에서의 복제, 공표된 저작물의 인용, 도서관 등에서의 복제 등을 들 수 있다.

공정이용 주장 사례(서울중앙지법 2013카합1287 결정)

<사건 개요>

신청인은 한국금융투자협회가 주관하는 펀드 투자 상담사자격시험의 표준 교재(이하, "이 사건 서적")에 관하여 한국금융투자협회와 사이에 이 사건 서적의 저작권자인 한국금융투자협회가 신청인에게 이 사건 서적의 독점적인 제작, 출판권을 부여하되, 신청인이 한국금융투자협회에 이 사건 서적 정가의 20%에 상당하는 인세를 지급하기로 하는 용역 표준 계약을 체결하였고, 이후 이 사건 서적을 출판하여 판매하였다.

피신청인은 이 사건 서적과 실질적으로 유사한 서적을 발행하여 판매하고 있으며, 저작권 침해 문제에 대해 제35조의3(現 제35조의5) 공정이용을 주장하였다.

<법원 판결>

피신청인들이 이 사건 서적과 실질적으로 유사한 피신청인서적을 복제, 판매한 것이 교육을 위한 목적이었다고 하더라도 그 이용의 성격은 상업적·영리적인 점, 피신청인들은 이 사건 서적의 내용을 그대로 베끼거나 축약하여 기재하는 방법으로 복제하여 사용하였고 그 분량도 상당한 점, 피신청인들이 피신청인서적을 복제, 판매하고 이를 이용한 인터넷 동영상 강의 서비스를 유료로 제공함으로써 이 사건 서적에 대한 현실적·잠재적 수요가 대체될 가능성이 있다고 보이는 점들을 종합해 보면, 피신청인들의 복제, 판매 행위가 저작권법 제35조의3에서 정한 저작물의 공정한 이용에 해당한다고 보기 어렵다.

저작재산권 제한과 저작인격권의 관계

저작재산권 제한 사유는 저작재산권자의 경제적 이익과 공공의 이익 등을 고려하여 일정한 경우 저작재산권을 제한할 수 있는 경우이므로 저작인격권에는 적용되지 않는다. 예를 들면, 비영리 목적으로 다른 사람의 연극저작물을 공연할 경우 저작재산권 침해를 구성하지 않더라도 해당 연극의 동일성을 해할 정도로 수정하여 공연했다면 저작인격권 중 동일성유지권을 침해할 수 있다. 또한, 저작자의 성명을 올바르게 표시하지 않았다면 성명표시권을 침해하는 것이 된다.

04. 법정허락

다른 사람의 저작물을 이용하려면 통상 저작권자의 허락을 얻어야 하지만 상당한 노력을 기울였어도 권리자를 알 수 없거나 권리자의 소재를 파악할 수 없는 경우 등 일정한 경우에는 법으로써 그 이용을 허락하는 제도가 있는데, 이를 법정허락제도라고 한다. 법정허락은 가치 있는 저작물을 이용자가 일정한 조건하에 이용할 수 있도록 하여 저작물의 사장을 막고 저작권자의 이익을 보호하는 것을 목적으로 한다. 이를 인정하는 경우로서 저작권법은 다음 3가지를 열거하고 있다.

첫째, 공표된 저작물의 저작재산권자나 그의 사는 곳을 알 수 없어 이용허락을 받을 수 없는 경우의 저작물의 이용(저작권법 제50조), 둘째, 공표된 저작물을 공익상 필요에 따라 방송하려는 방송사업자가 협의하였으나 협의가 성립되지 않는 경우의 저작물의 방송(저작권법 제51조), 셋째, 상업용 음반이 우리나라에서 처음으로 판매되어 3년이 경과하고, 그 음반에 녹음된 저작물을 녹음하여 다른 음반을 제작하고자 협의하였으나 성립되지 아니한 경우(저작권법 제52조) 이다. 위의 조건이 발생한 경우에는 문화체육관광부장관으로부터 해당 저작물의 이용을 승인받아야 하고, 문화체육관광부장관이 정한 보상금을 저작재산권자에게 지급하거나 법원에 공탁하여야 한다.

한편, 공표된 저작물의 저작재산권자나 그의 거소를 알 수 없어 이용허락을 받을 수 없는 경우에는 문화체육관광부장관의 승인을 얻은 후 보상금을 한국저작권위원회에 지급하고 이용할 수 있다. 저작권자를 알 수 없어 승인을 받고자 하는 사람은 법정허락을 신청하기 전에 권리자를 찾기 위한 상당한 노력을 반드시 하여야 한다. 예컨대 저작권등록부를 확인하고, 해당 저작물 분야를 취급하는 저작권법상의 저작권신탁관리업자[96] 또는 해당 저작물 이용허락을 받은

96) 저작권신탁관리업이란 저작재산권자, 출판권자, 저작인접권자 또는 데이터베이스제작자의 권리를 가진 사람을 위하여 그 권리를 신탁받아 이를 지속적으로 관리하는 업을 말한다. 따라서 저작물 등을 이용하고자 할 경우에는 위 저작권신탁업자로부터 이용허락과 보상금 지급을 통하여 하게 된다(저작권법 제2조 제26호).

사실이 있는 자 중 2 이상에게 그 권리자의 명칭, 주소 또는 거소의 조회를 위하여 확정일자 있는 문서를 발송한 날로부터 1월이 경과하여야 한다. 그리고 일반일간지 또는 문화부 및 한국저작권위원회 권리자 찾기 사이트에 일정한 내용을 공고한 날로부터 10일이 경과하여야 한다.

법정허락을 이용하기 위해서는 까다로운 절차와 시간이 소요되어야 했다. 이에 정부는 2012년 10월 13일부터 법정허락 간소화 제도를 시행하고 있다. 즉 권리자 찾기에 대한 상당한 노력의 주체를 이용자에서 정부로 변경하여 이용자가 저작재산권자 불명인 저작물을 편리하게 이용할 수 있도록 하였다. 즉 법정허락 이용승인 신청을 위해서는 저작권자를 찾기 위한 상당한 노력을 모두 완료한 저작물에 한해서 신청할 수 있는데, 한국저작권위원회가 이러한 상당한 노력을 개인을 대신하여 수행해주는 '권리자 찾기 정보시스템'을 운영하고 있다.[97)]

05. 카피레프트 운동과 오픈소스 SW 운동

저작권에 의한 정보 독점이 심화하자 카피라이트(copyright)에 반대하여 이용자의 권익을 옹호하는 움직임이 있어 왔는데 이를 카피레프트(copyleft)운동이라고 한다. 즉 카피라이트가 저작권을 옹호하는 입장에서 저작권자의 이익을 대변하는 반면, 카피레프트는 이용자의 이익을 대변한다고 할 수 있다. 이러한 카피레프트 운동이 구체적으로 나타난 형태가 바로 오픈소스 SW운동인데 그 출현 배경을 보면 다음과 같다.

1969년 AT&T사의 벨연구소에서 근무하던 켄 톰슨(Ken Thompson)은 하드웨어에 종속되지 않는 운영체계인 Unix(최초의 공개소프트웨어)를 만들었다. 최초에는 이 Unix의 원시프로그램을 개방하였는데, 이후에 AT&T사는 상업화를 목적으로 전략을 변경하여 원시프로그램을 개방하지 않았다. 즉 공개소프트웨어였던 Unix에 배타적 저작권을 행사하기 시작한 것이다.

97) 한국저작권위원회는 권리정보 수집-권리확인-공시-심의 등의 일련의 절차를 온라인에서 실현할 수 있도록 권리자 찾기 정보시스템(www.findcopyright.or.kr)을 구축하였다.

Unix를 선호했던 리차드 스톨만(Richard Stallman)은 1983년에 카피레프트(copyleft) 운동의 목적으로 Free SW운동을 시작하였는데, 스톨만은 어느 날 갑자기 Unix를 쓰지 못하게 되면서 이러한 상업화 경향에 반발하여 GNU라는 공개소프트웨어(Open Source SW)운동을 전개하게 되었다.

이 운동의 핵심은 프로그래머가 최초로 제작한 숫자, 영문자로 구성된 원시프로그램(source program)을 누구나 볼 수 있도록 공개하고 공유하는 데 있다. 즉 오픈소스운동 진영은 원시코드를 공개하여 프로그램이 어떻게 구성되고 기능하는지를 알 수 있게 함으로써 다양한 소프트웨어의 발전을 가져올 수 있다고 믿고 있다. 그런데 이 운동은 아이러니하게도 저작권을 포기하지 않고 이를 활용하여 정보공유 정신을 실현하고 있다. 즉 공개 SW운동은 저작권을 이용하여 소스코드의 공개이념을 전파하는 것이 특징이다. 예를 들면, 대표적인 공개SW로서 리눅스의 개발에는 2만 이상의 프로그래머들이 참여하였으며 모두 공동저작자라고 할 수 있다. 리눅스의 원시코드에 대한 사용허락을 GNU GPL(General Public License)을 통해서 하게 되는데, 여기에는 'GPL을 통해 복제, 개작, 배포할 권리를 사용자에게 부여한다'라고 명시되어 있다. 즉 리눅스의 원시코드를 복제하고 개작하여 새로운 프로그램을 제작한 경우에 당해 프로그램의 배포는 반드시 GPL에 따라 그 원시코드를 공개해야 한다. 그렇지 않으면 리눅스 사용조건을 어기는 것으로 저작권 침해를 구성하게 된다.98)

최근 오픈소스기반의 기술개발은 카피레프트 운동의 일환을 넘어 보편적인 기술개발 전략으로 자리 잡아 가고 있다. 빅데이터, 인공지능, 클라우드, IoT 등의 다양한 분야에서 활용되는 신기술의 상당부분이 오픈소스 SW를 기반으로 개발 및 활용되고 있으며, 그 시장가치는 꾸준한 성장세를 보인다. 세계적인 IT기업인 구글, 마이크로소트프, 페이스북 등은 생산성 향상이나 전체 IT 전략 수립의 관점에서 오픈소스 프로세스를 적극적으로 활용하고 있다.

---

98) 오픈소스SW 라이선스 종합정보시스템(www.olis.or.kr)에서 오픈소스 SW 라이선스 검사 서비스인 코드아이(CodeEye)를 이용하여 라이선스를 무료로 검사할 수 있다.

Discussion

주제 **영화상영, 저작권 침해인가?**

학교에서 중간고사가 끝나고 수고한 학생들을 위하여 선생님이 소장하고 있던 다큐멘터리 영화에 관한 상업용 DVD를 학교에서 상영한 경우 저작권을 침해한 것일까?

설명 저작권법은 청중이나 관중으로부터 당해 공연에 대한 반대급부를 받지 아니할 때에는 저작권자의 허락 없이 상업용 음반 또는 상업용 영상저작물을 재생하여 일반공중에게 공연할 수 있음을 규정하고 있다(저작권법 제29조). 따라서 학생으로부터 아무런 반대급부를 받지 아니하고 학교에서 영화를 상영해 주는 것은 저작권을 침해하는 것이 아니다. 다만 주의해야 할 것은 상업용 영상물은 발행일부터 6개월이 지난 것이어야 하며, P2P를 통해 무단으로 내려받은 것이나 불법 복제된 DVD가 아닌 적법한 유통경로를 통해 획득된 것이어야 한다(영 제11조 8호).

이러한 기간 제한은 상업용 음반에는 적용되지 아니한다. 상업용 음반을 이용하여 학교 교내방송에 활용하는 경우에도 제29조의 비영리적 목적의 공연에 해당할 수 있다.

주제 **디지털 사적복제의 제한**

일본 저작권법은 기술적 보호수단의 회피에 의하여 가능하게 된 복제 등의 사실을 알면서도 행한 경우, 특정침해 녹음녹화임을 알면서 수신하여 디지털 방식의 녹음 또는 녹화를 하는 경우, 특정침해복제임을 알면서 저작권을 침해하는 자동공중송신을 수신하여 디지털 방식의 복제를 하는 경우를 사적사용을 위한 복제에서 제외시켜 일정한 사적복제를 제한하였다(일본 저작권법 제30조). 그리고 유료로 녹음된 저작물 등의 음이나 영상을 대가를 위해 공중에게 제공하거나, 자동공중송신이 침해에 해당한다는 것을 알면서 저작권 또는 저작인접권을 침해하는 자동공중송신을 통해 공중에 송신하는 행위에 대하여 2년 이하의 징역 또는 200만엔 이하의 벌금에 처하거나 이를 병과하도록 규정하였다. 독일의 경우에도 명백히 불법복제임을 알면서 이루어진 사적복제를 제한하고 있다. 이에 대한 여러분의 생각은?

Explanation

패러디(parody)란 대중에게 널리 알려진 원작의 약점이나 진지함을 대상으로 하여 이를 흉내 내거나 과장하거나 왜곡시켜 원작이나 사회적 상황을 비판하거나 웃음을 이끌어내는 것을 말한다. 패러디는 그 속성상 원작의 일부를 차용해야 하는 반면 원작의 진지함을 비꼬고 풍자 및 비평을 하므로 원작자의 허락을 받기 어렵고, 문학의 한 장르인 동시에 표현의 자유를 보장하기 위하여 일정한 패러디는 저작권 침해를 구성하지 않는다고 보고 있다.

이 사건에서 미국 연방대법원(Learned Hand 판사)은 패러디의 특성상 필연적으로 원작을 차용할 필요가 있으며, 사안의 패러디는 원작을 충분히 나타낼 만큼만 최소한도로 원작을 차용하고 있으며, 원작을 차용하여 만든 패러디가 원작과는 다른 성격의 랩 장르, 즉 새로운 창작에 해당하며, 비록 피고의 노래가 상업적인 측면이 없지 않으나 랩 장르의 성격상 원작의 장르인 락 발라드 시장에 큰 영향을 미칠 것으로 보이지 않는 점 등을 인정하여 저작권 침해를 부정하였다.

그런데 패러디가 인정되기 위해서는 원작이 존재한다는 사실과 패러디라는 사실이 동시에 패러디 속에서 느껴져야 한다. 만일 원작의 존재만이 드러나고 패러디가 느껴지지 않으면, 이는 소위 '실패한 패러디'로서 저작권의 침해를 구성하게 된다. 또한, 패러디 전문 가수인 위어드 알 얀코빅(Weird Al Yankovic)와 같이 마이클 잭슨, 마돈나 등 유명가수의 곡을 가사만 개사하여 패러디한 경우에는 새로운 성격을 가진 창작물이라고 인정받기 어렵다.

우리나라에서도 서태지의 '컴백홈'을 패러디한 가수 이재수의 '컴배콤' 뮤직비디오가 패러디로서 허용되는지가 문제된 적이 있다. 이 사건에서 법원은 "패러디로서 저작물의 변형적 이용이 허용되는 경우인지 여부는 저작권법 제25조 및 제13조 제2항의 규정취지에 비추어 원저작물에 대한 비평·풍자 여부, 원저작물의 이용 목적과 성격, 이용된 부분의 분량과 질, 이용된 방법과 형태, 소비자들의 일반적인 관념, 원저작물에 대한 시장수요 내지 가치에 미치는 영향 등을 종합적으로 고려하여 신중하게 판단하여야 할 것"이라고 판시하였다.

Chapter 6 프로그램저작권

A는 부가통신망에 사용되는 키워드검색프로그램을 개발하여 프로그램등록을 하였다. 그런데 A는 B가 제공하는 키워드검색 방법이 자신의 프로그램과 스크린상 나타나는 안내 문언이 거의 동일하고, 유사어 색인기능 및 연속출력 기능이 매우 흡사하다는 점과 A회사에서 10년간 근무하면서 키워드검색프로그램의 유지보수를 총괄하였던 직원이 퇴사 후 B에 입사하여 근무 중인 것을 발견하였다. 이에 A는 자신의 키워드검색프로그램이 B에 의하여 무단으로 복제·사용되고 있다고 하여 손해배상 및 프로그램 사용중지를 청구하였다. 이후 위 두 프로그램은 프로그램소스가 동일한지 감정이 의뢰되었는데 감정결과 두 프로그램의 소스코드가 서로 상이하다는 결론이 나왔다.

01. 프로그램저작권의 개념과 종류

프로그램저작권의 개념

컴퓨터프로그램은 전 세계적으로 저작권법에 의해 보호를 받고 있다. 현대적 컴퓨터프로그램밍 언어(포트란, 리스프, 코볼 등)는 1950년대 등장하였지만 1970년 초 미국 IBM사와 휴렛 팩커드사가 PC를 개발하면서 프로그램밍 언어는 '언어(language)'적 특징을 갖게 되었다. 1980년대 16비트 시대가 열리고 다양한 소프트웨어들이 등장하면서 컴퓨터프로그램을 저작권법으로 보호하기 시작하였다. 소프트웨어는 프로그램밍 언어라는 언어기술에 의해서 만들어지고 보호받는다. 즉 컴퓨터프로그램은 마치 소설, 수필 등과 같은 어문저작물과 유사한 형식을 취하고 '일련의 지시·명령으로 표현된 창작물'인 것이다.

1986년 우리나라는 기능성 저작물인 컴퓨터프로그램의 특수성을 고려하고 프로그램 창작자의 권리보호 및 유통과 이용 촉진을 위하여 컴퓨터프로그램보호법을 제정하였다. 그러나 2009.4.22. 제17차 저작권법 개정으로 컴퓨터프로그램보호법은 저작권법에 흡수 통합되어 저작권법 "제5장의2 프로그램에 관한 특례"에 특수한 사항만 규정하게 되었다. 컴퓨터프로그램저작물은 "특정한 결과를 얻기 위하여 컴퓨터 등 처리능력을 가진 장치 내에서 직접 또는 간접으로 사용되는 일련의 지시·명령으로 표현된 창작물"을 말한다(법 제2조 제16호). 따라서 "일련의 지시·명령으로 표현된 창작물"이란 문구에서 보듯이 저작권법은 표현은 보호하고 아이디어는 보호하지 않음을 알 수 있다. 프로그램에서 아이디어는 알고리즘(algorism)을 의미하며, 이러한 알고리즘을 프로그래밍 언어로 표현한 것이 컴퓨터프로그램이다. 한글과 컴퓨터사의 '혼글'과 MS사의 'MS Word' 프로그램이 기능면에서 상호 유사하지만 이는 아이디어가 닮았을 뿐 프로그래머들이 애초에 짠 원시코드가 서로 상이하므로 별개의 저작물이라고 할 수 있다.

프로그램저작권의 종류

일반저작물과 마찬가지로, 프로그램저작권도 '저작인격권'과 '저작재산권'으로 나누어지며, 각 개념은 다시 다양한 권리들을 포함하고 있다. 프로그램에 있어서 2차적저작물의 작성이란 원프로그램의 일련의 지시·명령의 전부 또는 상당부분을 이용하여 새로운 프로그램을 창작하는 것을 말한다. 또한, 번역이란 넓은 의미의 개작에 포함되는 개념으로서 원프로그램에 새로운 창작성을 부가하여 다른 언어로 변환하는 행위를 말한다. 어떤 프로그램 언어로 제작된 프로그램을 기계적으로 다른 프로그램 언어로 변환하는 것은 '복제'에 해당한다. 예를 들면, COBOL로 작성된 프로그램을 ASSEMBLER로 기계적으로 변환시키는 행위는 프로그램저작권 침해를 구성하게 된다.

그리고 소프트웨어를 최초로 판매한 이후에 저작권자의 배포권은 소진되기 때문에 적법한 양수인은 이를 재판매하거나 대여할 수도 있게 된다. 그러나 양수인이 대여를 통해 상업적 이익을 획득하게 되면 저작권자의 경제적 이익이 부당하게 감소될 수 있으므로 이를 시정하기 위하여, 프로그램저작권자에게 상업용 프로그램에 대한 대여권을 인정하고 있다. 마지막으로 배타적 발행권이란 프로그램저작권자가 타인에게 그 저작권에 대하여 독점적으로 복제·전배포할 수 있도록 하는 권리를 말한다. 한미FTA 이행을 위한 개정 저작권법에서 이 권리를 저작물을 발행하거나 복제·전송할 권리를 가진 자가 그 저작물을 발행하거나 복제·전송에 설정할 수 있도록 하였다(법 제57조 제1항).

보호받지 못하는 대상

저작권법은 창작적 표현을 보호하고 아이디어는 보호하지 않는다. 저작권법은 프로그램을 작성하기 위하여 사용하는 다음 각 호의 사항에 대해서는 이 법에 의한 보호를 제공하지 않는다(법 제101조의2).

1) 프로그램 언어: 프로그램을 표현하는 수단으로서 문자·기호 및 그 체계 (Python, C, Java, C++, Visual Basic 등)
2) 규약: 특정한 프로그램에서 프로그램 언어의 용법에 관한 특별한 약속 (HTTP, FTP, TCP/IP 등)
3) 해법: 프로그램에서 지시·명령의 조합방법

폰트 및 글자체의 저작물성

글자꼴은 엑센트 기호나 구두점 등을 포함하는 문자, 숫자, 기호 등으로 구성된 한 벌의 디자인을 말하는 것으로서 저작권과 디자인보호법의 대상이 되는지가 문제된다. 저작권법은 서예와 같이 예술성이 있는 감상의 대상인 글자체를 미술저작물로 보호하고 있으나, 일반적으로 흔히 사용되는 글자체는 실용성이 강하고 이를 보호할 경우 국민의 활자 생활에 방해를 받게 되므로 보호하지 않고 있다. 대법원은 글꼴 자체와 같은 서체도안은 법에 의한 보호 대상인 저작물에 해당하지 아니함이 명백하다고 판시하고 있다(대법원 1996. 8. 23. 선고 94누5632 판결).

그러나 디지털 형태로 된 폰트의 경우에는 컴퓨터에서 사용되는 폰트파일로서 컴퓨터프로그램에 해당되어 저작권 보호가 인정된다(대법원 2001. 6. 29. 선고 99다23246 판결; 대법원 2001. 5. 15. 선고 98도732 판결 등).

프로그램 번들 제공 폰트 (서울중앙지법 2012가합535149 판결)

번들로 제공된 폰트들의 저작권자들이 '아래한글' 또는 'MS워드' 프로그램을 설치하여 사용하는 이용자들에게 해당 폰트에 대한 이용을 허락한 사실은 없지만, '아래한글' 또는 'MS워드' 프로그램의 개발자에게 폰트에 관한 라이선스를 부여한 저작권자들로서 각 해당 프로그램의 이용자들에게도 그 폰트의 이용을 묵시적으로 허락하였다고 봄이 상당하기 때문에, 설사 위 이용자들이 그 문자발생기에 저장된 폰트들을 이용하였다고 하더라도 그와 같은 사정만으로는 해당 폰트들을 무단으로 복제·이용하여 위 개발사의 저작권을 침해한 것으로 보기는 어렵다. 따라서 '아래한글' 프로그램에서 번들로 제공하는 서체를 제외한 서체에 대해서만 저작권 침해 책임을 진다.

폰트 이용으로 인한 분쟁을 예방하기 위해서는 그 사용범위를 확인하는 것은 필수이다. 특히 무료로 개인 및 기업 사용자에게 제공되는 폰트들은 일정한 조건하에서 저작권자의 허락을 요구하거나 출처표시를 명시할 것을 요구하는 경우가 많으므로 정확한 사용조건을 꼭 확인해야 한다.

나눔손글씨 펜

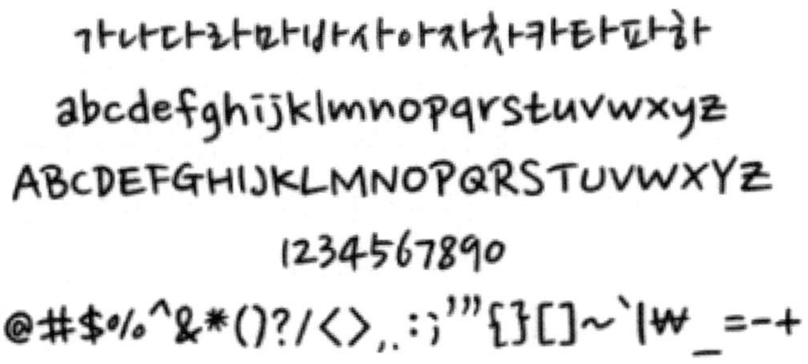

<네이버나눔글꼴 라이선스 안내 2019.3.22.버전>

네이버 나눔글꼴은 개인 및 기업 사용자를 포함한 **모든 사용자에게 무료로 제공되며 자유롭게 수정하고 재배포하실 수 있습니다. 단, 글꼴 자체를 유료로 판매하는 것은**

금지하며 네이버 나눔글꼴은 본 저작권 안내와 라이선스 전문을 포함해서 다른 소프트웨어와 번들하거나 재배포 또는 판매가 가능합니다.

네이버 나눔글꼴 라이선스 전문을 포함하기 어려운 경우, 나눔글꼴의 출처 표기를 권장합니다. **예) 이 페이지에는 네이버에서 제공한 나눔글꼴이 적용되어 있습니다**.

네이버 나눔글꼴을 사용한 인쇄물, 광고물(온라인 포함)의 이미지는 나눔글꼴 프로모션을 위해 활용될 수 있습니다. 이를 원치 않는 사용자는 언제든지 당사에 요청하실 수 있습니다. 정확한 사용조건은 네이버 나눔글꼴 라이선스 전문을 참고하시기 바랍니다.

한편, 글자체 자체는 디자인보호법으로 보호받을 수 있다. 글자체를 디자인으로 보호받기 위해서는 폰트저작권과 달리 엄격한 심사를 거쳐 등록을 받아야 한다. 등록을 위해서는 신규성과 창작성 등의 요건을 만족해야 하는데, 일반인에게 공표되어 있거나 널리 사용하고 있는 글자체는 등록을 받을 수 없다. 등록 글자체를 복제하여 결과물을 생산하거나 파일을 유통하는 것은 디자인권을 침해하는 행위이다. 그러나 글자체가 디자인등록이 된 경우라도 타인이 그 글자체를 타자 · 조판 또는 인쇄 등의 통상적인 과정에서 '사용'하거나 그로 인해 생산된 '결과물'인 인쇄물이나 웹사이트 등을 제작한 것에는 디자인권의 효력이 미치지 않는다(디자인보호법 제94조제2항).

이상에서 법원은 글자체에 대한 저작권 보호와 관련해서 이중적 태도를 보인다. 생각건대, 글자체를 만들기 위해서 투여되는 노력에 비교해 크지 않은 노력으로 디지털화한 것만을 보호하는 것은 본질을 외면하고 껍데기만 보호하는 결과이고 대중의 혼란을 가중하게 된다. 글자체는 음악, 영상 등 일반 저작물과 달리 감상의 목적보다는 일상에서 사용해야 하는 실용성이 강한 것이고 공기와 물같이 매일 매일 사용해야 하는 필수적인 것으로 글자체를 단순히 디지털화한 것을 특별히 컴퓨터프로그램저작물로 보호해야 할 이유는 없다고 본다. 그러나 새로운 글자체를 제작하는 과정에 많은 인력과 노력이 투여되는바 그 보호의 필요성이 인정되므로 저작권과 비교해 엄격한 등록요건과 단기의 보호기간을 가진 디자인보호법에 따라 보호하거나 타인의 성과를 무임승차하는 것을 규제하는 부정경쟁방지법에 따라 보호하는 것이 바람직하다고 본다.

02. 프로그램저작권의 제한

저작권법상 다음과 같은 일정한 경우에 그 목적상 필요한 범위에서 공표된 프로그램을 저작재산권자의 허락 없이 복제 또는 배포할 수 있는 경우를 열거하고 있다(법 제101조의3). 일반 저작권의 제한에 관한 제23조(재판절차 등에서의 복제)·제25조(학교교육 목적 등에의 이용)·제30조(사적이용을 위한 복제) 및 제32조(시험문제로서의 복제)는 컴퓨터프로그램에 관한 특례규정에 별도로 정하고 있으므로 컴퓨터프로그램에는 적용되지 않는다(법 제37조의2). 따라서 나머지 일반 저작권 제한 사유는 프로그램에 대해서 적용된다.

한편, 주의할 것은 프로그램저작권 제한사유에 해당하더라도 프로그램의 종류·용도, 프로그램에서 복제된 부분이 차지하는 비중 및 복제의 부수 등에 비추어 프로그램의 저작재산권자의 이익을 부당하게 해치는 경우에는 저작권 침해가 될 수 있다(법 제101조의3 단서).

<일반저작권과 프로그램저작권의 제한사유 비교>

프로그램저작재산권 제한사유(§101의3)	일반저작재산권 제한사유
◤ 재판·수사 목적 및 분쟁조정의 감정을 위한 복제 ◤ 교육적의 수업과정에 제공할 목적의 복제·배포 ◤ 교육목적을 위하여 교과용 도서에 게재하기 위한 복제 ◤ 가정과 같은 한정된 장소에서 개인적 목적의복제 ◤ 입학시험, 학식·기능시험 또는 검정목적의 복제·배포 ◤ 프로그램의 기능 조사·연구·시험을 위한 복제 ◤ 컴퓨터의 유지·보수를 위한 일시적 복제 ◤ 보존을 위한 복제 (1~2부) ◤ 호환목적의 프로그램코드 역분석	◤ 재판·입법·행정자료를 위한 복제(§23) ◤ 정치적 연설 등의 이용(§24) ◤ 교육목적의 교과서 제작 및 수업을 위한 복제·방송·공연·전시·공중송신(§25) ◤ 방송, 영화, 신문에 의한 시사보도(§26) ◤ 시사적인 기사 및 논설의 복제(§27) ◤ 보도·비평·교육·연구 목적의 인용(§28) ◤ 영리를 목적으로 하지 않는 공연 및 방송(§29) ◤ 가정 및 이에 준하는 한정된 범위에서 개인적 목적의 복제(§30) ◤ 도서관 등에 보관된 자료(§31) ◤ 입학시험 기타 학식의 검정목적(§32) ◤ 시각·청각장애인을 위한 복제(§33, §33의2) ◤ 방송사업자의 자체 방송을 위한 일시적 녹음, 녹화(§34) ◤ 미술저작물 등의 일정한 전시 및 복제(§35) ◤ 저작물이용과정의 일시적 복제(§35의2) ◤ 부수적 복제(§35의3) ◤ 문화시설에 의한 복제(§35의4) ◤ 저작물의 공정한 이용(§35의5)

재판·수사 및 분쟁조정의 감정을 위하여 복제하는 경우

재판 또는 수사절차를 위하여 필요한 내부적 사용을 위해 프로그램을 복제할 수 있다. 즉 법원의 재판 및 수사기관의 수사·조사 등 업무에 있어서 입증자료 등 목적을 위한 복제에 한해 허용되며 외부적 사용을 목적으로 한 복제는 허용되지 않는다. 일반 저작물의 자유이용은 재판·입법·행정자료를 위한 복제를 허용하고 있어서 전자보다 광범위하게 인정하고 있음을 알 수 있다.

또한, 저작권법에 따른 분쟁조정을 위하여 분쟁조정의 양 당사자로부터 프로그램 및 프로그램과 관련된 전자적 정보 등에 관한 감정을 요청받은 경우 그 감정을 위한 필요한 범위에서 복제가 허용된다(법 제101조의3 제1항 제1호의2).

교육을 위한 목적

「유아교육법」, 「초·중등교육법」, 「고등교육법」에 따른 학교 및 다른 법률에 따라 설립된 교육기관(초등학교·중학교 또는 고등학교를 졸업한 것과 같은 수준의 학력이 인정되거나 학위를 수여하는 교육기관으로 한정)에서 교육을 담당하는 자가 수업과정에 제공할 목적으로 복제 또는 배포할 수 있다(법 제101조의3 제1항 제2호)

또한, 「초·중등교육법」에 따른 학교 및 이에 준하는 학교의 교육목적을 위한 교과용 도서에 게재하기 위하여 복제할 수 있다(법 제101조의3 제1항 제3호). 이 경우 프로그램을 교과용 도서에 게재하려는 자는 문화체육관광부장관이 정하여 고시하는 기준에 따른 보상금을 해당 저작재산권자에게 지급하여야 한다.

다른 법률에 따라 설립된 교육기관의 범위

저작권법 제101의3 제1항 제2호에서 “「유아교육법」, 「초·중등교육법」, 「고등교육법」에 따른 학교 및 다른 법률에 따라 설립된 교육기관(초등학교·중학교 또는 고등학교를 졸업한 것과 같은 수준의 학력이 인정되거나 학위를 수여하는 교육기관으로 한정한다)에서 교육을 담당하는 자가 수업과정에 제공할 목적으로 복제 또는 배포할 수 있다.”고 규정하고 있는데, 여기서 “다른 법률에 따라 설립된 교육기관”이라 함은 교육법 이외의 다른 법률에 의하여 그 설치·운영에 관한 사항이 규정된 것으로서 교육법상의 교육기관인 학교와 유사한 정도의 공공성과 비영리성을 갖춘 교육기관만을 의미한다고 볼 수 있다.

그런데 「학원의 설립·운영에 관한 법률」에 의하여 일정한 시설기준을 갖추고 주무관청에 등록을 마친 학원이라도 그러한 사유만으로 위와 같이 교육법에 의한 교육기관에 유사한 정도의 공공성과 비영리성을 갖춘 것으로 볼 수 없으므로 사설학원은 저작권법에서 말하는 '다른 법률에 의한 교육기관'에 해당하지 않는다(대법원 1997. 5. 23. 선고 97도767 판결).

가정과 같은 한정된 장소에서 개인적 목적으로 복제

컴퓨터프로그램을 영리를 목적으로 하지 아니하고 개인적으로 가정과 같은 한정된 장소에서 이용하는 경우에는 그 이용자는 이를 복제할 수 있다. 이와 같이 비영리 목적으로 컴퓨터프로그램을 가정과 같은 한정된 장소에서 개인적인 목적으로 이용하는 것을 "사적 복제"라고 하며, 이 경우 저작권자의 허락 없이 복제할 수 있다. 프로그램저작권 제한에 관한 이 규정은 일반저작물의 사적복제(영리를 목적으로 하지 아니하고 개인적으로 이용하거나 가정 및 이에 준하는 한정된 범위 안에서 이용)에 비해 엄격하게 규정되어 있다. 앞서 언급한 바와 같이 소프트웨어의 경우에는 사적 복제를 인정하게 되면 저작권자의 경제적 이익이 부당하게 침해받을 수 있으므로 이를 매우 엄격히 적용하고 있다. 예를 들면, 개인 노트북에 프로그램을 다운로드하여 항시 휴대하여 사용하는 경우에는 사적복제의 장소적 제한을 벗어난 사용으로 보아야 한다는 주장이 있다.

입학시험 기타 학식의 검정목적

「초·중등교육법」, 「고등교육법」에 따른 학교 및 이에 준하는 학교의 입학시험이나 그 밖의 학식 및 기능에 관한 시험 또는 검정을 목적으로 복제 또는 배포할 수 있다. 다만 영리를 목적으로 하는 경우에는 인정되지 않으므로 영리 사설학원에서 수험료를 받고 시험을 치르는 경우에는 이 규정이 적용되지 않는다.

프로그램 기능의 조사·연구·시험 목적의 복제

프로그램의 기초를 이루는 아이디어 및 원리를 분석하고 습득하기 위하여 프로그램의 기능을 조사·연구·시험목적으로 복제할 수 있다. 다만 이 경우에도 정당한 권원에 의하여 프로그램을 사용하는 자에 의한 것이어야 한다. 즉 정품 소프트웨어를 구입한 자 기타 라이선스를 획득한 자 등이 여기에 해당된다.

컴퓨터의 유지·보수를 위한 일시적 복제

한미 FTA의 이행을 위해 2011.12. 개정된 저작권법은 일시적 저장을 복제로 인정하면서 컴퓨터의 유지·보수 과정에서 프로그램을 일시적으로 복제할 수 있도록 허용하였다. 이 경우에도 정당하게 취득한 프로그램의 일시적 복제를 허용하는 것이므로 불법적으로 컴퓨터에 복제된 프로그램을 컴퓨터의 유지·보수 과정에서 일시적으로 복제하는 경우에는 적용되지 않는다. 그리고 컴퓨터의 유지·보수가 끝난 다음에는 다른 저장매체에 복제해 두었던 프로그램은 삭제해야 한다.

보존을 위한 복제

컴퓨터프로그램은 광디스크나 하드디스크 등의 특성으로 인해 일반 저작물보다 쉽게 멸실·훼손·변질 등이 될 수 있으므로 이를 대비하기 위하여 프로그램의 정당한 이용자는 프로그램을 복제할 수 있다(법 제101조의5). 이는 프로그램에 한하여 적용되는 것이며 또한, 정당한 권한에 의하여 소지·이용하는 자에 한해 오직 보존용으로만 허용된다.

호환목적의 프로그램코드 역분석

다른 프로그램과의 호환에 필요한 정보를 얻기 위하여 컴퓨터프로그램을 역분석(reverse engineering)하는 과정에서도 복제할 수 있다. 즉 저작권법 제101조의4 제1항에서 “정당한 권한에 의하여 프로그램을 이용하는 자 또는 그의 허락을 받은 자는 호환에 필요한 정보를 쉽게 얻을 수 없고 그 획득이 불가피한 경우에는 해당 프로그램의 호환에 필요한 부분에 한하여 프로그램의 저작재산권자의 허락을 받지 아니하고 프로그램코드역분석을 할 수 있다."고 규정하고 있다.

그러나 프로그램코드역분석을 통하여 얻은 정보는 호환목적 외의 다른 목적을 위하여 이용하거나 제3자에게 제공할 수 없으며, 프로그램코드역분석의 대상이 되는 프로그램과 표현이 실질적으로 유사한 프로그램을 개발·제작·판매하거나 그 밖에 프로그램의 저작권을 침해하는 행위에 이용할 수 없다(법 제101조의4 제2항).

Sony PlayStation 사건

소니사는 플레이스테이션(PlayStation) 시스템과 플레이스테이션 게임을 개발하여 판매하는 회사이다. 플레이스테이션 게임을 즐기기 위해서는 콘솔(소형 컴퓨터), 제어기, 텔레비전 세트, 플레이스테이션 3차원 게임 SW 등으로 구성된 플레이스테이션 시스템이 갖추어져야 한다. 플레이스테이션 게임 CD는 콘솔 위에 탑재하여 사용하게 된다. 그리고 플레이스테이션 콘솔은 하드웨어 부분과 ROM 칩 상에 기록되는 펌웨어(firmware)로 불리는 소프트웨어 등으로 구성되어 있는데, 펌웨어는 소니 BIOS (basic input-output system)를 말하며 소니사가 저작권을 보유하고 있다.

한편 코넥틱스社(Connectix)는 소니 콘솔의 가격이 비싸 소비자들이 부담을 느낀다는 점에 창안하여 콘솔 없이 플레이스테이션 게임을 즐길 수 있는 방법을 구상하였다. 즉, 코넥틱스社는 소니 플레이스테이션 콘솔의 기능을 "모방(emulating)"한 가상 게임스테이션(Virtual Game Station: "VGS")이라는 소프트웨어를 만들기로 하고, 우선 소니 콘솔을 구입한 후 이를 분해하여 BIOS를 추출하였다. 그리고 BIOS를 역분석(reverse engineering)하여 콘솔과 소니 게임SW를 연결해 주는 인터페이스 부분을 추출한 후 이를 VGS에 삽입시켰다. 그리하여 VGS 사용자는 이를 PC 상에 설치하고 컴퓨터의 CD-ROM 드라이브에 플레이스테이션 게임을 로딩하면 소니의 콘솔 없이도 PC상에서 게임을 즐길 수 있게 되었다.

그런데 역분석 과정에서 코넥틱스사의 엔지니어들은 자신들의 컴퓨터를 부팅하여 소니 BIOS가 RAM에 로딩될 때마다 소니 BIOS를 부가적으로 복제하였다. 하드웨어 모방 소프트웨어를 개발하면서 코넥틱스사의 엔지니어들은 모방 소프트에어를 디버깅하기 위해 소니 BIOS를 이용하였으며, 이를 위해 엔지니어들은 소니 BIOS의 이산부(discrete portion)를 반복적으로 복제하고 분해(disassemble)하였다. 이러한 행위에 대해 소니사는 코넥틱스사를 상대로 저작권 침해소송을 제기하였다.

미국 연방항소법원은 피고가 직접 구입한 소니 플레이스테이션 콘솔에서 추출한 소니 BIOS를 역분석하는 과정에서 이루어진 중간복제(intermediate copy)는 가상 게임 스테이션이라는 새로운 창작물을 개발하기 위하여 불가피하게 이루어진 '공정이용(fair-use)'이라고 판시하였다(Sony Computer Entm't, Inc. v. Connectix Corp., 203 F.3d 596).

03. 프로그램임치

프로그램임치란?

프로그램임치(software escrow)는 기술임치(technology escrows)의 대표적인 종류이다. 기술임치제도(technology escrows)란 시스템의 유지보수, 기술탈취방지, 담보, 기술이전 등의 목적으로 당사자 일방이 소프트웨어, 기술자료, 도면 등 영업활동에 유용한 기술상 또는 경영상 정보를 신뢰성이 있는 제3의 기관('수치인')과 합의하여 보관하고, 계약상 일정한 조건이 발생하면 임치물을 특정 상대방에게 교부해 주는 제도이다. 이 제도는 IT산업의 성장과 더불어 발전하였는데, 즉 신속한 기술변화를 특징으로 하는 IT분야에서 중소벤처기업은 그 기술력에 비하여 빈번한 폐업과 파산이라는 문제에 직면하게 되었고, 기술이용자는 안전하고 지속적인 기술의 사용을 담보해 줄 것을 요구하였다. 예컨대, A사의 핵심 시스템에 발생한 오류를 해결하기 위하여 개발업체에게 유지보수를 요청하였으나 해당 중소업체는 파산하여 유지보수를 더 이상 제공할 수 없고, 더욱이 A사 스스로 문제를 해결하는데 필요한 기술정보를 획득할 수 없다면 해당 시스템의 안정적인 사용을 확보하지 못하게 되어 A사는 막대한 경제적 손실을 입게 될 것이다. 따라서 이러한 문제를 해결하기 위하여 기술보유업체는 스스로 또는 사용자와 합의하여 중요한 기술자료를 신뢰성이 있는 임치기관에 보관해 두고 일정한 계약상 교부조건이 발생하면 사용자가 해당 기술자료를 임치기관으로부터 교부받아 사용함으로써 기술의 안정적 사용이 가능하고 또한 중소기업도 폐업을 우려하여 거래 자체가 성사되지 못하는 일을 막을 수 있다.

미국, 유럽 주요국에는 1980년대 초에 이미 기술거래 분야에서 기술임치제도를 도입하여 운영하고 있다. 국내에 이 제도가 소개된 것은 1998년 (구)컴퓨터프로그램보호위원회가 '소프트웨어임치제도(software escrows)'를 도입하면서부터이다. 이 제도는 원시코드(source code)와 기술정보 등을 신뢰성이 있는 제3의 기관에 맡겨두고 개발기업의 폐업·파산 등으로 더 이상의 유지·보수를 할 수 없게 된 경우에 사용자는 임치된 원시코드와 기술정보를 수치인으로부터 교부받아 소프트웨어를 안정적이고 지속적으로 사용할 수 있도록 하는 제도이다.[99] 이제는 현행 저작권법 제101조의7에 규정되어 있으며 한국저작권위원회에서 이를 운용하고 있다. 즉 동법 제101조의7 제1항에서 "프로그램의 저작재산권자와 프로그램의 이용허락을 받은 자는 대통령령으로 정하는 자(이하, 이 조에서 "수치인"이라 한다)와 서로 합의하여 프로그램의 원시코드 및 기술정보 등을 수치인에게 임치할 수 있다."고 규정하고, 동조 제2항에서 "프로그램의 이용허락을 받은 자는 제1항에 따른 합의에서 정한 사유가 발생한 때에 수치인에게 프로그램의 원시코드 및 기술정보 등의 제공을 요구할 수 있다."고 규정하고 있다.

SW임치의 유용성

SW임치제도의 필요성을 개발기업과 사용기업 입장에서 살펴보면 다음과 같다. 우선 개발기업 입장에서는 자신이 개발한 SW에 대한 지식재산권을 발주자인 사용자에게 양도하지 않아도 되므로 유사 SW의 개발비용을 절감할 수 있고, 지속적 R&D 투자를 가능하게 한다. 그리고 SW임치제도를 통해서 안전장치가 확보되므로 원활하고 안정적인 영업활동을 지속적으로 할 수 있다.

반면, 사용기업 입장에서는 중소한 SW개발업체의 폐업·파산이 빈번한 상황에서 SW임치제도를 활용하면 유지보수를 담보할 수 있게 되므로 사업수행의 연속성을 확보할 수 있다는 점에서 매우 유용하다고 할 수 있다. 그리고 지식재산권을 양도받을 필요가 없고 사용권만을 이관받게 되므로 예산절감의 효과도 있다.

---

99) 자세한 내용을 위하여, 손승우, 소프트웨어 임치제도의 활성화를 위한 법제도 기반 강화 연구, 한국저작권위원회 2013.12; 손승우, 기술임치제도에 관한 고찰, 중앙법학 제19집 제2호, 2007.8. 참조.

다자간계약과 삼자간 계약

SW임치는 소프트웨어 저작권자와 수치인 간 또는 소프트웨어 저작권자, 수치인 및 사용자 간에 계약을 체결하여 실시된다. 따라서 SW임치계약의 유형에는 크게 '다자간 임치계약'과 '삼자간 임치계약'으로 구분할 수 있다.

'다자간 임치계약'은 저작권자가 다수의 사용권자들을 위하여 수치기관과 단독으로 체결하는 임치계약을 말한다. 따라서 '다자간 임치계약'을 체결하기 위해서는 사전에 저작권자와 다수의 사용자 간의 라이선스 계약이 존재해야 한다. 저작권자가 임치계약 체결 후에도 또 다른 사용자들과 추가적인 라이선스 계약을 체결할 경우 저작권자는 임치계약에 새로운 사용자들을 추가로 등록할 수 있다. 이 계약은 수치인인 한국저작권위원회와 저작재산권자 간의 계약이지만 저작재산권자는 다수의 등록사용권자를 위하여 위원회에 임치물 보관을 위탁하는 것이고, 계약상 교부조건이 발생하면 등록사용권자는 해당사유를 증명하는 서류를 첨부한 문서를 위원회에 제시하고 임치물을 교부받을 수 있다. 한편, 삼자간 계약은 사용권자가 특정되어 있고 단일한 경우에 그 특수한 사정을 고려하여 저작권자, 사용권자, 임치기관 간에 체결하는 임치계약을 말한다.

그러므로 '다자간 임치계약'이 패키지용 프로그램을 주된 대상으로 하는 반면, '삼자간 임치계약'은 특정 단일사용자를 위해서 이루어지고 또 대상이 되는 프로그램도 당해 사용자를 위해 특별 주문된 프로그램이 대부분을 차지한다.

<다자간 임치계약>

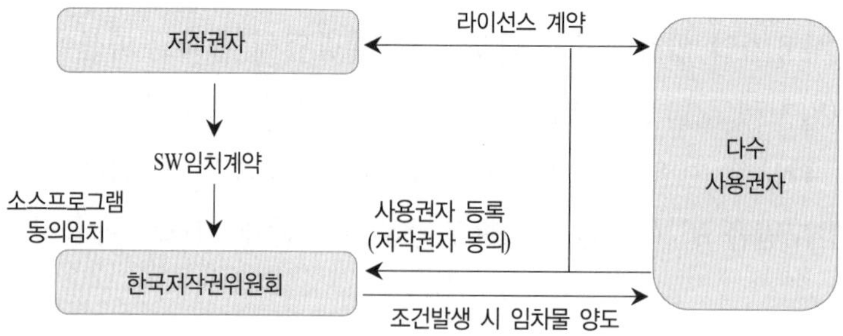

<삼자간 임치계약>

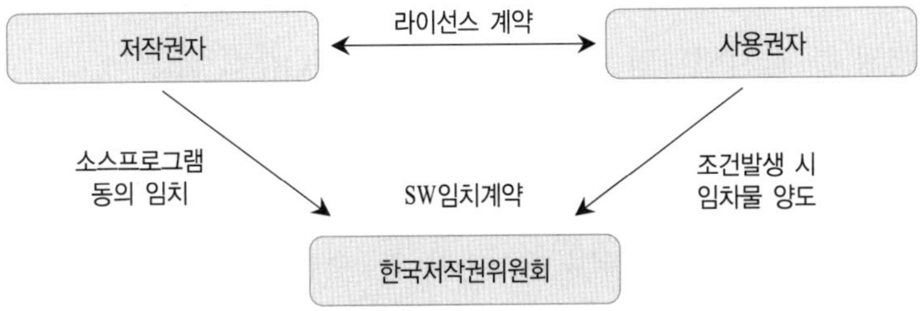

다자간 임치계약이든 삼자간 임치계약이든 임치계약상의 일정한 조건이 발생하게 되면 등록된 사용권자의 요청에 의해 임치물이 교부된다. 임치물의 주된 교부조건으로서 우선 저작재산권자가 교부에 동의한 경우, 그리고 저작재산권자가 파산선고, 해산결의, 사업장 폐쇄 등으로 사용자에게 유지보수, 업그레이드 등 서비스를 더 이상 제공할 수 없는 경우 등이 있다. 주의할 것은 임치물이 사용자에게 교부되었다고 하여 그에 대한 저작권 등이 사용자에게 양도되는 것은 아니다.

기술탈취 방지 등 다양한 활용

기술임치는 우리나라에서 다양하게 활용되고 있으며, 정부는 2007년 「대·중소기업 상생협력 촉진에 관한 법률」 을 개정하여 대기업의 기술탈취 행위를 방지하기 위한 도구로서 '기술자료 임치제도'를 도입하였다.[100] 이 법은 위탁기업

---

100) 제24조의2(기술자료 임치제도) ① 수탁 · 위탁기업[수탁 · 위탁기업 외에 단독 또는 공동으로 기술자료를 임치(任置)하고자 하는 기업을 포함한다]은 전문인력과 설비 등을 갖춘 기관으로서 대통령령으로 정하는 기관[이하, "수치인"(受置人)이라 한다]과 서로 합의하여 기술자료를 임치하고자 하는 기업(이하, "임치기업"이라 한다)의 기술자료를 임치할 수 있다.

② 위탁기업은 다음 각 호의 어느 하나에 해당하는 경우에는 수치인에게 수탁기업이 임치한 기술자료를 내줄 것을 요청할 수 있다.

1. 수탁기업이 동의한 경우
2. 수탁기업이 파산선고 또는 해산결의로 그 권리가 소멸되거나 사업장을 폐쇄하여 사업을 할 수 없는 경우 등 위탁기업과 수탁기업이 협의하여 정한 기술자료 교부조건에 부합하는 경우

③ 수치인은 중소벤처기업부장관이 정하는 기술자료 교부조건에 부합하는 경우에 임치기업의 기술자료를 요청한 자에게 이를 교부한다.

이 수탁기업에게 물품 등의 제조를 위탁함에 있어서 '정당한 사유 없이 기술자료의 제공을 요구하는 행위' 및 '기술자료의 임치를 요구한 수탁기업에 불이익을 주는 행위'를 금지행위의 하나로 규정하고 있다(동법 제25조 제1항 제12호, 제13호).

담보를 위한 기술임치

개발기업의 프로젝트 계약이행을 담보하기 위하여 발주기업은 프로젝트 산출물을 임치기관에 예치할 것을 개발기업에게 요청할 수 있으며 그와 동시에 당해 목적물에 질권 등의 담보권을 설정할 수 있다. 실제로 2003년 S기업은 K은행의 차세대 프로젝트를 위한 시스템 개발용역을 수주 받은 뒤 개발업무의 일부를 I사에게 하도급을 주었다. 그런데 시스템 개발에 있어서 I사는 개발인력 및 기간을 잘못 산정하여 프로젝트의 일정이 지연되었고, 이로 인하여 15억원 상당의 추가비용이 발생하였다. S사는 이러한 추가비용을 지급할 능력이 없는 I사를 대신하여 그 비용을 우선 부담하고, 그 담보로서 I사가 개발한 소프트웨어를 임치기관에 임치할 것을 요구하였다. S사와 I사 및 임치기관은 3자간 SW임치계약을 체결하고, 당사자들 입회하에 기술검증을 통하여 임치물의 실행프로그램 생성 등을 확인하였다. 그리고 S사는 임치계약과 동시에 I사의 지급담보를 위하여 프로그램저작권에 대한 질권을 설정하고 이를 등록한 바 있다.

04. SW 불법복제 유형 및 단속

SW 불법복제의 유형

SW 불법복제는 지식재산권 침해 중에서도 가장 심각한 피해를 야기하는 것으로 알려져 있다. SW 불법복제에 해당될 수 있는 행위들을 살펴보면 ① 정당한 권원의 취득없이 무단으로 사용하는 경우, ② P2P 등을 통하여 SW크랙버전을 다운로드 받는 경우, ③ 친구로부터 빌린 정품 SW를 자신의 PC에 설치하는 경우, ④ 특정시리얼번호 또는 타사 소유의 고유번호를 사용해 인증을 받는 경우, ⑤ 별도의 라이선스 취득없이 네트워크를 통해 다수가 공유하는 경우, ⑥ 가정에서 사용하기 위해 구입한 PC에 설치되어 있는 SW를 업무용 컴퓨터에 설치하여 사용하는 경우, ⑦ 보유 라이선스(MS Office 2016)의 상위버전(MS

Office 2019)을 사용하는 경우, ⑧ 라이선스를 구입하였지만 보관상의 부주의로 분실 또는 유실되어 보유 증명을 할 수 없는 경우 등이 있다.

셰어웨어, 프리웨어 사용해도 불법복제가 될까?

셰어웨어(Shareware)는 판매할 목적으로 개발한 프로그램을 통신망을 통하여 PC에서 다운로드 받아서 사용 또는 구입의사 결정을 물은 후 구입을 하게끔 하는 프로그램을 말한다. 셰어웨어는 사용 또는 구입결정기간을 주기 위해 일반적으로 일정기간(보통 1개월)의 사용허락기간을 준다(trial version). 사용허락기간 또는 저작자가 허락한 일정한 조건하에서 사용하는 것은 문제없으나 기간 경과 후 프로그램 가격을 지불하지 않고 계속 사용하거나 프로그램을 복제했다면 불법복제에 해당된다.

프리웨어(Freeware)는 일정한 제약 조건(e.g. 사용기간, 개인목적이나 가정 내에서만 사용, 배포금지 등)하에서 무상으로 사용할 수 있는 소프트웨어이다. 프리웨어는 통상 시장에 새롭게 진입하는 사업자에 의해 당해 SW의 인지도를 높이기 위하여 제작되므로 제공된 소프트웨어를 그대로 설치하여 사용하는 것까지만 허락하고 있다.[101)]

SW 불법복제 단속

SW산업은 지식정보산업의 기반으로 국민 경제에 차지하는 비중이 높아지고 SW개발에는 장기적인 연구 및 투자가 요구되는 반면, SW불법복제의 만연으로 인하여 이 분야의 연구개발 투자 및 창작의욕이 감소하고 산업발달이 저해되자 정부는 SW불법복제 상시단속반을 설치하고 문화체육관광부 공무원 등에 대해 사법경찰권을 부여하는 등 지식재산권 보호를 강화하고 있다. 현재 불법SW 단속반은 SW를 영리활동에 사용하고 있는 기업체 및 단체를 중심으로 정기적인 단속을 실시하고 있다.

불법 SW 단속반이 회사를 방문하게 되면 단속반원의 PC점검에 협조해주고, 현재 보유하고 있는 정품 CD·라이선스 또는 세금계산서, 영수증 등 증빙서류를 단속반원에게 제시하면 된다. 이를 위해 평소 정품 SW를 사용하고 구매한 SW를 이하에서 제시하는 방법으로 체계적으로 관리하고 점검할 필요가 있다. 또

101) 2020 소프트웨어관리 가이드, 한국저작권위원회, 18면.

한, 오래된 프로그램이나 한번 사용하고 더 이상 사용하지 않는 프로그램을 PC에서 삭제하는 것도 불법복제를 방지하는 방법이다.

05. SW 관리방법

소프트웨어 관리는 IT자산 중 가장 많은 비중을 차지하고 있는 소프트웨어에 대해 구매에서부터 사후관리까지 효과적인 관리를 통해 비용을 절감하고 저작권 침해를 예방하기 위한 조치를 말한다. 소프트웨어 관리절차는 크게 ① 소프트웨어 관리기반 구축, ② 소프트웨어 구입예산 확보 및 집행, ③ 정품소프트웨어 문화정착 및 자체검사 실시 등으로 구분된다.

소프트웨어 관리를 위해서는 소프트웨어 관리의 주 담당부서 및 관리책임자를 선임하고 SW라이선스 등을 파악하여 체계적으로 분류하여 관리대장에 기록하고 필요한 소프트웨어에 대한 예산을 편성한다. 소프트웨어 점검은 월1회 또는 분기1회 정기적으로 하되 한국저작권보호원에서 제공하는 점검용 SW 인스펙터를 활용하면 현재 컴퓨터에 설치되어 있는 프로그램을 한 눈에 쉽게 파악할 수 있다.[102)]

점검용 SW를 통해 컴퓨터에 설치되어 있는 소프트웨어의 정품 여부를 체크하고 불법복제 SW를 해당 컴퓨터에서 모두 삭제하여야 한다. 그리고 신규로 구입해야 하거나 추가구입이 필요한 SW목록을 작성한다. 정품 SW인지 여부를 체크하기 위해서는 보유 SW가 정품임을 증명할 수 있는 '증서' 등을 확보하는 것이 필요하다.

한국저작권위원회는 SW관리에 어려움을 느끼는 기관, 기업을 대상으로 효율적인 SW자산관리가 되도록 개선사항 및 관리방향 등을 무료로 컨설팅해 주는 SW관리체계컨설팅 제도를 운영하고 있다. 위원회에서는 SW공정이용 문화의 정착을 위한 일환으로 국내의 기업, 공공기관, 단체 등을 대상으로 SW관리체계 컨

102) 한국저작권보호원 SW 점검도구 <www.kcopa.or.kr/lay1/S1T241C243/contents.do>

설팅을 서비스하고 있다. 위원회 전문가가 신청한 기관을 직접 방문하여 사내의 SW사용 및 관리실태를 파악, 문제점을 진단·분석하여 체계적인 SW관리요령과 개선방안을 제시해 줌으로써 SW 불법복제 단속 등에 대비할 수 있다.[103)]

06. 라이선스

저작재산권자는 다른 사람에게 그 저작물의 이용을 허락할 수 있다 (저작권법 제46조 제1항). 이와 같이 저작재산권자가 이용자에게 저작물을 복제, 배포 등을 할 수 있는 권리를 부여하는 계약을 라이선스(license)라고 한다.[104)]

라이선스를 하는 경우 저작권 자체는 여전히 저작재산권자가 보유하고 이용자에게 저작물의 이용만을 허락한다는 점에서 양도와 구별된다. 이용자 입장에서 저작권의 라이선스는 책을 출판하고 음반과 영화를 감상하거나 훈글, V3 소프트웨어를 구매하는 것과 관련이 있다. 이용자는 컴퓨터프로그램 저작권을 획득하는 것이 아니라 라이선스 계약에 의해 그 소프트웨어를 사용할 수 있는 이용권을 부여받는 것이다.

라이선스에는 독점적 라이선스(exclusive license)와 비독점적 라이선스(non-exclusive license)로 나눌 수 있다.[105)] 일반적으로 다수의 이용자가 패키지 소프트웨어를 구입하여 동시에 사용하는 것은 비독점적·비배타적 라이선스에 기한 것이다. 이러한 비독점적 라이선스는 소프트웨어 사용이라는 채권적 효력만을 부여하므로 제3자가 저작권을 침해하는 경우에도 이를 금지할 권리는 가

---

103) 한국저작권위원회 SW관리체계 컨설팅
<https://www.copyright.or.kr/business/itsam/index.do>

104) 엄밀히 말해, 영미법상의 ‘라이선스’(license)는 접속계약, 컴퓨터프로그램의 임대, 복제본의 위탁판매 등을 포함하지만 담보권을 설정하거나 유보하는 계약을 포함하지 않는 경우도 있으므로, 우리나라의 ‘이용허락’과 정확히 일치하지는 않지만 본질적으로는 동일하다고 볼 수 있다.

105) 문화체육관광부는 창작자가 자신이 가진 권리를 명확히 인지하지 못해 불리한 계약을 체결하는 것을 방지하기 위하여 표준양도계약서와 이용허락계약서를 제정하여 제공하고 있다.
<http://www.mcst.go.kr/web/s_notice/press/pressView.jsp?pSeq=13855>

지지 못한다.

독점적 라이선스는 1인의 이용자(licensee)에게만 저작물을 독점적으로 사용할 수 있는 권리를 부여하는 계약으로서 법적으로는 비독점적 라이선스와 같이 채권적 효력을 발생시킨다.[106] 따라서 저작권자가 이중으로 배타적 라이선스를 타인에게 부여하였다면 독점적 이용허락권자는 저작권자에게 계약 위반을 이유로 손해배상을 청구할 수 있다. 그러나 이러한 독점적 이용허락권자는 저작권 침해자인 제3자에게 저작권자의 고유한 권한인 침해정지소송을 제기할 수 없다. 다만 저작권자가 제3자의 침해에 대하여 권리를 행사하지 않기 때문에 침해로 인한 손해가 발생되고 있는 경우 그는 저작권자를 대신하여 '채권자대위소송'을 제기할 수는 있을 것이다. 이와 관련하여, 앞서 언급한 프로그램저작재산권 중 프로그램배타적발행권의 경우에는 법률에 의해 준물권적인 효력을 부여하고 있으므로 배타적발행권자는 저작권 침해행위에 대해 손해배상뿐만 아니라 금지청구도 할 수 있다. 이 배타적발행권은 한미FTA 발효와 함께 2012년 3월 15일 시행된 저작권법에서 컴퓨터프로그램뿐만 아니라 모든 저작물의 발행 및 복제·전송에 설정할 수 있도록 하였다(법 제57조 내지 제63조의2).

소프트웨어 라이선스의 경우 배포형태에 따라 셰어웨어(shareware), 프리웨어(freeware), OEM(Original Equipment Manufacturer) 소프트웨어, 번들(bundle) 소프트웨어, 퍼블릭 도메인 소프트웨어 등으로 구분할 수 있다. 이 중 셰어웨어는 일반적으로 무료사용이 가능하지만 일부 기능이나 이용기간이 제한이 있는 데모버전 소프트웨어 등을 말하며, 번들 소프트웨어는 다른 기기와 묶어서 일체로 공급되는 소프트웨어를 말한다. 또한, OEM 소프트웨어는 특정 하드웨어 생산 시 소프트웨어를 포함해서 제공하는 것을 말한다.

저작권자는 이용허락을 할 때 일정한 이용 방법 및 조건의 범위를 정할 수 있는데, 이용자는 라이선스에 명시된 이용 방법 및 조건의 범위 안에서 그 저작물을 이용할 수 있다(저작권법 제46조 제2항). 예를 들면, 가정에서 사용하기 위해 구입한 소프

106) 우리나라 저작권법은 2012년 3월 15일부터 시행된 배타적발행권의 보편적 적용 이전에는 미국과 같은 준물권적 효력을 부여하는 배타적 라이선스를 인정하지 않았다.

트웨어를 가정용 PC가 아닌 업무용 PC나 서버에 설치하는 것은 라이선스에서 정한 조건과 이용범위를 벗어난 행위로서 저작권 침해에 해당한다. 일반적으로 이용허락서 또는 라이선스계약상에 정해 놓은 사용방법 및 조건의 범위를 넘어선 프로그램의 사용은 곧 저작권의 침해로 이어질 가능성이 높다. 반대로, 프로그램 사용자가 복제·배포·전송 등의 행위를 하였더라도 그 행위가 저작권자의 허락 받은 범위 안에서의 사용이라면 적법하다고 할 수 있다. 이와 같이 이용자의 행위가 저작권자로부터 프로그램의 사용을 허락받은 범위 안에 포함되는지 여부에 따라 저작권침해 여부가 결정된다.

한편, 라이선스에서 매체의 범위에 대한 명시적 약정이 없는 경우에 계약에 특정된 매체(LP음반, 카세트테이프) 외에 새로운 매체(콤팩트디스크)도 포함될 수 있는지에 관해 대법원은 새로운 매체가 기존매체와 사용소비방법이 유사하여 기존매체시장을 잠식·대체하는 면이 강한 경우에는 이용자에게 새로운 매체에 대한 이용권이 허락된 것으로 보았다.[107)]

TIP

포괄적 이용허락(blanket licenses)

포괄적 이용허락이란 음악저작권신탁단체와 방송사 간에 1년 단위로 체결되는 이용허락계약과 같이 일정기간 동안 권리자가 보유하고 있는 저작물을 포괄적으로 이용할 수 있는 이용허락의 종류이다. 이 경우 방송사는 매출액의 일부를 협회에 지급하고 그 반대급부로 협회가 관리하고 있는 모든 음악을 방송에 사용할 수 있으므로 거래의 안전과 편의성을 도모할 수 있다.

■ 쉬링크랩라이선스(일반사용자 이용허락)에 관한 내용은 제10장 Discussion 참조.

Discussion

주제 **회사의 종업원이 PC에 개인적으로 설치한 불법SW에 대해 회사가 책임을 져야할까?**

설명 저작권법은 법인의 대표자나 법인 그 밖의 종업원이 그 법인의 업무에 관하여 저

---

107) 대법원 1996. 7. 30. 선고95다29130 판결.

작권법에 정한 죄를 지은 때에는 행위자를 처벌하는 외에 그 법인에 대해서도 그 에 해당하는 벌금형을 과하도록 하고 있다(저작권법 제141조). 즉, 어떤 회사나 단체에 속한 종업원이 업무를 하면서 무단복제를 한 경우에 직접적으로 복제행위를 한 종업원은 물론이고 해당 침해자에 대한 주의 관리의무를 가지고 있는 법인도 저작권침해에 대한 책임을 져야 한다(양벌규정). 다만, 법인 또는 개인이 그 위반행위를 방지하기 위하여 해당 업무에 관하여 상당한 주의와 감독을 게을리하지 아니한 경우에는 그러하지 아니하다.

한편 개인적으로 사용하는 노트북을 회사에서 잠시 사용하다 단속의 대상이 된 경우에도 이를 회사용 컴퓨터로 취급하게 되므로 주의해야 한다.

Explanation

저작권법은 저작물의 표현을 보호하고 아이디어는 보호하지 않는다. 저작권법에서 아이디어는 구체적으로 무엇인지가 문제되는데, 저작권법은 '해법'을 보호 대상에서 제외하고 있다(법 제101조의2). 이때 '해법'은 프로그램에서 지시·명령의 조합방법으로서 일반적으로 '알고리즘(algorism)'이 이에 속하며 아이디어로 보고 있다. 이러한 알고리즘을 C++과 같은 프로그래밍 언어로 표현한 것이 컴퓨터프로그램이며, 타인의 프로그램의 알고리즘만 채용하여 새로운 프로그램을 제작하는 행위는 프로그램저작권의 침해를 구성하지 않는다. 프로그래머가 인간에게 의미가 있는 숫자와 문자로 구성된 프로그램 언어를 사용하여 짠 프로그램을 소스프로그램(source program)이라고 하며, 이렇게 설계된 원시프로그램을 컴퓨터가 인식할 수 있는 코드로 변형시킨 것을 목적코드(object codes)라고 한다.

위 사안에서 두개의 프로그램이 유사어색인 및 연속출력명령 기능에 있어서 유사하지만 소스프로그램(source program)에 있어서는 상이한 점에서 일부 아이디어가 동일할지 몰라도 표현이 동일하지 않으므로 프로그램저작권을 침해하였다고 볼 수 없다.

Chapter 7 저작권의 침해와 구제

'귀신이 산다' 영화포스터

장편소설 '기억'을 쓴 작가 A는 영화사 B에게 자신의 소설을 보여주면서 영화제작을 타진하였으나 제작비용 등의 문제로 제안이 거절되었다. 이후 영화사 B는 '귀신이 산다'라는 제목의 영화를 제작하였는데, 이 영화와 소설 '기억'은 귀신을 소재로 하고 주인공이 흉가 처분 문제로 악덕 부동산 개발업자와 대립한다는 점에서 서로 유사하였지만, 등장인물의 성격, 사건의 전개 등에서 차이가 존재하였다. 작가 A는 당해 영화가 자신의 소설을 무단으로 이용하여 만들어진 것이므로 영화의 제작, 배포, 상영, 광고금지를 주장하였다. 작가 A의 주장은 타당한가?

01. 저작권 침해의 판단

저작권 침해를 주장하기 위해서는, 첫째 원고가 유효한 저작권을 가지고 있을 것, 둘째 저작권침해를 의심받는 자의 저작물이 원 저작물에 '의거(依據)'하여 제작되었을 것, 셋째 침해를 의심받는 저작물과 원 저작물이 동일하거나(→복제) '실질적으로 유사할 것(substantial similarity)'(→2차적저작물)을 입증하여야 한다. 한편 저작권 침해 판단에 영리적 이용여부는 영향을 미치지 않는다. 저작권법은 비영리적 목적으로 저작물을 이용하였다고 하여 저작권 침해를 달리 보지 않는다.

의거성

위 두 번째 요건인 '의거'는 저작권 침해의 주관적 요건으로서 피고가 원고의 저작물을 모델로 하거나 참조하여 이를 복제하는 것을 말한다. 구체적으로는 원 저작물 또는 그 복제물에 접근하여 그 내용을 인식하고 일정 정도의 이용을 하여 저작물을 만들게 되면 의거관계가 있다고 볼 수 있다.[108]

의거를 입증하는 방법으로 피고가 원고 저작물을 현실적으로 복제하였다는 사실을 입증하는 직접적인 방법과 피고가 원고의 저작물에 '접근(access)'하였다는 사실을 통해 의거를 추정하는 간접적인 방법이 있다. 예를 들면, 역분석(revese engineering) 등의 방법을 통하여 프로그램 소스코드를 알아낼 수 있다면 의거가 있다고 볼 수 있다. 소송실무에서는 위의 직접적인 증거자료를 수집하기란 쉽지 않으므로 대개 간접적인 방법에 의해서 피고가 원고 저작물에 접근할 상당한 기회를 가졌는지를 입증함으로써 이루어지고 있다.[109] 또한, 두 저작물 사이에 동일한 오류가 발견되는 경우에도 의거성이 추정될 수 있다.

한편 의거와 유사성은 상호보완적이라고 볼 수 있다. 즉 접근에 대한 증거가 있다고 하더라도 두 저작물 사이에 유사성이 없다면 의거를 추정할 수 없으며, 반대로 접근에 대한 증거가 부족하더라도 두 저작물 사이에 유사성의 정도가 강할수록 의거를 추정할 가능성이 높아진다. 실제 두 저작물 사이에 '현저한 유사성(striking similarity)'이 있다면 의거가 사실상 추정된다.[110] 현저한 유사성이란 원저작물을 이용하지 않고서는 존재하기 어려운 고도의 유사성을 말한다. 예를 들면, 틀린 내용이나 오타가 양자에 공통적으로 있는 경우 또는 드라마의 대사에서 우연의 일치라고 하기에는 너무나 일치하는 미적 특수표현이 공통적으로 분포되어 있는 경우 등이 해당한다.

108) 이 경우 무의식 속에 잠재해 있던 과거의 작품에 대한 기억이 현재의 작품 활동에 반영된 경우라도 저작권 침해를 인정할 수 있다고 본다. ABKCO Music, Inc. v. Harrisongs Music, Ltd., 722 F.2d 988 (2d Cir. 1983).

109) 오승종, 저작권법(제5판), 2020, 1256면.

110) Arnstein v. Porter, 154 F.2d 464 (2th Cir. 1946).

여우와 솜사탕 사건(서울남부지법 2002가합4017 판결)

유명 방송작가인 원고 A가 MBC 방송국을 상대로 "여우와 솜사탕"이라는 드라마가 자신이 10년전 집필하여 방영된 "사랑이 뭐길래"라는 드라마를 표절하였음을 주장하며 손해배상을 청구한 사건으로, 법원은 "피고들은 원고가 쓴 "사랑이 뭐길래" 대본의 존재 및 그 내용을 충분히 알고 있었다고 보여지므로 그 접근성이 인정되고, 다음으로 이 법원의 검증 및 감정결과를 종합하면, "사랑이 뭐길래" 대본과 "여우와 솜사탕"대본 및 드라마 사이에는 유사한 상황에서 우연의 일치라고 하기에는 너무나 일치하는 미적 특수표현으로서의 대사들이 공통적으로 분포되어 있어 그 현저한 유사성이 인정되므로 그 의거관계는 추인된다"고 판시하였다.

하얀나라 까만나라 사건(서울고법 95나18736 판결)

30대의 젊은 주인공이 검사 및 변호사라는 전문직업인으로서 살아가는 일상을 다른 "하얀나라 까만나라" 소설에 관한 저작권 침해 사건으로, 법원은 "이 사건 소설을 집필한 원고는 검사 및 변호사로 일하면서 얻은 경험을 소재로에서 소설 속 주인공인 강동현이 검사로서 피의자 등과 업무상 만나면서 그 사건 처리과정에서 일어나는 조직 내부의 업무처리에 관한 사실적 표현 또한 후에 변호사로서 개업하여 피의자나 소송의뢰인들과 접하면서 사건을 수임하고 해결해 나가는 과정에 관한 사실적 표현이 그 주요 줄거리를 이루고 있다.

그리고 드라마 "연인"의 방송대본을 집필한 피고는 그 연속극 대본 중 검사 및 변호사로 나오는 이건우와 한상훈이 각 수사하거나 수임하여 처리하는 사건에 관한 구체적, 사실적 표현 및 위 주인공들과 주변인물들이 주고 받는 대화가 나오는데 그 중에는 원고의 이 사건 소설에 나오는 강동현 변호사가 맡게 되는 첫 사건과 위 피고의 대본상의 주인공인 이건우 변호사가 맡게 되는 첫 사건, 원고의 이 사건 소설에 나오는 강동현 검사와 위 피고의 대본상의 주인공인 한상훈 검사가 기소유예처분을 하는 사건 내용이 각 주거침입절도죄로 동일하고 그 처분을 하게 되는 경위도 동일하며, 이 사건 소설에서 나오는 "77고합1024호 강도치사"의 사건번호를 피고의 대본에서 그대로 이용하는 등 원고의 소설에 나오는 사건과 동일한 사건 및 표현을 그대로 또는 다소의 변경을 가하여 집필에 사용한 부분이 ... 공정힌 인용 내지 양적 소량의 범위를 넘어서서 원고의 소설과 동일성이 인정되고, 부분적 문자적 유사성이 인정되는 이상 피고가 원고 소설의 존재를 알고 이에 의거하여 이루어진 것"이라고 판시하였다.

실질적 유사성

'실질적 유사성(substantial similarity)'은 저작권 침해여부를 객관적으로 판단하는 매우 중요한 요소로서 이를 판단하기 위한 다양한 접근방법(외관이론, 유형이론, 추상화테스트, 2단계 및 3단계 테스트 등)이 제시되고 있으나, 이를 크게 '분해식 판단방법(dissection approach)'과 '전체적 판단방법(as a whole approach)'으로 나눌 수 있다. 전체적 판단방법은 전체적인 판단방법이 외관(total concept and feel test)에 의존하여 'look and feel'의 감각적인 것에 의존하는 반면, 분해식 판단방법은 저작물을 단계별로 하나씩 분해하여 분석한다. 소설과 같은 어문저작물 등의 유사성을 판단하는 방법의 예를 들면, 두 저작물에 등장하는 일부 문장이나 표현을 일대일로 대응시켜 그 유사성(부분적·문자적 유사성)을 판단하거나 저작물의 전체적인 구조나 본질의 유사성(포괄적·비문자적 유사성)을 검토하여 저작권 침해여부를 판단하게 된다.

3단계 테스트

프로그램저작권 침해판단에 가장 많이 적용되는 '3단계 테스트'는 Computer Associates International, Inc. v. Altai, Inc.사건(775 F.Supp. 544 (E.D.N.Y. 1991))에서 처음 도입되었다. 미국 연방대법원은 유사성 판단을 위해 추상화-여과-비교(Abstraction-Filtration-Comparison)의 3단계로 나누어 분석하였다.

추상화 단계에서 원고의 저작물을 개념적으로 분리 가능한 모듈로 나누게 된다. 그리고 여과단계에서 다음 각 모듈에서 저작권법에서 보호를 받지 못하는 아이디어(Idea)와 공중의 영역(public domain)에 해당되는 표현 등을 가려낸다. 이런 과정을 거치게 되면 저작권법상 보호받는 창작적인 표현만 남게 되고 이를 바탕으로 유사성을 판단하게 된다. 이와 관련하여 대법원은 종래의 문화적 유산인 복식에 기초를 두고 이에 변형을 가한 한복디자인에 대하여 그 디자인 중 저작권으로 보호되는 것은 저작자의 독창성이 나타난 개인적인 부분만에 한하고 예로부터 전해 내려오는 제작기법이나 표현형식은 누구나 자유롭게 이용할 수 있는 것이어서 저작권 보호의 대상이 되지 않는다고 판시하였다(대법원 1991. 8. 13. 선고 91다1642 판결).

또한, 여과단계에서 합체(merger)이론과 표준적 삽화(scenes à faire 센느 아 페흐)이론도 적용할 수 있다. '합체이론'이란 아이디어를 표현할 방법이 근본적으로 오직 한가지 밖에 없거나 제한적인 경우, 아이디어와 표현은 분리할 수 없으므로 이러한 표현은 보호받을 수 없다는 이론이다.[111] 이와 관련하여, 대법원은 설계도면 같은 기능적 저작물은 사상을 표현하는 방법이 유일한 것이 아니라 한가지 이상이 존재한다 하더라도 사상을 표현함에 있어서 그 표현방법 외에는 다른 표현방법이 없거나 달리 효율적으로 표현할 수 있는 방법이 없는 경우 뿐 아니라 동일한 기능을 하는 기계장치나 시스템의 연결관계를 표현하는 기능적 저작물에 있어서 그 장치 등을 구성하는 장비 등이 달라져 그 표현이 달라지는 경우에도 사상과 표현이 일체되어 그 표현 속에 사상이 융합되어 있다고 할 것이어서 이러한 표현에까지 저작권 보호가 부여되어서는 안된다고 판시한 바 있다[112]이 단계에서 프로그램의 목적을 위해 필수적인 구조(structure)는 아이디어 영역으로 합체하여 보호에서 제외하게 된다. 다만, 프로그램의 목적상 반드시 필요한 구조가 아니고 대안적 구조가 가능한 것에 대해서는 표현으로 보아 보호하게 된다. 그리고 '표준적 삽화'는 실제 필수불가결한 부수적 사건, 인물, 환경 또는 적어도 주제를 다룸에 있어 기준이 되는 것들을 말하는데, 현실적으로 그러한 요소나 기본적 도구의 이용 없이는 특정 소설이나 역사적 시점에 관해서 글을 쓸 수 없기 때문에 표준적 삽화는 저작권 보호를 받을 수 없다. 예컨대, 스필버그 감독

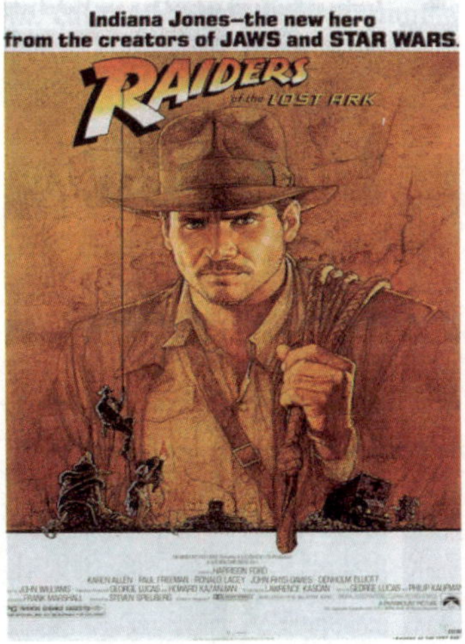

111) 합체이론(merger theory)의 예로서 미국 사회보장번호로 경품게임을 만든 Morrissey가 해당 게임의 규칙집을 제작하였는데, 이와 유사한 경품게임과 규칙집을 P&G가 만든 사건에서 법원은 아이디어를 표현하는 방법이 한가지 밖에 없는 경우 그러한 게임방식은 저작권법의 보호 대상이 되지 못한다고 판시하였다. 이와 같이 합체이론은 주로 기능적 저작물에서 자주 나타난다. Morrissey v. Procter & Gamble Co., 379 F.2d 675 (1st Cir. 1967).

112) 대법원 2005. 1. 27. 선고 2002도965 판결.

의 인디아나 존스 시리즈 중 최대 흥행작인 '레이더스(잃어버린 성궤의 추적자들: Raiders of the Lost Ark)'의 영화 각본 'Balck Rainbow' 시나리오에 대한 저작권침해소송에서 법원은 수천 마리의 뱀이 우글거리는 동굴 안에 보물이 숨겨져 있고, 횃불을 이용해서 뱀들의 접근을 막는 장면, 갑자기 날아오르는 새떼가 정글 침입자를 깜짝 놀라게 하는 장면, 녹초가 된 여행자가 선술집에서 안식을 찾는 장면 등은 이러한 종류의 작품에서 필연적으로 수반되는 장면이므로 저작권의 보호를 받을 수 없다고 판시하였다.113)

마지막 비교단계에서 추상화단계와 여과단계를 거쳐 남게 된 보호받는 표현부분을 다른 저작물과 비교함으로써, 그 유사성 여부를 판단하게 된다.

아이디어와 표현 구분(서울남부지법 2010카합36 결정)

<사건 개요>

신청인은 선덕여왕을 주제로 한 뮤지컬 대본(The Rose of Sharon)을 창작하였다. 피신청인은 드라마 선덕여왕을 기획하여 공중파 채널(MBC)을 통해 2009.5.25.부터 2009.12.22.까지 주 2회(월,화)씩 방영하였다.

<법원 판결>

소설 등에 있어서 추상적인 인물의 유형 혹은 어떤 주제를 다루는데 있어 전형적으로 수반되는 사건이나 배경 등은 아이디어의 영역에 속하는 것들로서 저작권법에 의한 보호를 받을 수 없다.

이 사건 드라마의 주요 인물(선덕여왕, 김유신, 비담 등)이나 이야기의 주요 구조(선덕여왕의 즉위, 삼국통일의 꿈, 비담의 난 등) 등은 대부분 역사적 사실에 근거한 것으로서 그것이 신청인 대본을 모방한 것이라고 보이지 않을뿐더러, 이 사건 드라마에서의 선덕여왕이나 미실 등 주요인물들의 캐릭터, 선덕여왕의 사막에서의 성장 및 즉위과정에서의 고난, 남장을 하고 무예를 수련하였던 것, 김유신이 선덕여왕을 사모하였다가 충성을 맹세하게 된 것, 선덕여왕이 개인적인 사랑을 포기하게 되는 것 등은 모두 추상적인 인물의 유형이나 전형적인 사건에 해당한다.

이 사건 드라마의 대본 중에서 신청인 대본을 그대로 차용한 부분이라고 신청인이 지적한 각 문장들에 대하여 보더라도, 이는 모두 이야기 전개상 필요한 전형적인 표현

113) Zambito v. Paramount Pictures Corp., 613 F. Supp. 1107, 1112 (E.D.N.Y. 1985).

들에 불과하거나 실제로 양 대본의 각 표현 사이에는 상당한 차이가 있어, 신청인 대본과 이 사건 드라마의 대본이 부분적, 문자적인 측면에서 실질적으로 유사하다고 보이지도 아니한다.

프로그램의 '실질적 유사성' 판단(서울고법 2006나113835,113842 판결)

<사건 개요>

원고1은 은행업무 전산프로그램인 Bancs의 컴퓨터프로그램저작자이며, 원고2는 원고1로부터 그 프로그램의 한국내 배타적 사용권을 부여받아 이용하고 있었다. 원고들은 피고가 2003년경 원고2의 전산시스템 개선작업에 참여하면서 원고들의 이용허락없이 Bancs를 개작한 'ProBank'와 'Pro Frame'을 제작한 후 이를 배포함으로써 원고1의 저작권 및 원고2의 복제권 등을 침해하였다고 하면서 그 침해의 정지와 손해배상의 청구를 하였다. 이에 대하여 피고는 자신의 독자적인 기술로 'ProBank'와 'Pro Frame'을 제작하였고, 그렇지 않다고 해도 원고가 Bancs를 구입 한 후 한국 실정에 맞도록 이를 완전히 변형시켜 사용하고 있었으므로 원고의 전산프로그램이 Bancs라고 할 수도 없어 원고들의 저작권 침해는 아니라고 주장한다.

<법원 판결>

법원은 컴퓨터프로그램저작권 등의 침해 여부가 문제될 경우 컴퓨터프로그램에 사용된 프로그래밍언어가 같거나 유사하여 소스코드 등의 언어적 표현을 직접 비교하는 것이 가능한 경우에는 표현을 한줄한줄씩 비교하여 복제 등에 따른 침해 여부를 가릴 수 있을 것이나, 프로그래밍 언어가 서로 달라 그 언어적 표현을 직접 비교하기 어려운 때에는 침해자가 저작자의 프로그램에 접근했거나 접근한 가능성이 있었는지의 여부와 침해자가 원프로그램의 일련의 지시·명령의 상당부분을 이용하여 프로그램을 제작한 것인지 여부(의거성)를 살펴보아야 한다고 보았다. 접근가능성의 판단은 침해자의 원 프로그램의 소지 여부, 코드의 공개 여부 및 비공개된 코드에의 접근 가능성, 원 프로그램에 포함된 개별 파일의 수집 가능성 등 여러 사정을 종합해야 한다고 하였다.

다음으로, 재판부는 양 프로그램간의 '실질적 유사성'을 판단하였다. 이를 위해서는 사상과 표현도구에 해당하는 부분을 제외한 나머지 표현형식을 추출하여 비교대상으로 삼아야 한다. 구체적으로 프로그램의 기능을 추상화하고 사상의 영역과 표현의 수단적 요소들을 여과한 후 남는 표현(소스코드 혹은 목적코드)을 비교하여 실질적 유사성을 판단하게 된다.

한편 법원은 컴퓨터프로그램은 표현이 제약되는 기능적 저작물이므로 명령과 입력에 따라 개별파일을 호출하는 방식의 유사도, 모듈 사이의 기능적 분배의 유사도, 분석 결과를 수행하기 위한 논리적 구조 계통, 그와 같은 구조와 개별 파일들의 상관관계에 따른 전체적인 저작물 제작에 어느 정도의 노력과 시간, 그리고 비용이 투입되는지 여부도 함께 고려해야 한다고 판단하였다.

법원은 우선 양 프로그램간의 추상적인 기능과 사용목적 측면의 유사성을 인정하였다.[114] 또한, 프로그래밍 언어의 전환을 위해 사용된 수단들은 모두 컴퓨터프로그램의 표현도구이거나 성능 향상을 위한 기능적 측면들이므로 고려대상이 아니라고 하였다. 다음으로 양 프로그램간의 구조적, 언어적 표현을 비교해 보면, 피고의 프로그램의 소스코드 중 일부는 피고가 COBOL 언어로 작성된 다른 프로그램을 번역하던 중 생긴 흔적과 양 프로그램의 소스코드 중 50% 이상에서 유사성을 지니는 파일의 비율이 41.74%로 상당하여 그 구성 파일들 사이에 실질적 유사성이 있다고 보인다. 다만, 피고는 원저작물 Bancs의 일련의 지시·명령의 상당부분을 이용하여 창작된 온라인시스템의 소스코드를 복제한 것으로 보이므로 이는 원저작물의 저작자가 가지는 개작권을 침해한 것이라 판단하였다.[115]

<평가 및 제언>

이 판결은 프로그램저작권 침해판단 기준 중 '실질적 유사성'을 판단함에 있어서 국내외에 널리 알려진 이론인 '추상화·여과·비교'의 3단계 접근법을 적용하였다는데 의미가 있다. 특히 추상화와 관련하여 프로그램 감정을 통하여 분석된 구체적 내용을 상세히 적시하고 있어 가치가 있다고 평가된다. 이러한 접근법은 주로 컴퓨터프로그램의 비문언적 표현의 보호범위를 정하는데 활용되고 있으나 일반저작물의 침해 판단에도 적용할 수 있다고 본다. 한편 이 판결은 개정 저작권법 시행 이전에 내려진 것으로서 컴퓨터프로그램보호법이 폐지됨에 따라 동법 제7조상의 개작권은 현행 저작권법 제22조상의 2차적저작물작성권으로 대체되었다. 피고는 2009년 상고하였지만 대법원은 피고의 주장을 받아들이지 않았다(대법원 2011. 6. 9. 선고 2009다52304,52311 판결).

감정제도

저작물 감정제도는 저작권 분쟁이 발생하여 그 침해여부에 대한 전문가적 판단이 필요한 경우 법원 또는 수사기관 등의 의뢰를 통하여 저작물의 유사 여부 등을 판단하

114) 양 저작물은 종전 신종합온라인시스템 중 여신과 수신업무를 중심으로 한 소매금융시스템에 적용되는 프로그램이다.

115) 법원은 피고가 원고들이 Bancs에 대해 가지는 복제권을 침해했다는 주장은 이유없다고 판단하였다.

여 그 결과를 밝히는 제도를 말한다. 저작권 침해판단에 있어서 복제도 감정 등은 매우 중요한 역할을 하게 된다. 예를 들면, SW감정은 SW관련 분쟁이 발생하여 이를 담당하는 법원, 수사기관 등이 의뢰하는 경우, 관련 전문가의 경험과 지식을 활용하여 분쟁대상 SW에 대한 동일·유사성, 완성도, 개발하자 등을 판단하여 그 결과를 제시하는 증거조사방법으로 저작권법 및 소송법상 인정되는 제도이다.[116)]

저작권법 제119조제1항에서 한국저작권위원회는 법원 또는 수사기관 등으로부터 재판 또는 수사를 위하여 저작권의 침해 등에 관한 감정을 요청받은 경우, 또는 위원회의 분쟁조정 중에 있는 양 당사자의 동의하에 프로그램 및 프로그램과 관련된 전자적 정보 등에 관한 감정을 요청받은 경우에 감정을 실시할 수 있다고 규정하고 있다.

◦ 극소성 항변의 원칙

저작권 침해 판단에 있어서 실질적 유사성은 양적 기준보다 질적 기준이 중요하므로 유사성이 적은 경우라도 저작권 침해가 인정될 수 있다. 그러나 침해저작물에 이용된 피침해물의 양과 내용의 중요도가 침해 전체에서 차지하는 비중에서 너무나 사소하여 침해의 창작성을 부인할 정도에 이르는 경우에는 실질적 유사성을 인정할 수 없다. 이를 극소성의 항변(de Minimis Defense)이라고 한다. 미국 Newton v. Diamind 사건에서 피고 랍 음악그룹이 원고의 음악 일부를 배경음으로 사용한 것에 대하여 제9 연방항소법원은 6초 길이의 피침해 분량은 원고의 곡 전체에서 고작 약 2%에 그치고 있으며 또한, 해당 부분은 중요하지 않은 사소한 것이어서 그러한 사용만으로 침해를 구성한다고 보기 어렵다고 판시하였다.[117)]

02. 침해로 간주되는 행위

저작권법은 저작권을 직접적으로 침해하는 것은 아니지만 저작권자의 이익을 부당하게 저해할 우려가 있는 특정 행위를 저작권 침해로 간주하고 있다(법 제124조).

---

116) 한국저작권위원회, 저작권 관련 감정사건 판례집(1), 2010. 12, 4면.
117) Newton v. Diamind, 349 F.3d 591 (9th Cir. 2003).

수입행위

외국에서 행하여진 저작권 침해행위에 대해서 우리나라 저작권법의 효력은 미치지 아니한다. 그러나 외국에서 작성된 불법복제물이 국내로 수입되어 저작권 침해행위가 마치 국내에서 일어난 것과 동일한 효력이 발생한다면 저작권자의 경제적 이익을 부당하게 해하게 되므로 이러한 수입행위를 저작권 침해행위로 간주하고, 또 침해물건을 수입한 자를 처벌하고 있다. 그리고 침해로 간주되는 수입행위의 대상은 '배포를 목적으로' 수입된 물건에 한정되므로 개인적 선물이나 연구를 목적으로 해외에서 구입한 물건에는 동 조항이 적용되지 아니한다(법 제124조 제1항 제1호). 주의할 것은 이 조항은 반드시 외국에서 불법으로 제작된 복제물만을 대상으로 하고 있지 않다. 저작권법 제124조 제1항 제1호에서 "수입 시에 대한민국 내에서 만들어졌더라면 저작권 그 밖에 이 법에 따라 보호되는 권리의 침해로 될 물건"으로 규정하고 있으므로, 외국에서 강제허락을 받아서 제작된 물건인 경우에도 그 강제허락의 효과가 해당 국가의 국내에만 미치고 우리나라에는 미치지 않으므로 이러한 물품을 국내로 수입하게 되면 침해가 될 수 있다.

◦ **저작권 보호를 위한 '국경조치'**

TRIPs 협정(제15조) 및 베른협약(제13조 3항 및 제16조) 등에서는 저작권 보호를 위한 국경조치를 규정하고 있다. 우리나라는 관세법 제235조 및 지식재산권 보호를 위한 수출입 통관사무처리에 관한 고시, 불공정무역행위 조사 및 산업피해구제에 관한 법률에서 저작권 보호를 위한 국경조치를 규정하고 있다. 이러한 국경조치는 특허권, 상표권 및 저작권 등과 같은 지식재산권 전반에 인정되고 있는데, 예컨대 한국저작권위원회에 저작권을 등록하면 침해물품 통관보류 신고자격을 취득하여 저작권을 세관에 사전 신고하면 해당 저작권을 침해할 우려가 있는 물품이 수·출입 되는 경우에 저작권자가 그 사실을 통보받을 수 있다. 이를 위해 '지식재산권 세관 신고제도'를 두고 있다.

현행 불공정무역행위 조사 및 산업피해구제에 관한 법률 제4조 제1항에서는 불공정무역행위로서 ① 해외에서 지식재산권침해물품등을 국내에 공급하는 행위 또는 지식재산권침해물품등을 수입하거나 수입된 지식재산권침해물품등을 국내에서 판매하는 행위, ② 지식재산권침해물품등을 수출하거나 수출을 목적으로 국내에서 제조하는 행위를 규정하고 있다. 또한, 2008년에는 동 법률 제14조의2에 지식재산권침해물품의 기판정확인제도를 신설하였는데[118], 이 제도는 기판정물품과 같은 물품인지 확인을 통하여 불공정무역행위의 본 조사절차를 생략할 수 있다는 점에서 권리구제의 신속·간편화를 도모하는 제도이다. 이 제도를 이용하기 위해서는 특정한 물품의 수출입행위가 불공정무역행위라는 기판정이 존재해야 한다.

한편 2008년 동 법률을 개정하여 잠정조치제도를 도입하였다. 즉, 동법 제7조 제1항에서 "무역위원회에 조사를 신청하였거나 무역위원회가 직권으로 조사 중인 불공정무역행위로 회복할 수 없는 피해를 입고 있거나 입을 우려가 있는 자는 무역위원회에 불공정무역행위의 중지나 그 밖에 피해를 예방할 수 있는 조치를 하여 줄 것을 신청할 수 있다."고 규정하고 있다. 무역위원회는 잠정조치의 신청을 받으면 신속하게 조사를 끝내고 잠정조치의 시행 여부를 결정하여야 하며, 잠정조치의 시행을 결정한 경우에는 지체 없이 해당 행위자에게 불공정무역행위의 중지를 명하거나 그 밖에 필요한 조치를 하여야 한다(동조 제2항). 잠정조치를 신청하는 자는 잠정조치의 시행 여부를 결정하기 전까지 무역위원회에 담보를 제공하여야 하며(동법 제8조 제1항), 무역위원회는 잠정조치를 시행하지 아니하기로 결정하거나 제9조제1항에 따라 불공정무역행위에 대한 조사·판정 절차를 끝낸 경우에는 담보를 되돌려 주어야 한다.

침해프로그램의 업무상 이용 행위

프로그램의 저작권을 침해하여 만들어진 프로그램의 복제물을 그 사실을 알

118) 불공정무역행위 조사 및 산업피해구제에 관한 법률 제14조의2(지식재산권침해물품등의 확인) ① 무역위원회가 지식재산권침해물품등에 관한 불공정무역행위로 판정한 후 그 지식재산권침해물품등과 같은 종류의 물품등에 대하여 제4조제1항제1호의 불공정무역행위를 하려는 경우나 그러한 행위가 있다고 인정하는 경우에는 누구든지 대통령령으로 정하는 바에 따라 무역위원회에 해당 물품등이 지식재산권침해물품등에 해당하는지에 대한 확인을 신청할 수 있다.

면서 취득한 사람이 이를 업무상 이용하는 행위는 저작권 침해로 본다(법 제124조 제1항 제3호). 원칙적으로 프로그램을 복제하지 않고 단순히 이용하는 행위는 저작권 침해를 구성하지 않지만 침해물임을 알면서 이용 행위를 방조하게 되면 불법복제가 양산될 우려가 있으므로 이를 침해간주 행위로 규정하게 되었다.

명예훼손적 이용 행위

저작권법은 저작자의 명예를 훼손하는 방법으로 그 저작물을 이용하는 행위를 저작인격권의 침해로 보고 있다(법 제124조 제4항). 예를 들면, 예술적 가치가 높은 누드화를 복제하여 스트립쇼 극장의 입간판에 사용하거나 엄숙한 종교음악을 희곡용 음악으로 사용하는 등[119] 일반인의 합리적인 기준으로 볼 때 저작자의 명예를 훼손하는 정도에 해당하게 되면 저작인격권을 침해한 것으로 간주하게 된다.

03. 권리관리정보 제거 및 영화도촬 금지 등

권리관리정보의 제거 등 행위

디지털 복제기술의 발달로 저작물은 용이하게 복제되고, 또 인터넷 망을 통해 급속도로 유포됨에 따라 저작권자는 이에 대한 다양한 대응조치를 마련하게 되었다. 저작권자는 무단복제를 사전에 방지하기 위하여 복제방지 및 접근통제를 위한 '기술적 보호조치'를 고안하였다. 이와 동시에 저작자 및 저작물의 이용방법 등을 식별하고, 이미 행하여진 불법복제를 추적하기 위해 '권리관리정보'체계를 개발하여 이를 저작물에 부착하기에 이르렀다. 이러한 권리관리정보의 대표적인 것이 디지털 콘텐츠에 소유자 등 정보를 삽입하는 워터마킹 기술이다.[120] 이러한 권리관리정보를 저작물에 부착해 두면 인터넷을 통해 불법 유포된 저작물을 검색프로그램 등을 이용하여 쉽게 찾아낼 수 있게 된다.

---

119) 허희성, 신저작권법축조해설, 범우사, 1988, 407면.

120) 이미지, 오디오, 비디오와 같은 디지털콘텐츠에 인간의 지각으로는 식별할 수 없도록 저작자의 정보를 삽입하고 검출기를 통해서만 그 정보를 식별할 수 있도록 하는 기술이다.

저작권법은 이러한 권리관리정보를 고의로 제거·변경 또는 허위로 부가하는 행위, 그리고 전자적 형태의 권리관리정보가 제거·변경되거나 또는 허위로 부가된 사실을 알고 당해 저작물 등의 원본이나 그 복제물을 배포·공연 또는 공중송신하거나 배포의 목적으로 수입하는 행위를 저작권 침해행위로 간주하고 있다(저작권법 제104조의3).

권리관리정보에는 ① 저작물등을 식별하기 위한 정보, ② 저작자·저작재산권자·출판권자·프로그램배타적발행권자·저작인접권자 또는 데이터베이스제작자를 식별하기 위한 정보, ③ 저작물등의 이용 방법 및 조건에 관한 정보 등을 포함한다(법 제2조 제29호).

영화 도촬 금지

전시회에서 개인 소장용으로 사진을 찍는 행위는 저작권법상 침해는 아니다. 그러나 영화상영관에서 영화를 녹화기기를 이용하여 녹화하는 행위는 저작권법상 문제가 될 수 있다. 우리나라는 한미 FTA에서 영화 도촬을 금지하기로 합의하였는데, 이는 영화제작에 막대한 비용이 투입되는 반면 극장 상영 중에 도촬한 동영상을 인터넷으로 유포할 경우 영화산업에 지대한 영향을 미칠 수 있기 때문이다. 저작권법 제104조의6에서는 "누구든지 저작권으로 보호되는 영상저작물을 상영 중인 영화상영관등에서 저작재산권자의 허락 없이 녹화기기를 이용하여 녹화하거나 공중송신하여서는 아니 된다."고 규정하고 있다.

라벨위조 금지

저작권법은 저작물의 라벨을 불법복제물이나 그 문서 또는 포장에 부착·동봉 또는 첨부하기 위하여 위조하거나 그러한 사실을 알면서 배포 또는 배포할 목적으로 소지하는 행위를 금지하고 있다(법 제104조의5 제1호). 또한, 저작물의 라벨 제작을 허락받은 자라도 그 허락 범위를 넘어 배포하거나 배포할 목적으로 소지하여서는 아니된다(법 제104조의5 제2호). 또한, 저작물등의 적법한 복제물과 함께 배포되는 문서 또는 포장을 불법복제물에 사용하기 위하여 위조하거나 그 사실을 알면서 위조된 문서 또는 포장을 배포하거나 배포할 목적으로 소지하여서는 아니된다(

법 제104조의5 제3호)

방송전 신호의 송신 금지

누구든지 정당한 권한 없이 방송사업자에게로 송신되는 신호(공중이 직접 수신하도록 할 목적의 경우에는 제외한다)를 제3자에게 송신하여서는 아니된다(법 제104조의7).

암호화된 방송 신호의 무력화 등의 금지

암호화된 방송 신호를 방송사업자의 허락 없이 복호화(復號化)하는 데에 주로 사용될 것을 알거나 과실로 알지 못하고, 그러한 목적을 가진 장치·제품·주요부품 또는 프로그램 등 유·무형의 조치를 제조·조립·변경·수입·수출·판매·임대하거나 그 밖의 방법으로 전달하는 행위를 하여서는 아니된다. 다만, 제104조의2 제1항 제1호·제2호 또는 제4호에 해당하는 경우에는 그러하지 아니하다(저작권법 제104조의4).

또한, 암호화된 방송 신호가 정당한 권한에 의하여 복호화된 경우 그 사실을 알고 그 신호를 방송사업자의 허락 없이 영리를 목적으로 다른 사람에게 공중송신하는 행위도 금지된다. 나아가 암호화된 방송 신호가 방송사업자의 허락없이 복호화된 것임을 알면서 그러한 신호를 수신하여 청취 또는 시청하거나 다른 사람에게 공중송신하는 행위도 금지되는 행위이다.

04. 기술적 보호조치

법적 보호의 필요성과 의의

1) 보호의 필요성

디지털 기술의 발전과 인터넷의 보급은 복제물을 원본과 차이 없이 쉽고 빠르게 재생할 수 있게 되었고, 복제된 저작물이 네트워크를 통해 한번 전송되고 나면 이어진 동시 다발적인 복제로 인해 저작권자의 피해는 막을 수 없는 수준에 다다르게 된다. 이에 저작권자는 스스로 침해를 방지하고 저작물을 보호하기 위하여 다양한 기술적 조치를 강구하게 되었다. 그러나 이러한 기술적 보호조치(technological protection measures)도 오래되지 않아 다른 전문가들에 의해 무력화되어졌다.121)

또한, 기술적 보호조치가 복잡하고 정교하게 만들어 질수록 저작물의 이용자들은 불편과 번거로움을 감수해야만 했다. 저작권자들은 이러한 불편함을 최소화하기 위해 기술적 조치를 단순화시켜 빠르게 작동될 수 있도록 설계할 필요가 있었다.122) 이러한 문제들에 직면한 권리자들은 정부에 기술적 보호조치를 무력화하는 행위를 법으로 금지해 줄 것을 요구하였다. 1996년 12월 제네바회의에서 각국 대표들은 기술적 보호조치에 대한 법적 보호의 필요성에 합의하였고, WIPO 저작권조약(WIPO Copyright Treaty)과 WIPO 실연·음반조약(WIPO Performance and Phonograms Treaty)에서는 기술적 보호조치의 무력화에 대한 효과적인 보호를 의무화하였다.

2) 법적 의의

저작권법에서는 "기술적 보호조치"를 ① 저작권, 그 밖에 이 법에 따라 보호되는 권리의 행사와 관련하여 이 법에 따라 보호되는 저작물 등에 대한 접근을 효과적으로 방지하거나 억제하기 위하여 그 권리자나 권리자의 동의를 받은 자가 적용하는 기술적 조치와 ② 저작권, 그 밖에 이 법에 따라 보호되는 권리에 대한 침해 행위를 효과적으로 방지하거나 억제하기 위하여 그 권리자나 권리자의 동의를 받은 자가 적용하는 기술적 조치로 정의하고 있다(저작권법 제2조 제28호). 이와 같이, 저작권법상 기술적 보호조치는 크게 전자와 같은 저작물에 대한 '접근통제(access control)'와 후자와 같은 '복제(이용)통제(copy control)'로 구분할 수 있다.

접근통제형 기술적보호조치는 저작물에 대한 접근 자체를 통제하는 기술로서 저작권 침해와는 관계없이 저작물에 대한 접근을 통제하기 위한 기술을 말한다. 저작물에 접근을 할 수 없다면 저작물을 이용할 수도 없는 것이므로 접근을 통제

121) 손승우, "디지털 저작권보호의 확대경향과 공정한 경쟁", 「상사판례연구」 제19집 제1권 (2006), 34면.
122) 임원선, 실무자를 위한 저작권법, 「한국저작권위원회」, 2007, 292면.

한다는 것은 정보를 전반적으로 이용하는 것을 통제하는 것이 된다. 대표적인 방법으로서 온라인을 통해 저작물에 접근하는 과정에서 비밀번호 등에 의해 인증절차를 거치도록 하는 기술적 통제장치가 있다.[123)]

한편 복제통제형 기술적 보호조치는 일단 저작물에 대한 접근은 통제하지 않지만 해당 저작물에 대한 복제 등 이용을 통제하는 기술이다. 여기서 '이용'이란 저작권자의 허락을 필요로 하는 저작물의 이용행위, 즉 저작권을 구성하는 복제, 공연, 방송, 배포, 전송하는 행위 등을 말한다. 이 유형은 다시 세 가지 경우로 나눌 수 있다.

첫째, 주로 소프트웨어에 많이 사용되는 '시간제한 방식'은 시간, 장소 이용자 등에 대한 일정한 조건을 만족하는 경우에만 작동하도록 하는 장치이다. 일반적으로 소프트웨어를 정해진 사용기한 후에는 이용할 수 없게 하는 장치로 셰어웨어(Shareware)나 베타버전(30일 trial version 등) 등이 있으며 대표적인 기술로서 '타임락(Time lock)' 등을 예로 들 수 있다.

둘째, '특정기기 종속 방식'으로 특정한 시스템 또는 매체에서만 작동되도록(tethering) 하거나 한 번에 단 하나의 시스템에서만 작동되도록 하는 '오리지널 신호 대조방식' 등이 있다. 이는 특정한 시스템의 시리얼번호와 소프트웨어에 내장된 시리얼 번호를 상호 비교하여 다른 번호를 가진 시스템에서는 작동되지 않도록 하는 장치이다. 예를 들면, 컴퓨터프로그램이 무단 복제되어도 컴퓨터의 고유번호와 프로그램내의 번호가 일치하지 않으면 실행되지 않는 경우이다. MP3등에 사용되고 있으며, 특수한 경우로 DVD지역코드의 경우도 이에 해당한다고 볼 수 있다.

셋째, '이용자제한 방식'은 추가적인 권리처리를 한 이용자에게 할당된 고유의 시리얼 넘버나 패스워드가 아니면 작동되지 않도록 하는 방식으로 접근 통제형의 기능도 가지고 있다. 음악 CD에 이러한 기술이 적용되어 시리얼 넘버가

123) 접근통제형 기술적 보호조치의 핵심기술로서 기업의 최종사업자의 권한을 규명하는 사용권한 제어기술(ACL)이 있으며, 또한, 방송 서비스 가입자를 인식하여 허가된 가입자에 대해서만 서비스 제공이 가능하도록 하는 CAS 기술 등이 있다.

부착된 CD를 삽입하고 해당사이트로 로그인하면 뮤직비디오 등을 부가적으로 이용할 수 있다.[124)]

2011년 개정 전에는 저작권법은 복제통제형 기술적 보호조치만을 보호하고 접근통제형 기술적 보호조치를 보호하지 않았다. 그 이유는 접근통제형 기술적 보호조치는 기존에 인정해 온 저작물에 대한 일반인의 접근을 과도하게 차단하게 되어 저작권법의 근본적인 입법취지인 문화발전을 저해할 우려가 있었기 때문이다.

기술적 보호조치에 관한 입법은 각국이 상이한데, 이는 WCT 제11조에서 "체약국은 이 조약 또는 베른협약에 따라 저작자가 자신의 권리를 행사하는 것과 관련하여 사용하는 효과적인 기술적 보호조치와 저작물에 관하여 저작자가 허락하지 아니하거나 법에서 허용하지 아니하는 행위를 제한하는 효과적인 기술적 보호조치를 무력화시키는 것에 대하여 적절한 법적 보호와 효과적인 법적 구제수단을 제공하여야 한다"[125)]고 규정하고 있을 뿐 접근통제에 관해서는 명시적인 규정을 두지 않고 이행국의 재량에 맡기고 있기 때문이다.

기술적 보호조치의 무력화 금지 규정

1) 무력화 금지

저작권법 제104조의2 제1항에서 "누구든지 정당한 권한 없이 고의 또는 과실로 제2조제28호가목의 기술적 보호조치를 제거·변경하거나 우회하는 등의 방법으로 무력화하여서는 아니 된다."고 규정하여 접근통제형 기술적보호조치의 무력화를 금지하고 있다. 접근통제권에 관한 논의는 디지털 기술과 네트워크의 발

124) 이성우, "기술적 보호조치에 있어서 접근통제조치의 문제점에 관한 소고", 「경성법학」 제16집 제2호, 경성대학교 법학연구소 (2007.12), 220-221면.

125) WIPO Copyright Treaty Article 11 (Obligations concerning Technological Measures) "Contracting Parties shall provide adequate legal protection and effective legal remedies against the circumvention of effective technological measures that are used by authors in connection with the exercise of their rights under this Treaty or the Berne Convention and that restrict acts, in respect of their works, which are not authorized by the authors concerned or permitted by law."

달로 디지털정보가 원본과 차이 없이 복제되고 네트워크를 통해 한 번 전송되고 나면 복제를 막기가 거의 불가능해짐에 따라 저작권자가 무단복제로부터 저작물을 보호하기 위하여 설치한 암호화기법, 디지털워터마크 등과 같은 기술적 보호조치(Technological protection measures)가 다시 무력화되면서 제기된 사안이다.

접근통제에 대한 보호는 전통적인 저작권과는 별도로 저작물에 대한 접근 자체를 통제할 수 있는 새로운 권리를 창설하기 때문에 과히 큰 변화라고 할 수 있다. 이러한 저작물의 접근통제권은 저작물에 녹아 있는 아이디어에 대한 접근 자체를 제한하게 되므로 마치 특허권에 준하는 권리를 창설한다는 문제점이 있다. 따라서 저작권법 제104조의2 제1항 단서에서는 접근통제의 무력화에 대한 예외 사유를 다음과 같이 열거하고 있다.

① 암호 분야의 연구에 종사하는 자가 저작물 등의 복제물을 정당하게 취득하여 저작물등에 적용된 암호 기술의 결함이나 취약점을 연구하기 위하여 필요한 범위에서 행하는 경우. 다만, 권리자로부터 연구에 필요한 이용을 허락받기 위하여 상당한 노력을 하였으나 허락을 받지 못한 경우에 한한다.

② 미성년자에게 유해한 온라인상의 저작물 등에 미성년자가 접근하는 것을 방지하기 위하여 기술·제품·서비스 또는 장치에 기술적 보호조치를 무력화하는 구성요소나 부품을 포함하는 경우. 다만, 제2항에 따라 금지되지 아니하는 경우에 한한다.

③ 개인의 온라인상의 행위를 파악할 수 있는 개인 식별 정보를 비공개적으로 수집·유포하는 기능을 확인하고, 이를 무력화하기 위하여 필요한 경우. 다만, 다른 사람들이 저작물등에 접근하는 것에 영향을 미치는 경우는 제외한다.

④ 국가의 법집행, 합법적인 정보수집 또는 안전보장 등을 위하여 필요한 경우

⑤ 제25조 제2항에 따른 교육기관·교육지원기관, 제31조제1항에 따른 도서관(비영리인 경우로 한정한다) 또는 「공공기록물 관리에 관한 법률」에 따

른 기록물관리기관이 저작물 등의 구입 여부를 결정하기 위하여 필요한 경우. 다만, 기술적 보호조치를 무력화하지 아니하고는 접근할 수 없는 경우에 한한다.

⑥ 정당한 권한을 가지고 프로그램을 사용하는 자가 다른 프로그램과의 호환을 위하여 필요한 범위에서 프로그램코드역분석을 하는 경우

⑦ 정당한 권한을 가진 자가 오로지 컴퓨터 또는 정보통신망의 보안성을 검사·조사 또는 보정하기 위하여 필요한 경우

⑧ 기술적 보호조치의 무력화 금지에 의하여 특정 종류의 저작물 등을 정당하게 이용하는 것이 불합리하게 영향을 받거나 받을 가능성이 있다고 인정되어 대통령령으로 정하는 절차에 따라 문화체육관광부장관이 정하여 고시하는 경우. 이 경우 그 예외의 효력은 3년으로 한다.

이처럼, 저작권법은 접근통제형 기술적 보호조치의 무력화금지에 대한 예외를 구체적으로 열거하면서도 여기에 규정되지 않은 사유가 발생할 수 있는 경우를 대비하여 특정 종류의 저작물을 정당하게 이용하는 것이 불합리하게 영향을 받거나 받을 가능성이 있다고 인정되는 경우를 문화체육관광부장관이 고시할 수 있도록 규정하고 있다. 주의할 것은 저작재산권 제한사유를 위해서 접근통제형 기술적 보호조치를 무력화할 경우 그 행위가 정당화될 수 있는지 여부이다. 저작권법은 기술적 보호조치를 무력화할 수 있는 예외 상황을 별도의 구체적 규정으로 열거하고 있는 점을 고려하면 저작재산권 제한 사유는 원칙적으로 무력화에 대해서는 적용될 수 없다고 본다.

2) 예비행위 금지

저작권법 제104조의2 제2항에서 "누구든지 정당한 권한 없이 기술적 보호조치의 무력화를 목적으로 홍보 등을 하는 경우, 무력화를 용이하게 하는 것을 주된 목적으로 제작되거나 기능하는 장치, 제품 또는 부품을 제조, 수입, 배포, 전송, 판매, 대여, 공중에 대한 청약, 판매나 대여를 위한 광고, 또는 유통을 목적으로 보관 또는 소지하거나, 서비스를 제공하여서는 아니된다."고 규정하고 있

다. 이 규정은 기술적 보호조치의 무력화 행위 자체보다는 무력화에 사용되는 도구의 거래행위를 금지하는데 목적이 있다. 이를 무력화를 위한 예비행위라고 하며 복제통제형과 접근통제형 기술적 보호조치 모두에 적용된다.

저작권법은 위 규정의 위반행위에 대해 침해의 정지·예방, 손해배상이나 이를 갈음하는 법정손해배상의 청구를 할 수 있도록 규정하고 있다(법 제104조의8). 또한, 업으로 또는 영리를 목적으로 이를 위반한 자는 3년 이하의 징역 또는 3천만원 이하의 벌금에 처해질 수 있다(법 제136조 제2항). 다만, 실무적으로 저작권 침해 전에 발생하는 기술적 보호조치의 무력화 행위 또는 무력화 도구의 거래행위로 인한 손해액의 입증은 쉽지 않은 일이다.[126] 또한, 무력화할 수 있는 기술, 장치 등을 제작한 행위에 대해 손해배상을 청구할 경우 그 무력화 대상이 되는 저작물과 저작권자를 특정하는 일도 쉽지 않을 것이다. 이러한 어려움으로 인하여 법은 이를 친고죄의 예외로 정하고 있다(법 제140조 제2호).

<기술적 보호조치에 대한 규제>

	접근통제 무력화 금지	접근통제 무력화도구의 거래행위 금지	복제통제 무력화도구의 거래금지
역분석	○	○	○
암호화연구	○	○	×
청소년 보호	○	○	×
안전성 검사	○	○	×
개인정보보호	○	×	×
법집행	○	○	○
비영리 도서관 등	○	×	×
규칙제정의 의한 예외	○	×	×

126) 오승종, 저작권법, 박영사, 2007, 1343면.

PS2 모드칩 사건(대법원 2004도2743 판결)

피고인은 소니 엔터테인먼트사가 제작한 플레이스테이션 2라는 게임기본체(이하, "PS2")에서 복제 게임CD가 구동될 수 있도록 지역코드를 해제하기 위한 모드칩을 고객들의 요청에 따라 PS2에 장착한 사건에서 대법원은 모드칩 장착행위가 기술적 보호조치의 무력화에 해당하는지의 여부를 판단하였다.

대법원에 따르면, "컴퓨터프로그램보호법 제30조 제1항 및 제2항은 누구든지 상당히 기술적 보호조치를 회피, 제거, 손괴 등의 방법으로 무력화하는 기기·장치·부품 등을 제조·수입하거나 공중에 양도·대여 또는 유통하여서는 아니 되며, 기술적 보호조치를 무력화하는 프로그램을 전송·배포하거나 기술적 보호조치를 무력화하는 기술을 제공하여서는 아니 된다"고 규정하고 있고, … '기술적 보호조치'란 프로그램에 관한 식별번호·고유번호 입력, 암호화 및 기타 법에 의한 권리를 보호하는 핵심기술 또는 장치 등을 통하여 프로그램저작권에 대한 침해를 효과적으로 방지하는 조치를 의미하는 것으로 봄이 상당하다(제2조제9호 제7조). 이 사건에서 대법원은 엑세스 코드나 부트롬만으로 게임프로그램의 물리적인 복제자체를 막을 수는 없지만, 통상적인 장치나 프로그램만으로는 엑세스 코드의 복제가 불가능하여 게임프로그램을 복제해도 PS2를 통한 프로그램의 실행을 할 수 없으므로 엑세스 코드는 게임프로그램의 물리적인 복제를 막는 것과 동등한 효과의 기술적 보호조치에 해당한다고 판단하였다. 또한, 피고인이 고객들의 요청으로 이 사건 모드칩을 PS2에 장착해 주는 행위는 게임기의 엑세스 코드를 무력화시켜 복제CD가 구동할 수 있게 하는 것으로 기술적 보호조치를 무력화하는 기기·장치·부품 등을 유통시키는 행위에 해당한다고 하였다.[127]

Universal City Studios 사건

원고는 영화를 DVD 형태로 제작하여 배포하면서 영화의 무단복제를 막기 위해 CSS 시스템을 이용한 기술적 조치를 하였다. 인터넷을 통해 만난 피고들은 DVD 플레이어를 역분석(reverse engineering)하여 CSS를 해독할 수 있는 방법인 DeCSS를 제작하였고 이를 이용해 영화파일을 컴퓨터의 하드 드라이버디스크에 복제할 수 있도록 하였다. 피고는 이 프로그램을 자신의 웹사이트에 게시하고 이러한 사실을 공개하였다. 2000년 1월 원고는 DMCA를 근거로 소를 제기하였다. 이에 피고는 그들의 행위가 DMCA를 위반하는 것이 아니라 오히려 컴퓨터 프로그램 또는 암호에 적용되는

127) 부산지방법원 2004. 4. 22. 선고 2004노307 판결(P2P 모드칩 사건의 원심).

DMCA가 수정헌법 제1조(Freedom of Speech)를 위반하는 것이라고 주장하였다. 또한, 피고는 원고의 CSS 기술은 너무 쉽게 해독되기 때문에 저작물에 대한 접근을 '효과적으로 통제할 수 있는 조치'에 해당하지 않으므로 DMCA가 적용되지 않는다고 주장하였다.

이 사건의 Kaplan 판사는 이용자가 암호화 키 없이는 CSS기술로 보호되는 영화를 볼 수 없으며, 그러한 암호화 키를 얻으려면 정당한 라이선스에 근거한 DVD 플레이어 또는 컴퓨터 드라이버를 구입해야 한다면서 피고의 주장을 인정하지 않았다.[128)]

그러나 이 판결에서 CSS기술이 접근통제에 해당한다는 법원의 분석에는 문제점이 있다. 즉 영화 스튜디오가 궁극적으로 CSS기술적 조치를 취한 이유는 허락받지 않은 접근을 통제하기보다는 복제를 통제하기 위한 것이기 때문이다(Universal City Studios, Inc. v. Corley, 273 F.3d 429).[129)]

05. 저작권 침해에 대한 구제

자신의 저작물이 무단으로 이용되는 경우 어떻게 대처해야 할까? 저작권 침해에 대한 구제방법은 크게 민사적 구제, 형사적 구제, 행정적 구제로 나눌 수 있다. 민사적 구제는 다시 침해정지청구권과 손해배상책임, 명예회복에 필요한 조치청구 등을 포함하고 있다. 그리고 이러한 민사적 구제와 함께 권리자는 형사고소를 통해 침해자를 형사처벌 할 수 있다. 행정적 구제로는 불법복제물의 수거·폐기 및 삭제, 정보통신망을 통한 불법복제물 등의 삭제명령, 시정권고 등이 있다.

---

128) 한편, 'DeCSS 사건'과 유사한 사실관계를 가진 DVD Copy Control Ass'n Inc. v. Bunner 사건에서 원고는 피고가 DeCss를 포스팅한 행위는 원고의 영업비밀을 침해한다는 이유로 캘리포니아 지방법원에 소를 제기하였다. 법원은 원고의 CSS 기술이 더 이상 영업비밀에 해당한다고 볼 수 없고, 피고의 DeCSS 소프트웨어를 포스팅한 행위를 금지하는 것은 피고의 표현의 자유에 대한 사전억제(prior restraint)에 해당한다고 판결하였다. DVD Copy Control Ass'n Inc. v. Bunner, 116 Cal.App.4th 241, 255-6(Cal.App. 6 Dist. 2004).

129) Roger E. Schechter & John R. Thomas, Intellectual Property: The Law of Copyrights, Patents and Trademarks (2003), p.146.

민사적 구제

1) 침해정지청구권

저작권침해정지청구권이란 저작권자가 침해자에 대하여 침해행위의 정지를 청구, 침해행위에 의하여 만들어진 물건의 폐기, 그 밖에 필요한 조치를 청구할 수 있는 권리를 말한다.

① 침해정지 및 예방청구

저작권자는 우선 침해가 현존하여 지속되고 있는 경우에 침해자에 대하여 그 침해의 정지를 청구할 수 있다. 또한, 자신의 권리가 침해당할 우려가 있는 경우에는 그 침해의 예방 또는 손해배상의 담보를 청구할 수 있다(법 제123조 제1항). 침해예방청구를 위해서는 단순한 침해의 가능성만으로는 청구할 수 없으며 연주회의 광고, 출판물의 인쇄 완료와 같이 상당한 침해의 개연성이 존재해야 한다.[130]

② 복제물의 폐기청구 등

저작권자는 침해정지청구를 함에 있어서는 침해행위에 의하여 만들어진 물건(무단복제된 CD, DVD, 인쇄물 등)의 폐기나 그 밖의 필요한 조치를 청구할 수 있다(법 제123조 제2항). 기타 필요한 조치에는 폐기나 장래 저작권침해정지를 담보하기 위한 담보제공의 요청 등이 있다.

③ 가처분 신청

현존하는 침해의 정지나 곧 예견되는 침해를 예방하기 위해서는 무엇보다도 신속한 조치가 필요하다. 이를 위해서 손해배상청구나 침해정지청구 등 본안소송의 제기에 앞서 법원에 가처분 신청(저작권침해금지 가처분)을 해 두는 것이 효과적이다. 가처분 결정은 본안 소송을 전제로 하는 만큼 신속하게 처리되며(통상 2주내지 1개월 소요), 가처분 결정이 내려지면 사실상 침해자는 형사처벌 등이 두려워 합의를 먼저 제안해 오는 경우가 많다. 저작권법은 법원이 저작권자의 경제적 형편을 고려하여 보증금을 공탁하지 않고도 불법복제물의 압류,

---

130) 사법연수원, 저작권법 Ⅰ, 2004, 344면.

판매중지 등 가처분을 명할 수 있도록 하고 있다(법 제123조 제3항). 또한, 부당가처분의 경우 무과실 손해배상책임을 정하고 있다(법 제123조 제4항). 즉 가처분 결정이 있고 난 후 저작권의 침해가 없다는 판결이 확정된 때에는 신청인은 그 신청으로 인하여 발생한 손해를 배상해야 한다.

2) 손해배상 청구

무단복제 등 침해행위로 인하여 저작권자에게 손해를 입힌 자는 손해배상 책임을 진다. 저작권자는 침해자의 고의 또는 과실, 권리의 침해사실, 침해행위와 손해간의 인과관계, 손해액 등을 입증하여 침해자에게 손해배상 청구를 할 수 있다. 고의의 입증은 실제 용이하지 않은 일이므로 권리자는 최대한 객관적인 정황증거나 사실상의 추정을 할 수 있는 자료를 제시할 필요가 있다. 예를 들면, 원저작물상에 존재하는 오류와 침해물의 오류가 동일하다는 것을 입증하게 되면 고의 복제에 대한 사실상의 추정이 성립하게 된다. 그리고 저작권법은 등록되어 있는 저작권 등을 침해한 경우 그 침해자의 과실이 있는 것으로 추정하고 있다(법 제125조 제4항). 또한, 법원은 침해자의 과실에 대해서는 그의 주의의무를 넓게 인정하고 있다. 예컨대, 법원은 출판 이전에 출판하려는 책과 동종 서적을 조사해보는 노력을 기울여야 할 출판자의 주의의무를 인정하고 있다[131]

손해는 정신상의 손해와 재산상 손해로 구분한다. 복제권, 전송권, 방송권 등 저작재산권에 대한 침해는 저작인격권 침해를 동반하는 경우가 많으며, 저작인격권의 침해에 대해서는 정신적 손해배상(위자료)을 함께 청구할 수 있다. 재산상 손해는 다시 침해행위로 인하여 발생한 권리자의 기존 재산의 감소분(적극적 손해)과 침해행위가 없었더라면 권리자가 얻을 수 있었을 이익의 상실분(소극적 손해)으로 구분한다. 특히 소극적 손해를 입증하는 것이 용이하지 않으므로 저작권법은 침해자가 그 침해행위로 인하여 이익을 받은 때에는 그 이익의 액을 저작권자의 손해액으로 추정할 수 있도록 규정하고 있다(법 제125조 제1항).

또한, 이러한 이익추정 방법 외에도 저작권의 행사로 통상 받을 수 있는 금

131) 서울고등법원 1998. 7. 15. 선고 98나1661판결.

액에 상당하는 액(사용료 상당액)을 청구할 수 있다(법 제125조 제2항). 법원은 통상 받을 수 있는 금액을 산정함에 있어서 관련 시장의 가격과 신탁관리단체의 사용료 등이 참고자료가 될 수 있다고 본다.[132] 그리고 그 손해의 액이 사용료상당액을 초과하는 경우에는 그 초과액에 대해서도 손해배상을 청구할 수 있다(법 제125조 제3항). 이러한 추정 규정에도 불구하고 여전히 손해액 산정의 어려움을 감안하여 법원은 변론의 취지 및 증거조사의 결과를 참작하여 상당한 손해액을 인정할 수 있다(법 제126조). 실무적으로 이익추정 또는 사용료 상당액을 간주하는 방법이 많이 활용되고 있다.

권리의 행사로 통상받을 수 있는 금액(대법원 2012다104137 판결)

저작권법 제125조 제2항은 저작재산권자 등은 그 권리의 행사로 통상 받을 수 있는 금액에 상당하는 액을 손해액으로 하여 그 배상을 청구할 수 있다고 규정하고 있는바, 여기서 권리의 행사로 통상 받을 수 있는 금액에 상당하는 액이라 함은 침해자가 저작물의 사용 허락을 받았더라면 사용대가로서 지급하였을 객관적으로 상당한 금액을 말한다고 보아야 할 것이고, 저작물은 작품성과 대중 인기도에 차이가 있어 저작권자로서는 저작물을 사용하고자 하는 자와 사이에 저작물사용계약을 체결하면서 나름대로의 사용료를 정할 수 있는 것이므로, 저작권자가 당해 저작물에 관하여 사용계약을 체결하거나 사용료를 받은 적이 전혀 없는 경우라면 일응 그 업계에서 일반화되어 있는 사용료를 저작권 침해로 인한 손해액 산정에 있어서 기준으로 삼을 수 있겠지만, 저작권자가 침해행위와 유사한 형태의 저작물 사용과 관련하여 저작물사용계약을 맺고 사용료를 받은 사례가 있는 경우라면, 그 사용료가 특별히 예외적인 사정이 있어 이례적으로 높게 책정된 것이라거나 저작권 침해로 인한 손해배상청구 소송에 영향을 미치기 위하여 상대방과 통모하여 비정상적으로 고액으로 정한 것이라는 등의 특별한 사정이 없는 한, 그 사용계약에서 정해진 사용료를 저작권자가 그 권리의 행사로 통상 얻을 수 있는 금액으로 보아 이를 기준으로 손해액을 산정함이 상당하다(대법원 2001. 11. 30. 선고 99다69631 판결 등 참조). 이때 저작권자가 침해행위와 유사한 형태의 저작물 사용과 관련하여 저작물사용계약을 맺고 사용료를 받은 사례가 반드시 저작권침해 행위의 이전의 것이어야 하거나 2회 이상 있어야 되는 것은 아니다.

---

132) 서울고등법원 2002. 7. 24. 선고 2001나5755 판결.

손해배상 산정(대법원 98다43366 판결)

카달로그 제작을 하면서 햄 제품 사진을 무단으로 백화점 가이드북에 게시한 사건에서 원고는 저작권 침해에 대한 손해액을 통상 촬영료의 10배로 산정해야 한다고 주장하였으나, 법원은 당사자 사이에 그러한 약정이나 관행이 있었음을 인정할 증거가 없고 피고 회사가 저작권 침해행위로 받은 이익의 액에 대해서도 이를 인정할 만한 자료가 없어 원고가 저작권 행사로 통상 얻을 수 있는 금액에 상당하는 금액을 손해배상액으로 인정하여 촬영료 상당의 금액이 손해액이라고 판결하였다.

◦ 법정손해배상제도

법정손해배상제도는 민사적 구제에 있어 손해배상액을 미리 확정하는 손해배상제도(pre-established damages)이다. 이 제도는 한미 FTA 협상에서 저작권 및 상표 침해에 대해 '실손해배상 원칙'을 훼손하지 않는 한도 내에서 법으로 손해배상액의 상한과 하한을 정하는 것에 합의하면서 도입되었다.[133] 우리나라의 경우 저작권 침해에 대한 손해배상은 저작권자가 입게 된 실손해액의 전보를 원칙으로 한다. 그런데 실손해액에 대한 입증이 현실적으로 어려운 점을 고려하여 저작권법은 침해자의 이익을 저작권자의 손해액으로 추정한 금액 또는 권리의 행사로 통상 받을 수 있는 금액에 상당하는 액 중에서 선택할 수 있도록 하고 있다(법 제125조).

법정손해배상제도는 저작권자의 손해액에 대한 입증책임을 보다 더 완화시켜 주었다는 점에서 유용하다고 볼 수 있다. 이 제도는 저작권법 제126조에서 손해액을 산정하기 어려운 때에 법원이 변론의 취지 및 증거조사의 결과를 참작하여 상당한 손해액을 인정할 수 있도록 한 것과 유사하다고 할 수 있다. 그

133) 미국 저작권법은 제504조(c)항에 법정손해배상제도를 규정하고 있다. 저작권자는 실손해 및 이익(actual damages and profits)과 법정손해배상액(statutory damages) 중 하나를 선택하여 배상을 받을 수 있다. 저작권자가 실제 손해를 입증하지 않고 침해사실만을 입증하여 법정손해배상을 선택할 경우 법원은 실제 손해나 침해이익 등 제반사정을 고려하여 $750～$30,000사이에서 적정한 배상액을 판단하게 된다. 그리고 저작권 침해의 고의가 입증될 경우, 법원은 법정손해배상액를 $150,000까지 증액할 수 있다. 반면 침해자가 저작권 침해사실을 알지 못하였고 알지 못한데에 상당한 이유가 있음을 입증하는 경우에 법원은 법정손해배상액을 $200까지 감액할 수 있다.

러나 제126조는 법정손해배상과 달리 손해액의 인정에 관해 상한이나 하한이 정해져 있지 않으므로 실손해에 근접한 금액을 손해액으로 보게 된다.[134)]

저작권법 제125조의2에 규정된 법정손해배상은 각 저작물당 1천만 원 이하, 영리를 목적으로 고의로 권리를 침해한 경우에는 5천만 원 이하의 범위 내에서 상당한 금액의 배상을 청구할 수 있도록 법정손해배상을 규정하고 있다(동조 제1항).[135)] 이를 선택할 수 있는 시기는 사실심(事實審)의 변론이 종결되기 전까지이며, 실손해액이나 제125조(침해이익을 손해액으로 추정) 또는 제126조(변론취지 및 증거조사에 상당한 액)에 따라 정하여지는 손해액을 갈음하여 이를 주장할 수 있다. 둘 이상의 저작물을 소재로 하는 편집저작물과 2차적저작물은 제1항을 적용하는 경우에는 하나의 저작물로 본다(동조 제2항). 한편, 법정손해배상을 청구하기 위해서는 침해행위가 일어나기 전에 저작물 등록이 있어야 한다(동조 제3항). 법원은 청구가 있는 경우에 변론의 취지와 증거조사의 결과를 고려하여 제1항의 범위에서 상당한 손해액을 인정할 수 있다(동조 제4항).

◦ **명예회복 등의 청구**

저작자 또는 실연자는 고의 또는 과실로 저작인격권 또는 실연자의 인격권을 침해한 자에 대하여 손해배상에 갈음하거나 손해배상과 함께 명예회복을 위하여 필요한 조치를 청구할 수 있다(법 제127조). 명예회복에 필요한 조치로서 저작자 표시가 되어 있지 않은 경우 성명표시를 한다든지 또는 저작물의 동일성을 침해하는 등의 경우에 있어서 저작물의 정정 등을 요구할 수 있다.

과거에는 명예회복의 구체적인 방법으로 신문지상에 사과문 게재 등을 할 수 있었으나 1991년 헌법재판소는 사죄광고를 헌법상의 양심의 자유에 반한다는 판결을 한 바 있어 더 이상 사죄광고를 강제할 수 없다.[136)] 그러나 저작권 위반으로 명예훼손이 있었다는 객관적인 사실(판결문 게재)을 신문 기타 정기간행물 등에 공고하거나 침해자의 비용으로 해명하는 광고는 가능하다.

---

134) 서울고등법원 2003. 8. 19. 선고 2002나22610 판결.
135) 우리나라 법정손해배상제도는 미국과 달리 상한만을 정하고 있다.
136) 헌법재판소 1991. 4. 1. 선고 89헌마160 결정.

◦ 증거수집을 위한 정보제공

법원은 저작권, 그 밖에 이 법에 따라 보호되는 권리의 침해에 관한 소송에서 당사자의 신청에 따라 증거를 수집하기 위하여 필요하다고 인정되는 경우에는 다른 당사자에 대하여 그가 보유하고 있거나 알고 있는 정보를 제공하도록 명할 수 있다(법 제129조의2 제1항). 관련된 정보로는 침해 행위나 불법복제물의 생산 및 유통에 관련된 자를 특정할 수 있는 정보와 불법복제물의 생산 및 유통 경로에 관한 정보 등이 있다. 그러나 영업비밀, 사생활 보호 등 정당한 사유가 있는 경우에는 정보 제공을 거부할 수 있다(법 제129조의2 제2항). 다른 당사자가 정당한 이유 없이 정보제공 명령에 따르지 아니한 경우에는 법원은 정보에 관한 당사자의 주장을 진실한 것으로 인정할 수 있다(법 제129조의2 제3항).

형사적 구제

복제·공연·공중송신·전시·배포·대여·2차적저작물 작성의 방법으로 저작재산권을 침해한 자는 5년 이하의 징역 또는 5천만원 이하의 벌금에 처하게 된다(법 제136조 제1항). 그리고 저작인격권을 침해하여 저작자의 명예를 훼손하거나, 또는 저작물을 보호하고 있는 기술적 보호조치를 제거·무력화하기 위한 기술·서비스·도구 등을 업으로 또는 영리를 목적으로 제조하거나 판매, 전송 등을 할 경우에는 3년 이하의 징역 또는 3천만원 이하의 벌금에 처하게 된다(법 제136조 제2항).

주의해야 할 것은 저작권법은 저작권 침해에 대한 형벌을 친고죄137)로 규정하고 있다. 즉 원칙적으로 저작권자 등에 의한 고소가 있어야 기소가 될 수 있다(법 제140조). 이 경우 저작재산권 침해에 관해서는 범인을 알게 된 날로부터 6개월 이내에 고소하여야 한다. 통상 저작권 분쟁의 대부분은 고소인과 피고소인 간에 합의를 통하여 해결하는 경우가 많다.

그러나 저작권법은 예외적으로 영리를 목적으로 또는 상습적으로 저작권을

---

137) 친고죄란 피해자의 고소가 있어야 기소를 할 수 있는 범죄를 말한다. 친고죄는 피해자가 수사기관에 범죄사실을 신고하고 범죄자의 처벌을 구하는 의사표시(고소)를 하여야 범죄자를 처벌할 수 있다.

침해하는 행위 등에 대해서는 고소가 없이도 공소할 수 있도록 비친고죄로 규정하고 있다(법 제140조 제1호). 2011.12.2. 개정 저작권법 이전에 '영리 목적으로 상습적인 경우'로 규정하고 있던 것을 개정을 통하여 영리 목적 또는 상습적인 경우로 확대함으로써 비영리 목적이라도 상습적인 저작권 침해행위에 대하여 비친고죄를 적용할 수 있게 되었다.

프로그램저작권 침해에 대해 특수한 규정을 두고 있다. 즉 프로그램이 침해물이라는 사실을 알면서도 이를 취득하여 업무상 이용한 경우에는 반의사불벌죄로 처벌한다(법 제140조 제1호). 즉 불법 프로그램이라는 것을 알면서도 이를 업무상 사용한 행위에 대해서는 피해자의 의사와 관계없이 공소를 제기할 수 있으나, 피해자가 침해자에 대한 처벌을 원하지 않는다는 명시적 의사를 표시하면 처벌하지 못한다.[138)]

TIP

저작권 교육조건부 기소유예제도

일부 저작권자들이 저작권침해에 대한 형사처벌 규정을 이용하여 미성년 학생을 상대로 과도한 합의금을 요구하는 사회문제가 발생하면서 정부는 2008. 7. 소년법의 조건부 기소유예제도(소년법 제49조의3)를 적용한 '저작권 교육조건부 기소유예제도'를 도입하였다. 이 제도는 저작권 침해로 고소를 당하는 경우 영리성이 없거나 경미한 사안에 대해 예외적으로 적용되며, 저작권법 위반 전력이 없는 소년(만 19세 미만)으로서 그 침해 행위가 우발적인 경우 1회에 한하여 조사 없이 각하가 가능하다. 다만, 소년이라도 상습적이거나 영리 목적이 있는 경우, 또는 이미 저작권법 위반 전력이 있는 경우는 원칙적으로 기소한다. 또한, 성인의 경우 사안이 극히 경미하거나 초범인 경우에는 교육을 받는 조건으로 기소를 유예하는 '저작권 교육 조건부 기소유예' 제도가 있으며, 현재 한국저작권보호원(https://www.kcopa.or.kr/)에서 교육을 담당하고 있다.

138) 반의사불벌죄란 피해자가 범죄자의 처벌을 원하지 않는다는 의사를 표시하면 공소를 제기할 수 없는 범죄를 말한다. 피해자의 의사와 관계없이 공소를 제기할 수 있으나, 피해자가 처벌을 희망하지 않는다는 의사를 명백히 한 때에는 처벌할 수 없다는 점에서 해제조건부범죄라고 한다. 폭행죄, 과실치상죄, 협박죄, 명예훼손죄 등이 반의사불벌죄에 해당한다.

저작권법은 형의 일종으로서 불법복제물과 그 복제물의 제작에 주로 사용된 도구나 재료를 몰수 할 수 있는 규정(법 제139조)을 두고 있다. 이는 한EU FTA를 이행하기 위해 2011. 6. 30. 신설된 조항으로서 불법복제물 외에도 이를 제작하는데 사용된 도구를 함께 몰수함으로써 불법복제를 방지하는 효과를 기대할 수 있다.

행정적 구제

행정적 구제방법으로 불법복제물의 수거·폐기 및 삭제(법 제133조), 정보통신망을 통한 불법복제물 등의 삭제명령(법 제133조의2), 시정권고(법 제133조의3) 등이 있다. 2009년 저작권법이 개정되면서 온라인서비스제공자(Online Service Provider, OSP)에게 시정권고와 시정명령을 내릴 수 있도록 하는 행정규제가 명문화되었다. 시정권고의 내용으로 OSP의 정보통신망을 조사하여 불법복제물등이 전송된 사실을 발견한 경우 저작권보호 심의위원회는 이를 심의하여 OSP에 대한 시정 조치(복제·전송자에 대한 경고, 불법복제물등의 삭제 또는 전송중단, 반복적 복제·전송자의 계정 정지)를 권고할 수 있다(법 제133조의3 제1항). 그리고 OSP는 권고를 받은 날부터 5일(제1호 및 제2호의 권고) 또는 10일(제3호의 권고) 이내에 그 조치결과를 한국저작권보호원에 통보하여야 한다(법 제133조의3 제2항). OSP가 위 권고에 따르지 않으면 보호원은 문화체육관광부장관에게 시정명령을 하여 줄 것을 요청할 수 있고(법 제133조의3 제3항), 이 경우 심의위원회의 심의를 요하지 않는다(법 제133조의3 제4항).

다음으로 시정명령의 내용으로 문화체육관광부장관은 정보통신망을 통한 불법복제물등의 복제·전송자에 대한 경고나 삭제 또는 전송 중단을 명할 수 있다(법 제133조의2 제1항) 그리고 수차례 경고를 받았음에도 계속적으로 불법복제물 등을 복제·전송하는 경우에는 경고의 시정조치만으로는 저작권 침해를 제재하기 어려우므로 경고를 3회 이상 받은 복제·전송자가 불법복제물등을 전송한 경우에는 심의위원회의 심의를 거쳐 OSP에게 6개월 이내의 기간[139]을 정하여 복제·전송

139) 복제·전송자의 계정 정지 기간은 첫 번째 정지하는 경우 1개월 미만, 두 번째 정지하는 경우 1개월 이상 3개월 미만, 세 번째 이상 정지하는 경우 3개월 이상 6개월 이내에 한하여 정한다(저작권법 시행령 제72조의3 제3항).

자의 계정(이메일 전용 계정은 제외)을 정지할 것을 명할 수 있다(법 제133조의2 제2항). 심의위원회가 계정정지를 명할 때는 해당 복제·전송자의 상습성, 복제·전송의 양, 복제물등의 종류 및 시장대체 가능성, 저작물 유통질서에 미치는 영향을 고려한다(심의위원회 규정 제16조). 복제·전송자의 상습성은 복제·전송자가 1년 이내의 기간 동안 파일 업로드 등을 하여 3회 이상 반복하여 경고의 시정명령 또는 권고를 받고도 계속하여 복제·전송하였는지 여부를 고려한다. 복제·전송량은 1년 이내의 기간 동안 복제·전송한 불법복제물이 20개 이상이 되는지를 고려한다.

또한, 시정명령을 3회 이상 받은 상업적 이익 또는 이용 편의를 제공하는 OSP에 대하여 해당 게시판이 저작권 등의 이용질서를 심각하게 훼손한다고 판단되는 경우에는 심의위원회의 심의를 거쳐 OSP에게 6개월 이내의 기간을 정하여 해당 게시판 서비스의 전부 또는 일부의 정지를 명할 수 있다(법 제133조의2 제4항). 해당 게시판의 서비스를 정지하기 10일 전부터 OSP는 이 사실을 게시해야 하고(법 제133조의2 제5항), 그 조치결과를 문화체육관광부장관에게 통보해야 한다(법 제133조의2 제6항).

06. 대체적 분쟁해결 수단 : 조정·중재

대부분의 분쟁은 법원의 소송으로 해결하고 있다. 소송은 국가 공권력에 바탕을 둔 엄격한 소송절차에 따라 고도의 법률전문가인 법관과 변호사의 조력으로 분쟁을 공정하게 해결하는 장점이 있다. 반면, 고액의 변호사비용과 오랜 시간이 소요, 그리고 기술적 전문성이 부족한 경우가 많고 공개가 된다는 점에서 지식재산권 분쟁해결에는 효과적이지 못한 경우가 많다. 이에 급증하는 법원의 소송업무의 부담을 덜어줄 뿐만 아니라 전통적인 재판제도의 경직성을 극복하고 전문성과 신속성 등을 갖춘 소송에 갈음하는 대체적 분쟁해결제도(Alternative Dispute Resolution, 'ADR')가 다양하게 활용되고 있다. 대표적인 대체적 분쟁해결방법으로 알선(conciliation), 조정(mediation), 중재(arbitration)에 대해서 살펴본다.[140]

조정이 소송보다 좋은 이유

"조정은 소송보다 좋으며, 분쟁의 예방은 조정보다 좋다"라는 말이 있다. 분쟁은 미연에 예방하는 것이 가장 바람직하나, 예견치 못한 분쟁이 발생한 경우에는 당사자가 대화와 타협을 통해 민주적으로 분쟁을 해결하는 것이 쌍방에게 이로운 방법이다. 이러한 분쟁해결 방식의 대표적인 것이 '조정'이며 IP분쟁해결에 매우 효과적으로 널리 활용되고 있다.

IP분쟁조정은 법조계, 학계 그리고 산업계를 대표하는 3인의 IP 전문가들로 구성된 조정부의 조력을 통하여 분쟁 당사자간에 원만한 화해를 유도하는 제도로서 신속하고·저렴하며, 비공개로 진행되어 당사자의 명예와 프라이버시가 보호되는 민주적인 분쟁해결제도이다. 지식재산권 분쟁이 발생하면 어느 곳에 가서 조정을 받으면 될까?

저작권 분쟁조정제도를 운용하는 대표적인 기관은 '한국저작권위원회'이다. 조정부는 변호사 자격을 갖춘 1명의 위원을 포함한 3명의 위원으로 구성되어 있다. 그리고 산업재산권 관련 분쟁[141)]은 '산업재산권 분쟁조정위원회'에서 해결할 수 있으며, 도메인이름 분쟁을 위한 전문조정기관으로 '인터넷주소분쟁조정위원회'가 있다.

조정은 ADR 중에서 일반적으로 활용되는 분쟁해결 방식으로서 제3자에 의해 구속력 있는 결정을 내리는 소송에 비하여 유연하고 창의적인 문제해결을 기대할 수 있다. 그리고 조정은 그 신청 및 진행 절차가 신속·간편하게 이루어지므로 장기간(1~2년) 소요되는 소송에 비하여 비교적 단기간(2~3개월) 내에 처리된다. 또한, 소송을 통한 분쟁해결의 경우 변호사 수임료, 인지대 등 과다한 비용이 소요되는데 비해 조정은 소액의 조정신청금을 납부하면 되므로 저렴한

140) 손승우, 소프트웨어 분쟁조정기관에 의한 중재제도 도입에 관한 연구, 프로그램심의조정위원회(2005) 참조.

141) 특허침해분쟁의 경우 기업들은 소송을 제기하고 사후 협상을 진행하는 경향을 띠고 있다. 그 이유는 우선 특허권자에게 유리하고 피고에게 상당한 부담을 주는 반면, 막대한 소송비용 등으로 재판 전에 조기협상의 기대와 가능성이 높아졌기 때문이다. 하홍준·이봉문·임정훈, 국제특허 분쟁 현황 및 대응전략, 한국발명진흥회 연구보고서, 2002, 22면.

비용으로 분쟁 해결이 가능하다. 조정비용은 최초 조정 신청인이 부담하지만 조정이 성립된 경우에는 양 당사자가 절반씩 부담하게 된다.

그러나 조정은 임의적 조정이므로 조정안의 수락여부는 당사자의 자유의지에 달려 있다. 따라서 소송과 달리 당사자 일방이 조정에 불응하면 분쟁해결은 불가능하다는 단점이 있다. 따라서 조정의 성립여부를 결정하는 가장 중요한 요소는 조정인의 신뢰와 역할이라고 할 수 있다.

이에 2020년 8월부터 시행하는 「저작권법」에 따라 한국저작권위원회 조정부는 '직권조정제도'를 도입하여 운영하고 있다. 즉, 조정을 통해 당사자 간에 합의하여 조정부가 제시한 조정안을 어느 한쪽 당사자가 합리적인 이유 없이 거부하거나, 분쟁조정 예정가액이 1천만원 미만인 경우에 조정부가 직권으로 조정을 갈음하여 결정("직권조정결정")을 할 수 있다(법 제117조 제2항). 다만, 직권조정결정에 대한 이의신청이 있는 경우에는 그 결정은 효력을 상실한다(법 제117조 제3항). 조정결과 당사자 간에 합의가 성립한 경우, 직권조정결정에 대해 이의신청이 없는 경우에는 재판상의 화해(법원 확정판결)와 동일한 효력이 있다(법 제117조 제4항). 이 제도는 강력한 구속력은 없지만 조정부의 결정을 받을 수 있으므로 이후 소송 등 분쟁해결에 조정부의 결정이 참고가 될 수 있다는 장점이 있다.

알선

알선은 분쟁 관련 지식과 경험이 풍부한 전문가가 분쟁당사자들과 교섭하여 합의를 형성하도록 조력하는 절차를 말한다. 이는 앞서 설명한 조정과 유사하지만 조정에 비하여 신속하고 간이한 형태로 진행된다. 대한상사중재원의 알선의 경우 중재원 직원이 개입하여 알선절차를 진행하고 있다. 따라서 알선은 간단한 분쟁사건에 적합한 ADR이다.

저작권법 제113조의2에 명시된 알선은 분쟁에 관한 일방 또는 쌍방이 한국저작권위원회에 신청할 수 있으며, 경험과 지식이 풍부한 알선위원 1인을 지정하여 당사자 사이에 발생한 저작권 분쟁에 개입하여 사건을 원활하게 해결할 수 있도록 조력하는 제도이다. 알선위원은 알선으로 분쟁해결의 가능성이 없다고 인정되는 경우에 알선을 중단할 수 있다(법 제113조의2 제2항). 또한, 알선 중인 분쟁에 대하여 조정의 신청이 있는 경우에는 해당 알선은 중단된 것으로 본다(법 제113조의2 제3항). 알선이 성립한 경우에는 민법상 화해(계약)의 효력이 있다.

중재

조정은 당사자간 합의의 도달이 요구되며 당사자 간 견해의 차이가 큰 경우에는 조정에 의한 분쟁해결은 기대하기 어렵다. 이 경우 법원의 소송 외에 제3자의 판정이 법원의 판결과 동일한 효력이 있는 제도가 있는데 바로 '중재(arbitration)'이다.

중재란 분쟁당사자 간 합의에 따라 재산권상의 분쟁 및 비재산권상의 분쟁을 법원의 판결에 의하지 아니하고 사인(私人)인 제3자를 중재인으로 선정하여 그 분쟁의 해결을 중재인에게 맡기는 동시에 최종적으로 그 판정에 복종함으로써 분쟁을 해결하는 것을 말한다.[142)]

중재는 3심제인 소송과 달리 단심제이므로 비용이 적게 들고 신속하게 분쟁을 해결할 수 있는 장점이 있다. 특히 IP분쟁은 고도의 기술적 전문성을 요구하며 중재는 실체적 진실을 정확하게 찾아내기 위하여 분쟁 분야에 대한 지식과 경험이 풍부한 전문가(변호사, 기술자, 기업인, 교수 등)로 하여금 사건을 검토하고 판정하도록 한다. 그리고 중재는 소송의 일정한 절차를 따르면서도 일도양단(一刀兩斷)적이거나 경직되어 있지 않아 합리적인 해결방안을 모색할 수 있다. 또한, 분쟁해결과정이 비공개로 진행되어 기업의 영업비밀을 보호할 수도 있다. 주의할 점은 중재는 조정과 달리 소송절차와 유사한 절차를 보유하고 있으며 전문가에 의한 판단을 요구한다. 이 때문에 중재인이 판단을 유보하고 절차 중에 조정을 강요하는 것은 적절하지 못한 처사이다.

중재는 임의중재(ad hoc arbitration)와 기관중재(institutional arbitration)로 구분

142) 중재법 제3조 제1호 "중재"란 당사자 간의 합의로 재산권상의 분쟁 및 당사자가 화해에 의하여 해결할 수 있는 비재산권상의 분쟁을 법원의 재판에 의하지 아니하고 중재인(仲裁人)의 판정에 의하여 해결하는 절차를 말한다.

할 수 있다.

임의중재는 분쟁을 중재로 해결하고자 하는 당사자들이 계약체결자유의 원칙에 따라 중재인의 선임 및 중재인의 수, 중재절차, 중재지, 심문절차와 판정기간 또는 준거법 등을 자유롭게 약정하는 것을 말한다.

기관중재는 분쟁이 발생하기 전에 미리 중재를 의뢰할 상설중재기관을 당사자간의 합의로 결정하여 두는 것을 말한다. 우리나라는 '대한상사중재원'143)을 설치하여 국내 및 국제 중재를 지원하고 있다. 중재원은 상사 분쟁 외에도 지식재산 관련 중재도 지원하고 있다. 중재는 대부분 상설 중재기관에 맡겨서 수행된다. 그 이유는 임의중재의 경우에는 분쟁이 발생하면 중재계약에 대하여 불리할 것이라고 판단되는 당사자가 약정대로 중재인을 선정하지 않는 등의 방법으로 중재판정에 따르기를 기피할 수 있기 때문이다.

한편, 2015년에 설립된 '중소기업 기술분쟁조정·중재위원회'는 중소기업의 기술유출 및 기술탈취, 도용 등으로 인한 중소기업의 피해와 관련한 분쟁을 대상으로 조정·중재를 하고 있다.

<조정·알선·중재 제도 비교>

구분	개념	효력	시행기관
조정	중립적인 제3자적 지위를 가진 조정기구를 통해 분쟁당사자들이 합의에 도달하도록 하는 제도	재판상 화해	한국저작권위원회 산업재산권분쟁조정위원회
알선	알선위원이 분쟁이 공정하게 해결되도록 주선함으로써 분쟁당사자들의 화해를 유도하여 합의에 이르게 하는 제도	민법상 화해	한국저작권위원회 대한상사중재원
중재	당사자의 중재합의에 의하여 선출된 중재인의 중재판정에 의하여 분쟁을 최종 해결하는 제도	확정판결 동일	대한상사중재원 중소기업 기술분쟁조정·중재위원회

143) 대한상사중재원은 1966년 3월 대한상공회의소 부설기관으로 설립되었으며, 1970년 3월 「중재법」에 따라 독립적인 중재기관으로 발전해오고 있다.

Discussion

주제 **네오플의 '신야구'에 등장하는 캐릭터는 저작권 침해일까?**

vs.

네오플 '신야구' **코나미 '실황 파워풀 프로야구'**

설명 이 사건은 일본의 코나미사가 실황야구의 캐릭터 등과 한국의 게임사인 '네오플'의 신야구에 등장하는 캐릭터 등이 실질적으로 유사하여 복제권 등을 침해하였다고 주장하였다. 법원은 아이디어와 표현의 이분법을 채용하였고, "귀여운 이미지의 야구선수 캐릭터라는 아이디어에 기초하여 각 신체 부위를 2등신 정도의 비율로 나누어 머리의 크기를 과장하고 얼굴의 모습을 부각시키되 다른 신체 부위의 모습은 과감하게 생략하거나 단순하게 표현하는 한편, 역동성을 표현하기 위해 다리를 생략하되 발을 실제 비율보다 크게 표현한 점 및 각 캐릭터의 야구게임 중 역할에 필요한 장비의 모양, 타격과 투구 등 정지 동작의 표현 등에 있어 유사한 면이 있다. 그러나 이와 같은 표현은 '실황야구' 캐릭터가 출시되기 이전에 이미 만화, 게임, 인형 등에서 귀여운 이미지의 어린아이 같은 캐릭터들을 표현하는 데에 흔히 사용되었던 것이거나 야구를 소재로 한 게임물의 특성상 필연적으로 유사하게 표현될 수밖에 없는 것이므로 위와 같은 유사점들만으로는 양 캐릭터의 창작적 표현형식이 실질적으로 유사하다고 할 수 없다"고 판시하였다(대법원 2010. 2. 11. 선고 2007다63409 판결).

Explanation

이 사건에서 저작권 침해여부를 판단하기 위하여 주관적 요건인 '의거'와 객관적 요건인 '실질적 유사성'을 살펴보아야 한다. 우선 영화사 B가 소설 '기억'을 직접적으로 접하고 그 내용을 알고 있으므로 양자 간에는 의거관계가 있다고 추정할 수 있다.

다음으로 실질적 유사성과 관련하여, 영화와 소설에 등장하는 일부 문장이나 표현이 유사하거나(부분적·문자적 유사성), 전체 구조가 유사한 경우(포괄적·비문자적 유사성) 저작권 침해를 인정할 수 있는데, 이 사건에서 원고는 그러한 정황을 인정할 만한 소명자료를 제출하지 못했다. 즉 영화와 소설 사이에 표현이 문장 대 문장으로 대칭될 수 있을 정도로 그대로 베낀 부분이 존재하지 않으며, 또한, 작품의 창작적 표현을 구성하는 구체적인 줄거리, 사건의 전개, 등장인물의 성격과 상호관계 등에서도 현저한 차이를 나타내고 있으므로 양자 간에 실질적 유사성이 있다고 볼 수 없다. 한편, 이 소설과 영화 사이에 공통적으로 나타나는 귀신과 흉가를 소재로 한 내용은 기존의 영화, 소설 등에서 전형적으로 수반되는 소재와 사건이며, 또한, 이러한 종류의 작품에 사용되는 추상적인 인물의 유형, 대강의 줄거리 및 통상적인 상황의 전개과정 등에 해당되므로 그 창작성을 인정하기 어렵다(서울고등법원 2005. 2. 15. 자 2004라362 결정).

Chapter 8 OSP책임 · DB보호 · 저작권위탁관리

속기학원을 경영하는 A는 속기컴퓨터프로그램 개발을 B에게 의뢰하였고, 개발된 프로그램을 B의 동의를 얻어 자신의 명의로 등록하였다. 이후 시간이 흘러 A는 위 소프트웨어를 개량할 필요성을 느껴서 C에게 개량을 의뢰하였고, C는 A의 소프트웨어를 기반으로 하여 컴퓨터전용 속기타자기와 컴퓨터를 연결하는 통신기능과 여타 기능을 추가하였다. 이 경우 개량된 프로그램에 대한 저작권은 누구에게 귀속될까?

01. OSP의 책임과 면책

온라인서비스제공자(Online Service Provider, OSP)는 다른 사람들이 정보통신망을 통하여 저작물을 복제 또는 전송할 수 있도록 하는 서비스를 제공하는 자를 말한다(법 제2조 제30호). 저작권법은 이용자의 저작권 침해행위에 대해 일정한 경우 OSP의 책임을 감경 또는 면제하는 규정을 두고 있다.[144)]

저작권법 제102조 제1항에서 OSP를 ① 단순 도관서비스(인터넷 접속서비스)(제1호), ② 캐싱 서비스(제2호), ③ 저장(호스팅)서비스(제3호)의 세 가지 유형으로 구별하고, 해당 유형별로 개별 면책요건을 규정하고 있다. 면책요건은 모든 유형에 공통적으로 적용되는 일반 면책요건과 해당 서비스에만 적용되는 개별 면책요건으로 구분하고 있다.[145)]

144) 2011년 6월 30일 제정된 한·EU FTA 이행을 위한 저작권법 개정안에서 OSP의 유형을 네 유형으로 분류하고, 한·미 FTA 이행 법안에서 면책요건을 추가하였다. 결과적으로 우리나라의 OSP 면책규정은 미국 DMCA의 면책규정(safe harbor)과 유사한 구조를 가지게 되었다.

<OSP의 유형과 특징>

서비스 유형	특징
단순 도관 (mere conduit)	네트워크와 네트워크 간의 통신을 위하여 다른 사람이 송신한 정보를 그대로 전달하는 서비스(KT, SK브로드밴드, LG유플러스)
캐싱 (cashing)	다른 자로부터 송신된 정보를 후속 사용자의 이용에 제공하기 위해 일시적으로 캐싱하는 서비스(중앙서버와 독립적으로 구축된 캐시서버에 저작물을 자동 임시 저장하여 이용하는 서비스) 호스팅 및 정보검색도구 서비스 OSP는 일반적으로 캐싱 서비스를 제공함
호스팅 (hosting)	이용자의 요청에 따른 서비스제공자의 시스템 또는 네트워크상에 정보를 저장하는 서비스(웹하드, 블로그, 카페, 웹 게시판 등 저작물을 하드디스크 또는 서버에 저장하여 사용하는 서비스)

한편, 저작권법 제103조에서는 권리주장자가 복제·전송의 중단을 요청한 경우에 OSP가 즉시 적절한 조치를 취하고 권리주장자 및 침해자에게 그 사실을 통보할 경우 면책하도록 규정하고 있다. 이와 같이 저작권법은 제102조와 제103조에 걸쳐 OSP의 면책을 이중적으로 규율하고 있다.

다만, 양 조문간의 관계와 관련하여 위 세 가지 OSP 유형 중 실무적으로 제103조의 '통지 및 삭제조치(notice & take-down)'의 적용을 받는 것은 호스팅 서비스(제3호)이다. 단순히 인터넷 접속만을 제공하는 도관 서비스의 경우에는 복제·전송 중단을 요구할 수 있는 대상에서 제외하고 있다.[146] 캐싱 서비스의 경우에는 원 서버에서 삭제된 저작물이 캐시 서버에 존재할 수 있으므로 권리주장자는 그 삭제를 요구할 수 있을 뿐이며 복제·전송자에게 그 사실을 통보할 필요는 없다.[147]

145) 2011년 7월 1일 개정 저작권법 이전에는 OSP 유형을 구분하지 않았을 뿐 아니라 현행과 같은 '필요적 면제'가 아닌 '임의적 감면' 규정을 두고 있었다.

146) 저작권법 제103조(복제 · 전송의 중단) ① 온라인서비스제공자(제102조제1항제1호의 경우는 제외한다. 이하 이 조에서 같다)의 서비스를 이용한 저작물등의 복제 · 전송에 따라 저작권, 그 밖에 이 법에 따라 보호되는 자신의 권리가 침해됨을 주장하는 자(이하 이 조에서 "권리주장자"라 한다)는 그 사실을 소명하여 온라인서비스제공자에게 그 저작물등의 복제 · 전송을 중단시킬 것을 요구할 수 있다.

147) 저작권법 제103조(복제 · 전송의 중단) ② 온라인서비스제공자는 제1항에 따른 복제 · 전송의 중단요구를 받은 경우에는 즉시 그 저작물등의 복제 · 전송을 중단시키고 권리

이러한 면책조항과 함께 저작권법 제102조 제3항은 OSP에게 자신의 서비스 안에서 침해행위가 일어나는지를 모니터링하거나 그 침해행위에 관하여 적극적으로 조사할 의무가 없음을 명시하고 있다.148) 이는 무수히 많은 콘텐츠를 유통하는 OSP가 특정한 침해행위를 일일이 찾아낼 수 없는 현실과 한계를 고려한 것이다.

소리바다 사건

<사건 개요>

소리바다 사건은 저작인접권자(한국음반산업협회)가 음악파일을 무단복제·전송한 개인 이용자에게 직접 책임을 묻지 않고, 대신에 P2P(Peer to Peer)149) 사업자인 '소리바다'에게 일정한 책임을 물은 사건이다. 이 사건을 담당한 형사법원과 민사법원이 상반된 판결을 내려 OSP 책임에 관한 저작권법 문제가 혼란에 빠지게 되었다.

형사 판결 (서울중앙지법 2003노4296 판결)

서울중앙지법 형사 항소 5부는 불특정 다수의 이용자들과 MP3 파일을 공유하는 행위는 '사적 이용을 위한 복제' 라고도 볼 수 없으며, 저작권자의 허락 없이 음악파일을 다운받은 소리바다 이용자들의 행위는 복제권 침해를 구성한다고 판시하였다. 그러나 재판부에 따르면 OSP는 자신이 운영하는 시스템에서 저작권 침해가 발생했다는 사실을 통보받아 알게 된 경우에만 저작권 침해를 방지할 의무가 있는데 그러한 통보에 대한 증거가 없으므로 방조책임이 없다고 판시하였다.

민사 판결 (서울고법 2003나21140 판결)

서울고등법원 민사4부는 11개 음반 회사가 소리바다 운영자를 상대로 낸 서비스 중단 가처분 신청의 항소심에서 소리바다 운영으로 인한 복제권 침해 방조가 인정된다면서 소리바다 프로그램 및 서버 3대의 운영을 중단하라는 결정을 내렸다(서울고법 2005. 1. 12 선고 2003나21140 판결). 재판부는 "프로그램 이름을 '소리바다' 라고

주장자에게 그 사실을 통보하여야 한다. 다만, 제102조제1항제3호의 온라인서비스제공자는 그 저작물등의 복제·전송자에게도 이를 통보하여야 한다.

148) 미국 DMCA §512(m)(1)에서도 OSP의 일반적인 모니터링 의무를 부정하고 있다.

149) P2P는 2000년 전후 등장한 네트워크 기술로서 인터넷 이용자들이 자신의 컴퓨터에 저장된 파일이나 자료 등을 이용자들 상호간에 직접 공유할 수 있도록 해주는 기술이다.

하고 MP3 파일만 공유되도록 설계한 점이나 당시 이미 외국에서 냅스터 등 다른 P2P 방식 서비스로 인한 저작권 침해가 문제가 되었던 점 등을 보면 운영자들은 소리바다 이용자들의 저작인접권 침해를 미필적으로나마 알았을 것으로 보인다." 고 밝혔다. 또한, "양씨 형제가 프로그램 설치 화면에 경고문을 고지한 것 외에 이용자들의 저작인접권 침해를 막기 위한 아무런 조치도 취하지 않고 이용자들의 저작권 침해를 용이하게 했으므로 음반 제작자들의 저작인접권 침해에 대한 방조책임을 져야한다." 고 판시하였다.

대법원 판결(2005도872 판결)

5년 가까이 끌어온 '소리바다' 사건에 대해 2007년 1월 25일 대법원은 소리바다의 운영을 중단하라는 항소심의 판결에 불복해 소리바다 운영자가 상고한 가처분사건에 대해 저작권의 침해를 방조한 책임이 인정된다는 원심을 확정했다. 재판부는 저작권 침해가 일어나는 일시나 장소, 실제로 복제 행위를 한 당사자를 몰랐더라도 이를 방조한 책임이 있다고 설시했다.

02. 특수한 유형의 온라인서비스제공자의 의무

저작권법 제104조 제1항에서 다른 사람들 상호 간에 컴퓨터 등을 이용하여 저작물등을 전송하도록 하는 것을 주된 목적으로 하는 특수한 유형의 OSP는 권리자의 요청이 있는 경우 당해 저작물등의 불법적인 전송을 차단하는 기술적인 조치 등 필요한 조치를 하도록 규정하고 있다. 그리고 문화체육관광부장관은 기술적 조치의 요청을 받은 특수한 유형의 OSP가 필요한 조치를 이행했는지 여부를 정보통신망을 통하여 확인해야 한다(법 제104조 제3항).

우리 법원은 제104조와 무관하게 이러한 유형의 OSP에 대하여 개별 이용자의 저작권 침해 행위를 사전에 통제할 주의의무가 있으며 이를 고의 또는 과실로 소홀히 하였다면 공동불법행위 책임이 성립한다고 판시한 바 있다.[150] 제104조에 따라 기술적 보호조치를 하지 않을 경우에는 과태료를 부과할 수 있다. 따라서 이는 민사적 책임과는 별도의 행정적 규제라고 볼 수 있다.

150) 대법원 2009. 4. 16. 선고 2008다53812 판결; 대법원 2010. 3. 11. 선고 2009다80637 판결.

제102조 및 제103조가 OSP 책임감면 요건에 관한 규정인 반면, 제104조는 기술적 보호조치에 대한 의무를 부과하고 있다는 점에서 차이가 있다. OSP에게 이러한 의무를 부과하는 외국의 입법례는 찾아볼 수 없다. 또한, OSP의 일반적 조사의무가 없음을 규정한 저작권법 제102조3항의 내용과 저촉될 수 있다. 우리 법은 OSP가 불법적인 전송을 전면적으로 차단할 의무가 없음을 고려하여 '권리자의 요청'이 있는 경우에 대통령령으로 정하는 '필요한 조치'를 취하도록 제한된 의무를 부과하고 있다.[151)]

특수한 유형의 OSP의 범위를 문화체육관광부장관이 고시로 정할 수 있도록 하고 있다(법 제104조 제2항). 문화체육관광부는 고시를 통해 특수한 유형에 해당하는 OSP의 유형을 3가지로 규정하고 기술조치를 위반한 OSP에 대해서는 최고 3천만 원의 과태료를 부과하도록 규정하였다. 즉 특수한 유형의 OSP의 범위는 '저작권자의 이용허락 없이 공중이 저작물 등을 공유할 수 있도록 온라인서비스를 하는 자'로 ① 저작물 등을 공중이 이용할 수 있도록 업로드 한 자에게 상업적 이익 또는 이용편의를 제공하거나,[152)] ② 공중이 다운로드할 수 있도록 기능을 제공하고 다운로드 받는 자가 비용을 지급하는 경우,[153)] ③ P2P 기술을 기반으로 저작물 등을 업로드 또는 다운로드 할 수 있는 기능을 제공하여 상업적 이익을 얻는 경우[154)]가 포함된다. 이 고시로 인하여 법 문언상 '저작물 전송을 주된 목적으로 하는 서비스'의 해석에 대한 모호성 논란이 상당히 해결되었다고 판단된다.

기술의 발달로 P2P 프로그램에서 특수문자, 검색어 일부 변경, 검색어 차단 우회프로그램의 사용이 널리 이용되고 있고 hash값 필터링만으로는 실효성이

151) 대법원 2017. 8. 31. 자 2014마503 결정.

152) 상업적 이익 또는 이용편의를 제공하는 것으로 적립된 포인트를 이용해 쇼핑, 영화 및 음악감상, 현금교환 등을 제공하거나, 사이버머니, 파일저장공간 제공 등 이용편의를 제공하여 저작물 등을 불법적으로 공유하는 자에게 혜택이 돌아가도록 하는 경우가 있다.

153) 비용을 지급하는 것으로 저작물 등을 이용시 포인트 차감, 쿠폰사용, 사이버머니 지급, 공간제공 등의 방법으로 비용을 지급하는 경우가 있다.

154) 상업적 이익으로 저작물 등을 공유하는 웹사이트 또는 프로그램에 광고게재, 타 사이트 회원가입 유도 등의 방법으로 경제적 수익을 창출하는 경우가 있다.

없는 점 등 불법 저작물의 이용현실과 기술의 진보 및 업계의 현실을 고려하여 기술적 보호의 수준을 판단하여야 할 것이다. 다만 법원은 OSP의 면책을 평가함에 있어서 합리적으로 가능한 기술적 보호조치의 이행을 하나의 참작사항으로 보고 있으므로 그 수준은 다소 완화되어 있다.

임베디드 링크사이트는 저작권 침해를 돕는 행위인가?

<사건 개요>

원고(KBS, MBC, SBS)는 각각 방송 프로그램 8,547개, 8,270개, 6,745개를 직접 제작하였거나 이를 제작한 사람으로부터 저작재산권을 양수한 권리자이다. 피고는 '13.12.경부터 '이 사건 각 사이트'에 해외 동영상 공유 사이트('www.dailymotion.com.', 'www.tudou.com', 'allatv.net')에 게시된 이 사건 각 방송 프로그램에 대한 임베디드 링크를 게재하고 개개의 저작물에 대한 링크의 이름을 해당 프로그램의 제목과 방영일자 등으로 설정하여 프로그램을 쉽게 찾아 무료로 시청할 수 있도록 하는 방법으로 이용자들을 이 사건 각 사이트에 유인하였다. 그리고 피고는 이 사건 각 사이트에 게시된 배너광고의 클릭수에 따라 광고주들로부터 수익금을 지급받았다. 이에 원고들은 피고에 대하여 각 1억원의 손해배상을 구하는 소송을 제기하였다.

1심 판결 (중앙지법 2016가합506330 판결)

이 사건의 기초 사실에 의하면, 이 사건 각 게시물은 해외 동영상 공유 사이트에 게시된 각 방송 프로그램을 임베디드 링크한 것으로서, 피고 사이트의 이용자는 클릭 등의 추가 조치 없이도 이 사건 각 게시물을 통해 이 사건 각 방송 프로그램을 제한 없이 직접 재생할 수 있다. 비록 이와 같은 방식으로 재생되는 이 사건 각 방송프로그램이 복제되어 저장된 곳은 피고가 지배하는 서버가 아닌 해외 동영상 공유사이트이기는 하지만, 그러한 점을 고려하더라도, 저작물인 이 사건 각 방송 프로그램을 공중이 수신하거나 접근하게 할 목적으로 무선 또는 유선 통신의 방법에 의하여 이용에 제공하는 행위, 즉 공중송신한 자는 이 사건 각 게시물을 작성한 피고라고 봄이 타당하다.

2심 판결(서울고법 2016나2087313 판결)

1. 공중송신권(전송권) 직접 침해 여부

고등법원은 대법원 2009. 11. 26. 선고 2008다77405 판결 등을 인용한 뒤, 이 사건 링크는 이용자로 하여금 별도의 클릭 없이 해외 동영상 공유 사이트의 서버에 저장된 이 사건 각 방송프로그램의 개개의 복제물로 연결시켜 주는 방식의 임베디드 링크로서, ① 이 사건 링크를 통해 해외 동영상 공유사이트로부터 이 사건 각 방송 프로그램의 복제물을 직접 전송받게 되고, 이 사건 각 사이트에서는 직접적인 전송행위는 일어나지 않으며, ② 이 사건 링크가 이용자로 하여금 이 사건 각 방송 프로그램복제물을 검색하고 이용할 수 있게 함으로써 원고들의 전송권 침해를 확대시키는 효과를 가져온다고 하더라도 이 사건 링크행위를 해외 동영상 공유 사이트 게시자에 의한 이 사건 각 방송 프로그램 게시행위('업로드 행위')와 동일하게 볼 수는 없고, ③ 해외 동영상 공유 사이트에서 일어나는 전송행위에 대한 실질적인 지배는 업로드 행위를 한 해외 동영상 공유 사이트의 게시자에게 있으며, ④ 피고의 이 사건 링크는 해외 동영상 공유 사이트에 게시된 이 사건 각 방송 프로그램 복제물의 웹 위치 정보 내지 경로를 나타낸 것에 불과하다. 따라서 이 사건 링크행위는 원고들의 전송권을 직접침해하는 행위로 보기는 어렵다.

2. 공중송신권(전송권) 직접 침해 여부

저작권법이 보호하는 권리의 침해를 방조하는 행위란 타인의 그러한 권리 침해를 용이하게 해주는 직접·간접의 모든 행위를 가리키는 것으로서 침해행위를 미필적으로만 인식하는 방조도 가능함은 물론 과실에 의한 방조도 가능하다고 할 것인바, 위와 같은 침해의 방조행위에 있어 방조자는 실제 침해행위가 실행되는 일시나 장소, 그 객체 등을 구체적으로 인식할 필요가 없으며 실제 침해행위를 실행하는 자가 누구인지 확정적으로 인식할 필요도 없다(대법원 2007. 1. 25. 선고 2005다11626 판결등 참조).

이 사건 링크행위는 실질적으로 해외 동영상 공유 사이트 게시자의 공중에의 이용제공의 여지를 더욱 확대시키는 행위로서 해외 동영상 공유 사이트 게시자의 공중송신권(전송권) 침해행위에 대한 방조에 해당한다고 봄이 타당하다. 따라서 이와 일부 배치되는 대법원 2015. 3. 12. 선고 2012도13748 판결 등의 견해는 변경되어야 한다.

① 공중송신 중 전송은 다른 이들이 접근할 수 있도록 이용에 제공하는 행위가 본질이므로 업로드된 침해 저작물이 인터넷상에 존속하는 동안은 여전히 이용에 제공이 계속되고 있는 것이고, 그러한 계속적 행위에 대하여서는 타인이 이를 용이하게 할 여지가 충분히 있다.

② 이용자 입장에서는 링크가 아니었다면 발견하지 못하였을 정보에 접근할 수 있게 되고, 불법 저작물 제공자 입장에서도 자신이 원본을 확보한 뒤 직접 보유하면서 전달하는 경우보다 타인의 원본을 링크로 매개하여 전달하는 경우가 더 편리할 뿐만 아니라 링크행위는 불법 저작물의 복제나 전송행위가 아니어서 적어도 직접적인 저작

권 침해행위로 책임추궁을 당하지 않으므로 링크방식이 선호되는바, 만약 링크행위를 전송권 침해행위에 대한 방조로 보지 않는다면, 침해 저작물임을 명백히 알고 있는 정보로의 링크행위가 증가될 가능성이 높다.

③ 링크행위를 전송권 침해행위에 대한 방조로 보는 경우 인터넷 공간에서의 링크행위가 위축되어 링크를 통한 정보교환을 위축시킨다는 우려가 있을 수 있으나, 이는 링크행위자가 링크 당시 링크되는 게시물의 위법성을 인식하였는지, 이를 인식하지 못한 데 대한 과실이 있었는지, 링크행위가 공익적 기능을 수행하는 공정이용인지, 링크행위자가 OSP인 경우 저작권법 제102조에 따른 책임제한 요건을 충족하는지 등의 검토를 통하여 저작권법상의 침해에 대한 책임을 제한할 수 있으므로, 방조로 본다 하더라도 그것이 링크행위의 자유를 심각하게 제한하는 것은 아니다.

④ 피고는 이 사건 각 방송 프로그램의 제목과 방영일자 별로 정렬하여 이 사건 링크로 게재하였고, 이에 따라 이용자들은 이사건 각 사이트에서 원하는 방송 프로그램을 검색하여 해당 게시물을 클릭하기만 하면 그 화면에서 바로 해당 방송 프로그램의 복제물에 접속하여 이를 전송받는 방법으로 시청할 수 있었다. 따라서 피고의 이 사건 링크행위는 이 사건 각 사이트 이용자들로 하여금 편리하게 해외 동영상 공유 사이트에 게시된 각 방송 프로그램의 복제물을 전송받을 수 있도록 함으로써 해외 동영상 공유 사이트 게시자의 이용에 제공하는 행위를 용이하게 하는 행위를 하였다고 평가하기에 충분하다.

☞ 이 사건 판결은 링크 설정 행위에 대하여 형사적 방조책임을 부인한 대법원 판결(대법원 2015. 3. 12. 선고 2012도13748 판결)과 달리 민사적인 방조책임을 처음으로 인정하였다는 점에서 의미가 있다.

03. 계정정지명령

저작권법은 반복적인 불법 복제·전송자에 대한 계정 정지와 게시판 서비스 정지 명령을 규정하고 있다.[155] 일명 '저작권 3진아웃제'라고 불리는 계정정지

155) 제133조의2(정보통신망을 통한 불법복제물등의 삭제명령 등) ① 문화체육관광부장관은 정보통신망을 통하여 저작권이나 그 밖에 이 법에 따라 보호되는 권리를 침해하는 복제물 또는 정보, 기술적 보호조치를 무력하게 하는 프로그램 또는 정보(이하, "불법복제물등"이라 한다)가 전송되는 경우에 심의위원회의 심의를 거쳐 대통령령으로 정하는 바에 따라 온라인서비스제공자에게 다음 각 호의 조치를 할 것을 명할 수 있다.
1. 불법복제물등의 복제·전송자에 대한 경고

명령은 불법복제물을 반복적으로 복제·전송하여 3회 이상 경고를 받은 자가 다시 불법복제물을 복제·전송한 경우에 한하여 해당 복제·전송자의 계정을 정지하는 제도이다. 복제·전송자가 하나의 계정으로 3회 이상 불법복제물을 게시한 경우 정지되는 대상은 해당 계정 외에도 복제·전송자가 해당 사이트에서 보유하고 있는 다른 계정들(이메일 계정은 제외)도 포함된다. 이 제도는 불법복제물을 상습적으로 업로드하여 저작물의 공정한 유통질서를 해치는 헤비업로더를 규제하기 위한 것이다.156)

---

2. 불법복제물등의 삭제 또는 전송 중단

② 문화체육관광부장관은 제1항제1호에 따른 경고를 3회 이상 받은 복제·전송자가 불법복제물등을 전송한 경우에는 심의위원회의 심의를 거쳐 대통령령으로 정하는 바에 따라 온라인서비스제공자에게 6개월 이내의 기간을 정하여 해당 복제·전송자의 계정(이메일 전용 계정은 제외하며, 해당 온라인서비스제공자가 부여한 다른 계정을 포함한다. 이하 같다)을 정지할 것을 명할 수 있다.

③ 제2항에 따른 명령을 받은 온라인서비스제공자는 해당 복제·전송자의 계정을 정지하기 7일 전에 대통령령으로 정하는 바에 따라 해당 계정이 정지된다는 사실을 해당 복제·전송자에게 통지하여야 한다.

④ 문화체육관광부장관은 온라인서비스제공자의 정보통신망에 개설된 게시판(「정보통신망 이용촉진 및 정보보호 등에 관한 법률」 제2조제1항제9호의 게시판 중 상업적 이익 또는 이용 편의를 제공하는 게시판을 말한다. 이하 같다) 중 제1항제2호에 따른 명령이 3회 이상 내려진 게시판으로서 해당 게시판의 형태, 게시되는 복제물의 양이나 성격 등에 비추어 해당 게시판이 저작권 등의 이용질서를 심각하게 훼손한다고 판단되는 경우에는 심의위원회의 심의를 거쳐 대통령령으로 정하는 바에 따라 온라인서비스제공자에게 6개월 이내의 기간을 정하여 해당 게시판 서비스의 전부 또는 일부의 정지를 명할 수 있다.

⑤ 제4항에 따른 명령을 받은 온라인서비스제공자는 해당 게시판의 서비스를 정지하기 10일 전부터 대통령령으로 정하는 바에 따라 해당 게시판의 서비스가 정지된다는 사실을 해당 온라인서비스제공자의 인터넷 홈페이지 및 해당 게시판에 게시하여야 한다.

⑥ 온라인서비스제공자는 제1항에 따른 명령을 받은 경우에는 명령을 받은 날부터 5일 이내에, 제2항에 따른 명령을 받은 경우에는 명령을 받은 날부터 10일 이내에, 제4항에 따른 명령을 받은 경우에는 명령을 받은 날부터 15일 이내에 그 조치결과를 대통령령으로 정하는 바에 따라 문화체육관광부장관에게 통보하여야 한다.

⑦ 문화체육관광부장관은 제1항, 제2항 및 제4항의 명령의 대상이 되는 온라인서비스제공자와 제2항에 따른 명령과 직접적인 이해관계가 있는 복제·전송자 및 제4항에 따른 게시판의 운영자에게 사전에 의견제출의 기회를 주어야 한다. 이 경우 「행정절차법」 제22조제4항부터 제6항까지 및 제27조를 의견제출에 관하여 준용한다.

⑧ 문화체육관광부장관은 제1항, 제2항 및 제4항에 따른 업무를 수행하기 위하여 필요한 기구를 설치·운영할 수 있다.

저작권법에서는 문화체육관광부로부터 불법복제물 또는 정보, 기술적 보호 조치를 무력하게 하는 프로그램 또는 정보에 대한 복제·전송 경고를 3회 이상 받고 다시 그 조치를 어긴 게시판은 한국저작권보호원의 심의를 거쳐 6개월 이내의 기간을 정하여 게시판이 정지되도록 하고 있다. 그 대상은 상업적 이익 또는 이용 편의를 제공하는 게시판이 해당하며, 비영리적이고 사적인 게시판은 제외된다. 따라서 법원이 아닌 공공기관이 게시판 정지에 대한 결정을 내리도록 하여 개인의 인터넷 접근을 차단하는 권한을 가지고 있다.

그러나 저작권법에서 인터넷을 통한 저작권 침해행위에 대해 민·형사적 책임을 묻고 있음에도 불구하고 새로운 행정적 규제를 창설한 것에 대해 이중처벌의 논란으로부터 자유롭지 못할 것이다. 그리고 이메일계정은 정지대상에서 제외시키고 있으나 현실적으로 인터넷포털의 다양한 계정 중에서 이메일계정만을 살릴 수 있는지도 고민해 보아야 한다. 또한, 3개 포털이 독과점을 형성하고 있는 환경에서 시장지배적 지위에 있는 한 개 포털로부터의 퇴출은 사이버상의 사회활동을 과도하게 제한할 우려도 있다.

< 계정정지 명령의 절차 >

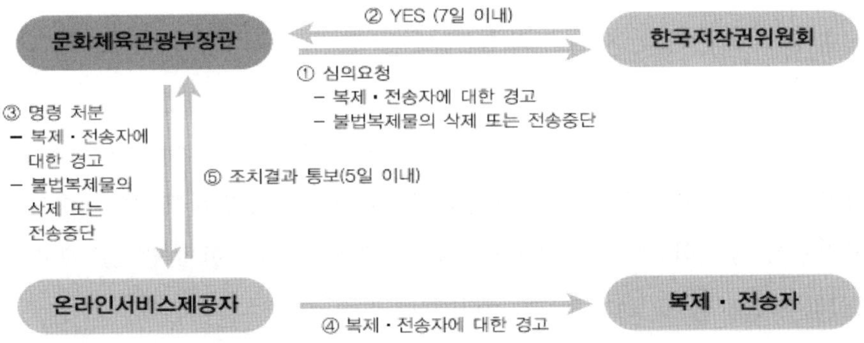

156) 이용자들은 이러한 규제 강화가 인터넷상에서의 자유로운 정보교류활동과 표현의 자유를 제한할 것이라고 주장하였다. 프랑스에서는 헌법위원회가 '저작권 3진 아웃제'에 대해 위헌결정을 내린 바 있다. 프랑스 헌법위원회가 이 제도를 위헌이라고 결정한 근거는 첫째, 저작권을 3차례 위반했을 때 인터넷 접속을 1년간 차단하는 내용을 담은 프랑스 인터넷 저작권 보호법안은 헌법상 표현의 자유를 부당하게 제한하며, 둘째, 기본권의 제한은 사법부의 판결에 의해서만 가능한 것으로 행정기관이 이를 제한할 수 없다는 것이다.

04. 데이터베이스 보호

"데이터베이스(database, DB)"는 소재를 체계적으로 배열 또는 구성한 편집물로서 개별적으로 그 소재에 접근하거나 그 소재를 검색할 수 있도록 한 것을 말한다(법 제2조 제19호). 데이터베이스가 그 소재의 선택·배열 또는 구성 자체에 창작성이 있는 경우라면 편집저작물로서 보호받을 수 있지만 대부분의 것은 객관적 사실 또는 정보를 단순히 집적해 둔 것에 불과하므로 그 보호가 문제된다. 특히 공중에 공개되어 있는 개별적인 사실 또는 정보라도 그것을 수집하고 체계적으로 구성하는데 상당히 많은 비용과 노력 및 시간을 투자하여 의사결정 등에 필요한 유용한 정보를 추출할 수 있도록 한다면 그러한 데이터베이스는 상당한 경제적 가치를 지닌다고 할 수 있다.

그러나 오늘날 디지털 복제기술의 발전은 데이터베이스 및 디지털콘텐츠를 저렴한 비용으로 복제·전송하거나 변형하여 활용할 수 있게 만들었다. 따라서 상당한 노력과 자본을 투자하여 제작한 데이터베이스를 무단으로 복제·전송하는 행위를 적절히 규제하지 않는다면 데이터베이스제작자에게 막대한 피해 발생과 개발의욕을 상실하게 되며 나아가 DB 산업의 발전을 저해하는 결과를 초래할 것이다. 1990년대 초반부터 데이터베이스에 대한 적절한 법적 보호의 필요성을 적극적으로 제기한 미국과 유럽은 저작권법 및 부정경쟁방지법 등에 그 법적 보호방안을 마련하였다.

우리나라의 경우 2003년 저작권법을 개정하여 창작성이 없는 데이터베이스에 대해서도 별도의 제한적 보호체계를 제공함으로써 상당한 인적, 기술적, 재정적 요소를 투입한 데이터베이스의 제작자에게 일정한 인센티브를 제공하여 정보산업의 발전을 도모하고자 하였다.[157)]

157) 콘텐츠산업 진흥법에서는 콘텐츠의 디지털화 및 온라인화에 투하된 비용과 노력에 대한 경제적 가치를 보호하고자 저작권법의 독점배타적 권리의 부여와는 달리 부정경쟁방지 법리를 적용하여 디지털콘텐츠 제작자의 영업상 이익을 보호하고 있다.

편집저작물과 데이터베이스

데이터베이스는 소재를 체계적으로 배열 또는 구성한 편집물로서 그 소재를 개별적으로 접근 또는 검색할 수 있도록 한 것이므로 이미 공중에 공개된 객관적 사실이나 정보 그 자체를 취사선택함이 없이 수집하여 컴퓨터프로그램의 도움을 받아 검색이 용이하도록 가공·정리된 편집물이다. 따라서 인공지능이나 기계가 자동으로 생성한 데이터나 소재가 체계적으로 배열 또는 구성되지 않은 비정형 데이터[158]는 현행 저작권법상 데이터베이스로 보기 어렵다.

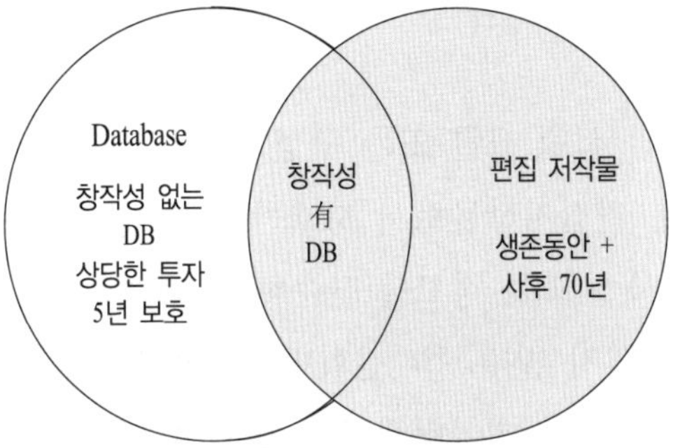

한편, 데이터베이스도 편집저작물이 되는 경우가 있다. '편집저작물'은 그 소재의 선택·배열 또는 구성 자체에 창작성이 있는 독립된 저작물을 말한다(법 제2조 제18호). 편집저작물은 그것을 구성하고 있는 개별 소재들이 저작물인지 여부는 편집물의 창작성을 판단하는 기준이 되지 못하며, 그 개별소재의 선택·배열 또는 구성에 있어서 창작성이 있으면 편집저작권의 보호를 받을 수 있다. 실생활에서 볼 수 있는 편집저작물의 예로서 백과사전, 신문, 잡지, 문학전집, 판례집, 영어단어장, 광고전화번호부, 직업별 전화번호부, 자동차운전면허 시험문제집, 캘린더, 시력표 등 다양한 형태가 있다.

한국입찰경매정보지 사건(대법원 96도2440 판결)

이 사건은 입찰경매정보지를 구성하는 소재의 선택이나 배열에 창작성을 인정하여 독자적인 저작물로서 보호되는 편집저작물로 본 사례이다. 피고인들이 무단복제

---

158) 비정형데이터는 빅데이터의 주요한 요소이며, 정형데이터와 달리 전화, 라디오, 방송 등의 음성 데이터, 텔레비전 방송 등의 영상 데이터, 신문·잡지 등의 활자 데이터, 블로그나 SNS 등의 소셜 미디어에 사용된 문자 데이터, GPS에서 송신되는 데이터, IC카드나 RFID 등의 각종 센서로 감지되어 송신되는 데이터 등으로 IoT 기술의 발전으로 급속하게 생성된 데이터를 말한다.

하였다는 피해자 발행의 '한국입찰경매정보' 지는 법원게시판에 공고되거나 일간신문에 게재된 내용을 토대로 경매사건번호, 소재지, 종별, 면적, 최저경매가로 구분하여 수록하고, 이에 덧붙여 피해자 직원들이 직접 열람한 경매기록이나 등기부등본을 통하여 알게 된 목적물의 주요현황, 준공일자, 입주자, 임차금, 입주일 등의 임대차관계, 감정평가액 및 경매결과, 등기부상의 권리관계 등을 구독자가 알아보기 쉽게 필요한 부분만을 발췌 · 요약하여 수록한 것이다. 따라서 대법원은 위 한국입찰경매정보지는 그 소재의 선택이나 배열에 창작성이 있는 것이어서 독자적인 저작물로서 보호되는 편집저작물에 해당한다 할 것이고, 위 한국입찰경매정보지가 이와 같이 편집저작물로서 독자적으로 보호되는 것인 이상 이를 가리켜 저작권법 제7조 소정의 보호받지 못하는 저작물이라고 할 수 없다고 판시하였다.

데이터베이스를 구성하고 있는 소재의 선택·배열 또는 구성 그 자체가 창작성을 지니고 있다면 그 데이터베이스는 편집저작물로서 보호받을 수 있다. 그러나 대부분의 데이터베이스는 객관적 사실 또는 정보를 단순히 집적한 것으로 저작권법상의 창작성 요건을 갖추기는 쉽지 않다.[159] 전화번호부의 인명편과 같이 단순히 성명, 주소 및 전화번호를 배열한 데이터베이스, 법률정보를 법역별로 배열한 데이터베이스, 디지털라이브러리 등의 경우는 창작성을 갖추지 못하고 있으므로 편집저작물로서는 보호받을 수 없다.

따라서 저작권법은 편집저작물이 되지 못하는 일정한 데이터베이스(소재의 선택과 배열, 구성에 창작성이 없는 정보 편집물)에 대해서도 독립된 제한적 보호체계를 마련하였다. 앞서 설명한 바와 같이, 창작성이 없는 데이터베이스라도 그것을 제작하는데 상당한 규모의 자본과 인적·기술적 투입을 한 제작자에게 저작권과는 별도의 독립된 권리(sui generis right)를 부여하고 있다.

데이터베이스제작자의 권리

'데이터베이스제작자'란 데이터베이스의 제작 또는 그 소재의 갱신·검증 또는 보충에 인적 또는 물적으로 상당한 투자를 한 자를 말한다(법 제2조 제20호). 저작권법

159) 남효순·정상조, 인터넷과 법률, 법문사, 2000, 237면.

은 데이터베이스제작자에게 해당 데이터베이스의 전부 또는 상당한 부분을 복제·배포·방송 또는 전송할 권리를 부여하고 있다(법 제93조 제1항). 주의할 점은 데이터베이스를 구성하는 개별 소재는 위에서 규정하고 있는 상당한 부분으로 간주되지 않는다(법 제93조 제2항). 즉 개별 소재에 대해서는 저작권보호가 적용되지 않는다. 다만, 데이터베이스의 개별 소재 또는 그 상당한 부분에 이르지 못하는 부분의 복제 등이라 하더라도 반복적이거나 특정한 목적을 위하여 체계적으로 함으로써 해당 데이터베이스의 통상적인 이용과 충돌하거나 데이터베이스제작자의 이익을 부당하게 해치는 경우에는 해당 데이터베이스의 상당한 부분의 복제 등으로 본다.[160] 그리고 데이터베이스제작자에게는 재산권만이 인정된다.

데이터베이스 시스템은 크게 정보의 덩어리인 '데이터베이스'와 그것을 저장 관리하고 필요한 정보를 생성·검색하는 '컴퓨터프로그램'으로 구성되어 있다. 저작권법은 데이터베이스의 제작·갱신 또는 운영에 이용되는 컴퓨터프로그램을 데이터베이스 자체와 구별하여 보호하고 있다(법 제92조 제1호).[161] 즉, 데이터베이스제작자의 권리는 저작권과는 별도로 데이터베이스의 제작을 완료한 때부터 발생하며, 그 다음 해부터 기산하여 5년간 존속한다(법 제95조). 반면, 컴퓨터프로그램은 저작물의 하나로서 저작자의 생존동안과 사후 70년간 존속한다(법 제39조).

또한, 데이터베이스제작자가 데이터베이스를 갱신 등을 경우에는 그 갱신 등을 위하여 인적 또는 물적으로 상당한 투자가 이루어졌다면 해당 부분에 대한

160) 상당한 부분의 복제 등에 해당하는지를 판단할 때는 양적인 측면만이 아니라 질적인 측면도 함께 고려하여야 한다. 양적으로 상당한 부분인지 여부는 복제 등이 된 부분을 전체 데이터베이스의 규모와 비교하여 판단하여야 하며, 질적으로 상당한 부분인지 여부는 복제 등이 된 부분에 포함되어 있는 개별 소재 자체의 가치나 그 개별 소재의 생산에 들어간 투자가 아니라 데이터베이스제작자가 그 복제 등이 된 부분의 제작 또는 그 소재의 갱신·검증 또는 보충에 인적 또는 물적으로 상당한 투자를 하였는지를 기준으로 제반사정에 비추어 판단하여야 한다. 대법원 2022. 5. 12. 선고 2021도1533 판결.

161) 저작권법 제92조 (적용 제외) 다음 각 호의 어느 하나에 해당하는 데이터베이스에 대하여는 이 장의 규정을 적용하지 아니한다.
1. 데이터베이스의 제작·갱신 등 또는 운영에 이용되는 컴퓨터프로그램
2. 무선 또는 유선통신을 기술적으로 가능하게 하기 위하여 제작되거나 갱신등이 되는 데이터베이스

데이터베이스제작자의 권리는 그 갱신 등을 한 때부터 발생하며, 그 다음해부터 기산하여 5년간 존속한다.

야놀자 v. 여기 어때 사건(대법원 2021도1533 판결)

숙박업체 예약 서비스를 제공하는 회사 직원인 피고인들이 경쟁회사에서 운영하는 모바일 어플리케이션용 서버에 크롤링 프로그램으로 접속하여 제휴 숙박업소 목록 등 정보를 무단으로 복제한 행위에 관한 사안에서, 대법원은 우선, 데이터베이스의 개별 소재 또는 상당한 부분에 이르지 못하는 부분의 반복적이거나 특정한 목적을 위한 체계적 복제 등에 의한 데이터베이스제작자의 권리 침해는 데이터베이스의 개별 소재 또는 상당하지 않은 부분에 대한 반복적이고 체계적인 복제 등으로 결국 상당한 부분의 복제 등을 한 것과 같은 결과를 발생하게 한 경우에 한하여 인정함이 타당하다고 밝혔다. 그리고 이 사건 원심과 대법원은 "① 피고인 A 등이 피해자 회사의 API 서버로부터 수집한 정보들은 피해자 회사의 숙박업소 관련 데이터베이스의 일부에 해당하고, ② 위 정보들은 이미 상당히 알려진 정보로서 그 수집에 상당한 비용이나 노력이 들었을 것으로 보이지 않거나 이미 공개되어 있어 이 사건 앱을 통해서도 확보할 수 있었던 것이고, 데이터베이스의 갱신 등에 관한 자료가 없으며, ③ 피고인 A 등의 데이터베이스 복제가 피해자 회사의 해당 데이터베이스의 통상적인 이용과 충돌하거나 그 이익을 부당하게 해치는 경우에 해당한다고 보기 어렵다."는 이유로 저작권법위반의 점을 무죄로 판단하였다.

05. 저작권위탁관리

저작권신탁관리업

저작권위탁관리는 저작권신탁관리업과 저작권대리중개업으로 구분한다. 먼저 저작권신탁관리업이란 업으로 저작재산권자, 배타적 발행권자, 출판권자, 저작인접권자 또는 데이터베이스제작자 권리를 가진 자를 위하여 그 권리를 신탁받아 이를 지속적으로 관리하는 업을 말하며, 저작물 등의 이용과 관련하여 포괄적으로 대리하는 경우를 포함한다(저작권법 제2조 제26호). 저작권신탁관리업을 도입하게 된 것은 저작재산권자등이 자신의 저작물 이용에 대한 사용료를 일일이 청구하는 것이 힘들고, 또 자기의 저작물이 얼마만큼이나 이용되었는지 확인하기도 어려우므로 이를 해결하기 위하여 도입하였다. 또한, 저작물 이용자 입장에서도 누가 저작재산권자등인지 알기 힘들며, 안다 하더라도 일일이 그의 소재를 찾아 교섭하는 것이 몹시 불편하므로 그 필요성이 인정된다. 이러한 이유로 거의 모든 나라에서 신탁관리업이나 대리중개업을 도입하여 운영하고 있다. 다만, 우리나라는 이를 저작권법에서 규율하고 있다는 점에 특색이 있다.162)

1) 저작권신탁관리의 법적 성격

저작권신탁은 신탁법상 신탁에 해당하므로 저작권 등의 권리가 신탁계약기간 동안 권리자로부터 수탁자에게 이전된다. 따라서 수탁자인 저작권신탁관리업자는 대외적으로 권리자로 인정되며, 자신의 명의로 권리침해자를 상대로 한 소를 제기할 수도 있다. 하지만 일신전속성적인 성격의 저작인격권은 신탁관리의 대상이 되지 아니한다. 또한, 신탁계약에 특약이 없으면 2차적저작물 작성권과 편집저작물 작성권은 포함되지 않는다.

2) 신탁관리업의 허가

1986년 저작권법에서 저작권위탁관리제도를 도입할 당시에는 저작권신탁관리업과 저작권대리중개업 모두 허가대상으로 규정되었다. 그러나 대리중개업은 엄격한 허가조건으로 인하여 상대적으로 활성화되지 못하자 1994년 저작권법을 개정하여 대리중개업을 허가제에서 신고제로 전환하였다. 이후 이러한 구분에도 불구하고 일부 대리중개업은 신고를 한 후 권리자와 포괄적 권리위임계약을 맺고 사실상 신탁업무를 수행하기도 하였다.163) 이에 2000년과 2006년 두 번에 걸친 저작권법 개정으로 저작권신탁관리업과 대리중개업을 구분하고 포괄대리를 신탁관리업의 업무범위로 포섭하여 시장의 혼란을 해소하고자 하였다.

현재 저작권신탁관리업을 하려는 자는 대통령령이 정하는 바에 의하여 문화

162) 송영식 외 1인, 위의 책, 336면.
163) 박성호, 저작권위탁관리업 개선방안 연구, 문화체육관광부 보고서, 2016, 16면.

체육관광부장관의 허가를 받아야 한다(저작권법 제105조제1항). 신탁관리업의 허가요건으로는 ① 저작물 등에 관한 권리자로 구성된 단체이어야 하고 ② 영리를 목적으로 하지 아니어야 하며, ③ 사용료의 징수 및 분배 등의 업무를 수행하기에 충분한 능력이 있어야 한다.

저작권법 제105조에 따라 현재 문화체육관광부장관의 허가를 받은 13개 저작권신탁관리단체의 현황은 다음과 같다. 특히 음악저작권 분야에서는 기존의 한국음악저작권협회 외에 2013년 12월에 함께하는음악저작인협회를 저작권신탁관리업 신규허가 대상자로 선정하였다. 이는 기존 독점체제가 갖는 폐단을 시정하기 위한 조치로서 음악저작권 분야에 유일하게 경쟁체제를 도입하게 되었다.

<저작권 및 저작인접권 신탁관리업 단체의 현황>

구분	단체명	관리 권리	분야
저작권	한국음악저작권협회	음악저작권(작곡·작사·음악출판사)	음악
	함께하는음악저작인협회	음악저작권(작곡·작사·음악출판사)	음악
	한국방송작가협회	방송시나리오 저작권	어문
	한국문학예술저작권협회	어문, 연극, 미술, 사진 저작권	어문
	한국시나리오작가협회	영화 시나리오 저작권	어문
	한국문화정보원	공공기관 저작권	공공
	한국영화제작가협회	영화저작물의 인터넷상 복제·전송권	영상
	한국영화배급협회	비디오, DVD, VCD (공연)의 공연권	영상
	한국언론진흥재단	뉴스저작권(복제·전송)	뉴스
저작인접권	한국음반산업협회 (방송보상금수령단체)	음반제작자의 복제·전송·배포권	음악
	한국음악실연자연합회 (방송보상금수령단체)	음악실연자(가수·연주자 등)의 권리	음악
	한국방송실연자권리협회	방송실연자(텔런트·성우·코메디언 등)의 권리	방송

3) 저작권신탁관리업 허가신청절차

저작권신탁관리업의 허가를 받고자 하는 자는 ① 저작권 신탁관리업 허가신청서와 ② 저작권신탁계약 약관 및 저작물 이용계약 약관을 포함하는 저작권신탁관리업 업무규정을 작성하여 문화체육부장관에게 제출하여야 한다(법 제105조 제2항)(시행령 제47조 제1항). 문화체육관광부장관은 저작권신탁관리업을 허가하는 경우에는 저작권신탁관리업 허가증을 발급하여야 한다(시행령 제47조 제2항). 저작권신탁관리업의 허가를 받은 자가 문화체육관광부령으로 정하는 중요 사항을 변경하고자 하는 경우에는 문화체육관광부장관의 변경허가를 받아야 한다(법 제105조 제4항).[164] 저작권신탁관리업자는 수수료 및 사용료의 요율 또는 금액을 승인신청(변경신청 포함)을 할 경우에는 문화체육부장관에게 서면으로 승인신청을 해야 한다(시행령 제49조 제1항).

4) 저작권신탁관리업자의 의무

저작물 등의 유통이 원활하게 이루어질 수 있도록 하기 위하여 저작권신탁관리업자는 다음의 의무를 부담한다. 즉 저작권신탁관리업자는 그가 관리하는 저작물 등의 목록과 이용계약에 필요한 정보를 분기별로 도서 또는 전자적 형태로 작성하여 주된 사무소에 비치하고 인터넷 홈페이지를 통하여 공개하여야 한다(제106조 제1항). 저작물 등의 목록에는 ① 저작물 등의 제호, ② 저작자, 실연자·음반제작자 또는 방송사업자, 데이터베이스제작자의 성명 등, ③ 창작 또는 공표 연도, 실연 또는 고정 연도, 제작 연도 등의 사항을 기재하여야 한다(시행령 제50조).

저작권 신탁관리업자는 이용자가 서면으로 요청하는 경우에는 정당한 사유가 없는 한 관리하는 저작물 등의 이용계약을 체결하기 위하여 필요한 정보로서 ① 해당 저작물등의 저작재산권자 등과의 신탁계약기간, ② 사용료 등 이용조건 및 표준계약서에관한 정보를 상당한 기간 이내에 서면으로 제공하여야 한다(법 제106조 제2항, 시행령 제51조). 저작권 신탁관리업자가 위 의무를 이행하지 아니한 경우에는 1천

---

164) '문화체육관광부령으로 정하는 중요 사항'이란 저작권신탁관리업 업무규정, 취급하려는 저작물 등 또는 권리 등의 종류를 말한다.

만원 이하의 과태료를 부과한다(법 제142조 제2항).

5) 서류열람 청구

저작권신탁관리업자가 저작권침해의 구제절차에서 활용할 수 있는 자료를 원활하게 입수할 수 있도록 하기 위하여 저작권신탁관리업자에게 서류열람청구권을 인정하고 있다. 즉 저작권신탁관리업자는 그가 신탁관리하는 저작물등을 영리목적으로 이용하는 자에게 해당 저작물등의 사용료 산정에 필요한 서류의 열람을 청구할 수 있다. 이 경우 이용자는 정당한 사유가 없는 한 이에 응하여야 한다(법 제107조).

6) 미분배 보상금

저작권신탁관리단체는 징수한 저작권 보상금을 저작권자들에게 분배하여야 한다. 그런데 우리나라의 경우 징수된 보상금에 대하여 해당 저작권자를 알지 못하여 분배되지 않은 보상금이 발생하며 그 비율이 선진 주요국에 비해 높은 편이다.

저작권법 제25조 제6항에서 학교교육 목적 등으로 공표된 저작물을 이용하려는 자는 문화체육관광부장관이 정하는 기준에 따른 보상금을 해당 저작재산권자에게 지급하도록 규정하고, 동조 제10항에서 보상금징수단체는 보상금 분배 공고를 한 날부터 5년이 경과한 미분배 보상금에 대하여 문화체육관광부장관의 승인을 받아 ① 저작권 교육·홍보 및 연구, ② 저작권 정보의 관리 및 제공, ③ 저작물 창작 활동의 지원, ④ 저작권 보호 사업, ⑤ 창작자 권익옹호 사업, ⑥ 보상권리자에 대한 보상금 분배 활성화 사업, ⑦ 저작물 이용 활성화 및 공정한 이용을 도모하기 위한 사업 등과 같은 목적을 위하여 사용할 수 있다. 다만 보상권리자에 대한 정보가 확인되는 경우 보상금을 지급하기 위해 일정 비율의 미분배 보상금을 적립하여야 한다(법 제25조 제10항). 그리고 저작재산권자 불명인 저작물의 이용에 따라 보상금을 지급받은 날부터 10년이 경과한 미분배 보상금에 대하여 문화체육관광부장관의 승인을 얻어 위와 같은 목적을 위하여 사용할 수 있다(법 제50조 제6항).

저작권대리중개업

1) 저작권대리중개업의 개념

저작재산권자, 배타적발행권자, 출판권자, 저작인접권자 또는 데이터베이스 제작자의 권리를 가진 자를 위하여 그 권리의 이용에 관한 대리 또는 중개행위를 하는 업이다(법 제2조 제27호). 저작권대리중개는 저작권신탁과는 달리 저작권의 귀속에는 아무런 변동이 없고 특정한 단체가 저작권의 실명등록, 양도, 이용허락계약을 대리하거나 중개하는 것만을 의미한다.

따라서 대리인이 법률행위를 하더라도 그 법률행위의 효과는 저작재산권자에게만 귀속되고 대리인에는 아무런 직접적인 권리가 부여되지 않는다. 또한, 중개는 계약당사자인 저작재산권자등과 이용자들과 사이에 이용허락계약이 체결되도록 매개·알선하는 업무에 해당하므로 신탁과 차이가 있다.[165] 저작권대리중개인은 권리침해자를 상대로 한 소를 제기할 수 없다.

TIP

포괄적 대리

현행 저작권법은 포괄적 대리를 저작권신탁관리업의 범주에 포함하고, 만일 저작권대리중개업자가 허가 없이 이 행위를 하게 되면 처벌을 받도록 하고 있다. 그런데 현행법은 포괄적 대리에 대한 정의를 규정하고 있지 않아 다양한 형태의 포괄적 대리행위 중 어디까지가 해당 범주에 속하는 것인지를 판단하기 쉽지 않다. '포괄적 대리'의 해석과 관련하여 다양한 견해가 존재한다.[166] 예를 들면, 2006년 법제처는 음반의 저작재산권자가 음원저작권을 모바일, 웹사이트, ARS 사업자 기타 유무선 기반의 모든 사업자에게 이용하도록 하는 계약의 협상 및 체결 등 대행권을 저작권대리중개업자에게 독점적으로 위임하는 계약에 따라 저작권대리중개업자가 저작물 이용에 관련되는 업무를 수행하는 것은 이용방법과 상대방 선택의 범위를 포괄적으로 망라한 것이며, 이는 저작재산권을 이전받은 것과 동일한 효과를 발생시키는 것으로 이러한 계약을 통하여 행하는 저작권대리중개업자의 업무행위는 저작재산권자 등을 포괄적으로 대리한 것이라고 답변하였다.[167]

그리고 법원은 2015년 초에 저작권대리중개업체가 다수의 사진작가 및 사진 제작업체로부

165) 손승우, "저작권대리중개업의 현안과 개선 방안", 「산업재산권」 제55호, 2018, 274면.

터 독점적으로 사진저작물의 이용을 허락할 권리 및 그 목적을 위해 저작물을 이용할 권한을 부여받은 후 저작권 침해자들을 상대로 형사고소 등을 하고 합의금을 받은 사건에서, 해당 행위는 '저작권자를 포괄적으로 대리함으로써 신탁관리업을 한 것에 해당'하므로 허가를 받지 않고 저작권 신탁관리업을 한 것이라고 판시한 바 있다. 이 사건에서 저작권대리중개업체는 해당 사진을 이용하고자 하는 고객들을 상대로 인터넷 홈페이지에서 관련된 정보를 제공하였고, 저작물의 사용권을 판매하는 가격을 스스로 결정하고 그 가격에 따라 고객들로부터 사용료를 징수한 바 있다.[168] 또한, 대리중개업체는 신탁관리단체와 달리 법률사무를 하지 못함에도 불구하고 다수의 대리중개업체들이 여전히 저작권 침해에 대한 형사고발, 합의금 수령 등 법률사무를 포함하는 포괄적 대리행위를 현재까지 지속하고 있다.

그밖에도 저작권자에게 향후 발생되는 저작권료에 대한 매출채권을 담보로 대리중개업자가 자금을 먼저 융통해 주는 조건으로 포괄적 대리계약을 유도하는 것도 문제되고 있다. 즉 선지급 체계를 가지고 있지 않는 신탁관리단체들은 상대적으로 경쟁에서 불리한 위치에 놓인다. 저작권대리중개는 일시적 또는 1회적 이용허락 계약을 체결하는 것을 대리하거나 중개하는 것을 본질로 하는데, 이러한 선지급행위는 포괄적 대리관계를 기반으로 한 장기계약으로 이어져 경쟁질서를 왜곡하게 된다. 엄격한 규제와 감독을 받는 신탁관리업에 비하여 대리중개업은 상대적으로 행정지도와 감독이 엄격하지 않아 포괄적 대리행위가 좀처럼 개선되지 않고 있다. 이러한 이유로 일부 주요 언론사는 신탁기관인 한국언론진흥재단에 위탁하기보다는 대리중개업를 선호하고[169], 심지어 한국문예학술저작권협회와 대리중개업체의 사용료 격차가 상당히 벌어지면서 회원들이 대리중개업체로 이탈하는 일이 발생하고 있다.[170]

2) 저작권대리중개업의 신고

저작권대리중개업을 하고자 하는 경우에는 문화체육부관광부장관에게 신고를 하면 된다(법 제105조 제1항). 신고를 하지 아니하고 대리중개업을 하는 자 또는 영업의 폐쇄명령을 받고 계속 영업을 하는 경우는 500만원 이하의 벌금에 처한다(법 제138조 제5호).

166) 손승우, 앞의 논문, 279-283면 참조.
167) 법제처 2006.4.17.자 질의회신. <http://moleg.go.kr/lawinfo/lawAnalysis/nwLwAnList;jsessionid=2eIa5naKERpwf2P7k4rL6RPLo912i90DikNcS1SZwlJg1iqiOWxiy6O1BsZlvYOg.moleg_a1_servlet_engine2?csSeq=96&rowIdx=3582>
168) 문건영, "저작권대리중개업자의 권한", 뉴스레터·지식재산권·제18호 판결소개, 법무법인 한결, 2016. 8.22. <http://www.hklaw.co.kr/news/news_letter_view2.asp?seq=244>
169) 한국저작권단체연합회, 2017 국내 저작권관리단체 현황 및 정책 건의집, 2017.11, 166면.
170) 한국문예학술저작권협회, 저작인, Vol. 114, 2019.1, 3면.

3) 저작권대리중개업 신고절차

저작권대리중개업을 신고하려는 자는 ① 저작권 대리중개업 신고서와 ② 저작권대리중개 계약 약관 및 저작물 이용계약 약관을 포함하는 저작권대리중개 업무규정을 작성하여 문화체육부장관에게 제출하여야 한다(법 제105조 제3항, 시행령 제48조 제1항). 저작권대리중개업을 신고한 자가 신고 사항을 변경하려는 경우에는 문화체육관광부장관에게 저작권대리중개업 변경신고서에 신고증 및 변경사항을 증명하는 서류를 제출해야 한다(시행규칙 제19조 제3항).

4) 수수료 및 사용료

저작권위탁관리업의 허가를 받거나 신고를 한 자(이하, "저작권위탁관리업자"라 한다)는 그 업무에 관하여 저작재산권자나 그 밖의 관계자로부터 수수료를 받을 수 있다(법 제105조 제8항). 수수료의 요율 또는 금액 및 저작권신탁관리업자가 이용자로부터 받는 사용료의 요율 또는 금액은 저작권신탁관리업자가 문화체육관광부장관의 승인을 받아 이를 정한다(법 제105조 제9항). 문화체육관광부장관은 사용료의 요율 또는 금액에 관하여 승인 신청을 받거나 승인을 한 경우에는 그 내용을 공고하여야 한다(법 제105조 제11항). 문화체육관광부장관은 저작재산권자 그 밖의 관계자의 권익보호 또는 저작물등의 이용 편의를 도모하기 위하여 필요한 경우에는 그 승인 내용을 변경할 수 있다(법 제105조 제12항).

저작권위탁관리업에 대한 감독

문화체육부관광부장관은 저작권위탁관리업자에게 저작권위탁관리업의 업무에 관하여 필요한 보고를 하게 할 수 있으며(법 제108조 제1항), 저작자의 권익보호와 저작물의 이용편의를 도모하기 위하여 저작권위탁관리업자의 업무에 관하여 필요한 명령을 할 수 있다(법 제108조 제2항).

저작권위탁관리업자가 승인된 수수료를 초과하여 받거나 승인된 사용료 이외의 사용료를 받은 경우, 보고 의무를 정당한 사유없이 해태하거나 거짓으로 한 경우, 문화체육관광부장관의 명령을 불이행한 경우,공개사항을 공개하지 않은 경우 등에는 6개월 이내의 기간을 정하여 업무의 정지를 명할 수 있다. 이러한 정지명령에도 불구하고 업무를 계속한 경우에는 허가를 취소하거나 영업폐쇄명령을 할 수 있다(법 제109조 제1항 및 제2항). 영업폐쇄나 허가취소 등의 경우에는 청문을 실시하여야 한다(법 제110조).

문화체육부관광부장관은 저작권위탁관리업자에게 업무의 정지처분을 하여야 할 때에는 그 업무정지처분에 갈음하여 대통령령으로 정하는 바에 따라 직전년도 사용료 및 보상금 징수액의 100분의 1 이하의 과징금을 부과·징수할 수 있다. 다만, 징수금액을 산정하기 어려운 경우에는 10억원을 초과하지 아니하는 범위에서 과징금을 부과·징수할 수 있다(법 제111조 제1항). 문화체육관광부장관은 과징금 부과처분을 받은 자가 과징금을 기한 이내에 납부하지 아니하는 때에는 국세체납처분의 예에 의하여 이를 징수한다(법 제111조 제2항). 이 규정에 따라 징수한 과징금은 징수주체가 건전한 저작물 이용질서의 확립을 위하여 사용할 수 있다(법 제111조 제3항).

Discussion

주제 **포털사이트에 게재된 불법 저작물의 삭제를 주장하는 사람이 당해 불법 저작물을 게재한 사람의 신원정보를 요청할 경우 그 요청에 따라야 할까?**

설명 저작권자는 자신이 진정한 권리자임을 소명하여 인터넷 게시판에 무단으로 게재된 자신의 저작물의 삭제를 OSP(온라인서비스제공자)에게 요구할 수 있다(저작권법 제103조). 이 경우 저작권자가 저작권 침해 소송을 제기하기 위하여 저작권 침해가 의심되는 이용자에 대한 신원정보를 OSP에게 요청할 수 있을까? 이용자 정보의 제공은 개인정보나 사생활 침해 문제뿐만 아니라 이를 남용할 소지도 높아 민감한 사안이라고 할 수 있다. 현재 저작권 침해자의 계정정보를 획득하기 위해서는 소송절차에 있어서 법원의 명령 등에 의한 제한적 획득이 가능하다. 저작권법은 법원이 저작권의 침해에 관한 소송에서 당사자의 신청에 따라 증거를 수집하기 위하여 필요하다고 인정되는 경우에는 다른 당사자에 대하여 그가 보유하고 있거나 알고 있는 ① 침해 행위나 불법복제물의 생산 및 유통에 관련된 자를 특정할 수 있는 정보, ② 불법복제물의 생산 및 유통 경로에 관한 정보를 제공하도록 명할 수 있도록 규정하고 있다(법 제129조의2 제1항).

Explanation

사안에서와 같이 B가 개발한 속기컴퓨터프로그램을 C가 새로운 창작성을 더하여 원프로그램을 개량하는 행위를 '개작(改作)'이라고 한다. 개작은 원프로그램의 일련의 지시·명령의 전부 또는 상당부분을 이용하여 새로운 프로그램을 창작하는 것을 말한다(구 컴퓨터프로그램보호법 제2조 제4호). 이는 저작권법상의 2차적저작물의 작성과 유사한 개념이다. 즉 원저작물을 번역·편곡·변형·각색·영상제작 그 밖의 방법으로 작성한 창작물을 2차적저작물이라고 한다.

우리나라 저작권법 제5조 제1항에서 "2차적저작물은 독자적인 저작물로서 보호된다"고 규정하고 있으며, 동조 제2항에서 "2차적저작물의 보호는 그 원저작물의 저작자의 권리에 영향을 미치지 아니한다"고 규정하고 있다. 이들 규정의 취지를 고려해 볼 때 개작은 원저작자의 동의를 필수요건으로 하지 않으며, 2차적저작물에 대한 저작권은 원저작자가 아닌 2차적저작물의 저작자에게 귀속된다. 즉 사안에서 A가 저작권을 가지고 있는 원프로그램에서 C가 약 20%정도의 새로운 창작성을 가미하여 개량하였다면 그 부분에 대한 저작권은 C에게 귀속되게 된다.

한편 원저작자의 동의가 없이 개작하여 원저작자의 경제적 이익을 취할 경우에는 원저작자가 가지고 있는 개작권을 침해하게 되므로 2차적 프로그램 작성자는 이에 대한 일정한 책임을 부담하게 될 것이다.

특허권과 실용신안권

Chapter 9 특허의 대상·요건·출원

A는 수지상 세포를 사람의 비장으로부터 얻는 방법에 대한 발명을 출원하였다. 그런데 특허청 심사관은 출원발명이 특허법 제29조 제1항의 산업상 이용가능성의 요건을 충족하지 못하였다는 이유로 거절결정을 하였다. 해당 출원발명과 관련하여, 출원일 이전에 수지상 세포를 사람의 혈액으로부터도 얻을 수 있음이 알려져 있었다. 그리고 실제로 출원일 이후 사람의 혈액으로부터 수지상 세포를 추출하여 면역반응을 유발시키는 기술이 임상적으로 실시되고 있었다. 그러나 출원일 당시 사람의 혈액으로부터 수지상 세포를 추출하기는 하였지만 수일 내로 사멸하기 때문에 충분한 양의 수지상 세포를 분리하는 것은 기술적으로 쉽지 않았다. 해당 특허출원발명에 대한 특허청의 거절결정은 타당한가?

01. 특허제도의 기원

특허(Patent)라는 용어는 14세기 영국에서 국왕이 특허권을 부여할 때, 모든 사람이 읽을 수 있도록 공개된 상태로 수여하면서 특허증서를 개봉된 문서, 즉 "Letters Patent" 라고 지칭하였으며, 이후 "Open" 이라는 뜻을 가진 Patent가 특허권으로 사용되었다. 최초의 특허법은 1474년 북부 이탈리아 도시국가 베니스에서 모직물공업 발전을 위해 베니스 특허법을 제정하며 제도적으로 발명을 보호하게 되었다.[1] 베니스 특허법으로 보호한 발명의 사례로 1594년 갈릴레오의 양수·관개용 기계에 대한 특허를 들 수 있다.

현대적 특허법의 모태는 영국의 전매조례(Statute of Monopolies: 1624~1852)

1) 베니스 특허법은 발명의 실용성과 신규성을 특허권 부여시 고려하여 새로운 기술이나 기계의 발명자에게 10년간의 특허권을 부여하였다.

이다.[2] 전매조례의 원칙은 선발명주의, 독점권(14년), 공익에 위배되는 대상에 대한 특허를 인정하지 않는 것이다. 전매조례로 산업혁명의 근원이 되는 방적기, 증기기관 등이 출현하였다.[3]

02. 특허법상의 발명

특허제도는 발명을 보호하고 다양한 발명을 장려함으로써 기술의 발전을 촉진하여 국가산업의 발전을 도모하기 위한 제도이다(특허법 제1조). 특허법은 발명자의 노력의 결과를 "공개"하는 대가로 특허권을 부여하여 발명을 장려하고 있다. 우리나라 최초의 특허법은 1946년에 제정되었으며, 1980년 파리협약(Paris Convention)과 1984년 특허협력조약(Patent Cooperation Treaty) 등의 가입으로 국제적 수준에 부합하는 제도로 변모해 왔다. 우리나라는 지식재산권 5대 강국의 하나로서 지식재산의 창출과 보호 영역에서 세계적인 수준을 유지하고 있다.

발명: 자연법칙을 이용한 기술적 사상의 창작으로서 고도한 것

특허법상 발명이라 함은 '자연법칙을 이용한 기술적 사상의 창작으로서 고도(高度)한 것'을 말한다(법 제2조 제1호). 여기서 '자연법칙'이라 함은 자연계에서 일어나는 일정불변의 필연적인 법칙으로서 반복 재현할 수 있는 자연력으로 증폭, 풍력, 수력, 양력, 자기력 등을 이용하는 것이다.

따라서 자연법칙 그 자체나 자연법칙을 이용하지 않는 인위적인 약속인 게임규칙이나 보험제도, 암호작성방법, 순수한 컴퓨터프로그램 그 자체, 또는 자연법칙 이외의 법칙인 수학공식, 경제법칙, 인간의 정신활동인 영업계획 등은 발명이 될 수 없다. 또한, 만류인력의 법칙과 같은 자연법칙 자체의 발견은 창작이 아니

---

2) 전매조례는 17세기 영국 엘리자베스 여왕 시대에 부여하던 특허가 이미 알려진 기술에 대해서도 특허를 부여하여 이로 인한 부당한 피해를 입은 국민과 하원의 항의가 거세짐에 따라 엘리자베스 여왕은 공지기술에 대한 독점을 취소하고 신규의 발명에 대해서만 일정기간의 독점을 인정하는 취지의 선언을 성문화한 것이다.

3) 특허청 홈페이지 <https://www.kipo.go.kr/ko/kpoContentView.do?menuCd=SCD0200111>

므로 특허의 대상이 되지 못하며,[4] 이미 존재하는 천연물을 단순히 발견하는 것도 발명에 해당되지 않는다. 다만, 천연물에서 인위적으로 분리된 새로운 화학물질 또는 미생물(예를 들면, 기름을 먹는 박테리아) 등은 발명에 해당된다.

발명은 '기술적 사상'이므로 추상적이지만 목적을 달성하기 위한 수단으로서 구체성 내지 실현가능성을 띠어야 하며 통상의 지식을 가진 자가 반복적으로 실시하여 기대하는 기술효과를 도출할 수 있을 정도로 객관적이어야 한다.[5]

발명은 기술적 사상(idea)의 '창작'이므로 디자인과 같은 미적 창작물이나 단순한 정보는 발명이 되지 못한다. 그리고 인체를 직접 대상으로 하는 발명은 산업상 이용가능성이 없는 것으로 특허의 대상이 되지 못한다. 예를 들면, 수술기구에 대한 발명은 특허의 대상이 될 수 있는 반면, 고통을 수반하지 않는 인체의 수술방법과 같은 발명은 특허의 대상이 되지 못한다.

이를 정리하면, 특허를 받을 수 있는 발명은 특허법 제2조의 발명의 정의 및 제29조 특허요건을 만족할 뿐만 아니라 특허법 제42조의 명세서 기재요건을 충족하여야 한다. 이러한 요건들을 충족하여 특허를 받은 발명을 '특허발명'이라고 한다(법 제2조 제2호).

발명의 종류

발명의 종류는 크게 물건발명과 방법발명으로 구분할 수 있다.

물건발명은 물품성의 유무를 기준으로 ① 물건(물품)발명, ② 물질발명으로 구분한다. 물품성을 가지는 물건발명은 기계·기구·장치·시설과 같은 제품에 대한 발명이다. 그 보호받고자 하는 대상이 물품 자체이므로 그 신규성은 특정 물품을 구성하는 요소 또는 특정 요소들의 구성에서 찾을 수 있다. 물질발명은 의

---

4) 자연법칙 그 자체를 발명으로 인정하지 않는 이유는 자연법칙 자체에 특허권을 부여하게 되면 독점권을 극대화하는 부작용을 초래하기 때문이다.

5) 발명의 완성과 미완성은 특허 출원서에 첨부된 명세서의 기재 내용만으로 판단된다. 이론적으로 발명의 완성 여부와 명세서의 기재불비 여부는 구별되는 개념이지만 실제 발명의 미완성 판단은 명세서의 기재에 의해서만 이루어지므로 양자를 구별하기는 쉽지 않다. 대법원 2007. 3. 30. 선고 2005후1417 판결, 특허법원 2002. 10. 10. 선고 2001허4722 판결(확정) 등 참조.

약품, 농약, 음식물, 조성물과 같은 발명 등이 해당한다.[6)]

방법발명은 ① 방법발명, ② 물건의 생산방법발명으로 구분한다.[7)] 방법발명은 이미 존재하는 물품이나 물질에 대한 새롭고 유용한 활용방법을 발명하는 것을 말한다. 예를 들면, 송진 자체는 이미 존재하는 물질이므로 특허의 대상이 되지 못하지만, 송진(turpentine)이 개에게 해를 주지 않으면서 개의 심장사상충(heartworm)을 제거하는 방법으로 활용되는 경우에는 그 방법이 특허의 대상이 될 수 있다. 이 경우 특허권 보호의 대상이 되는 발명은 송진 자체가 아닌 일정량의 송진을 이용하여 심장사상충을 통제할 수 있는 방법에 한정하여 미친다. 물건의 생산방법발명은 물건을 생산하는 방법에 관한 발명으로 어떤 물건을 생산하는 방법이 하나 밖에 없었는데, 이후에 그 물건을 좀 더 저렴하고 효율적인 방법으로 생산할 수 있는 방법이 개발되었다면 그 생산방법이 특허의 대상이 될 수 있다.

이 밖에도 식물발명(1930년 무성적으로 번식이 가능한 식물, 1946년 변종식물, 씨 없는 수박, 토감)·미생물발명(1980년 박테리아)·동물발명(1988년 하버드 마우스) 등에 대해서도 발명으로 인정하고 있다.

TIP

미생물발명

미생물발명은 살아 있는 생물이므로 없어질 경우 특허를 받더라도 재현할 수 없는 문제가 발생한다. 이를 보완하기 위해 특허미생물 기탁제도를 마련하여 미생물을 미생물은행에 기탁하여 제3자가 기탁자 또는 특허청의 허락을 받아 분양하여 해당 미생물발명을 쉽게 실시할 수 있도록 하고 있다. 그런데 기존에는 미생물발명을 여러 나라에 특허로 등록하기 위해서는 해당국 모두에 미생물을 기탁해야 하는 번거로움이 있었다. 부다페스트 조약은 특허 보호를 받고자 하는 나라에 미생물을 일일이 기탁하지 않고 국제기탁기관에 기탁하면 체약국(2022년 기준 87개국)에 효력이 미치도록 하여 이러한 문제를 해결하였다.[8)]

---

6) 물질발명에 특허를 받은 물질특허를 "화학반응에 의해 새롭게 생성되는 물질에 대한 특허"라고 보는 견해가 있다. 이 경우 각 성분을 단순히 배합하는 조성물에 특허대상에서 배제될 수 있다.

7) 실용신안권은 물품의 형상·구조·조합에 관한 기술적 사상만을 보호대상으로 하므로 '물품'에 관한 고안만을 대상으로 하고 '방법' 등에 관한 고안은 보호대상으로 하지 않는다(실용신안법 제2조).

◦ **동물발명**

출처: "父犬子犬…'스타기질' 스너피 인기 독차지", 노컷뉴스 2005.8.4.

1988년 미국의 '하버드마우스(종양쥐)'는 암유전자를 가진 형질전환 동물로서 최초의 동물특허이다. 복제양 돌리와 황우석 교수의 스너피 등 전 세계 국가들이 복제동물에 대한 특허화를 진행하고 있으나 윤리적 기준에 대한 논란도 있다. 미국 특허개혁법안(Leahy-Smith American Invents Act)의 경우 인간의 신체 조직체가 포함된 발명에 대해서는 특허를 인정하지 않고 있다.

SW특허

SW발명은 발명의 실시에 컴퓨터·소프트웨어를 필요로 하는 발명(컴퓨터 관련 발명)이다. 소프트웨어는 추상적 아이디어에 불과하여 그 자체로서 특허성을 인정받기 어렵다. 그렇다면 SW발명을 '자연법칙을 이용한 기술적 사상의 창작'으로 인정하는 사유는 무엇일까? SW발명을 인정하는 사고의 근간에는 SW에 의한 정보처리가 하드웨어를 이용해 구체적으로 실현하기 때문이다. 그리고 해당 SW와 협동하여 동작하는 정보처리 장치(기계), 그 동작 방법 및 해당 SW를 기록한 컴퓨터로 읽을 수 있는 매체 또는 매체에 저장된 컴퓨터프로그램은 자연법칙을 이용한 기술적 사상의 창작으로 본다.

2014년 6월 특허청은 소프트웨어 특허가 방법발명인지 물건발명인지 명확하지 않아 등록 거절되는 문제점을 해소하기 위하여 '컴퓨터 관련 발명' 심사기준에 '컴퓨터·소프트웨어 관련 발명(이하, '컴퓨터 관련 발명')'을 심사기준에 포

8) 미생물발명을 출원하는 경우에는 출원명세서와 더불어 특허청장이 지정한 기탁기관에 미생물을 기탁하였다는 수탁증을 함께 첨부해야 한다. 특허절차상 미생물기탁의 국제적 승인에 관한 부다페스트 조약에 따라 세계지식재산권기구(WIPO)에서 인정하는 우리나라에 설치된 국제기탁기관으로 한국생명공학연구원 생물자원센터, 한국미생물보존센터, 농촌진흥청 국립농업과학원 미생물은행, 한국세포주은행 등 4곳이 있다.

함시켜 발명의 성립요건을 충족하는 컴퓨터프로그램 청구항에 대해 특허법상 '물건발명'으로 인정할 수 있도록 하였다.9) 현재 컴퓨터 관련 발명은 물건의 발명 또는 방법의 발명으로 청구항에 기재할 수 있다. 그리고 컴퓨터 관련 발명이 특허법상 발명에 해당하기 위해서는 자연법칙을 이용한 기술적 사상의 창작 중 고도한 것이어야 한다

컴퓨터 관련 발명에서 '물건의 발명'은 그 발명을 구현하는 복수의 기능으로 표현할 수 있을 때 그 기능으로 특정된 물건(장치)의 발명으로서 청구항에 기재할 수 있다. 또한, 프로그램 기록매체 청구항, 데이터 기록매체 청구항, 매체에 저장된 컴퓨터프로그램 청구항 형식으로 기록할 수 있다. 소프트웨어에 의한 정보처리가 하드웨어를 이용하여 구체적으로 실현되는 경우에는 해당 소프트웨어와 협동하여 동작하는 정보처리 장치(기계), 그 동작 방법, 해당 프로그램을 기록한 컴퓨터로 읽을 수 있는 매체, 매체에 저장된 컴퓨터프로그램은 자연법칙을 이용한 기술적 사상의 창작으로서 발명에 해당하는 것으로 본다. 다만, 컴퓨터프로그램 그 자체는 컴퓨터를 실행하는 명령에 불과하여 자연법칙을 이용한 기술적 사상의 창작이 아니므로 발명이 될 수 없다.10)

SW는 '방법발명'의 일종으로도 보호될 수 있다. 방법발명으로 보호하는 SW 발명은 컴퓨터를 사용한 발명이 시계열적으로 연결된 일련의 처리 또는 조작, 즉 단계로 표현할 수 있을 때, 그 단계를 특정하는 것에 의해 방법의 발명으로 청구항에 기재할 수 있다.

---

9) 우리나라의 심사기준은 일본의 것을 참조한 것으로 일본은 2002년 특허법 개정을 통해 '프로그램'을 '물건'으로 명확히 하고, '판매'와 대응되는 '양도'에 '전송'을 포함하였다. 그러나 우리나라는 특허법이 아닌 심사기준에서 컴퓨터프로그램을 청구항 형식으로 1) 물건의 발명 2) 방법의 발명 3) 프로그램 기록 매체 청구항(물건의 발명) 4) 데이터 기록 매체 청구항(물건의 발명), 5) 하드웨어와 결합해 특정과제를 해결하기 위해 매체에 저장된 컴퓨터프로그램을 인정하고 있다.

10) 특허청, 기술분야별 심사가이드, 2022. 1.

SW특허의 무단 전송

과거 특허기술이 포함된 소프트웨어 프로그램이 기록매체(USB, CD 등)에 저장되어 제3자에 의해 생산, 양도 등 오프라인으로 유통되는 경우에는 '물건발명'의 실시에 해당하여 특허권의 보호를 구할 수 있었다. 그러나 해당 프로그램이 제3자에 의해 온라인으로 유통될 경우에는 '방법발명'의 실시에 해당하는지가 분명하지 않아 특허권으로 보호를 구하기가 어려웠다. 이러한 문제를 해결하기 위해 특허법을 개정하여 '방법 발명'의 실시의 정의 규정에 "... 및 그 방법의 사용을 청약하는 행위"를 추가하여 프로그램의 온라인 전송이 이러한 '방법의 사용을 청약하는 행위'에 포함될 수 있도록 하였다. 따라서 특허기술이 포함된 프로그램을 무단으로 온라인으로 전송하는 행위는 특허발명의 실시에 해당하여 특허권의 보호를 구할 수 있다. 다만, 특허법은 소프트웨어 산업의 위축을 방지하기 위해 '방법의 사용을 청약하는 행위'와 관련하여, 그 방법의 사용이 특허권을 침해한다는 것을 "알면서" 그 방법의 사용을 청약하는 행위에만 특허권의 효력이 미치도록 하는 규정을 신설하여 특허권의 효력을 일부 제한하였다(특허법 제94조 제2항).

이용발명

개량발명은 시장의 요구에 따라 기존의 타인 발명을 기술적 결점을 보완하기 위하여 개량한 발명으로서 기본발명의 기술적 사상 그 자체를 변경하지 않고 이를 기초로 하여 새롭게 변경하거나 추가하여 기능적 또는 경제적으로 우수한 효과를 가진 발명을 말한다. 개량기술은 기술이전이나 라이선스 계약을 통해 기술도입자가 해당 기술의 경제적 가치를 높이거나 기술적 결함을 제거하기 위하여 기술적으로 개량을 하게 된다. 즉 개량발명은 기존 특허발명의 구성요소 전체 또는 일부에 변경을 가하여 다른 구성으로 완성하거나 다른 효과를 발생시킨다.

그런데 개량발명이 기존 특허발명을 이용하는 관계가 되는 '이용발명'이 되면 특허침해 문제가 발생할 수 있다. '이용관계'에 있다는 것은 특허발명의 권리범위에 속하는 것이다. 즉 개량발명이 특허발명의 구성에 새로운 기술적 요소를 부가하는 것으로서 개량발명이 특허발명의 요지를 전부 포함하고 이를 그대로 이용하면서 개량발명 내에 특허발명이 발명으로서의 일체성을 유지하는 경우에 성립한다.11) 다시 말해, '이용발명'은 기존 특허발명을 이용하지 않고서는 독자적으로 실시할 수 없는 발명이라고 할 수 있다. 따라서 개량발명이 기존 특허권자의 발명과 '이용관계'에 있는 경우에는 기존 특허권자의 허락 없이 실시하게 되면 특허권 침해가 성립할 수 있다. 이는 특허발명과 동일한 발명뿐만 아니라 균등한 발명을 이용하더라도 마찬가지이다.12)

이용발명(대법원 선고 98후522 판결)

화학반응에 있어서 촉매를 이용하는 경우에 관한 판례는 "화학반응에서 촉매라 함은 반응에 관여하여 반응속도 내지 수율 등에 영향을 줄 뿐 반응 후에는 그대로 남아 있고 목적물질의 화학적 구조에는 기여를 하지 아니하는 것임을 고려하면, 화학물질 제조방법의 발명에서 촉매를 부가함에 의하여 그 제조방법 발명의 기술적 구성의 일체성, 즉 출발물질에 반응물질을 가하여 특정한 목적물질을 생성하는 일련의 유기적 결합관계의 일체성이 상실된다고 볼 수는 없으므로, 촉매의 부가로 인하여 그 수율에 현저한 상승을 가져오는 경우라 하더라도, 달리 특별한 사정이 없는 한 선행 특허발명의 기술적 요지를 그대로 포함하는 이용발명에 해당한다고 봄이 상당하다"고 한 바 있다.

TIP

통상실시권 허락의 심판

특허법 제138조 제1항에 규정된 '통상실시권 허락의 심판'은 특허권자, 전용실시권자 또는 통상실시권자가 해당 특허발명이 타인의 산업재산권을 이용하거나 저촉되어 그 특허발명을 업으로서 실시할 수 없어 실시의 허락을 받으려는 경우에 그 타인이 정당한 이유 없이 허락하지 않거나 그 타인의 허락을 받을 수 없을 때에는 해당 특허발명의 실시에 필요한 범위에서 통상실시권 허락의 심판을 청구할 수 있도록 하고 있다. 따라서 기존 특허발명과 이용관계에 놓여 허락을 받으려고 하였으나 협의가 제대로 이루어지지 못한 경우에는 통상실시권 허락의 심판을 청구하여 강제로 실시권을 허락받을 수 있다.
한편, 통상실시권을 허락받아 기존 특허발명을 이용한 개량발명을 만들 경우 통상실시권을 허락한 자는 경쟁에서 불리한 위치에 놓일 수 있다. 이를 위해 동조 제3항에서 심판에 따라 통상실시권을 허락한 자가 그 통상실시권을 허락받은 자의 특허발명을 실시할 필요

11) 대법원 2001. 8. 21. 선고 98후522 판결.
12) 대법원 2015. 5. 14. 선고 2014후2788 판결.

가 있으나 통상실시권을 허락받은 자가 실시허락을 하지 않거나 허락을 받을 수 없는 경우에는 통상실시권을 허락받아 실시하려는 범위에서 통상실시권 허락의 심판을 청구할 수 있다. 통상실시권을 허락받은 자는 상대방에게 정당한 대가를 지급해야 한다. 따라서 통상실시권 허락의 심판제도는 기존 발명과 이용발명의 관계에서 양 당사자가 모두 발명을 실시할 수 있도록 하여 기술개발을 촉진하면서도 양 당사자 모두 큰 손해를 입지 않도록 하는 것이다.

한편, 기술이전계약에 있어서 계약기술의 개량, 이와 관련된 연구 활동을 부당하게 제한하거나 개량기술과 관련하여 실시권자가 독자적으로 취득한 지식과 경험, 기술적 성과를 대가없이 부당하게 특허권자에게 제공하도록 하는 행위는 불공정한 행위로서 공정거래법에 위반이 될 수 있으므로 주의해야 한다.

03. 특허를 받을 수 있는 자

발명자

특허를 받을 수 있는 권리[13]는 특허를 받을 수 있는 발명을 한 자, 즉 발명자에게 원시적으로 귀속한다(특허법 제33조). 발명자는 발명적 착상을 하고 이를 구체화한 사람을 말한다.[14] 발명자가 되려면 기술적 사상의 창작에 실질적으로 기여해야 한다.[15] 이는 특허의 요건에 해당하는 신규성, 진보성의 요건을 충족해야 한다는 것은 아니다.

발명을 했다는 것은 발명자의 명예에 해당하며 발명자는 특허증서에 발명자로 게재될 발명자 게재권을 가진다. 발명자 게재권은 일신전속권으로 특허를 받을 수 있는 권리를 이전해도 발명자는 특허증서에 발명자로 게재될 권리를

13) 특허를 받을 수 있는 권리는 발명자에게 원시적으로 귀속되는 권리로 특허출원에 대한 특허여부확정 전까지 인정되는 권리를 말한다. 즉 발명자를 보호하는 수단으로 발명을 한 자 또는 그 승계인은 특허를 받을 수 있는 권리를 가진다.

14) 발명자는 자연인만 해당하며 법인은 발명자가 될 수 없다. 법인은 발명자에게서 특허를 받을 수 있는 권리를 승계하여 특허출원을 할 수 있다.

15) 대법원 2011. 9. 29. 선고 2009후2463 판결.

가진다. 일반적으로 발명자가 특허출원인 즉 '특허를 받을 수 있는 자'가 된다.[16] 그러나 발명자가 아닌 자가 출원인이 되는 경우도 있는데, 이는 발명자가 '특허를 받을 수 있는 권리'를 다른 사람에게 양도할 수 있기 때문이다(법 제33조, 제37조 제1항). 발명자로부터 이 권리를 양도받은 자를 승계인이라고 하며, 직무발명에 대해 법인(회사)이 승계인 지위를 가지는 경우가 대표적이다. 특허를 받을 수 있는 권리는 질권의 목적으로 할 수 없다(법 제37조 제2항). 그리고 특허를 받을 수 있는 권리가 공유인 경우에는 각 공유자는 다른 공유자 모두의 동의를 받아야만 그 지분을 양도할 수 있다(법 제37조 제3항).

특허법은 발명자가 아닌 자로서 특허를 받을 수 있는 권리의 승계인이 아닌 자, 즉 무권리자에게 특허를 부여하는 것을 규제하기 위해 무권리자 등이 특허출원에 대해 선출원 적용 시 처음부터 없었던 것으로 보고 특허거절 및 무효사유로 규정하고 있다(법 제36조 제5항, 제66조 제2호, 제133조 제1항 제2호). 무권리자가 한 특허출원이 거절되거나 특허무효심결이 확정된 경우에는 그 무권리자의 특허출원 후에 한 정당한 권리자의 특허출원은 무권리자가 특허출원한 때에 특허출원한 것으로 본다(법 제34조, 제35조).

공동발명자

공동발명자는 2명 이상이 실질적으로 협력하여 발명을 완성시킨 자를 말한다. 공동발명이 되려면 ① 2명 이상이 발명의 완성에 참여하여 ② 기술해결을 위한 연구와 실질적 상호협력이라는 공동의 인식이 존재해야 한다. 따라서 발명과정에 참여는 하였으나 단순한 조언이나 보조업무에 종사한 자, 관리자 등은 공동발명자가 될 수 없다.

공동발명에 해당하는 경우에는 특허를 받을 수 있는 권리를 공유한다(법 제33조 제2항). 특허를 받을 수 있는 권리의 분할이 불가능하므로 특허출원을 하는 경우 공유자 모두가 공동으로 특허출원해야 하며(법 제44조), 공유자 일부에 의한 특허출원은 거절된다(법 제62조 제1호).

---

16) 특허출원이란 특허를 받을 수 있는 권리를 가진 자가 국가에 대하여 발명의 공개를 조건으로 특허권의 부여를 요구하는 의사표시 행위를 말한다.

특허권이 공유인 경우에는 각 공유자는 다른 공유자 모두의 동의를 얻어야만 그 지분을 양도하거나 그 지분을 목적으로 하는 질권을 설정할 수 있다(법 제99조 제2항). 그리고 각 공유자는 특별히 약정한 경우를 제외하고 다른 공유자의 동의를 받지 아니하고 그 특허발명을 자신이 실시할 수 있다(법 제99조 제3항). 그러나 각 공유자는 다른 공유자 모두의 동의를 받아야만 그 특허귀에 대하여 전용실시권을 설정하거나 통상실시권을 허락할 수 있다(법 제99조 제4항).

04. 특허의 요건

특허제도는 발명자에게 독점배타적 권리를 부여하고 있으며, 이는 발명이 과학기술과 산업발전에 기여하기 때문이다. 따라서 특허권은 자연적 권리가 아니며 법에 의해서 창설되는 권리이다. 모든 발명이 특허로서 보호받는 것은 아니다. 특허 발명이 되기 위해서는 발명은 산업상 이용 가능해야 한다. 그리고 종래의 기술에 비추어 새로운 면을 갖추고 있어야 한다. 또한, 종래의 기술로부터 용이하게 발명할 수 있는 것이 아니어야 한다.

산업상 이용가능성

특허제도는 발명자에게 일정한 독점권과 인센티브를 줌으로써 궁극적으로 산업의 발전을 도모하는 것을 목적으로 하고 있다. 따라서 특허발명은 산업상 이용가능성이 있어야 하며, 학술적·실험적으로만 이용될 수 있는 발명은 특허발명에 해당될 수 없다(법 제29조 제1항).

산업상 이용가능하다는 것은 생산 등 산업 활동을 위하여 동일한 결과를 반복적으로 실시할 수 있을 것을 의미한다. 그러나 산업상 이용할 수 있는 발명이라고 해도 공공의 질서 또는 선량한 풍속에 어긋나거나 공중의 위생을 해칠 우려가 있는 발명에 대해서는 특허를 받을 수 없다(법 제32조). 한편, 의료분야의 발명에 있어서 산업상 이용가능성이 부정되는 경우가 많다. 예를 들면, 인간을 수술하거나 치료하는 방법 등 의료행위에 대해서는 산업상 이용가능성을 부정한다.

신규성

신규성이란 출원시를 기준으로 볼 때 발명이 새로움을 갖추어야 한다는 것이다. 즉 출원된 발명이 종래에 공개된 발명인 선행기술(prior art)과 동일성이 없어야 한다.

신규성과 관련하여, 특허법 제29조 제1항에서 1. 특허출원 전에 국내 또는 국외에서 공지(公知)되었거나 공연((公然)히 실시된 발명, 2. 특허출원 전에 국내 또는 국외에서 반포된 간행물에 게재되었거나 전기통신회선(인터넷 등)을 통하여 공중이 이용할 수 있는 발명의 경우에는 신규성이 없다고 규정하고 있다. 여기서 '공지'란 불특정 다수가 알 수 있는 상태에 놓여 있는 것을 말한다. 신규성의 판단에 있어서 우리나라는 국제주의를 취하고 있으므로 국내뿐만 아니라 국외에서 신규성을 상실되는 경우를 모두 포함한다.

◦ 신규성 상실의 예외

그러나 예외적으로 다음의 경우에는 신규성을 상실하지 않은 것으로 취급하고 신규성을 상실한 날로부터 12개월 이내에 출원을 할 수 있도록 허용하고 있다(공지예외 주장).

특허법 제30조 제1항에서 1. 특허를 받을 수 있는 권리를 가진 자에 의하여 그 발명이 제29조제1항 각 호의 어느 하나에 해당하게 된 경우(예, 논문발표, 박람회 출품), 2. 특허를 받을 수 있는 권리를 가진 자의 의사에 반하여 그 발명이 제29조제1항 각호의 어느 하나에 해당하게 된 경우에 있어서는 12개월 이내에 신규성을 인정받을 수 있다. 즉 출원 전에 스스로 또는 타인에 의해 해당 발명이 대중에게 공지된 경우라도 그 공지일로부터 1년 이내에 특허 출원서에 그러한 사실을 기재하고 출원을 하면 예외적으로 공지가 되지 않은 것으로 취급하며 공지사실로 특허등록이 방해받지 않는다.

주의해야 할 것은 특허를 받을 수 있는 권리자에 의해 공지된 경우, 특허출원시에 공지예외 적용을 받고자 하는 출원이라는 취지를 출원서에 기재하여야 하며, 이를 증명할 수 있는 서류를 특허출원일로부터 30일 이내에 제출해야 한다.[17] 그리고 특허를 받을 수 있는 권리자의 의사에 반하여 공지된 경우 공지예외 적용을 받으려면 권리자의 의사에 반하여 공개하거나 도용된 사실을 입증해야 한다.

한편, 공지예외의 적용을 받더라도 선출원주의의 적용에 있어서 달리 취급되지 않는다. 예를 들면, A가 학술대회에서 발명에 관한 내용을 발표하고, B가 독자적으로 개발한 발명을 먼저 출원하고 뒤이어 A가 출원하였다면 A의 것은 후출원이 되어 거절되고, B의 출원 역시 신규성이 없으므로 거절된다.

또한, 공지예외 적용을 받은 출원을 선출원으로 하여 우선권을 주장하는 경우에는 우선권 주장 기한의 이익을 충분히 향유할 수 없다. 예를 들면, A가 2019.5.1. 발명에 대해 논문발표를 하여 그 발명의 내용을 공지하고, 2020.1.1. 해당 발명의 출원을 우리나라에 하면서 위 논문발표에 대한 공지예외를 주장하였다. 이후 A는 우선권(1년)을 주장하여 두 번째 특허를 해외에 출원하는 경우 해당 출원은 그 공지일로부터 1년 이내에 이루어져야 한다. 그리고 두 번째 해외 출원 시 별도로 공지예외 주장을 해야 하는 경우도 있다.

각 국가마다 출원 전 공개에 대한 공지예외 주장을 인정하는 조건이나 그 기준이 까다롭다는 점에서 특허 전략적으로 아이디어를 개발한 경우에는 우선적으로 특허출원을 한 후 논문발표나 박람회 출품 등을 하는 것이 바람직하다.

진보성

진보성이란 발명의 창작수준의 난이도를 말한다. 즉 특허출원 전[18]에 그 발명이 속하는 기술 분야에서 통상의 지식을 가진 자(이하, "통상의 기술자")가 판단할 때, 특허출원 전의 선행기술의 단순한 집합·치환 등이 아닌 창작의 난이도를 갖춘 것이어야 한다(법 제29조 2항). 특허등록 거절이유 중 진보성 요건을 충족하지 못하는 것이 대부분을 차지한다.

---

17) 보완수수료를 납부한 경우에는 명세서 등 보정가능기간 및 등록결정을 송달받은 후 3개월(단, 설정등록 이전)이내에 공지예외 주장을 보완할 수 있다.

18) 여기서 '특허출원 전'이란 특허출원일의 개념이 아닌 특허출원의 시·분·초까지도 고려한 개념이다.

'통상의 기술자' 의 의미(특허법원 2008허8150 판결)

통상의 기술자란 출원전의 해당 기술분야의 기술상식을 보유하고 있고, 출원발명의 과제와 관련되는 출원전의 기술수준에 있는 모든 것을 입수하여 자신의 지식으로 할 수 있는 자로서, 실험, 분석, 제조 등을 포함하는 연구 또는 개발을 위하여 통상의 수단을 이용할 수 있으며, 공지의 재료 중에서 적합한 재료를 선택하거나 수치범위를 최적화(最適化)하거나 균등물(均等物)로 치환하는 등 통상의 창작능력을 발휘할 수 있는 특허법상의 상상의 인물이다.

진보성 판단시 출원발명이 아직 존재하지 않는다는 것을 전제로 하며, 선행기술과 출원발명을 비교하여 판단을 할 때 대상이 되는 부분은 출원발명의 특허청구범위이다. 그리고 진보성은 목적의 특이성, 구성의 곤란성, 효과의 현저성의 3요소에 의하여 판단한다.

1) 목적의 특이성은 해당 발명의 목적을 출원 당시의 기술수준으로부터 용이하게 예측할 수 없는 것을 말한다.
2) 구성의 곤란성은 해당 발명의 구성요소의 선택 및 구성이 해당 기술분야의 통상의 기술자가 선행기술로부터 용이하게 도출할 수 없는 범위의 것을 말한다.
3) 효과의 현저성은 해당 발명의 구성으로부터 도출되는 특유의 효과가 출원 당시의 기술수준에서 충분히 예측할 수 있는 정도의 것이 아니어야 함을 말한다.

05. 특허출원절차

선출원주의

동일한 발명에 대하여 다른 날에 2개 이상의 특허출원이 있는 경우에는 가장 먼저 출원한 자에게 특허를 허여하며, 이를 '선출원주의(first-inventor-to-file system)'라고 한다(법 제36조 제1항). 동일한 발명에 대하여 같은 날에 둘 이상의 특허출원이 있는 경우에는 특허출원인 간에 협의하여 정한 하나의 특허출원인만이 그 발명에 대하여 특허를 받을 수 있다. 다만, 협의가 성립하지 아니하거나 협의를 할 수 없는 경우에는 어느 특허출원인도 그 발명에 대하여 특허를 받을 수 없다(법 제36조 제2항). 이는 특허출원 발명과 실용신안등록출원된 고안 사이에도 적용되며, 그 판단은 청구항에 기재된 발명 또는 고안과의 기술적 사상의 동일성 판단에 의한다(법 제36조 제1항).

TIP

특허청구범위제출 유예제도

특허청구범위유예제도란 특허출원시 명세서의 청구범위 작성의 지연으로 완성된 발명이 출원되지 못하는 상황을 방지하기 위해 특허청구범위가 없는 상태에서도 특허출원이 가능하도록 하는 제도이다. 출원시 명세서에 청구범위를 작성하지 않은 경우, 출원일로부터 1년 2개월 이내에 청구범위를 제출하면 되도록 하였다(특허법제42조의2). 제출기한 이내 특허청구범위를 미제출하는 경우, 그 기한의 익일에 해당 출원이 취하 간주된다(특허법 제42조의2 제3항). 그러나 특허출원 후 청구범위를 기재하여 제출하는 경우에는 발명의 상세한 설명 범위 내에서 청구범위가 작성되어야 하며, 발명의 상세한 설명에 기재되지 않은 새로운 내용이 청구범위에 기재될 경우 거절될 수 있다. 또한, 제3자에 의한 심사청구가 있는 경우에는 제3자의 심사청구 취지를 통지받은 날부터 3개월 이내 또는 출원일로부터 1년 2개월이 되는 날 중 빠른 날까지 청구범위를 제출해야 한다(특허법제42조의2 제2항).

선출원주의와 대조되는 개념으로 출원일과 관계없이 진정한 선발명자에게 특허권을 부여하는 '선발명주의(first-to-invent system)'가 있다. 미국은 2011년 개정 특허법(America Invents Act, AIA) 이전에 선발명주의를 취하고 있었으나 다른 국가들과 마찬가지로 선출원주의로 변경하였다(2013.3.16.부터 효력 발생). 그 이유는 선출원주의가 법적 안정성 제고에 보다 도움이 되며 발명의 신속한 출원 및 기술의 조기공개를 유도할 수 있기 때문이다.

확대된 선출원주의

특허출원은 일정한 시간(출원일로부터 1년 6개월)이 흐르면 공개가 되며, 출원이 공개되기 전까지는 발명의 내용은 비밀로 유지되고 검색도 되지 않는다. 이런 이유로 아직 공개되지 않은 특허출원은 신규성과 진보성 판단에 사용되지 못한다.

그런데 특허법은 아직 공개되지 않았지만 선출원된 특허와 동일한 발명이 출원된 경우에 해당 출원을 거절할 수 있는 제도를 두고 있다. 이를 '확대된 선출원주의'라고 한다(법 제29조 제3항). 확대된 선출원주의는 선출원이 아직 공개되지 않은 상태에서 동일한 발명이 출원된 경우에 중복적인 특허등록을 방지하기 위해 도입된 제도이다. 즉 선출원 발명이 공개되기 전에 동일한 다른 발명이 출원된 경우 선출원의 출원 공개 또는 등록공고로 후출원을 거절할 수 있다. 따라서 확대된 선출원주의를 적용하기 위해서는 선출원은 '공개'되어야 한다. 예를 들면, A 발명이 2016.1.1. 출원되고, A와 동일한 발명 B가 2016.2.1. 출원되었다. 이후 A 출원이 2017.7.1. 공개되면 후출원된 B는 거절된다. 그러나 A 출원이 공개되지 않고 취하되는 경우에는 후출원인 B가 특허등록을 받을 수 있게 된다.

확대된 선출원주의에서 동일성 판단

확대된 선출원주의에서 동일성 판단은 선출원의 최초로 첨부된 명세서 또는 도면에 기재된 발명내용과 후출원 특허의 청구범위에 기재된 발명을 기준으로 양자를 비교하며, 동일성이 있으면 신규성이 없는 것으로 의제한다.

심사청구제도 도입 이전의 선출원주의는 선·후출원 간 발명의 동일성 여부를 특허청구범위에 기재된 내용을 대비하여 판단함에 따라 선출원의 심사절차가 종료되지 않으면 특허청구범위가 확정되지 않은 상태로 후출원을 배척하는 범위도 확정할 수 없었다. 그러나 심사청구제도(현 출원일로부터 3년 이내 심사청구) 도입 이후 반드시 선출원이 먼저 심사되는 것은 아니므로 출원공개제도를 도입하여 출원 후 1년 6개월이 지나면 모든 출원을 공개하는 한편, 선출원과 후출원 간의 발명의 동일성 여부를 선출원된 타인의 특허명세서 또는 도면을 공개를 조건으로 출원 시점으로 소급하여 공지의 간행물로 의제하여 판단하는 것이다. 주의할 것은 선출원의 최초 명세서 또는 최초 도면에 기재된 발명만이 후출원을 거절할 수 있으며 보정으로 삭제되었더라도 확대된 선출원의 지위가 인정된다. 그러나 최초 명세서 또는 도면에 기재되지 않은 내용이 보정 과정에서 추가된 경우에는 선출원의 지위를 인정받을 수 없다.[19]

한편, 특허출원의 발명자와 다른 특허출원의 발명자가 같거나 그 특허출원을 출원한 때의 출원인과 다른 특허출원의 출원인이 같은 경우에는 확대된 선출원주의가 적용되지 않는다(법 제29조 제3항 단서).

1발명 1출원의 원칙

특허출원은 1발명 1특허출원을 원칙으로 하며 이를 '발명의 단일성'이라 한다. 즉 하나의 발명마다 하나의 특허출원을 해야 한다는 것이다. 이는 하나의 특허출원서에 여러 발명을 기재하여 출원하게 되면 발명의 내용이 모호하고 하나의 특허심사를 위해 여러 기술 분야의 심사관이 참여해야 되므로 그 절차가 복잡하고 지연되는 것을 방지하기 위한 것이다.

1발명 1출원의 원칙은 특허요건으로 이를 위반한 경우에는 특허거절결정의 대상이 된다. 그러나 1발명 1출원의 원칙은 형식적 요건이므로 이를 위반한 출원이 심사과정에서 착오로 등록되더라도 특허무효사유에 해당하지 않는다.

1군의 발명

'발명의 단일성' 원칙에도 불구하고, 하나의 총괄적 발명의 개념을 형성하는 1군의 발명은 1특허출원으로 할 수 있다.

1군의 발명은 i) 청구된 발명 간에 기술적 상호관련성이 있는 것, ii) 청구된 발명들이 동일하거나 상응하는 기술적 특징을 가진 것으로 그 기술적 특징은 발명 전체로 보아 선행기술에 비하여 개선된 것이어야 한다(특허법 시행령 제6조). 예를 들면, 새로운 폭죽 발명에 대하여 폭죽 자체는 물건발명으로, 폭죽을 제조하는 방법은 방법발명으로 각각 독립된 권리범위를 가질 수 있으므로 이들을 하나의 출원으로 하는 경우가 그러하다. 한편, 이러한 하나의 총괄적 발명의 개념을 형성하는 1군의 발명과 같은 개념은 실용

19) 임시 명세서를 첨부하여 출원하고 전문 보정한 후 출원공개된 출원의 최초명세서는 임시 명세서이므로 임시 명세서에는 기재되어 있지 않으나 전문 보정 등에 의하여 새롭게 추가된 발명에 대해서는 인정하지 않는다.

신안등록출원에는 존재하지 않는다.

출원서류와 청구범위

자신의 발명을 등록받기 위해서는 ① 출원서(출원인, 대리인, 출원일 및 발명의 명칭 등), ② 명세서(발명의 목적, 구성 및 효과 등을 기재한 발명의 상세한 설명, 특허발명의 보호범위를 기재한 청구범위), ③ 도면(필요한 경우 기술구성을 도시하여 발명을 명확히 표현), ④ 요약서(기술정보 활용을 위해 발명을 요약정리함) 등의 서류를 특허청에 제출한다. 특허청은 '서면출원'뿐만 아니라 '전자출원'이 가능하도록 시스템을 갖추고 있다.[20)]

출원시 제출하게 되는 명세서의 '청구범위(claim)'는 특허권의 보호범위를 나타내는 것이다. 즉 형체가 없는 특허발명에 대해 출원인이 독점적 권리를 주장하는 범위를 한정하여 기재한 문언이다. 출원인은 보호받고자 하는 사항을 하나 이상의 청구항으로 기재해야 한다. 아래 예시에서 보는 바와 같이 청구항은 보호받고자 하는 사항이 발명의 설명으로 뒷받침되어야 하고, 그 발명이 명확하고 간결하게 기재되어야 한다. 그리고 발명에 대한 충분한 설명은 도면이나 상세한 설명으로 보충하게 된다. 특허청구범위가 좁게 설정된 것은 보호받을 수 있는 범위가 좁은 것이고, 반대로 다수의 응용기술을 만들어 낼 수 있는 원천특허의 경우에는 권리범위가 매우 넓게 기재되어 있다. 청구항 기재와 관련하여 청구항의 구성요건이 간단할수록 특허권의 범위가 넓어지고, 조건이 많을수록 특허권의 범위는 좁아지게 된다.

특허법 시행령 제5조는 명세서(specification)의 청구범위를 기재하는 방법을 규정하고 있다. 청구범위의 청구항(이하 "청구항")을 기재할 때에는 발명전체를 표현하는 독립청구항(이하, "독립항")을 기재하며, 독립항을 한정하거나 부가하여 구체화하는 종속청구항(이하, "종속항")을 기재할 수 있다. 이 경우 필요한 때에는 그 종속항을 한정하거나 부가하여 구체화하는 다른 종속항을 기재할 수 있다. 또한, 청구항은 발명의 성질에 따라 적정한 수로 기재하면 된다.

---

20) 특허로 <https://www.patent.go.kr/smart/portal/Main.do>

<청구항의 예시>

아래 도면에서 있는 "휴대용 충전기와 여기에 장착된 핸드폰의 보호 케이스"에 관한 특허의 경우 장치의 구성요소 a, b, c를 기재하고 각 구성요소 간의 유기적인 결합관계를 명확하게 설명한다.

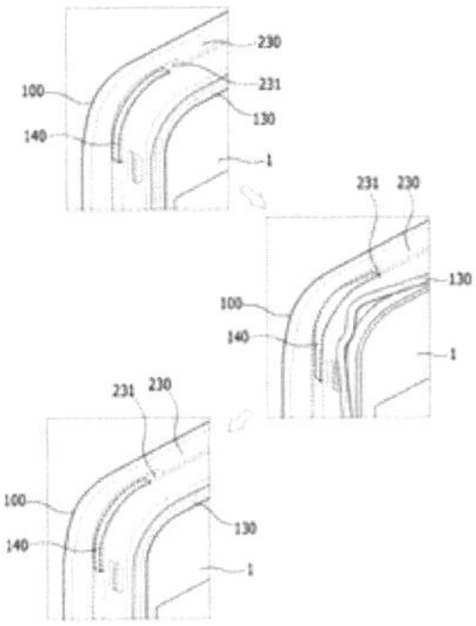

출원번호/일자 1020100121102 (2010.12.01.)

등록번호/일자 1011662370000 (2012.07.10.)

번호	청구항 (Claims)
1	연성 재질로 이루어지며, 배터리를 내장한 휴대용 충전기에 핸드폰을 장착시킨 전체를 전면을 통해 체결 또는 분리되게 하면서, 체결 시 핸드폰의 화면이 보이도록 전면만 개방시킨 전면 개방부와, 핸드폰의 조작을 위해 측면과 후면의 특정 위치에 특정의 형태나 크기를 갖게 개방시킨 측면 및 후면 개방부를 구비하고, 상기 전면 개방부의 테두리를 따라 핸드폰의 전면으로 구부러지면서 소정 폭만큼 연장시킨 전면 개방부 테두리 연장부 및, 상기 충전기의 테두리가 고정되도록 대응하는 내부 위치에 형성시켜, 연성 재질의 특성상 외력에 의해 일부분이 벗겨지더라도 바로 원 상태로 복귀되어 상기 충전기를 고정시키면서 충전기에 핸드폰을 장착시킨 전체의 체결 상태를 보강하는 충전기 고정 및 체결 보강 돌기부;를 포함한 특징으로 하는 휴대용 충전기에 장착된 핸드폰 보호 케이스.
2	제 1항에 있어서, 상기 충전기 고정 및 체결 보강 돌기부는, 상기 충전기의 상부 모서리 양 측 일부분을 제외한 나머지 상측과 좌우측 테두리를 따라 형성되는 핸드폰 위치 고정 돌기부에 의해 상기 충전기에 핸드폰을 장착시킨 상태를 유지시키면서 상기 충전기와 핸드폰이 마주하는 상부 모서리 양 측 일부분에 형성되는 공간부에 대응하는 위치에 삽입되도록 형성시킨 것을 특징으로 하는 휴대용 충전기에 장착된 핸드폰 보호 케이스.
3	제 1항 또는 2항에 있어서, 상기 연성 재질은, 실리콘인 것을 특징으로 하는 휴대용 충전기와 여기에 장착된 핸드폰의 보호 케이스.

위 청구항의 예시에서 독립항은 청구항 1에 해당한다. 그리고 독립항의 권리범위 내에서 속하며 독립항에 대한 구체적인 실시예(embodiment)를 보다 한정하여 구체적으로 작성한 종속항은 위 예시에서 청구항 2와 청구항 3에 해당한다. 청구항을 작성할 때 1항을 초과할 때마다 부과되는 가산 수수료에 대한 부담 때문에 독립항만으로 기재하는 경우가 많으나 이렇게 하면 하나의 항에 구체적인 실시예와 구성요소까지 포함하게 되어 권리범위를 축소시키는 결과를 초래하게 된다. 따라서 독립항에는 전체적인 발명의 기술적 사상을 넓게 작성하고(책상에서 굴러 미끄러지지 않는 연필), 종속항에는 그 발명의 구성이 구체화된 다양한 종류를 기재한 실시예들(삼각, 사각, 오각 연필 등)을 기재한다. 독립항과 종속항으로 나누어 잘 작성된 청구항은 특허등록 후 독립항이 무효가 되더라도 종속항은 유효한 것으로 유지될 수 있다.

발명이 출원되면 특허심사는 다음의 흐름으로 진행된다.

<특허출원후 심사 흐름도>

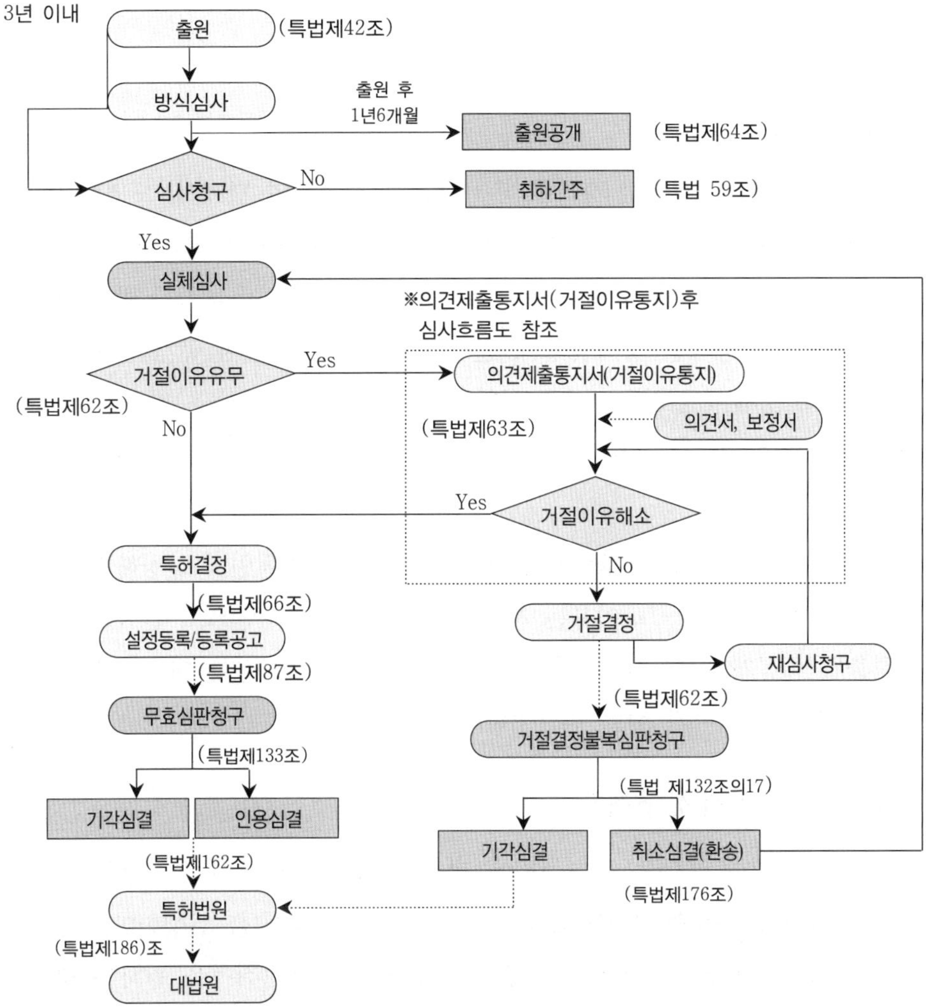

출처: 특허청 홈페이지(www.kipo.go.kr)

절차심사

특허청은 우선 '방식심사(절차심사)'를 하게 된다. 즉 서식의 필수사항 기재 여부, 기간의 준수 여부, 증명서 첨부 여부, 수수료 납부 여부 등 형식과 절차상의 흠결을 점검하게 된다. 그리고 IPC(국제특허분류) 분류별로 특허출원을 분류한다. 그런데 특허법은 특허심사관에 의한 완전심사주의를 채택하므로 특허출원심사가 지연될 수 있어 이를 개선하기 위해 출원공개제도와 특허출원심사청구제도를 두고 있다.

출원공개제도

출원일로부터 18개월이 경과하면[21] 모든 특허출원의 명세서, 도면 등이 공개용 특허공보에 게재되어 발명의 내용이 일반에 공개된다(법 제64조 제1항). 이는 새로운 발명을 공개함으로써 기술개발을 촉진하고 중복연구 및 투자를 방지하기 위한 것이다. 출원공개는 강제적이며, 원칙적으로 모든 출원이 공개의 대상이 된다. 다만, i) 명세서에 청구범위를 적지 않은 경우, ii) 공공질서, 미풍양속, 공중의 위생을 해할 염려가 있는 것, iii) 국방상 비밀을 요하는 출원 등의 경우에는 공개되지 않는다.

그리고 특허출원 후 18개월이 경과하기 전이라도 출원인이 신청하면 특허출원을 공개할 수 있다. 그 이유는 제3자가 출원발명을 무단으로 실시하는 경우 특허출원의 공개시점까지 출원인의 권리보호를 위한 적절한 대응수단이 없다는 문제점을 보완하기 위한 방안이다.[22]

특허출원 심사청구제도

발명을 공개한 후에는 특허출원에 대하여 일정기간 내에 심사청구가 있는 출원에 대해서만 기술 분야별로 담당심사관이 '실체심사'를 진행한다(특허법 제59조). 특허출원 심사청구제도의 목적은 출원인이 진정으로 특허취득을 원하는 경우에만 심사를 진행하여 심사 건수를 줄이고 효과적으로 심사처리를 진행하기 위한 것이다.

21) 18개월의 근거는 우선권주장을 수반하는 외국출원과 국내출원의 균형을 유지하기 위한 것이다(우선기간 12개월, 우선권증명서제출기간 4개월, 공개준비 2개월).

22) 출원공개 후 제3자가 공개된 기술내용을 실시하는 경우 출원인은 그 발명이 출원발명임을 서면으로 경고할 수 있으며, 경고일로부터 특허권 설정등록일까지의 실시에 대한 보상금을 권리취득 후 청구할 수 있다.

TIP

심사유예신청제도

특허는 심사청구가 있을 때에만 심사하며, 그 심사는 심사청구순서대로 진행된다. 그러나 특허출원인이 출원심사를 청구한 경우에 특허권 등록을 늦추거나 특허 유지비용을 절약하고 싶은 경우 등과 같이 심사시기를 미루고 싶은 출원인에 대해 특허출원인이 원하는 유예시점에 특허출원에 대한 심사를 받을 수 있도록 하는 심사유예신청제도가 있다. 이 제도는 특허출원인이 출원심사의 청구를 한 경우로서 출원심사의 청구일로부터 24개월이 지난 후에 출원심사를 받으려면 출원심사청구시 또는 심사청구일로부터 9개월 이내에 별도의 신청료 없이 유예희망시점을 기재한 심사유예신청서를 제출하면 이용이 가능하다(특허법 시행규칙 제40조의3).

심사청구는 해당 특허출원인이 아니더라도 누구든지 할 수 있다. 출원 후 오랜 기간 심사청구를 하지 않는 것은 동일·유사한 기술을 사업화하려는 사람에게는 부담이 아닐 수 없다. 출원인이 아닌 제3자의 심사청구가 있으면 그 사실을 출원인에게 알려야 한다. 현행 특허법상 청구기간은 출원일로부터 3년 내로 한정하며, 출원심사의 청구는 취하할 수 없다. 그리고 출원심사 청구 기간 내에 심사청구가 없으면 그 출원은 취하된 것으로 본다.[23)]

실체심사

실체심사는 특허요건, 즉 산업상 이용가능성, 신규성 및 진보성을 판단하는 심사이다. '실체심사'에서 특허거절이유를 발견하게 되면 그 이유를 출원인에게 통보하고 기간을 정하여 출원인의 의견을 제출할 수 있도록 한다. 심사결과 거절이유를 발견할 수 없는 때에는 특허등록결정을 하며 출원인이 특허료(최초 3년분)를 납부하면 특허권설정등록을 하고 특허등록공보에 게재하여 등록공고를 한다(특허법 제79조제1항).

23) 2016년 2월 4일 국회 본회의를 통과한 특허법 개정안은 특허출원된 발명의 조속한 권리확정을 위하여 2017년 3월 1일 이후 출원한 특허출원의 심사청구기간을 출원일로부터 5년 이내에서 3년 이내로 단축하도록 변경하였다(2017.3.1.부터 효력 발생). 한편, 변경출원의 심사청구는 원출원일로부터 3년이 경과된 후에도 변경출원일로부터 30일 내에 심사의 청구를 할 수 있다.

특허등록공보는 특허 등록 후 특허권 공표를 목적으로 하는 것으로, 출원 후 18개월이 지난 시점에 기술공개를 목적으로 하는 공개특허공보와 다르다. 특허권을 유지하기 위해서는 최초 3년분의 특허료를 납부하고 이후 매년 연차료를 납부하여야 한다. 납부기한이 경과한 후라도 6개월 이내에 한하여 원 특허료 2배에 상당한 특허료를 추납할 수 있다. 추가납부기간에 특허료를 납부하지 않으면 특허권은 소멸된 것으로 본다.

명세서 기재불비 등으로 인하여 거절결정이 있는 경우에는 출원인은 보정으로 그 하자를 치유할 수 있다. 그러나 특허법은 특허출원서에 최초로 첨부된 명세서 또는 도면에 기재된 사항의 범위 안에서 보정의 범위를 제한하고 신규사항의 추가(특허법 제51조에 의한 보정각하 및 제62조의 거절결정의 사유에 해당)를 금지하고 있다(법 제47조 제3항).

TIP

특허거절결정 불복하는 경우

특허거절결정에 대해 불복하는 출원인이 선택할 수 있는 절차로 재심사 청구와 거절결정 불복심판 청구가 있다.
재심사청구는 거절결정 후 출원을 보정하는 경우 선택할 수 잇으며, 특허청 심사국의 해당 심사관에게 재심사를 요청하는 것이다. 재심사를 청구할 때의 출원보정은 신규사항을 추가하는 보정은 인정되지 않는다. 그 허용되는 보정은 i) 청구항을 한정 또는 삭제하거나 청구범위를 축소하는 경우, ii) 잘못 기재된 사항 정정하는 경우, iii) 분명하지 않은 기재사항을 명확하게 하는 경우, iv) 종전 보정으로 신규사항이 추가된 경우 보정 전 청구범위로 되돌아가는 경우 등을 허용한다.
출원거절결정불복심판은 출원을 보정하지 않는 경우에 선택할 수 있으며, 특허청이 아닌 특허심판원에 해당 거절결정이 잘못되었음을 주장하면서 그 거절결정에 대한 심판을 요구하는 것이다. 한편, 재심사 결과 다시 출원거절결정을 받은 출원인이 불복하는 경우 재심사를 청구할 수 없고 거절결정불복심판을 청구할 수 있다.

◦ 보상금 청구권 제도

보상금청구권이란 출원공개 후에 제3자가 업으로서 실시하는 발명이 자기의 출원발명과 동일한 발명임을 서면으로 경고하였음에도 불구하고 특허권설정등록시까지 제3자가 업으로서 실시한 경우 그에 따른 실시료 상당액의 지급을 청구할 수 있는 권리이다(특허법 제65조). 보상금청구권은 특허권의 설정등록 후에만 행사할 수 있으며,[24] 설정등록일로부터 3년 이내에만 허용된다.

◦ **분할출원**

하나의 특허출원에 2이상의 발명이 포함된 경우 그 일부의 발명을 별도의 특허출원으로 분할하는 것을 말한다. 특허거절결정통지 등을 받은 경우에는 분할출원은 송달받은 날부터 3개월 이내에 할 수 있다.적법한 분할출원은 일정한 경우를 제외하고 원출원일에 출원한 것으로 본다.

특허심사절차에 있어서 청구항 10개 중 1개 항목이라도 기재불비가 있으면 등록이 거절된다. 이 경우 거절되지 않은 청구항을 분리하여 분할출원하면 신속하게 권리를 획득할 수 있다.

06. 우선권 주장

특허권은 속지주의를 원칙으로 하며, 하나의 발명을 여러 나라에서 특허권으로 보호받으려면 각국에 거의 동시에 특허를 출원해야 한다. 그러나 동시출원은 사실상 거의 불가능하므로 발명을 국제적으로 보호하기 위해 출원일 소급을 위한 우선권을 주장할 수 있도록 하고 있다. 출원일 소급을 위해 우선권을 주장하는 경우 ① 조약우선권제도와 ② 국내법상의 우선권제도를 활용할 수 있다.

"조약우선권" 제도는 파리조약에 의하여 우리나라 국민에게 우선권을 인정하는 당사국(파리협약에 의한 동맹국, TRIPS 협정에 의한 회원국 및 양자 간 조약에 의한 조약 당사국) 국민이 그 당사국 또는 다른 당사국에 특허출원을 한

24) 출원공개 이전에 보상금청구권을 확보하기 위해 출원인 본인 또는 승계인은 조기공개청구를 할 수 있다.

후 동일 발명에 대하여 우리나라에 출원하여 우선권을 주장하는 때에는 특허법 제29조 및 동법 제36조의 규정을 적용하면서, 그 당사국에 출원한 날을 대한민국에 출원한 날로 인정하는 제도이다(특허법 제54조). 우선권주장 출원을 할 수 있는 기간은 특허·실용신안등록출원을 기초로 우선권을 주장하는 경우는 1년이며, 디자인·상표등록출원을 기초로 우선권을 주장하는 경우에는 6개월이다. 예를 들면, 출원인이 2022년 3월 1일 우리나라에 출원을 한 후, 6개월 후인 2022년 9월 1일 일본에 출원을 하면 특허권 설정에 필요한 일정 요건에 대해서는 2022년 3월 1일에 우리나라의 출원일을 적용하는 것이다.

크리스퍼(CRISPR) 유전자 가위기술 특허출원의 부적합한 우선권 주장

2018년 1월 17일 유럽 특허청(EPO)은 미국 브로드연구소(Broad Institute)의 크리스퍼(CRISPR) 유전자 가위기술 관련 특허를 취소하였다. 브로드 연구소는 2012년 12월에 포유류의 진핵세포에 적용할 수 있는 CRISPR 기술 관련 특허를 미국에서 국제특허 출원을 하였다. 연구소는 2013년 12월 12일 PCT 기반 유럽특허를 출원하였고 12건의 미국 가출원(provisional applications)에 기한 우선권을 주장하였다. EPO는 우선권 주장을 받아들여 특허권을 발급하였다. 그런데 이후 CRISPR Therapeutics사, Novozymes사 등이 연구소의 우선권 주장에 문제가 있음을 지적하고 해당 특허의 취소를 청구하였다.

EPO는 해당 우선권 주장을 검토하고, 구성요건에 흠결이 있음을 확인한 후 해당 특허를 취소하였다. 그 취소사유는 해당 우선권 주장의 대상이 된 미국특허의 출원(승계인)이 EPO 출원의 출원인과 일치하지 않았기 때문이다. 파리협약 제4조(1)와 유럽특허조약(EPC) 제87조는 선출원인 또는 그 승계인은 동일한 발명의 후출원에 대해 우선권을 향유할 수 있음을 규정하고 있다. 이에 따라 후출원은 선출원과 후출원 사이에 공개된 발명으로 인한 신규성 또는 진보성의 항변을 받지 않는다. 그리고 선출원이 공동으로 출원된 경우 후출원인은 출원인 모두로부터 승계인으로 지정받아야만 선출원에 기한 우선권을 주장할 수 있다. 즉 우선권을 인정받기 위해서는 발명자가 동일해야 한다. 그런데 이 사안의 경우 브로드연구소는 EPO 출원 시에 미국특허상의 공동발명자 중 한 명인 아르헨티나 교수를 빠뜨린 것이다.

우선권주장에 따른 소급효는 특허의 존속기간 및 심사청구기간에는 영향을 미치지 않는다. 위의 사례에서 일본 출원에 있어서 우리나라 출원일에 대해 우선권이 인정되는 경우라도 일본 출원에 대한 특허권의 존속기간은 2022년 9월 1일부터 20년간 존속되게 된다. 한편 우선일이 2개 이상인 경우에는 그 중 최선일을 출원공개일로 본다. 위 사례에서 만일 우리나라 출원일에 1개월 앞서 미국에 출원하였다면 일본 출원에 있어서 미국에 출원한 날을 우선일로 주장할 수 있다.

다음으로 "국내우선권" 제도는 국내에 출원(선출원)한 출원인이 출원일로 부터 1년 이내에 먼저 출원한 발명(선출원)의 최초 명세서 또는 도면에 기재된 발명을 구체화하거나 개량 및 보완하는 발명을 출원(후출원)하면 후출원일을 선출원일로 소급시켜주는 제도이다(특허법 제55조). 국내우선권제도의 취지는 선출원을 구체화 또는 개량하는 발명을 통상의 출원절차로 출원할 경우 선출원과 동일발명이라는 이유로 거절되거나 선출원의 명세서 또는 도면을 보정하여 추가하는 경우 해당 추가가 부적법한 보정으로 취급되어 거절될 수 있는 위험성을 예방하거나 기본적인 발명을 출원한 후에 해당 발명을 개량한 발명을 포괄적인 발명으로 정리하여 출원할 수도 있다.[25)]

구체적인 이용형태를 살펴보면, 개별적인 수개의 발명 이후에 이를 상위개념의 발명으로 묶어 포괄적인 범위의 권리를 취득하거나 물건과 그 물건을 생산하는 방법 또는 어떤 방법과 그 방법을 실시하는데 사용되는 기구·장치 기타의 물건 등을 함께 출원하는 경우 등이 있다.[26)] 또한, 실험적 뒷받침이 필요한 생명·화학 분야의 발명의 경우에 실시예를 우선적으로 기재하여 출원하고 그 후 실증을 통하여 또 다른 실시예를 추가하는 방법 등이 있다.

우선심사

우선권과는 구별되는 개념으로서, "우선심사제도"라는 것이 있다. 이는 「특허법시행규칙 제38조(심사의 순위)」 규정에도 불구하고 특정출원을 심사의 청구순위에 관계없이 타출원에 우선하여 심사하는 것을 말한다. 우선심사를 신청

25) 특허청, 특실심사기준, 6403면
26) 임병웅, 「이지 특허법」 제6판 증보판 (주 10), 387면.

하고 우선심사의 대상이 되는 경우에는 일반출원보다 우선적으로 심사를 받아 조기에 권리화 할 수 있다(2-5개월).

우선심사 대상

우선심사의 대상이 될 수 있는 경우로서 출원공개 후 정당한 권원이 없는 자가 업(業)으로서 출원된 발명을 실시하고 있다고 인정되는 특허출원(법 제61조 제1호)이 있다.

그리고 특허법시행령 제9조(우선심사의 대상)에서 긴급하게 처리할 필요가 있다고 인정하는 방위산업분야 특허출원, 녹색기술(온실가스 감축기술, 에너지 효율화 기술, 청정생산기술 등)과 직접 관련된 특허출원, 인공지능 또는 사물인터넷 등 4차 산업혁명과 관련된 특허출원, 국민경제 및 국가경쟁력 강화에 중요한 첨단기술(반도체 등)과 관련된 특허출원, 국가 등의 직무에 관한 특허출원, 수출촉진에 직접 관련된 특허출원, 「벤처기업육성에 관한 특별조치법」 제25조의 규정에 의한 벤처기업의 특허출원, 「중소기업기술혁신 촉진법」 제15조에 따라 기술혁신형 중소기업으로 선정된 기업의 특허출원, 「발명진흥법」 제11조의2에 따라 직무발명보상 우수기업으로 선정된 기업의 특허출원, 「국가연구개발혁신법」 제2조제1호에 따른 국가연구개발사업의 결과물에 관한 특허출원, 조약에 의한 우선권주장의 기초가 되는 특허출원(당해 특허출원을 기초로 하는 우선권주장에 의하여 외국특허청에서 특허에 관한 절차가 진행 중인 것에 한정), 특허청이 「특허협력조약」에 따른 국제조사기관으로 국제조사를 수행한 국제특허출원, 특허출원인이 특허출원된 발명을 실시하고 있거나 실시준비중인 특허출원, 우선심사를 신청하려는 자가 선행기술조사 전문기관에 조사를 의뢰한 경우로서 그 조사결과를 특허청장에 통지하도록 전문기관에 요청한 특허출원 등이 있다.

또한, 재난의 예방·대응·복구 등에 필요하다고 인정하는 「감염병의 예방 및 관리에 관한 법률」 제2조제21호에 따른 의료·방역 물품과 직접 관련된 특허출원, 「재난 및 안전관리 기본법」 제73조의4에 따라 인증을 받은 재난안전제품과 직접 관련된 특허출원 등이 있다.

07. 국제출원(PCT)

특허권은 속지주의(屬地主義) 원칙상 특허를 받은 국가 내에서만 그 효력이 미치므로 다른 국가에서 특허권을 취득하기 위해서는 그 국가에서 출원해야 한다. 해외 출원하는 방법은 직접 출원과 특허협력조약(Patent Cooperation Treaty, PCT)[27] 출원으로 나눌 수 있다.

직접출원은 특허취득을 원하는 나라에 개별적으로 특허출원하는 전통적인 방법이다. 선출원에 대한 우선권을 주장하여 해외 출원하는 경우에는 선출원의 출원일로부터 12개월 이내에 해당 국가에 출원해야 한다.

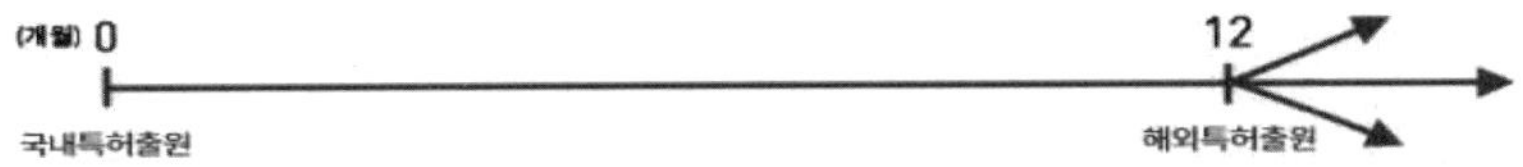

출처: 특허청 홈페이지(www.kipo.go.kr)

다음으로 특허협력조약(PCT)에 의한 국제출원은 출원인(체약국 거주자와 국민)이 자국 수리관청(특허청)에 특허를 받고자 하는 국가를 지정(지정국)하여 PCT 국제출원서를 제출하면 각 지정국에서 정규의 국내출원으로 인정해 주는 제도이다. 선출원에 대한 우선권을 주장하여 해외 출원하는 경우에는 선출원의 출원일로부터 12개월 이내에 PCT 국제출원을 해야 우선권 주장을 인정받을 수 있다.해당 국가에 출원해야 한다. PCT는 국가마다 상이한 특허출원절차를 통일화하고 직접 출원 시 중복적으로 이루어지는 선행기술(prior art) 조사 및 기술정보 수집절차를 일원화시키는 등 절차의 간소화와 편의성을 제공한다.

PCT 국제출원을 하기 위해서는 국제출원서(Request), 명세서, 청구범위, 요약서, 도면(있는 경우), 서열목록(생명공학 관련 특허출원의 경우)으로 이루어진 국제출원 관련 서류를 별도로 제출해야 한다. 명세서도 국내출원과 달리 PCT규칙에서 규정하는 기술순서에 따라 작성하여야 하며, 국내 출원과 달리 명세서와 청구범위를 구분하여 별도로 작성하여야 한다. PCT국제출원서류는 국어·영어 또는 일어로 작성할 수 있다(단, 국어출원인 경우에도 출원서(Request)는 반드시 영어로 작성해야 함). 다만, 국어출원인 경우에는 우선일로부터 14개월 이내에 반드시

27) 특허협력조약(Patent Cooperation Treaty)은 파리조약 제19조에 따른 특별협정으로 PCT 가입국간에 출원조사 및 심사에 대해 협력하는 것을 주요 내용으로 하며 1970년 워싱턴 회의에서 채택되고 1978년 1월 24일부터 적용되어 오고 있다. 우리나라는 1984년 5월 10일에 PCT 회원국이 되었다.

영어로 된 국제공개용번역문을 작성·제출(수리관청)하여야 한다.

국제출원이 접수되면 수리관청(특허청)은 방식심사(접수 후 1개월 이내)를 한 다음 국제조사기관(International Searching Authority)에서 선행기술조사 및 특허성 여부에 관해 검토를 하여 그 결과를 '국제조사보고서' 및 '견해서'로 각각 작성하여 출원인 및 국제사무국에 통보(국제출원일부터 4개월)하면, 국제사무국에서는 우선일로부터 18개월 경과 후 국제출원 일체 및 국제조사보고서에 대하여 국제공개(WIPO 국제사무국)를 한다. 우리나라는 1987년 9월 PCT 총회에서 국제조사기관 및 국제예비심사기관으로 지정되었다.

PCT 국제출원은 국제단계(International phase)와 국내단계(National phase)로 나누어지며 그 분기점은 번역문을 각 지정국에 제출하는 시점이다. 번역문제출 이전에는 모든 절차가 PCT에 따라 일률적으로 진행되며 번역문 제출 이후부터는 지정국의 국내법에 따라 각각 진행되게 된다.

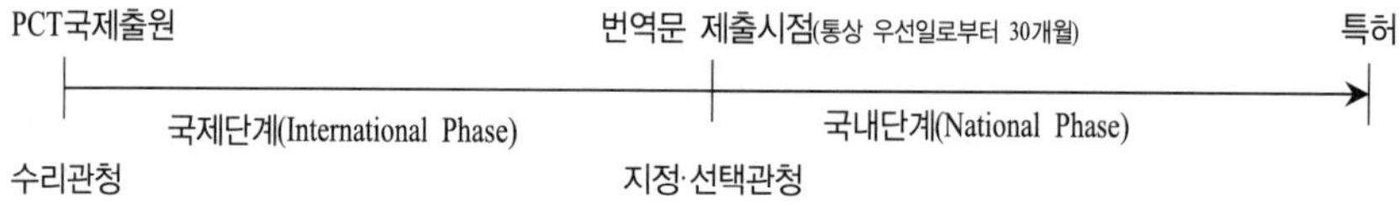

출처: 특허청 홈페이지(www.kipo.go.kr)

출원인은 별도의 선택적 절차로서 출원발명의 특허성 여부를 묻는 '국제예비심사'를 청구할 수 있다(통상 우선일로부터 22개월). 국제예비심사기관(International Preliminary Examining Authority)은 발명의 신규성, 진보성, 산업상 이용가능성 등에 관해 예비적인 심사[28]를 진행한 후 비구속적 판단을 내리고 그 결과를 '국제예비보고서'로 작성하여 출원인과 국제사무국에게 통보한다(통상 우선일로부터 28개월 시점). 출원인은 상기 보고서 등을 기초로 실제 특허를 얻고자 하는 국가에 국제출원의 번역문 및 국내수수료 등을 납부하는 국내단계에 진입(통상 우선일로부터 30개월 이내)하여 해당 지정국에서 특허 심사절차를 밟게 된다. 우리나라는 우선일로부터 31개월 이내에 국내 단계절차를 밟아야 한다.

28) 각국의 특허 심사기준은 상이하므로 PCT는 국제예비심사를 위하여 가장 보편적인 심사기준을 확립하고 있다(PCT 제33조).

<PCT**국제출원 절차도**>

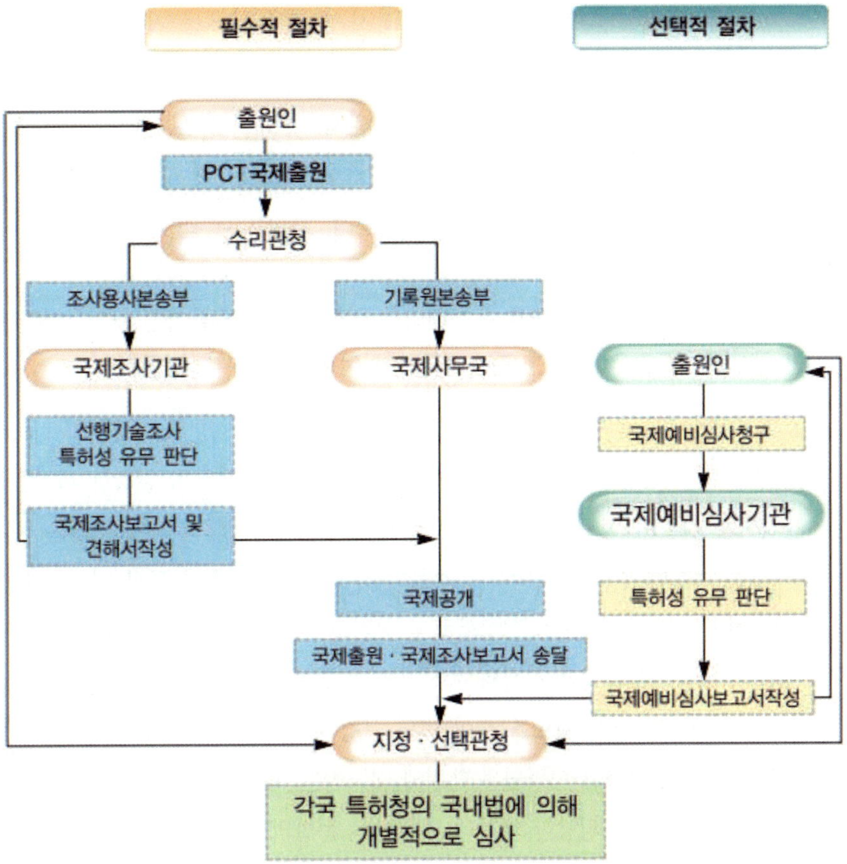

출처: 특허청 PCT국제출원가이드

Discussion

복사기를 제조·판매하는 독점적 대기업은 당해 복사기의 수리서비스를 제공하고 있는 일부 영세사업자에게 어느 날 갑자기 지속적으로 제공해 오던 복사기 부품의 제공을 중단하였다. 이 대기업은 서비스 시장에서 이들 영세사업자들과 경쟁을 하고 있었는데 당해 부품에 대해서 특허권을 보유하고 있다는 이유로 부품납품을 거절한 것이었다. 영세사업자의 서비스 가격과 질에 만족하고 있던 소비자들은 더 이상 이들 영세업자로부터 서비스를 받지 못하게 되었다.

주제 **위 사례에서와 같이 법적으로 독점배타적 권리인 특허권을 가진 자가 경쟁제한적인 행위를 한 경우에 과연 공정거래법의 적용을 받을 수 있을까?**

설명 공정거래법(독점금지법)과 지식재산권(IP)의 경계선에는 항상 긴장관계가 존재해 왔는데, 그 이유는 전자는 경쟁 제한적 행위를 규제함으로써 공정한 시장질서를 유지하는 것을 목적으로 하는 반면, 후자는 발명자나 저작자에게 경쟁을 제한할 수 있는 일정한 권리를 부여하여 과학기술과 문화의 발전을 도모하는 것을 목적으로 하고 있기 때문이다. 그럼에도 불구하고 양법은 '소비자 복지의 극대화'와 '창조적 활동 및 공정한 경쟁의 촉진'이라는 공통된 경제적 목적을 가지고 있다. 우리나라 공정거래법 제59조는 이 법의 규정은 지식재산권 관련 법률에 의한 권리의 정당한 행사라고 인정되는 행위에 대하여는 적용하지 아니하는 것으로 규정하여 지식재산권의 정당한 행사에 대해서는 동법의 적용을 명시적으로 배제하고 있다. 이 규정의 해석을 둘러싸고 많은 논쟁이 있었으나 다수의 견해에 따르면 지식재산권의 정당한 행사에 대해서는 공정거래법의 적용을 배제하지만 IP법의 목적을 벗어난 남용적 행위(IP misuse)에 대해서는 공정거래법을 적용할 수 있다고 본다.

이에 공정거래위원회는 2000년 8월에 「지식재산권의 부당한 행사에 대한 심사지침」이라는 예규를 제정하여 외형상 지식재산권에 의한 권리의 행사라 하더라도 발명과 창작을 장려하는 지식재산권법의 목적을 벗어난 부당한 행위로 경쟁을 제한할 경우에는 공정거래법을 적용할 수 있다고 규정하고 있다. 예컨대, 불공정행위로 인정될 수 있는 유형으로서, 원재료 및 부품 등의 구입처를 제한하는 행위, 거래수량·판매지역·거래상대방을 제한하는 행위, 끼워팔기행위, 연구개발을 제한하는 행위, 과다광고 행위, 일방적인 기술료 산정행위, 불공평한 계약해지, 부쟁(不爭)의무부과, 실시허락의 거절행위 등이 있다.[29] 동 지침은 지식재산권의 특성과 특허풀 운영, 외국사업자의 남용행위, 기술표준 등 새로운 남용행위를 반영하기 위하여 2010년 전면 개정되었다.

Explanation

특허출원된 발명이 출원일 당시가 아니라 장래에 산업적으로 이용될 가능성이 있다 하더라도 특허법이 요구하는 산업상 이용가능성의 요건을 충족한다고 하는 법리는 해당 발명의 산업적 실시화가 장래에 있어도 좋다는 의미일 뿐 장래 관련 기술의 발전에 따라 기술적으로 보완되어 장래에 비로소 산업상 이용가능성이 생겨나는 경우까지 포함하는 것은 아니다.

사안에서 A의 특허출원발명의 출원일 당시 수지상 세포는 혈액 단핵세포의 0.5% 미만으로 존재하고 분리된 후에는 수일 내로 사멸하기 때문에 연구하기가 쉽지 않아 혈액으로부터 충분한 양의 수지상 세포를 분리해 내는 것은 기술적으로 쉽지 않고, 출원일 이후 기술의 발전에 따라 사람의 혈액으로부터 수지상 세포를 추출하고 이를 이용하여 면역반응을 유발시키는 기술이 임상적으로 실시되고 있다는 것이므로, 결국 출원발명의 출원일 당시를 기준으로 수지상 세포를 사람의 혈액으로부터 분리하여 출원발명에 사용하는 기술이 장래에 산업상 이용가능성이 있다고 보기는 어렵다고 본다(대법원 2003. 3. 14. 선고 2001후2801 판결).

---

29) 손승우, 特許部品의 去來拒絕을 통한 獨占化 行爲, 국제거래법연구 제12집, 2003.

Chapter 10 특허권과 침해 구제

자동여과기에 대한 특허권을 가진 A는 특허권 침해의 소지가 있는 유사 여과기를 제조 및 판매하는 B를 특허법 위반으로 고소하였다. A는 고소의 취하를 조건으로 B와 유사여과기 구매자에게 여과기 설치계약을 해제하고 A와 계약을 다시 체결하는 동시에 기존에 설치된 제품의 철거를 요구하였다. 특허권자의 이러한 행위를 정당한 권리행사로 볼 수 있는가?

01. 특허권의 효력

특허권의 존속기간은 특허권의 설정등록이 있는 날로부터 출원일 후 20년이다(법 제88조).

한편, 특허법 제89조는 의약, 농약 등과 같이 특허발명의 실시를 위하여 다른 법령의 규정에 따라 해당 약제의 허가·등록 등을 받는데 장기간 소요되는 경우에 대하여 5년 내에서 허가등에 소요되는 시간만큼 특허권 존속기간을 연장해주고 있다.[30] 그리고 특허출원일로부터 4년과 출원심사 청구일로부터 3년 안에 등록결정이 되어야 하는데 이 시점이 지나 설정등록이 이루어지는 경우, 지연된 기간만큼 특허권 존속기간을 연장할 수 있다. 즉 특허법 제92조의2에서 특허출원에 대하여 특허출원일로부터 4년과 출원심사 청구일로부터 3년 중 늦은 날보다 지연되어 특허권의 설정등록이 이루어지는 때에는 그 지연된 기간만큼

30) 제89조(허가등에 따른 특허권의 존속기간의 연장) ① 특허발명을 실시하기 위하여 다른 법령에 따라 허가를 받거나 등록 등을 하여야 하고, 그 허가 또는 등록 등(이하 "허가등"이라 한다)을 위하여 필요한 유효성 · 안전성 등의 시험으로 인하여 장기간이 소요되는 대통령령으로 정하는 발명인 경우에는 제88조제1항에도 불구하고 그 실시할 수 없었던 기간에 대하여 5년의 기간까지 그 특허권의 존속기간을 한 차례만 연장할 수 있다.

해당 특허권의 존속기간을 연장해주고 있다.

특허권자는 업으로서 특허발명을 실시할 권리를 독점한다(법 제94조 제1항). 다만, 그 특허권에 관하여 전용실시권을 설정하였을 때는 전용실시권자가 그 특허발명을 실시할 권리를 독점하는 범위에서는 그러하지 아니하다(법 제94조 제1항 단서). 그리고 특허발명의 실시가 제2조제3호나목에 따른 방법의 사용을 청약하는 행위인 경우 특허권의 효력은 그 방법의 사용이 특허권 또는 전용실시권을 침해한다는 것을 알면서 그 방법의 사용을 청약하는 행위에만 미친다(법 제94조 제2항). 그리고 특허권자는 정당한 권원없는 제3자가 특허발명을 업으로서 실시하는 것에 대하여 민·형사적인 조치를 취할 수 있다(법 제126조 제128조). 특허권의 실시는 주로 발명자인 사업자와 이용자인 사업자 사이에 발생하므로 그 침해가 성립되기 위해서는 권한 없이 업으로서 실시할 것을 요구한다. 특허권을 실시하기 위해서는 특허기술이 차용된 제품을 생산하므로 실시자는 사업자가 되는 경우가 많다.

특허권은 권리를 획득한 국가 내에서만 효력이 발생하는 속지주의를 따르고 있다. 다만, 특허권의 효력은 1. 연구 또는 시험을 하기 위한 특허발명의 실시, 2. 국내를 통과하는 데 불과한 운송수단(선박, 항공기, 차량 등) 또는 이에 사용되는 물건(기계, 기구, 장치 등), 3. 특허출원 한 때부터 국내에 있었던 물건, 4. 둘 이상의 의약이 혼합되어 제조되는 의약 발명 또는 의약 제조 방법 발명에 관한 특허권의 효력은 약사법에 따른 조제행위와 그 조제에 의한 의약 등에는 미치지 않는다(법 제96조).

발명에 따른 실시

특허법은 '실시'를 '물건의 발명'(가목), '방법의 발명'(나목), '물건을 생산하는 방법의 발명'(다목)으로 나누어 규정하고 있다(특허법 제2조 제3호).

가. 물건의 발명에 대한 실시는 "그 물건을 생산·사용·양도·대여 또는 수입하거나 그 물건의 양도 또는 대여의 청약(양도 또는 대여를 위한 전시 포함)을 하는 행위"를 말한다. 여기서 '청약'이란 특허물건을 양도 또는 대

여하기 위하여 제3자와 계약을 성립시킬 목적으로 하는 의사 표시를 말하며, 구체적으로 카탈로그에 의한 권유, 팸플릿 배포, 광고 등에 의하여 특허물건의 판매를 유도하는 행위를 말한다.[31] 따라서 청약은 특허발명의 양도 또는 대여의 전 단계에서 이루어는 행위이다.

나. 방법발명에 대한 실시는 "그 방법을 사용하는 행위 또는 그 방법의 사용을 청약하는 행위"를 말한다.

다. 물건을 생산하는 방법의 발명에 대한 실시는 "방법의 발명에 대한 실시 외에 그 방법에 의하여 생산한 물건을 사용·양도·대여 또는 수입하거나 그 물건의 양도 또는 대여의 청약을 하는 행위"를 말한다. 물건을 생산하는 방법발명에 대해 특허권을 확보한 경우, 타인이 동일한 방법을 사용하여 물건을 생산하여도 그 제조과정에서 그 생산방법을 사용했다는 것을 입증하기는 쉬운 일이 아니다. 이와 관련하여, 특허법은 제129조에 "물건을 생산하는 방법의 발명에 관하여 특허가 된 경우에 그 물건과 동일한 물건은 그 특허된 방법에 의하여 생산된 것으로 추정한다."라고 규정하여 그 입증책임을 전환하고 있다.[32]

특허의 실시권

특허법은 특허권자 이외의 자에게 특허발명을 적법하게 업(業)으로서 실시할 수 있는 권리를 인정한다(법 제100조 제102조). 이를 실시권(license)이라 한다.

---

31) TRIPS Article 28 (Rights Conferred) A patent shall confer on its owner the following exclusive rights:
(a) where the subject matter of a patent is a product, to prevent third parties not having the owner's consent from the acts of: making, using, offering for sale, selling, or importing (6) for these purposes that product;
(b) where the subject matter of a patent is a process, to prevent third parties not having the owner's consent from the act of using the process, and from the acts of: using, offering for sale, selling, or importing for these purposes at least the product obtained directly by that process.

32) 제129조의 요건을 충족하는 경우, 특허권자는 타인의 물품과 특허 물품이 동일하다는 점을 입증하면 되고, 타인이 자신의 물품이 특허받은 방법이 아닌 다른 방법으로 제조된 것이라는 점을 입증해야 한다.

실시권은 그 권리의 성격에 따라 전용실시권(exclusive license)과 통상실시권(non-exclusive license)으로 구분된다. 그리고 그 권리의 설정 상태에 따라 허락실시권,[33] 법률의 규정으로 발생하는 법정실시권, 공공의 이익을 위해 특허발명의 실시를 타인에게 강제적으로 허락하는 강제실시권이 있다.

◦ **전용실시권(專用實施權)**

전용실시권이란 특허권자가 그 특허발명에 대하여 기간·장소 및 내용의 제한을 기하여 다른 사람에게 독점적으로 실시를 허락할 수 있는 권리를 말한다. 즉 전용실시권을 설정받은 전용실시권자는 특허발명을 독점적으로 실시할 수 있으므로 설정행위로 정한 범위 내에서 특허권자가 가지는 모든 권리를 행사할 수 있다. 따라서 전용실시권이 설정되면 특허권자라도 업으로서 그 특허발명을 실시할 수 없다.[34] 전용실시권은 대세적인 효력이 있으며 전용실시권이 침해된 경우 전용실시권자는 특허권자처럼 그 침해 금지 또는 예방을 청구하거나 손해배상을 청구하는 등의 조치를 구할 수 있다.

전용실시권은 특허권자와 실시권자의 설정계약으로 발생하지만 계약서 자체만으로 효력이 발생하는 것은 아니고, 특허청 등록원부에 설정등록을 해야 그 효력이 발생한다. 즉 전용실시권의 효력발생 요건은 등록이다. 다만 등록이 되지 않은 전용실시권은 특허법상 인정되지 않지만 특허권자와는 독점적 통상실시권이 성립되는 것으로 해석된다.

◦ **통상실시권(通常實施權)**

통상실시권은 특허발명을 실시할 권리를 독점하는 전용실시권의 상대개념으로 타인의 특허발명을 일정조건하에 업으로 실시할 수 있는 권리를 말한다. 통상실시권은 일정기간동안 실시권자가 독점적으로 실시할 수 있는 권리는 아니

33) 허락실시권은 약정실시권이라고도 하며, 특허권자 또는 특허권자의 동의를 얻은 전용실시권자가 다른 사람에게 허락한 통상실시권을 말한다.

34) 전용실시권은 그 설정범위 내에서 독점배타적으로 실시하게 되므로 물권적 성질을 가진다. 전용실시권자의 허락없이 특허발명을 실시하면 전용실시권자의 권리를 침해하는 것이 된다.

다. 따라서 하나의 통상실시권이 설정되더라도 특허권자가 그 특허발명을 직접 실시하거나 제3자에게 다른 통상실시권을 설정할 수 있다.[35)]

통상실시권은 특허권자 또는 전용실시권자와의 계약으로 발생하며, 등록이 효력발생의 요건은 아니다. 그런데 특허법은 통상실시권을 등록하면 그 등록 후에 특허권 또는 전용실시권을 취득한 자에 대해서도 효력이 발생하도록 규정하고 있다(법 제118조). 통상실시권은 독점적 권리가 아니므로 권리의 침해가 발생하는 경우 스스로 구제조치를 취할 수 없고 특허권자 또는 전용실시권자를 통해 간접적으로 구제조치를 구할 수 있다.

◦ **법정실시권**

법정실시권은 특허권자 또는 전용실시권자의 의사와 관계없이 특허법의 규정에 따라 당연히 발생하는 통상실시권을 말한다. 그 대상으로 선사용자의 통상실시권(법 제103조),[36)] 특허권의 이전청구에 따른 이전등록 전의 실시에 의한 통상실시권(법 제103조의2),[37)] 특허 또는 실용신안등록에 대한 무효심판청구등록 이전의 권리자의 실시에 의한 통상실시권(법 제104조)[38)], 디자인권의 존속기간이 만료된 뒤의 통상실

---

35) 통상실시권은 독점실시할 수 있는 권리는 아니므로 채권적 성질을 가진다.

36) 특허법 제103조(선사용에 읜한 통상실시권) 특허출원시에 그 특허출원된 발명의 내용을 알지 못하고 그 발명을 하거나 그 발명을 한 자로부터 지득해서 국내에서 그 발명의 실시사업을 하거나 그 사업의 준비를 하고 있는 자는 그 실시나 준비를 하고 있는 발명 및 사업의 목적의 범위안에서 그 특허출원이 된 발명에 대한 특허권에 대해 통상실시권을 가진다.

37) 제103조의2(특허권의 이전청구에 따른 이전등록 전의 실시에 의한 통상실시권) ① 다음 각 호의 어느 하나에 해당하는 자가 제99조의2제2항에 따른 특허권의 이전등록이 있기 전에 해당 특허가 제133조제1항제2호 본문에 해당하는 것을 알지 못하고 국내에서 해당 발명의 실시사업을 하거나 이를 준비하고 있는 경우에는 그 실시하거나 준비를 하고 있는 발명 및 사업목적의 범위에서 그 특허권에 대하여 통상실시권을 가진다.
 1. 이전등록된 특허의 원(原)특허권자
 2. 이전등록된 특허권에 대하여 이전등록 당시에 이미 전용실시권이나 통상실시권 또는 그 전용실시권에 대한 통상실시권을 취득하고 등록을 받은 자. 다만, 제118조제2항에 따른 통상실시권을 취득한 자는 등록을 필요로 하지 아니한다.
 ② 제1항에 따라 통상실시권을 가진 자는 이전등록된 특허권자에게 상당한 대가를 지급하여야 한다.

38) 특허법 제104조(무효심판청구 등록 전의 실시에 의한 통상실시권) ① 다음 각 호의 어느 하나에 해당하는 자가 특허 또는 실용신안등록에 대한 무효심판청구의 등록 전에 자기의 특허발명 또는 등록실용신안이 무효사유에 해당하는 것을 알지 못하고 국내에서 그 발명

시권(법 제105조)[39], 직무발명에 의한 통상실시권(발명진흥법 제10조 1항) 등이 여기에 해당된다. 법정실시권자는 법률의 규정으로 정해진 범위 안에서 업으로 그 특허발명을 실시할 수 있는 권리를 가진다.[40]

◦ **강제실시권**

특허권은 독점배타적 권리임에도 불구하고 공공의 이익을 위하여 필수불가결한 경우에 특허권자의 의사와 상관없이 정부가 국가기관의 승인을 받은 제3자로 하여금 특허발명을 실시하도록 할 수 있다. 이를 강제실시(Compulsory licensing)라고 한다. 강제실시는 국가가 HIV/AIDS, 결핵, 말라리아 등과 같은 질병으로 심각한 공중보건 문제에 직면한 예외적인 경우에 엄격한 조건하에서 특허 받은 의약품의 국내생산을 허용하게 된다. 최근 코로나 바이러스 감염증(코로나19)의 급속한 확산으로 백신 수급의 어려움에 따라 강제실시권 발동이 논의된 바 있다.

우리나라 특허법 제107조는 특허발명을 실시하고자 하는 자는 일정한 경우에 특허권자 또는 전용실시권자와 합리적인 조건하에 통상실시권 허락에 관한 협의를 하였으나 협의가 이루어지지 아니한 경우 또는 협의를 할 수 없는 경우에는[41] 특허청장에게 통상실시권 설정에 관한 재정을 청구할 수 있도록 함으

또는 고안의 실시사업을 하거나 이를 준비하고 있는 경우에는 그 실시하거나 준비하고 있는 발명 또는 고안 및 사업목적의 범위에서 그 특허권에 대하여 통상실시권을 가지거나 특허나 실용신안등록이 무효로 된 당시에 존재하는 특허권의 전용실시권에 대하여 통상실시권을 가진다.

1. 동일한 발명에 대한 둘 이상의 특허 중 그 하나의 특허를 무효로 한 경우 그 무효로 된 특허의 원특허권자
2. 특허발명과 등록실용신안이 동일하여 그 실용신안등록을 무효로 한 경우 그 무효로 된 실용신안등록의 원(原)실용신안권자 - 이하 호 생략 -

39) 특허출원일 또는 그전에 출원되어 등록된 디자인권이 해당 특허권과 저촉되는 경우 그 디자인권의 존속기간이 만료되면 그 특허권을 침해하게 되는 결과를 낳게 되므로 특허법 제105조 1항은 디자인권 만료 후에도 해당 디자인권자는 그 디자인권의 범위에서 그 특허권(전용실시권)에 대하여 통상실시권을 가지도록 규정하고 있다.

40) 직무발명에 의한 통상실시권, 선사용에 의한 통상실시권, 디자인권의 존속기간 만료 후의 그 디자인권자의 통상실시권, 재심에 의하여 회복한 특허권에 대한 선사용자의 통상실시권(법 제182조)을 제외하고 법정실시권자는 특허권자 또는 전용실시권자에 대하여 상당한 대가를 지급해야 한다.

로써 강제실시권을 인정하고 있다(법 제107조 제1항).[42] 그러나 우리나라는 강제실시의 승인에 대하여 매우 엄격한 기준을 적용하고 다양한 이해관계의 충돌로 인해 그 허여가 쉽지는 않다. 한국에서 의약품에 대해 강제실시권이 승인된 사례는 1980년 11월 '비스티오 벤젠의 제조방법'에 관한 사례가 유일하다.[43]

다음으로 특허법은 특허권 및 전용실시권 등에 미치는 효력에 차이가 있는 정부에 의한 특허권의 수용과 특허발명의 정부실시에 관한 사항을 분리하여 규정하고 있다.[44]

정부의 의한 특허권의 수용에 관해 특허법 제106조 제1항에서 정부는 특허발명이 전시, 사변 또는 이에 준하는 비상시에 있어서 국방상 필요한 때에는 특허권을 수용할 수 있으며, 이 때 특허권자, 전용실시권자 또는 통상실시권자에 대하여 정당한 보상금을 지급하여야 한다(법 제106조 제1항 및 제3항). 그리고 특허발명의 정부실시에 관해 특허법 제106조의2에서 정부 등에 의한 특허발명의 실시를 별도로 규정하고 있는데, 동조 제1항에서 "정부는 특허발명이 국가 비상사태, 극도의 긴급상황 또는 공공의 이익을 위하여 비상업적으로 실시할 필요가 있다고 인정하는 경우에는 그 특허발명을 실시하거나 정부 외의 자로 하여금 실시하게 할

---

41) 공공의 이익을 위하여 비상업적으로 실시하려는 경우와 불공정거래행위를 시정하기 위해 실시할 경우에는 협의 없이도 재정을 청구할 수 있다.

42) 특허법 제107조 제1항 각호에서 통상실시 설정의 재정을 청구할 수 있는 경우를 다음과 같이 열거하고 있다. 1. 특허발명이 천재·지변 기타 불가항력 또는 대통령령이 정하는 정당한 이유없이 계속하여 3년 이상 국내에서 실시되고 있지 아니한 경우, 2. 특허발명이 정당한 이유없이 계속하여 3년 이상 국내에서 상당한 영업적 규모로 실시되지 아니하거나 적당한 정도와 조건으로 국내수요를 충족시키지 못한 경우, 3. 특허발명의 실시가 공공의 이익을 위하여 특히 필요한 경우, 4. 사법적 절차 또는 행정적 절차에 의하여 불공정거래행위로 판정된 사항을 시정하기 위하여 특허발명을 실시할 필요가 있는 경우, 5. 자국민 다수의 보건을 위협하는 질병을 치료하기 위하여 의약품을 수입하고자 하는 국가에 그 의약품을 수출할 수 있도록 특허발명을 실시할 필요가 있는 경우 등이다.

43) 해당 사안은 특허가 정당한 이유없이 3년 이상 국내에서 불실시를 이유로 청구되어, 정당한 이유없는 특허권의 남용으로 인정되어 통상실시권이 허여되었다.

44) 2010년 1월 27일 특허법 개정 이전에는 강제실시 제도를 비상시라는 요건과 공공의 이익이라는 요건이 모두 충족되는 경우로 제한되어 운영되어 왔으나, 동 개정으로 세계무역기구(WTO) 무역관련 지적재산권에 관한 협정(TRIPs)과 동일하게 국가 비상사태, 극도의 긴급상황 또는 공공의 이익을 위하여 비상업적으로 실시할 필요가 있다고 인정되는 경우로 완화하여 규정하였다.

수 있다."고 강제실시의 근거를 규정하고 있다.

특허법에서는 특허청장이 재정을 함에 있어서 재정을 받는 자에게 일정한 조건을 부과하도록 하고 있다. 즉 해외 특정국의 국민 다수의 보건을 위협하는 질병을 치료하기 위하여 의약품을 수출하는 경우를 제외한 재정에 있어서 통상실시권을 국내수요충족을 위한 공급을 주목적으로 실시하게 하여야 하며(법 제107조 제4항 제1호), 또한, 상당한 대가가 지급될 수 있도록 하여야 한다(법 제107조 제5항).

02. 특허권의 침해

특허권자는 업(業)으로서 특허발명을 실시할 권리를 독점한다(법 제94조). 따라서 타인이 정당한 권한 없이 특허발명을 실시하는 것은 특허권의 침해에 해당한다. 특허권 침해가 성립하려면 첫째, 특허권의 권리가 유효해야 한다. 둘째, 발명이 동일해야 한다. 특허권의 보호범위는 특허명세서에 기재된 특허청구범위에 따라 결정되므로 그 동일 여부는 발명의 구성·목적·효과를 비교하여 판단한다. 셋째, 타인이 그 특허발명을 업으로서 실시해야 한다. 즉 사업적으로 실시하여야 하고, 실시의 의미는 특허법 제2조에 정의한 실시양태를 의미한다. 넷째, 실시의 위법성이 있어야 한다. 즉 타인의 실시는 정당한 권한 없는 실시에 해당해야 한다.

직접침해

직접침해는 특허권자 또는 전용실시권자 이외의 자가 정당한 권한 없이 특허발명을 업으로서 실시하는 행위이고 특허발명의 보호범위는 특허청구범위에 기재된 사항으로 정해지므로 특허청구범위에 기재된 구성요건적 특징들을 모두 사용하는 경우를 말한다.

◦ 구성요건 완비의 원칙

특허권의 범위는 청구항의 모든 구성요건이 유기적으로 결합된 기술적 사상에 해당하기 때문에 청구항에 기재된 필수적 구성요건을 모두 갖추어 실시하는 경우에만 침해를 구성하며 이를 구성요건 완비의 원칙(All Elements Rule)이라 한다. 구성요건 완비의 원칙은 특허청구범위 해석의 가장 기본적인 원칙이다.

필수적 구성요건들 중의 일부만을 갖추고 있고 나머지 구성요건이 결여된 경우에는 원칙적으로 그 발명은 등록발명의 권리범위에 속하지 않는다.[45] 그러나 일부 구성요건의 중요성이 떨어진다는 등의 이유로 필수적 구성요건이 아니라고 주장할 수 없다.[46]

◦ **균등론**

특허권 침해여부는 통상 특허청구항의 보호범위를 보고 판단하게 된다. 그런데 A라는 발명의 청구항 상의 구성요건이 B라는 특허의 청구항 상의 구성요건과 문언적으로는 일치하지 않지만 그 기술이 동일한 기능과 결과를 도출한다면 특허침해로 보아야 할까? 어떤 발명의 모든 면을 출원시 특허청구항에 언어로서 정확히 담아내기란 쉬운 일이 아니다. 또한, 현실적으로 특허침해행위는 특허청구범위를 문언 그대로 침해하는 경우보다는 이를 교묘하게 빠져나가는 방식으로 이루어지는 등 특허청구항의 기재와 정확히 일치하지 않는 경우가 많다. 그런데 특허침해를 판단함에 있어서 청구항 상의 문언적 침해만을 인정한다면 발명에 있어서 구성요소의 적은 비중만을 간단히 변경하거나 치환함으로써 특허권을 용이하게 회피할 수 있을 것이다. 따라서 이러한 문제를 해결하기 위하여 미국 특허판례를 통하여 정립된 이론이 '균등론(Doctrine of equivalence)'이다.

균등론이란 특허권의 보호를 특허청구항에 기재된 사항에 그치지 않고 합리적인 균등범위(reasonable range of equivalent)까지 확대시키는 이론이다.

균등론은 *Winans v. Denmead, 56 U.S. 330 (1853)* 판결이래로 수많은 판결에서 적용되어 왔다. 균등여부의 판단방법으로 가장 잘 알려져 있는, 이른바 '기능-방법-결과(Function -way-result) 3단계 테스트'가 있다. 즉 어떤 발명의 구성요소

45) 대법원 2001. 9. 7. 선고 99후1584 판결.
46) 대법원 2006. 11. 24. 선고 2003후2072 판결.

가 다른 특허의 청구항상의 해당 구성요소와, 실질적으로 동일한 결과(substantially the same result)를 얻기 위해, 실질적으로 동일한 방법(substantially the same way)으로, 실질적으로 동일한 기능(substantially the same function)을 수행하게 되면 특허침해라고 판단하는 것이다.

Warner-Jenkinson Co. v. Hilton Davis Chem. Co., 520 U.S. 17 (1997) 사건에서 법원은 균등성의 판단방법으로 '비본질적 차이 테스트(Insubstantial difference test)'를 적용하였다. 이는 구성 요소들 간의 차이가 본질적인 차이가 아닌 비본질적이고 사소한 차이가 있는 경우에 균등한 것으로 보고 침해판단을 하는 것이다. 동 법원은 균등 여부의 판단은 특허발명 전체로서 하는 것이 아니라 청구항의 구성요소 각각에 대하여 개별적으로 균등 여부를 판단해야 한다고 판시했다.

예를 들면, 특허청구항이 A, B, C, D, E, F의 여섯 개의 요소로 구성되어 있는 반면, 피고의 제품을 구성하는 요소는 A, B, C, X, E, F인 경우에 있어서 만일 구성요소 D와 구성요소 X가 균등한 경우에는 피고의 제품이 특허를 침해한 것이 된다.[47] 또한, 구성요소 중 출발요소와 최종요소는 동일하지만 특허에 저촉하는 것을 회피하기 위해 불필요한 공정을 부가하여 실시하는 경우 특허권 침해가 된다.[48]

그러나 만일 피고의 제품이 A, B, C, E, F로 구성되어 있는 경우에 있어서 위 특허청구항의 구성요소 중 D가 없거나 D와 균등한 요소가 없다면 특허권을 침해한 것이 아니다.

균등침해(대법원 2013다14361 판결)

이 사건 특허명은 '구이김을 자동으로 절단하고 수납하는 장치'이며 과제해결 원리가 문제된 청구항에 기재된 구성은 '가이드케이스의 하부에 고정 배치되고 아래로 갈수록 그 두께가 선형적으로 넓어지는 격자형의 절단날'로 제1심법원과 원심은 피고 실시제품은 이 사건 특허발명의 특징적 구성인 격자형 절단날을 결여하고 있으므로 과제

47) 대법원 2000. 7. 28. 선고 97후2200 판결.
48) 대법원 2000. 7. 4. 선고 97후2194 판결.

의 해결원리가 동일하지 않다는 이유로 균등침해에 해당되지 않는다고 판단하였다. 그러나 대법원은 원심이 특허발명의 보호범위 판단에 관한 법리를 오해하였다는 이유로 파기환송하였다.

대법원은 "침해제품등에 특허발명의 특허청구범위에 기재된 구성 중 변경된 부분이 있는 경우에도 특허발명과 과제의 해결원리가 동일하고, 그러한 변경에 의하더라도 특허발명에서와 실질적으로 동일한 작용효과를 나타내며, 그와 같이 변경하는 것이 그 발명이 속하는 기술분야에서 통상의 지식을 가진 사람이라면 누구나 쉽게 생각해 낼 수 있는 정도라면, 특별한 사정이 없는 한 침해제품 등은 특허발명의 특허청구범위에 기재된 구성과 균등한 것으로서 특허발명의 특허권을 침해한다고 보아야 한다. 그리고 여기서 '과제의 해결원리가 동일'한지 여부를 가릴 때에는 특허청구범위에 기재된 구성의 일부를 형식적으로 추출할 것이 아니라, 명세서에 적힌 발명의 상세한 설명의 기재와 출원 당시의 공지기술등을 참작하여 선행기술과 대비하여 볼 때 특허발명에 특유한 해결수단이 기초하고 있는 기술사상의 핵심이 무엇인가를 실질적으로 탐구하여 판단하여야 한다'고 전제한 다음, 과제의 해결원리를 '절단된 각각의 적층김들이 하강하면서 가이드 케이스의 하부에 고정 배치되는 격자형부재의 외측 경사면을 따라 서로 사이가 벌어지도록 유도'하는데에 있으므로, 피고 실시제품은 구성의 변경에도 불구하고 과제의 해결원리가 동일하다"고 판시하였다.

◦ 출원경과 금반언의 원칙

균등론은 '출원경과 금반언의 원칙(Prosecution History Estoppel)' 또는 '포대금반언의 원칙(File Wrapper Estoppel)'으로 제한된다. 즉 출원과정에서 특허 청구항 중 권리범위가 넓어 선행기술과 중복되는 청구항으로 인하여 거절결정이 발생한 경우 출원인은 해당 청구항의 내용을 의식적으로 제외하거나 축소하여 보정하는 경우가 많다. 이 경우 특허권 침해 분쟁에서 청구범위 해석에 있어서 출원 중에 포기한 보호범위를 균등론에 의하여 넓게 해석하는 것은 허용되지 않는다.[49]

---

49) 특허출원절차에서 특허등록을 받기 위해 심사관이 제시한 선행기술에 대한 차이점을 의견서에 설명하게 되는데, 특허분쟁에서 의견서에 기재된 내용으로 인해 발명의 보호범위가 좁게 해석되는 경우가 발생한다.

특허청구범위에서 의식적 제외(대법원 2004다51771 판결)

[1] 특허출원인 내지 특허권자가 특허의 출원·등록과정 등에서 특허발명과 대비대상이 되는 제품을 특허발명의 특허청구범위로부터 의식적으로 제외하였다고 볼 수 있는 경우에는 대비대상이 되는 제품은 특허발명의 보호범위에 속하지 않는 것이고, 특허권자가 대비대상이 되는제품을 제조·판매하고 있는 자를 상대로 그 제품이 특허발명의 보호범위에 속하여 권리가 침해되고 있다고 주장하는 것은 금반언의 원칙에 위배되어 허용되지 아니한다.

[2] 특허발명과 대비대상이 되는 제품이 특허발명의 출원·등록과정 등에서 특허발명의 특허청구범위로부터 의식적으로 제외된 것에 해당하는지 여부는 명세서뿐만 아니라 출원에서부터 특허될 때까지 특허청 심사관이 제시한 견해 및 특허출원인이 제출한 보정서와 의견서 등에 나타난 특허출원인의 의도 등을 참작하여 판단하여야 한다.

출원경과 금반언의 원칙 적용(대법원 2002후2181 판결)

(가)호 발명은 그 일면에만 형성하는 점에서 차이가 있으나, 피고가 이 사건 특허발명의 출원시에 단순히 '엠보싱가공을 한 부직포'를 그 특허청구범위로 기재하였다가 특허청으로부터 '부직포의 일면 또는 양면에 엠보싱을 하는 기술'이 이미 공지되었다는 이유로 거절이유 통지를 받자 '부직포에 처리되는 엠보싱을 표면과 이면의 양측 동일한 위치에 형성되게 하는 구성'만을 특허청구범위로 기재한 보정서를 제출하여 이 사건 특허를 받은 것이므로, 이 사건 특허발명의 권리범위는 위와 같이 한정된다고 할 것이어서, 출원경과 금반언의 원칙상 부직포 일면에만 엠보싱을 형성한 (가)호 발명에 대하여는 이 사건 특허발명의 권리범위를 주장할 수 없다.

침해로 보는 행위 : 간접침해

직접침해 외에 다음의 어느 하나에 해당하는 행위를 특허권자 또는 전용실시권자의 허락 없이 업으로서 하는 경우에는 특허권 또는 전용실시권을 침해한 것으로 본다(법 제127조).

첫째, 특허가 물건의 발명인 경우, 그 물건의 생산에만 사용하는 물건을 생산·양도·대여 또는 수입하거나 그 물건의 양도 또는 대여의 청약을 하는 행위, 둘째, 특허가 방법의 발명인 경우, 그 방법의 실시에만 사용하는 물건을 생산·

양도·대여 또는 수입하거나 그 물건의 양도 또는 대여의 청약을 하는 행위 등은 특허권 또는 전용실시권 침해로 본다.

이는 직접침해 외에 특허침해의 예비, 방조, 교사 등 간접침해 행위로부터 특허권자를 보호하기 위한 것이다. 예를 들면, 선풍기 관련 특허가 프로펠러, 모터, 프로펠러 보호케이스 등을 구성요소로 하고 있는 경우에 제3자가 이 특허 선풍기에만 사용할 수 있는 모터를 생산하면 간접침해가 된다. 이러한 행위는 직접침해에는 해당하지 않지만 그대로 방치해 둘 경우 침해가 발생될 위험이 높으므로 규제하는 것이다. 주의할 것은 법문의 해석상 위 모터는 반드시 특허받은 선풍기에만 사용될 것, 즉 '전용성' 요건의 충족을 요구하므로 다른 용도로도 사용이 될 수 있다면 간접침해를 구성하지 않는다. 또한, 방법발명에 관한 제2호에서 규정한 '그 물건의 양도 또는 대여의 청약'은 정보통신망을 통한 전송을 포함하지 않으므로 온라인을 통해 불법 프로그램을 전송하더라도 침해를 구성하지 않는다.

03. 침해 구제

특허권자는 특허권 침해로부터 민·형사적 구제를 받을 수 있다. 민사적 구제는 침해금지, 손해배상 및 신용회복 청구를 통해 할 수 있다. 또한, 특허권자는 침해자를 고소하여 형사처벌을 받도록 할 수 있다.

민사적 구제

특허권자는 침해자 또는 침해할 우려가 있는 자에 대하여 그 침해의 금지 또는 예방을 청구할 수 있다(법제126조 제1항). 또한, 특허권자가 침해금지 또는 예방을 청구할 때에는 침해행위를 조성한 물건(물건을 생산하는 방법의 발명인 경우에는 침해행위로 생긴 물건을 포함)의 폐기, 침해행위에 제공된 설비의 제거, 그 밖에 침해의 예방에 필요한 행위를 청구할 수 있다(법 제126조 제2항).

특허법 제126조의2는 특허권 또는 전용실시권 침해소송에서 특허권자 또는 전용실시권자가 주장하는 침해행위의 구체적 행위태양을 부인하는 당사자는 자기의 구체적 행위태양을 제시하도록 규정하였다. 그리고 당사자가 정당한 이유 없이 자기의 구체적 행위태양을 제시하지 않는 경우에는 법원은 특허권자 또는 전용실시권자가 주장하는 침해행위의 구체적 행위태양을 진실한 것으로 인정할 수 있다.[50]

특허권자는 고의나 과실로 인한 특허권 침해로 손해를 입은 경우 침해자에게 손해의 배상을 청구할 수 있다(법 제128조 제1항). 2020년 6월 9일 개정된 특허법에는 손해배상액 산정과 관련하여 중요한 개선이 이루어졌다. 기존에는 특허권자가 인정받을 수 있는 손해액의 범위는 특허권자의 제품 생산능력으로 한정되었다. 즉 중소기업인 특허권자의 생산능력이 1,000개인 경우에 침해자인 중견기업이 10,000개의 침해물을 판매하더라도 특허권자는 그의 생산능력인 1,000개에 대해서만 단위수량당 이익액을 곱한 금액을 손해배상액으로 보았다. 그러나 개정 특허법에서는 나머지 9,000개에 대해서도 손해배상액을 인정하되 '실시료'로 손해배상액을 산정할 수 있도록 하였다(법 제128조 제2항). 이와 같은 특허권자의 제품 생산능력과 상관없이 침해자가 판매한 수량 모두를 손해액으로 산정할 수 있도록 한 개정 특허법은 그간 오래동안 지적되었던 손해배생액의 현실화 문제를 해소하였다는 점에서 중요한 개정으로 평가받고 있다.

그 외에도 손해배상을 산정하는 다양한 방식을 규정하고 있다. 우선, 특허권 또는 전용실시권을 침해한 자가 그 침해행위로 인하여 얻은 이익액을 특허권자 또는 전용실시권자가 입은 손해액으로 추정한다(법 제128조 제4항). 또는, 그 특허발명의 실시에 대하여 합리적으로 받을 수 있는 금액을 특허권자 또는 전용실시권자가 입은 손해액으로 하여 손해배상을 청구할 수 있다. 그리고 손해액이 초과하는 경우에는 그 초과액에 대해서도 손해배상을 청구할 수 있다(법 제128조 제5항, 6항). 또는, 법원은 특허권 또는 전용실시권의 침해에 관한 소송에서 손해가 발생된 것은 인정되나 그 손해액을 증명하기 위하여 필요한 사실을 증명하는 것이 해당 사실

50) 제126조의2(구체적 행위태양 제시의무)의 개정규정은 이 법 시행 (2019. 7. 9.) 후 최초로 청구되는 특허권 및 전용실시권 침해소송부터 적용한다.

의 성질상 극히 곤란한 경우에는 제2항부터 제6항까지의 규정에도 불구하고 변론 전체의 취지와 증거조사의 결과에 기초하여 상당한 손해액을 인정할 수 있다(법 제128조 제7항). 타인의 특허권(전용실시권)을 침해한 자는 그 침해행위에 대하여 과실이 있는 것으로 추정한다(법 제130조).

특허법은 특허침해시 최고 3배까지 손해배상을 부담하도록 제128조 제8항 및 제9항에 규정하였다. 법원은 타인의 특허권 또는 전용실시권을 침해한 행위가 고의적인 것으로 인정되는 경우에는 제1항에도 불구하고 제2항부터 제7항까지의 규정에 따라 손해로 인정된 금액의 3배를 넘지 아니하는 범위에서 배상액을 정할 수 있다. 그리고 제8항에 따른 배상액을 판단할 때에는 다음 각 호의 사항을 고려하여야 한다.

> 1. 침해행위를 한 자의 우월적 지위 여부, 2. 고의 또는 손해 발생의 우려를 인식한 정도, 3. 침해행위로 인하여 특허권자 및 전용실시권자가 입은 피해규모, 4. 침해행위로 인하여 침해한 자가 얻은 경제적 이익, 5. 침해행위의 기간·횟수 등, 6. 침해행위에 따른 벌금, 7. 침해행위를 한 자의 재산상태, 8. 침해행위를 한 자의 피해구제 노력의 정도

법원은 고의나 과실로 특허권 또는 전용실시권을 침해함으로써 특허권자 또는 전용실시권자의 업무상 신용을 실추하게 한 자에 대해서는 특허권자 또는 전용실시권자의 청구에 의하여 손해배상을 갈음하여 또는 손해배상과 함께 특허권자 또는 전용실시권자의 업무상 신용회복을 위하여 필요한 조치를 명할 수 있다(법 제131조).

한편 침해사실을 발견한 경우에는 침해가 더는 진행되지 않도록 침해자에게 경고장을 발송하는 것이 실무적으로 효과적일 수 있다. 다만 침해사실에 대한 확인이 없이 무턱대고 침해물건의 판매금지 등을 강력히 요구하는 경고장을 발송할 경우 자칫 법적 책임을 질 수도 있으니 주의해야 한다.[51]

---

51) 특허권자가 "특허권 및 디자인권 침해제품 판매금지 통보"라는 제목의 내용증명우편으로 침해의 중단을 촉구하고 이에 응하지 않는 경우 법적인 조치를 취할 것임을 강력히 경고하여 상대방이 홈쇼핑에서 판매를 하지 못해 손해를 입은 사건에서, 경고장을 보낸 특허권자에게 손해배상책임을 인정한 사례가 있다. 대전고등법원 2010. 6. 24. 선고 2010나1058판결.

형사적 구제

특허권 또는 전용실시권을 침해한 자는 7년 이하의 징역 또는 1억원 이하의 벌금에 처한다(법 제225조 제1항). 특허침해죄는 피해자의 의사표시 없이도 공소를 제기할 수 있고 피해자가 가해자의 처벌을 원하지 않는 경우 처벌하지 않는 반의사불벌죄이다(법 제225조 제2항). 2020년 10월 20일 특허법 개정 이전에는 특허침해죄는 친고죄였으나 특허권자의 권리구제 강화를 위해 고소기간 제한이 없이 권리자의 의사에 반해 처벌하지 않는 반의사불벌죄로 전환하였다. 또한, 법인의 대표자나 종업원이 침해를 한 경우 그 행위자를 벌하는 외에 그 법인에게 3억원 이하의 벌금형을 과한다(법 제230조 제1호). 또한, 거짓이나 그 밖의 부정한 행위로 특허, 특허권의 존속기간의 연장등록 또는 심결을 받은 자는 3년 이하의 징역 또는 3천만원 이하의 벌금에 처한다(법 제229조).

04. 특허심판 및 침해소송

〈특허소송 구조〉

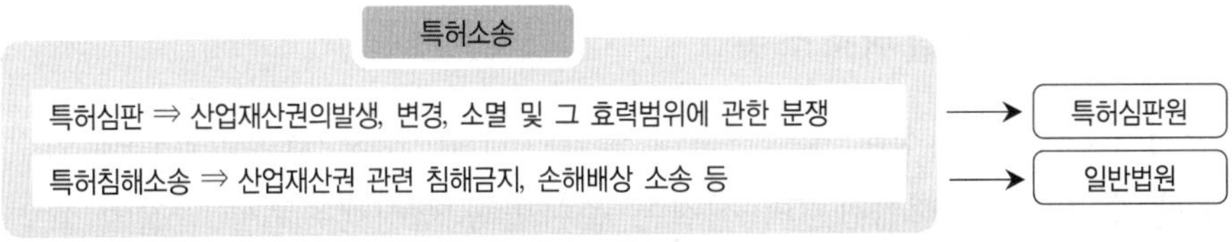

특허심판원 http://www.kipo.go.kr/ipt/simpan/simpan01.html

과거 우리나라 특허소송 구조는 특허침해금지 및 손해배상을 요구하는 특허침해소송은 일반 민사법원에, 그리고 특허의 발생, 변경, 소멸 및 그 효력범위에 관한 심결취소소송의 1심은 특허심판원, 2심은 특허법원에서 심리하도록 하여 관할법원을 이원화하고 있었다.

그러나 이원화된 특허소송 체계는 소송의 효율성, 판결의 전문성 및 일관성 부족으로 소송당사자인 기업과 국민의 권리 보호에 미흡하다는 지적과 함께 과학기술계, 산업계 등에서 '특허소송관할 집중'을 지속적으로 요구하여 왔다. 이에 국회는 2015년 11월 12일 본회의를 열어 지식재산권(특허권, 실용신안권, 디자인권, 상표권, 품종보호권) 침해 소송의 관할을 집중하는 내용을 담은 법원조직법 개정안 및 민사소송법 개정안을 통과(2016.1.1.시행)시켰다. 즉 종래 특허법원과 고법·지법항소부가 각각 담당하던 특허 등 지식재산권 심결취소소송과 침해소송의 2심을 특허법원으로 집중시키고, 특허 등 침해소송의 1심을 전국 지방법원·지원에서 고등법원 소재지 5개 지방법원으로 집중토록 하였다.

〈 지재권소송 관할제도 〉

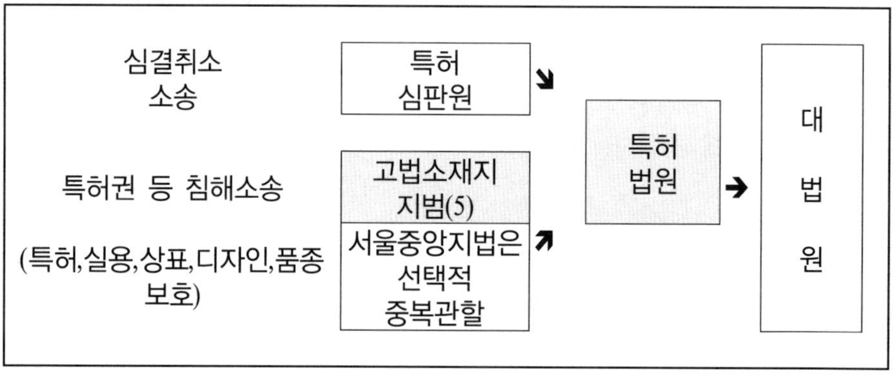

특허심판과 심결취소소송

출원에 대한 특허청의 행정처분에 불만이 있는 경우 특허심판원에 심결을 청구할 수 있다. 특허심판원의 심결은 준사법적 행정행위로서 판결의 효력과 같다. 특허효력 등에 관한 분쟁은 전문적인 기술적 지식을 요구하므로 법원에 의한 재판보다는 특허심판원의 심판관들에 의해 행해진다. 하지만, 심판의 객관성과 공정성을 확보하기 위하여 심판절차는 민사소송법상의 절차를 대부분을 준용하고 있다. 또한, 이러한 심판에 대하여 불복이 있는 경우에는 특허법원에 제소하여 다툴 수 있으며(심결취소소송), 확정된 심결이 법정의 중대한 하자가 있을 경우에는 해당 심결의 취소와 재심판을 구하는 재심을 청구할 수 있다(특허법 제178조). 특허심판은 일반 행정심판과는 달리 특허소송을 제기하기 위해서는 특허심판을 반드시 거쳐야 한다(행정소송법 제18조). 특허법원의 결정에 불복하는 경우에는 대법원에 상고할 수 있다.

특허심판을 청구하는 자는 심판청구서와 필요한 서류를 특허심판원장에게 제출하며,[52] 특허심판원장은 심판이 청구되면 3인 또는 5인의 심판관 합의체로 하여금 이를 행하게 한다. 심판관은 직무상 독립되어야 하지만 만일 심판을 함에 있어서 장애 사유가 있는 경우에는 심판관은 제척, 기피 또는 회피의 대상이 된다(특허법 제148조부터 제153조의2). 심판에 이해관계가 있는 자는 심판에 참가할 수 있다(특허법 제155조). 그리고 긴급한 심판이 요구되는 경우 등에는 우선심판을 청구할 수 있는데(특허심판사무취급규정 제31조), 예를 들면, 경찰 또는 검찰에 입건된 사건, 국가기관으로부터 관련된 요청이 있거나 우선심사한 출원에 대한 거절결정불복심판의 경우에 우선심판을 청구할 수 있다.

특허심판은 **결정계심판**과 **당사자계심판**으로 구분된다.

결정계심판이란 특허출원에 대한 거절결정과 같은 심사관의 처분에 불복하여 청구하는 심판이며 청구인만이 존재하는 심판이다. 여기에는 특허거절결정 등에 대한 심판과 정정심판이 있다. **특허거절결정 등에 대한 심판**은 특허청의 거절결정 등에 불복하는 경우 그 거절결정의 취소를 요구하기 위해 청구할 수 있다. 그리고 **정정심판**은 특허권·실용신안권이 설정등록된 후 명세서 또는 도면에 잘못된 기재 또는 불분명한 점이 있거나 특허청구범위가 너무 광범위하게 기재되어 있는 경우 이를 정정하기 위해 특허권자가 제기하는 심판을 말한다. 이는 특허권자가 자발적으로 특허발명의 명세서나 도면을 정정할 수 있도록 함으로써, 무효심판이 청구되는 것을 예방하고 제3자의 이익에 관련되는 불명료한 부분을 명확하게 하기 위한 것이다.

당사자계심판이란 이미 설정된 권리에 관련한 당사자의 분쟁에 대한 심판으로 청구인과 피청구인이 존재하여 당사자 대립구조를 취하는 심판으로 특허의

52) 주의할 것은 심판청구서의 심판종류란에는 구체적으로 무효심판, 상표등록취소심판, 소극적권리범위확인심판, 적극적권리범위확인심판, 정정심판, 정정무효심판, 거절결정불복심판, 보정각하결정불복심판, 취소결정불복심판 등으로 명확하게 기재해야 한다.

무효심판, 특허권 존속기간연장등록의 무효심판, 권리범위 확인심판과 통상실시권 허락의 심판이 있다.

특허의 무효심판은 심사관 또는 이해관계인이 특허권에 대하여 무효사유(특허요건, 기재불비, 모인(冒認)출원 등)를 들어 해당 특허권을 무효화할 것을 청구할 수 있으며, 이는 특허권이 소멸된 후에도 청구할 수 있다(특허법 제133조). 특허권 무효심결이 확정되면 해당 특허권은 처음부터 없었던 것으로 간주된다. 한편, 일반인도 누구든지 특허권의 설정등록일로부터 등록공고일 후 6개월 내에 특허가 잘못 부여되었음을 이유로 그 특허의 취소를 요구할 수 있다(특허법 제132조의2).

TIP

특허권 이전청구제도

특허권의 대표적인 무효사유인 모인(冒認)출원은 타인의 발명을 자신의 발명으로 출원하는 행위로 정당한 권리자가 아닌 無권리자가 출원하는 것이다. 최근까지 無권리자 특허를 무효로 하는 심결을 받은 후 정당한 권리자가 별도로 출원하는 방식으로만 특허를 받을 수 있었고 이로 인해 상당한 불편함이 초래되었다. 이 문제를 해소하기 위해 민사소송을 통해 無권리자로부터 권리를 이전받는 "특허권 이전청구제도"가 도입되었다.[53] 특허권 이전청구제도는 2017년 3월 1일 이후 설정등록된 無권리자 특허권에 대하여 정당한 권리자가 해당 특허권의 이전을 법원에 청구하는 것으로 無권리자 특허를 무효로 한 후 특허 출원하는 종래 방식과 함께 운영된다. 특허권의 이전등록 전에 선의로 실시사업을 하던 자에게는 통상실시권이 부여된다.

특허권존속기간연장등록의 무효심판은 특허권존속기간의 연장이 잘못된 경우 그 연장등록의 무효를 구하는 심판이다(특허법 제134조). 의약 · 농약 등에 관한 발명에 대한 특허권의 경우에는 그 특허의 실시를 위한 허가 또는 등록에 필요한 활성·안정성 등의 시험으로 인해 그 특허권을 실시할 수 없었던 때에는 특허권 존속기간 연장등록 출원을 하여 그 실시할 수 없었던 기간에 대하여 5년의 범위 내에서 그 특허권의 존속기간이 연장된 것을 연장등록 무효사유를 이유로 심판에 의하여 그 효력을 소급적으로 또는 장래에 향하여 상실시키는 제도이다.

53) 특허법 제99조의2(특허권의 이전청구) ① 특허가 제133조제1항제2호 본문에 해당하는 경우에 특허를 받을 수 있는 권리를 가진 자는 법원에 해당 특허권의 이전(특허를 받을 수 있는 권리가 공유인 경우에는 그 지분의 이전을 말한다)을 청구할 수 있다.

권리범위 확인심판은 특허권자·전용실시권자 또는 이해관계인이 특허발명의 보호범위를 확인하기 위하여 청구하는 심판이다. 특허권자는 자기의 권리가 미치는 범위를 넓게 해석하려고 하고 확인대상발명 실시자 또는 실시하려고 하는 자는 이를 좁게 해석하려는 경향이 있어 양자간에 많은 분쟁이 발생하므로 국가기관의 객관적인 해석을 통하여 분쟁해결에 기여하기 위한 제도이다.

통상실시권 허락의 심판은 특허발명이 선출원된 타인의 특허발명·등록실용신안·등록디자인 또는 이와 유사한 디자인을 이용하거나 특허권이 선출원된 타인의 디자인권 또는 상표권과 저촉되는 경우에, 그 타인이 실시에 대한 허락을 하지 않는 때에 한정하여 강제적으로 특허발명을 실시할 수 있는 통상실시권을 허락하는 심판이다.

한편, 심판이 청구되면 심판장은 해당 심판의 청구가 방식에 맞는지를 심리하고(방식심리), 합의체는 해당 심판이 적법한가를 심리한다(적법성 심리). 만일 청구가 타당한 경우에는 본안심리에 들어가게 되며, 심판관 합의체는 증거조사와 증거보전 등을 한다(특허법 제157조). 그러나 일반적인 민사소송과는 달리 절차의 원활한 진행을 위하여 직권진행주의[54]와 직권탐지주의[55]를 두고 있다. 심판은 일반적으로 심결에 의해 종결되는데, 심판장은 사건이 심결을 할 정도로 성숙한 때에는 심리의 종결을 당사자 및 참가인에 통지한다(특허법 제162조 제3항). 그러나 심리종결 통지 후에도 당사자 또는 참가인의 신청에 의하거나 심판장 직권으로 심리를 재개할 수 있다(특허법 제162조 4항). 심결은 확정되면 심판의 당사자뿐만 아니라 제3자에게도 효력을 미치는 대세효를 가지며, 재심사유가 없는 한 소멸이나 변경되지 않는 확정력을 가진다.

---

54) '직권진행주의'란 심판의 진행에 있어서 당사자가 기타 관계인의 기간 준수 또는 출석 여부에 구애받지 아니하고 심판장이 직권으로 심판을 진행할 수 있다는 의미로, 당사자 또는 참가인이 법정기간 또는 지정기간 내에 절차를 밟지 아니하거나 구술심리기일에 출석하지 아니하여도 심판을 진행할 수 있다(특허법 제158조).

55) 심판관이 당사자의 주장에 구속되지 않고, 심판에 필요한 사실 또는 증거를 직권으로 심리할 수 있으나, 청구인이 신청하지 아니한 청구의 취지에 대해서는 심리할 수 없다(특허법 제159조).

심판비용과 관련하여 거절결정 불복심판, 통상실시권 허락의 심판, 정정심판의 심판비용은 심판청구인이 부담한다(특허법 제165조 3항). 그리고 당사자계 심판에 있어 심판비용의 부담은 심결에 의하여 종료할 때에는 그 심결로써, 심판이 심결에 의하지 아니하고 종결할 때(심판청구의 취하 등)에는 결정으로써 정한다(특허법 제165조 1항).

특허심판원의 심결 또는 심판청구서나 재심청구서의 각하결정을 받은 자가 이에 불복하고자 하는 경우에는 심결 또는 결정의 등본을 송달받은 날로부터 30일 이내에 특허법원에 소를 제기할 수 있다(특허법 제186조). 특허법원의 심결취소 판결이 확정되면 특허심판원은 그 사건을 다시 심리하여 심결 또는 결정을 하여야 하며(특허법 제189조 2항), 이 경우 판결에 있어서의 취소의 기본이 된 이유는 그 사건에 대해 특허심판원을 기속한다(특허법 제189조 3항). 특허법원의 판결에 불복하는 자는 대법원에 상고할 수 있다(특허법 제186조 8항).

특허침해 소송

특허침해소송에는 침해금지 청구소송과 손해배상 청구소송 등이 있다. 민사소송법·법원조직법 개정으로 2016년 1월 1일부터 특허침해소송의 1심은 서울중앙지방법원과 대전·대구·부산·광주지방법원 등 5개 법원이 전속 관할하고, 다만, 서울중앙지방법원에 대해서는 선택적 중복관할을 인정한다(민소법 제24조).[56] 그리고 특허침해소송 등의 항소심은 특허법원이 집중 관할하게 되었다(법원조직법 제28조의4).

특허침해소송은 민사소송이므로 민사소송 절차에 따라 진행된다. 소장에는 대상 특허권과 피고가 제조하거나 판매하는 물건이나 방법을 특정하고, 해당 물건이나 방법이 특허발명의 권리범위에 포함되는지 여부를 기술한다. 반면, 피고는 자신의 실시행위가 대상 특허발명의 청구범위에 속하지 않는다거나 대

---

56) 예를 들면, 부산에 거주하는 원고의 특허권을 광주에 거주하는 피고가 침해한 경우, 원고는 부산이나 광주지방법원 뿐만 아니라 서울중앙지방법원에 소송을 제기할 수도 있다. 이는 특허침해소송 1심 사건의 90% 이상이 서울중앙지방법원에 제기되는 현실을 반영한 것이다. 법률신문, "'특허침해소송 관할 집중', '삼각분할합병' 국회 본회의 통과", 2015.11.12.

상 특허가 무효라고 항변하는 것이 일반적이다. 또한, 기술설명회를 포함하는 변론준비기일이 열리며, 침해에 대한 심증이 형성되면 손해에 대한 판정으로 넘어가고, 그렇지 않으면 판결선고 기일을 지정한다. 변론이 종결되면 통상 2주 이내에 판결을 하며, 해당 판결에 불복하는 자는 항소 및 상고를 할 수 있다.

가처분 소송

특허권자나 전용실시권자는 침해금지 또는 침해예방 청구를 할 수 있는데, 특허권자 등은 이러한 금지청구권을 피보전권리로 하여 금지의 가처분을 신청할 수 있다. 특허침해금지가처분은 가처분 채무자에게 부작위의무를 부과하는 임시의 지위를 정하는 가처분이다.[57] 본안 소송의 판결이 확정되기 전이나 집행 전에 가처분 채권자가 소송물에 대한 권리나 법률관계 비용의 전부나 일부가 실현된 것과 같은 결과를 가져오는 만족적 가처분으로서의 성격을 갖는다.

특허침해금지가처분을 내리기 위해서는 피보전권리(특허권)의 존재와 보전의 필요성이라는 두 가지 요건을 만족해야만 한다. 그런데 특허침해금지가처분은 다른 소송의 가처분과는 다른 특징을 갖는다. 우선 피보전권리의 존재와 관련하여, 단순히 특허권이 존재하는지 여부만을 살펴서는 안 되고, 해당 침해행위가 특허권의 범위 내에서 이루어진 것인지를 검토하여야 한다. 즉 특허권의 범위는 청구항의 범위에 따라 결정되며 이를 위해서는 청구항의 해석이 필요하다. 실무적으로 특허라는 무형재산에 대한 청구범위를 정하는 것은 용이하지 않으므로 신중을 기해야 한다. 가처분은 본안 판결에 앞서 신속하게 진행되어야 하지만 특허권의 특성상 신중한 판단과의 조화가 요구된다.

가처분 결정을 위해서는 보전의 필요성이 요구된다. 대법원은 가처분이 필요한지 여부에 대해 “당해 가처분신청의 인용 여부에 따른 당사자 쌍방의 이해득

57) 민사집행법 제300조(가처분의 목적) ① 다툼의 대상에 관한 가처분은 현상이 바뀌면 당사자가 권리를 실행하지 못하거나 이를 실행하는 것이 매우 곤란할 염려가 있을 경우에 한다.
② 가처분은 다툼이 있는 권리관계에 대하여 임시의 지위를 정하기 위하여도 할 수 있다. 이 경우 가처분은 특히 계속하는 권리관계에 끼칠 현저한 손해를 피하거나 급박한 위험을 막기 위하여, 또는 그 밖의 필요한 이유가 있을 경우에 하여야 한다.

실관계, 본안소송의 승패의 예상, 기타 여러 사정을 고려하여 법원의 재량에 따라 합목적적으로 결정"하도록 하고 있다(대법원 2007.1.25. 선고 2005다11626 판결). 우리나라의 경우 특허침해금지 가처분이 받아들여지는 경우는 많지 않다. 이는 특허침해금지가처분의 신청이 이루어지면 상대방이 대부분 무효심판을 청구하게 되고, 무효의 개연성이 높다고 인정되는 경우에는 보전의 필요성을 인정하지 않는 것이 우리 법원의 경향이다.[58]

특허침해금지 가처분은 서면심리, 심문절차 또는 구두변론의 방식으로 진행된다. 특허침해금지 가처분의 신청은 일반 가처분 신청과 달리 임시의 지위를 정하기 위한 가처분으로서 원칙적으로 변론기일이나 심문기일을 열어야 하므로, 현실적으로도 상당한 정도의 심리를 한 다음 결정하는 경우가 많다. 가처분의 집행은 일반적인 보전집행의 경우와 같으며, 특허침해금지 가처분은 부작위를 명하는 가처분으로 가처분명령의 선고 또는 송달로써 효력이 발생한다. 가처분의 결정이나 판결에 대해 그것이 가처분 신청을 각하한 경우에는 항고와 항소로서 불복할 수 있고, 채무자가 결정에 대한 이의를 하는 경우에는 이의신청, 판결의 경우에는 항소로써 불복할 수 있다. 특히, 가처분 결정 후 해당 특허가 무효되거나 권리범위 확인심판에서 권리범위에 속하지 않는다는 판결이 난 경우에는 사정변경이 발생한 것에 해당하여 취소될 수 있다.

05. 특허권의 이전

특허권의 양도

특허권양도계약은 특허권의 권리주체가 변경되는 계약을 말한다. 일반적으로 유상(有償)인 경우는 특허권의 양도(매매)이며, 무상(無償)인 경우에는 증여계약과 기타의 계약으로 일어난다. 양도는 특허 또는 특허 출원에 대한 소유권을 전부 또는 일부 다른 사람 또는 회사에 넘겨주는 것을 말한다. 양도는 특허

58) 대법원 1993. 2. 12. 선고 92다40563 판결.

출원심사 중 또는 특허를 받은 후에도 가능하고, 양도를 여러 번 하는 것도 가능하다. 특허권의 양도 및 양수는 기업 상호 간, 기업과 대학 간, 기업과 공공연구소 간 등 여러 가지 경우에 이루어진다.

특허권이 공유인 때는 특허법은 각 공유자는 다른 공유자의 동의가 없으면 그 지분을 양도할 수 없도록 규정한다. 이러한 특허권의 양도제한은 매매나 증여 등의 특허승계의 경우에만 적용되며, 상속이나 회사의 합병 등의 일반승계의 경우에도 해당하지 않는다.

이전 등록과 효력

일반적으로 특허 또는 특허 출원의 양도는 특허청에 등록을 한다. 특허청에 등록된 양도는 제3자, 즉 일반 대중에 대한 권리 변동의 공시 효과를 가지며, 양도를 등록하지 않을 경우 그 후에 또 다른 양도에 의해 특허권을 취득하고 등록한 자에 대하여는 등록하지 않은 양도 사실은 효력이 없다.

이처럼 특허승계의 경우는 특허청의 특허등록원부에 등록해야만 그 효력이 발생한다.[59] 한편, 상속이나 회사의 합병 등과 같은 특허권의 일반승계의 경우는 지체없이 그 사실을 특허청장에게 신고하여야 한다.[60] 따라서 이 경우 등록 없이도 제3자에게 권리를 주장할 수 있다. 또한, 특허 출원 중인 권리의 승계는 상속 기타 일반승계의 경우를 제외하고는 특허출원인이 특허출원인변경신고를 하여야만 그 효력이 발생한다.[61]

---

59) 특허법 제101조(특허권 및 전용실시권의 등록의 효력) ① 다음 각 호의 어느 하나에 해당하는 사항은 등록하여야만 효력이 발생한다.
1. 특허권의 이전(상속이나 그 밖의 일반승계에 의한 경우는 제외), 포기에 의한 소멸 또는 처분의 제한

60) 특허법 제101조(특허권 및 전용실시권의 등록의 효력) ② 제1항 각 호에 따른 특허권·전용실시권 및 질권의 상속이나 그 밖의 일반승계의 경우에는 지체 없이 그 취지를 특허청장에게 신고하여야 한다.

61) 제38조(특허를 받을 수 있는 권리의 승계) ④ 특허출원 후에는 특허를 받을 수 있는 권리의 승계는 상속, 그 밖의 일반승계의 경우를 제외하고는 특허출원인변경신고를 하여야만 그 효력이 발생한다.
⑤ 특허를 받을 수 있는 권리의 상속, 그 밖의 일반승계가 있는 경우에는 승계인은 지체 없이 그 취지를 특허청장에게 신고하여야 한다

06. 특허기술계약

기술계약은 거래의 목적에 따라 연구개발, 기술양도, 기술대여, 기술담보, 용역제공 등 다양한 종류의 계약이 체결된다. 여기에는 연구개발계약, 특허권 양도계약, 라이선스계약, 기술담보계약, 기술지도계약 등이 있다. 따라서 실무에 있어서 기술계약의 목적에 적합한 계약의 종류를 선택하는 것이 중요하다.

<기술계약의 종류>

구 분	계약의 종류	내 용
연구개발	공동연구개발계약	당사자 쌍방이 상호 보완적으로 자산 및 정보를 제공하여 공동으로 기술을 연구하고 개발하는 것을 목적으로 하는 계약
	위탁연구개발계약	당사자 일방이 필요한 기술을 자체 연구개발하지 않고 외부 연구소 및 전문가 등에게 비용을 지급하고 기술의 연구개발을 위탁하는 계약
기술양도	기술양도계약	당사자 일방이 기술의 소유권을 상대방에게 이전하는 것을 목적으로 하는 계약
	합병계약	둘 이상의 회사를 하나의 회사로 합병하는 것을 목적으로 하는 계약
기술대여	라이선스(license)계약	당사자 일방이 보유하고 있는 특허, 상표, 저작권 등을 상대방이 실시 또는 이용할 수 있도록 허락하는 계약
	재라이선스 (sublicense)계약	실시권자(licensee)가 특허권자로부터 실시허락을 받은 특허 등을 제3자에게 실시허락하는 계약
	상호라이선스 (cross-license)계약	특허권자 등이 보유한 특허 등을 상호 실시할 수 있도록 허락하는 계약
	패키지라이선스계약	수 개의 특허 등을 하나로 묶어 실시허락을 하는 계약
기술담보	질권설정계약	기술 또는 특허 등을 금전채무의 담보로 제공하기 위하여 질권을 설정하는 계약
	양도담보계약	기술소유자가 금전채무를 담보하기 위하여 기술소유권을 상대방에게 양도하고 채무를 변제한 때에 소유권을 반환받을 것을 약정하는 계약
용역제공	옵션(option)계약	공동연구개발계약, 라이선스계약 등의 체결에 앞서 당사자 일방이 상대방에게 특정기술의 사업화 가능성에 대한 평가·검토에 필요한 정보를 제공하고 일정 기간 내에 기술계약의 체결 여부의 선택권을 부여하는 계약

	기술지도계약	당사자 일방이 상대방에게 특정기술의 실시에 필요한 조언, 검토, 상담, 기술자의 훈련 등의 서비스를 제공하는 계약
	비밀유지계약	계약 체결 전후에 있어서 미공개 발명, 영업비밀, 노하우 등에 대한 정보를 제3자에게 공개 및 유출하지 않도록 약정하는 계약

연구개발 목적 계약

연구개발 목적의 계약은 당사자가 공동으로 또는 일방이 연구개발을 통하여 기술을 창출하는 것을 목적으로 하는 계약을 말한다. 이러한 계약에는 공동연구개발계약과 위탁연구개발계약이 있다. 통상 연구개발계약에는 아래에서 상술하는 실시허락(라이선스)에 관해서도 함께 규정하는 경우가 많다.

1) 공동연구개발계약

공동연구개발계약은 당사자 쌍방이 상호 보완적으로 자산 및 정보를 제공하여 공동으로 기술을 연구하고 개발하는 것을 목적으로 하는 계약을 말한다. 이 계약에는 연구개발 업무 및 비용의 분담, 연구개발 성과물의 권리귀속, 연구개발 성과물의 실시, 제3자 실시허락 및 이익분배, 정보의 상호공유, 후속연구, 비밀유지 등에 관한 사항을 포함한다. 연구개발 성과물에 대한 권리를 공동으로 소유하는 경우에는 지분율에 관계없이 제3자 실시허락 시 권리자 전원의 합의가 필요하다. 또한, 공유자 일방이 1%의 지분만 보유한 경우라도 무상으로 성과물을 실시할 수 있다. 그리고 공동소유하는 연구개발 성과물을 일방이 활용하여 개량발명을 할 경우에는 공동연구 성과물이 무용화될 수 있으므로 후속연구에 대한 이해관계 조정을 명확히 해 둘 필요가 있다.

2) 위탁연구개발계약

위탁연구개발계약은 당사자 일방이 필요한 기술을 자체 연구개발하지 않고 외부 연구소 및 전문가 등에게 비용을 지급하고 기술의 연구개발을 위탁하는 계약을 말한다. 일반적으로 위탁자는 연구개발에 필요한 정보와 자료를 수탁자에게 제공하고 수탁자는 연구개발을 주도적으로 진행한다. 전략적으로 핵심기술은 자체 개발하되 비핵심기술을 위탁방식에 의해서 확보하는 경우도 많다. 위탁연구개발의 경우 최적의 연구개발자를 선정하는 일이 중요하다.

이러한 계약에는 위탁의 목적, 대상, 비용, 계약기간, 개발경과의 연차보고, 평가 및 정산, 비밀유지, 성과물에 대한 권리귀속 및 활용 등에 관한 규정이 포함되어야 한다. 위탁연구의 목적이 효과적으로 달성되기 위해서는 이들 제반 계약조건이 합리적으로 설정되어야 하며 이를 위해서는 당사자 간에 충분한 검토와 논의를 거칠 필요가 있다.

기술양도 목적 계약

기술양도 목적의 계약은 기술의 소유권 및 지분을 이전시키는 것을 목적으로 하는 계약을 말한다. 기술의 양도는 기술의 형태에 따라 특허권의 양도, 특허를 받을 수 있는 권리(특허출원)의 양도, 노하우(know-How)의 양도 등이 있다. 기술의 양도는 직접적인 기술양도계약에 의해서 발생하기도 하지만 회사의 합병에 의해서도 포괄적으로 이전된다.

1) 기술양도계약

기술양도계약은 기술매매계약이라고도 하며 당사자 일방이 기술의 소유권을 상대방에게 이전하는 것을 목적으로 하는 계약을 말한다. 기술양도는 특허권 등의 이전도 포함하는 경우가 많은데, 특허권의 양도는 등록에 의하여 효력이 생기며, 특허출원의 양도는 특허청장에게 출원인명의변경신청을 하여야 효력이 발생한다. 그리고 노하우의 양도는 계약과 동시에 효력이 발생된다. 기술양도계약의 대표적인 방식으로 마일스톤(milestone) 계약을 소개하자면 계약의 진행을 몇 단계(기술소개, 효능실험, 검증, 자료제공 등)로 구분하여 각 단계의 조건이 만족되면 다음 단계로 넘어가게 되며, 기술에 대한 검증을 단계별로 진행하고 기술이전 대가를 분납형식으로 제공되는 장점을 지니고 있다.

2) 합병계약

합병계약은 둘 이상의 회사를 하나의 회사로 합병하는 것을 목적으로 하는 계약을 말한다. 합병으로 인하여 설립된 회사는 합병으로 인하여 소멸하는 회사의 권리의무를 포괄승계하게 되므로(상법 제235조, 제269조, 제530조 제2항, 제603조), 기술 및 특허를 포함한 재산이 함께 이전된다. 양도계약과 달리 합병에 있어서 특허권은 이전등록이 없이도 신설되는 회사로 권리가 이전된다.

기술대여 목적 계약

기술대여계약은 라이선스(license)계약이라고도 하며 기술의 소유권을 변동시키지 않고 그 사용권만을 상대방에게 허락하는 계약을 말한다. 이 점에서 기술의 소유권을 수반하는 양도계약과 차이가 있다. 기술대여계약에는 라이선스계약, 재라이선스계약, 상호라이선스계약, 패키지라이선스계약 등이 있다.

1) 라이선스계약

라이선스(license)계약은 당사자 일방이 보유하고 있는 특허, 상표, 저작권 등을 상대방이 실시 또는 이용할 수 있도록 허락하는 계약을 말한다. 실시권자(licensee)는 실시허락자(licensor)와 별도로 자기를 위하여 대상 기술을 실시할 권리를 가진다. 라이선스계약은 크게 독점적 라이선스와 비독점적 라이선스로 구분된다.

① 독점적 라이선스

독점적 라이선스(exclusive license)계약은 1인의 실시권자(licensee)에게만 특허 등 지식재산을 독점적으로 사용할 수 있는 권리를 부여하는 계약이다. 이는 특허법상 전용실시권에 상당하다. 특허법은 특허권에 관하여 전용실시권을 설정할 때에는 전용실시권자가 그 특허발명을 실시할 권리를 독점하는 범위 안에서는 특허권자라도 실시할 수 없다(특허법 제94조). 전용실시권은 배타성을 갖는 물권적 권리이다. 그러므로 전용실시권자는 자기의 전용실시권을 침해한 자 또는 침해할 우려가 있는 자에 대하여 자기의 이름으로 그 침해의 금지 또는 예방을 청구할 수 있다. 특허권자는 2중으로 독점적 라이선스계약을 타인에게 부여할 수 없으며 만일 독점적 실시권자 외에 다른 자에게 동일한 실시권을 부여하였다면 최초의 독점적 실시권자는 특허권자에게 계약 위반을 이유로 손해배상을 청구할 수 있다. 전용실시권은 설정등록을 하지 않으면 그 효력을 발생할 수 없다.

한편 저작권에 있어서 독점적 라이선스계약은 이용권자에게 채권적 효력만을 부여하므로 비록 제3자가 저작권을 침해하였다고 하더라고 저작권자의 고유한 권한인 침해정지소송을 제기할 수 없다. 이 점에서 물권적 권리를 갖는 전용실시권자와 차이가 있다.

② 비독점적 라이선스

비독점적 라이선스(Non-exclusive license)계약은 2인 이상의 실시권자에게 동일한 조건의 실시허락을 제공하는 계약을 말한다. 이는 특허법상 통상실시권에 상당하다. 이러한 비독점적 라이선스계약은 특허 등 지식재산을 실시하는 채권적 효력만을 부여하므로 제3자가 특허권 등을 침해하는 경우에도 이를 금지할 권리는 가지지 못한다. 통상실시권은 전용실시권과 달리 설정등록을 하지 않아도 계약과 동시에 효력이 발생한다.

③ 재라이선스계약

재라이선스(Sublicense)계약은 실시권자(Licensee)가 특허권자로부터 실시허락을 받은 특허 등을 제3자에게 실시허락하는 계약을 말한다. 재라이선스는 원라이선스계약을 전재로 하므로 실시권자는 원라이선스계약상에서 재실시가 허락된 범위에서만 제3자에게 실시권을 허락할 수 있다. 따라서 원라이선스가 종료하면 재라이선스도 종료하게 된다.

2) 상호라이선스계약

상호라이선스(Cross-license)계약은 특허권자 등이 보유한 특허 등 지식재산권을 상호 실시할 수 있도록 허락하는 계약을 말한다. 상호라이선스의 대상이 되는 특허권 등 지식재산권의 가치가 상호 동등하다면 서로 무상으로 사용하게 되지만, 어느 한쪽의 가치가 더 높은 경우에는 그 차액만큼 낮은 쪽 상대방이 보상을 하는 경우가 일반적이다. 상호라이선스계약은 기업이 관련된 모든 기술을 개발하기 보다는 필요한 기술을 상대방으로부터 빌려 사용함으로써 기술적

미비점을 보완하고, 연구개발의 시간과 비용을 절감할 수 있다. 이 계약은 통상 기술수준이 비슷한 기업 간에 발생된다. 그리고 계약 체결의 타당성여부를 확인하기 위해서는 상대방 특허의 유효성, 개량기술인지 원천기술인지 여부, 특허의 수, 권리기간, 특허의 권리범위 및 가치 등을 면밀히 검토해야 한다.

3) 패키지라이선스계약

패키지라이선스계약은 수개의 특허 등을 하나로 묶어 실시허락을 하는 계약으로서 거래비용을 절약할 수 있다. 패키지라이선스계약에는 강제적 라이선스와 임의적 라이선스가 있다. 특히 전자의 경우 특허권자가 보유한 모든 특허를 패키지로 계약하지 않으면 실시권을 제공하지 않겠다는 조건이 부여된 경우가 있는데 이러한 조건은 독점금지법을 위반할 소지가 있으므로 주의해야 한다.

기술담보 목적 계약

기술담보 목적의 계약은 특허 등 지식재산권을 금전채무의 담보로 제공하고 금융을 제공받는 계약을 말한다. 지식재산 담보는 부동산 자산이 부족하지만 기술집약적인 중소벤처기업 등에게 사업화 자금을 조달해 줄 수 있는 유용한 제도이며, 최근 정부 지식재산 담보거래 활성화를 위한 정책을 강화하고 있다. 담보방법에는 질권과 양도담보가 있으나 특허법은 전자에 대해서만 규정을 두고 있다. 2010년 6월 10일 제정된 「동산·채권 등의 담보에 관한 법률」은 담보약정에 양도담보 등 명목을 묻지 아니하고 동산·채권·지식재산권을 담보로 제공하기로 하는 약정을 포함하고 있다.

1) 질권설정계약

질권설정계약은 기술 또는 특허 등을 금전채무의 담보로 제공하기 위하여 질권을 설정하는 계약을 말한다. 질권은 채무변제를 받을 때까지 그 목적물을 점유하는 권리이지만 특허법은 질권자가 질권의 대상이 되는 특허권을 직접 실시하는 것을 금지하고 있다. 왜냐하면 특허권자는 해당 특허권 활용을 통해 발생된 수익으로 질권 채무를 변제하기 때문이다. 질권설정의 대상이 되는 것은 특허권뿐만 아니라 전용실시권 및 통상실시권도 포함한다. 또한, 채무변제가 이행되지 않은 경우 질권자는 법에 의한 압류, 경매, 권리양도의 실행이 가능하다.

2) 양도담보계약

양도담보계약은 기술소유자가 금전채무를 담보하기 위하여 기술소유권을 상대방에게 양도하고 채무를 변제한 때에 소유권을 반환받을 것을 약정하는 계약을 말한다. 따라서 양도담보의 경우 우선 채무자인 특허권자는 채권자인 담보권자에게 특허등록원부상 소유권을 이전시키고 다시 특허권자는 담보권자로부터 라이선스계약에 의하여 실시권을 받아야 한다. 양도담보는 변제 시까지 소유권이 담보권자에게 이전되므로 침해소송의 당사자는 담보권자가 된다. 그러나 실질적으로 담보권설정자의 비용과 책임으로 침해소송에 대응하기 위해서는 명시적인 규정이 필요할 것이다.

용역제공 목적 계약

용역제공 목적의 계약은 연구개발계약, 라이선스계약, 양도계약 등 거래를 위하여 부수적으로 필요한 다양한 서비스를 제공할 목적으로 이루어지는 기술계약을 말한다. 여기에는 옵션계약, 기술지도계약, 비밀유지계약 등이 있다.

1) 옵션계약

옵션계약(Option contract)은 공동연구개발계약, 라이선스계약, 노하우 기술이전 등의 체결에 앞서 당사자 일방이 상대방에게 특정기술의 사업화 가능성에 대한 평가·검토에 필요한 정보를 제공하고 일정기간 내에 기술계약의 체결여부의 선택권을 부여하는 계약을 말한다. 이 계약에는 제공되는 정보의 내용과 범위, 옵션권 행사의 방법과 기간, 대가, 비밀유지의무 등에 관한 규정이 필요하다.

2) 기술지도계약

기술지도계약은 내용당사자 일방이 상대방에게 특정기술의 실시에 필요한 조언, 검토, 상담, 기술자의 훈련 등의 서비스를 제공하는 계약을 말한다. 기술지도계약에는 기술지도의 범위와 준수의무, 기술지도의 횟수와 대가, 기간, 결과의 기록 등이 포함되어야 한다.

3) 비밀유지계약

비밀유지계약은 계약 체결 전후에 있어서 미공개 발명, 영업비밀, 노하우 등에 대한 정보를 제3자에게 공개 및 유출하지 않도록 약정하는 계약을 말한다. 비밀유지계약은 공동연구 및 기술이전계약 등 본 계약에서 체결되지만, 본 계약 체결 전에 기술정보를 보호하기 위하여 비밀유지계약을 체결하는 것이 중요하다. 본 계약 체결 전 테스트나 검증, 세부 협상 등 몇 가지 단계를 거치게 되며 이 과정에서 비밀자료, 노하우, 핵심물질 등을 아무런 조건 없이 모두 제공하게 되면 계약이 불성립된 경우 비밀정보의 유출로 인하여 불측의 손해를 보거나 분쟁이 발생하게 된다. 기술을 공개하는 경우에도 단계별로 최소한의 정보만을 제공하여야 하며 비밀유지에 각별한 주의가 요구된다.

Discussion

주제 **쉬링크랩라이선스(Shrink-wrap license)계약이란 SW패키지를 포장하고 있는 쉬링크랩을 개봉하게 되면 공급자가 포장지 내에 이미 인쇄해 둔 사용조건을 소비자가 승낙한 것으로 간주하는 계약인데, 상품을 사용하기도 전에 포장의 개봉으로 계약이 성립하는 쉬링크랩라이선스계약은 과연 유효한 것인가?**

만일 쉬링크랩 라이선스계약서 상에 소비자 일방에게 불리한 조항이 포함되어 있다면 어떤 법에 의해서 구제받을 수 있을까?

설명 계약은 청약의 의사표시와 승낙의 의사표시의 합치로 성립한다. 그런데 쉬링크랩 라이선스는 통상 상품의 겉면에 "이 포장을 뜯는 것은 내부에 포함된 소프트웨어 사용계약서에 동의함을 의미합니다."라고 기재되어 있어 구매자는 구체적인 계약 내용이나 제품의 질을 확인하기도 전에 포장의 개봉이라는 사실행위로 승낙의 의사표시가 이루어지므로 그 유효성이 문제가 된다.

쉬링크랩 라이선스와 유사한 형태로 주로 인터넷 서비스 거래에서 사용되는 이용허락 방식으로 클릭랩 라이선스(Click-wrap license)가 있다. 클릭랩 라이선스는 사용자가 최초로 컴퓨터프로그램을 실행시킬 때 컴퓨터 스크린상에 나타나는 것으로 사용자가 서비스를 이용하기도 전에 라이선스 조건을 받아들일 것인지를 요구하게 된다.

현실적으로 소프트웨어 거래뿐만 아니라 인터넷 홈쇼핑, 인터넷서비스 등과 같이 신속하고 대량적으로 이루어지는 거래에서는 계약 당사자가 직접 대면하여 논의하고 의사표시의 합치를 이끌어내는 것은 거의 불가능한 일이므로 통상 약관의 방식으로 계약이 체결된다. 따라서 거래의 특수한 성격을 고려하면 쉬링크랩 라이선스 계약 자체의 유효성은 인정되어야 한다고 본다.

그런데 쉬링크랩 라이선스에서 문제가 되는 것은 당해 라이선스계약 내에 소비자에게 부당하게 불리한 조항이나 사업자의 법률상 책임을 면책하는 조항 등이 포함되어 있는 경우이다. 우리나라는 사업자가 자신의 거래상 지위를 남용하여 불공정한 약관을 작성하여 소비자에게 불이익을 주는 것을 규제하기 위하여 1986년 「약관의 규제에 관한 법률」을 제정하여 시행하고 있다. 약관규제법은 약관의 내용 중 소비자 일방에게 부당하게 불리한 조항이나 면책조항 등을 무효로 선언하고 있으며, 이를 규제하기 위하여 공정거래위원회로 하여금 사전심사 및 시정조치 등을 할 수 있도록 권한을 부여하고 있다.

Explanation

특허권자는 독점적 배타권을 가지므로 특허권자가 발명을 실시하고 있지 않아도 권리행사가 가능하다. 특허법 제 225조 제1항은 특허권 또는 전용 실시권을 침해한 자는 7년 이하 징역 또는 1억 원 이하의 벌금에 처하도록 한다. 그리고 침해행위를 조성한 물건이나 해당 침해행위로부터 파생된 물건을 몰수하거나 피해자의 청구로 그 물건을 피해자에게 교부하도록 하고 있으며 양벌규정을 두어 행위자뿐 아니라 법인까지 처벌할 수 있도록 규정하고 있다. 그러나 특허권 침해여부가 확정되지 않은 상황에서 고소 취하를 조건으로 구매자의 계약 해지를 종용하고 제품 철거까지 요구하는 것은 정당한 권리행사를 넘어 영업방해 등 불법행위로서 손해배상 책임을 부담할 수 있다.

서울중앙지방법원 2014가합551954 사건에서 법원은 거래처에 특허침해 경고장을 보내 거래를 중단시켜 2억770여만원의 손해를 입혔다는 이유로 제기된 소송에서, 경고장을 보낸 측의 손해배상 책임을 인정하는 원고승소 판결을 하였다. 특허침해 경고장을 받는 거래처 또는 구매자들은 대부분 그 제품의 사용 및 판매를 중단하거나 이미 납품한 상품을 반품하는 경우가 많다. 해당 사건은 '음료의 맛을 내는 빨대'에 관한 특허가 문제된 것으로 식품과 같이 유통기간이 짧은 제품은 폐기해야 하므로 특허침해 경고장으로 인한 거래중단 및 반품은 심각한 손해를 발생시킨다. 이와 같이 거래처에 보낸 특허침해 경고장은 실제 특허침해 여부를 떠나 그 자체로 영업상 막대한 손해를 초래한다. 법원은 판결문에서 "특허 침해를 단정하면서 가처분 신청 등 사법적 구제절차를 취하지 않고 거래처에 거래 중단을 요구하면서 이를 거절할 경우 모든 조치를 취하겠다는 취지의 경고장을 보낸 것은 정당한 권리행사를 벗어난 위법행위에 해당한다."고 판시하였다.

따라서 A는 손해예방을 위하여 특허권 침해가 문제된 제품에 대한 금지 가처분신청을 하여 그 결정을 받아 집행하는 구제절차를 취할 필요가 있다. 이러한 절차를 취하지 않고 고소취하를 조건으로 제품의 철거까지 강요한다면 합의가 되었어도 특허권 침해의 판결 결과에 따라 A의 행위가 불법행위가 되어 손해배상책임을 질 수도 있다.

Chapter 11 직무발명

A 제약회사의 연구원 갑은 A 회사의 항진균제 개발에 참여한 연구원으로서 다른 공동 연구원들과 함께 6건의 특허출원에 기여하였으며, 회사의 직무발명보상규정에 따라 특허 출원시에 소정 금액의 보상금을 받았다. 이후 A 회사는 항진균제의 제조, 판매, 기술이전 및 특허권의 라이선싱을 통하여 큰 수익을 얻었으나 갑을 비롯한 공동연구원들에게 출원시의 보상 이외에 다른 보상은 하지 않았다. 이에 갑은 A 사를 상대로 수익에 대한 일정한 보상금을 청구하는 소송을 제기하였다. 갑의 주장은 타당한가?

【A 회사의 직무발명규정】

A 회사는 연구원들로부터 그들의 직무발명에 관한 특허 받을 권리를 승계하여 A 명의로 특허출원을 함.

직무발명에 따른 보상의 종류는 출원보상, 등록보상, 실시보상, 처분보상 및 특별보상으로 구분되고, 1건 당 수십 만 원이 지급되는 출원보상 외의 나머지 보상금은 회사 내에 설치된 직무발명심의위원회의 보상금 결정 후에 지급하며, 보상금 등에 관하여 동의하지 않는 발명자는 보상금 결정통지 후 30일 이내에 소위원회에 이의를 제기할 수 있고, 보상금을 받을 권리는 전직 또는 퇴직 후에도 존속한다고 규정됨. 한편 회사 명의로 등록된 특허권을 양도 또는 기타의 방법으로 처분하였을 때 실시하는 처분보상 가운데 산업재산권의 실시를 유상으로 타인에게 허여한 경우에는 그 실시료의 5~10%에 해당하는 금액을 보상금으로 지급하도록 하고 있음.

01. 직무발명이란?

직무발명이란 종업원이 종업원의 현재 또는 과거의 직무에 관하여 발명한 것이 사용자의 업무범위에 속하는 발명을 말한다. 현행 발명진흥법은 종업원의 직무발명에 대한 권리를 사용자가 승계한 경우 정당한 보상을 하도록 법률로 의무화한 "법정보상제도"를 채택하고 있다.[62] 발명진흥법 제15조 제1항에서 "종업원 등은 직무발명에 대하여 특허등을 받을 수 있는 권리나 특허권 등을 계약이나 근무규정에 따라 사용자 등에게 승계하게 하거나 전용실시권을 설정한 경우에는 정당한 보상을 받을 권리를 가진다."라고 규정하여 종업원의 사용자에 대한 정당한 보상청구권을 부여하고 있다.

우리나라가 직무발명에 대한 법정보상제도를 마련한 이유로서, 우선 선진국과 비교하여 종업원이 고용계약 체결시 보상문제 등에 대해 대등한 교섭력을 확보하고 있지 못한 상황에 있으며, 사용자 등은 직무발명을 급여에 대한 반대급부로 종업원의 노무의 산물이라는 인식이 아직 만연되어 있는 등 직무발명제도에 대한 인식이 부족한 편이다. 2013년 특허청 조사에 따르면, 국내 전체 특허출원 중 기업 등 법인의 특허출원이 약 80.4%를 차지하고 있는 바 직무발명제도가 우수 특허를 확보하는데 있어서 핵심적인 인센티브 기능을 하고 있다.

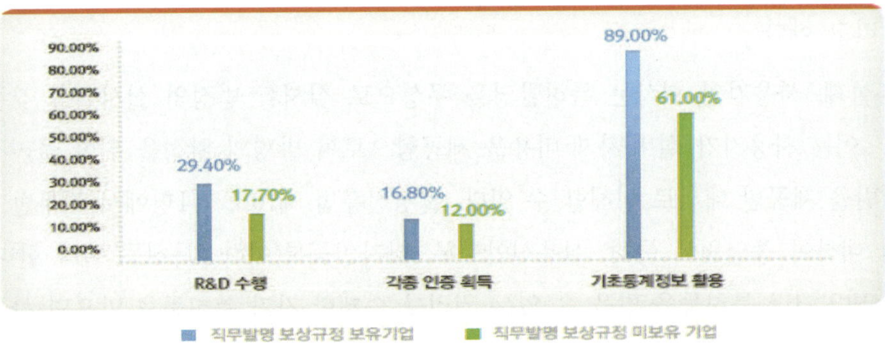

특허청, 지식재산활동실태조사

62) 직무발명제도는 (구)특허법 제39조 및 제40조가 직무발명법제의 근간이 되었으나 동 규정이 2006년 3월 3일 공포된 개정 발명진흥법(법률 제7869호)으로 이관되면서 단일화되었다.

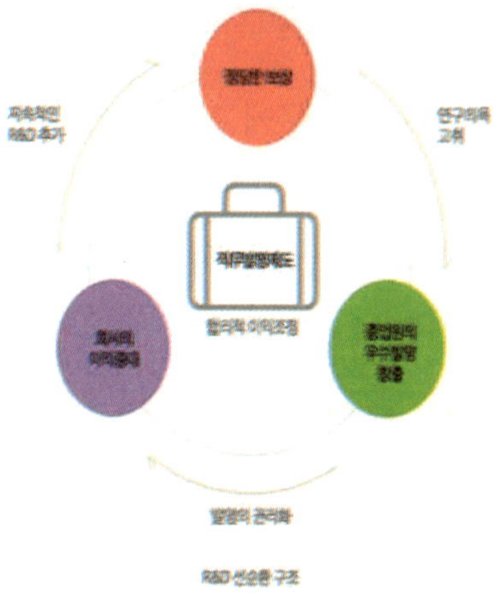

직무발명보상제도는 연구개발투자와 시설 등을 제공한 사용자와 창조적인 노력을 제공하여 발명을 한 종업원 사이에서 합리적인 이익배분을 함으로써 종업원의 개발의욕을 장려하고, 기업은 이를 사업화에 활용함으로써 이윤을 창출하고 R&D에 재투자할 수 있으며 궁극적으로는 국가 산업발전에 이바지할 수 있다.[63]

발명진흥법은 직무발명에 대하여 종업원과 사용자의 권리관계를 다음과 같이 규정하고 있다.

첫째, 특허를 받을 수 있는 권리는 우선 발명자인 종업원(법인의 임원, 공무원 포함)에게 귀속된다(발명진흥법 제10조 1항). 우리나라는 직무발명에 대하여 특허를 받을 수 있는 권리 및 그 특허권은 원칙적으로 종업원에게 귀속시키는 발명자주의를 취하고 있다.[64] 따라서 직무발명에 대한 권리는 종업원에게 원시적으로 귀속하므로 사용자가 그 발명에 대한 권리를 승계받기 위해서는 계약 또는 근무규정을 체결하고 보상조치를 마련하여야 한다. 발명의 완성 전에 이루어지는 계약 등에 따라 종업원의 직무발명에 대한 권리를 사용자에게 승계시키는 것을 예약승계라고 한다.

둘째, 사용자인 회사는 특허발명을 무상으로 실시할 법정의 실시권을 갖는다. 이는 사용자가 설비·자재·비용을 제공함으로써 발명의 완성을 위한 물리적 기반을 제공한 대가로 이해할 수 있다. 발명진흥법 제10조 제1항에서 직무발명에 대하여 종업원이 특허, 실용신안등록, 디자인등록(이하 “특허등”이라 한다)을 받았거나 특허등을 받을 수 있는 권리를 승계한 자가 특허등을 받으면 사용

---

63) 직무발명 보상절차 가이드라인, 특허청, 2006, 8-9면.

64) 발명자주의는 우리나라를 비롯해 미국, 일본, 독일 등이 취하고 있다. 반면 종업원의 직무발명에 대하여 특허를 받을 수 있는 권리 및 그 특허권을 시설 및 자금을 지원한 사용자에게 귀속시키는 입장을 ‘사용자주의’라고 한다.

자는 특허권 등에 대하여 통상실시권을 가질 수 있도록 규정하고 있다. 이 경우 종업원에게 별도의 보상을 할 필요는 없다.

한편 2013.7.30. 개정 발명진흥법에 신설된 단서조항에서는 사용자 등이 중소기업이 아닌 기업인 경우 종업원과의 협의를 거쳐 미리 일정한 계약 또는 근무규정(1. 종업원 등의 직무발명에 대하여 사용자 등에게 특허 등을 받을 수 있는 권리나 특허권 등을 승계시키는 계약 또는 근무규정, 2. 종업원 등의 직무발명에 대하여 사용자 등을 위하여 전용실시권을 설정하도록 하는 계약 또는 근무규정)을 체결 또는 작성하지 아니한 경우에는 직무발명에 대한 통상실시권을 취득할 수 없도록 하였다. 즉 대기업이 직무발명의 예약승계 규정을 마련하지 않는 경우에는 직무발명에 대한 무상의 통상실시권을 갖지 못하도록 한 것이다.

셋째, 사용자인 회사는 계약 또는 근무규정에 의하여 직무발명에 대한 권리를 '예약승계'할 수 있다. 이 경우 종업원은 정당한 보상을 받을 권리를 가진다. 통상 회사의 입장에서는 통상실시보다는 전용실시 또는 특허권의 승계를 통해 이익을 향유하는 경우가 대부분이다.

회사의 직무발명제안지침을 예약승계규정으로 볼 수 있는가?

법원은 명시적인 예약승계계약이나 고용계약서에 관련된 내용은 없더라도 회사에서 직무발명제안지침을 만들어 시행하였고, 해당 지침에 따른 직무발명에 대한 보상 및 그에 따른 권리 승계가 이루어졌다면 종업원 등의 묵시적인 합의가 있었던 것으로 인정하여 그 효력을 인정할 수 있다고 판시하였다.

02. 자유발명 vs. 직무발명

직무발명이 성립되기 위해서는 고용관계가 있어야 하는데, 종업원의 발명이라고 하여 모두 이 법의 적용대상이 되는 것은 아니다.[65)]

---

65) 직무발명은 발명진흥법상의 개념으로, 특허법으로 보호되는 '발명'에 국한되지 않고, 실용신안법의 보호 대상이 되는 '고안' 및 디자인보호법의 보호 대상이 되는 '창작'을 포함한다.

회사에 입사하기 전에 회사와 공동으로 완성한 발명은 직무발명인가?

회사에 입사하기 전에 공동발명된 것은 직무발명에 해당하지 않는다. 회사와의 개발 의뢰계약이 존재하더라도 이는 고용계약이 아니고, 그 후에 해당 개인이 회사에 입사한 사실이 있더라도 그것은 사후적으로 발생한 고용계약이므로 입사 전에 완성된 발명을 회사에 대한 직무발명으로 볼 수 없다.

또한, 직무발명은 현재 근무하고 있는 회사에서의 과거 또는 현재 직무에 해당해야 하므로 다른 회사의 경험에 기반한 발명은 직무발명이 될 수 없다. 직무발명은 종업원의 현재 직무에 속하는 발명은 물론 과거에 담당했던 직무와 관련된 발명도 포함된다. 예를 들면, 과거 A전자회사의 TV 영상회로 연구소에서 근무하던 연구원이 A사 TV 완성품 검사부서에 근무하면서 과거 자신이 발명한 TV 회로 관련 발명과 TV 품질검사를 자동 연계할 수 있는 방법에 관한 발명을 하였다면 이는 직무발명에 속한다.

직무발명 요건

① 종업원의 발명
종업원은 고용계약에 의해 타인의 사무에 종사하는 자로 종업원, 법인의 임원, 공무원 지칭. 상근 비상근을 묻지 않고 촉탁지원이나 임시직원도 포함하나 고용관계는 반드시 필수

② 종업원의 발명이 성질상 사용자 등의 업무범위 포함
사용자는 종업원을 고용하는 개인, 법인, 국가나 지방자치단체 의미하며, 업무범위는 사업자가 수행하는 사업범위

③ 발명행위가 종업원의 현재 또는 과거 직무에 포함
종업원의 발명의도는 상관없으며, 종업원이 기업내에서 과거 수행했거나 현재 수행하는 직무 포함

직무발명과 다른 개념으로서 '자유발명'과 '업무발명'이 있다. 자유발명이란 회사의 업무범위에 속하지 않는 발명을 말한다. 그리고 업무발명은 회사의 업무범위에 속하지만, 종업원의 직무범위에 속하지 않는 발명을 말한다. 예를 들면, 제약회사의 R&D부서에서 근무하는 연구원이 신약을 개발한 경우에는 직무발명에 속하지만, 당해 연구원이 새로운 악기를 발명하였다면 이는 자유발명에 속한다. 그리고 휴대전화를 생산·판매하는 회사의 총무팀에 근무하는 직원이

새로운 방식의 자판을 개발한 경우에는 업무발명에 속하게 된다. 이러한 자유발명과 업무발명은 직무발명에 해당하지 않으므로 법정보상의 대상이 아니다.

한편 발명진흥법 제10조 제3항에서 "직무발명 외의 종업원등의 발명에 대하여 미리 사용자등에게 특허등을 받을 수 있는 권리나 특허권등을 승계시키거나 사용자등을 위하여 전용실시권(專用實施權)을 설정하도록 하는 계약이나 근무규정의 조항은 무효로 한다."라고 규정하고 있다.

03. 직무발명 보상절차

종업원의 통지의무 및 권리승계

종업원이 직무발명을 완성한 경우에는 지체 없이 그 사실을 사용자에게 문서(전자문서 포함)[66]로 알려야 한다. 2명 이상의 종업원등이 공동으로 직무발명을 완성한 경우에는 공동으로 알려야 한다.(법 제12조).

종업원으로부터 통지를 받은 사용자는 4개월 이내에 그 발명에 대한 권리의 승계 여부를 종업원 등에게 문서로 알려야 한다. 다만, 미리 사용자 등에게 특허등을 받을 수 있는 권리나 특허권 등을 승계시키거나 사용자 등을 위하여 전용실시권을 설정하도록 하는 계약이나 근무규정이 없는 경우에는 사용자 등이 종업원 등의 의사와 다르게 그 발명에 대한 권리의 승계를 주장할 수 없다(법 제13조 제1항).

사용자가 4개월 이내에 당해 발명에 대한 권리의 승계 의사를 알린 때에는 그때부터 그 발명에 대한 권리는 사용자 등에게 승계된 것으로 본다(법 제13조 제2항). 만일 사용자가 그 기간에 승계 여부를 알리지 아니한 경우에는 사용자 등은 그 발명에 대한 권리의 승계를 포기한 것으로 본다. 이 경우 사용자 등은 그 발명을 한 종업원 등의 동의를 받지 아니하고는 통상실시권을 가질 수 없다(법 제13조 제3항).

종업원이 직무발명에 대하여 특허를 받을 수 있는 권리를 사용자 등에게 승

66) 전자문서 및 전자거래기본법 제2조(정의) 1. "전자문서"란 정보처리시스템에 의하여 전자적 형태로 작성·변환되거나 송신·수신 또는 저장된 정보를 말한다.

계하거나 전용실시권을 설정한 경우에는 정당한 보상을 받을 권리를 가진다. 보상의 종류에는 발명(제안)보상, 출원보상, 출원유보보상(법 제16조)[67], 등록보상, 실시·처분보상 등이 있다.

종업원		종업원		사용자		권리승계(사용자) 정당한보상(종업원)
직무발명 완성	⇨	직무발명 완성통지 (즉시)	⇨	승계결정 (4개월 이내)	⇨	

<발명 단계별 직무발명 보상 종류>[68]

구분	내용
발명(제안)보상	발명보상은 종업원이 고안한 발명을 특허청에 출원하기 전에 받는 보상 출원유무에 상관없이 종업원의 아이디어와 발명적 노력에 대한 장려금적 성질을 가진 보상
출원유보보상	출원유보는 사용자가 직무발명을 승계한 후 영업비밀 등의 이유로 출원하지 않거나 출원을 포기 또는 취하하는 경우에 종업원에게 주어지는 보상 출원유보에 대해 사용자의 보상의무를 명시적으로 규정 통상 사용자가 직무발명을 출원하지 않고, 유보하는 것은 당해 발명을 영업비밀 등으로 간직하는 경우로 발명의 가치가 높은 경우가 많기 때문
출원보상	출원보상은 종업원의 발명의 특허출원권을 사용자가 승계하여 특허청에 출원함으로써 발생하는 보상 출원은 해당 발명의 특허성과 경제성이 있다는 판단으로 하게 되며, 출원후에는 후출원배제효과 및 출원공개시 확대된 선출원의 지위를 가지므로 지급하는 장려금적 성질의 보상
등록보상	사용자가 승계받은 발명이 특허등록 되면 지급하는 보상
실시(실적)보상	사용자가 출원중인 발명 또는 특허등록 된 발명을 실시하여 이익을 얻은 경우 지급하는 보상금 사용자가 얻은 이익의 액에 따라 차등지급
자사실시보상	직무발명을 발명자가 속한 회사에서 이용하여 수익이 발생하는 경우 지급하는 보상
타사실시보상	직무발명을 라이선스 계약 등을 통해 타기업에게 이전하고 기술료 수입이 발생한 경우 지급하는 보상

67) 발명진흥법 제16조(출원 유보시의 보상) 사용자등은 직무발명에 대한 권리를 승계한 후 출원(出願)하지 아니하거나 출원을 포기 또는 취하하는 경우에도 제15조에 따라 정당한 보상을 하여야 한다. 이 경우 그 발명에 대한 보상액을 결정할 때에는 그 발명이 산업재산권으로 보호되었더라면 종업원등이 받을 수 있었던 경제적 이익을 고려하여야 한다.

처분보상	사용자가 직무발명에 대한 특허출원권 내지 특허권을 타인에게 양도하거나 실시를 허여했을 경우 지급하는 보상
기타보상	그 밖의 보상에는 출원발명의 심사청구 시 보상되는 '심사청구보상', 자사의 업종과 관련된 타인의 출원발명에 대해 이의신청 또는 심판에 참여하여 무효로 하였을 경우 또는 자사의 특허에 대한 침해 적발시 지급하는 '방어보상' 등

실무적으로 기업이 직무발명을 승계한 후 회사 사정이 어려워져 보상을 해주지 못한 경우 종업원은 보상 미지급을 이유로 해당 기술을 유출할 수 있는지가 문제된다. 이 경우 종업원이 직무발명 사실에 대한 통지가 있었고 사용자는 승계 의사에 의해서 권리가 이전되었다면 발명에 대한 권리는 사용자에게 존재한다. 종업원이 가지는 보상청구권은 채권적 지위에 불과하므로 보상을 지급하지 않았다는 사정만으로 기술을 유출하는 것은 부정한 기술유출에 해당될 수 있다. 발명진흥법 제19조는 사용자등이 승계하지 아니하기로 확정된 경우를 제외하고, 종업원등은 사용자등이 직무발명을 출원할 때까지 그 발명의 내용에 관한 비밀을 유지하도록 하는 의무를 부과하고 있으며, 이를 위반시 처벌하는 규정을 두고 있다.[69)]

퇴직 후 발명 또는 출원에 대한 취급

원칙적으로 퇴직 후 발명은 직무발명으로 볼 수 없다. 그러나 발명이 재직 중에 완성된 것이라면 퇴직 후에 출원하더라도 직무발명에 해당하며, 퇴직 후에 완성된 경우라도 그 발명의 상당 부분 또는 주요 부분이 재직 중에 이루어졌다면 직무발명으로 볼 수 있는 여지가 있다.

그러나 발명의 완성 시점이 퇴직 전인지 후인지를 판단하는 것은 매우 어려우므로 그에 관한 대비책으로 퇴직 후 일정기간 이내에 이루어진 발명은 종전의 사용자등에게 승계한다는 내용의 고용계약규정, 즉 추적조항(追跡條項)을 두는 것은 가능하다. 다만, 영구적인 추적조항 또는 기간의 정함이 없는 추적조항은 특별한 이유가 없는 한 민법

68) 특허청·한국발명진흥회, 2011.

69) 발명진흥법 제58조(벌칙) ① 제19조를 위반하여 부정한 이익을 얻거나 사용자등에 손해를 가할 목적으로 직무발명의 내용을 공개한 자에 대하여는 3년 이하의 징역 또는 3천만원 이하의 벌금에 처한다.
③ 제1항의 죄는 사용자등의 고소가 있어야 공소를 제기할 수 있다.

상 무효에 해당할 수 있으므로 주의해야 한다.

◦ 직무발명에 대한 보상

종업원등은 직무발명에 대하여 특허등을 받을 수 있는 권리나 특허권등을 계약이나 근무규정에 따라 사용자등에게 승계하게 하거나 전용실시권을 설정한 경우에는 정당한 보상을 받을 권리를 가진다.

2013년 7월 30일 개정된 법률은 사용자로 하여금 보상에 대하여 보상형태와 보상액을 결정하기 위한 기준, 지급방법 등이 명시된 보상규정을 작성하고 종업원등에게 서면으로 알리도록 규정하였다(법 제15조 2항). 또한, 사용자는 보상규정의 작성 및 변경에 관하여 종업원 등과 협의하여야 하며, 종업원 등에게 불리하게 변경하는 경우에는 종업원 등의 과반수의 동의를 받아야 한다는 특별요건을 규정하고 있다(법 제15조 3항). 그리고 사용자등은 보상을 받을 종업원등에게 제2항에 따른 보상규정에 따라 결정된 보상액 등 보상의 구체적 사항을 문서로 알려야 한다(법 제15조 4항). 사용자가 이러한 절차에 따라 종업원등에게 보상한 경우에는 정당한 보상을 한 것으로 보게 된다(법 제15조 제6항). 다만, 그 보상액이 직무발명에 의하여 사용자등이 얻을 이익과 그 발명의 완성에 사용자등과 종업원등이 공헌한 정도를 고려하지 아니한 경우에는 그러하지 아니하다.

임금이나 성과금 등으로 직무발명보상금을 대신할 수 있는가?

법원은 직무발명보상금에 관한 법률은 강행규정이므로, 직무발명보상금 청구권의 발생, 행사 및 보상금의 정당한 액수에 어떠한 제한을 가하는 계약 또는 근무규정은 무효이고, 이러한 직무발명보상금은 노동의 대가인 임금과는 그 성격이 명확히 구분되므로, 당사자 사이에 명시적인 약정이 없는 한 일반적인 임금, 성과급 등의 지급으로써 특정한 직무발명 보상금을 대신할 수 없다고 판시하였다. 또한, 직무발명의 완성 대가로 임금을 인상하였어도, 이는 급여에 관한 것으로 직무발명보상금과는 다른 성격의 채권에 해당한다고 보았다.

한편, 사용자등은 종업원등의 직무발명에 관한 규정의 작성·변경 및 운영, 권리 및 보상 등에 관한 종업원등과 사용자등의 이견 조정에 관한 사항 등을 심의하기 위하여 직무발명심의위원회를 설치·운영할 수 있다(법 제16조 제1항). 심의위원회는 사용자등과 종업원등(법인의 임원은 제외한다)을 각각 대표하는 같은 수의 위원으로 구성하되, 필요한 경우에는 관련 분야의 전문가를 자문위원으로 위촉할 수 있다(법 제16조 제2항).

그리고 종업원등은 직무발명과 관련하여 사용자등과 이견이 있는 경우 사용자등에게 심의위원회를 구성하여 심의하도록 요구할 수 있다(법 제18조 제1항). 사용자등은 종업원등의 요구가 있는 경우 60일 이내에 심의위원회를 구성하여 심의하여야 하며, 심의위원회에는 직무발명 관련 분야의 전문가인 자문위원이 1명 이상 포함되어야 한다. 정부는 사용자등의 요청이 있는 경우 관련 분야의 전문가를 자문위원으로 파견할 수 있다. 만일 심의위원회의 심의 결과에 불복하거나 직무발명과 관련하여 분쟁이 발생하는 경우 사용자 또는 종업원등은 산업재산분쟁조정위원회에 조정을 신청할 수 있다.

◦ 직무발명에 대한 보상금 산정기준

직무발명에 대한 보상액의 산정은 직무발명에 의하여 사용자가 얻을 이익, 사용자와 종업원이 공헌한 정도, 발명자 개인의 기여도를 종합적으로 고려하여 산정한다. 따라서 직무발명 보상금은 직무발명으로 인한 '사용자의 이익액' 산정이 우선되어야 한다. 여기서 '사용자가 얻을 이익'은 사용자가 직무발명을 실시하여 받은 이익 전체가 되는 것이 아니라 직무발명을 독점적·배타적으로 실시할 수 있는 지위를 취득함으로써 얻을 이익을 말한다. 왜냐하면 사용자는 종업원으로부터 그 권리를 승계하지 않더라도 직무발명에 대한 무상의 통상실시권을 취득하므로(법 제10조 제1항), '사용자가 얻을 이익'은 통상실시권에 따른 매출액을 초과하는 매출, 즉 직무발명을 독점함으로써 얻는 이익을 의미한다.

사용자가 얻을 이익

'사용자가 얻을 이익'과 관련하여, 대법원은 사용자가 종업원으로부터 승계하여 특허등록을 한 직무발명이 이미 공지된 기술이거나 공지된 기술로부터 통상의 기술자가 쉽게 발명할 수 있는 등의 특허무효사유가 있고 경쟁관계에 있는 제3자도 그와 같은 사정을 용이하게 알 수 있어서 사용자가 현실적으로 그 특허권으로 인한 독점적·배타적 이익을 전혀 얻지 못하고 있다고 볼 수 있는 경우에는 직무발명 보상금 중 실시보상금을 지급할 의무가 없다고 판시한 바 있다.70)

특허 무효 사유가 있는 경우 직무발명보상 여부

법원은 단지 직무발명에 대한 특허에 무효사유가 있다는 사정만으로는 특허권에 따른 독점적·배타적 이익을 단순하게 부정하여 직무발명보상금의 지급을 면할 수는 없으며, 그 무효사유는 특허권으로 인한 독점적·배타적 이익을 산정할 때 참고요소로 고려할 수 있을 뿐이라고 하였다.71)

따라서 사용자가 직무발명을 직접 실시하지 않고 제조·판매하는 제품이 직무발명의 권리범위에 포함되지 않아도 그것이 직무발명 실시제품의 수요를 대체할 수 있는 제품으로서 사용자가 직무발명에 대한 특허권을 기반으로 경쟁회사가 직무발명과 동일 유사한 제품을 실시할 수 없도록 하여 시장에서 우위를 차지할 수 있었고 그 매출이 증가하였다면, 그로 인한 이익을 직무발명에 의한 사용자의 이익으로 평가할 수 있다.

한편, 법원은 '사용자가 얻을 이익'의 산정방법으로 다음과 같은 산정식을 일반적으로 적용하고 있다.

- **사용자가 얻을 이익 = 사용자의 매출액** × **직무발명의 기여도** × **실시료율** × **독점권 기여율**

① 사용자의 매출액 : 해당 직무발명이 사용된 제품 등의 총 매출액

② 직무발명의 기여도 : 위 제품에 사용된 여러 기술 가운데 해당 직무발명이 차지하는 비율

③ 실시료율 : 해당 직무발명을 라이선싱한 경우 받을 수 있는 금액

---

70) 대법원 2011. 9. 8. 선고 2009다91507 판결.
71) 대법원 2017. 1. 25. 선고 2014다220347 판결(직무발명 보상금청구의 소).

④ 독점권 기여율 : 전체 매출액 중에서 사용자가 갖는 무상의 통상실시권 부분을 넘어 다른 기업의 제조판매를 금지할 수 있는 독점권에 의한 부분의 비율

독점권 기여율은 사건에 따라 달라지는데, 일반적으로 30%~50% 정도로 인정되나, 사용자가 실시하고 있지 않은 등의 사정이 있는 경우에는 0.1%로 인정한 사례도 있다.72)

◦ **중소기업의 직무발명 보상제도 활용**

직무발명보상제도를 도입하려는 기업들은 기업 내에 직무발명제도와 관련된 위원회를 구성하여 발명을 사용할 대표, 특허부서 전담자, 직원 측 대표가 모여 규정을 합의하고 적정한 보상금액을 정하여 사내에 공표하는 것으로 도입할 수 있다. 직무발명보상제도는 핵심인재를 채용, 유지할 수 있으며 우수 직원의 이탈과 기술유출을 막을 수 있는 다양한 효과를 제공하므로 중소기업이라면 적극적으로 제도의 도입을 고려하고 활용하는 것이 바람직하다.

직무발명보상금에 발명자는 소득세법에 따라 비과세 혜택을 받을 수 있다. 또한, 사용자는 조세특례제한법에 따라 연구 및 인력개발비 목적으로 사용한 비용으로 보고 법인세 세액공제를 받을 수 있다. 그리고 보상금을 지급한 사실이 있는 기업은 각종 국가지원 사업에서 인센티브를 제공받고, 우수기업 자격조건을 얻어 특허 심사 시 우선심사자격과 연차료 감면 등과 같은 다양한 혜택을 얻을 수도 있다.73)

Discussion

주제 **공과대학의 연구실에 소속된 대학원생이 연구와 관련된 발명을 한 경우, 그 발명은 직무발명에 해당할까?**

설명 "직무발명"이란 종업원 등이 그 직무에 관하여 발명한 것이 성질상 사용자·법인

---

72) 서울중앙지방법원 2013. 7. 18. 선고 2012가합501788 판결.
73) 자세한 내용은 직무발명보상제도 공식사이트 참조 <http://www.kipa.org/ip-job/index.jsp>

또는 국가나 지방자치단체의 업무 범위에 속하고 그 발명을 하게 된 행위가 종업원 등의 현재 또는 과거의 직무에 속하는 발명을 말한다(법 제2조 2호). 대학에서 이루어지는 연구개발 중 연구업무에 종사하는 교직원이 대학 또는 외부로부터 연구비를 지원받아 대학의 시설, 장비, 인력 등을 활용하여 이룩한 발명이 당해 교직원의 현재 또는 과거의 직무에 속하는 것이라면 직무발명이라고 할 수 있다. 그러나 대학과 학생 간에는 고용관계가 성립되지 않으므로 대학원생이 연구과정에서 개발한 발명은 발명진흥법상의 직무발명에 해당되지 않는다. 다만 특정의 연구프로젝트에 참가한 학생이 대학과 계약을 체결하여 고용관계가 형성된 경우에 있어서 당해 학생의 발명은 직무발명을 구성할 수 있을 것이다.

대학교수가 기업체 연구개발 의뢰에 따라 연구비를 지급받고 발명한 것은 사용자인 대학과는 무관한 것이므로 직무발명이 아닌 자유발명이 된다. 다만 대학 연구소의 시설 및 장비를 사용하였다면 대학은 계약, 대학 규정에 따라 일부 권리를 주장할 수 있다.

주제 **교통 관련 행정업무를 담당하던 공무원이 개발한 주정차 위반 차량 단속시스템은 직무발명에 해당할까?**

설명 공무원이 담당한 교통 관련 행정업무는 단순히 교통행정 및 각종 교통대책 종합계획의 수립·조정, 불법 주·정차의 지도·단속에 관한 사항에 불과할 뿐 이 사건의 주·정차 위반차량 단속시스템을 연구하고 개발하는 것을 업무로 하지 않았으며, 해당 공무원이 소속기관으로부터 이 사건의 주·정차 위반차량 단속시스템을 개발하라는 과제를 부여받거나 이를 개발하기 위한 연구비 등을 지원받았음을 인정할 만한 증거가 없는 점 등을 종합하면 주·정차 위반차량 단속시스템은 직무발명에 해당하지 않는다(특허법원 2010.12.16. 선고 2010허4854 판결).

Explanation

사안에 대하여 재판부는 직무발명에 관한 처분보상 관련 조항에 A사(피고, 동아제약) 명의로 '등록된 특허권'을 양도 또는 기타의 방법으로 처분하였을 때 '직무발명심의위원회의 심의를 거쳐' 보상금을 지급하도록 규정한 것은 발명자인 종업원을 보호하기 위한 강행규정인 발명진흥법 제15조 제1항을 위반한 것으로 무효라고 판시하였다. 즉 동법 제15조 제1항은 직무발명에 대하여 특허를 받을 권리를 사용자로 하여금 승계하게 한 때에 곧바로 종업원의 보상금청구권이 발생하도록 규정하고 있다. 또한, 직무발명규정이 요구하는 '직무발명심의위원회의 심의' 역시 피고가 자발적으로 직무발명보상을 행하는 경우 그 보상절차를 규정한 것일 뿐, 이로써 이미 직무발명으로 인한 보상청구권을 취득한 원고의 이 사건 청구를 거부할 수는 없다.

◦ **보상금 지급의무의 범위에 관한 판단**

직무발명에 대한 보상액을 결정함에 있어 그 발명에 의하여 사용자가 얻을 이익의 액과 그 발명의 완성에 사용자가 공헌한 정도를 고려하여야 하며, 종업원이 정당한 결정방법을 제시한 때에는 이를 참작하여야 한다고 규정하고 있는 바(법 제13조 3항), 이에 의할 때 피고가 원고에게 지급하여야 할 정당한 보상금의 액수는 이 사건 발명으로 인하여 피고가 얻을 이익에다가, 발명자 보상율(내지 피고의 공헌도) 및 원고의 기여율(다수의 발명자가 관련된 경우 원고가 주장 가능한 기여도)을 감안하여 산정하는 것이 합리적이다.

◦ **회사의 수익**

이 사건 실시계약에 따른 피고의 수입액 전부를 원고가 발명자로 참여한 이 사건 발명으로 인한 수익이라고 할 수는 없고, 상당인과관계 있는 범위 내로 이를 제한하여야 할 것이다.

연구개발비의 경우 직무발명 보상금 산정의 기초가 되는 사용자의 이익은 사용자가 그로 인하여 '얻을 이익'인 것이지, 수익과 비용의 정산을 거쳐서 실제 '얻은 이익'을 의미하는 것이라고 볼 수 없다. 따라서 피고가 원고에게 지급하여야 할 정당한 보상금은 176,106,895원(이 사건 발명으로 피고가 얻을 이익 5,870,229,841원 × 발명자 보상율 10% × 원고의 기여율 30%)이 된다.[74)]

74) 서울고등법원 2004. 11. 16. 선고 2003나52410 판결.

Chapter 12 BM특허

삼성전자는 1996년 인터넷을 이용한 원격교육장치를 구현하고 학습평가 및 관리기능을 내장해 시간과 공간의 제약을 극복하고 사용자들의 학습을 평가, 관리하는 원격교육 방법 및 장치에 관한 "인터넷상에서의 원격교육방법 및 그 장치"에 대해 특허출원하여 1999년 특허등록을 하였다. 이에 대해 진보네트워크 참세상(청구인)은 2000년 이 특허가 사람들 사이의 인위적인 약속과 인간의 정신적 활동을 이용한 것으로 자연법칙을 이용한 요소가 전혀 없으므로 특허를 받을 수 없는 발명이라고 하여 무효심판청구를 하였다. 청구인의 주장은 타당한가?

01. BM 특허란?

BM(영업방법, Business Method) 특허란 컴퓨터, 인터넷 등 정보통신 기술을 사용하여 구현한 영업방법 발명에 대한 특허를 말한다.[75] 즉 정보통신기술을 이용하여 구축된 새로운 비즈니스 시스템 또는 방법발명으로 컴퓨터상에서 소프트웨어에 의한 정보처리가 하드웨어를 이용하여 구체적으로 실현된 것이다. 순수한 영업방법은 오프라인(offline)에서는 특허로서 보호받을 수 없는데, 그 이유로서 영업방법 자체는 단순한 아이디어에 해당되며 자연법칙을 이용한 기술적 사상의 창작이 되지 못하기 때문이다.

그런데 인터넷과 전자상거래가 급속히 확산되면서 영업방법 발명의 중요성이 부각되었고, 1998년 미국연방항소법원(CAFC)[76]이 SSB(State Street Bank) 사건[77]

75) BM을 Business Model이라고도 하는데, 우리나라 특허법에서는 발명을 물건발명과 방법발명(Method)으로 나누고 있기 때문에 BM을 Business Method로 정의한다.

76) 헌법 제3조에 근거하여 1982년 설립된 연방항소법원(U.S. Court of Appeals for the Federal Circuit)은 특정사건만 담당하는 상소법원이다. 연방의 1심법원 중 국제거래법원과 연방청

에서 특허성을 인정한 이후 세계 각국에서 영업방법 발명을 특허로 적극 보호하기 시작하였다.

우리나라에서 BM 특허를 인정하기 시작한 것은 1990년대 말부터인데, 인터넷상에서 영업방법을 구체화시키기 위해서는 결국 컴퓨터의 물리적·전자적 결합을 통해서만 가능하기 때문에 이는 자연법칙을 이용한 기술의 발현이라고 볼 수 있다. 특허청은 1998년 8월 “컴퓨터관련 발명의 심사기준”을 개정하여 기록매체도 특허로 인정하고 있으며, 2000년 8월 “전자상거래 관련 발명의 심사지침”을 제정하여 영업방법 발명의 특허대상, 특허요건을 명확히 하였다.

02. BM 특허의 요건

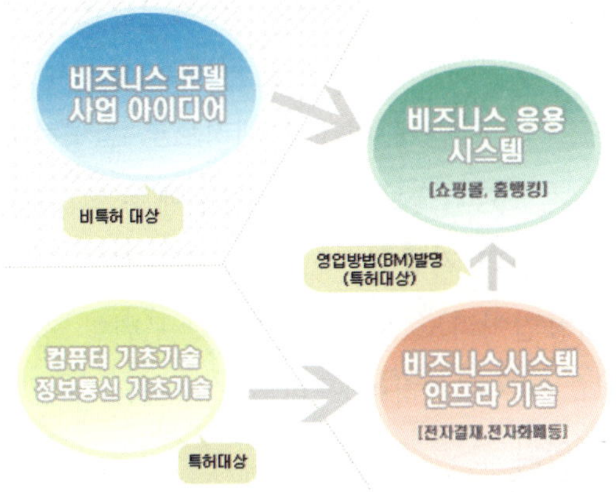

출처 : 특허청 홈페이지

“전자상거래 관련 발명의 심사지침”에 따르면, 영업방법 자체는 추상적인 관념이나 인위적인 규칙에 지나지 않는 것으로 특허의 대상이 되지 못한다. 그 영업방법은 인터넷상의 전자상거래, 경영관리, 금융, 오락 등 다양한 분야에서 사용하는 발명으로, 반드시 인터넷, 컴퓨터네트워크 등 기술을 통하여 데이터모델이나 프로세스모델 같은 기술적 요소와 결합되어 있을 것을 요구한다.

BM특허의 경우도 특허를 받기 위해서는 현행 특허법이 규정하고 있는 일정

구권법원이 결정한 사건과 특허권 사건을 관할로 한다.

77) State Street Bank & Trust Co. v Signature Financial Group, 149 F.3d 1368(Fed Cir. Jul.23, 1998). 이 사건의 BM 특허는 여러 개의 투자신탁기금(뮤추얼펀드)을 한곳의 허브에 집중하여 운영하고, 각 기금의 지분에 따라 매일 매일의 자산변동과 이익 등을 자동으로 계산하여 주는 데이터 처리 시스템으로 구성되어 있다.

한 요건을 갖추어야 한다. 즉 발명은 특허법상 '산업상 이용가능성'과 '신규성' 및 '진보성' 등을 갖추고 있어야 한다.

우선 신규성 판단은 청구항에 기재된 발명과 인용문헌에 게재된 기술의 구성을 대비하여 양자의 구성에 실질적인 차이점이 있으면 신규성이 있다고 판단하고, 차이점이 없으면 신규성이 없다고 판단한다(심사지침 제2장 특허요건 2. 신규성). 즉 영업방법이 컴퓨터상에서 실행되도록 정보기술에 의해 구현되는 BM 발명은 영업방법상의 특징과 컴퓨터 기술 구성상에 각각 차이가 있으면 신규성이 있는 것으로 판단한다. 또한, 청구항에 기재된 발명과 인용기술이 동일한 영업방법 상의 특징을 가지고 있더라도 그 구현기술구성에 차이가 있으면 신규성이 있는 것으로 판단한다.

BM 발명의 진보성을 판단할 때에 심사관은 컴퓨터기술구성에 대한 선행기술뿐만 아니라 영업방법에 대한 선행자료도 검색하여야 한다. 선행자료를 검색한 후 청구항에 기재된 발명과 인용자료를 비교하여 진보성 판단을 하여야 한다. 심사지침은 3 가지 경우를 들어 진보성 판단에 대해 구체적으로 설명하고 있다. 먼저 종래의 영업방법을 통상의 자동화기술로 구현한 경우에는 그 구현기술이 출원시의 기술수준으로 볼 때 통상의 자동화 기술이면 진보성이 없는 것으로 판단한다. 그러나 종래의 영업방법이라도 새로운 기술로 구현한 경우 또는 종래의 영업방법이 새로운 구성요소를 구비하여 구현된 경우에는 무조건 진보성이 없다고 판단할 수 없다고 보았다.

03. BM 특허 사례

경매방법

【발명의 요약】

본 발명은 경매 방법에 관한 것으로, 각각의 경매참여자가 경매 품목에 관하여 경매가 최고 예상액과 최저 예상액을 제시하면, 제시된 가격의 최고가와 최저가를 각각 평균을 내어서 최고가와 최저가 각각에 대하여 가장 근접한 가격을 제시한 신청자에 대해서 경매 당첨을 지정하는 경매 방법에 관한 것이다.

【도 면】

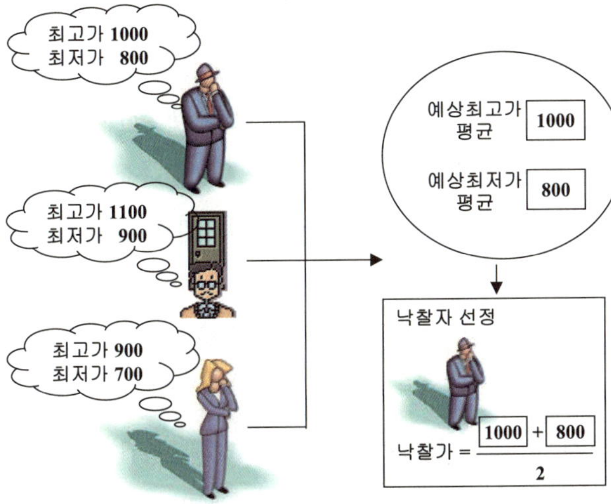

【특허청구범위】

경매에 참여하는 참여자들이 해당 경매품에 대하여 각각 가장 높은 예상가격과 가장 낮은 예상 가격을 제시하면 이들 예상가격은 높은 예상 가격 별로 평균을 내고, 낮은 예상가격은 낮은 예상가격 별로 평균을 내서, 경매에 참여한 사람들 중에서 평균으로 계산되어진 예상 최고 가격과 예상 최저 가격에 가장 근접한 가격을 제시한 사람에게 평균으로 계산되어진 예상 최고 가격과 예상 최저 가격의 중간 가격으로 경매품을 판매하는 방법.

【해 설】

본 발명은 경매를 통하여 경매 낙찰자를 선정하는 방법에 관한 것으로, 청구범위를 살펴보면 낙찰자를 선정하는 방법과 낙찰가를 정하는 방법을 구성요소로 하고 있는 바, 이는 단순히 인위적인 약속에 의한 낙찰자와 낙찰가의 결정방법을 청구하고 있을 뿐이고, 컴퓨터상에서의 소프트웨어에 의한 처리과정은 전혀 나타나 있지 않다.[78] 그러므로, 이는 오프라인상에서의 경매방법을 청구하고 있는 것으로서, 자연법칙을 이용한 기술적 사상을 찾아볼 수 없는 순수한 영업방법에 해당하므로, 특허법 제29조제1항 본문의 규정에 의거 특허 받을 수 없다[79)]

Amazon.com의 one click 주문방식 특허

아마존사(Amazon.com)는 오프라인 시장에 매장을 가지지 않음으로 인한 경비절감으로 책값 등의 가격경쟁력을 제고하고 세계 최대의 인터넷 가상서점이 되었다. 아마존사는 원클릭(one click) 주문 비즈니스 모델(U.S. Patent No. 5,960,411)을 개발하여 구매자의 신용카드, 주소, 과거 구매내역 등에 관한 정보를 모두 기억해 두었다가 고객이 다시 물건을 구매할 경우 그 정보를 다시 입력할 필요가 없이 단 한 번의 마우스 클릭만으로 선택한 물건을 구매할 수 있도록 하였다.

1999년 아마존사는 미국 최대의 서점인 반즈앤노블(Barnes&Noble)이 개발한 '익스프레스레인(Express Lane)' 구매모델이 원클릭 온라인 쇼핑기술에 관한 특허를 침해하였다고 제소하여 승소한 바가 있다. 반즈앤노블의 주문모델은 사전에 등록한 고객에게 'Express Lane' 단추(이 단추 하단에는 "지금 한 번의 클릭만으로 구입하십시오"라고 표시되어 있음)를 클릭만 하면 구매를 할 수 있도록 해주었다.

역경매 사건

1999년 Priceline.com은 마이크로소프트(MS)사의 자회사인 익스피디아(Expedia.com)사가 자사의 역경매특허(name your own price; U.S. Patent No. 5,794,207)를 침해하였다는 이유로 소송을 제기하였다. 이 역경매 특허는 구매자가 원하는 가격 등의 구매조건을 다수의 판매자에게 제시하여 그 구매조건에 응할 판매자를 찾아 판매자와 소비자를 연결하는 시스템에 관한 것으로 호텔

78) 전자상거래 관련 발명의 심사지침 "제2장 특허요건 1. 성립성 가. 컴퓨터상에서 구현되는 구성의 한정이 없는 유형 (1)순수한 영업방법" 참조
79) 특허청, 전자상거래 관련 발명의 심사 사례집, 2001, 1면.

예약, 항공권 구매, 자동차 매매 등에 사용될 수 있는 인터넷 경매방식이다.

Expedia.com에서 제공하는 있는 'Hotel Price Matcher' 서비스는 호텔 예약에 한정되어 있기는 하지만, 구매자가 먼저 제시한 호텔, 시간, 가격 등 희망 구매 조건에 응한 호텔이 존재하는 경우 자동적으로 구매자의 신용카드에서 결제된다는 점에서 Priceline.com의 특허와 동일하다. 이 분쟁은 2001년 Expedia가 Priceline의 역경매방식 서비스를 계속 사용하는 대가로 로열티를 제공하기로 약정하여 종결되었다.

Discussion

주제 특허발명이 특허무효심판에 의하여 무효로 될 것임이 명백한 상태에서 특허권자가 침해금지 또는 손해배상을 청구할 경우 권리남용이 될 수 있는가?

설명 특허발명에 대한 무효심결이 확정되기 전이라고 하더라도 특허발명의 진보성이 부정되어 특허가 특허무효심판에 의하여 무효로 될 것임이 명백한 경우에는 특허권에 기초한 침해금지 또는 손해배상 등의 청구는 특별한 사정이 없는 한 권리남용에 해당하여 허용되지 아니한다. 이 경우 특허권침해소송을 담당하는 법원으로서도 특허권자의 그러한 청구가 권리남용에 해당한다는 항변이 있는 경우 당부를 살피기 위한 전제로서 특허발명의 진보성 여부에 대하여 심리·판단할 수 있다(대법원 2012. 1. 19. 선고 2010다95390 판결).

일본은 최고재판소의 "킬비 판결" 이후, 특허법을 개정하여 "특허권자 또는 전용실시권자의 침해소송에서, 해당 특허가 특허무효심판에 의해 무효로 될 것이라고 인정되는 경우에는 특허권자 또는 전용실시권자는 상대방에 대하여 그 권리를 행사할 수 없다"라고 규정하였다(일본 특허법 제104조의3). 이는 권리남용의 법리를 특허법에 반영한 사례로 우리에게 주는 시사점을 제공하고 있다.

Explanation

이 사건은 BM 특허에 관한 우리나라 최초의 무효심판이다. 이 사건의 특허대상은 인터넷을 이용한 원격교육의 방법과 그것을 구현한 장치에 관한 발명인데, 재판부는 삼성전자의 “인터넷을 이용한 원격학습방법 및 장치”에 관한 특허는 선행기술과 비교하여 볼 때 당해 기술 분야에 통상의 지식을 가진 기술자가 용이하게 삼성전자의 특허기술을 발명할 수 있다고 하여 특허의 진보성이 없다고 판시하였다.

예컨대, 당해 발명의 구성요소 중 “사용자가 원하는 데이터를 서버장치에 요구하며 그 데이터를 화면에 디스플레이하여 검색하고, 사용자가 그 데이터를 수행하도록 한 단말장치”의 경우 이 발명이 속하는 기술분야인 컴퓨터 통신기술이나 인터넷 통신 기술 분야에서는 가장 기본이 되는 주지 또는 관용의 기술이라 할 수 있다. 또한, 이 발명의 다른 구성요소로서, “인터넷에 접속하는 접속부, 상기 접속부와 운영시스템으로부터 입력되는 데이터를 출력하는 인터페이스부 … 운영시스템에 의해 운영되고, 상기 단말장치로부터 요구된 교육용 페이지를 전송하며, 상기 교육용 페이지에 대해 수행한 학습데이터를 처리한 평가용 페이지를 전송하여 인터넷상에서 원격학습을 실행하며, 사용자가 상기 평가용 페이지에 대해 수행한 시험데이터를 평가하여 관리 및 저장하는 원격교육수단을 구비하는 서버장치”에 대해서도 재판부는 “이는 일반적으로 월드와이드웹의 서버가 단말장치인 클라이언트 컴퓨터가 요구하는 페이지를 전송하는 종래의 주지·관용의 기술로부터 단말장치가 요청하고 서버가 제공하는 인터넷 페이지를 교육용 페이지로 한정한 것에 불과한 것으로서, 이와 같은 한정에 특별한 기술적 곤란성이 있다고 볼만한 근거가 없다”라고 판시하였다.

삼성전자가 “인터넷을 이용한 원격학습방법 및 장치”(특허 제0191329호)에 관한 특허를 획득한 후 사회단체인 진보네트워크 참세상이 무효청구인으로 발명의 성립성을 이유로 특허심판원에 무효심판을 청구하였으나 패소하였다. 이에 진보네트워크는 특허법원에 발명의 성립성과 진보성을 이유로 항소하였고, 2002년 특허법원은 삼성전자의 발명의 성립성은 인정하였으나 진보성을 결하였으므로 특허무효라고 판시하였다(특허법원 2002. 12. 18 선고 2001허942 판결).

Chapter 13 실용신안권

A는 항암제로서 유용한 새로운 화학물질 X를 발명하여 2006.10.1. 한국특허청에 특허출원을 하였다. 일본인인 B는 2006.2.1. 항암제에 관한 발명을 약리효과를 나타내는 도면을 첨부하여 일본 특허청에 특허출원을 하는 동시에 일본에서 판매를 시작하였고, 일본출원을 기초로 우선권 주장을 하여 2007.1.30. 한국특허청에 실용신안등록출원을 하였다.

A와 B의 출원의 등록 가능성을 판단함에 있어서 A의 출원의 특허청구범위에 기재된 발명과 B의 출원의 명세서 또는 도면에 기재된 내용을 비교했을 때 양 출원은 동일하지는 않으나, 구성의 곤란성은 없는 것으로(용이하게 구성할 수 있는 것으로) 밝혀졌다. A와 B의 출원은 과연 등록받을 수 있을까?

01. 실용신안권이란?

실용신안제도는 물건의 형상·구조 또는 조합에 관한 실용적 고안에 대하여 독점배타적 권리를 부여하는 제도이다(실용신안법 제2조). 특허제도를 운영하다보면 개량발명이나 소발명(micro-invention)에 대해서는 경시하는 경향이 있어 개인이나 중소기업의 발명에 대해서는 특허권이 부여되지 않는 경우가 많은 반면, 이러한 제품은 라이프사이클이 짧고 모방이 용이하였다. 이에 개인발명가나 중소기업의 발명을 보호하고 창작을 장려하기 위한 산업정책적인 측면에서 실용신안제도를 마련하게 되었다. 그러나 2021년 기준으로 우리나라 특허·실용신안 출원건수 중 실용신안이 차지하는 비중은 약 1.7%에 불과하여 그 활용이 매주 저조하다. 특허나 실용신안이 사실상 유사하다면 실용신안을 이용할 이점이 없게 되므로, 본 제도의 활용을 높이기 위해서는 '권리의 신속한 획득'과 '권리행사의 편의성'을 도모하여 국내 중소기업, 창업자 및 개인발명자에게 우호적인 제도가 되어야 할 것이다.

독일을 비롯하여 일본, 우리나라, 스페인, 이탈리아 등 몇몇 국가에서 특허법을 보완하기 위한 제도로서 실용신안제도를 별도로 마련하고 있다. 한편 대부분의 국가에서는 기술적 사상의 창작을 특허법만으로 보호하고 있으며, 프랑스나 중국 및 오스트리아에서는 특허법 내에 실용신안제도를 도입하고 있다.

02. 특허법과의 비교

실용신안의 태생은 특허제도를 기반으로 하고 있으므로 기본적인 구조면에서 특허제도와 비슷하나 몇 가지 점에서 차이를 가지고 있다.

첫째, 특허는 물품, 방법, 물질, 미생물, 동식물 등을 가리지 않고 기술적 사상이면 보호대상이 되나, 실용신안은 물품의 형상·구조·조합에 관한 기술적 사상만이 보호대상이 된다. 즉, 실용신안은 '물품'에 관한 고안만을 보호대상으로 하고 '방법' 등에 관한 고안은 보호대상으로 하지 않는다. 또한, 화학물질, 동식물 등도 보호 대상에서 제외된다.

둘째, 특허법와 실용신안법은 모두 등록요건으로서 산업상 이용성, 신규성, 진보성을 동일하게 규정하고 있으나, 진보성 요건에 있어서 다소 차이가 있다(실용신안법 제4조). 특허법상 발명의 진보성은 선행기술에 비하여 고도하여야 하나, 실용신안법상 고안의 진보성은 선행기술에 비하여 고도할 필요는 없고, 당해 기술분야의 통상의 지식을 가진 자가 공지된 고안에 의하여 극히 쉽게 고안할 수 있는 것이 아니면 된다(법 제4조 2항). 즉 실용신안은 통상의 기술자가 극히 쉽게 고안할 수 있는 것이 아니면 진보성을 만족하므로 특허발명보다 진보성의 기준이 낮아 소발명 보호에 적합한 제도이다. 그러나 실용신안은 실용품이나 부품 고안이 많아 실무적으로 특허에서 요구하는 진보성 기준과 차이를 두어 판단하기가 쉽지 않다. 우리나라는 실용신안 심사관과 특허 심사관이 동일하지만 독일의 경우 실용신안 전담 심사관을 별도로 두고 있다.

전자렌지용 발열 라면용기(특허등록 10-2403421)

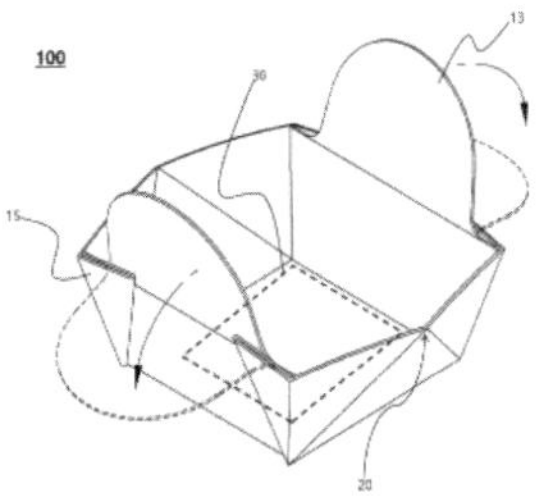

좌측 그림은 실용신안 등록을 받은 전자렌지용 발열 라면용기이다. 이 용기는 인덕션과 같은 열을 공급하는 장치를 사용할 필요없이 전자렌지를 이용하여 간편하게 편의점에서 가열장치로 조리되는 포장라면과 동일한 맛을 낼 수 있게 해 준다.

컵라면용기 커버(실용신안등록 20-0490281)

우측 그림은 컵라면이 조리된 후 컵라면용기에서 분리하여 제 1 절첩선, 제 2 절첩선 및 제 3 절첩선을 따라 고깔 형상으로 접어 그 내부에 라면을 덜어 취식할 수 있고, 관통구 내에 사용자의 손가락을 넣을 수 있어 취식 중에 고깔의 형태가 그대로 유지됨은 물론 라면의 뜨거운 열기가 전달되지 않도록 한 컵라면용기 커버에 관한 것이다.

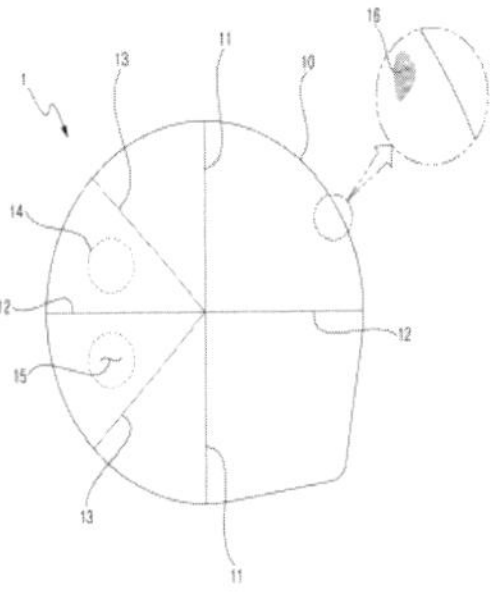

셋째, 특허의 존속기간은 출원일로부터 20년이지만, 실용신안의 존속기간은 출원후 10년이다. 특허 및 실용신안 침해에 대해 민사적 구제가 가능하며, 특허 및 실용신안 침해죄는 모두 7년 이하의 징역 또는 1억원 이하의 벌금에 처하며 반의사불벌죄이다.

넷째, 출원 및 심사절차에 있어서 실용신안등록출원서에는 반드시 도면이 첨부되어야 하는 점, 선등록료가 특허에 비하여 저렴한 점 등에서 차이를 보이고 있다.

한편, 실용신안이나 특허 모두 심사청구제도가 있으며, 특허출원의 심사청구기간과 실용신안의 심사청구기관은 모두 출원일로부터 3년 이내에 출원심사의 청구를 할 수 있다는 특징을 가진다.

03. 변경출원제도

2006년 3월에 개정된 특허법과 실용신안법은 특허와 실용신안 간에 출원종류를 변경할 수 있는 '변경출원제도'를 도입하고 있다(특 제53조, 실 제10조). 즉, 실용신안등록출원인은 그 실용신안등록출원의 출원서에 최초로 첨부된 명세서 또는 도면에 기재된 사항의 범위 안에서 특허출원으로 변경할 수 있다. 변경출원은 원칙적으로 원출원(특허출원 또는 실용신안등록출원)을 한 때에 출원한 것으로 보고, 이 경우 원출원은 취하된 것으로 본다. 그리고 그 실용신안등록출원 또는 특허출원에 관하여 최초의 거절결정등본을 송달받은 날부터 3개월이 경과한 때에는 특허출원 또는 실용신안등록출원으로 변경할 수 없다.

권리 획득을 위한 전략상 특허와 실용신안 사이에 진보성을 요구하는 수준에 차이가 있으므로 실용신안보다는 특허로 먼저 출원하고, 만일 원출원이 거절될 경우 실용신안등록출원으로 변경하는 것이 효과적이다.

Discussion

주제 **기술사업화 제도 중에 기술신탁은 무엇인가?**

설명 신탁(Trust)이라 함은 위탁자(Settlor)와 수탁자(Trustee)간의 특별한 신임관계에 기하여 위탁자가 특정의 재산권을 수탁자에게 이전하거나 기타의 처분을 하고 수탁자로 하여금 일정한 자(수익자, Beneficiary)의 이익을 위하여 또는 특정의 목적을 위하여 그 재산권을 관리·처분하게 하는 법률관계를 뜻한다(신탁법 제1조 제1항).[80] 기술신탁은 기술보유자로부터 기술과 그 사용에 관한 권리를 신탁 받아 기술 등의 설정·이전, 기술료의 징수·분배, 기술의 추가개발 및 기술자산유동화 등을 수행하는 것을 말한다. 2008년 1월 17일에 정부는 「기술의 이전 및 사업화 촉진에 관한 법률」에 "특허신탁제도"를 도입하여 대학·연구소·기업 등에서 보유한 특허권 중 미활용 특허를 전문기관으로 하여금 신탁받아 관리함으로써 사업화를 촉진하고자 하였다. 2013년에 동법이 개정되면서 특허, 실용신안, 디자인뿐만 아니라 기술

80) 2015.1.17. (구)개정 신탁업법은 특허권 등의 지식재산권도 신탁의 대상에 포함시켜 신탁회사가 인수 할 수 있도록 하였다(법 제10조 제1항 7호).

정보까지 포함하는 "기술신탁제도"로 확대·발전하였다.81)

기술신탁관리기관은 신탁기술에 대한 특허연차료 지원, 기술마케팅 및 상품화, 기술이전계약 체결 및 기술료 징수 등을 통해 기술사업화를 촉진하고 있다. 위탁자는 신탁설정계약을 통해 특허권을 수탁자에게 이전함으로써 계약기간 동안 수탁자가 특허권에 대한 명의를 가지며, 위탁자는 실시권을 가지고 '신탁하기 전'과 동일하게 특허기술을 이용하게 된다. 만일, 침해와 유사한 상황이 발생한 경우 위탁자의 지도에 따라 수탁자가 대응하게 되며, 특허권을 활용하기 위하여 수탁자는 라이선스 계약을 체결하고 실시료가 발생하면 이를 관리하고 위탁자에게 배당하게 된다.

<특허신탁의 구조>

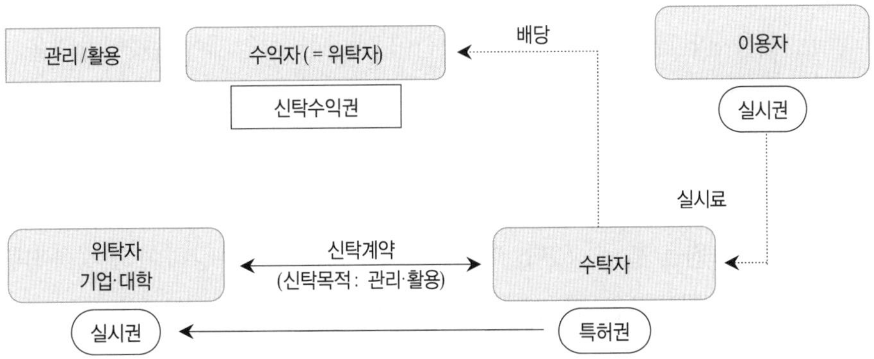

81) 기술의 이전 및 사업화 촉진에 관한 법률, 제2조 1호. "기술"이란 다음 각 목의 어느 하나에 해당하는 것을 말한다.
가. 「특허법」 등 관련 법률에 따라 등록 또는 출원(出願)된 특허, 실용신안(實用新案), 디자인, 반도체집적회로의 배치설계 및 소프트웨어 등 지식재산
나. 가목의 기술이 집적된 자본재(資本財)
다. 가목 또는 나목의 기술에 관한 정보
라. 그 밖에 가목부터 다목까지에 준하는 것으로서 대통령령으로 정하는 것

Explanation

우선 A와 B의 발명의 신규성 판단과 관련하여, B는 2006.2.1부터 항암제의 판매를 시작하였기 때문에 발명의 공연실시에 해당한다. 특허법은 공지, 공연실시의 지역적 기준을 국제주의로 두었으므로 B의 판매행위는 A의 발명의 신규성 판단에 인용될 수 있다. 그러나 양 발명간에는 동일성이 없으므로 A의 발명의 신규성은 인정된다.

그리고 진보성의 판단에 있어서, A의 특허청구범위 기재발명은 B 출원의 명세서 또는 도면기재발명과 비교하여 구성상 곤란성은 없으므로(용이하게 발명할 수 있는 것), A의 출원에 앞서 8개월 전에 B는 자신의 항암제를 판매하였으므로 A의 출원은 진보성이 인정되지 않아 등록을 받을 수 없다.

한편, 실용신안과 관련하여 B는 자신이 개발한 항암제에 관한 발명을 한국특허청에 신용신안등록출원하다. 그러나 항암제는 공간적으로 일정한 형태를 가진 것이 아닌 물질발명이므로 신용신안법상의 고안에 해당되지 않아 거절결정을 받게 될 것이다. 따라서 B는 실용신안등록출원에 대한 최초 거절결정등본 송달 후 변경출원을 할 수 있다. 이 경우 조약우선권을 주장하여 변경출원할 수도 있으므로 특허등록을 받을 수 있을 것이다.

상표권 · 디자인권

Chapter 14 상표권

다음과 네이버의 '카페'전쟁

2004년 2월 '다음카페'로 유명한 다음커뮤니케이션은 네이버 운영자인 NHN를 상대로 '카페(cafe)'라는 서비스 명칭을 사용하지 못하도록 서울중앙지법에 표장사용금지 가처분신청을 제기하였다. 다음은 2004년 5월에 'DaumCafe', '카페' 등을 상표출원하였고, 네이버는 동년 8월에 '네이버카페'를 상표출원하였다. 다음(Daum)은 인터넷 동호회인 카페 서비스를 본격적으로 활성화시킨 기업으로 카페에 대한 남다른 애정을 가지고 있으며, 일반 네티즌들이 '카페'하고 하면 '다음카페'를 연상하기 때문에 카페에 대한 상표권은 다음이 가진다고 주장하였다. 따라서 다음은 네이버가 오픈한 '카페iN' 서비스에 대해 '카페'라는 명칭을 사용한 것은 다음의 고유한 '카페' 서비스 이름을 무단 도용한 것이라고 주장하였다. 다음의 주장은 타당한가?

01. 상표란?

상표법에서 정의하는 상표(Trade Marks)란 '자기의 상품(지리적 표시가 사용되는 상품의 경우를 제외하고는 서비스 또는 서비스의 제공에 관련된 물건을 포함한다)과 타인의 상품을 식별하기 위하여 사용하는 표장(標章)'을 말한다.(상표법 제2조 제1항 제1호).[1] 그리고 표장이란 '기호, 문자, 도형, 소리, 냄새, 입체적 형상, 홀로그

1) 2016년 개정 전 구법에서는 '상표'란 '상품을 생산·가공 또는 판매하는 것을 업으로 영위하는 자'가 자기의 업무에 관련된 상품을 타인의 상품과 식별하기 위해 사용하는 표장으로 정의하여 사용주체를 명시하였으나 상표 내지 상품이라는 개념이 업으로서의 사용을 전제하는 것으로 사용주체에 관한 문구를 삭제하였다.

램·동작 또는 색채 등으로서 그 구성이나 표현방식에 상관없이 상품의 출처(出處)를 나타내기 위하여 사용하는 모든 표시'를 말한다(상표법 제2조 제1항 제2호).[2)]

상표는 상품 및 서비스의 표지가 수행하는 기능인 출처표시, 품질보증, 광고·선전 등의 기능이 있으며, 이에 대한 수요자의 신뢰를 보호하는 것이 상표법의 주된 목적이다.[3)] 따라서 등록된 상표라고 하더라도 그 사용이 비상업적이고 상품의 출처를 표시하기 위한 것이 아닐 때에는 상표를 사용하는 것이 아니므로 상표권을 침해하는 것이 아니다.[4)] 상표법은 거래사회에서의 부정경쟁을 방지하고 건전한 상거래질서 확립과 더불어 소비자의 신뢰이익을 가장 두텁게 보호하므로 침해에 대하여 피해자의 고소가 없이도 형사처벌이 가능한 비친고죄로 규정하고 있다.

상표법은 인터넷서비스, 은행서비스, 요식업 등과 같이 자신의 서비스와 타인의 서비스를 식별하기 위하여 사용되는 표장도 상표법으로 보호한다.[5)] 또한, '증명표장' 제도를 두어 상품의 품질이나 그 밖의 특성을 증명하고 관리하는 것을 업으로 하는 자가 타인의 상품이 정하여진 품질, 원산지, 생산방법 등의 특성을 충족하는 경우 이를 증명하는데 사용하게 하기 위한 표장(예, 미국 면화협회 (Cotton Council International: CCI)의 코튼마크)을 보호한다. 그리고 로타리클럽, YMCA, 한국콘텐츠진흥원 등과 같이 비영리 목적의 업무를 영위하는 자가 그 업무를 나타내기 위해 사용한 '업무표장'이 있다. 이 외에도 상품을 공동으

---

2) 상표법은 보호대상으로서의 표장의 개념을 거래실정에 맞도록 확대하였다. 2007년 개정법은 색채 자체, 홀로그램, 동작 그 밖에 시각적으로 인식할 수 있는 것을, 2012년 개정법은 소리·냄새 등 시각적으로 인식할 수 없는 표장을 시각적 방법으로 사실적으로 표현한 것을, 2016년 개정법은 그 구성이나 표현방식에 상관없이 상품의 출처를 나타내는 모든 표시를 표장으로 정의하여 상표가 될 수 있는 표장의 유형 및 표현방식에 제한이 없음을 명확히 하였다.

3) 상표법 제1조에서 "이 법은 상표를 보호함으로써 상표 사용자의 업무상 신용 유지를 도모하여 산업발전에 이바지하고 수요자의 이익을 보호함을 목적으로 한다."고 규정하고 있다.

4) 상표법이 상표를 보호한다는 것은 상표를 구성하는 기호, 문자 등을 보호한다는 것이 아니라 시장에서 발현되는 상표의 출처표시·품질보증 기능 등을 인식하여 이를 보호한다는 것이다.

5) 과거에는 상표와 서비스표를 구분하여 등록하였으나 2016년 9월부터 상표로 통합되어 운용되고 있다.

로 생산·판매 등을 하는 업자 등이 설립한 법인이 직접 사용하거나 그 감독 하에 있는 단체원으로 하여금 자기의 영업에 관한 상품에 사용하게 하기 위한 '단체표장'(예, (사)국제청소년연합의 단체표장, 영농조합법인 순창장류연합회의 지리적표시 단체표장 등)도 존재한다.

소리와 냄새상표

전통적으로 상표법은 기호, 문자, 도형, 입체적 형상 또는 이들을 결합한 것 등 시각적으로 인식할 수 있는 상표에 한정하여 보호하였다. 그러나 2012년 3월 15일 발효한 한미 FTA에 따라 개정된 상표법은 소리·냄새 등 시각적으로 인식할 수 없는 것 중 기호·문자·도형 또는 그 밖의 시각적인 방법으로 사실적으로 표현한 것'을 상표의 정의에 포함하였다.

청각적인 방법으로 의식되는 소리상표(sound marks)의 대표적인 예로서, 미국 영화제작사 메트로골드윈메이어(MGM)의 영화 도입부에서 으르렁거리는 사자울음소리, 인텔광고에 등장하는 효과음, 야후광고의 '야후~~후'소리, Microsoft 사의 Windows 시작음, 20세기 폭스사의 로고 음악 등이 있다. 미국에서는 NBC가 1947년 라디오 방송업에 대해 소리상표를 처음 출원한 이후 다양한 상표가 출원되고 있다. 국내에는 장수돌침대의 '별이 다섯 개', 컬투의 '그때그때 달~라~요", 카카오의 '카톡왔숑', '카톡' 소리, SKT의 통신연결음 등을 예로 들 수 있다.

이러한 소리상표를 등록하기 위해서는 소리를 기호·문자·도형 또는 그 밖의 시각적인 방법으로 사실적으로 표현할 수 있어야 한다. 따라서 소리상표 출원 시에는 소리를 글[6]과 기보 등 시각적 방법을 통해 사실적으로 표현하고 MP3와 같이 오디오 파일을 첨부하여 출원한다.

---

6) 소리상표의 시각적 표현의 예 : "이 소리상표는 첨부된 파일과 같이 숫사자 울음소리로 구성되는데 숫사자가 크게 울부짖는 큰 울음소리가 2초간 들린 후 잠시 후 다시 작은 울음소리가 들리는 소리로 구성된다."

◇ 상표견본의 표시(출원번호 |제171876호)

o 지정상품 : 제29류, 제30류, 제35류, 제39류

그리고 후각을 통하여 인식되는 냄새상표(smell, scent, Fragrances, Olfactory Marks)의 경우에도 그 특징을 시각적으로 표현할 수 있어야 상표로서 등록이 가능하다. 이를 위해 냄새상표를 출원하는 경우에는 냄새를 담은 밀폐용기 3통 또는 냄새가 첨가된 패치 30장을 견본으로 제출하도록 한다. 냄새상표의 대표적인 예로서 프린터 토너의 레몬향이나 향기가 나는 실, 깍은 잔디 냄새가 나는 테니스공 등을 들 수 있다.

◇ 상표의 견본 (출원번호 제1122118호)

o 상표에 대한 설명 : Smell of ripe strawberries.

o 지정상품 : 제3류 Bleaching preparations and other substances for laundry use; cleaning, polishing, scouring and abrasive preparations; soaps, deodorant soaps...; 제18류 Goods of leather or imitation leather (except cases adapted for the goods they are designed to carry, gloves and belts), pocket wallets, key holders, purses, handbags, travelling bags, school bags, harness for animals, trunks and travelling bags, carrying bags adaptable for bicycles, coverings....; 제25류 Clothing, underwear, knickers, pants, underpants, T-shirts, combinations (clothing and underclothing), lingerie, suits, neckties, shirts........caps.

한편 상표로 등록이 가능한 소리나 냄새는 소비자로 하여금 특정 사업자의 상품이나 서비스를 다른 사업자의 것과 식별할 수 있는 수준의 것으로서 '사용에 의한 식별력(secondary meaning)'을 획득한 것이어야 할 것이다. 사용에 의한 식별력은 본래 식별력이 없는 상표가 일정기간 계속하여 사용하여 사후적으로 식별력을 갖는 경우 해당 상표에 대한 등록을 허용하는 제도이다.

상표와 상호

(주)삼성의 스마트폰의 명칭인 '갤럭시'와 (주)삼성은 법적으로 상이한 지위와 효력을 가진다.

'갤럭시'는 상표로서 상품의 명칭이다. 상표는 특허청에 출원하여 등록한다. 등록된 상표는 사용 유무를 떠나 먼저 출원하여 등록하게 되면 전국적 범위에서 동일·유사 상표에 대한 배타적이고 독점적인 권리가 부여되며 상표법으로 보호받을 수 있다. 상표는 기호, 문자, 도형 등으로 구성되고 영어 등 외국어로도 등록 가능하며, 코카콜라 병모양이나 KFC의 할아버지 인형 등과 같은 입체적 형상으로도 등록할 수 있다.

주식회사 '삼성'은 상호로서 상인이 영업에 관해 자기를 표시하는 명칭이다. 상호는 상호 등기 절차를 통해 법원의 상업등기소에 등기하면 동일한 업종에 국한되어 상법으로 보호받을 수 있다. 상호는 등기소 관할구역(특별시, 광역시, 시, 군) 내의 행정구역 단위로 효력을 가진다. 상호는 앞서 사용한 자가 권리를 취득하게 된다. 상호는 반드시 국문으로 등록하여야 한다.

최근에는 상호와 상표를 일치시키는 것이 일반적 추세로 상호가 상품표지로 사용되고 상표로서 등록요건을 갖추어 등록된 경우에는 법률상 상표로서 보호되는 '상호상표'가 점차 늘고 있어 양자간의 기능이 중첩되는 경우가 많다.[7)]

좋은 상표란?

미국 연방상표법은 상표 보호의 적격성이 높은 것부터 ① arbitrary(임의적 표장) 또는 fanciful(조어 표장), ② suggestive(암시적 표장), ③ descriptive(기술적 표장), ④ generic mark(보통명칭)로 분류하고 있다.[8)]

① 임의적 표장은 의미는 담고 있으나 상품과 연결이 되지 않은 표장(TLD-5-

7) 상호는 기업 신용의 상징으로 국내 주요기업들은 모두 상호를 상표로 특허청에 등록해 두고 있다.

8) 상표적격성에 대한 이러한 분류는 1976년 제2연방 항소법원의 Friendly 판사가 Abercrombie & Fitch Co. v. Hunting World, Inc. 사건에서 상표의 식별력과 그 보호 정도를 구분한 것이다.

여성패션아이템, Camel-담배, Apple-컴퓨터)으로 임의적 표장은 기존 용어를 사용하였으나 상품과의 관련성이 전혀 없는 표장이다. 그리고 조어 표장(Ferrari-차, Intel-컴퓨터, Xerox-복사기)은 기존에 존재하지 않던 용어를 새롭게 만든 표장이다. 임의적 표장과 조어표장은 위 네 가지 분류 중 식별력이 가장 강한 표장이다. 다만, 기존에 없던 용어를 새롭게 만든 조어표장이더라도 결과적으로 지정상품의 성질을 직감하게 하는 경우에는 기술적 표장으로 본다.[9)]

② 암시적 표장은 제품의 성질을 직접적으로 나타내지는 않으나 간접적으로 알 수 있는 표장(Greyhound-버스, microsoft-소프트웨어)으로서 상품의 성질이나 특성을 알기 위해 사고, 지각을 요구하며 본질적으로 식별력이 있어 등록이 가능하다.

암시적 표장 – 알바천국

법원은 "원고의 출원서비스표는 '직업소개업, 직업알선업, 취업정보제공업'을 지정서비스업으로 하고 '알바천국 '으로 구성된 것인데, 이는 '알바'와 '천국'이라는 두 개의 단어가 결합하여 '근무 여건이나 환경이 이상세계(理想世界)처럼 편하여 아르바이트를 하기에 좋은 곳'이라는 관념을 지니는 것으로서, 위 지정서비스업과 관련하여 볼 때 위와 같이 '아르바이트를 하기에 좋은 곳'을 소개·알선하거나 이와 관련된 정보를 제공한다는 암시를 줄 수 있기는 하나, 이를 넘어서 일반 수요자에게 '아르바이트를 소개·알선하거나 이와 관련이 있는 정보를 제공하는 장소' 등과 같이 위 지정서비스업의 성질을 직접적으로 표시하는 것으로 인식된다고 할 수 없고, 또한, 거래사회의 실정 등을 감안하더라도 '천국'이라는 단어가 포함된 출원서비스표를 특정인에게 독점배타적으로 사용하게 하는 것이 공익상 부당하다는 등으로 위와 달리 볼 만한 사정이 발견되지 않으므로, 출원서비스표는 상표법 제6조 제1항 제3호가 정한 기술적 표장에 해당하지 않는다"고 판시하였다(대법원 2016. 01. 14. 선고 2015후1911 판결).

③ 기술적 표장은 상품의 성질, 품질 등을 기술하므로 그 정보를 즉시 직감하도록 하는 표장으로 식별력이 없지만(비타500), 일정 기간의 사용으로 수요자

---

9) 예를 들면, 대법원은 조어표장 '족쌈'을 '족발을 김치와 함께 쌈으로 싸서 먹는 음식'에 대한 기술적 표장으로 판단하였다.

들에게 특정상품의 식별표지로 인식되어 이차적 의미(secondary meaning)를 획득한 경우 등록이 가능하다.

기술적 표장 - ChargeNow

법원은 이 사건 출원상표·서비스표 "ChargeNow"가 지정상품인 전기에너지 및 지정서비스업인 전기에너지 공급계약 알선업에 사용될 경우 수요자들은 '바로 충전할 수 있는 전기에너지 및 이를 상품으로 하는 영업'으로 지정상품·서비스업의 용도나 사용방법을 직감하게 되고, 이러한 이 사건 출원상표·서비스표의 표시는 전기에너지 충전과 관련한 거래에 있어서 누구에게나 필요한 표시이므로 어느 특정인에게만 독점적으로 사용시킨다는 것은 공익상으로도 타당하지 않아, 이 사건 출원상표·서비스표는 지정상품·서비스업의 용도나 사용방법을 보통으로 사용하는 방법으로 표시한 표장만으로 된 상표에 해당한다(대법원 2019. 7. 10. 선고 2016후526 판결).

④ 보통명칭 또는 관용표장(호두과자, 아스피린, Jeep)은 상품의 일반적인 명칭 또는 동종업자에 의해 상품에 관용적으로 사용되는 것으로 상표 부등록사유에 해당한다.

법적·경제학적 관점에서 상표에는 좋은 상표와 그렇지 못한 것이 있다. 예를 들면, 홈플러스, 코닥, 맥도날드, 리니지, 아이리버 등과 같이 심미적이고 팬시한 이름은 그 상품의 원재료나 용도 등을 전혀 연상시키지 않는 것이어서 일단 그 상품이 유명해지게 되면 상당한 식별력을 가지게 되므로 좋은 상표이다. 반면 원재료, 생산방법, 용도 등을 연상시키거나 설명하는 상표는 상대적으로 다른 상표와 식별력이 떨어지므로 상표분쟁에 휘말릴 가능성이 높다. 왜냐하면 그러한 표장은 경쟁회사들이 상품 설명을 위해 반드시 사용하고자 하는 용어이기 때문이다. 재미있는 것은 "Ivory" 표장이 상아제품에 사용되면 보통명칭(generic mark)이 되고, 비누에 사용되면 임의적(arbitrary) 표장이 된다. 이와 같이 특정 상품에 대해서는 기술적 표장이 되는 용어가 다른 상품에 대해서는 전혀 다른 표장으로 사용될 수 있어 어려움이 있다.

우리나라 상표법은 상표등록을 위한 식별력과 관련하여 제33조 제1항 각호에서 식별력 없는 상표를 '보통명칭(1호)', '관용표장(2호)', '기술적 표장(3호)', '현저한 지리적 명칭(4호)', '흔히 있는 성(姓) 또는 명칭(5호)', '간단하고 흔히 있는 표장(6호)', '기타 식별력 없는 표장(7호)'으로 구분하여 이에 해당하면 원칙적으로 상표등록이 될 수 없도록 규정하고 있다. 그리고 제2항에서 "제33조 제1항 제3호부터 제6호까지에 해당하는 상표라도 상표등록 출원 전부터 그 상표를 사용한 결과 수요자 간에 특정인의 상품에 관한 출처를 표시하는 것으로 식별할 수 있게 된 경우에는 그 상표를 사용한 상품에 한정하여 상표등록을 받을 수 있다."라고 규정하여 식별력이 없는 상표가 사용에 의한 식별력을 확보하면 예외적으로 등록을 허용하고 있다(예시 우리은행(은행업), K2(등산화), 부동산뱅크(부동산 중개업)).

따라서 상품에 대한 상표를 정하려는 경우에는 다른 주지상표와 혼동을 일으키거나 식별력이 떨어지는 표장은 되도록 피해야 하며 독자적이며 심미감을 주는 임의적 표장을 고안하여 상표로서 등록하는 것이 잠재적 분쟁을 예방하는 방법이다.

02. 등록받을 수 없는 상표

선출원 또는 선등록상표와 동일·유사한 상표는 등록받을 수 없다. '상표의 유사'는 2개의 상표가 완전히 동일하지도 않고 거래사회 통념상 동일한 것으로 인식되지도 않으나 양 상표가 외관, 호칭, 관념 중 어느 한 가지 이상의 점에서 유사하여 그들 상표가 동일 또는 유사한 상품에 사용될 경우 거래자나 일반수요자들이 그 상품의 출처에 오인·혼동을 일으킬 우려가 있는 경우를 말한다.

상표의 유사 여부는 동일 또는 유사한 상품에 사용되는 2개의 상표를 두고 외관('Htio'와 'Hite'), 관념('임금'과 '왕'과 'KING'), 호칭('TOBY'와 'TOPY')을 전체적·객관적·이격적(離隔的)으로 관찰하여 일반수요자나 거래자가 상표에 대하여 느끼는 직관적 인식을 기준으로 거래상 상품출처의 오인·혼동을 일으킬 우려가 있는지 여부에 따라 판단한다. 상표의 외관과 관념이 서로 다르더라도 호칭이 유사한 경우에는 유사상표로서 등록될 수 없다.

YAP v. YEPP

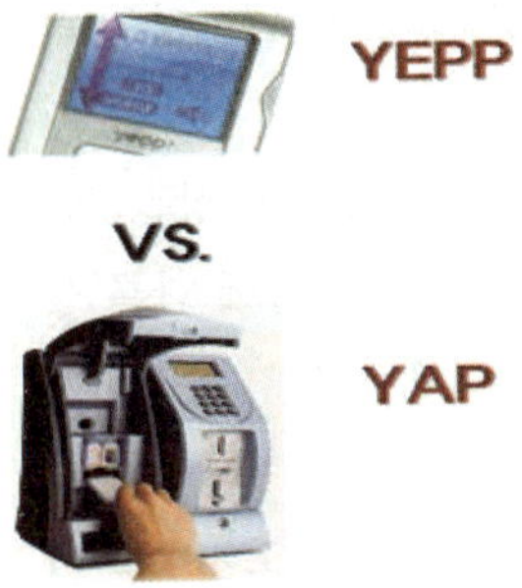

새기술앤티피아의 휴대폰 충전기 상표인 'YAP'과 삼성전자의 MP3 재생기 상표인 'YEPP'은 그 외관이 다르고 관념의 대비가 불가능하지만, 초성인 'ㅇ'과 종성인 'ㅂ'이 같으며, 종성이 닫히는 입술소리에 해당하고 음절을 짧게 끊는 효과가 있어 기합, 구호, 외마디 소리 등을 연상시킨다는 점에서 그 청감이 유사하므로 두 상표는 호칭이 유사하다고 볼 수 있다(2004. 7. 22. 대법원 2003후144 판결).

글자체, 호칭이 구별되어도 관념 비슷하면 유사상표

법원은 "'韓雪花'와 아모레퍼시픽이 먼저 등록한 상표인 '雪花'는 한자어를 공통적으로 갖고 있는 점에서 일부 유사점이 있기는 하지만 다른 한자가 추가돼 있고, 글자체에도 다소 차이가 있어 전체적인 외관은 서로 다르다"며 호칭도 '한설화'와 '설화'로 차이가 있다고 보았다.

그러나 '설화'라는 단어가 사전에 등재돼 있지 않은 조어라도 관념상 '나뭇가지에 꽃처럼 붙은 눈발' 등으로 사용되는 한자어라는 점을 감안하면 두 상표는 '설화'라는 한자어를 공통으로 가져 관념적 유사성이 있다고 판단하였다. 따라서 두 상표는 외관과 호칭의 차이는 있지만 관념의 유사성을 압도할 정도에 이르렀다고 할 수 없다며 "양 상표를 동일·유사한 지정상품에 함께 사용할 경우 일반 수요자나 거래자로 하여금 상품의 출처에 관해 오인·혼동을 일으킬 염려가 있다"고 판시하였다(대법원 2013. 1. 16. 선고 2011후3322 판결).

한편, 상표는 전체관찰이 원칙이나 간이·신속을 위주로 하는 거래실제에 있어서 그 구성부분 일부만으로 간략하게 호칭·관념되는 경우 '요부'관찰이 허용된다. 요부의 선정은 상표를 전체적으로 관찰했을 경우에 식별력을 가진 부분으로 하여 결정하여야 한다.[10]

자생한방병원 v. 자생초한의원

대법원은 “둘 이상의 문자 또는 도형의 조합으로 이루어진 결합상표는 그 구성 부분 전체의 외관, 호칭, 관념을 기준으로 상표의 유사 여부를 판단하는 것이 원칙이나, 상표 중에서 일반 수요자에게 그 상표에 관한 인상을 심어주거나 연상을 하게 함으로써 그 부분만으로 독립해 상품의 출처표시기능을 수행하는 부분, 즉 요부가 있는 경우 적절한 전체관찰의 결론을 유도하기 위해서는 그 요부를 가지고 상표의 유사 여부를 대비판단하는 것이 필요하다”고 설시하고, “상표에서 요부는 다른 구성 부분과 상관없이 그 부분만으로 일반 수요자에게 두드러지게 인식되는 독자적인 식별력 때문에 다른 상표와 유사 여부를 판단할 때 대비의 대상이 되는 것이므로, 상표에서 요부가 존재하는 경우에는 그 부분이 분리관찰이 되는지를 따질 필요 없이 요부만으로 대비함으로써 상표의 유사 여부를 판단할 수 있다고 봐야 하고 이러한 법리는 서비스표에도 마찬가지로 적용된다”고 설명하였다.

이 사건과 관련하여 법원은 “‘자생초’ 중 ‘초’는 약초와 같이 풀을 의미하는 한자어로 많이 사용돼 약의 재료를 연상시킨다는 점에서 식별력이 높지 않을 뿐만 아니라 ‘자생초’는 사전에 등재돼 있지 않은 단어로 새로운 의미가 형성되는 것도 아니다”라고 하고 ‘자생초’와 ‘자생’은 유사한 서비스표에 해당한다고 판시하였다(대법원 2017. 2. 9. 선고 2015후1690 판결).

한편, 원칙적으로 상표등록이 되지 않는 것들이 있다(법 제33조).

예를 들면, 백세주, 소프트웨어, 과자 등과 같은 **보통명사**는 특정한 사업자에게 독점권을 부여할 수가 없다. 또한, **현저한 지리적 명칭**(뉴욕, 한라산), **생산·가공 방법**(수제, 유기농), **상품의 산지**(인삼에 ‘금산’), **품질**, **성능**, **효능**(‘원조’, TV-HITEK), **원재료**(알미늄, 양복-Wool, 넥타이-Silk) 등을 나타내는 상표는 식별력이 없으므로 원칙적으로 등록을 받지 못한다. 또한, 과자류-깡, 청주-정종, 직물-Tex 등과 같이 동종업자들 사이에서 특정 종류의 상품에 **관용적으로** 쓰이는

10) 원칙적으로 법 제33조제1항 각호의 1에 해당하는 식별력이 없는 표장(사용에 의한 식별력을 획득한 경우는 제외)과 법 제90조 각호가 규정하는 상표권의 효력이 미치지 아니하는 표장은 요부가 아니며, 상품 또는 상품의 포장 등의 입체적 형상으로 된 상표 등에 있어서도 그 상품 또는 상품의 포장 등의 기능을 확보하는데 꼭 필요한 입체적 형상 등은 요부가 아니므로 이 부분을 유사여부 판단의 대상으로 해서는 아니된다.

표시도 등록할 수 없다.

그리고 상표가 자타상품의 식별력을 가지고 있어도 공익상의 이유 등으로 다음의 경우에는 상표등록이 되지 않는다(법 제34조 제1항).

① 국기·국장·군기·훈장·포장·기장·공공기관의 마크 등과 동일하거나 유사한 상표, ② 국가·인종·민족·공공단체·종교·저명한 고인과의 관계를 허위로 표시하거나 이들을 비방 또는 모욕하거나 이들에 대하여 나쁜 평판을 받게 할 염려가 있는 상표, ③ 국가·공공단체·비영리 공익법인의 표장 업무 또는 영리를 목적으로 하지 아니하는 공익사업을 표시하는 표장으로서 저명한 것과 동일 또는 유사한 상표, ④ 선량한 풍속에 어긋나거나 공공의 질서를 해칠 우려가 있는 상표, ⑤ 정부의 승인을 얻어 개최하는 박람회의 상패·상장 또는 포장과 동일 또는 유사한 표장이 있는 상표, ⑥ 저명한 타인의 성명·명칭 또는 상호·초상·서명·인장·아호 등을 포함하는 상표, ⑦ 타인의 선등록상표와 동일 유사한 상표로서 그 지정상품과 동일 유사한 상품에 사용하는 상표, ⑧ 타인의 등록된 지리적 표시 단체표장과 동일 또는 유사한 상표, ⑨ 타인의 상품을 표시하는 것이라고 수요자들에게 널리 인식된 상표와 동일 유사한 상표, ⑩ 특정 지역의 상품을 표시하는 것이라고 수요자들에게 널리 인식되어 있는 타인의 지리적 표시와 동일 유사한 상표, ⑪ 수요자들에게 현저하게 인식되어 있는 타인의 상품이나 영업과 혼동을 일으키게 하거나 그 식별력 또는 명성을 손상시킬 염려가 있는 상표, ⑫ 상품의 품질을 오인하게 하거나 수요자를 기만할 우려가 있는 상표, ⑬ 국내 또는 외국의 수요자들에게 특정인의 상품을 표시하는 것이라고 인식되어 있는 상표(지리적 표시를 제외한다)와 동일 또는 유사한 상표로서 부당한 이익을 얻으려 하거나 그 특정인에게 손해를 가하려고 하는 등 부정한 목적을 가지고 사용하는 상표, ⑭ 국내 또는 외국의 수요자들에게 특정 지역의 상품을 표시하는 것이라고 인식되어 있는 지리적 표시와 동일 유사한 상표로서 부당한 이익을 얻으려 하거나 그 지리적 표시의 정당한 사용자에게 손해를 가하려고 하는 등 부정한 목적으로 사용하는 상표, ⑮ 세계무역기구(WTO) 회원국의 포도주나 증류주의 산지에 관한 지리적 표시를 주류에 사용하고자 하는 상표, 상품의 품질

을 오인하게 하거나 수요자를 기만할 염려가 있는 상표, ⑯ 상표등록을 받으려는 상품 또는 그 상품의 포장의 기능을 확보하는 데 불가결한(서비스의 경우에는 그 이용과 목적에 불가결한 경우를 말한다) 입체적 형상, 색채, 색채의 조합, 소리 또는 냄새만으로 된 상표, ⑰ 동업·고용 등 계약관계나 업무상 거래관계 또는 그 밖의 관계를 통하여 타인이 사용하거나 사용을 준비 중인 상표임을 알면서 그 상표와 동일·유사한 상표를 등록출원한 상표, ⑱ 조약당사국에 등록된 상표와 동일·유사한 상표로서 그 등록된 상표에 관한 권리를 가진 자와의 동업·고용 등 계약관계나 업무상 거래관계 또는 그 밖의 관계에 있거나 있던 자가 동의를 받지 아니하고 등록출원한 상표 등은 상표등록이 허용되지 않는다.

제2호 저명한 고인(故人)과의 관계를 허위로 표시

동조 제1항 제2호상의 저명한 고인(故人)과의 관계를 허위로 표시하거나 이들을 비방하는 상표는 등록받을 수 없다. 그러나 'JAMES DEAN', '피카소' 등과 같이 단순히 저명한 고인의 성명 그 자체를 상표로 출원하는 행위는 본조의 적용을 받지 않을 것이다(대법원 1997.7.11.선고 96후2173판결). 예를 들면, "MOZART(모짜르트)"라는 성명을 단순히 상표로 사용한 경우 고인과의 관련성에 관한 아무런 표시가 없기 때문에 고인과의 관계를 허위로 표시한 상표에 해당한다고 볼 수 없다(대법원 1998.2.13. 선고 97후938판결). 그러나 고인이 된 저명한 예술가의 서명을 도용하여 출원하는 것은 공정하고 신용 있는 거래질서, 도덕성, 국제적 신의 등에 반하는 것으로 일정한 경우 공서양속에 관한 동조 제4호의 적용을 받을 수는 있을 것이다(피카소의 서명 자체를 상표로 등록·사용한 경우)[11]. 저명한 고인의 성명 등의 경우 고인

---

11) 대법원 2000. 4. 21. 선고 97후860,877,884 판결. "화가가 그의 미술저작물에 표시한 서명은 그 저작물이 자신의 작품임을 표시하는 수단에 불과하여 특별한 사정이 없는 한 그 자체가 예술적 감정이나 사상의 표현을 위한 것이라고는 할 수 없어 저작권법상의 독립된 저작물이라고 보기 어려우나, 이러한 서명은 저작자인 화가가 저작권법 제12조 제1항에 의한 성명표시권에 의하여 자기 저작물의 내용에 대한 책임의 귀속을 명백히 함과 동시에 저작물에 대하여 주어지는 사회적 평가를 저작자 자신에게 귀속시키려는 의도로 표시하는 것이므로, 그 서명이 세계적으로 주지·저명한 화가의 것으로서 그의 미술저작물에 주로 사용해 왔던 관계로 널리 알려진 경우라면, 그 서명과 동일·유사한 상표를 무단으로 출원등록하여 사용하는 행위는 저명한 화가로서의 명성을 떨어뜨려 그 화가의 저작물들에 대한 평가는 물론 그 화가의 명예를 훼손하는 것으로서, 그 유족의 고인에 대한 추모경애의 마음을 손상하는 행위에 해당하여 사회 일반의 도덕관념인 선량한 풍속에 반

과 관련 있는 기념사업회, 기념재단 등의 동의가 있거나 그러한 단체가 있는지 확인할 수 없거나 또는 너무 오래된 고인의 경우에는 달리 판단될 수 있을 것이다(상표심사기준 제18조 해석 참고자료 9). 주의해야 할 것은 타인의 저작물이나 성명, 초상 등 퍼블리시티권을 침해하는 상표의 등록이라고 하더라도 그 저명성이 없다면 동조의 적용을 받을 수 없다.

제6호 현존하는 저명한 타인

동조 제6호의 경우에는 현존하는 저명한 타인을 대상으로 하고, 타인의 인격권 침해 여부를 불문한다는 점에서 제2호와 차이가 있다. 여기서 저명성은 사회통념상 또는 지정상품과 관련한 거래사회에서 널리 인지될 수 있는 정도를 요구하며(상표심사기준 제20조), 동조 제9호 및 부정경쟁방지법상의 저명성의 수준과는 다소 차이가 있다.[12] 생각건대, 저명성 여부를 떠나 타인의 성명, 명칭, 초상 등을 무단으로 사용하여 퍼블리시티권, 초상권 등을 침해하는 경우 그 인격적 이익을 보호하기 위하여 해당 상표등록을 무효로 할 필요가 있으며 이는 입법적 해결로 가능할 것이다.

제11호 현저하게 인식된 타인의 상품이나 영업과 혼동 가능성

동조 제11호와 관련하여, 서적출판업을 지정서비스업으로 하는 출원서비스표 ‘헤밍웨이’에 대해서 법원은 해당 상표가 일반 수요자들로 하여금 소설가 ‘헤밍웨이’와 관련된 문학작품을 출판하는 것으로 오인·혼동하게 할 염려가 있다고 보아 서비스표 등록을 거절하였다(특허법원 2007. 6. 7. 선고 2007허579 판결).

제13호 국내 또는 외국에서만 유명한 상표를 부정한 목적으로 사용

상표법 제34조 제1항 제13호는 국내는 물론 외국에서만 유명한 상표라도 부정한

할 뿐만 아니라, 이러한 상표는 저명한 고인의 명성에 편승하여 수요자의 구매를 불공정하게 흡인하고자 하는 것으로서 공정하고 신용있는 상품의 유통질서를 침해할 염려가 있다 할 것이므로 이러한 상표는 상표법 제7조 제1항 제4호에 해당한다고 봄이 상당하고..."

12) 미국 연방상표법 §2(a)(15 U.S.C. §1052)에서는 출원된 상표가 비도덕적, 기망적, 수치스러운 것으로 구성된 경우거나 생존한 또는 사망한 사람, 기관, 신념, 또는 국가의 상징을 경멸하거나 이것들과 관련되어 있는 것처럼 기망하는 것, 또는 그와 같은 것들을 불명예스럽게 하는 것으로 구성된 경우에 등록을 거절할 수 있도록 규정하고 있다. 이 조항은 우리나라 상표법 제34조제1항 제2호, 제4호, 제6호, 12호의 내용을 모두 포섭하고 있는 것으로 평가된다.

목적으로 모방하여 등록하는 것을 금지하고 있다. 위 규정의 취지는 국내 또는 외국의 수요자 간에 특정인의 상품을 표시하는 것이라고 인식되어 있는 상표가 국내에서 등록되어 있지 않음을 기화로 제3자가 이를 모방한 상표를 등록하여 사용함으로써 유명상표의 고객흡인력에 편승하거나 실제 사용할 의사는 없으면서 상당액의 보상을 받고 되팔거나 타인에게 사용권을 설정하는 등 부정한 목적의 상표사용을 규제하기 위한 것이다.[13] 이 규정은 출처의 오인이나 혼동을 요건으로 하지 않으며 특정인에게 손해를 입히려고 하는 등의 부정한 목적이 있으면 규율이 가능하다. 다만 출원 당시에 등록상표와 대비되는 선사용상표가 국내 또는 외국의 수요자 사이에 특정인의 상표로 인식되어 있어야 한다. 주의할 것은 '특정인의 상표로 인식되어 있는 상표'는 반드시 주지·저명한 상태에 이르지 않았더라도 수요자에게 상품출처표시로 인식되면 충분하다.[14]

이 외에도 유명해진 상표의 관리를 소홀히 하여 유명상표가 보통명사화 되면 상표로 보호받지 못할 수 있다. 예를 들면, 기아자동차의 박스형 승용차인 '봉고', 지철기를 처음 발명한 자의 이름을 따서 상표화한 '호치키스', 그 밖에 크리넥스, 아스피린,[15] 초코파이, 콘칩, 지프차, 미원 등과 같은 경우가 이에 해당한다.[16]

◦ **식별력이 없는 상표가 등록받을 수 있는 경우**

식별력이 없는 상표는 원칙적으로 등록을 받을 수 없다. 그러나 이러한 상표도 출원하여 등록받을 수 있는 경우가 있다.

---

13) 대법원 2014.01.23. 선고 2013후1986 판결[등록무효(상)].

14) 대법원 1994.5.13. 선고 93후1131 판결. 한편 일본에서 주지·저명한 비교대상 상표 ひよ子에 대하여 일본의 일반 수요자가 호칭하는 발음인 "ひよこ"를 그대로 한글로 음역한 '히요꼬' 아래에 그 영어 음역인 'HIYOKO'를 이단으로 병기한 이 사건 등록상표는 상표법 제34조 제1항 제13호(구법 제7조 제1항 제12호)의 동일 또는 유사한 상표에 해당한다. 특허법원 2006. 7. 7. 선고 2005허11049 판결 [등록무효(상)].

15) 1921년 미국 연방대법원이 어느 회사도 이 약의 상표권을 주장할 수 없다고 판결한 이후 아스피린은 아세틸살리실산성분 해열진통제를 부르는 보통명사로 사용된다.

16) 제품이 지나치게 유명해지고 상표권자가 상표관리를 제대로 하지 않아 일반명사처럼 사용되면 상표권 보호를 받지 못할 우려가 있으므로 상표등록 후 상표 관리는 매우 중요하다.

우선, 상표가 식별력 있는 도형과 결합한 경우이다. 이 경우 상표권의 효력 범위는 식별력 있는 도형 부분이고 문자에는 여전히 미치지 않는다. 그러나 등록상표의 구성 부분 중 식별력이 없는 부분이 '등록 후' 사용에 의한 식별력을 취득하게 되면 '등록상표의 보호 범위'를 정함에 있어 '등록상표'의 요부가 될 수 있다.17)

식별력 있는 도형과 결합하여 식별표지 기능 인정 사례

두 개 이상의 기호·문자 또는 도형이 결합되어 이루어진 이른바 결합상표에 있어서는 그 상표를 구성하고 있는 각 부분을 하나하나 떼어서 볼 것이 아니라, 구성부분전체를 하나로 보아 특별현저성이 있는지의 여부를 판단하게 된다.

특허법원은 옆의 이미지에 대해 도형 부분은 전체 도형의 모양이나 결합 및 배치형태, 타원형의 바탕 안쪽이나 띠 테두리 바깥쪽으로 형성된 하얀색 선의 모양 등에 있어서 독자적인 관념을 형성한다고 판단하고 식별표지로서의 기능을 충분히 발휘한다고 보았다(특허법원 2008. 10. 10. 선고 2008허7034 판결).

도형과 결합하였으나 식별표지 기능 부정 사례

문자부분인 'LOCK'은 지정상품인 "유리제 또는 자기제병뚜껑"과 관련하여 식별력이 없고, 도형 부분 또한, 영문자 LOCK의 좌측 상단에 조그맣게 표현되어 있고, 자물쇠는 영어단어로 'LOCK'이라고 하고, 우리나라 영어보급수준에 비추어 볼 때, 거래 일반 수요자들 또한, 자물쇠를 이와 같이 영어단어 'LOCK'으로 쉽게 인식할 수 있다고 할 것인데, 그 도형 부분 밑에 커다란 글자로 영문자 LOCK이 기재되어 있어, 일반 수요자들은 이 사건 출원상표를도형 부분으로 호칭 관념하기보다는 그 밑에 있는 문자 부분에 의하

---

17) 대법원은 2014.3.20. 선고 2011후3698 판결에서 "등록상표의 전부 또는 일부 구성이 등록결정 당시에는 식별력이 없거나 미약하였어도 그 등록상표를 전체로서 또는 일부 구성부분을 분리하여 사용함으로써 권리범위확인심판의 심결 시점에 이르러서는 수요자 사이에 누구의 상품을 표시하는 것인지 현저하게 인식될 정도가 되어 중심적 식별력을 가지게 된 경우에는 이를 기초로 상표의 유사여부를 판단해야 한다."고 판시하였다.

여 LOCK으로 호칭 관념할것으로 보이는 점 등에 비추어 보면, 이 사건 출원상표중 도형 부분은 문자 부분의 보조적, 부수적인 부분으로 인식되어 독자적인 식별력을 갖는다고 보기 어렵다.

다른 하나는 상표를 오랫동안 독점적으로 사용하여 수요자로부터 특정인의 상표라는 식별력, 즉 이차적 의미(secondary meaning)를 획득한 경우이다(예 새우깡).

주의할 것은 전자의 경우 상표권의 효력 범위는 식별력 있는 도형 부분이고 문자에는 여전히 미치지 않는다.

03. 지리적 표시

한·EU FTA에서 프랑스는 우리나라에게 '샴페인(Champagne)'용어의 사용을 금지하도록 요구하였다. 샴페인은 본래 프랑스 샹빠뉴 지방에서 생산되는 특유의 백포도주를 일컫는 명칭이므로 그곳에서 생산되지 아니한 것에는 샴페인이라는 표시를 할 수 없다는 것이다. EU는 우리가 거의 보통명사처럼 사용하고 있는 유럽 지역명칭 등에 대하여 사용을 금지하도록 요구하였다.

농·특산물이 기후, 풍토 등 지리적 특성과 밀접하게 연계되어 있는 경우에 그 지리적 명칭과 상품을 연계시켜 등록한 뒤 이에 대한 지식재산권을 인정하는 제도를 '지리적 표시제도(geographical indication)'라고 한다. 지리적 표시에 대해 TRIPs협정은 진정한 원산지 이외의 장소에서 생산된 상품에 허위표시를 하여 일반인에게 혼동을 야기하는 것을 금지하도록 규정하고 있다(TRIPs협정 제22조).

상표와 지리적 표시는 모두 출처표시 기능 및 품질표시적 기능, 영업상의 이익과 관련되며 지식재산권의 범주 내에서 보호되는 표장이라는 점에서 서로 유사한 점이 있다. 그러나 상표는 상품 또는 서비스를 제공하는 '특정 사업주체'를 식별시켜 주는 표장인 반면, 지리적 표시는 당해 표시가 사용되고 있는 제품을 생산하는 사업주체들이 위치하는 '특정지역'을 확인시켜 주는 표장이라는 점에서 지리적 표시는 상표와 같이 하나의 업자가 다른 경업자들을 사용으로부터 배제시킨다는 의미는 없다는 차이가 있다.

지리적 표시는 "상품의 특정 품질·명성 또는 그 밖의 특성이 본질적으로 특정지역에서 비롯된 경우에 그 지역에서 생산·제조 또는 가공된 상품임을 나타내는 표시"를 말한다(상표법 제2조 제1항 4호). 예를 들면, 지리적 표시는 단순한 지명이 아니라, '꼬냑', '스카치'(위스키), '에비앙'(생수), '보르도'(와인), 파마산치즈, 바이에른 맥주, '보성녹차', '서산마늘', '안성유기', '순창고추장', '고창복분자', 쿠바의 하바나 시가 등과 같이 다른 지역의 상품과 구별되는 품질이나 명성 그 밖의 특성을 가지고 있는 유명 지역특산품이 생산·제조·가공된 지역에 대한 표시를 말한다.

현재 우리나라 상표법은 지리적 표시를 "지리적 표시 단체표장"과 "지리적 표시 증명표장"으로 보호하고 있다. 2005년 상표법에 처음 도입된 '지리적 표시 단체표장'은 지리적 표시를 사용할 수 있는 상품을 생산・제조 또는 가공하는 자가 공동으로 설립한 법인이 직접 사용하거나 그 소속 단체원에게 사용하게 하기 위한 표장을 말한다. 그러나 지리적 표시 단체표장은 해당 상품 생산자가 법인을 설립하고 사용조건을 충족하는 단체만 지역 특산물 명칭을 사용하는 제도로 단체 구성에 어려움이 많고 품질 관리가 쉽지 않다는 문제점이 있었다.

이러한 문제점을 극복하기 위해 2012년 `지리적 표시 증명표장` 제도를 도입했다. 지리적 표시 증명표장이란 지리적 표시를 증명하는 것을 업으로 하는 자가 타인의 상품에 대하여 그 상품이 정해진 지리적 특성을 충족한다는 것을 증명하는 데 사용하는 표장을 말한다. 증명표장은 지방자치단체가 권리자가 될 수 있어 상품 생산자가 법인을 설립할 필요가 없다. 그리고 지방자치단체가 품질기준을 정하고 직접 또는 위탁 기관을 통해 지역 특산품을 관리한다는 점에서 해 품질관리가 보다 철저하다는 장점이 있다. 지리적 표시 증명표장 제1호로 부안군의 지역특산품 "부안쌀"이 2016년 등록되었다.[18)]

---

18) 특허청 보도자료, "부안군 "부안쌀", 지리적 표시 증명표장 제1호로 등록", 2016. 6. 9.

TIP

「농수산물품질 관리법」 의 지리적 표시

지리적 표시는 「농수산물 품질관리법(이하, '농수산물품질법')」 으로 등록하여 보호할 수 있다. 농수산물품질법의 지리적 표시는 품질인증을 위한 목적으로 도입되었으나, 상표법과 같이 지리적 표시에 일정한 배타적 권리를 부여하는 효과를 부여하고 있다. 농수산물품질법은 대상물이 '명성, 품질, 그 밖의 특징'을 모두 갖추고 있어야 하지만, 상표법은 '품질, 명성 또는 그 밖의 특성' 중의 어느 하나 이상을 충족하면 지리적 표시로 보호받을 수 있다는 점에서 차이가 있다. 또한, 상표법은 농산물, 수산물 및 그 가공품 외에도 수공예품도 지리적 표시로 보호하고 있다.

농수산물 품질법은 지리적 표시 등록의 신청자격으로 해당 지역 안에서 지리적 표시의 등록대상 품목을 생산하거나, 가공하는 생산자 단체 또는 가공업자로 구성된 단체(법인)로 규정하고, 다만 등록대상품목의 생산자 또는 가공업자가 지역 내에 1인만 존재하는 경우는 법인이 아니라도 예외적으로 개인도 신청이 가능하도록 하였다(농수산물품질관리법 제32조).

04. 등록절차와 출원서 샘플

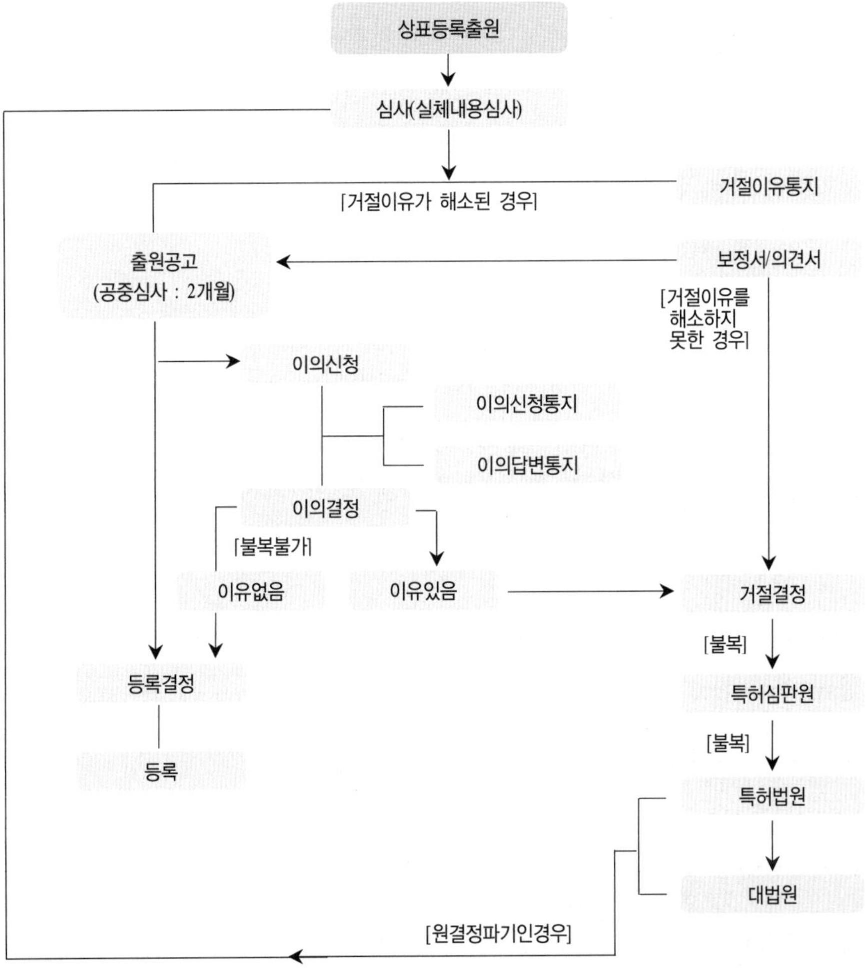

자료: 특허청 홈페이지

상표는 다음 도표에 따라 출원절차가 진행되며 소비자 보호 측면에서 매우 엄격한 심사를 하게 된다. 상표는 하루라도 먼저 출원하여 등록한 사람이 상표권을 가지게 된다(선출원주의, 상표법 제35조). 또한, 출원의 공정성 확보를 위하여 출원공고와 이의신청제도를 마련하고 있다.

◦ **상표의 출원공고제도**

심사관은 상표등록출원에 대하여 거절이유를 발견할 수 없는 때에는 출원공고결정을 하여야 한다(상표법 제57조 제1항). 상표의 출원공고제도는 상표의 공익성과 출원상표의 다양성에 비추어 특허청 내부 심사관의 심사만으로는 부족하다는 견지에서 상표의 권리를 설정등록하기 전에 이를 일반에게 공개하여 공중심사에 회부함으로써 각계의 의견을 듣고 이의가 있으면 이의신청을 할 수 있게 하여 심사의 공정성을 달성하기 위한 과정이다.

◦ **상표의 이의신청제도**

출원공고된 상표에 대하여 이의가 있을 때에는 누구나 출원공고일로부터 2개월 이내(연장 불가)에 증거자료를 첨부하여 이의신청을 할 수 있으며(상표법 제60조), 이미 제출한 이의신청에 대한 이유나 증거를 보정하고자 하는 경우에는 이의신청기간의 경과 후 30일 이내에 할 수 있다(상표법 제61조).

1상표(다류)1출원주의

■ 상표법 시행규칙 [별지 제3호서식] <개정 2019. 6. 14.>　　특허로(www.patent.go.kr)에서 온라인으로 제출할 수 있습니다.

상표등록출원서

(앞쪽)

【【출원 구분】 ☐ 상표등록출원　☐ 상표등록 분할이전출원 ☐ 상표등록 분할출원
☐ 상표등록 변경출원　☐ 지정상품 추가등록출원 ☐ 재출원출원

【권리 구분】 ☐ 상표　☐ 단체표장　☐ 증명표장
☐ 지리적 표시 단체표장 ☐ 지리적 표시 증명표장　☐ 업무표장

(【참조번호】)

【출원인】

【성명(명칭)】

【특허고객번호】

【대리인】

【성명(명칭)】

【대리인번호】

(【포괄위임등록번호】)
(【원출원의 출원번호(원권리의 등록번호, 국제등록번호)】)
【등록(분할, 분할이전, 추가등록) 대상】
【상품류】
【지정상품】
(【우선권주장】
【출원국명】
【출원번호】
【출원일】
【증명서류】)
(【출원 시의 특례주장】)
(【「농수산물 품질관리법 시행규칙」에 따라 일부서류의 제출생략(지리적 표시만 해당)】) □
【상표 유형】 □ 일반상표 □ 입체상표 □ 색채만으로 된 상표
□ 홀로그램상표 □ 동작상표 □ 그 밖에 시각적으로 인식할 수 있는 상표
□ 소리상표 □ 냄새상표 □ 그 밖에 시각적으로 인식할 수 없는 상표
(【도면(사진)의 개수】)
(【상표의 설명】)
(【상표의 시각적 표현】)
위와 같이 특허청장에게 제출합니다.
출원인(대리인) (서명 또는 인)
【수수료】 (기재요령 제14호 참조)
【출원료】 개류 원
(【지정상품 가산금】 개 상품 원)
(【우선권주장료】 개류 원
【합계】 원)
【수수료 자동납부번호】
【첨부서류】 법령에서 정한 서류 각 1통 (기재요령 제16호 참조)
210㎜×297㎜(백상지 80g/㎡)

【상표견본】

몽블랑

하나의 출원서에 2개 이상의 상표출원이 허용되지 않으며, 산업통상자원부령이 정하는 상품류의 대분류에 따라 1류 이상의 상품을 지정하여 상표마다 출원하여야 한다(상표법 제36조). 즉 상표법 시행규칙 제28조 제1항에서는 제1류~제45류까지 45개류의 상품류를 구분하고 있다.[19] 따라서 출원서에는 내가 보호받고자 하는 상품이 몇 류에 속하는지를 구분하여 기재하여야 한다. 2개 이상의 류 구분에 속하는 다수의 상품을 기재하는 것도 가능하다. 그리고 출원서의 맨 아래에는 상표견본을 부착하도록 되어 있다.

◦ **상표등록**

상표를 특허청에 출원하여 그 식별력에 대한 심사를 거치는 등 일정한 절차를 모두 통과하면 상표로서 등록되게 된다. 상표가 등록되면 상표권자는 그 상표를 독점적으로 사용할 수 있으며 타인이 등록상표와 동일 또는 유사한 상표를 동일 또는 유사한 상품에 사용하는 것을 금지할 수 있으며(상표법 제107조), 그것으로 인한 손해에 대하여 손해배상을 청구할 수 있다.

상표가 등록된 경우 상품에 '®' 표시를 하게 되는데, 어떤 상품에는 '®' 표시는 없고 대신 'TM'(Trademarks) 표시가 되어 있는 경우가 있다. 이는 상표가 등록되지 않았지만 당해 상품의 명칭으로서 사용하고 있다는 표시로서 위법한 표시는 아니다. 그러나 상표권자가 아니면서 상표 옆에 '®'을 표시하게 되면 허위표시가 되어 형사처벌을 받게 된다(예, anSONY®).

19) 우리나라는 WTO 체제의 출범에 따른 상표등록체계를 세계화 및 상표의 국제 출원절차의 편리성을 위해 1998년 3월 1일 NICE분류체계를 도입하였다. 니스(NICE)분류는 상품과 서비스에 대한 국제분류기준이며, 1957년 프랑스 니스에서 정한 협정이다.

05. 상표권의 효력과 침해구제

상표권의 효력

상표가 등록되면 상표권자는 지정상품에 관하여 그 등록상표를 독점적으로 사용할 권리를 가지며(적극적 효력), 타인이 등록상표와 동일 또는 유사한 상표를 허락 없이 사용하는 경우 그 사용을 금지하거나 손해배상을 청구할 수 있다(소극적 효력).

상표권의 침해와 구제

타인이 정당한 권한 없이 등록상표와 동일 또는 유사한 상표를 그 지정상품과 동일 또는 유사한 상품에 대한 상표의 사용은 상표권을 침해하는 것이다.

여기서 상표의 '사용'이란 ① 상품 또는 상품의 포장에 상표를 표시하는 행위, ② 상품 또는 상품의 포장에 상표를 표시한 것을 양도・인도하거나 전기통신회선을 통하여 제공하는 행위 또는 이를 목적으로 전시하거나 수출・수입하는 행위,[20] ③ 상품에 관한 광고·정가표·거래서류·간판 또는 표찰에 상표를 표시하고 전시 또는 반포하는 행위 중 어느 하나에 해당되는 것을 말한다(상표법 제2조 1항 제11호). 상표를 표시하는 행위에는 표장의 형상이나 소리 또는 냄새로 상표를 표시하는 행위, 그리고 전기통신회선을 통하여 제공되는 정보에 전자적 방법으로

20) 최근 온라인에서 상표를 표시하거나 온라인을 통해 일방적으로 다운로드하는 방식의 다양한 디지털 상품(Digital Goods)이 유통되는 상황을 반영하기 위해 디지털 상품의 온라인 유통행위를 상표의 사용 행위에 포섭하였다.

표시하는 행위를 포함한다(상표법 제2조 제2항). 상표 침해는 그 사용이 상표의 본질적인 기능인 '자타상품의 출처표시'를 위한 것이어야 성립한다. 따라서 형식적으로 유사범위의 상표를 사용했으나 설명적 문구로 사용하거나 단순히 디자인적으로 사용한 경우는 상표의 사용에 해당하지 않는다.

상표적 사용을 법원이 부정한 대표적 사례를 살펴보면, 자동차부품인 에어클리너에 "소나타", "라노스" 등을 표시한 경우 이것은 부품의 용도 설명을 위한 것이므로 상표적 사용이 아니라고 판단하였다.[21] 그 외에도 프랑스 귀금속 판매사인 아가타(Agatha)의 강아지 상표와 유사한 모양을 한 스와로브스키 펜던트 디자인은 상표를 디자인으로만 사용했다는 이유로 상표적 사용을 부인하였다.[22]

아가타 도형상표

스와로브스키 펜던트 디자인

상표법은 직접적인 침해에 해당하지 않더라도 등록상표와 동일·유사한 상표를 그 지정상품과 동일·유사한 상품에 사용하거나 사용하게 할 목적으로 교부·판매·위조·모조·소지하거나 위조·모조를 위하여 용구를 제작·교부·판매·소지하는 행위 등을 침해로 보고 있다(법 제108조 1항).

상표권자는 상표침해행위에 대하여 침해금지청구, 손해배상청구, 신용회복조치청구, 가처분, 가압류 등 민사적 구제와 처벌 및 몰수 등 형사적 구제를 받을 수 있다. 또한, 위조상품의 단속 및 세관 조치 등 행정적 구제도 받을 수 있다. 실무적으로는 상표권 침해자에게 경고장을 발송하는 것만으로도 사건이 종결되는 경우가 많다.[23] 한편, 상표소송에서 증거조사방법으로 '설문조사'가 많

21) 대법원 2001. 7. 13. 선고 2001도1335판결.
22) 대법원 2013. 1. 24. 선고 2011다18802판결.
23) 경고장은 침해사실과 함께 로열티 요구나 침해중지 같은 요구사항을 알리는 문서이다.

이 활용된다. 특히 상표의 식별력, 주지·저명성, 유사성, 혼동가능성 등과 관련한 상표소송은 일반수요자와 소비자의 심리적 상태에 대한 평가를 기초로 하게 되므로 그 인식을 직접적으로 확인하는 방법으로 설문조사가 유용하 수단이 된다. 그러나 이 경우 설문조사 결과가 바로 직접증거가 되는 것은 아니며 매출액, 광고의 횟수와 규모, 시장점유율 등 다른 증거들과 함께 간접증거로서 활용된다.[24)]

06. 상표권의 존속기간과 이전

상표권의 존속기간

상표권의 존속기간은 상표등록일로부터 10년이며 갱신등록출원을 통하여 반영구적으로 보호받을 수 있다(상표법 제83조). 이는 상표에 대한 소비자의 신뢰를 보호하기 위한 정책적 고려라고 할 수 있다. 예를 들면, '맥도날드'라는 상표를 10년만 보호하게 된다면 그 존속기간 이후에 사용되는 전혀 다른 상표에 대해 소비자는 혼란을 겪게 될 것이고, 또한 해당 상표가 오랜 기간에 걸쳐 형성해온 상품에 대한 신뢰가 하루아침에 다른 상표를 사용함으로써 희석될 우려가 있다. 따라서 상표권은 지식재산권 중에서 유일하게 반영구적 보호가 가능한 권리라고 할 수 있다.

상표권 존속기간갱신 신청은 상표권의 존속기간 만료 전 1년 이내에 제출하여야 한다. 다만, 이 기간에 존속기간갱신 등록신청을 하지 아니한 자는 상표권의 존속기간이 끝난 후 6개월 이내에 할 수 있다(상표법 제84조 2항). 상표권 존속기간갱신등록은 상표권자 또는 이해관계인(예, 사용권자, 질권자)이 신청할 수 있다(상표법 제72조 2항). 즉 상표권의 존속기간갱신등록은 상표권자 외에도 이해관계인이 할 수 있는데, 예를 들면, 질권이 설정된 상표의 존속기간 만료일이 가까워졌음에

보통은 경고장을 받은 순간부터 고의로 추정되어 침해자의 책임이 더 커지게 된다.

24) 설문조사는 법원이 사실인정을 위해 필요한 방식으로서 법률적으로 '감정'에 유사하다. 특허법원 2008. 4. 24. 선고 2007허8047 판결.

도 상표권자가 갱신등록을 하지 않는다면 질물인 상표권이 소멸할 수 있으므로 이 경우 질권자는 상표권자의 의사와 관계없이 상표등록료를 낼 수 있다. 특허법에도 이와 유사한 규정을 두고 있다.[25] 한편, 종전에는 상표권이 공유인 경우에는 공유자 모두가 공동으로 존속기간갱신등록신청을 하도록 하였는데, 이 경우 공유상표권 갱신에 있어서 특별한 사정으로 공동 소유자를 찾지 못하여 존속기간갱신신청을 하지 못하는 문제가 있었다. 이에 2019년 10월 24일 시행된 개정 상표법에서는 공유인 상표권에 대해 각 공유자가 단독으로 신청할 수 있도록 요건을 완화하였다.

상표권의 이전

상표권은 영업과 분리하여 매매, 증여 등에 의해 자유롭게 양도가 가능하다.

그러나 다음의 경우 상표권의 부당한 이전이 될 수 있으므로 주의가 필요하다. ① 상표권은 그 지정상품마다 분할하여 이전할 수 있는데, 상표권을 분할이전함에 있어서 유사한 지정상품을 함께 이전하지 않은 경우, ② 상표권이 공유인 경우에 각 공유자 전원의 동의없이 지분을 양도하였거나 그 지분을 목적으로 하는 질권을 설정한 경우, ③ 상표권이 공유인 경우, 각 공유자 모두의 동의를 받지 아니하고 전용사용권 또는 통상사용권을 설정하는 경우, ④ 업무와 분리하여 '업무표장권'을 양도하는 경우, ⑤ 국가 등의 저명한 업무표장권을 업무와 분리하여 양도한 경우, ⑥ 단체표장권을 법인의 합병에 의하지 아니하고 양도하였거나 특허청장의 허가를 받지 아니하고 양도한 경우 등이다(법 제93조).

상표의 사용권

◦ 전용사용권

상표권자는 그 상표권에 관하여 타인에게 전용사용권을 설정할 수 있다. 전

25) 특허법 제80조제1항에서 "이해관계인은 납부하여야 할 자의 의사에 불구하고 특허료를 납부할 수 있다" 고 규정하고 있으며, 동조 제2항에서 "이해관계인은 제1항의 규정에 의하여 특허료를 납부한 경우에는 납부하여야 할 자가 현재 이익을 받은 한도에서 그 비용의 상환을 청구할 수 있다"고 규정하고 있다.

용사용권자는 설정된 범위 내에서 지정상품에 관해 등록상표를 사용할 권리를 독점한다. 전용사용권자는 상표권자와 마찬가지로 타인의 권리침해에 대한 금지 또는 예방을 청구할 수 있다. 그리고 상표권자의 동의를 얻어 그 전용사용권을 타인에게 이전하거나 통상사용권을 설정할 수 있다. 한편, 전용사용권의 설정 및 이전은 특허청에 등록해야 제3자에게 대항할 수 있다. 그리고 전용사용권자는 등록상표를 사용하는 상품에 자기의 성명 또는 명칭을 표시해야 한다.

◦ **통상사용권**

상표권자 또는 전용사용권자는 타인에게 그 상표권에 관한 통상사용권을 설정할 수 있다. 통상사용권자는 설정된 범위 내에서 지정상품에 관해 등록상표를 사용할 권리만 가지게 되며, 권리침해에 대한 금지청구권은 없다. 통상사용권의 설정 및 이전 등은 특허청에 등록해야 제3자에게 대항할 수 있다. 그리고 통상사용권자는 등록상표를 사용하는 상품에 자기의 성명 또는 명칭을 표시해야 한다.

07. 상표등록의 취소심판

상표법 제119조 제1항에서 등록상표의 취소심판을 청구할 수 있는 사유를 구체적으로 규정하고 있다. 예를 들면, 1. 상표권자가 고의로 지정상품에 등록상표와 유사한 상표를 사용하거나 지정상품과 유사한 상품에 등록상표 또는 이와 유사한 상표를 사용함으로써 수요자에게 상품의 품질을 오인하게 하거나 타인의 업무와 관련된 상품과 혼동을 불러일으키게 한 경우(동조 제1호), 2. 전용사용권자 또는 통상사용권자가 지정상품 또는 이와 유사한 상품에 등록상표 또는 이와 유사한 상표를 사용함으로써 수요자에게 상품의 품질을 오인하게 하거나 타인의 업무와 관련된 상품과의 혼동을 불러일으키게 한 경우(동조 제2호),[26] 3. 상표권자 · 전용사용권자 또는 통상사용권자 중 어느 누구도 정당한 이유 없이 등록상표를

26) 다만, 이 경우 상표권자가 상당한 주의를 한 경우는 제외한다.

그 지정상품에 대하여 취소심판청구일 전 계속하여 3년 이상 국내에서 사용하고 있지 아니한 경우(동조 제3호), 부정경쟁방지법에 따른 부정경쟁행위에 해당하는 상표가 등록된 경우에 그 상표에 관한 권리를 가진 자가 해당 상표등록일부터 5년 이내에 취소심판을 청구한 경우(동조 제6호) 등을 규정하고 있다.

한편, 상표권자 등이 등록상표의 불사용을 이유로 하는 취소를 면하기 위해서는 등록상표와 유사한 상표를 사용하는 것만으로는 부족하고, 동일한 범위내의 상표를 지정상품 중 하나 이상에 대하여 사용하였음을 입증해야 취소를 면할 수 있다. 불사용취소심판은 등록주의의 단점을 해결하기 위한 것으로 불필요한 상표의 선점을 막기 위한 조치이다.

상표등록을 취소한다는 심결이 확정되었을 경우에는 그 상표권은 그때부터 소멸된다. 다만, 등록상표의 불사용을 사유로 취소한다는 심결이 확정된 경우에는 그 심판청구일로 소급하여 상표권은 소멸된다(동조 제6항).

08. 국제출원

국내 게임 업체의 상표를 국내 특허청에 등록하면 해외에서도 동시에 상표보호를 받을 수 있을까?

각국의 상표제도는 독립적으로 운영되고 있으므로 국내에서 등록한 상표는 대한민국에서만 효력을 인정받게 되며 해외에서는 보호받지 못한다. 따라서 국내에 등록된 상표를 미국 등 해외에서도 보호받으려면 원칙적으로 해당 국가 특허상표청에 상표등록출원을 하여 각국의 법절차에 따라 등록받아야 한다. 과거 캐릭터 개발업체인 리폼인터내셔널은 세계적인 게임 퍼블리셔 VUG를 상대로 특허법원에 신청한 "디아블로" 상표권 무효 소송에서 승소하였는데, "디아블로"는 리폼의 "띠아블(DDIABLE)"보다 미국에서는 먼저 상표등록을 하였으나 국내에서는 늦게 상표등록을 하여 이러한 결과를 초래하게 되었다.

마드리드 국제출원

해외 상표출원을 하기 위하여 직접 해외로 갈 필요는 없으며 마드리드 의정서(Madrid Protocol)[27]에 따라 우리나라 특허청의 국제출원제도를 이용하면 하나의 상표출원으로 여러 국가의 출원이 가능하다.

마드리드 국제출원은 우리나라 또는 주소지의 특허청을 통해 WIPO 국제사무국에 제출하면, 국제사무국은 국제등록을 한 후에 출원희망자가 지정한 국가에 통지하고 각국은 자국 법령에 따라 상표심사를 하는 해외 상표출원 절차이다. 마드리드 국제출원은 국내의 출원 또는 등록된 권리를 기초로 하여 국제출원을 하는 것으로, 국제등록 후 5년간은 그 등록의 기반이 된 국내의 권리 변동에 종속된다. 이를 '국제등록의 종속성 또는 집중공격(central attack)'[28]이라고 한다. 기초출원의 지정상품 삭제, 거절결정 또는 등록된 권리의 존속기간 미갱신, 무효 등으로 소멸되면 마드리드국제등록도 소멸된 범위만큼 취소되며, 미국, 일본 등의 지정국에서 상표권을 획득하였다 하더라도 이 원칙이 적용된다.[29]

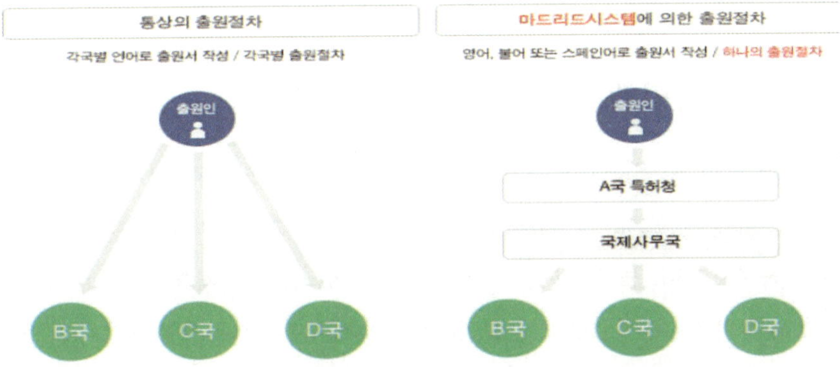

<마드리드 의정서 체제와 직접출원 비교> 특허청 홈페이지

---

27) 마드리드 의정서의 공식명칭은 "표장의 국제등록에 관한 마드리드 협정에 대한 의정서(Protocol relating to the Madrid Agreement Concerning the International Registration of Marks)"로 1989년 6월 27일에 채택되고 1995년 12월 1일에 발효되었다.

28) '집중공격'이란 기초출원 또는 기초등록을 소멸시키는 공격방법을 말한다. 본국관청에 출원중인 상표(기초출원) 또는 등록되어 있는 상표(기초등록)를 소멸시키면, 국제등록부상의 국제등록이 소멸하게 되어 각 지정국에서 심사중인 국제상표등록출원 및 이미 각 지정국에 등록되어 있는 국제등록기초상표권은 동시에 그 효력을 상실한다.

29) 특허청 홈페이지, 해외상표출원 중 마드리드소개

조약에 따른 우선권 주장

상표법 제46조에서는 조약에 따른 우선권 주장에 관하여 규정하고 있다. 즉 조약 및 이에 준하는 것에 의하여 대한민국 국민에게 상표등록출원에 대한 우선권을 인정하는 당사국 국민이 그 당사국 또는 다른 당사국에 상표등록출원을 한 후 동일한 상표를 대한민국에 상표등록출원하여 우선권을 주장하는 때에는 제35조(선출원)의 규정을 적용함에 있어서 그 당사국에 출원한 날을 대한민국에 상표등록출원한 날로 본다. 대한민국 국민이 조약에 의하여 대한민국 국민에게 상표등록출원에 대한 우선권을 인정하는 당사국에 상표등록출원한 후 동일한 상표를 대한민국에 상표등록출원한 경우에도 또한, 같다(동조 제1항).

우선권을 주장하고자 하는 자는 우선권 주장의 기초가 되는 최초의 출원일부터 6개월 이내에 출원하지 아니하면 이를 주장할 수 없다(동조 제2항). 우선권을 주장하고자 하는 자는 상표등록출원 시 상표등록출원서에 그 취지, 최초로 출원한 국명 및 출원의 연월일을 기재하여야 한다.

09. 부정경쟁방지법에 따른 상표 보호

「부정경쟁방지법 및 영업비밀보호에 관한 법률」은 상표법과 달리 등록되지 않은 상표라도 유명한 표지, 즉 '주지성(국내에 널리 인식된)'[30) 또는 '저명성'을 확보한 상표를 보호한다. 또한 이 법은 상표 사칭으로 인한 출처혼동으로부터 소비자를 보호하는 것을 목적으로 하므로 보호를 위해서는 '혼동가능성'을 입증해야 한다. 이처럼 주지성, 혼동가능성, 비등록상표 요건은 상표법과 차이점이라고

30) 상표법 제34조 제1항 제13호(구법 제7조 제1항 제12호)에서 상표등록을 받을 수 없는 상표의 하나로서 "국내 또는 외국의 수요자간에 특정인의 상품을 표시하는 것이라고 인식되어 있는 상표(지리적 표시를 제외한다)와 동일 또는 유사한 상표로서 부당한 이익을 얻으려 하거나 그 특정인에게 손해를 가하려고 하는 등 부정한 목적을 가지고 사용하는 상표"를 규정하고 있는데, 여기서 '특정인의 상품을 표시하는 것이라고 인식되어 있는 상표'는 해당 상품에 관한 수요자들 중 거래상 의미 있는 최소한의 범위 이상의 사람들 사이에서 존재하면 충분하므로(특허법원 2011. 10. 26. 선고 2011허4653 판결) 부정경쟁방지법상 주지성보다 낮은 정도의 인식을 요한다.

할 수 있다. 부정경쟁방지법에 대해서는 "Chapter 16 부정경쟁행위 규제"에서 자세히 다룬다.

◦ **미키마우스 캐릭터의 상표 보호?**

미국의 월트 디즈니사가 창작한 '미키마우스', '도날드 덕' 등과 같은 저명 애니메이션 캐릭터는 티셔츠, 신발, 쥬얼리, 문구 등 다양한 상품에 사용된다. 이러한 캐릭터를 무단으로 상품에 붙여 사용한 행위에 대해 종종 부정경쟁방지법 위반으로 인한 소송이 제기된다. 드라마로 유명한 대장금 캐릭터를 무단으로 상품에 부착하여 명동, 인사동, 남대문 등에서 판매한 사건에서 대법원은 캐릭터 자체의 유명성과 별개로 부정경쟁행위가 되기 위해서는 캐릭터가 특정 상품화 사업자의 상품표지로서 국내 수요자들에게 널리 인식되어야 하지만 대장금 캐릭터는 그러한 정도에 이르렀다고 보기 어렵다고 판시하였다. 즉 해당 캐릭터가 일반수요자에게 특정 사업자의 상품표지로서 연상시킬 정도로 현저하게 개별화된 정도에 이르렀다고 보지 않았다(대법원 2012. 3. 29. 선고 2010다20044 판결).

유명 캐릭터는 일반적으로 저작권법으로 보호받는다.

탑 블레이드 사건

㈜손오공은 방송·만화책 등에서 유명한 '탑 블레이드(Top Blade)' 만화영화에 대한 저작권을 보유하고 있다. 피고인은 2002. 12. 30.경 '탑 블레이드(Top Blade)'에 등장하는 캐릭터가 부착된 팽이를 국내에 배포할 목적으로 중국으로부터 수입하였다. ㈜손오공은 피고인을 상대로 저작권 침해로 형사고발하고, 수입행위가 국내에 널리 인식된 위 캐릭터가 부착된 상품과 혼동을 일으키게 하는 부정경쟁행위에 해당한다고 하여 부정경쟁방지법 위반을 주장하였다. 법원은 저작물인 만화영화의 캐릭터가 특정분야 또는 일반대중에게

널리 알려진 것이라거나 고객흡인력을 가졌는지 여부는 저작물의 저작권법에 따른 보호 여부를 판단함에 있어서 고려할 사항이 아니라고 보았다.

특정 회사가 저작권을 갖고 있는 저작물인 만화영화에 등장하는 캐릭터가 부착된 팽이를 수입한 행위는 저작권 침해행위에 해당한다. 그러나 캐릭터(character) 자체가 널리 알려져 있더라도 그것이 상품화된 경우에 곧바로 타인의 상품임을 표시한 표지로 되거나 그러한 표지로서도 널리 알려진 상태에 이르게 되는 것은 아니다. 캐릭터가 상품화되어 부정경쟁방지법 제2조 제1호 (가)목에 규정된 '국내에 널리 인식된 타인의 상품임을 표시한 표지'가 되기 위해서는 캐릭터에 대한 상품화 사업이 이루어지고 이에 대한 지속적인 선전, 광고 등으로 수요자들에게 널리 인식되어 있을 것을 요한다(대법원 2005. 4. 29. 선고 2005도70 판결).

TIP

타인의 저작물을 무단으로 이용하여 상표등록을 받은 경우 상표법 제92조에서 양자의 관계를 조율하고 있다. 즉, 타인의 저작물을 상표로 출원하여 등록받는 것 자체는 문제 삼지 않으나 그 상표를 사용하고자 할 경우에는 저작권자의 동의가 있어야 함을 규정하고 있다. 따라서 이 경우 상표권자는 상표를 사용하지는 못하지만 상표권자로서의 지위를 여전히 유지하게 된다. 저작권자는 이러한 상표권을 소멸시키기 위해 저작권침해소송을 제기하여 침해 사실을 확정받은 후 상표사용을 금지하는 가처분 신청을 할 수 있다. 이러한 경우라도 상표권자의 지위는 상실되지 않고 그대로 유지된다. 만일 저작물이 저명한 경우에는 제34조 제1항 제4호를 적용하여 등록 무효를 주장할 수 있을 것이다.

Discussion

주제 **미국의 세탁업 관련용품을 생산·판매하는 Qualitex사의 유명한 'SUN GLOW' 상표가 붙은 다림질 패드는 금녹색인데, 이러한 단색도 상표로서 인정받을 수 있을까?**

Sun Glow® Press Pads

설명 우리나라 1996년부터 색채상표를 인정하고 있으며, 1998년 3월 1일부터 입체 상표를 보호하는 상표 제도를 도입하였다. 그리고 2007. 7. 1부터는 상표권의 보호대상이 확대되어 색채 또는 색채의 조합만으로 된 상표, 홀로그램상표, 동작상표 및 그 밖에 시각적으로 인식할 수 있는 모든 유형의 상표가 상표법으로 보호받을 수 있게 되었다. 예를 들면, 코닥칼라 필름의 노란색, 코카콜라 병의 빨간 글자, 티파니상의 파란색, 미국 잔디어사의 녹색 등도 색깔상표에 해당한다. 그런데 여러 색채로 구성된 색채표장과는 달리, 단색(單色)의 경우는 색채가 무한하지 않아 고갈될 수 있고(색채고갈론; color depletion theory), 색조의 구별에 혼동을 초래할 수 있으며(색조혼동론; shade confusion theory), 또한, 통상 식별력을 가지지 못한다는 점에서 상표법상 상표로서 등록받기가 쉽지 않다. 그럼에도 불구하고 특정 제품에 사용된 단색이 상당한 광고와 장기간 사용을 통해 식별력을 인정받게 되면 상표로서 보호받을 수 있다.

위 그림의 Sun glow는 30년 이상 지속적인 광고와 소비자에 의해 사용되어 온 제품으로서 대부분의 고객들이 금녹색 자체로 다림질 패드를 인식하고 있다. 또한, 이 제품의 금녹색은 출처표시를 위해 특별히 추가 비용을 들여 제작하였으며 그 외의 다른 기능성을 가지지 않으므로 상표로서 등록받을 수 있었다.[31)]

상표의 기능론

색채상표가 지정상품의 품질, 용도 등의 성질을 직접 나타내거나 특정상품의 사용에 영향을 줄 정도로 기능적일 때는 상표 보호를 인정하지 않는다는 이론이다. 예컨대, 심장약과 소화제를 구별할 목적으로 각기 다른 색깔을 사용하였다면 당해 색채들은 상표법상 식별력과 관련지어 생각할 수 없으며 공중의 안전 및 보건과 관련된 기능을 하는 것으로 독점권의 대상이 되지 못한다. 또한, 분홍색의 외과용 붕대는 백인의 피부색과 비슷하므로 기능적이고[32)], 팬스(fence)에 반사되는 색채를 사용하는 경우 또한, 기능적이다.[33)]

상표와 트레이드 드레스(Trade Dress)

Trade Dress는 제품의 포장이나 용기, 라벨 또는 제품 자체의 모양, 크기, 색채, 특정의 판매기법 등 제품의 고유한 이미지를 형성하는 다양한 복합적 요소들을 말한다.[34)]

31) Qualitex Co. v. Jacobson Products Co., Inc., 514 US 159 (1995).
32) In re Ferris Corporation, 59 USPQ 2d 1587 (TTAB 2000).
33) In re Pollack Steel Co., 314 F.2d 566 (C.C.P.A. 1963).

즉 Trade Dress는 제품 또는 서비스 전체의 시각적인 이미지와 그것이 만들어 내는 종합적인 인상으로서 이를 오랫동안 사용함으로 상품 또는 서비스의 출처 및 품질의 동일성을 확인해주는 기능을 가질 때 보호받게 된다. 즉, 특정 회사의 독특한 트럭의 외관, 치어걸의 복장, 레스토랑의 메뉴와 외관 등이 소비자 등에 의해 오랜 기간 사용되어 그 출처에 대한 식별력이 획득될 때(이를 미국에서는 '2차적 의미(Secondary meaning)'이라고 한다) 비로소 보호받을 수 있다. 이와 같이 Trade Dress는 상품의 출처기능, 품질기능 등을 가진다는 점에서 상표와 동일한 기능을 하므로 미국에서는 이를 연방상표법(Lanham Act 제43조(a))으로 보호하고 있다. 우리나라에서는 Trade Dress에 대한 명시적 규정을 두고 있지 않으나 그 일부를 상표법, 부정경쟁방지법, 디자인보호법 등에서 보호하고 있다.

Explanation

다음의 이러한 주장에 대하여 네이버는 다음이 서비스하고 있는 '카페'라는 명칭은 만남의 장소나 사교 장소를 뜻하는 보통명칭에 지나지 않으며 네이버 이전에도 수많은 커뮤니티 서비스가 카페라는 이름을 사용하고 있었다고 반박하였다. 또한, 네이버가 "카페"에 'iN'을 덧붙여 "카페iN"으로 서비스명을 정한 것은 앞서 서비스되고 있는 "지식iN"과 함께 패밀리 브랜드화하기 위한 것이며, 커피나 차에 들어있는 카페인을 뜻하는 것으로 중독성 있는 서비스를 의미하기 위해 기획되었다고 주장하였다(아이뉴스24 2004.2.3).

이러한 다툼에 대해 2004년 5월 서울중앙지법 민사합의50부는 다음의 노력에 의해 '카페'라는 명칭이 유명해졌지만 인터넷에서 "카페"는 이미 보통명사나 관용표현으로 사용되고 있다고 하였다. 또한, 이 법원은 ""카페"라는 명칭이 90년대 PC통신에서 개발돼 96년에 다른 웹사이트가 커뮤니티 서비스에 "카페" 명칭을 사용한 일도 있어 다음이 처음으로 사용했다고 볼 수도 없다."고 판시하면서 다음의 가처분 신청을 기각하였다. 이번 판결은 보통명사를 특정기업이 독점하는 것보다는 네티즌 모두가 공유하는 것이 공공의 이익에 보다 부합함을 재확인시켜 주었다.

---

34) John H. Harland Co. v. Clarke Checks, Inc., 711 F.2d 966, 980 (11th Cir. 1983).

Chapter 15 디자인권

퍼시스 '퍼즐플러스' 시리즈

한국OA '넥시스' 시리즈

사진출처: 파이낸셜뉴스, 2005.7.5.

옆 사진은 사무가구업계 1위 업체인 퍼시스의 "퍼즐플러스" 시리즈인데 사진 속의 가구배치에 대하여 디자인등록을 마친 상태이다. 아래 사진은 퍼즐플러시 시리즈 이후에 경쟁사인 한국 OA가 출시한 '넥시스' 시리즈 중 일부이다.

퍼시스사는 한국 OA의 넥시스 시리즈가 자사의 등록디자인권을 침해하였다고 주장하였다. 쟁점이 되고 있는 부분은 칸막이로 구분된 4개의 책상 뒤편의 캐비넷의 위치에 관한 것으로 퍼시스는 한국 OA가 자사 디자인을 도용했다고 주장하고 있다. 퍼시스사의 주장은 타당한가?

01. 디자인 보호의 목적과 대상

물건의 선택에 있어서 현대 소비자들은 그 물건의 성능만큼이나 디자인을 중요한 고려요소로 삼는다. 이에 기업들도 디자인경쟁에서 살아남기 위해 막대한 비용을 투자하고 있다. 디자인보호법은 이러한 디자인(design)을 보호하고 이용을 활성화함으로써 디자인의 창작을 장려하고 궁극적으로 산업발전에 이바지하는 것을 목적으로 한다.

특허와 실용신안이 산업적 기술을 보호대상으로 한다면 디자인보호법은 산업 물품의 디자인을 보호대상으로 한다. ‘디자인’이란 ‘물품(물품의 부분, 글자체 및 화상(畵像) 포함)의 형상·모양·색채 또는 이들을 결합한 것으로서 시각을 통하여 미감(美感)을 일으키게 하는 것’을 말한다(디자인보호법 제2조).35)

그리고 디자인보호법은 자동차의 형상, 가구의 배치형상 등 양산 가능한 물품의 미적 외관을 보호대상으로 하므로, 디자인보호법상 보호받는 디자인은 물품성이 요구된다. 이와 관련하여 과거에는 핸드폰 등의 액정에 표시되는 화상 디자인은 디자인등록을 받을 수 없었다. 그런데 오늘날 디지털 기술이 발전하면서 아바타, 웹 이모티콘, 아이콘, 개인휴대단말기(PDA), 휴대용 게임기 등의 화상디자인이 상당한 경제적 가치를 지니게 되면서 기업은 이를 창작하기 위해 상당한 비용을 투자하는 반면 이를 그대로 베끼거나 모방하는 사례도 증가하게 되었다. 이에 우리나라는 디자인보호법을 개정하여 내비게이션, 냉장고, CD플레이어. 컴퓨터화면 등에 나타나는 화상디자인도 산업상 보호할 가치가 있는 디자인으로 포함시켜 화면상 그림이나 아이콘 등도 물품과 일체로 등록할 수 있도록 하였다.

자동차의 형상

금속 홍학과 수탉 모양 물뿌리개

35) 심미감이란 ‘물품의 전체적인 형상에서 느껴지는 아름다움’으로 해석되며, 심미감을 판단할 때 ‘물품으로서 당연히 있어야 할 부분’ 이거나 ‘오래전부터 흔히 사용된 요소’들은 중요도가 낮다.

디자인보호법은 물품성이 부족한 ‘글자체’를 보호대상으로 포섭하고 있다(2005년 7월 1일 개정). 여기서 ‘글자체’란 ‘기록이나 표시 또는 인쇄 등에 사용하기 위하여 공통적인 특징을 가진 형태로 만들어진 한 벌의 글자꼴(숫자, 문장부호 및 기호 등의 형태를 포함)’을 말한다(디자인보호법 제2조 제2호). 디자인보호법은 이러한 글자체를 물품에 해당하는 것으로 보고 있다. 주의할 것은 글자체를 디자인권으로 보호받기 위해서는 엄격한 심사를 거쳐 등록을 받아야 한다. 이를 위해서는 글자체가 일반인에게 공표되어 있거나 또는 널리 사용하고 있는 것이 아니어야 하며, 새롭게 고안한 글자체로서 창작성이 있어야 한다.

2021년 3월 24일 화상디자인 보호를 골자로 하는 「디자인 보호법」 개정안이 국회를 통과하면서 가상세계 속 디자인도 보호가 가능해졌다. 화상디자인은 그래픽 사용자 인터페이스(GUI), 아이콘, 그래픽 이미지 등의 시각적으로 인식되는 모양·색채 및 이들을 결합한 것을 의미한다.36) 개정 법률에 따라 가상키보드, 팔목에 표현되는 스마트 팔찌, 지능형 자동차 헤드라이트 등도 디자인으로 등록할 수 있게 되었다.

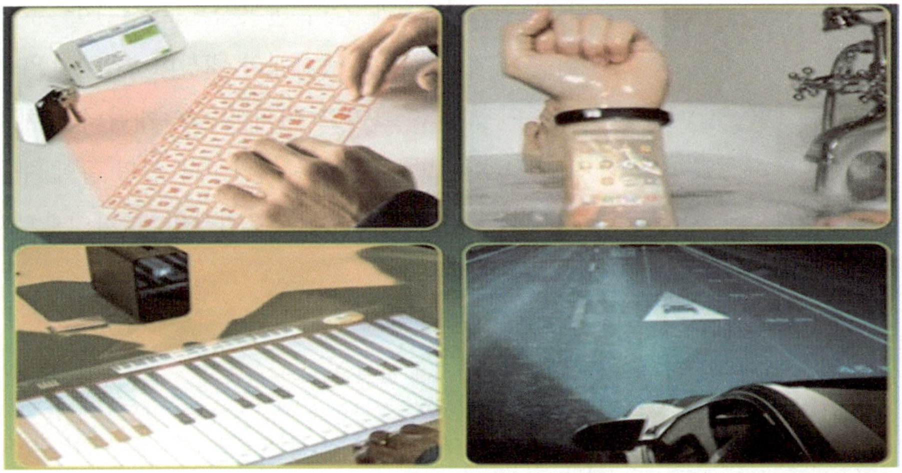

그림: 특허청

36) 디자인보호법 제2조 제2호의2 “화상”이란 디지털 기술 또는 전자적 방식으로 표현되는 도형·기호 등[기기(器機)의 조작에 이용되거나 기능이 발휘되는 것에 한정하고, 화상의 부분을 포함한다]을 말한다.

또한, 화상을 디자인의 한 유형으로 추가하였으나 다른 디자인과 특성을 구분하여 디자인의 온라인 전송을 사용(실시)하는 행위로 규정하여 오프라인에서만 인정됐던 디자인의 사용 개념을 온라인으로 확대하였다.37)

02. 디자인의 등록요건

물품성

디자인은 물품에 표현된 것이어야 한다. 여기서 물품이란 유체동산에 한정된 것으로 건물과 같은 부동산과 열, 액체, 전기 등과 같이 형체가 없는 것(전기, 광, 열), 설탕과 같은 입상물 및 독립하여 거래 대상이 될 수 없는 물품과 분리된 디자인 등은 이 법의 보호를 받을 수 없다.

구성요소분리된 "옥외용조형물"38)

다만, 부동산이더라도 '버스 승강장' 또는 조립식 교량, 조립가옥 등과 같이 반복적으로 생산할 수 있고 이동이 가능하며 독립거래의 대상이 되는 것은 물품으로 인정된다. 그리고 미키마우스 캐릭터 자체는 저작권 보호를 받지만 이를 신발이나 연필 등에 구현한 경우에 비로소 디자인보호법상의 디자인으로서 보호 받을 수 있다.

---

37) 제2조(정의) 7. "실시"란 다음 각 목의 구분에 따른 행위를 말한다.
가. 디자인의 대상이 물품(화상은 제외)인 경우 그 물품을 생산·사용·양도·대여·수출 또는 수입하거나 그 물품을 양도 또는 대여하기 위하여 청약(양도나 대여를 위한 전시를 포함한다. 이하 같다)하는 행위
나. 디자인의 대상이 화상인 경우 그 화상을 생산·사용 또는 전기통신회선을 통한 방법으로 제공하거나 그 화상을 전기통신회선을 통한 방법으로 제공하기 위하여 청약(전기통신회선을 통한 방법으로 제공하기 위한 전시를 포함한다. 이하 같다)하는 행위 또는 그 화상을 저장한 매체를 양도·대여·수출·수입하거나 그 화상을 저장한 매체를 양도·대여하기 위하여 청약(양도나 대여를 위한 전시를 포함한다. 이하 같다)하는 행위

38) 특허청, 디자인심사지침, 2019.

공업상 이용가능성

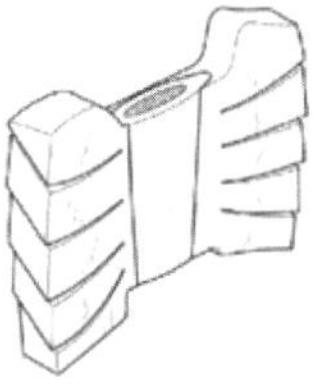
"갈비"

디자인에 관한 물품이 공업적 생산방법으로 반복생산이 가능하고 처음부터 양산을 의도했어야 하며, 단순한 아이디어에 불과한 것이 아니라 기술적으로 충분히 달성할 수 있을 정도의 물품이어야 한다. 공업적 생산방법이란 '원자재에 물리적 또는 화학적 변화를 기하여 유용한 물품을 제조하는 것'을 말하며, 양산이란 '동일한 형태의 물품을 반복적으로 계속하여 생산하는 것'을 뜻한다.[39] 그 생산방법에는 기계공업적 생산방법 및 수공업적 생산방법이 포함된다.

신규성

디자인보호법은 ① 국내 또는 국외에서 전시, 판매 등으로 공지 또는 공연히 실시된 디자인, ② 국내 또는 국외에서 반포된 간행물에 게재되었거나 전기통신회선을 통해 공중이 이용할 수 있게 된 디자인, ③ 제1호 또는 제2호에 해당하는 디자인과 유사한 디자인에 대하여는 신규성을 상실한 것으로 본다(디자인보호법 제33조제1항). 이 법의 신규성은 물품의 디자인을 전제로 선행디자인과 비교해 볼 때 물품이 동일 또는 유사하고 디자인이 동일 또는 유사하다면 신규성이 없다고 본다.

'국내에서 공지된 디자인'이라 함은 반드시 불특정 다수인에게 인식되었을 필요까지는 없으며 불특정 다수인이 인식할 수 있는 상태에 놓여져 있는 디자인을 말하다. 예를 들면, 해당 디자인과 동일한 형상 모양의 물품을 그 출원일 이전에 동종업자에게 납품한 사실이 있다면 그 디자인은 일반인의 눈에 띔으로써 바로 알려져 모방할 수 있는 것이므로 그의 신규성 내지 비밀성을 잃어 공지로 된다고 할 수 있다.[40] 그리고 '공연히 실시된 디자인'이라 함은 디자인의 내용이 공연히 알려진 또는 불특정 다수인이 알 수 있는 상태에서 실시된 디자인을 말한다.

39) 대법원 1994. 9. 9. 선고 93후1247 판결.
40) 대법원 1982. 7. 13. 선고 81후74 판결.

물품이 아닌 역사적 건축물은 공지디자인의 지위를 가지지 못하므로 건축물 "모형"을 디자인 출원한 경우 해당 실제 건축물은 신규성 판단에 있어서 공지디자인이 되지 못한다.

한편 예외적으로 디자인등록을 받을 수 있는 권리를 가진 자의 디자인이 국내외에서 공지, 공연 실시되거나 국내외 반포된 간행물에 게재된 디자인 또는 이들에 유사한 디자인에 해당할 경우 그날부터 12개월 이내에 출원하면 신규성을 상실하지 아니한다(디자인보호법 제36조). 신규성 상실의 예외가 인정되면 그 공지디자인은 자기가 출원한 디자인에 대하여 신규성 및 용이창작 여부를 심사할 때 공지디자인으로 보지 않는다.

창작성

디자인등록 출원 전에 그 디자인이 속하는 분야에서 통상의 지식을 가진 자가 공지 또는 공연히 실시된 디자인의 결합에 의하거나 국내 또는 국외에서 널리 알려진 디자인에 의하여 용이하게 창작할 수 없는 정도의 창작성이 있어야 한다(디자인보호법 제33조제2항).

그림에 있는 것은 계란모양의 비누인데, 디자인에 창작성이 있는가? 계란모양은 이미 주지성이 있는 것으로서 이를 그대로 모방한 비누의 디자인은 창작성이 있다고 할 수 없다. 그 밖에 어떤 업계에서 간행물이나 TV 등을 통하여 널리 알려져 있는 디자인을 전용한 경우에도 창작성을 인정하기 어렵다. 예를 들면, ET인형의 형상을 모방한 저금통이나 주지의 라디오 형상과 주지의 시계 형상 모양을 결합한 경우를 들 수 있다.

(예) 공지디자인의 구성단위 수를 달리한 것이 지나지 않는 "벤치"[41]

그러나 공지디자인 또는 주지의 형상·모양 등을 거의 그대로 이용하거나 전용한 것 등과 같은 단순 모방이 아니라 이들을 취사선택하여 결합한 것으로서 그 디자인을 전체적으로 관찰할 때 새로운 미감을 일으키는 경우에는 용이하게 창작할 수 있는 디자인이 아니다.

다시 말해, 용이하게 창작할 수 있는 디자인은 등록을 받을 수 없으며 여기서 용이하게 창작할 수 있는 디자인의 범위는 ① 국내 또는 국외에서 알려진 디자인 또는 이들의 결합에 의한 것이거나, ② 국내 또는 국외에서 널리 알려진 형상, 모양, 색채 또는 이들의 결합에 의한 창작을 포함한다.

◦ **디자인 부등록 요건**

디자인의 등록요건을 만족하는 디자인이라도 물품의 전체, 일부분, 부품 또는 구성 물품이 국기, 공공기관 등의 표장 등과 동일 유사하거나 디자인이 주는 의미나 내용 등이 공익을 해칠 우려가 있는 등의 디자인, 타인의 업무와 관련된 물품과 혼동을 가져올 우려가 있는 디자인은 등록받을 수 없다. 그리고 물품의 기능을 확보하는 데에 불가결한 형상만으로 전체적으로 구성된 디자인도 등록받을 수 없다(디자인보호법 제34조).[42]

41) 특허청, 디자인심사기준, 2019.
42) 디자인의 일부 형상만 물품의 기능과 연관된 경우에는 디자인등록이 가능하다.

03. 디자인등록 출원절차

디자인의 보호범위는 디자인등록출원서의 기재사항 및 그 출원서에 첨부된 도면·사진 또는 견본과 도면에 적힌 디자인의 설명에 따라 표현된 디자인에 의하여 정해진다(디자인보호법 제93조). 디자인등록출원을 하기 위해서는 출원서를 작성하여 제출하여야 하며, 물품의 디자인에 관한 것이므로 출원서에는 사시도 및 6면도를 도시한 도면 또는 사진이나 견본, 3차원 모델링 형태의 파일을 첨부하여 제출할 수 있다. 디자인은 물품의 외관을 보호하는 것이므로, '도면'에 디자인으로 표현하여 보호받고자 하는 대상을 명확히 특정한다.

디자인등록 출원은 디자인 등록의 요건을 모두 심사하는 심사등록출원과 일부심사등록출원으로 나눌 수 있다. 대부분의 디자인은 심사를 거치게 되지만 유행성이 강하고 수명주기가 짧은 직물지, 벽지, 합성수지지, 의복류, 침구류, 문구류 등과 같은 일부 디자인[43]에 대해서만 실체심사 없이 바로 등록하게 된다. 일부심사등록출원에 대하여 디자인등록의 요건 중 신규성, 선출원은 심사하지 않는다. 그러나 공지디자인에 의한 용이창작, 자기의 관련디자인과만 유사한 디자인, 타인의 저명한 상표나 저작물 등을 디자인으로 표현하여 등록받는 것을 방지하기 위하여 모든 부등록사유에 대하여 심사할 수 있다. 유행성이 강한 디자인은 제품 출시와 동시에 모방이 되는 경우가 많으므로 일부심사등록제도를 통하여 해당 디자인에 대해 신속히 권리화를 하면 효과적인 보호를 기대할 수 있다.

---

43) 일부심사등록출원을 할 수 있는 것은 로카르노 분류기준(물품류 구분)에서 제1류(식품), 제2류(의류 및 패션잡화 용품), 제3류(가방), 제9류(포장용기), 제5류(섬유제품, 인조 및 천연 시트직물류), 제9류(보석, 장신구), 제19류(문방구, 사무용품, 미술재료, 교재)에 속하는 물품의 디자인이다. 제1류, 제3류, 제9류, 제11류는 2020년 12월 이후 출원한 경우에 한해 일부심사의 대상이 된다.

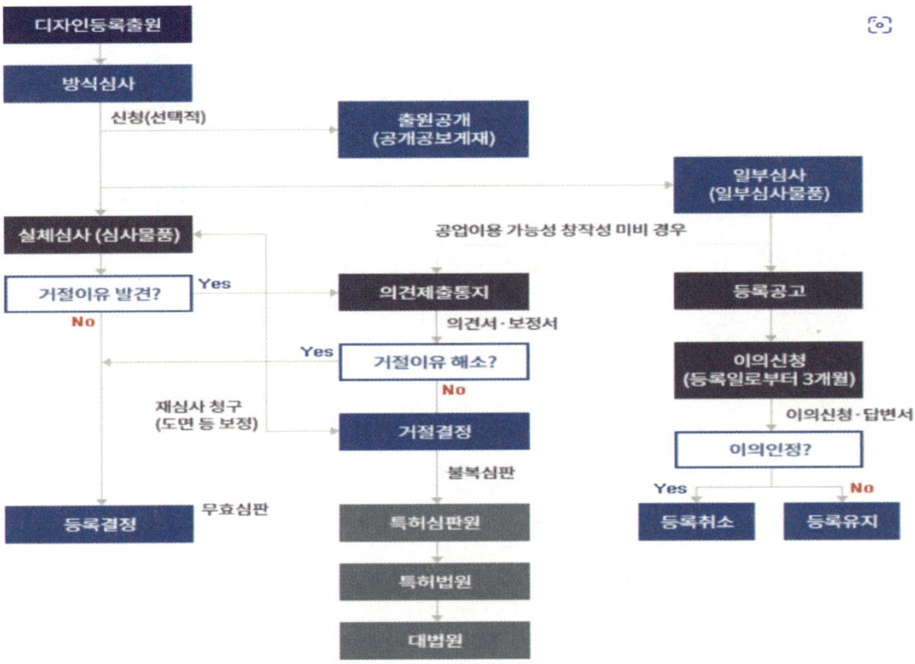

<출처: 특허청 홈페이지>

디자인등록출원서를 제출하면 공개신청을 한 경우에만 출원공개를 하게 된다(디자인보호법 제52조). 다음으로 출원된 디자인에 대해 등록요건을 갖추었는지를 심사하여 이를 만족하는 경우에는 등록결정이 나지만, 도면 오류 등 등록요건을 만족하지 못할 경우에는 심사관은 의견제출통지서를 발송하고 이에 대하여 출원인은 의견서/보정서를 제출할 수 있다. 디자인 출원 중 도면해독, 도면 축척 등에 오류가 있어 거절되는 사유가 많은데, 도면에 오류가 발생되면 실무적으로 이용이 어렵게 되므로 공업상 이용가능성을 만족하지 못한 것이 된다.[44] 만일 하자를 극복하지 못하면 거절결정을 하게 되고 그것에 대하여 특허심판원, 특허법원, 대법원에 불복할 수 있다.

44) 디자인보호법 제64조(재심사의 청구)에 따라 디자인등록거절결정 등본을 송달받은 날로부터 3개월 이내에 출원서 기재사항, 도면의 기재사항 및 도면, 사진 또는 견본을 보정하여 재심사를 청구한 출원에 대하여 처음부터 다시 심사할 수 있다. 재심사가 청구된 경우 종전에 이루어진 디자인등록거절결정은 취소된 것으로 본다.

04. 디자인권

디자인이 등록되면 그날로부터 출원일 후 20년간 디자인권이 존속한다(디자인보호법 제91조제1항). 디자인권의 적극적 효력으로서 디자인권자는 업으로서 그 등록디자인 또는 이와 유사한 디자인을 생산, 판매 등 실시할 수 있는 권리를 독점한다(디자인보호법 제92). 등록디자인의 보호범위는 디자인등록출원서의 기재사항 및 그 출원서에 첨부된 도면·사진 또는 견본과 도면에 적인 디자인의 설명에 따라 표현된 디자인에 의해 정해진다(디자인보호법 제93).

디자인권자는 디자인권을 이전하거나 타인에게 전용실시권, 통상실시권, 질권 등을 설정하여 경제적 이익을 실현할 수 있다. 전용실시권과 관련하여, 타인에게 디자인권에 대한 전용실시권을 설정하게 되면 디자인권자는 실시할 권리가 없다. 그리고 기본디자인의 디자인권과 관련디자인의 디자인권에 대한 전용실시권은 같은 자에게 동시에 설정해야 한다. 전용실시권자는 그 설정행위로 정한 범위 안에서 그 등록디자인 또는 유사한 디자인을 업으로서 실시할 권리를 독점한다. 또한, 전용실시권자는 디자인권자의 동의를 얻어 전용실시권을 목적으로 하는 통상실시권을 허락할 수 있다. 통상실시권자는 일정한 범위에서 그 등록디자인 또는 유사한 디자인을 업으로 실시할 권리를 가진다.

디자인권의 소극적 효력으로서 디자인권자는 정당한 권원 없는 제3자가 등록디자인과 동일 또는 유사한 디자인을 업으로서 실시하는 것에 대하여 침해금지 및 손해배상 등의 민사적 제재를 할 수 있고, 침해죄로 고소할 수도 있다. 디자인의 유사여부는 동일하거나 유사한 물품 간에서만 디자인의 유사여부를 판단한다. 동일물품은 용도와 기능이 동일한 것이고, 유사물품은 용도가 동일하지만 기능이 다른 것(예, 볼펜과 만년필)을 말한다. 디자인의 유사성은 형상, 모양, 색채를 대비하여 판단한다.

디자인 유사여부 판단 법리(특허법원 2016허7503 판결)

<디자인 유사여부 판단 법리>

"디자인의 동일·유사 여부를 판단함에 있어서는 디자인을 구성하는 각 요소를 부분적으로 분리하여 대비할 것이 아니라 전체적으로 대비 관찰하여 보는 사람이 느끼는 심미감 여하에 따라 판단하여야 하고, 이 경우 디자인을 보는 사람의 주의를 가장 끌기 쉬운 부분을 요부로서 파악하고 이것을 관찰하여 일반 수요자의 심미감에 차이가 생기게 하는지 여부의 관점에서 그 유사 여부를 결정하여야 하며, 양 디자인의 공통되는 부분이 그 물품으로서 당연히 있어야 할 부분 내지 디자인의 기본적 또는 기능적 형태인 경우에는 그 중요도를 낮게 평가하여야 한다.

또한, 등록디자인이 신규성이 있는 부분과 함께 공지의 형상과 모양을 포함하고 있는 경우 그 공지 부분에까지 독점적이고 배타적인 권리를 인정할 수는 없으므로 디자인권의 권리범위를 정함에 있어서는 공지 부분의 중요도를 낮게 평가하여야 한다.

한편, 옛날부터 흔히 사용되었고 단순하며 여러 디자인이 다양하게 고안되었던 것이나 구조적으로 그 디자인을 크게 변화시킬 수 없는 것 등에서는 디자인의 유사범위를 비교적 좁게 보아야 하지만, 기존에 없던 참신한 디자인에서는 디자인의 유사범위를 비교적 넓게 보아야 할 것이다.

또한, 디자인의 유사 여부를 판단함에 있어서는 그 디자인이 표현된 물품을 거래할 때뿐만 아니라 사용할 때의 외관에 의한 심미감도 함께 고려하여야 한다"

<디자인 유사여부>

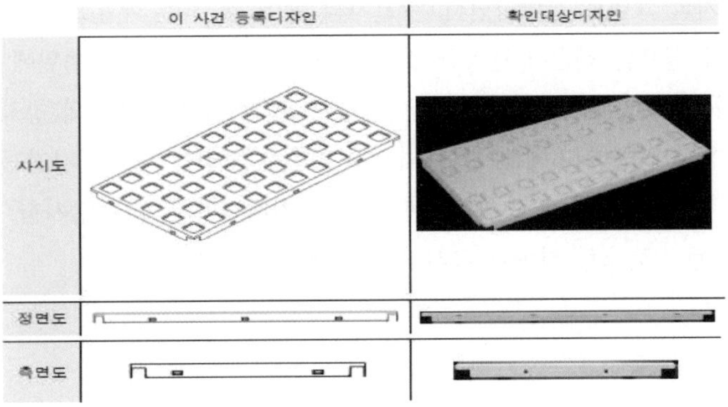

이 사건 등록디자인과 확인대상디자인은 모두 '천정용 마감재'에 관한 것으로 그 용도 및 기능이 동일한 물품이다(물품의 동일성).

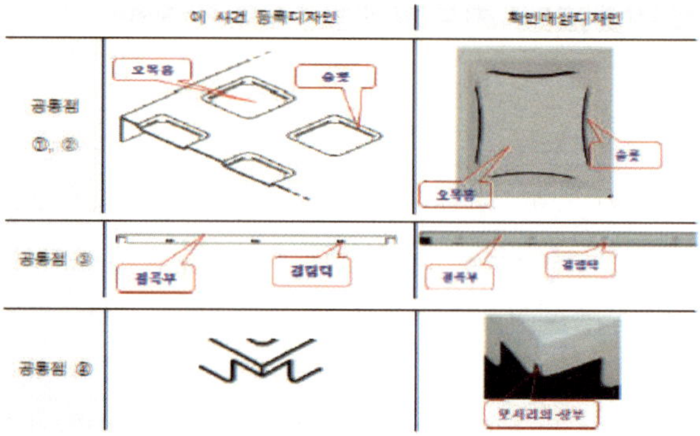

확인대상디자인은 등록디자인과 대비하여 지배적인 특징은 유사하지만, 수요자의 눈에 잘 띄는 부분으로 평가될 여지가 있는 배열 부분에서 차이가 있으나(나머지 공통점과 차이점은 전체적인 심미감에 큰 영향을 미친다고 보기 어렵다), 위와 같은 차이에도 불구하고, ① 이 사건 등록디자인의 지배적인 특징은 기존에 없던 참신한 디자인에 해당하여 디자인의 유사범위를 비교적 넓게 보아야 할 뿐만 아니라 전체적인 유사판단에 있어 그 중요도를 높게 평가하여야 하고, ② 이 사건 등록디자인의 지배적인 특징으로 인해 오목홈의 형상을 보다 명확히 식별할 수 있도록 해줌으로써, 기존의 천정용 마감재에 비하여 오목한 홈의 입체감을 살려주는 점에서 심미감을 가지며, ③ 확인대상디자인의 변형은 이 사건 등록디자인에서 오목홈으로 이루어진 다섯 줄 중 가운데 한 줄을 제거하는 정도의 단순한 변형에 불과하여 공통적인 미감을 능가하는 다른 미감을 초래한다고 보기 어렵고, ④ 만일 기존에 없던 참신한 디자인에 해당하여 창작성이 높은 부분을 거의 그대로 모방하면서, 수요자의 눈에 잘 띄는 부분으로 평가될 여지가 있는 부분 중 일부를 단순히 변형한 것을 두고 등록디자인의 권리범위에 속하지 않는다고 평가하게 되면, 디자인의 보호와 이용을 도모함으로써 디자인의 창작을 장려하는 디자인보호법의 입법 취지에도 반할 여지가 있음을 고려할 때, 이 사건 등록디자인과 확인대상디자인의 전체적으로 대비, 관찰할 때 지배적인 특징의 유사함으로 인해 양 디자인은 보는 사람으로 하여금 유사한 심미감을 느끼게 한다."

디자인 유사여부(특허법원 2016허8223 판결)

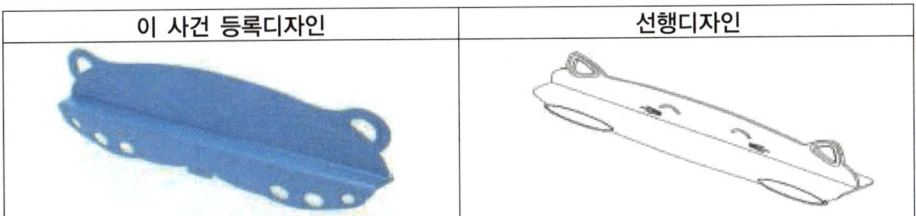

이 사건 등록디자인	선행디자인
	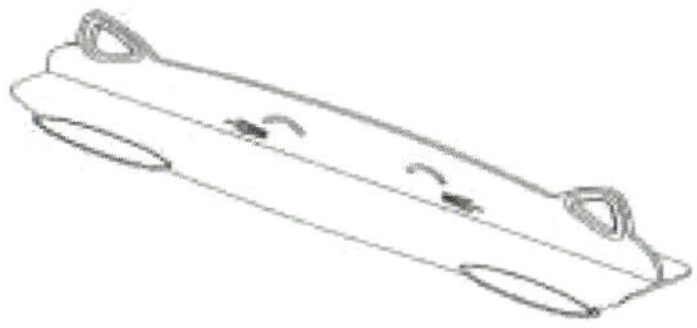

이 사건 등록디자인과 선행디자인은 모두 '싱크대용 물막이'에 관한 것으로 그 용도 및 기능이 동일한 물품이다(물품의 동일성).

공통점으로 보이는 머리 형상 부분은 싱크대용 물막이의 거래 시나 사용 시에 보는 사람의 시선과 주의를 끌기 쉬운 부분으로 보인다. 그러나, 아래의 각 사정을 고려해 보면, 이 사건 등록디자인과 선행디자인을 관찰할 때 일부 공통점에도 불구하고, 다음 차이점으로 인해 양 디자인은 보는 사람으로 하여금 상이한 심미감을 느끼게 한다고 봄이 타당하다.

(1) 이 사건 등록디자인에만 포함되어 있는 이빨, 코, 눈과 수염 사이의 라인, 앞발 부분의 구멍도 물품을 보는 사람들의 눈에 띄기 쉬운 부분으로 지배적인 특징의 하나이다.

(2) 양 디자인에 있어 눈, 귀, 수염 및 앞발의 구체적 형상도 물품을 보는 사람들의 눈에 띄기 쉬운 부분으로 지배적인 특징의 하나이다.

(3) 위와 같은 구체적 형상의 차이로 인하여 이 사건 등록디자인은, 고양이를 연상하게 하는 선행디자인과 달리 비버 등의 설치류를 연상하게 한다.

(4) 위와 같이 이빨 등의 추가적인 형상과 눈, 귀, 수염, 앞발의 구체적 형상 차이로 인해, 양 디자인이 보는 사람으로 하여금 다른 동물의 형태적 특징을 느끼게 하는 이상, 이러한 차이점이 심미감에 영향을 주지 않는 세부적인 차이에 불과하다고 볼 수 없다.

따라서 이 사건 등록디자인은 선행디자인과 동일, 유사하지 않아 디자인보호법 제46조 제1항, 제33조 제3항에 해당하지 않는다.

◦ 권리침해에 대한 금지청구권

디자인권자 또는 전용실시권자는 자기의 권리를 침해한 자 또는 침해할 우려가 있는 자에 대하여 그 침해의 금지 또는 예방을 청구할 수 있다. 그리고 디자인권자 또는 전용실시권자는 침해행위를 조성한 물품의 폐기, 침해행위에 제공된 설비의 제거, 그 밖에 침해의 예방에 필요한 행위를 청구할 수 있다.

◦ **침해로 보는 행위**

등록디자인이나 이와 유사한 디자인에 관한 물품의 생산에만 사용하는 물품을 업으로 생산·양도·대여·수출 또는 수입하거나 업으로서 그 물품의 양도 또는 대여의 청약을 하는 행위는 그 디자인권 또는 전용실시권을 침해한 것으로 본다.

◦ **권리침해에 대한 손해배상청구권**

디자인권자 또는 전용실시권자는 고의나 과실로 자기의 디자인권 또는 전용실시권을 침해한 자에 대하여 그 침해에 의하여 자기가 입은 손해의 배상을 청구할 수 있다(디자인보호법 제115조 제1항). 디자인권 또는 전용실시권을 침해한 자는 그 침해행위에 대하여 과실이 있는 것으로 추정한다. 다만, 비밀디자인으로 등록된 디자인권이나 그 전용실시권을 침해한 경우에는 과실이 있는 것으로 추정하지 않는다(디자인보호법 제116조 제1항).

◦ **침해죄**

디자인권 또는 전용실시권을 침해한 자는 7년 이하의 징역 또는 1억원 이하의 벌금에 처한다(디자인보호법 제220조 제1항). 디자인권 침해죄는 피해자의 의사표시 없이도 공소를 제기할 수 있고 피해자가 가해자의 처벌을 원하지 않는 경우 처벌하지 않는 반의사불벌죄이다(디자인보호법 제220조 제2항). 2022년 법 개정 이전에는 피해자가 정해진 고소기간(침해사실을 안 이후 6개월) 내에 고소하는 경우에만 형사처벌이 가능한 친고죄로 규정했지만, 법 지식이 부족한 개인이나 중소기업 등이 침해가 일어났음에도 제때 대응하지 못하여 형사구제를 받지 못하는 사례가 빈번히 발생하자 이를 해결하기 위하여 친고죄를 반의사불벌죄로 변경하였다.

05. 디자인보호법의 특유한 제도

디자인일부심사등록제도

디자인출원은 심사주의가 원칙이나, 유행성이 강하고 Life cycle이 짧은 일부 물품에 대하여 1998년 3월 1일자로 '무심사등록제도'를 도입하였고, 2014년 7월 1일부터 명칭을 '일부심사'로 변경하여 운영하고 있다. 디자인 등록은 출원일로부터 평균 1년 이상이 소요되는 반면, 디자인일부심사등록제도를 활용하면 통상 2~3개월이면 디자인권을 등록받을 수 있어 신속한 권리화가 가능하다. 디자인일부심사는 업계 수요 및 산업디자인의 국제분류를 위한 로카르노협정에 따른 로카르노 분류에 따라 2류(의류 및 패션잡화용품), 5류(섬유제품, 인조 및 천연시트 직물류), 19류(문장구, 사무용품, 미술재료, 교재)를 대상으로 한다. 디자인일부심사는 실체심사를 하지 않으므로 등록요건이 결여된 디자인이 존재할 가능성이 높으므로 누구든지 등록된 디자인권에 대해서 설정등록이 있는 날부터 디자인일부심사등록 공고일 후 3월이 되는 날까지 이의신청을 할 수 있다(법 제68조). 이의신청이 이유가 있다고 판단될 때에는 심사관 3인 합의체의 취소결정으로 등록디자인권을 취소한다(법 제73조 제3항).

복수디자인등록출원제도

디자인보호법상 하나의 디자인은 반드시 하나의 독립된 출원서로 출원하는 것이 원칙이다(법 제40조 제1항). 이로 인한 출원절차의 불편을 해소하고 출원비용을 절감하기 위하여 디자인일부심사등록에 한하여 복수디자인등록출원을 허용하는 제도를 도입하였다. 복수디자인등록출원을 하기 위해서는 ① 같은 물품류에 속하는 물품이어야 하고,[45] ② 100개 이내의 디자인이어야 하며, ③ 1 디자인마다 분리하여 표현하여야 한다(법 제41조). 예를 들면, 물품류 구분상 의류 및 패션잡화용품인 제2류 안에는 내의, 란제리, 의류, 모자류, 신발류, 넥타이, 스카프, 장갑, 의류 액세서리 등이 속하는데, 이러한 물품에 대하여 동일한 디자인으로 한 제

45) 산업통산부자원부령으로 물품류를 구별하고 있으며, 현재 1류~31류까지 분류되어 있다.

품에 대하여 디자인등록을 하는 경우에는 2류에 속하는 물품 100개 이내의 디자인을 하나의 출원서에 적어서 출원할 수 있다. 다만, 이 경우 100개 이내의 각각의 물품에 대한 도면은 개별적으로 첨부한다.

한 벌 물품의 디자인 제도

디자인보호법상 하나의 디자인은 반드시 하나의 독립된 출원서로 출원하는 것이 원칙이다(법 제40조 제1항). 그러나 둘 이상의 물품이 일반적으로 동시에 사용되고 관념적으로 관련 인상을 주어 통합적인 미감이 형성되는 경우가 있다. 예를 들면, 한 벌의 한복 세트, 한 벌의 반상기 세트, 한 벌의 오디오 세트, 한 벌의 제기 세트 등을 들 수 있다. 이 경우에는 한 벌의 물품 디자인으로 출원하여 그 전체를 보호받을 수 있다. 한 벌 물품의 디자인으로 등록받으려면, ① 2종 이상의 물품이 한 벌로서 구성되어야 하고, ② 동시에 사용되어야 하며, ③ 한 벌 전체로서 통일성이 있어야 하고, ④ 디자인보호법 시행규칙 별표51에서 정하는 "한 벌 물품의 구분"에 따라야 하며, ④ 부분디자인출원이 아니어야 한다.

한 벌 물품으로 디자인 등록을 받는 경우에는 각 구성 물품에 대해 디자인권이 독자적으로 발생하는 것이 아니라 한 벌 전체로서 하나의 디자인권이 발생한다는 점에 주의해야 한다. 예를 들면, 한 벌 물품으로 디자인 등록된 경우 해당 디자인의 **일부** 구성물품에 대해 제3자가 모방한 제품을 판매하더라도 제3자가 등록디자인의 권리를 침해했다고 인정되지 않을 수 있다. 따라서 이러한 디자인 침해로부터 충분히 권리를 보호받으려면, 디자인의 요부를 이루는 구성물품 디자인을 한 벌 물품 디자인과 함께 별도로 출원하여 권리를 확보하는 것이 바람직하다.

부분디자인제도

디자인보호법은 2001년 개정을 통하여 거래의 독립단위가 되지 못하는 물품의 일부분에 대해서도 그 부분의 형상·모양·색채 또는 이들의 결합이 시각적으로 미감을 일으키는 것이라면 디자인 등록을 할 수 있는 '부분디자인제도'를 도입하였다. 예를 들면, 컴퓨터의 스위치부분, 컵의 손잡이, 병의 주둥이, 양말의 뒷굽, 안경의 다리부분 등과 같이 물품의 전체형상이 아닌 물품의 일부에 창작성이 있다면 부분디자인으로 등록하여 보호받는 것이다. 부분디자인으로 성립하기 위해서는 ① 부분디자인의 대상이 되는 물품이 통상의 물품에 해당해야 하고, ② 물품의 부분의 형태로 인정되어야 하며, ③ 다른 디자인과 대비의 대상이 될 수 있는 부분으로 하나의 창작단위로 인정되어야 하고, ④ 한 벌의 물품의 디자인에 관한 부분디자인이 아니어야 한다.

앞서 언급한 화상디자인은 그 화상이 표현되는 물품의 부분디자인으로 등록을 받을 수 있다. 움직임이 있는 화상디자인의 경우에는 그 움직임에 따라 화상이 연속적으로 변화하는 형태를 도면에 표현하여야 한다.

부분디자인 도면의 기재방법은 아래 그림과 같이 출원 시 부분디자인에 적용되는 제품의 전체 육면도와 부분디자인에 관한 도면 또는 사진을 제출하여야 하며, 보호받고자 하는 부분은 실선으로 처리하고 그 이외의 부분은 파선으로 처리하면 된다.

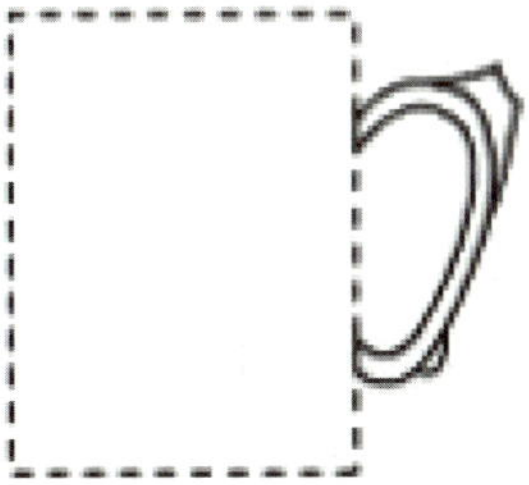

리모콘 조작부분에 관한 부분디자인 출원

비밀디자인제도

비밀디자인제도라 함은 디자인등록 출원 시에 출원인의 신청이 있는 경우에는 디자인권의 설정 등록일로부터 3년 이내의 기간을 정하여 그 기간 동안 공고하지 아니하고 비밀상태로 유지하는 제도이다(법 제43조). 이를 인정하는 이유는 디자인이라는 것은 쉽게 모방되고 유행성이 강하며 Life cycle이 짧으므로 공개로 인하여 권리자가 디자인권을 실시하기도 전에 경제적 이익을 상실할 수 있기 때문이다. 비밀디자인제도를 신청하게 되면 비밀유지기간 동안 원칙적으로 디자인공보에 디자인의 내용이 공개되지 아니한다. 비밀디자인제도는 심사 또는 일부심사 출원 모두 신청이 가능하다. 다만, 신청은 디자인등록출원일로부터 최초 디자인등록료 납부일까지 가능하다.

관련디자인제도

디자인은 기본디자인이 창작된 이후에 이를 기초로 한 여러 가지 변형디자인이 계속 창작되는 특성이 있다. 예를 들면, 의류 패션 디자이너는 시즌별로 선보일 수백 개의 디자인을 하나의 주제 또는 콘셉트(concept)를 가지고 창작하기 때문에 디자인 간에 유사성과 관련성을 지니게 된다. 이와 같이 디자인개발은 하나의 디자인 주제를 중심으로 다양한 변형된 관련 디자인을 제작하는 경우가 많다.

2013년 개정 디자인보호법에서는 이러한 관련디자인을 보호하기 위해 디자인권자(또는 디자인등록출원인)의 기본디자인과만 유사한 디자인에 대하여 기본디자인의 출원일부터 1년 이내에 출원된 경우에 한하여 독자의 효력을 가지는 관련디자인제도를 도입하였다(디자인보호법 제35조제1항, 2014.7.1. 시행).[46)]

관련디자인은 자기의 기본디자인과만 유사한 디자인으로서 기본디자인과 동일한 것이 아니어야 하며, 기본디자인과 유사하되 타인의 선행디자인(선출원디자인, 등록디자인, 공지디자인)과 유사하지 아니한 디자인이어야 한다. 또한, 디자인등록을 받은 관련디자인 또는 디자인등록출원된 관련디자인과만 유사한 디자인에 대해서는 관련디자인으로 디자인등록을 받을 수 없다(법 제35조 제2항). 이는

46) 관련디자인제도를 도입하기 이전 존재하던 '유사디자인제도'는 기본디자인과 함께 유사한 디자인을 등록할 수 있도록 허용하고 있었다. 그러나 법원은 유사디자인의 독자적인 권리범위를 인정하지 않으며, 침해판단에 있어서도 유사디자인과 유사한지 여부를 불문하고 기본디자인만을 기초로 유사성을 판단하므로(대법원 2009. 1. 30. 선고 2007후4847 판결 등) 동 제도의 실익이 없게 되어 폐지하였다.

유사의 범위를 무한히 인정하는 것을 제한하기 위한 것으로서, 예컨대 기본디자인 A, 관련디자인 B를 출원하면서, B를 다시 기본디자인으로 하는 관련 디자인 C를 출원하고자 할 때 C가 A와 유사하지 않은 경우에는 디자인등록출원을 할 수 없다.

한편 기본디자인의 디자인권에 전용실시권이 설정되어 있는 경우에는 그 기본디자인에 관한 관련디자인은 등록받을 수 없다(법 제35조 제3항). 이는 '기본디자인의 디자인권에 관한 전용실시권'과 '관련디자인의 디자인권'이 각기 다른 자에게 속함으로써 복잡한 권리관계를 회피하고 거래의 안전을 도모하기 위한 것이다.

관련디자인의 디자인권 존속기간은 그 기본디자인의 디자인권 존속기간 만료일까지이다(법 제91조 제1항 단서). 이는 기본디자인과 유사한 관련디자인의 디자인권을 개별적으로 등록하도록 허용하게 되면 존속기간이 실질적으로 연장되는 결과를 초래하므로 관련디자인의 디자인권의 존속기간의 만료일을 기본디자인의 것과 일치하도록 한 것이다.

06. 다른 법률에 따른 디자인 보호

부정경쟁방지법에 따른 디자인보호

부정경쟁방지법은 새로운 상품형태를 모방하는 행위를 금지한다. 부정경쟁방지법 제2조 1호 자목에서 "타인이 제작한 상품의 형태(형상·모양·색채·광택 또는 이들을 결합한 것을 말하며 시제품 또는 상품소개서 상의 형태를 포함)를 모방한 상품을 양도·대여 또는 이를 위한 전시를 하거나 수입·수출하는 행위"를 부정경쟁행위로서 금지하고 있다. 이 규정은 유행성이 강한 의류, 운동화, 침구류, 핸드폰 케이스 등 신속히 보호해야 하는 상품형태를 적용대상으로 한다. 따라서 자목은 상품의 시제품 제작 등 상품의 형태가 갖추어진 날부터 3년이 경과한 상품의 형태를 모방한 상품을 판매하는 경우에는 적용되지 않는다. (상세한 내용은 Chapter 16 부정경쟁행위 및 영업비밀·산업기술 보호 참조)

저작권법에 따른 디자인 보호

물품에 동일한 형상으로 복제될 수 있는 디자인이 디자인보호법 외에도 저작권법으로 중첩적으로 보호받을 수 있는지가 문제된다.

1996년 대한방직사건에서 원고인 코빙톤 파브릭스(Covington Fabrics)사는 국내에 디자인등록을 하지 못한 상태에서 자신의 '르 데지레(Le Desire)' 및 '르 바스켓(Le Basket)'이라는 직물디자인을 국내회사가 무단으로 이용한 행위에 대하여 저작권침해의 소를 제기하였다. 이 사건에서 대법원은 산업상의 대량생산에의 이용을 주된 목적으로 하여 창작되는 응용미술품에 대하여 디자인보호법 외에 저작권법에 의한 중첩적 보호가 일반적으로 인정되면 신규성 요건이나 등록요건, 단기의 존속기간 등 디자인보호법의 여러 가지 제한 규정의 취지가 몰각되고 기본적으로 디자인보호법에 의한 보호에 익숙한 산업계에 많은 혼란이 우려되는 점 등을 고려하여 응용미술작품에 대하여는 원칙적으로 디자인보호법의 보호로서 충분하고 예외적으로 저작권법에 의한 보호가 중첩적으로 주어져야 한다고 보았다. 또한, 창작되는 모든 응용미술작품이 곧바로 저작권법상의 저작물로 보호된다고 할 수 없으며, 그 자체가 하나의 독립적인 예술적 특성이나 가치를 가지고 있어 예술의 범위에 속하는 창작물에 해당하여야만 저작물로서 보호된다고 하였다(대법원 1996. 2. 23 선고 94도3266 판결).

이 사건 이후 2000년 1월 12일 개정된 저작권법에서 '물품에 동일한 형상으로 복제될 수 있는 미술저작물로서 그 이용된 물품과 구분되어 독자성을 인정할 수 있는 것(디자인 등 포함)'을 "응용미술저작물"로 정의함으로써 디자인과 같은 응용미술저작물에 대한 저작권 보호도 가능하게 되었다.[47] 즉 디자인의 창작적인 부분이 물품의 실용적인 면과 물리적으로 또는 개념적으로 분리가능하면 응용미술저작물로서 보호를 받을 수 있다. 예를 들면, Jaguar 자동차의 재규어 장식은 물리적으로 자동차와 분리 가능하며, 아래 '히딩크 넥타이 사건'의

47) 구 저작권법(2000. 1. 12. 법률 제6134호로 개정되기 전의 것)은 제4조 제1항 제4호에서 '회화·서예·도안·조각·공예·응용미술작품 그 밖의 미술저작물' 등을 저작물로 예시하고 있었다.

도안이나 치어리더 유니폼[48]처럼 회화와 그래픽의 특성을 갖는 2차원 요소를 개념적으로 분리 가능하다. 창작적인 디자인 부분이 개념적으로 분리 가능한지 여부는 디자이너의 의도, 기능적인 부분과의 결합 정도, 창작적 표현의 다양성과 선택의 폭 등을 고려하여 판단한다.

히딩크 넥타이 사건

누브티스 제작 　 한국관광공사 copy

'히딩크 넥타이' 도안은 고소인(누브티스)이 개정 저작권법이 시행된 2000년 7월 1일 이후에 2002 월드컵 축구대회의 승리를 기원하는 의미에서 창작한 것으로 히딩크 감독에게 선물하여 유명해졌으며 이후 고소인은 위 도안을 직물에다가 선염 또는 나염의 방법으로 복제한 넥타이를 제작하여 판매하였다. 피고인 한국관광공사는 귀빈 선물용으로 위 도안을 복제한 넥타이를 제작하여 배포하였다. 위 도안은 우리 민족 전래의 태극문양 및 팔괘문양을 상하 좌우 연속 반복한 넥타이 도안으로서 응용미술작품의 일종이라면 위 도안은 '물품에 동일한 형상으로 복제될 수 있는 미술저작물'에 해당한다고 할 것이며, 또한, 그 이용된 물품(이 사건의 경우에는 넥타이)과 구분되어 독자성을 인정할 수 있는 것이라면 저작권법 제2조 제11의2호에서 정하는 응용미술저작물에 해당한다고 할 것이다.

대법원은 '히딩크 넥타이' 도안이 그 이용된 물품과 구분되어 독자성을 인정할 수 있는 것이라면 저작권법의 보호대상인 저작물에 해당하고, 그렇지 아니하다면 저작물에 해당하지 아니한다고 할 것인데도, 원심은 위 도안이 그 이용된 물품과 구분되어 독자성을 인정할 수 있는 것인지에 관하여 심리를 하여 보지 아니한 채 위 도안이 저작권법의 보호대상인 저작물에 해당하지 아니한다고 판단한 것에 오류가 있음을 지적하고, 원심판결을 파기·환송하였다.[49]

48) Star Athletica, LLC v. Varsity Brands, Inc., 137 S.Ct. 1002 (2017).
49) 대법원 2004. 7. 22. 선고 2003도7572 판결.

Discussion

주제 **인테리어, 그래픽 심벌, 로고 등도 디자인보호법의 보호대상이 될까?**

설명 우리나라 디자인보호법은 양산가능한 물품의 미적 외관을 보호하면서도 문화와 산업구조의 변화에 따라 디자인 보호대상을 확대해 왔다. 90년대 중반 이후 디지털 기술이 발전하면서 '물품'의 범위에 아이콘, 화상디자인, 글자체를 추가하였다. 현행 디자인의 보호 대상으로 규정되는 것은 물품 전체의 형상, 물품의 부분 형상, 화상 디자인, 글자체 등이다.

그러나 오늘날 콘텐츠사업이나 정보산업의 발전으로 그래픽 심벌, 로고, 인테리어 디자인처럼 특정한 사물이 아닌 형상 자체도 디자인보호법의 범위에 포함시킬 필요성이 생겨났다. 과거 디자인보호법은 제조업을 전제로 제정되었기 때문에 디자인으로 보호받기 위해서는 구체적인 물품을 출원했어야 했다. 즉 인테리어 디자인, 로고, 그래픽 심벌 등은 아직 우리나라 물품분류에 포섭되어 있지 않지만 최근 디자인산업의 변화를 반영하기 위하여 이들을 디자인 대상 영역으로 포함시킬 필요성이 생겨났다.

<**예시**>

 심벌마크, 

로고, 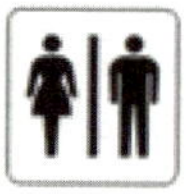 픽토그램,  엠블렘 등

현재 로고는 일반적으로 제품이나 상호는 고도로 압축된 형태로 표현되므로 '간단하고 흔한 표장'에 해당하거나 '사용에 의한 식별력(secondary meaning)'이 없다는 이유로 상표 등록이 거절되었다. 특허청은 2011년 4월 17일 발효된 「산업디자인의 국제분류 제정에 관한 로카르노협정」에 따른 물품 명칭 및 분류에 따라 로고, 그래픽 심벌 등도 디자인의 보호 대상영역에 포함시키고자 디자인보호법의 개정을 추진하고 있다. 또한, 인테리어 디자인 등도 그 보호의 필요성에 대해 논의되고 있는 만큼 향후 이를 디자인보호법에 포섭되어야 할 보호가치 있는 디자인으로 포설될 수 있을 것으로 생각한다.

Explanation

디자인권은 저작권과 달리 등록된 의장(디자인)과 전체적인 느낌이 유사한 경우에도 권리를 침해한 것으로 본다. 디자인의 동일·유사 여부를 판단함에 있어 디자인을 구성하는 각 요소를 부분적으로 분리하여 대비할 것이 아니라 전체적으로 대비 관찰하여 보는 사람이 느끼는 심미감 여하에 따라 판단하여야 하고, 이 경우 디자인을 보는 사람의 주의를 가장 끌기 쉬운 부분을 요부로서 파악하여 이것을 관찰하여 일반 수요자의 심미감에 차이가 생기는지 여부의 관점에서 그 유사 여부를 결정하여야 한다(대법원 1997.10.14. 선고 96후2418 판결).

이 사건에서 퍼시스사의 디자인권을 한국OA가 침해하였는지에 대한 법적 판단은 내려지지 않았지만 한국OA측도 양사 가구배치의 디자인이 서로 유사한다는 점을 인정하는 듯하다.

부정경쟁방지 및 영업비밀·산업기술 보호

Chapter 16 부정경쟁행위 규제

A사는 연예인들의 사진, 기사 등을 주요 내용으로 하는 잡지를 제작·판매하는 회사로서 연예인 매니지먼트, 음반제작, 공연 기획 등 엔터테인먼트 사업을 하는 B사의 허락 없이 B사 소속 유명 아이돌 그룹(BTS)의 구성원들의 화보집 등을 제작하여 잡지 특별판 부록으로 판매하려고 하였다. A사의 행위는 부정경쟁방지법상 어떤 유형의 행위에 해당할 수 있는가?

01. 부정경쟁방지법의 개요

부정경쟁행위는 상거래에 있어서 신의성실, 형평 및 사회질서에 반하는 행위를 말한다. 「부정경쟁방지법 및 영업비밀보호에 관한 법률」 (이하, "부정경쟁방지법")은 국내에 널리 알려진 타인의 상표 · 상호(商號) 등을 부정하게 사용하는 등의 부정경쟁행위와 타인의 영업비밀을 침해하는 행위를 방지하여 건전한 거래질서를 유지함을 목적으로 한다(법 제1조). 이 법은 크게 '부정경쟁행위'와 '영업비밀 침해'를 규율한다.[1]

부정경쟁행위는 공정한 관행에 반하는 경쟁행위로서 공정한 경쟁을 방해할 뿐만 아니라 혁신과 신용을 위한 투자와 노력에 무임승차(free ride)하는 행위이므로 시장에 악영향을 미친다. 1961년 최초로 부정경쟁방지법을 제정하여 상품·영업주체 혼동행위, 원산지 허위표시 및 출처지 오인 야기 행위 등 6개의 부정경쟁행위를 규율하였다. 이후 산업발전과 거래형태의 변화에 따라 새로운 부정경쟁행위 유형이 도입되었다. 부정경쟁방지법은 특수한 불법행위 유형을 부

1) 16장에서 부정경쟁행위를 다루고, 17장에서 영업비밀을 설명한다.

정경쟁행위로 규정하고, 이를 위반 시 금지청구, 손해배상, 행정구제, 형사벌 등 제재를 할 수 있도록 규정한다. 따라서 이 법은 불법행위를 규정한 민법의 특별법적 지위에 있으며 부정경쟁행위에 대해서는 민법보다 우선 적용한다.

상표법과의 차이점

상표법은 특허청에 등록된 상표에 대하여 상표권이라는 배타적 권리를 부여하여 보호한다. 그리고 상표의 주지·저명성 여부와 관계없이 동일·유사한 상표를 타인이 등록하는 것을 사전에 금지할 수 있다. 또한, 침해 여부를 판단함에 있어 소비자의 혼동 여부와 관계없이 동일·유사한 상품에 동일·유사한 상표를 사용하였는지에 관한 객관적인 자료로 판단한다(상표법 제108조).

반면, 부정경쟁방지법은 배타적 권리를 부여하는 상표법과 달리 행위 규제를 하므로 등록제도가 존재하지 않는다. 부정경쟁방지법은 등록되지 않은 상표라도 유명한 표지, 즉 '주지성' 또는 '저명성'을 확보한 상표를 보호한다. 대표적으로 제2조 제1호 가목에서 "국내에 널리 인식된 타인의 성명, 상호, 상표 등 타인의 상품임을 표시한 표지(標識)와 동일하거나 유사한 것을 사용하거나 이러한 것을 사용한 상품을 판매 · 수입 등을 하여 타인의 상품과 혼동하게 하는 행위"라고 규정하여 '상품주체혼동행위'를 부정경쟁행위로 본다. 이처럼 부정경쟁방지법은 어떤 상표가 소비자에게 널리 알려진 주지상표(周知商標)인지와 그 출처를 실질적으로 혼동시키는지 여부로 침해를 판단한다. 그리고 여기서 '혼동'은 반드시 현실로 혼동의 사실이 생길 것을 요구하는 것이 아니라 '혼동의 위험성' 내지 '혼동 가능성(likelihood of confusion)'이 있으면 충분하다.

<상표법과 부정경쟁방지법 비교>

	상표법 (침해행위)	부정경쟁방지법	
		§2 1호 가목, 나목(혼동)	§2 1호 다목(희석화)
등록	○	×	×
혼동가능성	× (§34 ○)	○	×
주지·저명성	×	○ (주지성)	○ (저명성)

부정경쟁방지법은 제2조 제1호 가목부터 파목까지 13개의 부정경쟁행위를 규정하고 있다. 부정경쟁행위는 전통적으로 ① 상품주체나 영업주체의 혼동을 야기하는 행위, ② 표지의 식별력이나 명성을 손상하게 하는 행위, ③ 원산지를 오인하게 하는 행위, ④ 상품출처를 오인하게 하는 행위, ⑤ 타인의 상품을 사칭하거나 상품의 내용·품질 등을 오인하게 하는 행위, ⑥ 도메인이름의 부정 등록·이전행위 등을 포함한다. 최근에는 ⑦ 아이디어 탈취 행위, ⑧ 데이터 부정사용행위, ⑨ 인격표지(퍼블리시티)의 무단사용 행위 등을 새로운 부정경쟁행위 유형으로 포함했다.

02. 상품·영업주체 혼동행위(가목~나목)

가목~나목

가. 국내에 널리 인식된 타인의 성명, 상호, 상표, 상품의 용기 · 포장, 그 밖에 타인의 상품임을 표시한 표지(標識)와 동일하거나 유사한 것을 사용하거나 이러한 것을 사용한 상품을 판매 · 반포(頒布) 또는 수입 · 수출하여 타인의 상품과 혼동하게 하는 행위

나. 국내에 널리 인식된 타인의 성명, 상호, 표장(標章), 그 밖에 타인의 영업임을 표시하는 표지(상품 판매 · 서비스 제공방법 또는 간판 · 외관 · 실내장식 등 영업제공 장소의 전체적인 외관을 포함한다)와 동일하거나 유사한 것을 사용하여 타인의 영업상의 시설 또는 활동과 혼동하게 하는 행위

가목과 나목은 소송에서 가장 많이 적용되는 대표적인 부정경쟁행위 유형이다. 가목은 상품주체혼동행위를, 나목은 영업주체혼동행위를 규율한다. 즉 국내에 널리 인식된 타인의 상품표지 또는 영업표지와 동일·유사한 것을 사용함으로써 타인의 상품 또는 영업과 혼동하게 하는 행위를 규율한다. 양자는 적용대상에서 차이가 있을 뿐 아래에서 설명하는 요건(표지성, 주지성, 동일·유사성, 혼동 등) 대부분이 일치한다.

표지성

가목은 국내에 널리 인식된 타인의 성명, 상호, 상표, 상품의 용기 · 포장, 그 밖에 타인의 상품임을 표시한 표지를 보호 대상으로 한다. 그리고 나목은 국내에 널리 인식된 타인의 성명, 상호, 표장, 그 밖에 타인의 영업임을 표시하는 표지와 '상품 판매 · 서비스 제공방법 또는 간판 · 외관 · 실내장식 등 영업제공 장소의 전체적인 외관'(소위 '트레이드드레스')을 보호 대상으로 한다.

표지의 본질적 기능은 '출처표시' 또는 '자타상품(영업)식별'이다. 표지는 문자, 도형, 기호, 색채, 형상 등 여러 요소로 이루어지며, 해당 표지가 상품이나 영업에 독특한 개성을 부여하고 장기간 사용되어 특정 출처(판매자, 거래자 등)의 것임을 연상시킬 경우 이 법의 보호대상이 된다. 따라서 타인이 이러한 주지성 있는 표지를 무단으로 사용하여 소비자의 혼동을 일으킨다면 부정경쟁행위로 규율한다.

'상품의 용기나 포장' 의 상품출처 기능

일반적으로 '상품의 용기나 포장'은 상품의 출처를 표시하는 기능을 가지지 않는다. 그러나 어떤 용기나 포장의 형상과 구조 또는 문양과 색상 등이 상품에 독특한 개성을 부여하는 수단으로 사용되고, 그것이 장기간 계속적, 독점적, 배타적으로 사용되거나 지속적인 선전광고 등에 의하여 그 형상과 구조 또는 색상 등이 갖는 차별적 특징이 거래자 또는 수요자에게 특정한 품질을 가지는 특정 출처의 상품임을 연상시킬 정도로 현저하게 개별화된 경우에는 가목에서 정하는 '타인의 상품임을 표시한 표지'에 해당한다(대법원 2001. 4. 10. 선고 98도2250 판결).

2018년 4월 17일 법 개정으로 상점의 실내장식, 간판, 외부 디자인, 판매 · 서비스 제공방법 등 영업장소의 전체적 외관을 모방하는 행위를 금지하도록 영업장소 '트레이드드레스(trade dress)' 규정을 나목과 다목에 추가하였다. 이 개정은 '단팥빵 사건'에서 매장의 외부 간판 및 내부 인테리어, 매장 배치 등 영업의 종합적 이미지를 기존 부정경쟁방지법 제2조 제1호 차목에서 규정하는 '상당한 노력과 투자에 따라 구축한 성과물'로 보고, 영업의 종합적 이미지를 모방한 행위가 차목 부정경쟁행위에 해당한다고 판시한 사건을 계기로 '트레이드드레스(trade dress)'에 관해 명시적으로 규정한 것이다.

매장인테리어 보호 : 단팥빵 사건

<사건 개요>

원고는 2013.5. 서울역에서 'S단팥빵'이라는 상호로 단팥빵을 제조·판매하였는데, 천연발효종과 유기농밀을 사용하여 단팥빵 맛을 차별화하고, 매장 전면을 전체 개방하고 폭 전체에 매대를 설치하는 등 독특한 인테리어를 전략으로 큰 매출을 올렸다. 피고 A는 2013.5. 원고 단팥빵 가게에 제빵기능사로 입사하였다가 3개월 후 퇴사하였고, 2013.12. 피고 B와 서울 지하철 역사에서 'H단팥빵'이라는 상호로 단팥빵 매장을 열고 2014.5. 동일 상품을 판매하였다. 그 후 피고 B는 2014.5. 피고 A와의 동업관계를 청산하고, 2014.7.부터 기존 'H단팥빵'의 상호를 'I단팥빵'으로 변경하여 종전과 동일한 방식으로 단팥빵을 제조·판매하였다. 이에 대해 원고는 피고 A와 B를 상대로 부정경쟁방지법 위반을 이유로 부정경쟁방지 및 예방청구과 손해배상 청구를 하였다.

<법원 판결>

법원은 특정 영업을 구성하는 영업소 건물의 외관, 내부 디자인, 장식, 표지판 등 '영업의 종합적 이미지'는 그 개별 요소들로서는 관련 법률의 개별 규정으로 보호받지 못하더라도 그 개별 요소들의 전체 혹은 결합된 이미지는 부정경쟁방지법 제2조 제1호 (차)목이 규정하고 있는 '해당 사업자의 상당한 노력과 투자에 의하여 구축된 성과물'에 포함된다고 보았다. 원고가 창업 단계에서 상품 기획과 디자인 개발을 위하여 많은 노력을 들인 사정에 비추어 원고 매장의 종합적 이미지는 상당한 투자나 노력으로 만들어진 성과에 해당한다고 보았다.

법원은 피고들 매장의 표장의 형상, 간판 색상, 매장 전체의 배치나 구조가 원고 매장의 것과 유사하고, 피고 A가 원고 회사에서 퇴사한 뒤 얼마 지나지 않아 그 매장 운영을 시작한 점, 피고들 매장 개장 직전에 피고들 인테리어 직원에게 원고 매장 일부를 무단 촬영하도록 지시한 점, 일반 소비자들이 피고들 매장을 원고 매장의 지점으로 오인한 점 등을 종합하여 보면 피고들이 원고의 성과물을 무단으로 사용하여 원고의 경제적 이익을 침해하였다고 판단하였다(대법원 2016. 9. 21. 선고 2016다229058 판결; 서울고등법원 2016. 5. 12. 선고 2015나2044777 판결).

주지성

'국내에 널리 인식되었다'는 의미는 반드시 국내 전역에 걸쳐 모든 사람에게 주지되어 있음을 요하는 것은 아니다. 국내의 일정한 지역범위 안에서 거래자 또는 수요자들 사이에 알려진 정도로서 족하며, 널리 알려진 상표 등인지 여부는 사용기간, 방법, 태양, 사용량, 거래범위 등과 상품거래의 실정 및 사회통념상 객관적으로 널리 알려졌는지를 기준으로 한다. 실무적으로 주지성은 해당 표지의 독창성, 사용기간, 매출액, 판매량, 광고비 등을 종합적으로 고려하여 판단하며 소비자를 대상으로 한 설문조사도 자주 활용된다.

상표법 제6조 제1항 제3호의 기술적 표장과 같이 일반적으로 식별력이 없는 표지라도 그 표지가 오랫동안 사용되어 거래자나 일반 수요자들이 어떤 특정인의 상품임을 표시하는 것으로 널리 알려져 인식하게 된 경우에는 부정경쟁방지법 제2조 제1호 (가)목 에서 정한 "타인의 상품임을 표시한 표지(標識)"에 해당한다.

현저한 지리적 명칭 : 천안종로학원 사건

피고인은 1991.부터 1994.경까지 천안시에서 입시학원을 운영하면서 국내에 널리 인식된 피해자의 '종로학원'이라는 학원의 상호 및 영업표지와 동일 또는 유사한 표지를 사용하여 피해자의 영엉활동과 혼동을 일으키게 하였다는 이유로 기소되었다.

대법원은 '종로학원'은 현저한 지리적 명칭만으로 된 상표나 서비스표로서 상표법상 보호받지 못한다고 하더라도 그것이 오랫동안 사용됨으로써 거래자나 일반 수요자들이 어떤 특정인의 영업을 표시하는 것으로 널리 알려져 인식하게 된 경우에는 부정경쟁방지법이 보호하는 영업표지에 해당한다고 보았다. 그리고 유사한 영업표지를 사용함으로써 두 영업자의 시설이나 활동 사이에 영업상, 조직상, 재정상 또는 계약상 어떤 관계가 있는 것으로 오인될 경우 타인의 영업상 시설 또는 활동과 혼동을 일으키게 할 수 있으므로 부정경쟁행위에 해당한다(대법원 1999. 4. 23. 선고 97도322 판결).

동일·유사성

표지의 유사성은 두 개의 표지를 외관, 호칭, 관념 등의 점에서 전체적·객관적·이격적으로 관찰하고 구체적인 거래 실정상 일반 거래자나 수요자가 해당 표지에 대하여 느끼는 인식을 기준으로 하여 그 상품 또는 영업의 출처에 대한 오인·혼동을 일으킬 우려가 있는지를 판단한다. 여기서 '이격적 관찰'은 두 상표를 직접 놓고 유사 여부를 판단하는 것(대비적 관찰)이 아니라, 때와 장소를 달리하여 해당 표지를 접한 수요자의 불확실한 기억을 토대로 유사성을 판단하는 방법이다. 즉 두 개의 표지를 나란히 놓고 관찰했을 때는 양자의 차이점이 뚜렷이 발견될 수 있으나, 때와 장소를 달리하여 대비하면 경험칙상 상호 출처의 오인·혼동이 발생할 수 있다. 이 방법은 외관의 유사성을 판단할 때 중요하게 적용된다.

외관, 호칭, 관념 중 어느 하나가 유사하더라도 전체적으로 차이가 있어서 거래상 상품출처의 오인·혼동을 일으킬 염려가 없는 때에는 유사한 상표라고 할 수 없다. 반대로 각 요소에서 서로 다른 부분이 있어도 전체적으로 볼 때 일반수요자나 거래자가 오인·혼동을 일으키기 쉬운 경우에는 유사한 상표로 보아야 한다.

LYPRINOL(리프리놀) vs. Lipfeel/리프트머셀 사건

피고인들은 당시 인기를 끌던 홍합추출물 'LYPRINOL(리프리놀)'과 유사한 제품을 제조·판매하기로 하고 그 상표를 'Lipfeel'로 하고 그 글자 하단에 위 'LYPRINOL'에서 사용하는 물결문양을 그대로 사용하는 한편, 주식회사의 특허공법인 안정화공법 제조제품이라는 내용과 특허번호 등을 그대로 게재하여 판매하였다. 또한, 피고인들은 홍합을 단순동결건조하여 만든 건강보조식품인 리프트머셀을 수입·공급하면서 마치 위 공소외 1 주식회사의 특허공법인 안정화공법 등에 의해 생산되는 홍합오일로 만든

"LYPRINOL"과 같은 것인양 온라인 약국판매 쇼핑몰 사이트에 광고를 하면서 "리프트머셀(리프리놀)"이라고 게재하였다. 법원은 이러한 행위는 품질 오인을 일으킬 수는 있지만 가목 및 나목상의 '상품 및 영업표지의 유사성'은 부정하였다.

이 사건 상품표지 '리프리놀' 또는 'Lyprinol'과 피고인의 'Lypfeel', '리프트머셀'은 그 구성 부분을 전체적으로 비교 관찰하였을 때, 외관(문자표지)이 서로 다르고, 호칭은 그 음절수 등이 달라(4음절, 2음절) 서로 다르며, 관념은 둘 다 특별한 의미가 없는 조어이거나 일반적으로 알려진 단어가 아니라서(리프트머셀 : 입술 달린 홍합이라는 뜻) 관념을 대비할 수 없다. 따라서 피고인들의 상품표지는 이 사건 상품표지와 동종의 상품에 사용되더다도 일반 수요자나 거래자로 하여금 상품이나 영업의 출처에 관하여 오인·혼동을 일으키게 할 염려가 없으므로 서로 동일하거나 유사하다고 할 수 없다(대법원 2011. 1. 13. 선고 2008도4397 판결).

혼동

혼동하게 하는 행위는 상품 또는 영업표지 자체가 동일하다고 오인하게 하는 경우뿐만 아니라 국내에 널리 인식된 타인의 표지와 동일 또는 유사한 표지를 사용함으로써 일반 거래자나 수요자로 하여금 해당 표지의 주체와 동일·유사한 표지의 사용자 간에 자본, 조직 등에 밀접한 관계가 있다고 오인하는 경우도 포함한다. 이와 같이 타인의 표지와 혼동을 하게 하는 행위에 해당하는지 여부는 해당 표지의 주지성, 식별력의 정도, 표지의 유사 정도, 영업 실태, 고객층의 중복 등으로 인한 경업·경합관계의 존부 그리고 모방자의 악의(사용의도) 유무 등을 종합하여 판단하여야 한다(대법원 2014. 5. 16. 선고 2011다77269 판결).

혼동은 동일 또는 유사한 상표를 동종업에 사용할 경우 쉽게 발생한다. 그러나 다른 상품 또는 영업에 동일·유사 상표를 사용하더라도 상품표지의 주지성과 식별력의 정도, 표지의 유사도, 고객층의 중복 등으로 인한 경업·경합관계의 존부 그리고 모방자의 악의 유무 등을 고려하여 혼동이 인정될 수 있다.

BANG BANG, 뱅뱅 사건

'타인의 상품과 혼동을 하게 하는'이라는 의미는 상품의 출처가 동일하다고 오인하게 하는 경우뿐만 아니라 국내에 널리 인식된 타인의 상품표지와 동일 또는 유사한 표지를 사용함으로써 일반수요자나 거래자로 하여금 '당해 상품표지의 주체와 사용자 간에 자본, 조직 등에 밀접한 관계가 있지 않을까'라고 오신하게 하는 경우도 포함하며, 타인의 상품과 혼동을 하게 하는 행위에 해당하는 여부는 상품표지의 주지성과 식별력의 정도, 표지의 유사 정도, 사용태양, 상품의 유사 및 고객층의 중복 등으로 인한 경업·경합관계의 존부, 그리고 모방자의 악의(사용의도) 유무 등을 종합하여 판단하여야 할 것이다.

대법원은 피고인이 각종 "캐주얼의류 및 스포츠 의류" 등에 관하여 국내에 널리 인식된 피해자 회사의 상품표지인 "BANG BANG, 뱅뱅"과 동일·유사한 "BAENG, BAENG, 뱅뱅", "BANG BANG, 뱅뱅" 등의 표장을 부착한 악력기, 스텝퍼, 줄넘기, 훌라후프 등을 제조하여 판매한 행위는 타인의 상품과 혼동을 하게 하는 부정경쟁행위에 해당한다고 판단하였다(대법원 2007. 4. 27. 선고 2006도8459 판결).

TIP

진정상품의 병행수입과 부정경쟁행위

진정상품의 병행수입이란 '상표권자가 국내와 국외에서 동일한 상표를 각 국내법에 따라 등록한 경우 제3자가 국내의 상표권자 또는 전용사용권자의 허락 없이 외국에서 그 국내법에 따라 적법하게 상표를 부착하여 판매된 상품을 수입하여 판매하는 행위'를 말한다. 병행수입이 발생하는 이유는 동일한 상표를 부착한 상품이라고 하더라도 각국에서의 판매가격이 다르므로 값이 싼 국가에서 수입하여 값이 비싼 국가에서 판매한다면 많은 수익을 얻을 수 있기 때문이다.[2] 병행수입업자가 적극적으로 상표권자의 상표를 사용하여 광고·선전행위를 한 것이 실질적으로 상표권 침해의 위법성이 있다고 볼 수 없어 상표권 침해가 성립하지 아니한다고 하더라도, 그 사용 태양 등에 비추어 영업표지로써의 기능을 갖는 경우에는 일반 수요자들로 하여금 병행수입업자가 외국 본사의 국내 공인 대리점 등으로 오인하게 할 우려가 있으므로, 이러한 사용행위는 부정경쟁방지법 제2조 제1호 나목 소정의 영업주체 혼동행위에 해당되어 허용될 수 없다(대법원 2002.9.24.선고 99다42322, 대법원 2009.1.30. 선고 2008도7462).

대법원은 2002년도 버버리 제품의 병행수입에 관한 판결에서 매장 내부 간판, 포장지 및 쇼핑백, 선전광고물은 영업표지로 볼 수 없거나 병행수입업자의 매장이 마치 대리점인 것처럼 오인하게 할 염려가 없어 상품의 표장 사용이 허용되는 반면, 사무소·영업소·매장의 외부 간판 및 명함은 영업표지로 사용한 것이어서 상품 표장의 사용이 허용될 수 없다고 보았다. 2009년 나이키 제품의 병행수입사건에서도 대법원은 판매점의 외부에 설치된 현수막 등에 국내에 널리 인식된 나이키의 표장을 사용하여 영업한 것은 위 표장의 상표권자로부터 전용사용권을 부여받아 영업을 하는 주식회사 나이키 스포츠의 영업상의 시설 또는 활동과 혼동하게 하는 것으로서 허용될 수 없다고 판시하였다.

03. 저명표지의 식별력·명성 손상행위(다목)

> **다목**
>
> 가목 또는 나목의 혼동하게 하는 행위 외에 비상업적 사용 등 대통령령으로 정하는 정당한 사유 없이 국내에 널리 인식된 타인의 성명, 상호, 상표, 상품의 용기 · 포장, 그 밖에 타인의 상품 또는 영업임을 표시한 표지(타인의 영업임을 표시하는 표지에 관하여는 상품 판매 · 서비스 제공방법 또는 간판 · 외관 · 실내장식 등 영업제공 장소의 전체적인 외관을 포함한다)와 동일하거나 유사한 것을 사용하거나 이러한 것을 사용한 상품을 판매 · 반포 또는 수입 · 수출하여 타인의 표지의 식별력이나 명성을 손상하는 행위

다목은 '저명표지'의 식별력이나 명성을 손상시키는 소위 '희석화(dilution)'를 부정경쟁행위로 본다. 희석화는 크게 '식별력 손상(blurring)'과 '명성 손상(tarnishment)'으로 구분한다.

'식별력'을 손상하는 행위(blurring)는 특정한 표지가 상품표지나 영업표지로서 출처표시 기능을 손상 또는 약화하는 것을 의미한다. 그 예로서 고급 보석류를 상징하는 Tiffany를 세탁기 표지로 사용하거나, "viagra.co.kr" 홈페이지를 개설하고 생칡즙, 재첩국, 풀무원효소 등 건강식품을 판매하는 행위 등이 있다.

'명성'을 손상(tarnishment)하는 예로 "Enjoy Coca-Cola" 표지와 유사한 형태로 "Enjoy Cocaine"이라고 사용하는 경우, 비즈니스 클럽 상호로 "샤넬"을 사용하는 경우와 같이 저명한 표지를 저급하거나 비도덕적, 부정적 이미지를 가진 상품에 사용하여 좋은 이미지나 가치를 훼손하는 행위를 말한다.

여기서 '저명성'은 거래자나 수요자들 사이에 널리 알려진 주지성을 넘어 오랜 전통, 명성, 품질의 우수성으로 인하여 일반 공중에게 널리 알려진 것을 말한다.[3] 국내에서 저명성이 인정된 표지로는 루이비통(2018), 비아그라(2004), 버버리(2010) 등이 있다. 반면, 리모아 가방 형태(2016), 캘리백과 버킨백의 형태(2016) 등은 인정되지 못했다. 주지성 또는 저명성 취득 여부는 민사상 침해금지청구에서는 사실심변론 종결시를 기준으로, 형사사건에서는 침해행위시를 기준으로 판단한다.[4]

---

2) 이헌묵, 제3869호 법률신문, 2010.9.2.

3) 특허법원, 특허재판실무편람, 2002, 321면.

부정경쟁방지법 제2조제1호 가목 내지 다목에서 '국내에 널리 인식된'이라는 공통된 표현을 사용하고 있으나, 저명상표 등에 관한 다목의 "국내에 널리 인식된"이라는 표현은 주지의 정도를 넘어 저명성을 갖춘 것으로서 출처혼동이나 상업적 사용의 존부와 관계없이 보호해 줄 가치가 있는 것을 말한다(대법원 2004. 5. 14. 선고 2002다13782 판결). 따라서 다목은 가목과 나목에서 요구하는 출처 혼동가능성이나 당사자 사이의 경쟁관계 등이 없더라도 적용될 수 있다.

버킨백 vs. 프린트백 사건

버킨백 형태와 켈리백 형태는 장기간에 걸쳐 원고의 상품(핸드백)으로 계속적·독점적·배타적으로 사용되어 옴으로써, 그 상품형태가 갖는 차별적 특징(구체적으로 보면, 전면부와 측면부의 모양, 손잡이와 핸드백 몸체 덮개의 형태, 벨트 모양의 가죽 끈과 링 모양의 고정구 등이 함께 어우러져 독특한 디자인적 특징을 이루고 있다)이 일반 수요자들 사이에 특정의 상품 출처로서의 식별력을 갖추게 되었을 뿐만 아니라, 더 나아가 특정 출처의 상품임을 연상시킬 정도로 현저하게 개별화된 정도에 이르러, 핸드백 상품과 관련하여 '주지성'을 취득하였다고 할 수 있다.

다만, ① 버킨백과 켈리백의 국내 소비자가격은 1,000만 원 이상으로 고급 명품 핸드백 중에서도 매우 고가에 해당하여 일반 공중이 이를 접하거나 구매하기가 쉽지 않아 보이는 점, ② 이들 제품은 원고 에르메스의 프랑스 현지 공장에서 수작업으로 제작되는데, 버킨백의 경우 그 생산량이 연간 700~800개에 불과하여 그 구입을 위해서는 대기자 명단에 이름을 올린 후 1~3년을 기다려야 하기도 하고, 또한 원고 에르메스코리아는 2013년경 버킨백과 켈리백의 생산량이 VIP 고객들의 수요를 충당하기에도 모자라 대기자 명단을 아예 없애기도 한 점 등에 비추어 보면, 버킨백 형태와 켈리백 형태가 갖는 차별적 특징이 관계 거래자 이외에 일반 공중의 대부분에까지 특정 출처의 상품임을 연상시킬 정도로 현저하게 개별화되기에 이르렀다고(저명성) 보기에는 무리가 있다(서울고등법원 2016. 1. 28. 선고 2015가합549354 판결).

---

4) 헌법 제12조 제1항 후문에서 선언한 죄형법정주의의 원칙에 의하여 형벌법규는 법률이 처벌하고자 하는 행위가 무엇이며 그에 대한 형벌이 어떠한 것인지를 일반인 누구나 예견할 수 있고 그에 따라 자신의 행위를 결정할 수 있도록 구성요건이 명확하게 규정될 것이 요구되고, 헌법 제13조 제1항에서 선언한 형벌불소급 원칙에 의하여 범죄의 성립과 처벌은 행위시의 법률에 의하여야 하기(형법 제1조 제1항) 때문이다(서울동부지방법원 2004. 7. 15. 선고 2003고단3650 판결).

04. 원산지, 출처지, 상품사칭·품질 오인행위(라목~바목)

라목~바목

라. 상품이나 그 광고에 의하여 또는 공중이 알 수 있는 방법으로 거래상의 서류 또는 통신에 거짓의 원산지의 표지를 하거나 이러한 표지를 한 상품을 판매 · 반포 또는 수입 · 수출하여 원산지를 오인(誤認)하게 하는 행위

마. 상품이나 그 광고에 의하여 또는 공중이 알 수 있는 방법으로 거래상의 서류 또는 통신에 그 상품이 생산 · 제조 또는 가공된 지역 외의 곳에서 생산 또는 가공된 듯이 오인하게 하는 표지를 하거나 이러한 표지를 한 상품을 판매 · 반포 또는 수입 · 수출하는 행위

바. 타인의 상품을 사칭(詐稱)하거나 상품 또는 그 광고에 상품의 품질, 내용, 제조방법, 용도 또는 수량을 오인하게 하는 선전 또는 표지를 하거나 이러한 방법이나 표지로써 상품을 판매 · 반포 또는 수입 · 수출하는 행위

원산지 오인행위(라목)

라목은 거짓의 원산지를 표시하는 행위를 규율한다. 원산지는 상품이 채취·생산·제조 또는 가공된 지역을 말한다. 원산지는 상품의 품질이나 가치를 나타내므로 이를 허위로 표시하는 것은 소비자를 기만하거나 안전을 위협할 수도 있다. 원산지 허위표시는 원산지를 사실과 다르게 표시하는 것을 말한다. '안동삼베 사건'과 같이 상품의 특성상 완성된 상품의 원산지뿐만 아니라 상품원료의 원산지가 중요한 경우에는 그 원료의 원산지를 허위로 표시하는 것도 라목에 저촉된다.

라목에서 말하는 '거래상 서류 또는 통신'에는 주문서, 송장, 영수증, 견적서 등을 의미하고 통신은 전기통신의 방법에 따른 표시를 말한다.

안동삼베 사건

피고인은 중국에서 대마(삼베) 원사를 수입하여 수의를 제조·판매하였는데, 중국 삼베원사로 만든 제품에 안동삼베 특품 수의포장상자 전면 및 사방측면에 "신토불이, 안동삼베 특품", 안동삼베 1품, 2품, 안동삼베명주 1품, 2품 수의 포장상자의 사방측면에 '안동삼베, 안동삼베 1품, 2품, 국내 최초 100% 대마(삼베)사 개발'이라고 표시하고, 수

의를 담은 상자에 "안동포 인간문화재 1호"라는 제명으로 인간문화재 사진과 품질포증서를 담아서 제공하였다. 이에 피고인의 행위는 국내 안동에서 생산한 삼베로 만든 수의인 것처럼 원산지를 오인하게 할 우려가 있다는 이유로 기소되었다.

대법원은 라목에서 '허위의 원산지의 표시'라고 함은 반드시 완성된 상품의 원산지만에 관한 것은 아니고, 거래통념에 비추어 상품 원료의 원산지가 중요한 의미를 가지는 때에는 그 원료의 원산지를 허위로 표시하는 것도 포함한다고 보았다. 이 사건 수의 제품의 포장상자에 "身土不二, 안동삼베", "국내 최초 100% 대마(삼베)사 개발" 등을 표시하고, 또한 상자 안에 "안동포 인간문화재 1호"에 관한 품질보증서를 넣은 것은 일반 수요자나 거래자로 하여금 이 사건 수의가 안동에서 생산(재배)된 대마(삼)로 만든 수의인 것처럼 삼베 원사의 원산지를 허위로 표시하여 원산지의 오인을 일으키게 하는 행위로 봄이 상당한다고 하였다(대법원 2002. 3. 15. 선고 2011도5033 판결).

출처지 오인행위(마목)

마목은 출처지에 대한 오인행위를 규율한다. 즉 상품이나 그 광고에서 생산 장소 등과 다른 곳에서 생산 등을 한 듯이 오인하게 하는 표지를 사용하면 마목을 위반하는 것이다. 여기서 '출처지'란 생산지, 제조지, 가공지를 의미하는 것으로 앞서 라목의 원산지보다도 넓은 개념이라 할 수 있다. 따라서 마목이 라목에 비하여 상대적으로 적용범위가 넓다.

출처지 오인행위는 타인의 성과를 도용하거나 모용하는 것이 아니라 그 자체로써 소비자를 기만하는 행위이므로 마목은 그러한 오인행위로부터 소비자의 정당한 이익을 보호하는 것이다. 마목은 라목과 달리 거짓 여부를 따지지 않고 출처지 표시를 사실과 다르게 하여 혼동을 일으키게 하는 행위를 부정경쟁행위로 본다.

'오인을 일으킨다'는 것은 거래상대방이 실제로 오인에 이를 것을 요하는 것이 아니다. '일반적인 거래자', 즉 평균인의 주의력을 기준으로 거래관념상 사실과 다르게 이해될 '위험성'이 있음을 뜻하며, 이러한 오인을 일으키는 표지에는 직접적으로 상품에 관하여 거짓의 표시를 하는 것은 물론, 간접적으로 상품에 관하여 오인을 일으킬 만한 암시적 표시를 하는 것도 포함된다.

초당두부 사건

피고인은 화성시 소재 공장에서 두부제품을 생산하면서 그 상표에 '초당두부', '초당순두부'등의 표지를 사용한 것은 마목의 출처지 오인행위에 해당한다는 이유로 기소되었다. 우선, 대법원은 두부제품에 '초당'이라는 명칭을 포함하는 표지를 사용하기 이전에 이미 '초당'이라는 명칭이 다른 지방에서 생산되는 두부와는 달리 바닷물을 직접 간수로 사용하여 특별한 맛을 지닌 두부를 생산하는 강릉시 초당마을을 나타내는 지리적 명칭으로서 널리 알려졌을 뿐, 두부에 관하여 보통명칭이나 관용표장으로 된 것은 아니므로, '초당'이 부정경쟁방지법 제2조 제1호 (마)목이 정한 상품을 생산, 제조 또는 가공하는 지역의 명칭에 해당한다고 하였다.

그리고 피고인은 "초당"이라는 명칭을 초당 이외의 지역에서 생산하는 두부에 음각으로 새겨 표시하고, 운반용기와 비닐포장에도 표시하였다. 비록 낱개로 판매하는 두부 포장에 작은 글씨로 '업소명' 및 소재지로서 '경기도 화성시'를 표시하였나 이는 식품의약품안전청 고시 기준에 따라 소재지를 표시한 것에 불과하여 이를 표시였다고 하여 곧바로 일반수요자들이 생산 또는 가공된 지역에 관하여 오인을 일으킬 가능성이 없다고 단정할 수 없고, 일반적인 주의력을 가진 소비자들이라면 두부제품을 구입 때 그 제조원의 소재지까지 확인한다고 단정하기 어려움 점 등을 고려하면 (마)목에 해당한다고 판시하였다(대법원 2006. 1 .26. 선고 2004도5124 판결).

상품사칭·품질 등 오인행위(바목)

바목은 타인의 상품을 사칭(詐稱)하거나, 품질·내용·제조방법·용도 또는 수량을 오인하게 하는 표시를 하는 행위를 규율한다. 바목은 진정한 표시를 하여 거래하는 사업자의 고객을 부당하게 유인하거나 탈취하려 행위를 금지한다.

여기서 '사칭'은 타인의 상품을 자기의 상품인 것처럼 소비자를 속이는 것을 말한다. 바목의 '사칭'은 '자신이 제조한 상품을 타인이 제조한 상품인 것처럼 표시하여 판매하는 것으로, 이를 확장해석하여 '타인이 제조한 상품을 자신이 제조한 상품인 것처럼 표시하여 판매하는 경우'도 포섭될 수 있다는 견해도 있다(부산지방법원 2016. 6. 30. 선고 2015노4546 판결).

'상품의 광고에 상품의 품질, 내용 또는 수량에 오인을 일으키게 하는 선전'을 한다는 것은 상품광고를 함에 있어 허위광고나 과대광고 등과 같이 상품의 품질 등에 오인을 일으키는 표시 등을 하는 경우를 말한다.

그런데 바목은 상품 사칭만을 규율하고 있는데, 상품 외에 서비스나 영업 사칭은 포함하고 있지 않아 입법적인 해결이 필요하다고 본다.

타사 제품사진을 활용한 광고 사건

피고인은 피해자가 생산하는 자주색 2극매입콘센트를 자신이 생산한 제품인 것처럼 사진을 찍어 팜플렛으로 인쇄하여 배포하였고, 이러한 피고인의 행위가 바목의 부정경쟁행위에 해당한다는 이유로 기소되었다.

대법원은 비록 타인의 상품을 자기의 상품인 것처럼 팜플렛으로 인쇄하여 배포하였더라도 자기상품의 품질 등에 관하여 아무런 표시를 하지 않았다면 이는 동호 전단 소정의 "타인의 상품을 사칭"하는 경우에 해당할 뿐 "상품의 품질 등에 오인을 일으키게 하는 선전"을 한 경우에는 해당하지 않는다고 보았다. 원심이 피고인의 행위를 "상품의 품질 등에 오인을 일으키게 하는 선전"을 한 경우에 해당한다고 판단한 것은 위와 같은 법리를 오해한 것이어서 위법하다 할 것이나, 피고인의 행위는 "타인의 상품을 사칭"한 경우의 범죄를 구성할 뿐 양죄는 그 죄질이 동일하여 동일 법조에서 처벌되고 있으므로 원심의 위와 같은 위법이 판결 결과에는 영향을 미치지 않는다고 하였다(대법원 1989. 6. 27. 선고 87도1565 판결).

05. 상표권자 대리인의 상표 무단사용행위(사목)

사목

다음의 어느 하나의 나라에 등록된 상표 또는 이와 유사한 상표에 관한 권리를 가진 자의 대리인이나 대표자 또는 그 행위일 전 1년 이내에 대리인이나 대표자이었던 자가 정당한 사유 없이 해당 상표를 그 상표의 지정상품과 동일하거나 유사한 상품에 사용하거나 그 상표를 사용한 상품을 판매·반포 또는 수입·수출하는 행위

(1) 「공업소유권의 보호를 위한 파리협약」(이하, "파리협약"이라 한다) 당사국

(2) 세계무역기구 회원국

(3) 「상표법 조약」의 체약국(締約國)

사목은 외국 상표권자의 국내 대리점, 국내 총판 등 대리인이나 대표자가 해외 상표와 동일·유사한 상표를 사용하여 상품을 판매하는 행위를 방지하기 위한 것이다. 일반적으로 기업이 해외 진출 시에 해당 지역의 거점 대리점 등을 통해 사업을 전개하는데, 사목은 국내 사정을 잘 아는 대리점이 신의칙에 반하여 해당 상표를 사용하거나 해외 상표권자보다 먼저 국내에서 상표등록을 하는 것을 제한하기 위한 것이다. 따라서 사목의 적용을 받는 자는 대리인, 대표자 외에 독점 유통업자도 포함한다.

이는 파리협약을 국내에 수용하고, 상표법조약 및 WTO 지식재산권 협정상 이행의무를 고려하여 공정한 국제거래질서를 확립하기 위한 규정이다. 즉 외국에서 유명한 상표라 하더라도 국내에서 아직 주지·저명성을 취득하지 못했다면 가목~다목에 의한 보호는 받기 어렵다. 국내에서 널리 알려지기까지는 일정한 시간이 소요될 수 있기 때문이다.

사목은 상표법의 속지주의적 성격(등록된 상표에 관한 상표권은 등록된 국가에만 그 효력이 미치는 원칙)에도 불구하고, 예외를 두어 그 효력 범위를 확대하여 국제적인 부정경쟁을 방지하기 위한 것이다. 그러나 대리인 등과의 관계가 종료된 이후에도 과도하게 장기간 대리인 등의 사업활동을 구속하는 것은 부당하므로 관계 종료 후 1년간은 대리인 등이 상표사용을 할 수 없도록 한계를 설정하였다.

YES! 상표 사건

채권자는 'yes! Golf'라는 영업표지를 사용하면서 'YES!' 또는 라는 상표로 퍼터 등의 제품을 제조·판매하는 미국법인으로, 2006.4.1. 채무자와 사이에 계약기간을 2006.4.1. ~ 2009.3.31.까지로 정하여 1차 계약을 체결하고, 2009.4.1. 다시 2009.4.1. ~ 2012.3.31.까지로 하는 2차 계약을 체결하였다. 그러나 채권자는 2010.1.24. 채무자가 채권자의 지식재산권을 침해하고 라이선스 수수료를 지급하는 않는다는 사유로 계약해지를 통지하였다.

한편, 채무자 회사 대표이사는 국내에 골프퍼터 등을 지정상품으로 하여 , , 'YES!'와 같은 상표를 출원·등록하였고, 위 상표가 부착된 퍼터 및 포장상자

등을 생산·판매하였다. 이에 채권자는 채무자는 (사)목이 정한 채권자의 '대리인이나 대표자'에 해당하므로 채무자가 위와 같이 등록된 상표들과 동일 또는 유사한 표장을 사용하여 퍼터 등을 제조·판매하는 행위는 부정경쟁행위에 해당한다는 이유로 표장사용 금지 가처분을 신청하였다.

법원은 (사)목에 대하여 상표에 관하여 권리자와 대리인 또는 대표자의 관계에서의 신뢰관계의 파괴를 방지하고자 과거의 대리인 또는 대표자에 있던 자의 행위를 규제하는 한편, 대리인 또는 대표자의 관계가 종료된 이후에도 과도하게 장기간 그들의 사업활동을 구속하는 것이 가혹하다는 취지에서 '그 행위를 한 날로부터 1년'이라는 제한을 둔 것이라고 설명하였다.

이 사건 채권자와 채무자 사이의 대리점 관계는 채권자의 해지의 의사표시에 따라 2010년 1월에 종료된 사실이 인정되고, 그로부터 1년이 경과하였음이 명백하므로 채무자가 현재 이 사건 퍼터 등을 제조판매하고 있더라고 (사)목 규정에서 요구하는 '그 행위를 한 날로부터 1년 이전의 대리인이나 대표자'라고 할 수 없다고 판시하였다(서울고등법원 2011. 10. 27. 자 2011라1080 결정).

06. 도메인이름의 부당취득행위(아목)

> **아목**
>
> 정당한 권원이 없는 자가 다음의 어느 하나의 목적으로 국내에 널리 인식된 타인의 성명, 상호, 상표, 그 밖의 표지와 동일하거나 유사한 도메인이름을 등록 · 보유 · 이전 또는 사용하는 행위
>
> (1) 상표 등 표지에 대하여 정당한 권원이 있는 자 또는 제3자에게 판매하거나 대여할 목적
> (2) 정당한 권원이 있는 자의 도메인이름의 등록 및 사용을 방해할 목적
> (3) 그 밖에 상업적 이익을 얻을 목적

도메인이름이란

도메인이름은 인터넷에서 호스트컴퓨터의 주소에 해당하는 숫자로 된 주소(Internet protocol address)를 사용하기 쉽도록 문자로 변환하여 쉽게 표시한 것을 말한다. 예를 들면, 특허청의 IP주소는 "10.133.102.51"이고, 웹브라우저에 표시되는 도메인이름은 "www.kipo.go.kr"(go:정부기관, kr:한국)이다. 앞서 살펴

본 상표는 상품출처 표시라는 기능을 갖지만, 도메인이름은 인터넷상에서 호스트컴퓨터의 장소표시라는 본연의 기능에서 출발하였다. 그러나 전자상거래가 발달한 오늘날의 도메인이름은 상표처럼 상품·서비스의 출처표시 기능을 하게 되면서 기존의 상표권자와의 분쟁이 늘어나고 있다.

도메인이름 vs. 상표권

상표권은 '속지주의'가 적용되므로 국가별로 상표 등록을 하면 동일한 상표가 여러 국가에 동시에 존재할 수 있다. 한편, 국경이 따로 없는 인터넷에서 사용되는 도메인이름은 다른 국가에 등록된 상표와 동일·유사한 도메인이름을 국내에 등록하더라도 그 국가의 상표권을 침해하는 것은 아니다. 예를 들면, ABC라는 단어가 포함된 상표 또는 상호를 사용하고 있는 회사는 전 세계에 수도 없이 많을 것이다. 그런데 도메인이름인 'ABC.com'은 전 세계에 몇 개나 될까? 단 하나이다. 이와 같이 도메인이름은 희소성으로 인해 동일·유사한 상표를 소유하고 있는 세계 각국의 상표권자들로부터 항상 공격의 대상이 되고 있다. 그렇다면, 어떤 경우에 도메인이름 보유자가 상표권을 침해하게 되는 것일까?

도메인이름은 먼저 등록한 사람에게 우선권을 부여하는 선등록주의(first come, first serve)를 취하고 있다. 그런데 이 원칙을 악용하여 타인의 상표가 지니는 신용으로부터 부당한 경제적 이익을 획득할 목적으로 유명 상표와 동일·유사한 도메인이름을 선등록하고 전매하는 행위를 하는 경우가 있는데, 이를 '사이버스쿼팅(Cybersquatting, 무단 점유)'이라고 한다. 「인터넷주소자원에 관한 법률」은 이러한 행위를 금지하고(동법 제12조), 「부정경쟁방지법」도 국내에 널리 알려져 있는 '주지상표'와 동일·유사한 도메인이름을 전매하거나 상표권자의 도메인이름 등록을 방해할 목적으로 도메인이름을 등록·보유하는 행위를 부정경쟁행위로 보고 있다.

2000년대 초 사이버스쿼팅 폐해가 심각했다. 사이버 스쿼터(Cyber Squatter)는 수십 개에서 수백 개의 도메인이름을 선점하고, 전매를 통해 큰 이득을 취하는 사례가 빈번하였다. 1994년에 미국 'wallstreet.com' 도메인이름을 70달러에 매입한 사람이 1999년에 1백만 달러에 양도한 사례가 있었고, 1998년에는 세계적 정유회사인 엑슨과 모빌이 합병하면서 'exxonmobil.com' 도메인이름을 거액에 양수한 사례도 있다. 국내에서는 2000년 1월 삼보컴퓨터 계열의 두루넷이 'korea.com'을 5백만 달러에 매입하였다.

부정경쟁방지법과 인터넷주소자원에 관한 법률

부정경쟁방지법은 2004년 1월 20일 개정을 통해 국내에 널리 인식된 타인의 성명, 상호, 상표 등에 관한 도메인이름을 부정한 목적으로 선점하는 행위를 금지하고 있다(동법 제2조 제1호 아목). 즉, 정당한 권원이 없는 자가 ① 상표 등 표지에 대하여 정당한 권원이 있는 자 또는 제3자에게 판매하거나 대여할 목적으로, ② 정당한 권원이 있는 자의 도메인이름의 등록 및 사용을 방해할 목적으로, 또는 ③ 그 밖에 상업적 이익을 얻을 목적으로 국내에 널리 인식된 타인의 성명, 상호, 상표, 그 밖의 표지와 동일하거나 유사한 도메인이름을 등록·보유·이전 또는 사용하는 행위는 부정경쟁행위에 해당한다.

도메인이름과 상표·성명 등과 유사 여부는 앞서 상표권 부분에서 설명한 판단기준과 유사한 기준을 적용하여 판단한다. 도메인이름을 구성하는 문자·호칭의 사소한 차이, 흔한 오타 등을 고려할 때 도메인이름이 상표 등과 실질적으로 유사하다면 유사성이 인정된다.

도메인이름 관련 사건에서 피해자는 아목 외에도 가목~다목 위반을 같이 주장하기도 한다. 즉 가목과 나목에 따라 국내에 널리 인식된 타인의 성명·상호·상표 등 표지와 동일 또는 유사한 도메인이름을 사용하여 타인의 상품과 혼동을 일으키게 하거나(상품주체 혼동행위), 또는 국내에 널리 인식된 타인의 성명·상호·표장 등 표지와 동일 또는 유사한 도메인이름을 사용하여 타인의 영업상 시설 또는 활동에 혼동을 일으키게 하는 행위(영업주체 혼동행위)를 하면 이 법이 적용될 수 있다. 아울러 다목에 따라 도메인이름의 사용이 출처의 혼동을 야기하지 않더라도 저명상표의 식별력이나 명성을 손상시키는 행위(희석화)를 하면 이 법의 제재를 수 있다.

도메인이름 사용이 이러한 부정경쟁행위에 해당하여 자신의 영업상의 이익이 침해되거나 침해될 우려가 있다고 인정하는 자는 법원에 도메인이름의 사용금지, 등록말소, 예방조치 등의 청구를 할 수 있다(동법 제4조 제1항, 제2항)[5]. 또한, 고의 또는 과실에 의한 부정경쟁행위로 인하여 영업상의 이익을 침해받은 자는 손해배상을 청구할 수 있으며(동법 제5조), 영업상의 신용을 실추당한 경우에는 손해배상 등 영업상의 신용회복에 필요한 조치를 청구할 수 있다(동법 제6조). 또한, 동법 제2조 제1호 가목, 나목, 다목에 해당하는 행위를 한 경우에는 형사제재를 받을 수 있다. 다만 아목 행위는 형사처벌에서 제외된다.

한편, 인터넷주소자원에 관한 법률 제12조 제1항에서 "누구든지 정당한 권원이 있는 자의 도메인이름 등의 등록을 방해하거나 정당한 권원이 있는 자로부터 부당한 이득을 얻을 목적으로 도메인이름 등을 등록하여서는 아니된다."고 규정하여 부정한 목적의 도메인이름 등록을 금지하고 있다.

양 법률의 차이점으로 부정경쟁방지법은 도메인이름이 국내에 널리 인식된 타인의 성명, 상호, 표장 기타 타인의 상품이나 영업임을 표시하는 표지일 것(표지의 주지성)을 요구하는 반면, 인터넷주소자원법은 일반적인 사이버스쿼팅을 규제대상으로 하고 있다. 또한, 부정경쟁방지법은 그 적용범위를 일반최상위도메인이름(gTLD: .com, .net, .biz) 및 국가최상위도메인이름(ccTLD: kr, .jp, .cn, .us 등) 모두에 적용되는 반면, 인터넷주소자원법은 국가최상위도메인이름(.kr)에 그 적용범위를 한정하고 있다.

아목 위반 도메인이름에 대한 구제조치 중 하나로 '등록말소'가 가능하다. 그렇다면, 피해자는 도메인이름에 대한 '이전등록'을 요구할 수 있을까? "Hertz

5) 부정경쟁방지법 제4조(부정경쟁행위의 금지청구권 등) ① 부정경쟁행위로 자신의 영업상의 이익이 침해되거나 침해될 우려가 있는 자는 부정경쟁행위를 하거나 하려는 자에 대하여 법원에 그 행위의 금지 또는 예방을 청구할 수 있다.
② 제1항에 따른 청구를 할 때에는 다음 각 호의 조치를 함께 청구할 수 있다.
1. 부정경쟁행위를 조성한 물건의 폐기
2. 부정경쟁행위에 제공된 설비의 제거
3. 부정경쟁행위의 대상이 된 도메인이름의 등록말소
4. 그 밖에 부정경쟁행위의 금지 또는 예방을 위하여 필요한 조치

사건"에서 법원은 "herts.com" 도메인이름이 자동차 임대업 등으로 국내에서 널리 인식되어 주지성을 취득한 세계 최대 차량임대회사의 저명 등록상표인 "hertz"와 발음이 동일하고, 외관도 알파벳 철자 하나만 다를 뿐 거의 동일하여 전체적으로 유사하며, 해당 도메인이름의 등록・보유도 부정한 목적에 의해 이루어졌다고 보아 아목의 부정경쟁행위에 해당한다고 판단하였다(광주지방법원 2008. 7. 17. 선고 2007가합11141 판결).

이 법원은 도메인이름의 이전등록은 등록말소에 버금가는 강력한 조치인데, 부정경쟁방지법 제4조 제2항 제3호에서 '등록말소'만을 규정하고 있을 뿐 명시적으로 '이전등록'을 규정하고 있지 않으며, 주지・저명한 상표 등의 표지를 보호하기 위하여 도메인이름의 사용금지나 등록말소만으로도 충분함에도 이전등록까지 인정하는 것은 목적과 수단의 비례, 보충성의 원칙에 반하하며, 만약 하나의 도메인이름에 관하여 다수의 권리자가 이전등록을 청구할 경우 누구에게 우선권을 부여하여야 할 것인지를 결정하기 어려운 점 등을 들어 아목 행위의 금지 효과로서 부정경쟁행위의 대상이 된 도메인이름의 이전등록청구권까지 인정된다고 볼 수 없다고 판시하였다.

TIP

도메인이름 분쟁의 해결방법

도메인이름분쟁은 부정경쟁방지법, 상표법 위반 등을 들어 법원의 소송을 통해 해결할 수도 있으나, 무국경성의 특성을 가진 도메인이름 관련 분쟁의 당사자는 외국 사업자가 많아 준거법과 재판관할권 선택의 어려움이 존재한다. 사법적 절차는 상당한 시일이 소요되고 상표권을 침해한 도메인이름 사용자에 대해 금지, 등록말소, 손해배상 외에 해당 도메인이름을 자신에게 이전할 것을 청구할 절차가 없는 단점이 있다.
이에 WIPO는 악의적 도메인이름 등록을 방지하기 위하여 강제적인 행정절차를 둘 것을 ICANN(국제인터넷주소관리기구)에 권고하였고, 1999년 8월 ICANN은 신속하고 경제적으로 분쟁해결을 위한 통일도메인이름분쟁해결정책(Uniform Domain Name Dispute Resolution Policy, UDRP)을 마련하였다. ICANN이 등록을 관장하고 있는 '일반최상위도메인(gTLD)' 관련 분쟁에는 UDRP과 절차규칙을 적용한다. 또한 ICANN의 승인을 받은 gTLD 분쟁조정기관으로 WIPO 중재조정센터, 전미중재원(National Arbitration Forum, NAF), 아시아도메인이름분쟁조정센터(Asian Domain Name Dispute Resolution Centre, ADNDRC) 등이 있다. 국내에는 한국인터넷진흥원 내 '인터넷주소분쟁조정위원회(www.idrc.or.kr)'가 kr도메인과 관련된 분쟁조정 서비스를 제공하고 있다.

상표법과의 관계

상표법 제108조에서 상표권 침해로 보는 행위를 규정하고 있다. 즉, 상표권자 이외의 자가 정당한 권한 없이 등록상표와 동일 또는 유사한 상표를 그 지정상품과 동일 또는 유사한 상품에 사용하는 행위는 침해가 된다. 또한, 타인의 등록상표와 동일 또는 유사한 상표를 그 지정상품과 동일 또는 유사한 상품에 사용하거나 사용하게 할 목적으로 교부·판매·위조·모조 또는 소지하는 예비적 행위도 상표권 침해에 해당한다. 따라서 도메인이름을 등록하여 사용하는 것이 상표법상 상표권 침해에 해당되기 위해서는 상표권자는 일반적으로 ① 침해된 상표가 등록된 상표일 것, ② 상표가 동일 또는 유사할 것, ③ 상표의 사용행위[6]가 있을 것, ④ 사이트에서 취급하는 상품이 인용 상표의 지정상품이나 서비스와 동일 또는 유사할 것 등을 입증해야 한다.

샤넬 도메인이름 사건

도메인이름에 관한 국내 최초의 판례인 'chanel.co.kr'사건은 유명상표의 명칭을 제3자가 인터넷 도메인이름으로 등록받아 사용할 경우 그 같은 사용이 인터넷 이용자에게 영업주체의 혼동을 줄 수 있다면 그러한 사용행위는 부정경쟁행위로서 금지되어야 하며 나아가 도메인이름의 등록 자체를 말소해야 한다는 판결이다.

피고는 'chanel.co.kr' 도메인이름으로 인터넷 쇼핑몰을 개설하고 콘돔, 속옷 등 성인용품과 프랑스 샤넬사에서 판매하는 '페로몬 향수' 등을 판매하고, 회사이름을 "샤넬인터내셔널"이라고 표시하고 홈페이지 곳곳에 'SHANEL'명칭을 사용하였다. 이에 프랑스 샤넬사가 당해 도메인이름의 사용금지와 말소를 청구하자, 법원은 '샤넬(chanel)'이 국내의 유명상표에 해당하고, 이를 등록자가 홈페이지에 사용하여 소비자로 하여금 영업주체를 혼동시킬 수 있게 하였다는 이유로 부정경쟁방지법에 의하여 프랑스 샤넬사에게 승소판결을 내렸다(서울지방법원 1999. 10. 8. 선고 99가합41812 판결).

---

6) 상표법 제2조 제1항 제11호에서 "상표의 사용"이라 함은 가. 상품 또는 상품의 포장에 상표를 표시하는 행위, 나. 상품 또는 상품의 포장에 상표를 표시한 것을 양도 또는 인도하거나 그 목적으로 전시·수출 또는 수입하는 행위, 다. 상품에 관한 광고·정가표·거래서류·간판 또는 표찰에 상표를 표시하고 전시 또는 반포하는 행위를 말한다.

Viagra 도메인사건

이 사건은 viagra.co.kr 도메인 네임을 등록하여 생칡즙, 칡수 등을 팔고 있는 쇼핑몰 운영자에 대해 성기능장애 치료제로 유명한 '비아그라'의 제조업체인 미국기업이 도메인이름 말소와 사용금지를 청구한 사건이다.

법원은 도메인이름 등록자가 판매한 칡즙 등은 건강식품으로서 의약품인 비아그라와는 전혀 다른 상품이어서 상표권 침해행위가 되지 않는다고 판단하였다. 또한, 칡즙 등을 판매할 때 제조원을 따로 명시하고 있고 그 효과도 숙취해소 등 발기불능 문제와 전혀 상관이 없으며, 외국계 기업이 칡즙을 판매하는 것은 일반인들이 보기에 이례적이라는 이유로 영업주체를 혼동시킬 위험을 초래하지 않았다면서 도메인 등록자의 주장을 받아들였다.

그러나 이러한 판결은 이후 개정된 부정경쟁방지법에 의해 기존의 영업주체 혼동행위 외에도 유명상표의 식별력이나 명성을 손상시키는 행위도 부정경쟁행위로 인정되므로 전혀 다른 상품, 업종 간에도 식별력을 손상시키거나 유명상표를 도메인이름으로 등록하여 명성을 손상시키는 경우(음란물사이트 운영 등)에는 부정경쟁행위에 해당될 수 있다(서울지방법원 1999. 10. 28. 선고 99가합8863 판결).

seiko.co.kr 사건

피신청인이 신청인의 정품시계의 판매 및 수리 서비스를 위하여 이 사건 도메인이름을 등록하여 웹사이트를 개설 운영한 사안에서 조정부는 다음과 같이 판단하였다.[7] 이 사건의 도메인이름의 사용의 그 상품 및 영업과의 혼동 여부 판단 부분을 보면, 피신청인이 이 시계의 판매 및 수리 서비스를 위하여 개설한 웹사이트가 이 사건의 도메인이름을 사용하고 이 사건의 도메인이름의 요부가 신청인의 상호 및 상표인 'SEIKO'로 되어 있다는 점에서 부정경쟁방지법 제2조 제1호 나목에 따른 신청인의 영업과 피신청인의 영업 사이에 상당한 혼동이 있는 것으로 판단된다.

또한, 이 사건의 도메인이름의 사용이 신청인의 표지에 대한 식별력이나 명성을 손상하는지 여부와 관련하여 신청인의 상호 및 상표인 'SEIKO'는 신청인이 많은 시간과 비용을 투자하여 사업활동을 영위한 결과로 소비자들 사이에 널리 인식되게 되었고, 고유의 식별력과 명성을 가지게 된 것으로 인정된다. 피신청인이 이러한 신청인의 표지 SEIKO를 이 사건의 도메인이름에 사용하여 피신청인의 사업에 이용하는 행위는 부

7) 인터넷주소분쟁조정위원회 조정사건 D2006-A005 seiko.co.kr.

정경쟁방지법 제2조 제1호 다목에 따라 소비자로 하여금 피신청인의 사업 활동이 신청인과 연관이 있는 것으로 오인하게 할 가능성을 발생시켜 신청인의 저명상표가 가지고 있는 식별력을 현저히 약화시키고 또한, 그 명성에 손상을 가져올 것으로 판단된다.

man.biz 사건

A는 독일회사로서 트럭, 버스 등을 생산하여 국제적으로 판매하고 있으며, 독일 및 한국을 포함하여 50개국이 넘는 국가에 'MAN'상표를 등록하였다. 분쟁의 대상이 된 도메인이름은 <man.biz>로서 B에 의하여 2003년 3월 한국의 등록기관인 (주)가비아에 등록되어 B가 현재 보유하고 있다.

A는 당해 도메인이름이 A의 상표 'MAN'과 동일하며, B는 이 도메인에 대한 어떠한 권리나 정당한 이해관계가 없다고 주장하였다. 또한, A에 의하면, 상표 'MAN'의 세계적인 저명성에 비추어 볼 때, B에 의한 분쟁도메인의 등록은 A가 이 명칭을 자신의 도메인이름으로 등록할 수 있는 기회를 방해하였고, 또 고액으로 당해 도메인을 자신에게 판매하려는 것이거나 A의 상표와 오인을 일으킴으로써 수요자들을 B의 사이트로 유도하려는 것을 목적으로 한다고 주장하였다.

A의 주장에 대하여 B는 'man'이란 단어는 신청인의 상표가 아니라 일반명사에 불과할 뿐만 아니라, A의 상표인 'MAN'은 한국에서 일반적으로 잘 알려지지 않았다고 반박하였다. 그리고 B가 이 도메인이름을 등록한 것은 '구인·구직 관련 사이트'를 운영하기 위한 정당한 목적으로 한 것이라고 주장하였다.

이 사건을 맡은 패널위원은 B가 부정한 목적으로 분쟁도메인이름을 등록하고 사용하였는지를 판단함에 있어서, B가 판정당시 도메인이름을 구체적으로 사용하고 있는지 여부와 등록 시에 부정한 목적이 있었는지를 기준으로 판단할 수 있다고 하였다. 분쟁 당시 B는 문제의 도메인이름을 직접 사용하지는 않았지만 자신의 영업과 주소를 은닉하려는 의도는 없다고 할 수 있다. 비록 B는 도메인이름을 구체적으로 사용하고 있지는 않지만 이와 관련된 정당한 사용이 기대되는 사정이 있다고 한다면 등록에 있어 부정한 목적이 있었다고 볼 수 없다.

'man'이란 단어는 한국에서 일반인에게 A가 소유하고 있는 상표로서 보다는 일상의 보통명사로 인식되고 있는 것이 사실이다. 또한, 패널위원은 A의 MAN 상표의 등록사실과 제출된 일부 신문기사나 인터넷 검색결과만으로는 당해 상표가 한국에서 고도의 저명성을 획득하였다고 보기 어렵다고 하였다. 따라서 B는 A의 영업을 방해하거나 A의 상표 'MAN'의 주지성에 무단 편승하기 위한 목적으로 도메인이름을 등록하였다고 볼 수 없다고 판정하였다.

중요하게도 B는 플랜트 시운전 전문용역업무 및 시운전 전문기술인력의 공급을 위한 영업을 영위하고 있고, 이와 관련하여 볼 때, 당해 분쟁도메인이름이 가지는 일반적인 의미와 B의 등록목적인 '구인·구직사이트' 간에는 합리적인 이해관계가 있다고 인정된다. 따라서 패널위원은 당해 도메인이름은 부정한 목적으로 등록되었다거나 사용되고 있다고 보기는 어렵다고 결정하였다(B. Man Nutzfahrzeuge AG v. Daumtech Plant Service Co., Ltd., Case No. DBIZ2002-00108 (WIPO, Aug. 23. 2002)).

07. 상품형태 모방행위(자목)

자목

타인이 제작한 상품의 형태(형상 · 모양 · 색채 · 광택 또는 이들을 결합한 것을 말하며, 시제품 또는 상품소개서상의 형태를 포함한다. 이하 같다)를 모방한 상품을 양도 · 대여 또는 이를 위한 전시를 하거나 수입 · 수출하는 행위. 다만, 다음의 어느 하나에 해당하는 행위는 제외한다.

(1) 상품의 시제품 제작 등 상품의 형태가 갖추어진 날부터 3년이 지난 상품의 형태를 모방한 상품을 양도 · 대여 또는 이를 위한 전시를 하거나 수입 · 수출하는 행위

(2) 타인이 제작한 상품과 동종의 상품(동종의 상품이 없는 경우에는 그 상품과 기능 및 효용이 동일하거나 유사한 상품을 말한다)이 통상적으로 가지는 형태를 모방한 상품을 양도 · 대여 또는 이를 위한 전시를 하거나 수입 · 수출하는 행위

자목은 생명 주기가 짧은 신상품의 형태를 보호한다. 즉 타인이 제작한 '상품의 형태'를 모방한 상품을 양도, 대여, 전시, 수입 등을 하는 행위를 부정경쟁행위로 보아 금지한다. 상품형태는 유체물의 형상·모양·색채·광택 또는 이들을 결합한 것과 시제품 또는 상품소개서상의 형태를 말하므로 점포의 실내장식 등은 해당하지 않는다.

자목은 다른 부정경쟁행위 유형에서 요구하는 주지성이나 자타상품의 식별력을 요건으로 하지 않는다. 그 이유는 예를 들면, 유행이 강한 의류 패션디자인의 경우 유행 주기는 평균 4~6개월밖에 되지 않지만, 그 모방품은 해당 상품이 출시된 지 얼마 되지 않아 판매되거나 심지어 시제품 제작 단계부터 모방되는 사례도 있기 때문이다. 이처럼 라이프 사이클이 짧은 상품형태는 적기에 모

방행위를 차단함으로써 상품형태에 대한 투자와 노력을 보호해 줄 필요가 있다. 상품형태에 대한 주지성은 오랜 기간 사용함으로써 획득되는 것인 만큼 자목의 상품형태에 대한 보호에는 주지성을 요건으로 할 수 없다.

모방은 타인의 상품에 의거(依據)하여 이와 실질적으로 동일한 형태의 상품을 만들어 내는 것을 말한다. 형태에 변경이 있는 경우, 그것이 실질적으로 동일한 형태의 상품에 해당하는지 여부는 해당 변경의 내용과 정도, 그 착상의 난이도, 변경에 따른 형태적 효과 등을 종합적으로 고려하여 판단한다(대법원 2012. 3. 29. 선고 2010다20044 판결). 자목에서 말하는 모방은 동일복제(dead copy)에 가까운 베끼기를 의미한다.

한편, 다음 두 경우에는 상품의 형태가 유사하더라도 금지되지 않는다. ① 상품의 시제품 제작 등 상품의 형태가 갖추어진 날부터 3년이 경과한 상품의 형태를 모방한 상품을 양도·대여 또는 이를 위한 전시를 하거나 수입·수출하는 행위이다. 자목에 따른 디자인 보호를 3년으로 제한한 것은 디자인의 빠른 변화주기를 고려한 것으로 생각하며, 만일 3년 이상의 보호가 필요한 경우에는 특허청에 디자인 출원을 하여 권리를 획득하는 방법이 있다.

② 타인이 제작한 상품과 동종의 상품(동종의 상품이 없는 경우에는 그 상품과 기능 및 효용이 동일 또는 유사한 상품)이 통상적으로 갖는 형태를 모방한 상품을 양도·대여 등을 하는 행위는 금지되지 않는다.

동종의 상품이 통상적으로 가지는 형태

법원은 "동종의 상품이 통상적으로 가지는 형태는 동종의 상품 분야에서 일반적으로 채택되는 형태로서, 상품의 기능·효용을 달성하거나 그 상품 분야에서 경쟁하기 위하여 채용이 불가피한 형태 또는 동종의 상품이라면 흔히 가지는 개성이 없는 형태 등을 의미한다."라고 보았다. 예를 들면, 휴대용 쌍구형 소화기인 원고 제품의 주된 특징적 형태와 실질적으로 동일한 형태들이 이미 선행제품 등에 나타나 있고, 원고 제품이 선행제품들과 비교하여 다소의 차이점이 있더라도 이러한 차이점이 전체 상품의 형태에서 차지하는 비중이나 이로 인한 시각적인 효과 등에 비추어 볼 때 이는 원고 제품에 다른 제품과 구별되는 개성을 부여하는 형태적 특징에 해당한다고 보기는 어렵다는 이유로, 원고 제품의 형태는 전체적으로 볼 때 동종 상품이 통상적으로 가지는 형태라고 판단하였다(대법원 2017. 1. 25. 선고 2015다216758 판결).

'마가렛트 사건'에서 상품을 담은 '상품의 포장·용기'가 과연 자목상의 '상품형태'에 포함되는지가 문제되 바 있다. 대법원은 상품의 포장이 상품 자체와 일체로 되어 있는 포장인 경우에는 동 규정상의 상품의 형태에 포함된다고 보았다. 대법원은 포장을 뜯지 않으면 내용물(상품)을 볼 수 없으므로 일체형이라고 보았으나, 통상 상품과 포장·용기가 일체가 되는 경우로 액체, 잼, 화장품 등을 담은 용기 같은 경우로 한정하여야 하는 것이 아닌지 의문이다. 자목은 형상·모양·색채·광택이 있는 상품 그 자체의 형태를 규정하고 있을 뿐 포장·용기에 관해서는 규정하고 있지 않다. 앞서 살펴본 가목에서는 '상품의 용기·포장'을 규정하고 있는 점을 고려할 때 상품형태 외에 상품의 포장·용기를 포함하기 위해서는 입법적인 해결이 필요하다고 본다.

상품의 포장 : 마가렛트(롯데) vs. 마로니에(오리온) 사건

'상품의 형태'의 범위에 당해 상품의 용기·포장이 당연히 포함되는 것은 아니라 할 것이다. 그러나 상품의 용기·포장도 상품 자체와 일체로 되어 있는 용기·포장의 모방을 상품 자체의 모방과 실질적으로 동일시할 수 있는 경우에는 위 규정상의 상품의 형태에 포함된다고 할 것이다. 이 사건 포장은 종이로 만든 직육면체 상자 형상으로서 그 안에 마가렛트 상품이 2개씩 포장된 봉지들이 여러 개 담긴 채 봉해져 일체로서 전시·판매되고 있어 포장을 뜯지 않으면 그 내용물이 실제로 외관에 나타나지 않음을 알 수 있다. 그렇다면 이 사건 포장은 마가렛트 상품 자체와 일체로 되어 있어 이 사건 포장을 모방하는 것이 실질적으로 마가렛트 상품 자체를 모방하는 것과 동일시된다고 할 것이므로, 이 사건 포장은 (자)목에서 정하는 '상품의 형태'에 포함된다고 봄이 상당하다.

이 사건 포장과 피신청인의 포장은 전체적인 색감이나 타원형의 존재 및 그 위치, 제품사진의 배치와 구성 등에 있어 어느 정도 유사한 면이 있으나, 배경 그림의 소재와 모양 등 그 차이점 또는 적지 아니한바, 피신청인의 포장에서 변경된 내용 및 그 정도, 변경의 착상 난이도, 위 변경에 의한 형태적 효과 등을 종합적으로 고려해 볼 때, 피신청인의 포장은 그 변경에 따른 형태상의 특징이 명백히 나타나 있다 할 것이므로, 이 사건 포장과 피신청인의 포장을 실질적으로 동일한 형태라고 볼 수 없다(대법원 2008. 10. 17.자 2006마342 결정).

08. 아이디어 유용행위(차목)

차목

사업제안, 입찰, 공모 등 거래교섭 또는 거래과정에서 경제적 가치를 가지는 타인의 기술적 또는 영업상의 아이디어가 포함된 정보를 그 제공목적에 위반하여 자신 또는 제3자의 영업상 이익을 위하여 부정하게 사용하거나 타인에게 제공하여 사용하게 하는 행위. 다만, 아이디어를 제공받은 자가 제공받을 당시 이미 그 아이디어를 알고 있었거나 그 아이디어가 동종 업계에서 널리 알려진 경우에는 그러하지 아니하다.

거래 과정에서 알게 된 경제적 가치를 지닌 아이디어를 거래상 우월적 지위를 이용하여 아무런 대가 없이 탈취하는 행위가 발생함에 따라 2018년 법 개정을 통해 차목 '아이디어 유용행위'를 새로운 부정경쟁행위 유형으로 신설했다.

아이디어 유용이 발생하는 이유는 최초 아이디어를 창출하기까지 상당한 투자와 노력이 수반되지만, 거래 교섭과정에서 상대측 기술숙련자가 해당 아이디어에 대한 설명을 듣게 되면 그 아이디어를 쉽게 이해할 수 있고 스스로 실현할 수 있다는 생각에 이르기 때문이다. 수차례의 교섭과정에서 거래상대방의 창의적인 아이디어를 손쉽게 학습하고 그 가치를 존중하지 않고 편승하려는 그릇된 관행도 문제이다. 이 점에서 그간 아이디어 탈취가 기술시장에서 발생했으나 지식재산을 보호하는 법체계 속에서 충분한 구제를 받지 못했다. 차목 신설과 아이디어 유용행위를 행정조사 대상으로 포함하면서 아이디어 보호에 관한 법적 기반을 마련한 것이다 차목의 보호대상인 '아이디어'는 '경제적 가치를 가지는 기술적 또는 영업상의 아이디어가 포함된 정보'이다. 이를 구체적으로 살펴보면, 특정 기술이나 제품, 상품의 발상 또는 착상, 착안, 구상, 사상뿐만 아니라 제품판매전략, 고객관리전략 등을 구상한 경영상 정보 등을 말한다. 아이디어는 어느 정도의 구체성을 띠어야 하며 실체가 없는 단순한 구상이나 착상은 차목의 보호 대상이 아니다. 따라서 차목에서 보호받는 아이디어가 되기 위해서는 최소한 자료의 형태로 구체화되어야 하며 경제적 가치가 있어야 한다.

다만, 아이디어 제공이 있을 당시에 이미 해당 아이디어를 알고 있었거나 동종 업계에서 널리 알려진 경우에는 보호에서 제외된다. 예를 들면, 유용된 아이디어와 동일한 내용의 특허 출원이 이미 공개되어 있는 경우에는 동종 업계에 널리 알려진 것으로 볼 하나의 판단 요소가 될 수 있다. '널리 알려진 경우'는 해당 아이디어에 대한 접근성, 동종업계의 거래관행, 동일한 아이디어의 언론노출·특허출원 등을 종합적으로 고려하여 판단한다.

분리형 세탁기에 대한 아이디어 유용행위 판단

아이디어 탈취를 당한 민원인은 특허청에 행정조사를 신청하였다. 민원인의 경우 A전자에서 주최한 공모전에 분리형 세탁기에 대한 아이디어를 2014.9월 제출하였으나 선정되지 못한 바 있다. 그런데 2015.7월 민원인이 제출한 분리형 세탁기 아이디어와 동일한 방식의 세탁기가 A전자에서 출시되었다. 신고를 받은 특허청은 관련 기술이 아이디어 제공 당시에 이미 동종 업계에 널리 알려졌는지를 조사한바, 이 기술과 관련된 특허출원이 2000년 초부터 있었던 사실을 확인하였다. 따라서 동 사건에는 차목을 적용되지 못하였다.

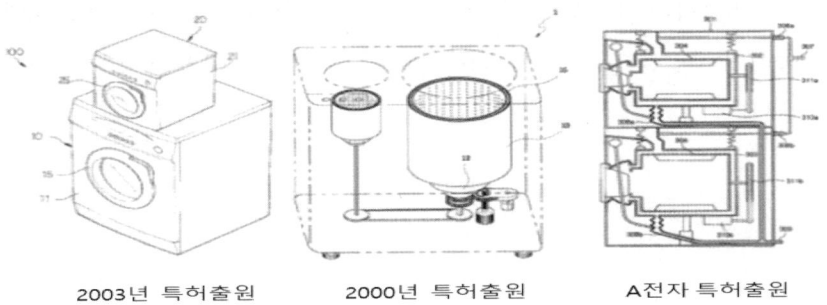

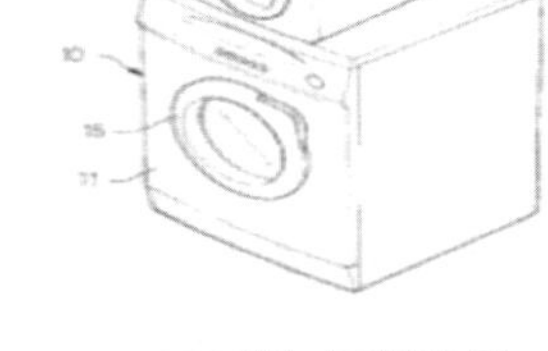
2003년 특허출원

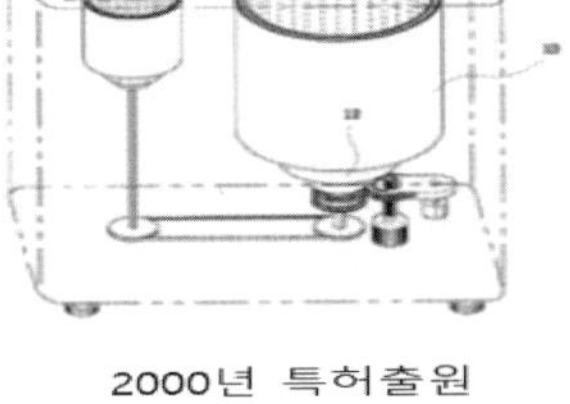
2000년 특허출원

A전자 특허출원

아이디어 탈취는 주로 사업제안, 입찰, 공모 등 합법적인 거래교섭 또는 거래과정에서 발생한다는 점에서 부정한 수단에 의해서 이루어지는 영업비밀 침해와 차이가 있다. 특히 아이디어 탈취는 주로 본 계약 체결 전(前) 단계에서 이루어지는 것이 특징이다. 따라서 실무적으로는 교섭과정에서 발생하는 아이디어 탈취를 방지하기 위해 비밀유지계약서(NDA) 체결을 통해 비밀유지 의무를 부과하는 것이 효과적이다.

차목에 의한 아이디어 유용행위가 성립하기 위해서는 그 행위가 구체적이어야 한다. 즉 타인의 기술적 또는 영업상의 아이디어를 그 제공목적에 위반하여 자신 또는 제3자의 영업상 이익을 위하여 부정하게 사용하거나 타인에게 제공하는 등 그 행위의 반사회성을 가지는 사정이 인정되어야 한다.

그 제공목적에 위반하여 부정하게 사용하는 등의 행위

'거래교섭 또는 거래과정에서 제공받은 아이디어 정보를 그 제공목적에 위반하여 부정하게 사용하는 등의 행위'에 해당하기 위해서는 거래교섭 또는 거래과정의 구체적인 내용과 성격, 아이디어 정보의 제공이 이루어진 동기와 경위, 아이디어 정보의 제공으로 달성하려는 목적, 아이디어 정보 제공에 대한 정당한 대가의 지급 여부 등을 종합적으로 고려하여, 아이디어 정보 사용 등의 행위가 아이디어 정보 제공자와의 거래교섭 또는 거래과정에서 발생한 신뢰관계 등에 위배된다고 평가할 수 있어야 한다. 한편 아이디어 정보 제공이 위 (차)목의 시행일 전에 이루어졌어도 위 (차)목의 부정경쟁행위에 해당하는 행위가 그 시행일 이후에 계속되고 있다면 위 (차)목이 적용될 수 있다(대법원 2020. 7. 23. 선고 2020다220607 판결).

아이디어 유용행위는 특허청의 조사·시정권고의 대상이 되고, 민사상 손해배상 청구를 통해 구제받을 수 있다. 그러나 이 행위는 형사처벌의 대상이 되지는 않는다.

09. 데이터 부정사용행위(카목)

카목

데이터(「데이터 산업진흥 및 이용촉진에 관한 기본법」 제2조제1호에 따른 데이터 중 업(業)으로서 특정인 또는 특정 다수에게 제공되는 것으로, 전자적 방법으로 상당량 축적·관리되고 있으며, 비밀로서 관리되고 있지 아니한 기술상 또는 영업상의 정보를 말한다. 이하 같다)를 부정하게 사용하는 행위로서 다음의 어느 하나에 해당하는 행위

(1) 접근권한이 없는 자가 절취·기망·부정접속 또는 그 밖의 부정한 수단으로 데이터를 취득하거나 그 취득한 데이터를 사용·공개하는 행위

(2) 데이터 보유자와의 계약관계 등에 따라 데이터에 접근권한이 있는 자가 부정한 이익을 얻거나 데이터 보유자에게 손해를 입힐 목적으로 그 데이터를 사용·공개하거나 제3자에게 제공하는 행위

(3) (1) 또는 (2)가 개입된 사실을 알고 데이터를 취득하거나 그 취득한 데이터를 사용·공개하는 행위

(4) 정당한 권한 없이 데이터의 보호를 위하여 적용한 기술적 보호조치를 회피·제거 또는 변경(이하, "무력화"라 한다)하는 것을 주된 목적으로 하는 기술·서비스·장치 또는 그 장치의 부품을 제공·수입·수출·제조·양도·대여 또는 전송하거나 이를 양도·대여하기 위하여 전시하는 행위. 다만, 기술적 보호조치의 연구·개발을 위하여 기술적 보호조치를 무력화하는 장치 또는 그 부품을 제조하는 경우에는 그러하지 아니하다.

카목은 데이터 보호를 규정한다. 디지털 경제 시대가 되면서 데이터는 모든 산업에 필수 자원이 되었으나, 그간 데이터 보호에 관한 법적 기반이 미흡하여 보호가 충분하지 않았다. 2021년 12월 7일 부정경쟁방지법 개정으로 모든 종류의 데이터를 보호 대상으로 하는 카목을 신설했다. 특히 빅데이터에서 큰 비중을 차지하는 '비정형데이터'를 포섭했다는 점에서 중요한 의미가 있다.

정형데이터 v. 비정형데이터

데이터는 크게 정형데이터와 비정형데이터로 구분할 수 있다. 정형데이터는 관계형 '데이터베이스'에 적합한 구조화된 데이터(고객데이터, 매출데이터 등)로서 소재를 체계적으로 배열 또는 구성한 편집물이며, 저작권법으로 보호받고 있다.[8] 반면,

8) 저작권법 제2조 19호에서 "데이터베이스"는 소재를 체계적으로 배열 또는 구성한 편집물로서 개별적으로 그 소재에 접근하거나 그 소재를 검색할 수 있도록 한 것이라고 정의하고, 상당한 자본과 인적·기술적 투입을 한 제작자에게 복제·배포·방송 또는 전송할 권리를

비정형데이터는 SNS 게시글, 이메일, 동영상, 사진, 목소리 정보 등과 같이 소재가 체계적으로 배열·구성되지 않은 데이터로서 빅데이터의 대부분을 차지한다.

부정경쟁방지법은 데이터에 대해 '권리'를 부여하는 방식이 아니라 '부정한 행위'를 규제하는 방식으로 데이터를 보호한다. 빅데이터는 이름 그대로 많은 양의 데이터를 의미한다. 그 속에는 타인의 작은 데이터들을 포함하는 경우가 많아서 '소유권'과 같은 권리를 부여하는 방식으로 보호하면 명확한 권리 범위의 획정이 어려워 분쟁이 발생하기 쉽고, 자유로운 데이터 거래·활용을 오히려 위축시킬 우려도 있다. 부정경쟁방지법은 상당량의 데이터를 수집하는 데 들인 투자와 노력을 누군가 무임승차하려는 행위를 제재하는 방식으로 데이터를 보호하는 방안을 선택했다.[9)]

부정경쟁방지법상 카목은 '「데이터 산업진흥 및 이용촉진에 관한 기본법」(데이터 산업법) 제2조제1호에 따른 데이터 중 업(業)으로서...'라고 규정하여 그 보호 대상을 데이터 산업법상의 데이터 중 일정한 조건을 만족하는 것으로 규정한다. 데이터 산업법은 데이터의 거래·보호에 관한 기본법 역할을 하면서 동법 제12조 제3항에서 데이터자산의 부정사용 등 행위에 관한 사항을 부정경쟁방지법에 정한 바에 따르도록 규정함으로써 실질적인 보호 규율을 부정경쟁방지법에 위임하고 있다.

보호 대상인 데이터를 '업(業)으로써 특정인 또는 특정 다수에게 제공되는 것'으로 규정해 '거래·유통을 위한 데이터'만을 보호 대상으로 한정했다(한정제공성). 보호 데이터를 불특정 다수가 아니라 '특정인(특정 다수)'에게 제공되는 데이터로 한정한 것은 데이터 유통 활성화를 위해 규제대상을 최소화한 것으로 해석된다.

또한, 보호 데이터는 '전자적 방법으로 상당량 축적·관리되며 비밀로서 관리

부여하고 있다(저작권법 제93조 1항).

9) 손승우, [시론] 데이터 거래·유통 '보호 길' 열린다, 한국경제, 2022.4.19. 데이터법과 관련된 자세한 내용을 위하여, 인하대학교 법학연구소 AI·데이터법 센터, 「데이터법」, 세창출판사, 2022. 참조.

되고 있지 않은 기술·영업상 정보'로 데이터 보호를 위해 비밀로 관리될 것을 요구하지 않으므로 그 보호 범위를 영업비밀에 비해 넓게 설정할 수 있다. 한편 '상당량 축적 · 관리'의 의미와 관련하여 「데이터 산업진흥 및 이용촉진에 관한 기본법」 제12조 제1항상 보호대상 데이터의 요건인 '인적 또는 물적으로 상당한 투자와 노력'과 대비하여 이해할 필요가 있다. 두 개념은 일견 동일한 것으로 보이나 자세히 살펴보면 차이가 존재한다. '인적 또는 물적으로 상당한 투자와 노력'을 하는 것은 '상당량의 축적·관리'보다 적극적인 행위를 요하며, 입증에서도 전자가 후자보다 그 책임이 무겁다. '상당량'은 양적인 측면이 중요하지만 '인적 또는 물적으로 상당한 투자와 노력'은 양적인 면뿐만 아니라 질적인 면도 고려되어야 한다. 즉 데이터의 축적 · 관리뿐만 아니라 비용, 인력, 시설 등에 대한 투입과 노력 등이 입증되어야 한다.

카목은 데이터의 '부정사용 행위' 모습을 구체적으로 제시한다. 즉, '접근 권한이 없는 자가 절취, 사기, 부정 접속 등 부정한 수단으로 데이터를 취득·사용·공개하는 행위'와 '데이터에 정당한 접근 권한을 확보한 자라도 부정한 이익을 얻거나 데이터 보유자에게 손해를 입힐 목적으로 취득한 데이터를 사용·공개하거나 제3자에게 제공하는 행위'를 해서는 안 된다. 또한, 해당 부정취득이나 정당 권리자의 부정행위에 대해 알면서 데이터를 취득하거나 그 취득한 데이터를 사용·공개하는 행위도 부정사용 행위가 될 수 있다.

나아가 기업이 데이터를 보호하기 위해 기술적 보호조치를 적용할 수 있는데, 이를 정당한 권한 없이 고의적으로 훼손하기 위한 방법이나 장치 또는 그 장치의 부품 등을 제공하는 행위 등을 해서는 안 된다. 저작권법에서는 기술적 보호조치의 무력화 행위 자체를 규제하고 무력화 도구의 제조행위를 금지하고 있는데, 카목은 무력화 도구의 제조행위만을 규율하고 있다. 그 이유는 데이터에 대한 기술적 보호는 대부분 접근통제형(비밀번호, 생체인증 등 사용자 인증) 기술적 보호조치로 이루어지기 때문이다. 한편 카목은 데이터 보안 등의 연구 목적을 위한 무력화 도구 제작에 대해서는 예외를 규정하고 있다. 즉 기술적 보호조치에 대한 연구개발을 위하여 무력화 장치·부품을 제작하는 것은 부정경쟁행위로 보지 않는다.

데이터 부정사용 행위로 피해를 본 사업자는 그 행위를 금지하는 청구와 그로 인해 발생한 손해에 대해 배상을 청구할 수 있다. 또한, 집행의 실효성을 높이기 위해 부정사용 행위에 대한 '행정조사'와 '시정권고'를 요청할 수 있도록 했다.

10. 유명인의 성명·초상(퍼블리시티) 무단사용행위(타목)

> 타목
>
> 국내에 널리 인식되고 경제적 가치를 가지는 타인의 성명, 초상, 음성, 서명 등 그 타인을 식별할 수 있는 표지를 공정한 상거래 관행이나 경쟁질서에 반하는 방법으로 자신의 영업을 위하여 무단으로 사용함으로써 타인의 경제적 이익을 침해하는 행위

타목은 유명인의 초상·성명 등 인격적 식별표지를 무단으로 사용해 경제적 피해를 야기하는 행위를 부정경쟁행위로 본다. 이 규정은 2020년 'BTS 판결'[10]과 퍼블리시티권(right of publicity)에 대한 그간의 입법 수요의 영향을 받아 2021년 12월 7일 부정경쟁방지법을 개정하여 '유명인'의 인격표지의 무단 사용을 부정경쟁행위의 한 유형으로 명문화한 것이다.

그간 우리나라는 퍼블리시티권에 관한 법률상 명문의 규정이 없어서 그 인정 여부가 논란이 되었으며, 1995년 이휘소 사건[11] 이래로 퍼블리시티권을 인

---

10) 대법원 2020. 3. 26. 자 2019마6525 결정. 대법원은 BTS 소속사가 아티스트를 선발하여 그룹을 결성하고 훈련하여 연예활동을 기획하고 여러 콘텐츠를 제작·유통시키는 등 일련의 과정에서 상당한 투자와 노력을 하였다는 점에서 BTS와 관련하여 쌓인 명성, 신용, 고객 흡인력을 소속사 자체의 성과로 인정하고, 그러한 소속사의 성과를 무단사용하는 행위를 보충적 일반조항인 (구)(카)목의 부정경쟁행위로 판단하였다.

11) 서울지방법원 1995. 6. 23. 선고 94카합9230 판결. 또한 유명 프로야구 선수의 성명을 게임물 제작에 활용한 사건에서 법원은 유명인의 허락을 받지 아니하고 그의 성명을 상업적으로 이용하는 행위는 성명권 중 성명이 함부로 영리에 이용되지 아니할 권리를 침해한 민법상의 불법행위를 구성한다고 볼 것인바, 유명 프로야구 선수들의 허락을 받지 아니하고 그 성명을 사용한 게임물을 제작하여 상업적으로 이동통신회사에 제공한 것은 위 프로야구 선수들의 성명권 및 퍼블리시티권을 침해한 것"이라고 판시하였다(서울중앙지

정했던 판례의 태도도 부정하는 경향으로 변모하였다[12]. BTS 사건은 퍼블리시티권의 보호 객체인 '유명인의 성명·초상 등'을 무단으로 사용한 행위를 부정경쟁방지법에 근거(보충적 일반조항 (구)카목 적용)하여 보호할 수 있는 길을 열어 주면서 한류 및 국내 엔터테인먼트 산업에 긍정적인 영향을 준 것으로 평가된다.

'퍼블리시티권' 은 인격적 권리인 초상권과는 구별되는 '재산적 권리'이다. 퍼블리시티권은 저명한 연예인, 영화배우, 스포츠선수, 정치인 등의 성명·초상 등이 상품의 광고나 영업적 표장에 사용될 경우 그 유명인들이 쌓아 올린 저명성으로 인하여 이를 사용한 상품 등은 소비자들 사이에 월등한 선전력과 고객흡입력을 발휘하기 때문에 이를 무단으로 사용하는 것은 그 유명인들에 대한 정신적 침해라기보다는 정상적인 계약을 통해 얻을 수 있는 그들의 경제적 이익을 박탈한 것으로 이해할 수 있다.

모창 관련 퍼블리시티권 침해 사건

1985년 미국 포드자동차의 광고대행사인 Young & Rubicam은 링컨 머큐리 19시리즈를 위한 TV광고를 제작하면서 베트 미들러(Bette Midler)의 "Do You Want To Dance"라는 음악을 편집하여 사용하였다. 그런데 이 광고의 배경음악으로 삽입된 이 곡은 베트 미들러가 아닌 그녀의 백업가수로 활동해온 울라 헤드(Ula Hedwig)가 모창으로 부른 것이었다.

이 사건에서 Young & Rubicam사는 이 곡에 대한 저작권을 이미 획득하였기 때문에 미들러는 저작권 침해 주장 대신에 자신의 음성에 대한 보호를 주장하였다. 이 사건을 맡은 연방법원은 널리 알려진 유명 가수인 미들러의 특색(identity)있는 목소리를

방법원 2006. 4. 19. 선고 2005가합80450).

12) 연예, 스포츠 산업 및 광고 산업의 급격한 발달로 유명인의 성명이나 초상 등을 광고에 이용하게 됨으로써 그에 따른 분쟁이 적지 않게 일어나고 있으므로 이를 규율하기 위하여, 성명이나 초상, 서명 등이 갖는 재산적 가치를 독점적, 배타적으로 지배하는 권리인 퍼블리시티권이라는 새로운 권리 개념을 인정할 필요성은 충분히 수긍할 수 있다. … 중략… 퍼블리시티권의 성립요건, 양도·상속성, 보호대상과 존속기간, 침해가 있는 경우의 구제수단 등을 구체적으로 규정하는 법률적인 근거가 마련되어야만 비로소 퍼블리시티권을 인정할 수 있다(서울남부지방법원 2019. 5. 2.자 2019카합20050 결정. 서울서부지방법원 2014. 7. 24. 2013가합32048 판결. 성남지원 2014. 1. 22. 2013가합201390 판결 등).

<**앨범** 'Divine Miss M'>

상품광고에 모방하여 사용하였다면 퍼블리시티권을 침해한 것이라고 판시하였다(Midler v. Ford Motor Co., 849 F.2d 460 (9th Cir. 1988).

퍼블리시티권은 '성명·초상 등을 상업적으로 이용할 수 있는 권리'로 그간 입법부와 정부 및 학계는 초상·성명 등 인격표지를 '권리'로 인정하려는 연구와 저작권법, 민법 등 명문화 노력을 계속해 왔으나 양도·상속 등에 대한 합의가 이루어지지 않으면서 관련 입법들이 무산되었다. 그 배경에는 다음과 같은 몇 가지 중요한 문제 제기가 있다.

우선 인격표지에 대한 권리의 객체를 특정하기 어렵다는 것이다. 보호의 대상이 되는 얼굴, 목소리, 실루엣, 제스처(gesture) 등 '인격표지'의 범위가 모호하다. 어떤 사람의 얼굴 이미지와 목소리는 셀 수 없이 많은 상황에서 다양하게 존재하기 때문에 이 모든 것을 보호한다면 인격표지영리권을 둘러싼 분쟁이 대폭 양산될 것이다. 이미 다른 법률에서 보호하고 있는 개인정보나 초상권을 둘러싼 분쟁도 늘어나는 상황에서 이러한 권리까지 부여한다면 불필요한 소송 남발과 함께 사회적 거래비용이 증가할 것이다.

TIP

초상권과 퍼블리시티권의 차이

사람은 누구나 자신의 얼굴 기타 사회통념상 특정인임을 식별할 수 있는 신체적 특징에 관하여 함부로 촬영 또는 그림 묘사되거나 공표되지 아니하며 영리적으로 이용당하지 않을 권리를 가지는데, 이러한 인격적 권리를 '초상권(right of portrait)'이라고 한다. 초상권은 우리 헌법 제10조 제1문에 의하여 헌법적으로 보장되는 권리이다(대법원 2006. 10. 13. 선고 2004다16280 판결). 초상권은 '인격권'으로서 자신의 신체적 특징에 관하여 촬영 등을 거절하거나 초상의 이용을 거절할 수 있는 권리이다.

퍼블리시티권(right of publicity)은 초상, 성명, 목소리 등 사람의 동일성을 나타내는 표지를 상업적으로 이용할 수 있는 권리로서 '재산권'의 일종이다. 따라서 해외 입법과 판례에서 양도나 상속의 대상이 되기도 한다. 반면 초상권은 인신전속적 권리이기 때문에 양도나 상속의 대상이 되지 못한다. 한편, 퍼블리시티권은 헌법이 보장하는 언론의 자유에 의하여 제약을 받을 수 있다. 신문, 잡지, 방송 등에서 보도를 위하여 필요한 범위에서 타인의 성명, 초상을 사용하는 것은 영리를 목적으로 하는 보도라고 하더라도 침해에 해당하지 않는다.
탤런트 이영애씨는 자신을 모델로 제작한 광고를 계약 기간이 끝난 뒤에도 계속 사용한 화장품회사를 상대로 2억원의 손해배상 청구소송을 제기하였는데, 법원은 판결문에서 "계약 종료 뒤 무단으로 이씨를 모델로 한 광고물을 사용한 것은 인격권으로서 초상권을 침해한 것이며 다른 화장품 유통업체에 광고물을 양도함으로써 재산권인 퍼블리시티권을 침해한 사실도 인정된다"고 판시하였다(서울중앙지방법원 2004. 12. 10. 선고 2004가합16025 판결). 그러나 법원은 초상권과 퍼블리시티권을 동시에 인정하면서도 퍼블리시티권 침해로 인한 재산상의 손해배상만을 인정하고 초상권의 침해로 인한 정신적 손해배상은 인정하지 않았다. 즉 법원에 따르면, "원고는 유명 연예인으로서 초상권이 일반인들과 달리 재산권인 퍼블리시티권으로 보호받기 때문에 초상권이 침해된 경우 특별한 사정이 없는 한 재산상 손해 외에 정신적 손해가 발생했다고 보기 어렵다."고 판시하고 원고의 위자료 지급 청구는 기각하였다.

나아가 인공지능(AI)과 빅데이터 기반의 산업활동에도 걸림돌이 될 수 있다. 예를 들면, AI스피커의 음성인식률을 높이기 위해 음성정보 수집은 필수적이며, 사업자는 수집 시에 반드시 사용자의 동의를 얻어야 한다. 개인정보 보호법의 준수와 더불어 개인의 음성에 권리를 새로이 인정한다면 기업활동은 제약을 받을 수밖에 없다. 이러한 사유로 퍼블리시티권은 미국의 일부 주를 제외하고 해외 입법례를 찾기 어렵다. 독일, 일본, 프랑스 등에서 판례로 인정한 사례는 있지만, 법률에 명시한 경우는 보기 어렵다.

부정경쟁방지법 타목은 경쟁원리에 따른 행위 규제의 원칙에 따라 '권리'를 부여하지 않고 특정인이 명성을 얻기까지 장시간 공들인 노력과 투자에 타인이 무임승차하는 '행위'를 규제한다.

그리고 타목은 '국내에 널리 인식되고 경제적 가치를 가지는 인격표지'를 보호한다. 따라서 유명하지 않은 일반인의 인격표지는 보호 대상이 될 수 없다. 이는 앞서 설명한 '가목' 내지 '다목'에서 '주지성'있는 표지를 보호 대상으로 삼는 것과 일맥상통한다. 그러나 오늘날과 같이 틱톡, 유튜브, 인스타그램 등에서 누구나 인플루언서가 될 수 있는 미디어 환경에서 개개인의 인격표지가 아무런 보상 없이 영리적으로 사용되더라도 제재수단이 적절하지 않다는 문제에 대한 인식은 커지고 있다.

부정경쟁방지법은 타인의 인적 식별표지를 무단사용하는 행위에 대해서는 행정조사와 금지청구, 손해배상 등 민사조치를 할 수 있도록 하되, 형사처벌 대상에서 제외하였다(법 제18조 제3항).

11. 보충적 일반조항(파목)

> **파목**
>
> 그 밖에 타인의 상당한 투자나 노력으로 만들어진 성과 등을 공정한 상거래 관행이나 경쟁질서에 반하는 방법으로 자신의 영업을 위하여 무단으로 사용함으로써 타인의 경제적 이익을 침해하는 행위

파목은 부정경쟁방지법의 적용 범위에 포함되지 않았던 새로운 유형의 부정경쟁행위를 포섭하기 위한 '보충적 일반조항'이다. 이 조항은 모든 부정경쟁행위를 규정하지 못한 점을 보완하고 변화하는 거래관념을 적시에 반영하여 새로이 등장하는 경제적 가치를 지닌 무형의 성과를 보호하기 위하여 2013년 신설되었다. '그 밖에... 성과 등을...'이라고 규정한 것을 보면 앞서 가목에서 타목까지 열거한 구체적인 부정경쟁행위 외에도 새로운 행위를 규율할 수 있는 포괄성을 지닌 한편 '상당한 투자나 노력으로 만들어진 성과'를 보호하고 있어 부정경쟁행위 유형 중 '성과모용' 행위로 보기도 한다.

파목 위반이 되기 위해서는 몇 가지 요건을 만족해야 한다. 즉 '상당한 투자나 노력', '성과', '공정한 상거래 관행이나 경쟁질서에 반하는 방법', '자신의 영업을 위한 무단사용' 등이다. BTS 사건에서 대법원은 이러한 요건에 대한 구체적인 판단 기준을 제시하였다(대법원 2020. 3. 26. 선고 2019마6525 결정).

'성과 등'에는 유형물과 무형물이 모두 포함되고, 새로운 형태의 결과물도

포함될 수 있다. '성과 등'을 판단할 때에는 결과물이 갖게 된 명성이나 경제적 가치, 결과물에 화체된 고객흡인력, 해당 사업 분야에서 결과물이 차지하는 비중과 경쟁력 등을 종합적으로 고려해야 한다.

파목 관련 판례들을 살펴보면, 기술적인 성과 이외에도 '골프장의 종합적인 이미지'[13], '방송사의 공동 출구조사 결과'[14], '특정 영업을 구성하는 영업소 건물의 형태와 외관', '내부 디자인·장식·간판 등 영업의 종합적 이미지'[15] 등 다양한 분야에서 그 실태나 특성 등을 개별적으로 고려하고 투자나 노력의 내용, 정도, 기간 등을 살펴 성과를 인정하였다.

또한, 성과 등이 '상당한 투자나 노력으로 만들어진' 것인지 여부는 권리자가 투입한 투자나 노력의 내용과 정도를 그 성과 등이 속한 산업분야의 관행이나 실태에 비추어 구체적, 개별적으로 판단하되, 성과 등을 무단으로 사용함으로써 침해된 경제적 이익이 공공영역(public domain)에 속하지 않는다고 평가할 수 있어야 한다.

'공정한 상거래 관행이나 경쟁질서에 반하는 방법으로 자신의 영업을 위하여 무단으로 사용'한 경우에 해당하기 위해서는 ① 권리자와 침해자가 경쟁 관계에 있거나 가까운 장래에 경쟁관계에 놓일 가능성이 있는지, ② 권리자가 주장하는 성과 등이 포함된 산업분야의 상거래 관행이나 경쟁질서의 내용과 그 내용이 공정한지 여부, ③ 위와 같은 성과 등이 침해자의 상품이나 서비스에 의해 시장에서 대체될 가능성, ④ 수요자나 거래자들에게 성과 등이 어느 정도 알려졌는지, ⑤ 수요자나 거래자들의 혼동가능성 등을 종합적으로 고려해야 한다.

파목 위반은 금지청구와 손해배상청구의 대상이 되고 형사처벌의 대상은 아니다(법 제18조 제3항).

---

13) 대법원 2020. 3. 26. 선고 2016다276467 판결.
14) 대법원 2017. 6. 15. 선고 2017다200139 판결.
15) 대법원 2016. 9. 21. 선고 2016다229058 판결.

정보 보호(서울중앙지법 2014가합43866 판결)

특정 방송사 A가 선거결과를 예측하기 위한 사전 출구조사 결과를 다른 방송사 B가 비공식적인 경로로 입수하여 A와 거의 동시에 또는 빨리 방송한 사건에서, 법원은 "B가 별다른 노력이나 비용을 들이지 아니하고 소속 기자가 사적으로 해당 정보를 입수하였고, 일부 지역의 투표결과는 오히려 먼저 공개하였는 바 이는 공정한 경쟁질서에 반하며, 이와 같은 행태가 계속되는 경우 원고들을 비롯한 언론사들은 더 이상 많은 비용과 노력을 들여 이 사건 예측조사 결과와 같은 정보를 창출하고 그 가치를 유지하려는 유인을 잃고 다른 언론사가 창출한 정보에 무임승차하고자 할 것임이 자명하여 국민들의 알 권리마저 침해당할 우려가 있으므로 이 사건 조항의 부정경쟁행위에 해당한다고 보았다.

안경테 디자인(서울중앙지법 2014카합80386 결정)

A가 특이한 디자인을 가진 안경테를 디자인하고 시중에 판매하였으나 이에 대한 디자인권 등록을 하지 아니한 상태에서 3년이 지난 후, 이와 유사한 디자인을 가진 안경테를 판매하는 B에 대해 이 사건 조항을 근거로 침해금지 청구를 한 사건에서, 법원은 "안경테 좌측 하단에 전체적인 색과 다른 색을 일부 입히는 것은 그 자체로 아이디어에 해당하는 것으로 보충적 일반조항에 따라 반드시 보호되어야 하는 성과라고 보기 어렵고, '+' 마크는 덧셈을 의미하는 통상의 기호에 불과하여 역시 노력과 투자가 부여된 성과라고 보기 어렵다"고 판시하였다.

법원은 "스스로 디자인보호법에 따른 등록요건을 갖추지 아니하고, 해당 상품형태를 자신의 영업표지로서 국내에 널리 알리지도 못한 상태에서 이 사건 조항을 근거로 금지청구를 하는 것은 기존 법률 체계가 갖출 것을 요구하던 일정한 보호 요건의 존재 의의를 퇴색시킬 우려가 있다."고 밝혔다.

12. 구제

부정경쟁행위에 대한 구제는 크게 행정적 구제, 민사적 구제, 형사적 구제로 나눈다. 행정적 구제는 특허청의 행정조사(법 제7조)와 위반행위에 대한 시정권고(법 제8조) 등이 있다. 부정경쟁행위 중 아목과 파목은 행정조사와 시정권고의 대상에서 제외된다.

형사적 구제는 부정경쟁행위(아목, 차목 및 카목 제외) 및 제3조를 위반한 자는 3년 이하의 징역 또는 3천만원 이하의 벌금에 처한다(법 제18조 3항). 법인의 대표자나 법인 또는 개인의 대리인, 사용인, 그 밖의 종업원이 그 법인 또는 개인의 업무에 관하여 부정경쟁행위를 한 때에는 그 행위자를 벌하는 외에 그 법인 또는 개인에게도 3천만원 이하의 벌금형을 과한다(법 제19조).

민사적 구제는 금지청구와 손해배상, 신용회복조치 청구를 할 수 있다. 부정경쟁행위로 자신의 영업상의 이익이 침해되거나 침해될 우려가 있는 자는 그 위반행위를 하거나 하려는 자에 대하여 법원에 그 행위의 금지 또는 예방을 청구할 수 있다(법 제4조). 그리고 고의 또는 과실에 의한 부정경쟁행위로 타인의 영업상 이익을 침해하여 손해를 입힌 자는 배상 책임이 있다(법 제5조). 또한, 법원은 고의 또는 과실에 의한 부정경쟁행위로 타인의 영업상 신용을 실추시킨 자에게 침해된 자의 청구에 의하여 제5조에 따른 손해배상을 갈음하거나 손해배상과 함께 영업상의 신용을 회복하는 데에 필요한 조치를 명할 수 있다(법 제6조).

Discussion

주제 **주지성을 획득한 상호의 존재를 모르는 선의의 선사용자의 행위도 부정경쟁행위에 해당할 수 있는가?**

설명 '옥시화이트 사건'에서 원고는 설립 시부터 줄곧 자신이 생산·판매하는 제품들의 포장에 '주식회사 옥시', '옥시' 또는 'OXY'라는 문자를 부착하는 방식으로 상호를 사용해 왔다. ㈜옥시는 2000년에 '옥시화이터' 상표에 관하여 지정상품을 표백제, 세탁용유연제 등으로 하여 상표등록을 하고, 2001년 'OXYWHITE'상표에 관해 표백제, 세탁용유연제 등으로 상표등록하였다. 이 사건 소외 백광산업 주식회사는 1991년부터 '옥시화이트'라는 상표로 산소계표백제 제조·판매하였고, 이 사건 피고는 1995.2.30. 옥시화이트 제품의 제조·판매 및 그 생산설비 일체를 백광산업으로부터 양도받아 옥시화이트제품을 제조·판매하고 있었다. 원고는 피고의 표지 사용을 금지하는 소송을 제기하였다. 이 사건은 원고의 상호가 주지성을 획득하기 이전부터 '옥시화이트'를 상표로 사용해온 소위 '선의의 선사용자'가 과연 부정경쟁행위를 한 자에 해당할 수 있는지를 따지는 것이다.

부정경쟁방지법은 부정경쟁행위자의 악의 또는 부정경쟁 목적 등 그 행위자의 주관적 의사를 요건으로 하고 있지 않으며, 선의의 선사용자의 행위를 부정경쟁행위에서 배제하는 명문의 규정이 없으므로 부정행위 사실만 있으며 부정경쟁행위를 구성한다. 따라서 원고가 그 상호 관한 주지성을 획득하기 이전부터 피고가 원고의 상호 존재를 알지 못한 채 또는 부정경쟁의 목적이 없는 상태에서 '옥시화이트' 상표를 사용하였다고 해도 원고의 상호가 주지성을 획득한 상품의 표지가 되었고 수요자에게 혼동될 위험이 존재한다고 인정되므로 피고의 행위는 제2조 제1호 가목 소정의 부정경쟁행위를 구성한다(대법원 2004. 3. 25. 선고 2002다9011 판결).

이 판결 이후 선의의 선사용자를 최소한 부정경쟁행위자로 보지 말아야 한다는 비판적 견해들이 제기되었다. 선의의 선사용자는 부정경쟁행위에 대한 고의가 없으므로 형사처벌이 어렵다. 일본은 선의의 선사용자에 대한 면책규정을 마련하고 있는데, 공정한 경쟁질서를 해하는 행위를 규율하려는 부정경쟁방지법의 목적을 고려할 때 입법적 논의가 필요하다고 본다.

Explanation

이 사건은 퍼블리시티권의 보호 대상이 되는 '유명인의 성명·초상' 등 인격표지를 무단으로 사용한 행위가 부정경쟁방지법의 보충적 일반조항인 (구)카목(現 파목)의 적용을 받을 수 있는지가 쟁점이 되었다. 대법원은 (구)카목의 보호대상인 '타인의 상당한 투자나 노력으로 만들어진 성과 등'에는 유형물뿐만 아니라 '유명인의 성명·초상'을 포함한 무형물이 포함되며, 저작권법, 디자인보호법 등 기존 지식재산권법으로 보호받기 어려웠던 새로운 형태의 성과물도 포함될 수 있다고 하였다.

앞서 본 바와 같이, 대법원은 (구)카목의 적용 요소인 '성과 등', '상당한 투자나 노력으로 만들어진 것' 등에 대한 구체적인 판단 기준을 제시하면서, 2012년 그룹을 결성한 이래 10장이 넘는 앨범을 발매하여 2018.5.까지 730만 장의 앨범을 판매하였고, 국내외의 주요 음반 순위에서 1위를 기록하는 등 국내외에서 상당한 인지도가 있는 점 등을 고려할 때 BTS의 명칭, 구성원의 이름, 사진 등이 상품의 판매, 광고계약 등에서 가지는 고객흡인력은 상당한 투자나 노력으로 얻은 성과이며, 법률상 보호할 가치 있는 경제적 이익이 있다고 보았다.

그리고 대법원은 '공정한 상거래 관행이나 경쟁질서에 반하는 방법으로 자신의 영업을 위하여 무단으로 사용'한지 여부와 관련하여 연예인의 이름·사진 등을 상품 등에 사용하기 위해서는 연예인이나 소속사의 허락을 받거나 대가를 지급하는 것이 엔터테인먼트 산업분야의 상거래 관행인 점을 인정하고, A사가 무단으로 BTS에 관한 대량의 기사·사진 등을 수록한 책자 등을 제작한 것은 이 분야의 상거래 관행이나 공정한 경쟁질서에 반하는 것으로 보았다.

한편, 대법원은 BTS의 명칭, 구성원의 이름, 사진 등에 부가된 신용·명성·고객 흡인력의 귀속 주체와 관련하여 원심과 달리 판단하였다. 원심은 BTS의 구성원에게 귀속되는 것으로 보았으나, 대법원은 소속사가 BTS라는 이름의 그룹을 결성하고 구성원을 선발하여 전속계약을 체결한 후 훈련을 통해 구성원들의 능력을 향상시켰고, 각종 공연 및 방송 출연을 기획하고 관련 음원, 영상콘텐츠를 유통하는 등 상당한 투자와 노력을 한 점을 인정하고, 그로 인해 BTS가 갖는 명성, 신용, 고객흡인력을 타인이 무단으로 사용한 것은 '소속사'의 경제적 이익을 침해한 것으로 보았다(대법원 2020. 3. 26. 자 2019마6525 결정).

앞서 설명한 바와 같이, BTS 판결의 영향을 받아 2021년 12월 7일 부정경쟁방지법을 개정하면서 초상, 성명과 같은 인적 식별표지에 대한 무단사용을 새로운 부정경쟁행위 유형(타목)으로 규정하게 되었다. 앞으로는 유명인의 인적 식별표지에 대한 보호는 타목에 의해서 직접 규율할 수 있게 되었다.

Chapter 17 영업비밀 보호

Y사는 인터넷 가상네트워크 서비스 관련기술과 이를 구현하는 소프트웨어 'ETUN'을 개발·보유하고 있다. Y사가 개발한 ETUN 프로그램은 공개 소프트웨어인 Vtund를 기초로 개발된 것(Vtund의 약 80%를 채용)이다. 그러나 Y사는 공개SW 라이선스인 이른바 'GPL 라이선스 규칙'에 따라 ETUN의 소스코드를 공개해야 하나 이를 어기고 ETUN을 영업비밀로 관리하고 있었다. 그러던 중 이 회사의 기술총괄 이사인 한씨와 영업팀장 차씨 및 영업대리 이씨는 경쟁사인 H사의 대표이사 박씨와 공모하고, Y사를 퇴사하면서 ETUN 프로그램 및 관련 고객정보, 사업제안서, 업체별 VPN 서비스가격비교표, 영업현황자료 등을 유출하여 H사의 영업에 활용하였다. 이에 Y사는 H사 및 한씨 등을 상대로 영업비밀 침해 및 절도죄를 주장하였다. Y사의 주장은 타당한가?

01. 영업비밀이란?

영업비밀은 「부정경쟁방지 및 영업비밀보호에 관한 법률」 (이하, "영업비밀보호법")에 의해서 보호받는다. 영업비밀이란 "공공연히 알려져 있지 아니하고 독립된 경제적 가치를 가지는 것으로서 비밀로 관리된 생산방법, 판매방법 기타 영업활동에 유용한 기술상 또는 경영상의 정보를 말한다(법 제2조 제2호)."

영업비밀로서 보호받기 위해서는 ① 공공연히 알려져 있지 않을 것(비공지성), ② 비밀로서 관리되고 있을 것(비밀관리성), ③ 독립된 경제적 가치를 가진 것으로서 생산방법·판매방법 기타 영업활동에 유용할 것(경제적 유용성), ④ 기술상 또는 경영상의 정보이어야 한다.

이 법으로 보호받는 영업비밀은 기업은 물론 개인 및 비영리기관이 보유한 정보를 포함한다. 2013년 7월 30일 개정법 이전에는 이 법의 보호를 받는 영업비밀은 기업 등 영리활동을 하는 법인이 보유한 것으로 한정되었다. 그러나 개정법률에서는 기업이 보유한 영업비밀은 물론 개인 또는 대학 및 공공연구기관 등 비영리기관이 보유한 영업비밀도 보호대상으로 포섭하였다.[16)]

부정경쟁방지법은 이러한 영업비밀을 절취, 기망, 협박 기타 부정한 수단으로 취득하거나(부정취득), 근로계약 등에 의해 비밀유지 의무가 있는 자가 재직 중 또는 퇴직 후에 부정이익을 얻을 목적으로 영업비밀을 사용·공개하는 행위(비밀유지의무위반)를 침해행위로 규정하고 있다. 영업비밀 침해행위에 대하여 동법은 손해배상청구, 금지·예방청구 및 강력한 형사처벌 등을 통하여 구제를 받을 수 있다.

02. 영업비밀로서 보호받을 수 있는 정보는?

영업비밀로서 보호받을 수 있는 대상은 크게 “기술상의 영업비밀”과 “경영상의 영업비밀”로 나눌 수 있다. 기술상의 영업비밀에는 기술적인 노하우나 산업상 기술이 보호대상이며, 구체적으로 시설 및 제품의 설계, 물건의 생산방법 및 제조방법, 공식, 실험데이터, 컴퓨터프로그램 등 정보가 해당된다. 경영상의 영업비밀에는 회사의 중장기 또는 단기 사업계획 및 주요전략, 재무, 생산예측, 주요 매뉴얼, 원가, 고객명부, 중요 인사정책, 제조비용견적 등에 관한 정보가 해당된다.

---

16) 2013년 7월 30일 이전의 「부정경쟁방지 및 영업비밀보호에 관한 법률」 제18조 제1항에서는 “부정한 이익을 얻거나 기업에 손해를 입힐 목적으로 그 기업에 유용한 영업비밀을 외국에서 사용하거나 외국에서 사용될 것임을 알면서 취득·사용 또는 제3자에게 누설한 자는 10년 이하의 징역 또는 그 재산상 이득액의 2배 이상 10배 이하에 상당하는 벌금에 처한다.”고 규정하고 있어서 영업비밀 침해에 대한 형사처벌 대상을 기업으로 한정하고 있음을 알 수 있다. 개정 법률에서는 영업비밀의 주체로서 기업을 삭제하고 “영업비밀보유자”로 규정하게 되었다.

기술상의 정보

1) 제품 및 장비

제품 및 장비가 모두 영업비밀이라고 볼 수 없지만 제품개발에 합리적인 노력과 비용이 투자되고 해당 업계에 널리 알려지지 않은 것으로서, 역공정(Reverse engineering)과 같이 역순으로 제품 등을 분석하여 용이하게 그 내용을 파악할 수 없는 것이라면 영업비밀로서 보호받을 수 있다. 따라서 시중에 널리 시판되고 당해 제품을 분해하여 그 내재되어 있는 정보를 쉽게 파악할 수 있다면 당해 제품이나 제품에 투영된 정보는 영업비밀로 보호받기 어렵다. 이러한 정보는 특허로서 보호받는 것이 바람직하다.

또한, 아주 제한된 주문에 의해 생산하여 판매하거나 리스로 공급하는 제품 또는 장비의 경우 상대방과 비밀유지계약 및 역공정 금지조건을 부여함으로써 영업비밀로서 보호하기도 한다. 그러나 역공정은 산업상 널리 적용되는 합법적인 방법임에도 이를 부당하게 계약으로 제한할 경우에는 불공정 조항으로서 무효가 될 수도 있으므로 주의해야 한다.

2) 설계도, 시설의 배치 및 제조공정

기계장치의 배치도, 제품의 설계도, 제조공정(도), 가공방법 등이 제품 생산에 유용한 정보이고 다른 사람에게 알려지지 않도록 비공개로 유지된 것이라면 영업비밀로 보호받을 수 있다.

1969년 미국 뒤퐁사가 건설 중인 바몬드공장(메탄올 제조공장)을 경쟁사가 항공 촬영하여 '메탄올제조시설의 배치'정보를 획득하려고 한 사건이 있었다. 시설 및 특수장비에 관한 정보를 대외적으로 공개하지 아니하고 영업비밀로 보호하려면 해당 시설 등과 그 지역을 통제지역으로 지정하고 근무자 이외는 접근을 제한하여 영업비밀과 같이 관리하면 비밀이 될 수 있다.

3) 연구개발 보고서 및 실험데이터

연구개발과정, 결과보고서 및 연구에 사용된 데이터 등도 영업비밀의 보호

대상이 될 수 있다. 따라서 경쟁사로부터 부정 취득한 임상실험데이터 등을 이용하여 실험·실습을 진행하여 R&D 투자비용을 절감하거나 연구기간을 단축하는 행위는 영업비밀 침해에 해당된다. 주의해야 할 것은 연구에 성공하지 못한 실패한 자료라도 경제적 유용성을 갖는다면 영업비밀로서 보호받을 수 있다.

따라서 연구원 개인이 연구과정을 기록한 연구노트 등이 유출되지 않도록 각별한 주의를 기울여야 한다. 또한, 특허 출원을 준비 중에 있는 경우에도 기술에 관한 정보 및 연구보고서는 영업비밀로 보호하여야 한다.

4) 물질의 배합 방법

의약품, 음료수, 음식, 향수, 커피 등의 원료나 성분의 배합방법(배합비율, 배합의 순서, 열의 강도, 수분의 조절, 시간 등)이 역공정으로 쉽게 알 수 없고 그 효능이나 맛이 경제적 가치를 가지는 것이라면 영업비밀로서 보호받을 수 있다.[17)]

코카콜라의 비밀 첨가제

코카콜라의 톡 쏘는 맛은 어떻게 제조되는 것일까? 코카콜라 회사는 그 방법을 영업비밀로 간직하고 있는데, 현재 그 방법을 기록한 문서는 애틀랜타의 한 은행금고에 감춰져 있으며, 그것을 볼 수 있는 소수의 몇 사람 중 2명만이 현존하고 있다고 한다. 코카콜라의 제조방법을 알아내기 위해 펩시콜라를 비롯한 경쟁사와 화학자들은 80년 이상을 노력해왔지만 결국 99%이상을 알아내는데 그치고 나머지 1%미만의 구성요소와 배합비율을 밝히는 데에는 실패하였다고 한다. 코카콜라 회사는 그 유명한 1% 미만의 첨가물과 생산절차를 비밀로서 유지하기 위해 생산과정을 분리하고, 영업비밀 서약서 및 전직금지 서약서 등을 종업원과 체결하는 등 각고의 노력을 기울이고 있다. 최근 코카콜라의 여직원이 신제품의 제조방법과 샘플을 빼내려다 미국 연방수사국 경찰에 의해 체포되는 일이 있었다. 만일 그 제조방법을 영업비밀이 아닌 특허로서 등록하였다면 벌써 100년 전에 코카콜라는 음료수 시장에서 황제자리를 내놓았을지도 모르는 일이다.
<코카콜라 '맛의 비밀' 빼내 펩시에 팔려던 직원 3명 덜미, 한겨레신문, 2006.7.6>

---

17) 프랑스 법원은 특허 또는 노하우(know-how) 등 영업비밀로 보호받아 오던 "향수"의 저작물성을 인정하는 판결을 내렸다. http://www.legifrance.gouv.fr; Lucas, André/Lucas, Henri-Jacques, Traité de la Propriété littéraire et artistique, 2.éd. Litec. 2001

5) 컴퓨터프로그램

컴퓨터프로그램은 일반적으로 저작권법으로 보호받고 있으나 영업비밀에 의해서도 보호받을 수 있다. 저작권법은 프로그램상의 '표현' 즉 원시코드를 보호하고 있지만 '아이디어'에 해당하는 알고리즘, 해법 등은 보호하지 않는다. 그러나 영업비밀에 의해서는 아이디어(알고리즘) 및 관련 기술자료도 함께 보호받을 수 있다. 영업비밀로 보호되는 정도는 소프트웨어 종류에 따라 달라질 수 있는데, 예를 들면, 공중에 널리 공개되어 유통되는 프로그램의 경우에는 영업비밀보호는 큰 역할을 하지 못할 수 있다. 반면, 특정기업에 맞춤형으로 제작된 솔루션의 경우에는 영업비밀로 보호받을 가능성이 높다.

프로그램을 영업비밀로 보호받기 위해서는 적어도 프로그램의 소스코드는 외부에서 접근할 수 없도록 하고 기업 내부적으로 영업비밀로서 관리되어야 한다. 일반소비시장에서 패키지로 판매되는 소프트웨어라도 구매자가 프로그램을 역분석하여 원시코드에 접근할 수 없도록 기술적 조치를 취할 필요가 있다.

영업비밀로 관리하고 있는 프로그램을 저작물로 등록하더라도 제출된 프로그램의 원시코드가 담긴 디스켓은 등록자의 입회하에 봉인된다. 또한, 등록담당자에게는 비밀유지의무가 부과되어 있으므로 그 제출 뒤에도 여전히 영업비밀로서 보호받을 수 있다. 컴퓨터프로그램에 대한 저작권 보호기간은 저작자의 사후 70년이다.

6) 그 밖의 영업비밀

자동차 디자인, 건축디자인 등 기능성이 있는 디자인, 아이디어, 공개 전의 특허 출원정보 등도 영업비밀이 될 수 있다.

경영상의 정보

1) 경쟁회사가 보유하지 않는 고객명부

고객명부는 영업활동에 중요한 정보로서 영업비밀의 보호대상이 된다. 영업비밀로 보호받기 위해서는 경쟁사가 보유하지 못함으로써 경쟁 우위를 유지해

주는 정도의 경제적 가치가 있어야 한다. 또한, 합리적인 노력으로 경쟁기업이 알 수 없는 상태를 유지해야 한다. 이러한 주요 고객리스트를 부정 취득하거나 이를 이용하여 판촉활동을 하는 행위는 영업비밀을 침해하는 행위가 된다.

2) 기업의 주요 계획

기업의 중·단기 계획이나 경영전략, 신상품의 개발 및 판매계획, 투자계획, M&A 계획 등도 경쟁관계에 영향을 미치는 중요한 정보이므로 영업비밀의 보호 대상이 된다.

3) 매뉴얼류

특정상품에 대한 고객의 성별·직업별·소득수준별·연령별·계절별 소비성향과 향후 소비추이를 예측할 수 있는 지표설정 등에 필요한 정보활동·마케팅활동 등에 관한 각종 매뉴얼 류도 영업비밀이 될 수 있다.[18] 그 밖에 제품의 생산·판매·원가산정 등에 대해 기업이 독자적으로 개발한 각종 매뉴얼 등도 영업비밀로서 보호받을 수 있다.

4) 아이디어

기업이 독자적으로 소유하는 영업상 아이디어도 영업비밀의 대상이 될 수 있다. 보호받는 아이디어가 완전히 새로운 것일 필요는 없으나 취득자에게 최소한 경제적 가치가 있어야 한다. 다만, 부정경쟁방지법상 영업비밀의 정의에서 알 수 있듯이 마케팅 개념(concept)이나 상품에 관한 아이디어는 성질상 마케팅이 개시되는 순간 일반에게 알려지므로 영업비밀로 보호받기 어렵다.

5) 기타 경영상 정보

상품의 가격산정기준, 급여의 산정, 재무경리, 경영분석 등 자료들도 공개될 경우 경쟁사에게 경제적 유용성이 있다면 영업비밀로 보호받을 수 있다.

---

18) 황의창·황광연, 「부정경쟁방지 및 영업비밀보호법」, 세창출판사, 2009, 180면.

03. 특허와 영업비밀의 차이

법적 성질과 공개성

특허는 일정한 절차와 심사를 거쳐 획득되며 제한된 기간 동안 독점배타적 권리를 부여하고 그 보호기간이 만료된 이후에는 일반 공중이 이를 자유롭게 사용할 수 있다. 따라서 특허권자는 정당한 권원 없이 제3자가 특허발명을 업으로서 실시하는 것에 대하여 민·형사적인 조치를 취할 수 있다. 또한, 특허는 출원 후 18개월이 지나면 공개되지만 특허권 획득 이후에는 권리행사로 무단 사용을 제한할 수 있다.

영업비밀은 사실상의 재산(de facto assets)으로서 비밀로 유지하고 있는 상태 자체이므로 부정경쟁방지법은 영업비밀에 대하여 권리를 부여하지 않는다. 영업비밀은 특허권, 디자인권 등 지식재산권과 달리 독점배타적 권리를 가지는 것은 아니므로 경쟁하는 두 회사가 동일한 내용의 영업비밀을 독자적으로 개발하여 동시에 각각 보유할 수 있다. 다만, 영업비밀은 부당한 방법으로 침해하는 행위에 대하여 불법행위에 대한 채권적 지위를 발생시킨다. 따라서 영업비밀은 이를 보유하고 있는 기업 스스로가 적극적으로 비밀로서 유지·관리할 것이 요구되며 부정한 수단에 의한 취득이나 비밀유지의무 위반의 경우에 법원에 구제 청구가 가능하다.

보호대상

특허는 자연법칙을 이용한 기술적 사상의 창작으로서 고도한 것으로 기술적 사상을 보호대상으로 한다. 즉 기술적 노하우(know-how)에 한하여 특허를 받을 수 있으며, 판매정보, 고객리스트 등과 같은 영업 정보는 특허의 대상이 아니다.

영업비밀은 공공연히 알려져 있지 아니한 기술상 정보뿐만 아니라 경영상정보까지 보호대상으로 하므로 특허보다 영업비밀의 보호대상이 광범위하다.

절차 및 등록

특허를 받으려면 엄격한 법적 요건을 구비하고 출원 → 출원공개 → 심사 → 등록 등의 일정한 법적 절차를 밟아야 한다. 기술적 노하우라도 특허요건을 갖추지 못한 발명은 보호를 받지 못한다. 반면 영업비밀 보호는 특허출원 등과 같은 요식행위를 요건으로 하지 않는다.

특허는 독점배타적 권리 발생을 위해 등록을 효력발생요건으로 하지만, 영업비밀은 그 성질상 등록제도가 존재하지 않는다. 발명을 특허출원하여 등록하면 배타적 권리를 인정받지만, 그 발명이 심사결과 특허등록이 되지 못하면 특허로서는 물론 그 발명의 공개로 인하여 영업비밀로서도 보호받지 못한다. 따라서 자신의 영업비밀을 특허로서 보호받기 위해서는 특허출원 전에 변리사 등 전문가의 상담을 받는 것이 중요하다. 그리고 특허는 동일한 내용을 출원하면 특허청에서 거절되나 영업비밀은 서로 다른 기업이 동일·유사한 기술을 각각 비밀로서 유지, 관리하는 한 동시에 보유할 수 있다.

신규성

특허를 받을 수 있는 발명은 새로운 것이어야 한다(신규성). 즉 출원시를 기준으로 출원발명이 기존에 공지된 발명과 동일성이 없어야 한다. 특허법 제29조 1항에서 i) 특허출원 전에 국내 또는 국외에서 공지(公知)되었거나 공연(公然)히 실시된 발명, 또는 ii) 특허출원 전에 국내 또는 국외에서 반포된 간행물에 게재되었거나 전기통신회선을 통하여 공중(公衆)이 이용할 수 있는 발명의 경우에는 신규성이 없다고 규정하고 있다.

영업비밀은 그러한 신규성을 요건으로 하지 않는다. 다만, 영업비밀로 보호받기 위해서는 영업비밀이 일반에게 알려져 있지 않는 상태에 있어야 한다.

영업비밀 기술을 경쟁업체에 개발하여 출원 준비 중인 경우

기업이 비밀로 유지·관리해 오던 영업비밀 기술과 유사한 기술을 경쟁업체가 개발하여 특허출원을 준비하고 있다는 소식을 접했다면 어떻게 대처해야 할까?

우선 영업비밀 보유 기업은 경쟁업체의 특허출원 전에 자신이 보유하고 있는 영업비밀을 먼저 공개하고 특허출원을 서둘러야 한다. 자신의 영업비밀을 공개함으로써 상대방 기술의 '신규성 결여'를 주장할 수 있다. 만일 경쟁업체가 먼저 특허출원을 한 경우 영업비밀 보유기업은 더 이상 신규성 결여를 주장할 수 없게 된다. 영업비밀이 비밀로 관리되는 동안은 비공지 상태이므로 경쟁자가 독자적으로 동종기술을 개발하게 되면 신규성이 있는 것이 된다. 또한, 선출원주의에 따라서 경쟁업체의 출원 후의 영업비밀 보유자의 출원은 후출원이 되어 특허등록을 받을 수 없다. 다만, 경쟁업체가 부정한 방법에 의해 타 기업의 영업비밀을 취득하였다면 "모인(冒認)출원"을 주장하여 등록을 취소시킬 수 있다.

진보성

특허는 발명의 창작수준의 난이도를 요구하고 있으며, 이를 진보성이라 한다. 특허출원 전에 그 발명이 속하는 기술분야에서 통상의 지식을 가진 자가 판단할 때, 출원이 단순한 집합, 치환 등이 아닌 창작의 난이도를 갖춘 것이어야 한다(특허법 제29조2항). 대부분의 특허등록 거절이유가 진보성 요건을 충족하지 못하기 때문이다. 진보성은 목적의 특이성, 구성의 곤란성, 효과의 현저성의 3요소에 의하여 판단한다.

영업비밀은 이러한 진보성을 갖추지 못한 경우라도 보호할 만한 충분한 가치가 있는 정보·기술이라면 보호받을 수 있다.

보호기간

특허권의 존속기간은 특허권의 설정등록이 있는 날로부터 출원일 후 20년이다. 이 기간이 경과되면 만인의 공유(public domain)가 되어 누구나 자유롭게 사용할 수 있다.

영업비밀은 그 자체가 비밀로서 유지되고 경제적 가치를 지니는 이상 보호기간의 제한을 받지 않고 독점적으로 이를 이용할 수 있다.

영업비밀의 보호기간(대법원 2017다34981 판결)

영업비밀 침해행위를 금지시키는 목적은 침해행위자가 그러한 침해행위에 의하여 공정한 경쟁자보다 우월한 위치에서 부당하게 이익을 취하지 못하도록 하고 영업비밀 보유자로 하여금 그러한 침해가 없었더라면 원래 있었을 위치로 되돌아갈 수 있게 하는 데에 있다. 영업비밀 침해행위의 금지는 이러한 목적을 달성하기 위하여 영업비밀 보호기간의 범위 내에서 이루어져야 한다.

영업비밀 보호기간은 영업비밀인 기술정보의 내용과 난이도, 침해행위자나 다른 공정한 경쟁자가 독자적인 개발이나 역설계와 같은 합법적인 방법으로 영업비밀을 취득할 수 있었는지 여부, 영업비밀 보유자의 기술정보 취득에 걸린 시간, 관련 기술의 발전 속도, 침해행위자의 인적·물적 시설, 종업원이었던 자의 직업선택의 자유와 영업활동의 자유 등을 종합적으로 고려하여 정해야 한다(대법원 2019. 3. 14.자 2018마7100 결정 등 참조). 이러한 영업비밀 보호기간에 관한 사실인정을 통하여 정한 영업비밀 보호기간의 범위 및 그 종기를 확정하기 위한 기산점의 설정은 그것이 형평의 원칙에 비추어 현저히 불합리하다고 인정되지 않는 한 사실심의 전권사항에 속한다.

04. 영업비밀로서 보호받기 위해서는?

비공지성

영업비밀로 보호받기 위해서는 영업비밀이 일반에게 알려져 있지 않는 상태에 있어야 한다. 특히 영업비밀의 공개로 인해 경제적 가치를 얻을 수 있는 자(경쟁업체 또는 동종업체)에게 공공연히 알려져 있지 아니한 상태를 유지해야 한다. 이러한 비공지성은 절대적 비밀을 뜻하는 것은 아니므로, 영업비밀 보유자의 실수로 불특정인에게 비밀이 유출된 경우라도 해당 정보를 이해할 수 있는 일반 다수에게는 비밀로 유지된다면 비공지성은 유지되는 것으로 본다. 또한, 역분석으로 정보를 취득하는데 장기간 및 상당한 비용이 소요되는 경우에는 비공지성이 인정된다.

비공지성과 관련하여 주의해야 할 것은 잡지, 학술지 또는 전시회를 통하여 영업비밀에 관한 정보를 발표하거나 기타 부주의로 영업비밀을 공개하게 되면 가치있는 기술정보라도 더 이상 보호받을 수 없다.

한편, 특허출원을 위해 출원서를 제출한 후에도 해당 출원정보가 공개되기 전이라면 비공지성이 만족된다. 특허 출원일로부터 18개월이 경과하면 특허출원의 명세서, 도면 등이 공개공보에 게재되어 발명의 내용이 일반에게 공표되는데, 이는 새로운 발명을 공개함으로써 기술개발을 촉진하고 중복연구 및 투자를 방지하기 위한 것이다. 출원공개는 강제적이며, 원칙적으로 모든 출원이 공개의 대상이 된다. 따라서 특허출원이 되더라도 일반인에게 공개되지 전까지는 비공지성을 만족한다. 이러한 비공지성은 비밀관리성과 밀접한 관련이 있어 비밀관리성이 인정되면 비공지성이 추정된다.

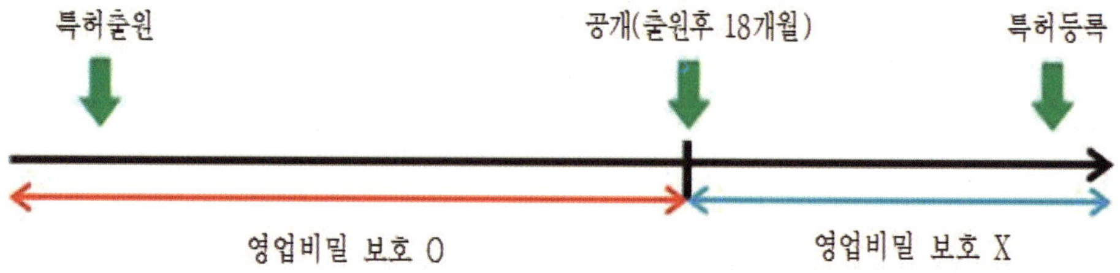

비밀관리성

영업비밀로 보호받기 위해서 영업비밀 보유자 및 사용자 등이 정보를 비밀로 유지할 의사만 가지고는 부족하고 객관적이고 실질적으로 기업정보를 비밀로 관리해야 한다. 비밀관리성 판단은 사안에 따라 개별적으로 이루어진다.

2015년 1월 28일 시행된 개정 영업비밀보호법 이전에는 비밀관리성의 정도를 '상당한 노력'으로 비밀을 유지할 것으로 요구하였다. 그러나 이 기준은 자금사정이 좋지 못하여 영업비밀 보호를 위한 충분한 시스템을 갖추기 어려운 중소기업에게 부담이 되었다. 이에 개정법은 '상당한 노력'을 '합리적인 노력'으로 완화하여 회사의 사정에 적합한 적절한 노력을 하였는지를 요구하게 되었다. 그러나 2019년 1월 8일 다시 동 법률을 개정하여 '합리적인 노력'이 없더라도 비밀로 유지되었다면 영업비밀로 인정받을 수 있도록 요건을 완화하였다.[19]

19) 「부정경쟁방지 및 영업비밀보호에 관한 법률」은 2019.1.8. 개정(제16204호)되어 2019.7.9. 시행될 예정이다. 영업비밀 정의에서 '합리적인 노력에 의하여 비밀로 유지된' 부분이 '비밀로 관리된'으로 변경되었다.

그러나 실무적으로 '합리적 노력'과 '단순한 비밀관리'의 차이를 구별하는 것은 쉽지 않을 것으로 여겨진다.

'합리적 노력에 의한 비밀관리' 판단

'비밀유지를 위한 '합리적인 노력'을 다하였는지는 해당 정보에 대한 접근을 제한하는 등의 조치(접근제한)를 통해 객관적으로 정보가 비밀로 유지·관리되고 있다는 사실이 인식 가능한 상태가 유지되고 있는지 여부(객관적 인식가능성)를 가지고 판단하였다. 즉 접근제한과 객관적 인식가능성이 확보되었는지 여부는 ①물리적·기술적 관리, ②인적·법적 관리, ③조직적 관리에 따라 판단하되, 그러한 조치가 '합리적'이었는지 여부는 영업비밀 보유기업의 규모, 해당 정보의 성질과 가치, 해당 정보에 일상적인 접근을 허용하여야 할 영업상의 필요성이 존재하는지 여부, 영업비밀 보유자와 침해자 사이의 신뢰관계의 정도, 과거에 영업비밀을 침해당한 전력이 있는지 등을 종합적으로 고려하여 판단하여야 한다.

비밀관리성 인정(의정부지법 2016노1670 판결)

법원은 직원 4명에 연매출액이 2억원 정도의 소규모 가족 회사인 경우에 법원은 해당 정보에 외부인은 접근할 수 없었다는 점, 피고인이 해당 정보가 영업비밀임을 인식할 수 있었다는 점 등을 들어 비록 비밀표시나 사내 임직원에 대한 접근제한 조치가 없었더라도 비밀관리성을 인정하였다.

위 사건에서 법원은 피해자 회사는 해당 고객정보를 비밀로 유지하기 위한 '합리적 노력'을 다하였다고 보았는데, 그 구체적인 주요한 기준을 보면 다음과 같다. 첫째, 피해자 회사는 행사와 관련된 정보(개최장소, 개최일시, 여행 일정 등)는 홈페이지를 통해 일반인의 접근을 허용하였으나 고객들의 성명, 소속업체, 직위, 이메일 주소, 휴대전화번호 등이 포함된 이 사건 고객정보는 별도 관리하면서 피해자 회사 직원들에게만 접근을 허용하였다. 둘째, 피해자 회사는 네이버 주소록으로 작성된 정보는 법인 계정으로 관리하였고, 구글 스프레드쉬트로 작성된 정보는 초대기능을 활용, 피해자 회사 직원들만 초대하는 방법으로 일반인 접근을 차단하였으므로 기술적 관리가 이루어졌음을 알 수 있다. 셋째, 네이버 계정과 구글 계정은 모두 피해자 회사의 대표가 관리하였으므로 조직적 관리가 이루어졌다.

나아가 피해자 회사는 직원 4명, 연간매출액 2억 원 정도에 불과한 소규모 회사이며,

이 사건 정보 가운데 구글 스프레드쉬트로 작성된 것에는 사전에 고객의 수요를 예측하여 항공권이나 호텔 등을 미리 예약할 수 있게 해주는 중요한 기능을 하고 있었고, 피고인은 피해자 회사의 이사로 근무하면서 단체 항공권 예약, 현지 호텔 수 배 및 예약, 환전, 여행자 보험가입, 고객 인솔 등의 업무 등을 담당하고 있었기에 그와 같은 사정을 충분히 인식할 수 있었다. 피고인이 퇴사한 직후 피해자 회사는 이 사건 고객정보에 대한 피고인의 접근을 차단하였으나 피고인은 이를 예상하고 퇴사 직전 이 사건 고객정보를 미리 다운로드 받았기 때문에 피해자 회사는 영업비밀의 유출을 막을 수 없었다.

기업이 비밀관리 노력을 소홀히 하여 영업비밀이 경쟁업체에 유출된 경우 영업상 막대한 손해가 발생하더라도 해당 유출로부터 보호받기 어렵다. 대법원은 피해회사는 피고인으로부터 회사기밀유지 각서를 제출받은 사실은 있으나, 영업비밀이 저장된 컴퓨터는 비밀번호도 설정돼 있지 않고 별도의 잠금장치도 없어 누구든지 컴퓨터를 켜고 자료를 열람·복사할 수 있었고, 백업된 CD가 담긴 서랍을 잠그지 않고 항상 열어두었기 때문에 누구든지 마음만 먹으면 이를 이용할 수 있었던 사실 등이 있어서 피해회사가 기밀유지 각서를 제출받은 사실만으로는 이 사건 자료가 합리적인 노력으로 비밀로 유지됐었다고 보기 어렵다고 판결하였다.

TIP

영업비밀로 보호받기 위한 비밀관리 방법

① **직원 교육**

모든 직원에 대해 영업비밀의 존재와 관리에 대한 교육을 실시하고 대외비 표시 및 출입통제 등 비밀관리 실천을 통하여 영업비밀에 대한 인식을 높인다.

② **문서관리규칙 제정**

'영업비밀 관리규칙' 또는 '문서관리규칙'을 제정하여 영업비밀의 관리체계, 영업비밀의 분류, 영업비밀의 수납·관리·파기 등의 방법과 절차, 영업비밀 관리기록부의 비치 및 활용 등에 관한 사항을 명문화한다.

③ **영업비밀 분류 및 표시**

보유하고 있는 정보자산을 파악하고 분류하여 등급(극비, 비밀, 대외비)을 부여하고, 서류에

'대외비' 등 영업비밀 표시를 하고 기업비밀관련 서류를 특정장소 및 잠금장치가 있는 곳에 보관한다.

④ **비밀유지의무 부여 및 전직금지계약 체결**

모든 직원에 대해 근로계약으로 "비밀유지의무"를 부과하고, 핵심개발연구원 및 주요 임원에 대해서는 "전직금지계약"을 체결한다.

⑤ **출입통제**

제조설비 등 중요한 지역 및 부서 방문객의 출입을 제한한다. 출입시 영업비밀을 취급하는 부서는 회사 ID카드와 별도의 ID 카드로 출입하게 한다. 출입시에도 카메라폰(camera phone)의 사용·반입을 제한하고 주요 통로에 감시카메라를 설치한다.

⑥ **네트워크 및 저장매체에 대한 보안**

내부 네트워크상 중요 컴퓨터파일에 대해 패스워드, 인증절차 등 관리시스템을 적용하고 이메일, 메신저 등 통신보안 및 파일의 추적이 용이하도록 DRM, 포렌식(Forensic)기술 등을 적용한다.

⑦ **주요시설 분리**

기업기밀과 연관된 연구개발 및 생산공정은 장소적으로 분리하고 보안체계를 적용한다.

⑧ **퇴직자 관리**

연구·개발부서의 직원 또는 영업비밀 관리부서의 직원이 퇴직을 할 경우 사전에 영업비밀에 대한 철저한 인수인계를 실시한다. 영업비밀 관련 서류 및 프로그램 등 일체를 반납하도록 하며 집에서 작업한 서류 등의 반납 및 파일삭제 확인서를 받아두어야 한다. 영업비밀유지의무 또는 전직금지 의무에 관해 상기시켜 주고, 해당 위반에 대한 처벌규정을 설명해 주어야 한다

경제적 유용성

해당 정보가 현실적으로 생산방법, 판매방법 등에 필요한 정보이어야 한다. 즉 생산비를 절감하거나 판매를 보다 효율적으로 수행하거나 상대방에 대하여 자신의 경쟁상의 우월적 지위를 제고하는데 도움이 되거나 정보의 독자적인 개발을 위해 상당한 노력과 비용이 요구되어야 한다.

과거 종교상 경전에 기재된 문서의 부정취득을 둘러싸고 종교단체와 분파단체 간에 분쟁이 있었는데 미국 법원은 해당 문서의 가치는 정신적인 것이며 상업적인 것이 아니므로 영업비밀로서 독립한 경제적 가치를 가지는 것이 아니라

고 판시하였다. 또한, 세무사가 아무리 경제적 이윤을 창출할 수 있는 탈세방법을 알고 있더라도 이를 사용하는 것은 불법행위에 해당되므로 법적으로나 사회적으로 용인되지 않는 비밀정보이다.

기업이 영업범위 이외의 정보가 영업비밀이 되느냐는 논란이 있지만 장래의 영업에 관계가 있는 유용한 정보는 포함된다. 영업비밀이 반드시 현재 사용되고 있을 필요는 없으며 장래에 유용하다면 보호받을 수 있다.

05. 비밀유지의무와 전직금지의무

비밀유지의무

많은 중소기업들은 소수의 인적구성과 끈끈한 신뢰를 토대로 기술개발과 경영을 하는 관계로 기업의 비밀정보를 지키기 위해 필요한 비밀유지서약서(Non-disclosure agreement: NDA)나 전직금지약정을 체결하지 않는 경우가 많다. 그러나 부정경쟁방지법에서 계약관계 등으로 영업비밀을 비밀로서 유지해야 할 의무가 있는 자가 부정한 이익을 얻거나 그 영업비밀의 보유자에게 손해를 가할 목적으로 그 영업비밀을 사용하거나 공개하는 행위(동법 제2조 제3호 라목)를 영업비밀 침해행위로 보고 있다. 따라서 모든 종업원에 대해 비밀유지 의무를 부과하는 것은 중요하며 비용을 들이지 않고 법적 보호장치를 마련하는 것이다.

비밀유지의무는 대내적인 경우와 대외적인 경우로 나눌 수 있다. 첫째, 회사 내부적으로 기업정보를 다루는 모든 사원들은 신의칙에 따라 기업비밀을 유지할 의무를 가진다. 둘째, 대외적 용역개발, 공동연구, 기술이전협상 등에 있어서도 일정한 비밀유지의무가 발생한다.

1) 고용관계

내부 직원에 대해서는 고용계약서 또는 별도의 서약서로 비밀유지의무를 부과한다. 비밀유지의무는 당사자 사이의 서면계약으로 명시적으로 의무를 부여하는 것이 적절하다. 그리고 새롭게 입사한 직원에 대해서는 전직 회사의 영업비밀이 유지되는 기간 동안 영업비밀을 사용하지 않도록 주의시켜야 한다.

한편, 명시적인 계약에 따라 의무를 부여하지 않더라도 상법상 경업금지나 충실의무와 같은 법률상 주어지는 의무 또는 인적 신뢰 관계의 특성에 따른 신의칙상, 그리고 묵시적으로 발생하기도 한다. 그러나 명시적 서약이 없는 경우에는 신의칙상 비밀유지의무가 있음을 사용자가 입증해야 하므로 명시적 의무를 부과하는 것이 바람직하다.

비밀유지계약서[예시]

비밀유지계약서

회사 "갑"과 종업원 "을"은 다음과 같이 본 계약을 체결한다.

-------- 중략 ----------

(1) "을"은, 기업비밀을 업무수행과 관련된 목적에만 사용하여야 하며, 기업비밀을 취급함에 있어 신의와 성실을 다하여 이를 별도로 구분하여 엄중 관리하고 비밀을 유지하고, 제3자에게 열람케 하거나 누설하지 않도록 해야 한다.

(2) "을"은 "갑"의 사전승낙이 있는 경우 이외에는 기업비밀을 복사, 복제, 번역, 배포하거나 기타 기업비밀을 누설할 염려가 있는 행위를 하여서는 아니 된다. 또한, "을"은 "갑"의 사전 서면 동의 없이는 기업비밀을 "갑"의 사무실 이외의 장소로 유형, 무형의 수단을 통하여 반출하거나 유출할 수 없다.

(3) "을"은, 이유여하를 불문하고 "갑"에서의 재임기간이 종료되는 경우, 자신이 소지하고 있던 유형의 기업비밀(서류, 디스켓, 녹음테이프, 필름 기타 일체의 유형물을 포함한다)을 지체없이 "갑"에게 반환하여야 한다.

(4) 본 조의 기업비밀 유지의무는 "을"의 재임기간 중에는 물론 재임기간 종료 이후에도 계속하여 존속한다.

(5) "을"이 본 계약상의 의무를 위반하는 경우 "을"은 "갑"에게 [금액]의 위약벌금을 지급하여야 하며, 그 외에 "갑"에게 발생한 손해에 대하여 배상하여야 한다.

----------- 이하생략 -------------

---

2) 공동연구 등

비밀유지의무는 대외적 용역개발, 공동연구, 기술이전협상 등에 있어서도 발생한다. 따라서 용역개발계약서 등에 비밀유지조항을 포함시키는 것이 바람직하다.

비밀유지조항은 단순히 "을은 본 계약과 관련한 비밀을 제3자에게 알리거나 유출하여서는 아니된다."라고 규정할 것이 아니라 다음과 같이 구체적으로 기술하는 것이 좋다. 즉, "을은 본 계약의 ○○○의 사용에 있어 지득하게 된 갑의 업무상 또는 기술상의 비밀을 제3자에게 알리거나 유출하여서는 아니되며, 이를 이용하여서도 안된다." 그리고 "을은 을의 직원이 본 계약의 ○○○의 사용에 있어 지득하게 된 갑의 업무상 또는 기술상의 비밀을 제3자에게 알리거나 유출한 경우 이에 대하여 손해배상책임을 진다"와 같이 기술해야 한다.

전직금지의무

1) 전직금지의 유효성

전직금지의무는 근로자가 근로관계가 유지 또는 종료 후에 사용자와의 경쟁관계에 있는 동종업체에 전직하지 않아야 할 부작위 의무이다. 특히 연구·개발부서의 연구원이 경쟁기업으로 옮겨 영업비밀을 유출·사용하는 것을 예방하기 위한 방안으로서 전직금지약정이 활용된다. 전직금지약정과 유사한 개념으로서 '경업금지'약정이 있다. "경업금지약정은 근로자가 사용자와 경쟁관계에 있는 업체에 취업하거나 스스로 경쟁업체를 설립, 운영하는 등의 경쟁행위를 하지 아니할 것을 내용"으로 하는 약정이다.[20)]

일반적으로 판례는 영업비밀보호를 위한 전직금지 또는 경업금지 약정이 합리적인 경우에 유효한 것으로 인정하고 있다.[21)] 따라서 퇴직사원이 회사와 사원의 합의를 통하여 체결한 전직금지약정을 어기고 동종업체(동종업무)에 취직하거나 동종사업을 할 경우 그 자체만으로 계약위반이 되므로 계약의 실효성 및 입증의 용이성을 확보할 수 있다.

전직금지 및 경업금지계약은 원칙적으로 명시적 계약에 의하여야 한다(예를

---

20) 대법원 2003. 7. 16. 자 2002마4380 결정.
21) 신권철, "근로자의 경업금지의무", 「노동법연구」 제18호, 2005, 240면.

들면, "퇴직 후 갑의 동의 없이 영업 비밀을 유출하거나 동일 업종의 업체나 경쟁 업체에 최소 1년간 종사하지 않겠다.").[22]

2) 전직금지의 부과조건

전직금지약정을 할 때 주의할 점은 금지기간이 비밀의 정도, 시장성 등을 고려해 볼 때 과도하게 장기간일 경우에 헌법상 근로자의 직업선택의 자유(헌법 제15조)와 생존권을 지나치게 제한하게 되어 약정자체가 무효가 될 수 있다. 헌법재판소는 3년간의 전직금지에 대해 무효로 판시한 바 있다. 대기업은 통상 1년 정도의 전직금지를 약정하고 있다. 그러나 그 구체적인 기간은 영업비밀의 가치나 상황에 따라 달라질 수 있다.[23]

2년 전직금지기간 무효(서울고법 2019라20165 결정)

법원은 전업 제한의 기간 및 대상 직종은 근로자에게 과도한 부담이 되지 않고 사용자 이익 보호를 위해 합리적으로 필요한 범위 내여야 한다고 보았다. 반도체 사업의 경우 다른 사업과 달리 기술 발전의 속도가 매우 빨라 1년 또는 6개월 이내에 새로운 기술이 양산된다. NAND 플래시 메모리 분야에서 삼성전자와 SK하이닉스 기술격차가 갈수록 줄어들고 있다는 점 등에 비춰보면 전업금지약정에서 정한 2년은 삼성전자가 갖고 있는 보호할 가치 있는 이익을 고려하더라도 지나치게 장기간으로 보인다. J씨가 받은 특별인센티브는 J씨가 장기간 업무에 종사할 수 있도록 장려하기 위한 돈에 불과할 뿐 2년간 전직을 제약하는 것에 대한 전보적인 성격을 가진다고 보기 부족하다. 채무자는 퇴사 후 개인사업을 준비하다 약 1년이 지난 2018년 4월 SK하이닉스에 취업하게 된 점을 보면 채무자가경쟁회사로의 전직을 염두에 두고 의도적인 퇴직절차를 진행한 것이라고 볼 수 없다고 설시하면서 본 약정을 무효로 판단하였다.

---

22) 비밀유지서약 및 전직금지서약의 편의를 위해 종업원이 전자적 방식에 의해 서약을 받는 경우 그 효력이 문제된다. 이는 사안에 따라 달리 판단될 수 있지만 공인인증서명이 아닌 이메일 등에 의한 서약은 그 법적 효력을 인정받기 어려운 경우도 있다.

23) 변호사 사무실에 일하던 사무장 등 직원이 이직하는 경우 통상 3개월 정도의 전직금지를 부과하고 있다.

2년 전직금지기간 인정(서울고법 2019라20390 결정)

법원은 삼성전자와 SK하이닉스 간 메모리 반도체 관련 상당한 기술격차가 존재하는 것으로 보이고 그 기간이 2년 미만이라고 단정하기는 어려운 점, 삼성전자의 매출액은 수백조 원에 이르고 있어 이 사건 영업비밀이 유출될 경우 삼성전자가 입을 손해가 매우 클 수 있는 점, 채무자(전직자)는 삼성전자의 핵심인력으로서 장기간 설비투자 효율성 및 공정 개선에 관한 기술 및 정보를 취급해 왔다는 점, 삼성전자가 채무자에게 전직금지 대가를 포함한 특별인센티브로 1억6600만원을 지급하고 채무자로부터 퇴직 후 2년간 동종, 유사업체에 취업할 수 없다는 내용의 약정서를 받은 점등을 들어 2년의 전직금지 기간은 영업비밀 보호를 위해 최소한의 기간으로 보인다고 판시하였다.

전직금지의 제한은 그 제한 기간, 지역, 직종의 범위 등을 합리적이고 구체적으로 정하여 퇴직자의 생계에 지나친 부담을 주지 않도록 해야 한다. 근로계약서에 단순히 "재직 시 습득한 제반지식 및 기술을 이용해 경업행위를 하지 않는다"라고 규정한 경우 그 효력에 대해 판례는 경업금지기간과 지역, 대상 직종 등이 명시되지 않는다면 이것은 별다른 생계수단이 없는 퇴직자에게 지나친 부담이 될 수 있다고 판시한 바 있다.[24] 이러한 약정은 과도하게 자유로운 경쟁을 저해하고, 직업선택의 자유를 제한하여 선량한 풍속 기타 사회질서에 반하는 약정으로서 무효가 된다(민법 제103조).

또한, 전직금지 시에는 계약상 금지기간 동안에 상당하는 적절한 보상을 지급하는 것이 바람직하다. 실제 기업의 임원이 퇴사하는 경우 전직기간 동안 월급에 해당하는 금액을 보상해 주는 사례가 많다(금지기간 동안 명예수당, 기밀수당의 지급 등). 전직금지 보상금을 지원하지 않거나 충분하지 않을 경우에 해당 약정의 유효성을 인정받기 어렵다.

한편, 영업비밀 침해행위를 하거나 하고자 하는 자에 대하여 그 행위로 인하

---

24) 백화점의 부인복지판매점 주인이 여점원에 대해 해당 백화점 내의 다른 부인복지상점에 취업하지 않겠다는 서약에 대해 법원은 종업원이 판매를 보조하면서 생활하고 있으므로 전직금지 위반으로 해고시 생활고를 겪을 수 있고, 이는 미풍양속에도 반하므로 무효라고 판시하였다.

여 영업상의 이익이 침해되거나 침해될 우려가 있는 때 등 근로자가 전직한 회사에서 영업비밀과 관련된 업무에 종사하는 것을 금지하지 않고서는 회사의 영업비밀을 보호할 수 없다고 인정되는 경우에는 부정경쟁방지법 제10조에 의한 침해행위의 금지 또는 예방 및 이를 위하여 필요한 조치 중의 한 가지로서 근로자로 하여금 전직한 회사에서 영업비밀과 관련된 업무에 종사하는 것을 금지하도록 하는 조치를 취할 수 있다.[25]

3) 전직금지위반과 위약금의 관계

전직금지계약서 중에서 약정 근무기간 이전에 퇴직하는 경우 계약위반으로 보아 퇴직금의 일부를 반환하도록 벌칙규정을 두는 경우가 있다. 이러한 약정은 근로기준법 제20조 위약금약정금지에 반하여 무효가 될 소지가 있다.[26] 근로기준법 제20조에서는 근로자가 계약을 이행하지 않을 경우 손해발생 여부나 실제 손해액과 관계없이 일정한 금액을 배상하게 하거나 위약금을 지불하도록 하는 계약을 금지한다. 이를 '위약금 또는 손해배상액 예정의 금지'라고 하며, 위약금 예정은 근로자의 채무불이행(계약위반)과 관련되나 손해배상은 계약위반 외에 불법행위의 경우에도 발생한다.

민법은 채무불이행의 경우에 채무자가 지급하여야 할 손해배상의 액을 당사자 사이의 계약으로 미리 정하여 두는 손해배상액의 예정을 인정하고 있다(민법 제398조 제1항). 이는 손해액의 입증이 곤란한 것을 해결하고 채무를 이행시키며 다툼을 방지하는 기능이 있기 때문이다. 그러나 주의할 것은 손해배상액의 예정이 성립하기 위해서는 ① 손해배상액예정은 기본채권관계에 종된 계약이므로 기본채권이 유효하게 성립할 것을 전제로 하고, ② 손해배상액예정 역시 일종의 계약이므로 당사자간에 손해배상액예정에 대한 합의가 있어야 하며, ③ 손해배상액의 예정이 채무자에게 가혹한 결과를 가져오는 경우에는 경제적 약자 보호를 위해 민법 제103조, 제104조가 적용되어 무효가 될 수 있다.

---

25) 대법원 2003. 7. 16 선고 2002마4380판결.

26) 근로기준법 제20조 (위약예정의 금지) "사용자는 근로계약 불이행에 대한 위약금 또는 손해배상액을 예정하는 계약을 체결하지 못한다."

사용자가 근로자에게 영업비밀을 침해하지 않고 약정한 10년 동안 근무하겠다는 등의 약속을 하면서 이를 이행하지 않을 때에는 10억원을 지급하기로 하는 약정을 한 경우, 해당 약정에 따르면 근로자가 약정 근무기간 이전에 퇴직하였다는 이유만으로 사용자에게 어떤 손해가 어느 정도 발생하였는지 묻지 않고 미리 정한 10억원을 사용자에게 손해배상액으로 지급하기로 하는 것은 근로기준법이 금지하는 전형적인 위약금 또는 손해배상액의 예정에 해당한다.[27] 다만, 그 약정이 사용자가 근로자의 교육훈련 또는 연수를 위한 비용을 우선 지출하고 근로자는 실제 지출된 비용의 전부 또는 일부를 상환하는 의무를 부담하기로 하되 장차 일정기간 동안 근무하는 경우에는 그 상환의무를 면제해 주기로 하는 취지인 경우에는 유효한 위약금의 예정이 될 수 있다.[28]

그런데 퇴직 후의 영업비밀 유출에 대한 위약금 예정은 근로기준법 제20조를 위반하지 않는 것으로 보고 있다. 즉 행정해석은 손해배상의 예정이 금지되는 것은 근로계약 유지기간 중에 한하는 것이므로 퇴직 후 영업비밀 유출에 대해 손해배상액을 예정하는 것은 손해배상을 예정한 주된 목적이 근로관계를 강제하는 것이 아니라 영업비밀을 보호하는기 위한 것이므로 손해배상액 예정이 아니라고 보고 있다.[29]

전업금지 명령 위반에 대한 배상판결

2004년 8월 31일 서울중앙지법 민사50부는 전직금지 약정을 어기고 LG전자에서 팩택계열사로 이직한 LG 연구원 등 6명에 대하여 '전업금지 처분'과 함께 이를 위반할 경우 매일 300만원씩을 배상해야 한다고 판결하였다.

피고들은 영업비밀유지 및 "퇴직 후 LG전자의 동의 없이 영업 비밀을 유출하거나 동일 업종의 업체나 경쟁 업체에 최소 1년간 종사하지 않겠다"는 LG전자와의 약정을 체결한 바 있다. 그리고 이러한 불법적인 인력 스카웃 행위가 카메라폰 출시 경쟁에서 LG전자가 팬택계열에 뒤진 원인과 무관하지 않음이 인정되었다. 따라서 법원은 "해당

27) 대법원 2004. 4. 28. 선고 2001다53875 판결.
28) 대법원 1996. 12. 6. 선고 95다24944 판결.
29) 근기 68207-2217, 2002. 6. 17.

연구원의 전직이 허용되면 LG전자의 중요한 영업비밀이 침해될 개연성이 너무 높아 1년간의 전직 금지가 불가피하다"고 결정하였다.

한편 LG전자는 "작년에도 팬택계열사로 옮긴 연구원 5명을 상대로 '전업금지 가처분'을 법원으로부터 받아냈으나, 해당 연구원들이 법원 결정에도 불구하고 일을 계속해 큰 피해를 봤다"고 주장하였다. 이에 법원은 "재발 방지차원에서 해당 연구원들이 법원의 결정을 위반할 때에는 위반 일수마다 각자가 300만원씩을 LG전자에 배상해야 한다"고 덧붙였다. 이 판결은 법원이 최초로 영업비밀 소송에서 전업금지 처분과 함께 예방적 차원의 금전적 배상 명령을 함께 내린 것이다.[30)]

경업금지의무 계약

사용자와 근로자 사이에 경업금지약정이 존재하더라도, 그와 같은 약정이 헌법상 보장된 근로자의 직업선택의 자유와 근로권 등을 과도하게 제한하거나 자유로운 경쟁을 지나치게 제한하는 경우에는 민법 제103조에 정한 선량한 풍속 기타 사회질서에 반하는 법률행위로서 무효라고 보아야 한다.

경업금지약정의 유효성에 관한 판단은 보호할 가치 있는 사용자의 이익, 근로자의 퇴직 전 지위, 경업 제한의 기간·지역 및 대상 직종, 근로자에 대한 대가의 제공 유무, 근로자의 퇴직 경위, 공공의 이익 및 기타 사정 등을 종합적으로 고려해야 한다. 여기에서 말하는 '보호할 가치 있는 사용자의 이익'이라 함은 부정경쟁방지 및 영업비밀보호에 관한 법률 제2조 제2호에 정한 '영업비밀'뿐만 아니라 그 정도에 이르지 아니하였더라도 해당 사용자만이 가지고 있는 지식 또는 정보로서 근로자와 이를 제3자에게 누설하지 않기로 약정한 것이거나 고객관계나 영업상의 신용의 유지도 이에 해당한다.[31)]

경업제한은 해당 기간과 제공된 대가의 정도로 함께 고려한다. 예를 들면, 대법원은 피신청인들이 경업금지의무 부과 등에 대한 대가로 1,000만원 상당의 신청인 회사 주식을 제공받았으나 이 금액은 5년간 경업금지기간을 부과하기에는 상당한 금액으로 보이지 않는다고 판시하고, 피신청인 두 명이 작성한 경

---

30) 동종업계 전직금지 어기면 하루 300만원씩 배상…법원 판결, 아이뉴스24, 2004. 9. 2
31) 대법원 2010. 3. 11. 선고 2009다82244 판결.

업금지기간 서약서 5년은 직업선택의 자유를 지나치게 장기간 제한하는 것으로 피신청인 연구부장은 퇴직 후 3년, 피신청인 영업부장은 퇴직 후 2년으로 제한함이 상당한다고 판시한 바 있다.[32)]

06. 영업비밀 침해와 구제방안

영업비밀 침해

1) 부정한 방법에 의한 취득·공개·사용 등

영업비밀보호법은 절취, 기망, 협박, 산업스파이, 부정한 인력스카웃[33)] 등으로 영업비밀을 취득(부정취득행위) 또는 그 취득한 영업비밀을 사용하거나 공개(비밀을 유지하면서 특정인에게 알리는 것 포함)하는 행위를 금지하고 있다. 따라서 영업비밀을 사용하지 않더라도 기업으로부터 빼내는 행위 자체에 대해 손해배상 책임을 인정할 수 있다. 서울고법은 "영업비밀은 그 속성상 알려지지 않아야 가치를 가지는 것이므로 실제로 사용되든 사용되지 않든 상관없이 영업비밀 보유자 이외의 타인에게 공개되는 것만으로 재산적 가치가 감소되는 것으로써 부정하게 영업비밀을 취득하고 공개했다면 … 손해배상을 청구할 수 있다"고 판시하였다.[34)]

2) 비밀유지의무 위반

계약관계 등으로 영업비밀을 유지해야 할 의무가 있는 자가 부정한 이익을 얻거나 그 영업비밀의 보유자에게 손해를 가할 목적으로 그 영업비밀을 사용하거나 공개하는 행위를 금지하고 있다(법 제2조 제3호 라목). 여기서 비밀유지의무자는 회사의 임원, 연구원, 종업원과 같이 근로계약관계에 있는 자뿐만 아

32) 대법원 2013. 8. 22. 자 2011마1624 결정.

33) 2004년 5월에 대만의 한 통신회사가 국내 휴대전화 제조사 A사 연구원 등 8명을 한꺼번에 스카웃하여 관련 기술(R&D 200억원 투자, A4용지 100만장분량)을 반출하려다 검찰에 적발되었다.

34) 서울고등법원 2006. 11. 14. 선고 2005나90379 판결.

니라 실시권자 등과 같이 라이선스계약에 의하여 영업비밀을 유지해야 할 의무가 있는 자를 포함한다. 또한, 그 의무는 재직 중뿐만 아니라 퇴직 후, 그리고 계약 중 또는 계약 종료 후에도 적용된다. 다만 이들의 행위가 침해를 구성하기 위해서는 '부정한 이익을 얻거나' 또는 '그 영업비밀의 보유자에게 손해를 가할 목적으로' 그 영업비밀을 사용 또는 공개해야 한다.

3) 미수, 예비·음모 행위

영업비밀 침해에 대한 미수, 예비·음모 행위에 대해서도 예방적 조치로서 처벌하고 있다. 즉 불법적인 기술유출을 모의하는 준비단계와 기술유출이 좌절되거나 중도에서 포기한 경우까지 미수와 예비·음모죄로 처벌하고 있다(법 제18조의3).

4) 선의 취득한 제3자

영업비밀을 부정한 방법으로 취득한 자로부터 해당 기술정보를 정당한 거래의 방법으로 취득한 선의의 제3자에 대해서는 영업비밀 침해를 주장할 수 없다. 그러나 영업비밀에 대하여 부정취득행위가 개입된 사실을 알거나 중대한 과실로 알지 못하고 그 영업비밀을 취득하는 행위 또는 그 취득한 영업비밀을 사용하거나 공개하는 행위는 처벌된다(법 제2조 제3호 나목). 여기서 중대한 과실이란 거래상 요구되는 주의의무를 현저히 태만하여 부정취득행위의 사실을 알지 못하는 것을 말한다. 예를 들면, 신원미상의 사람으로부터 타인의 영업비밀 자료를 통상의 수준보다 현저히 낮은 가격으로 취득하면서 해당 브로커 및 영업비밀에 관해 아무런 확인도 하지 않는 경우에 인정될 수 있다.

부정한 방법이 아닌 오랜 기간의 업무로 지득한 영업비밀 사용

부정경쟁방지법은 절취, 기망, 협박 등 부정한 방법에 의해 영업비밀을 취득·공개·사용하는 행위를 금지하고 있다. 따라서 부정한 수단에 의하지 않고 오랫동안 자신의 경험과 지식에 기초하여 재직하였던 회사의 영업비밀을 구현하는 행위는 처벌의 대상이 되지 않을 수 있다.

그러나 이러한 경험이 풍부한 핵심인력, 임원 등에 대해서는 비밀유지 의무, 전직금지 의무 또는 경업금지 등을 부여함으로써 기업의 영업비밀을 보호할 수 있다. 부정경쟁방지법은 계약관계 등에 따라 영업비밀을 비밀로서 유지해야 할 의무가 있는 자가 부정한 이익을 얻거나 그 영업비밀의 보유자에게 손해를 입힐 목적으로 그 영업비밀을 사용하거나 공개하는 행위를 비밀유지의무 위반에 의한 영업비밀침해행위로 규정하고 있다(법 제2조 제3호 라목). 따라서 기업체의 종업원, 영업상 거래관계자, 영업비밀 실시권자 등이 영업비밀유지 의무를 위반하여 퇴직 후 또는 계약 종료 후 부정한 돈을 받거나 상위직에 오를 목적 등으로 또는 그 영업비밀의 보유자에게 손해를 입힐 목적으로 그 영업비밀을 스스로 사용하거나 공개하는 행위는 영업비밀 침해가 될 수 있다. 이와 관련된 사례로 A사에서 품질경영부장으로 근무하던 종업원이 생산에 관한 전반적인 기술과 영업비밀을 알고 있는 상태에서 퇴직하였고, 이후 재직 중인 생산부서, 품질관리부서 직원들을 퇴직하도록 권유한 후 이들과 함께 B사라는 동종업체를 설립하고, 기존 A사의 기술을 이용하여 동일한 제품을 출시, 판매한 경우 영업비밀 침해로 처벌받을 수 있다.

침해에 대한 구제

1) 민사적 구제

부정경쟁방지법은 영업비밀침해 행위에 대하여 민사상 침해행위 금지 또는 예방청구권을 인정하고 있다. 또한, 침해행위를 조성한 물건 등의 폐기·제거청구권과 손해배상청구권 및 신용회복청구권 등을 인정하고 있다. 한편 2019년 개정 영업비밀보호법에서 악의적인 영업비밀 침해행위에 대하여 손해액의 3배 이내에서 손해배상액을 인정할 수 있는 규정을 신설하였다.[35] 구체적으로 손해배상액을 산정함에 있어서 법원은 침해자의 우월적 지위 여부, 고의의 정도, 피해규모, 침해가 얻은 경제적 이익, 침해행위의 기간 및 횟수, 침해자의 피해구제 노력의 정도 등 제반 사정을 고려해야 한다.[36]

---

35) 부정경쟁방지 및 영업비밀보호에 관한 법률 제14조의2 제6항 "법원은 영업비밀 침해행위가 고의적인 것으로 인정되는 경우에는 제11조에도 불구하고 제1항부터 제5항까지의 규정에 따라 손해로 인정된 금액의 3배를 넘지 아니하는 범위에서 배상액을 정할 수 있다."

36) 부정경쟁방지 및 영업비밀보호에 관한 법률 제14조의2 제7항 제6항에 따른 배상액을 판단할 때에는 다음 각 호의 사항을 고려하여야 한다.
  1. 침해행위를 한 자의 우월적 지위 여부

2) 형사적 구제

영업비밀 침해에 대해 강력한 형사적 제재를 부과하고 있다. 동법 제18조 제1항에서 "부정한 이익을 얻거나 영업비밀 보유자에게 손해를 입힐 목적으로 그 영업비밀을 외국에서 사용하거나 외국에서 사용될 것임을 알면서 취득·사용 또는 제3자에게 누설한 자는 15년 이하의 징역 또는 15억 원 이하의 벌금에 처한다."고 규정한다. 그리고 동조 단서에서 "벌금형에 처하는 경우 위반행위로 인한 재산상 이득액의 10배에 해당하는 금액이 15억 원을 초과하면 그 재산상 이득액의 2배 이상 10배 이하의 벌금에 처한다."고 규정하고 있다.

2019년 영업비밀보호법은 침해행위의 유형을 구체적으로 규정하였다. 기존에는 '영업비밀을 취득, 사용하거나 제3자에게 누설한 자'를 징역 또는 벌금형에 처하였는데, 개정 법률에서 이를 구체화하여 유사 사례까지 포섭할 수 있도록 하였다. 동법 제18조 1항에서 부정한 이익을 얻거나 영업비밀 보유자에 손해를 입힐 목적으로 ① 영업비밀을 취득 또는 사용하거나 제3자에게 누설하는 행위, ② 영업비밀을 지정된 장소 밖으로 무단으로 유출하는 행위, ③ 영업비밀 보유자로부터 영업비밀을 삭제하거나 반환할 것을 요구받고도 이를 계속 보유하는 행위를 포함하였다.[37]

---

2. 고의 또는 손해 발생의 우려를 인식한 정도
3. 침해행위로 인하여 영업비밀 보유자가 입은 피해규모
4. 침해행위로 인하여 침해한 자가 얻은 경제적 이익
5. 침해행위의 기간·횟수 등
6. 침해행위에 따른 벌금
7. 침해행위를 한 자의 재산상태
8. 침해행위를 한 자의 피해구제 노력의 정도

37) 부정경쟁방지 및 영업비밀보호에 관한 법률 제18조 제1항 영업비밀을 외국에서 사용하거나 외국에서 사용될 것임을 알면서도 다음 각 호의 어느 하나에 해당하는 행위를 한 자는 15년 이하의 징역 또는 15억원 이하의 벌금에 처한다. 다만, 벌금형에 처하는 경우 위반행위로 인한 재산상 이득액의 10배에 해당하는 금액이 15억원을 초과하면 그 재산상 이득액의 2배 이상 10배 이하의 벌금에 처한다.

1. 부정한 이익을 얻거나 영업비밀 보유자에 손해를 입힐 목적으로 한 다음 각 목의 어느 하나에 해당하는 행위
   가. 영업비밀을 취득·사용하거나 제3자에게 누설하는 행위
   나. 영업비밀을 지정된 장소 밖으로 무단으로 유출하는 행위
   다. 영업비밀 보유자로부터 영업비밀을 삭제하거나 반환할 것을 요구받고도 이를 계속

동조 제2항에서 "부정한 이익을 얻거나 영업비밀 보유자에게 손해를 입힐 목적으로 그 영업비밀을 취득·사용하거나 제3자에게 누설한 자는 10년 이하의 징역 또는 5억원 이하의 벌금에 처한다."고 규정하고, 단서에서 "벌금형에 처하는 경우 위반행위로 인한 재산상 이득액의 10배에 해당하는 금액이 5억원을 초과하면 그 재산상 이득액의 2배 이상 10배 이하의 벌금에 처한다."고 규정하고 있다. 영업비밀 범죄의 양형 기준에 따르면, 계획적·조직적 범행이나 피해자에 심각한 피해를 초래하는 경우에는 형을 가중하는 반면, 실제 피해가 경미하거나 범행가담 또는 동기에 특히 참작할 사유가 있거나 영업비밀이 외부로 유출되지 아니하고 회수된 경우에 있어서는 감경할 수 있도록 하고 있다.

과거 이 법상의 처벌은 친고죄로 정하여 피해자의 고소·고발이 있어야 처벌이 가능했지만, 영업비밀이 사업자의 중요한 자산일 뿐만 아니라 국가의 경쟁력에도 큰 영향을 미치게 되면서 국가가 당사자의 고소·고발이 없이도 침해행위에 대해 처벌할 수 있도록 친고죄 조항을 폐지하였다.

TIP

증거확보

영업비밀 침해에 대한 민·형사 소송, 가치분신청 등을 제기하기 위해서는 증거 확보가 매우 중요하다. 이를 위해 비밀유지서약서, 전직금지서약서 등을 확보하고, DRM 기술의 적용 또는 PC 복사 흔적 등을 추적할 수 있는 기술을 적용할 수 있다. 또한, 의심이 되는 경쟁사의 제품에 대해 유사성에 관한 감정을 전문기관에 의뢰하거나 경쟁사의 입찰서 등에 자사의 문서상에 있는 오류와 동일한 것이 있는지 확인하는 것도 중요한 증거확보 방법이다.[38] 그리고 특허청은 특허 및 영업비밀 침해에 대한 전문수사를 위하여 특별사법경찰(기술경찰)을 운용하고 있으므로 영업비밀 유출 시 도움을 요청하면 디지털포렌식, 수사 등의 지원을 받을 수 있다.

보유하는 행위

2. 절취 · 기망 · 협박, 그 밖의 부정한 수단으로 영업비밀을 취득하는 행위
3. 제1호 또는 제2호에 해당하는 행위가 개입된 사실을 알면서도 그 영업비밀을 취득하거나 사용(제13조제1항에 따라 허용된 범위에서의 사용은 제외한다)하는 행위 - 이하 생략 -

38) 2007. 11. 두산중공업에서 STX중공업으로 이직한 핵심 임원에 의한 담수·발전 핵심기술 정보의 유출 사건

가처분

영업비밀 침해에 대한 금지청구에 앞서 영업비밀의 불법적 사용이나 침해의 우려가 있는 경우 법원에 그 침해의 중단을 구하는 가처분 신청을 하는 것이 효과적이다. 가처분 사건은 본안 소송을 전제로 하는 만큼 신속하게 처리되며 (통상 2주 내지 1개월 소요), 가처분 결정이 내려지면 사실상 침해자는 형사처벌 등을 두려워하여 먼저 합의를 제안해 오는 경우가 많다. 가처분 결정에 있어서 사실조회가 필요한 경우에는 일정기간의 소요될 수 있으며 이 경우에는 공탁을 필요로 하지 않는다.

조정·중재에 의한 분쟁해결

소송에 앞서 당사자간의 합의로 해결하는 조정 또는 중재제도를 활용할 수 있다. 전문가에 의해 신속하고 비공개로 진행되어 영업비밀을 보호할 수 있고 합리적인 타협점에서 분쟁해결이 가능하다는 장점이 있다. 특히 조정과 중재는 중소기업의 영업비밀 분쟁에 적합한 해결방법이다.

조정은 전문적인 지식을 갖춘 조정인에 의하여 적은 비용으로 신속하게 분쟁해결이 가능하다. 그리고 양당사자의 의견조율을 통해 합의에 이르게 되므로 분쟁으로 인한 후유증을 최소화 할 수 있어 영업비밀의 분쟁해결에 적합하다. 그러나 조정은 당사자가 합의에 이르지 못하면 소송으로 해결할 수밖에 없다는 단점이 있다.

중재는 분쟁을 법원의 판결에 의하지 아니하고 당사자간 서면에 의한 합의로 제3자(중재인)에게 요청하여 구속력이 있는 판정을 구함으로써 최종적인 해결(단심으로 종결)을 구하는 방법을 말한다.[39] 중재인은 반드시 해당 분쟁에 대한 기술적·법적 전문성을 갖춘 자이어야 하며 조정과 달리 일정한 절차에 따라 전문적인 판단을 내려주어야 한다. 가처분과 집행은 법원에 신청하여 압류하고 경매하여야 한다.

---

39) 중재는 일반적으로 조달계약, 개발협력서, 대기업의 국제계약상에 자주 사용되는데, 만약 계약서에 중재합의조항과 관할합의(소송에 의한)조항이 동시에 있는 경우에는 어느 하나만 선택하여 해결하여야 한다.

2014년 제정된 「중소기업기술 보호 지원에 관한 법률」 제23조에서 중소기업 기술침해 및 유출 관련 분쟁 해결을 지원하기 위해 조정/중재 제도를 법제화하였다. 2015년 설립된 '중소기업기술분쟁 조정·중재 위원회'는 전·현직 판사, 변호사, 기술전문가 등 최소 3~5인으로 구성된 조정부로 조정을 한다. 또한 분쟁의 신속해결 지원을 위해 법률대리인 선임비용, 소송비용, 특허심판비용 등을 지원하고 있다.

경고서한

소송이나 조정, 중재에 앞서 영업비밀 침해 또는 침해의 우려가 있는 자에게 경고서한을 내용증명우편으로 보냄으로써 침해 행위를 예방할 수 있는 효과를 기대할 수 있다. 영업비밀이 퇴직자에 의해 또는 경쟁사에 유출된 경우라도 경고장을 송부함으로써 영업비밀의 추가적인 사용을 사전에 차단할 수 있다.

경고장의 예

2000년 9월 16일자로 귀사가 채용한 김갑돌씨는 1980년 1월 10일 우리 연구소에 들어온 이래 20년 간 반도체 사업부문에서 집적회로배치설계에 관한 연구개발에 종사한 연구원이었습니다. 따라서 김갑돌씨가 가지고 있는 이 부문의 집적회로배치설계에 관한 개발정보는 우리 연구소의 영업비밀입니다. 그러므로 귀사가 김갑돌씨를 통해 이 영업비밀을 사용하는 것은 영업비밀침해행위가 되므로 즉시 중지함은 물론 이로 인한 피해 등에 대해서도 상응한 조치를 함께 취하여 주시기 바랍니다. 만약 이와 같은 경고에도 불구하고 우리 연구소의 영업비밀을 계속 사용하거나 공개할 때에는 부정경쟁방지법 제2조 제3호의 규정에 의한 영업비밀침해행위로 보고 동법 제10조 내지 제12조의 규정에 의한 법적 조치를 강구하지 않을 수 없으므로 유념하여 주시기 바랍니다.[40]

07. 직무상 개발한 영업비밀에 대한 권리귀속

영업비밀 관련 분쟁 중 비밀정보로 인해 발생한 성과의 소유권 귀속에 관한

40) 황의창·황광연, 앞의 책, 2009, 237면.

분쟁이 상당수를 차지한다. 종업원이 업무상 개발한 영업비밀에 대한 권리 귀속에 관하여 고용계약서 등에 명시적으로 기준을 마련하고 있는 경우에는 그에 따라 해결하면 된다. 따라서 기업은 종업원의 업무와 관련하여 개발된 영업비밀 정보에 대한 권리관계를 명확히 해둠으로써 불필요한 분쟁을 예방할 필요가 있다. 대법원은 종업원이 고용되어 특정의 개발업무에 종사하면서 회사의 장비와 설비 등을 이용하거나 회사의 기존 연구를 참조하여 개발한 정보에 대한 권리는 원칙적으로 회사에게 있다고 보았다.[41)]

주의해야 할 것은 직무발명제도와 영업비밀과의 관계를 명확히 이해할 필요가 있다. 종업원이 개발한 기술정보가 영업비밀에 해당하는 동시에 직무발명의 요건을 충족하는 경우에는 그 기술정보에 대한 권리는 발명자인 종업원에게 원시적으로 귀속한다. 그리고 회사는 합리적인 보상을 통하여 그 기술에 대한 권리를 승계 받을 수 있을 뿐이다. 이 경우 종업원은 기술정보에 대한 내용을 비밀로 유지할 의무가 있다. 한편 종업원이 직무와 관련하여 생산한 정보가 기술정보가 아닌 경영상 정보인 경우에는 직무발명에 해당하지 않으므로 원칙적으로 회사가 권리를 갖는다.

◦ 직무발명 보상과 중소기업 핵심인력 유출 방지

직무발명 보상제도는 종업원의 발명을 장려하기 위하여 만들어진 제도이다. 그런데 이 제도는 중소기업의 핵심인력 유출을 방지하는 효과적인 수단으로도 활용될 수 있다. 특히 중소기업의 핵심정보가 인력 이동에 의해 발생되는 경우가 증가하면서 그 중요성이 커지고 있다. 중소기업의 경우 대기업에 비해 근로환경, 임금, 복지 등이 열악하여 핵심 기술인력이 경쟁사나 대기업으로 이동하는 원인을 제공하고 있다. 우리나라 중소기업의 경우 직무발명 보상제도에 대한 인식이 낮고, 보상에 대한 비용부담 등으로 인하여 이를 운영하지 않는 경우가 많다. 오랜 기간 숙련된 핵심 기술인력을 제대로 관리하지 못하여 다른 기업에게 빼앗기게 되면 직무발명 보상으로 드는 비용보다 훨씬 큰 손실을 초래하게 된다. 전직금지 조치와 함께 직무발명 보상제도는 R&D 성과를 높이면서 핵심인력을

---

41) 대법원 1996. 12. 23. 선고 96다16605 판결.

관리할 수 있는 효과적인 제도이다.

Discussion

주제 **실험, 역분석 등을 통한 영업비밀의 취득 ?**

설명 특허 등 지식재산권과 달리 부정경쟁방지법은 독자적인 실험이나 연구를 통하여 알아낸 영업비밀을 상업적 목적으로 사용하는 것을 허용하고 있다. 산업계에서 경쟁사 기술을 분석하는 대표적인 방법으로서 역분석(reverse engineering)이 있다. 역분석은 부정경쟁방지법상 부정한 방법에 해당하지 않으므로 이를 통하여 경쟁사의 영업비밀을 알아낸 후 해당 영업비밀을 사용하더라도 영업비밀 침해를 구성하지는 않는다.

Explanation

1. 공개SW 라이선스와 영업비밀과의 관계

이 사건은 공개SW (Open Source SW)를 활용하여 개발한 소프트웨어에 관한 정보를 부정 유출한 경우에 당해 SW 및 정보의 영업비밀성을 인정하고 공개SW 라이선스 규칙의 법적 구속력을 부정한 최초의 사건이다.

공개SW 운동은 이용자의 접근권을 중시하면서도 기존의 저작권과 조화를 이루는 방향으로 운동을 전개하고 있는 것이 특징이다. 즉 공개SW는 저작권을 포기하지 않고 오히려 이를 활용하여 독점적 SW의 횡포를 견제하고 있다. 공개SW 라이선스 중에 가장 많이 활용되고 있는 것은 GNU GPL(General Public License)인데, 이 라이선스상의 중요한 조건으로서 '사용자가 자유롭게 소프트웨어를 복제·수정·재배포할 수 있도록 하면서도 개작한 모든 결과물을 GPL에 따라 재배포할 것'을 규정하고 있다.

어떤 정보를 영업비밀로 보호받기 위해서는 그 정보가 일반인들에게 공공연히 알려져 있지 않고(비공지성), 기술상 또는 경영상의 정보로서 재산적 가치가 있어야 하며(경제적 유용성), 비밀로 유지하기 위한 노력을 기울여 왔어야 한다(비밀관리성). 이 중 비공지성은 계약위반 여부와 관계없이 '공공연히 알려져 있지 아니한 상태'라는 사실적 관계에 있으면 충분하다. 따라서 GPL상의 소스코드 공개의무는 사실적 관계인 비공지성 요건과는 서로 별개의 것으로 영업비밀 성립여부에 영향을 미치지 않는다고 볼 수 있다.

2. 당사자의 주장 및 법원의 판결

이 사건에서 한씨와 박씨는 Y사로부터 유출된 ETUN 프로그램이 공개된 소프트웨어인 Vtund를 기초로 이른바 GPL 라이선스 규칙에 따라 만든 것이고, 그것도 프로그램의 대부분은 피고인 한씨가 Y사에 입사하기 전에 근무하던 회사에서 개발한 것을 수정한 것에 불과하므로, Y사의 영업비밀에 해당하지 않는다고 주장하였다.

이에 대하여 법원은 다음과 같이 판시하였다. 첫째 한씨는 H사의 박씨로부터 VPN 사업에 참여할 것을 제의받고 이를 승낙한 뒤 차씨 등 Y사의 직원들을 대거 H사로 전직시켰으며, 박씨의 요청에 따라 ETUN의 기능을 일부 개선한 VTUN.hl 프로그램을 H사에 넘겨주었다. 이어서 한씨는 Y사에서 퇴사하면서 ETUN의 소스코드를 회사에 인계하지 않은 채 개인적으로 보관하고 있던 중 박씨의 프로그램 수정·보완 요청에 따라 위 소스코드를 H사의 서버에 수차례 업로드하여 참고한 뒤 ETUN의 기능을 업그레이드한 HAI를 개발하였고, 박씨는 H사에서 HAI를 이용한 상용서비스를 시작하였다. 둘째, 현재 Vtund를 기반으로 VPN 서비스를 하는 국내업체는 Y사와 H사뿐이고, H사의 프로그램은 한씨가 제공한 Y사의 ETUN의 소스코드 라인과 상당부분이 동일함에도 불구하고 H사의 독자적 기술인양 허위홍보를 하기도 하였다. 셋째, Y사를 비롯한 VPN 업계에서 ETUN과 같은 구동소프트웨어는 그 소스코드를 영업비밀의 하나로서 대외비로 관리하는 핵심적인 프로그램이다.

이상의 사실로부터 법원은 한씨와 박씨가 유출·사용한 ETUN은 비록 공개된 소프트웨어인 Vtund를 기반으로 개발된 것이라 하더라도 Y사에 의하여 중요한 기능이 개량 내지 향상되었을 뿐 아니라, 비밀로 유지·관리되고 있는 기술상의 정보로서 일반적으로 알려져 있지 아니한 것임이 분명하고 영업비밀로 보호받을 독립된 경제적 가치 또한, 충분히 인정된다고 판시하였다(서울중앙지방법원 2005. 9. 8. 선고 2005고단2806 판결).

Chapter 18 산업기술 보호

중국 북경에 본사를 두고 있는 법인 A사는 우리나라에 한국지사 B사를 두고 있다. 국내기업 C사는 정부로부터 R&D 지원을 받아 개발한 반도체 관련 국가핵심기술을 보유하고 있으며, C사는 해당 국가핵심기술을 B사에게 이전하려고 한다. C사가 국내에 소재한 외국법인 B사에 국가핵심기술을 양도하고자 하는 경우, 산업기술보호법상 '수출'의 범위에 해당하여 산업통상자원부장관의 승인을 받아야 하는가?

01. 제정배경

산업기술 유출현황

국가핵심기술을 포함한 산업기술은 국가안보와 국민경제에 큰 영향을 줄 뿐만 아니라 미래 국가 경쟁력을 좌우하는 핵심요소가 되었다. 글로벌 경쟁시대에서 세계 각국은 경쟁 우위를 차지하기 위하여 상대기업과 국가의 산업정보를 획득하기 위해 수단과 방법을 가리지 않고 있다. 우리나라의 산업기술 수준이 세계적 수준으로 성장하면서 개발도상국과 선진 경쟁기업들은 국내 기업과 대학 및 국책연구소의 첨단 산업기술과 경영정보를 부정한 방법으로 유출하려는 사례가 매년 증가하고 있다.[42] 그리고 그로 인한 피해액 규모도 수조 원에 이르고 있어 심각한 국부의 손실이 발생하고 있다.

---

42) 산업기밀보호센터의 통계에 따르면 2003년부터 2014년까지 산업스파이 적발실적은 총 438건이며, 2011년부터 2017년까지 해외 기술유출은 166건으로 기술경쟁력이 높아질수록 산업스파이도 증가하는 것으로 나타났다.

국가핵심기술 유출 사례

국가 R&D사업으로 30년간 215억원의 연구비를 지원 받아 세계에서 3번째로 상업화에 성공한 '파라 아라미드(헤라크론 섬유)' 기술이 외국 경쟁사로 유출된 사건이 있었다. 아라미드는 전 세계 시장규모만 40조원에 육박할 것으로 전망되는 고부가가치 기술로, 강철보다 5배나 높은 강도와 500도의 열을 견딜 수 있어 방탄복, 고성능 타이어, 건축자재 등으로 상용화 될 수 있어 시장성이 뛰어나다. 기술유출로 인해 해당 기업은 '국내 아라미드 섬유 생산 1위 업체'라는 위상에 큰 타격을 받았고, 국가적으로도 국부유출이라는 심각한 피해를 초래했다.

국가핵심기술로 지정된 아몰레드(AMOLED) 기술이 이스라엘 검사장비 납품사를 통해 해외로 유출된 사례도 있었다. 아몰레드(능동형 유기발광 다이오드 패널)는 「산업기술의 유출방지 및 보호에 관한 법률」에 의해 국가핵심기술로 지정된 기술로, 응답속도가 LCD보다 1000배 이상 빠른 기술로서 그 가치가 90조 원대로 평가되었다. 특히 이 기술이 해외 경쟁사인 중국 BOE사에 넘어간 정황이 일부 확인되었다. 검찰에 따르면 디스플레이 검사장비 납품업체의 한국지사 직원은 점검장비를 이용해 생산 중인 아몰레드 패널의 불량부위를 확인하던 중 감시가 소홀한 틈을 타 점검장비 카메라로 회로도 사진 10~20장을 촬영한 것으로 조사되었다.

산업기술보호법의 제정

2000년도 들어 산업기술의 불법 해외유출이 심각한 수준이었으나 당시 '(구)부정경쟁방지법(2013년 7월 30일 개정 전 법률)'의 처벌대상은 민간기업의 비밀 누설로만 한정되어 있었다. 즉 대학 및 정부출연 연구기관 등에서 개발한 첨단 기술이 유출되는 사례가 발생하더라도 비영리기관은 영업활동을 하는 기업이 아니므로 (구)부정경쟁방지법상의 보호범위에서 제외되는 문제가 있었다. 또한, 각종 법률에 산재되어 있는 규정으로는 산업기술 유출을 효과적으로 예방하지 못하였다. 즉 부정경쟁방지법과 같이 사후 규제적 법률만 존재할 뿐 기술보호를 위한 종합적이고 체계적인 정부계획을 수립하여 추진하기 위한 법적 기반이 미흡하였다.

정부는 2006년 10월 「산업기술의 유출방지 및 보호에 관한 법률」 (이하,

"산업기술보호법")을 제정하여 국내 핵심기술 등 산업기술을 보호하고 국가안전 및 국민경제의 안정을 도모하고자 하였다. 산업기술보호법은 정부로 하여금 종합적인 기술보호 계획을 수립하도록 하고 기술유출을 사전에 예방하기 위한 각종 지원책을 포함하도록 하였다.

기술보호와 관련된 다른 법률에는 어떤 것들이 있는가?

기술보호와 직접 관련된 법률에는 「산업기술보호법」과 「영업비밀보호법」 외에도 「중소기업기술보호지원법」과 「방위산업기술 보호법」이 있다.

2014년 5월 제정된 「중소기업기술보호지원법」은 중소기업기술 보호를 지원하기 위한 기반을 확충하고 관련 시책을 수립 · 추진함으로써 중소기업의 기술보호 역량과 기술경쟁력을 강화하는 것을 목적으로 하고 있다. 이 법에는 중소기업기술 보호에 관한 지원계획의 수립과 보호지침 제정, 기술자료 임치제도 활용 지원(기술임치물 담보 등), 중소기업기술 보호 진단 및 자문, 해외진출 중소기업의 기술보호 등을 규정하고 있다. 또한, 중소기업기술 보호의 기반 조성을 위하여 중소기업기술 보호 지원 전담기관을 설치하고, 보안기술 개발 지원, 기술보호 전문인력 양성, 기술보호관제서비스의 제공, 보안시스템의 구축 지원 등을 두고 있다. 이 법에서는 중소기업기술분쟁 조정 · 중재 제도를 규정하고 있어 기술분쟁을 신속하고 전문성 있게 처리할 수 있도록 하고 있다.

2015년 12월 제정된 「방위산업기술 보호법」은 국방 분야의 방위산업기술을 지정하고 체계적인 보호를 지원하며, 불법적인 기술유출을 처벌함으로써 방산기술 보호에 기여하기 위해 마련되었다. 우리나라의 방위산업 수출 대상국이 '06년 47개국에서 ' 13년 87개국으로 증가했으며, 기술 수준은 미국 대비 80%로 스웨덴과 공동 10위의 수준을 보이고 있다. 그러나 당시 방위산업기술이 「방위사업법」, 「대외무역법」 및 「산업기술의 유출 방지 및 보호에 관한 법률」 등 다양한 법률들로 관리되고 있어 오히려 부실 관리의 우려가 있었다.

그 밖에 「발명진흥법」, 「외국인투자촉진법, 「산업발전법」 등 산업기술 관련법, 「대 · 중소기업 상생협력 촉진에 관한 법률」, 지식재산권법, 「형법」 등이 일부 또는 간접적으로 기술보호 기능을 하고 있다.

02. 보호대상

산업기술보호법은 '산업기술' 및 '국가핵심기술'을 보호대상으로 하고 있다.

산업기술

"산업기술"이라 함은 제품 또는 용역의 개발·생산·보급 및 사용에 필요한 제반 방법 내지 기술상의 정보 중에서 관계중앙행정기관의 장이 소관 분야의 산업경쟁력 제고 등을 위하여 법률 또는 해당 법률에서 위임한 명령(대통령령·총리령·부령에 한정)에 따라 지정·고시·공고·인증하는 다음 각 목의 어느 하나에 해당하는 기술을 말한다(법 제2조 제1호).

가. 제9조에 따라 고시된 국가핵심기술
나. 「산업발전법」 제5조에 따라 고시된 첨단기술의 범위에 속하는 기술
다. 「산업기술혁신 촉진법」 제15조의2에 따라 인증된 신기술
라. 「전력기술관리법」 제6조의2에 따라 지정·고시된 새로운 전력기술
마. 「환경기술 및 환경산업 지원법」 제7조에 따라 인증된 신기술
바. 「건설기술 진흥법」 제14조에 따라 지정·고시된 새로운 건설기술
사. 「보건의료기술 진흥법」 제8조에 따라 인증된 보건신기술
아. 「뿌리산업 진흥과 첨단화에 관한 법률」 제14조에 따라 지정된 핵심 뿌리기술
자. 그 밖의 법률 또는 해당 법률에서 위임한 명령에 따라 지정·고시·공고·인증하는 기술 중 산업통상자원부장관이 관보에 고시하는 기술

현재 각목의 법률에 따라 지정 등이 된 산업기술의 수는 약 3,600개 정도이다. 각 목 법률에서 지정된 산업기술 외에도 그 밖의 법률 또는 해당 법률에서 위임한 명령에 따라 지정된 기술 중 산업통상자원부장관이 관보에 고시하는 기술도 산업기술이 될 수 있다. 그러나 위 8개 법률 외에 다른 법률상에서 지정된 기술을 고시하지 않고 있다.

<산업기술의 종류>

기술종류	근거법률	기술의 정의	소 관
국가핵심 기술	산업기술보호법 제9조	국내외 시장에서 차지하는 기술적·경제적 가치가 높거나 관련 산업의 성장 잠재력이 높아 해외로 유출될 경우에 국가의 안전보장 및 국민경제의 발전에 중대한 악영향을 줄 우려가 있는 기술	산업통상자원부 장관(고시)
첨단기술	산업발전법 제5조	기술집약도가 높고 기술혁신속도가 빠른 기술로서 산업구조의 고도화에 대한 기여도가 높으며 신규 수요 및 부가가치 창출효과, 산업간 연관효과가 큰 기술	산업통상자원부 장관(고시)
건설기술	건설기술 진흥법 제14조	국내 최초의 특정 건설기술 및 기존 기술의 개량 중 일정한 기술을 신기술로 지정	국토교통부 장관(고시)
신기술	산업기술혁신촉진법 제15조의2	국내에서 최초로 개발된 기술 또는 기존 기술을 혁신적으로 개선·개량한 우수한 기술	산업통상자원부 장관(인증)
전력신기술	전력기술 관리법 제6조의2	국내에서 최초로 개발한 전력기술 또는 외국에서 도입하여 개량한 것으로서 국내에서 신규성·진보성 및 현장적용성이 있다고 판단되는 전력기술	산업통상자원부 장관(고시)
보건신기술	보건의료기술 진흥법 제8조	신기술 개발을 촉진하고 그 성과를 널리 보급하기 위하여 우수한 보건의료기술을 보건신기술로 인증	보건복지부 장관(인증)
뿌리기술	뿌리산업 진흥과 첨단화에 관한 법률 제14조	국가적으로 중요한 뿌리기술을 핵심 뿌리기술로 지정하고 연구개발 등 지원	산업통상자원부 장관(지정)
기타	방위산업기술보호법 등	방위산업기술 등 (고시 필요)	소관 중앙행정기관의 장

2011년 7월 25일 개정 산업기술보호법에서 "산업기술"의 정의를 수정하였다. 당시 구법상 "산업기술"의 개념이 모호하여 그 대상범위를 특정할 수 없고 효과적인 법적용이 곤란한 문제가 있었다. 구법상 산업기술의 정의는 추상적이고 모호하여 수사기관과 사법기관에서 산업기술의 불법적인 유출에 대하여 기소하거나 판단하기 어려웠다. 수범자 입장에서 자신의 행위가 산업기술보호법을

위반하는지 분별하기 어려웠다. 이로 인해 죄형법정주의와 명확성의 원칙에 위배된다는 헌법재판소의 결정이 있었다.43)

2011년 개정 전 법률 제2조 제1호에서 "산업기술"을 관계중앙행정기관의 장이 소관 분야의 산업경쟁력의 제고 등을 고려하여 관계 법령으로 지정, 고시 등을 한 기술로 정의하면서 후단에서 다시 추상적인 추가요건을 부가하여 수사기관이 그 대상을 특정하기 매우 어렵게 규정하였다. 따라서 개정 법률은 산업기술에 대한 요건을 관계 중안행정기관의 장이 소관분야의 산업경쟁력 제고 등을 고려하여 주요 법령으로 지정 또는 고시·공고하는 기술로 한정하고, 산업기술의 설정 기준이 되는 법령을 구체적이고 예시적으로 열거하여 법집행에 있어서 예측가능성을 높이고 적용대상을 명확히 하였다.

※ 구법상 정의 : "산업기술"이라 함은 제품 또는 용역의 개발·생산·보급 및 사용에 필요한 제반 방법 내지 기술상의 정보 중에서 관계중앙행정기관의 장이 소관 분야의 산업경쟁력 제고 등을 위하여 법령이 규정한 바에 따라 지정 또는 고시·공고하는 기술로서 다음 어느 하나에 해당하는 것을 말한다.
1) 국내에서 개발된 독창적인 기술로서 선진국 수준과 동등 또는 우수하고 산업화가 가능한 기술, 2) 기존제품의 원가절감이나 성능 또는 품질을 현저하게 개선시킬 수 있는 기술, 3) 기술적·경제적 파급효과가 커서 국가기술력 향상과 대외경쟁력 강화에 이바지할 수 있는 기술, 4) 이들의 산업기술을 응용 또는 활용하는 기술(동법 제2조제1호)

'부정한 방법에 의해 산업기술 취득' 처벌 조항에 대한 위헌 결정

헌법재판소는 2013년 7월 25일 결정문에서 "죄형법정주의의 명확성 원칙에 있어 핵심적인 내용인 '적절한 고지'는 성문의 제정법에 의해 그 내용과 요건이 분명하게 전달될 수 있을 것을 전제로 한다"며 "(구)산업기술유출방지법은 사람들로 하여금 '부정한 방법에 의한 산업기술 취득행위'에 자신의 행위가 포함되는지 정확하게 예측할 수 없게 하므로, '적절한 고지'의 역할을 하지 못하고 있고, 죄형법정주의의 명확성 원칙에 위배된다."고 밝혔다(헌재 2011헌바39 결정) .

헌법재판소는 (구)산업기술 유출 방지법이 유출 금지대상으로 삼고 있는 "'관계 중앙행정기관의 장이 법령에 따라 지정 또는 고시·공고한 기술' 부분은 그 법령을 구체적으로 특정하지 않아 도저히 그에 해당하는 법령이 무엇인지, 지정 또는 고시·공고를 하는 관계 중앙행정기관의 장이 누구인지 통상의 판단 능력을 가진 일반인이 그 해석

43) 헌법재판소 2013. 7. 25. 선고 2011헌바39 결정 [산업기술의 유출방지 및 보호에 관한 법률 제2조 등 위헌소원].

을 통해서 구체적으로 확정할 수 없게끔 되어 있다"고 지적하였다. 나아가 재판부는 개정법과 관련해 해석해볼 때도 이 지정 또는 고시·공고에 구체적인 기술뿐 아니라 기술의 범위나 분야가 분명하지 않다고 설명하였다. 앞서 언급한 바와 같이, 현행 산업기술보호법은 구법상의 모호한 산업기술에 대한 정의조항을 개선하기 위하여 동 정의에 관한 조문 후단에 있는 각목을 삭제하고 산업기술의 범위를 법률이 규정하는 바에 따라 지정·고시·공고·인증한 기술로 한정하되, 해당 법률을 직접 예시하여 산업기술을 구체적으로 파악하도록 개정한 것이다. 그럼에도 불구하고, 헌재는 동법 제2조 제1호상의 산업기술의 정의가 여전히 모호한 점이 존재한다고 지적하였다. 특히 개정법 제2조에서 열거하고 있는 법률 중 「산업발전법」 제5조에 따른 첨단기술, 「조세특례제한법」 제18조 제2항에 따른 고도기술 및 「부품·소재전문기업 등의 육성에 관한 특별조치법」 제19조에 따른 부품·소재기술 등이 문제가 된다고 지적하였다.(결정문 13-14면 참조.)

- 첨단기술의 경우 '기술의 범위와 분야'를 고시하였으나 '10.12 고시를 전면 개정하여 특정첨단기술을 구체적으로 고시하도록 개정함으로써 위 문제를 해결하였다.
- 고도기술의 경우 특정 외국인투자기업에 고도기술을 제공하고 받은 근로소득에 대한 감면을 위한 것으로 이 법 제2조제1호에서 말하는 지정·공고·고시하는 목적과 부합하지 않는 대상이므로 개정 법률은 이를 삭제하였다.
- 부품·소재기술의 경우 특정기술을 지정하지 않고 기술보유주체(기업)를 지정하는 방식으로 이루어지므로 역시 이 법의 대상에서 제외하도록 삭제하였다.

한편 재판부는 현행법상 '국가핵심기술'과 관련해서도 산업기술보호법 자신에 근거한 국가핵심기술의 지정 역시 산업기술의 정의에 해당하는지가 불명확하고 애매모호하다고 설명하였다. '국가핵심기술'은 다른 중앙행정기관의 장이 그 소관에 관하여 지정 또는 고시·공고한 법 제2조 제1호의 '산업기술'에 해당하는 것을 전제로 하여 그 중에서 다시 (구)지식경제부장관에 의하여 지정되는 것으로도 충분히 해석될 수 있다고 언급하였다.

국가핵심기술

국가핵심기술이란 "국내외 시장에서 차지하는 기술적·경제적 가치가 높거나 관련 산업의 성장 잠재력이 높아 해외로 유출될 경우에 국가의 안전보장 및 국민경제의 발전에 중대한 악영향을 줄 우려가 있는 기술로서 법 제9조의 규정에

따라 지정된 것을 말한다."(법 제2조 제2호)

산업기술보호법의 가장 특징이 바로 국가핵심기술을 지정하여 수출 시 사전 승인 또는 신고를 하도록 함으로써 국가핵심기술이 해외로 불법적으로 유출되지 않도록 하는 것이다. 현재 국가핵심기술은 반도체, 디스플레이, 전기전자, 자동차·철도, 정보통신, 조선, 철강, 원자력, 생명공학, 우주, 기계, 로봇 등 12개 분야에서 73개 기술이 지정되어 있다.

'국가핵심기술' 정의 수정

2011년 7월 25일 개정 법률 전에는 국가핵심기술을 "… 국내외 시장에서 차지하는 기술적·경제적 가치가 높거나 … 유출될 경우에 … 중대한 악영향을 줄 우려가 있는 산업기술로서 제9조의 규정에 따라 지정된 산업기술을 말한다."고 정의하고 있었다.

그로 인해 타법에 따라 관계 중앙행정기관의 장이 지정·고시하는 산업기술 중에서 국가핵심기술을 지정하는 것인지, 아니면 지정·고시와 관계없이 기술적·경제적 가치가 높은 기술들 중 해외 유출시 국가안보 등에 중대한 영향을 줄 수 있는 기술을 법 제9조에 따라 지정한 산업기술을 말하는지 분명하지 않았다. 국가핵심기술의 범위를 타 중앙행정기관의 장이 이미 지정·고시한 산업기술로 한정하여 그 중에서 선별하여 지정하는 것으로 해석할 경우에 그 범위가 과도하게 제한되는 문제가 발생할 수 있다. 즉 기술적·경제적 가치가 높고 해외 유출시 국가안보 등에 중대한 영향을 줄 수 있는 기술이지만 단순히 지정·고시등이 되지 않았다는 이유로 아예 국가핵심기술의 후보군으로부터 배제할 경우에는 동법의 목적을 충실히 달성하지 못하는 문제가 발생한다. 따라서 동 정의 조항의 모호성을 해소하기 위해 개정 법률은 동 조항을 수정하여 국가핵심기술을 타 중앙행정기관이 고시·공고한 기술로 한정하지 않도록 명확히 하였다.

산업기술과 영업비밀의 차이점

산업기술보호법은 산업기술 보호에 있어서 부정경쟁방지법에 대하여 특별법적 지위에 있다. 즉 산업기술의 유출방지 및 보호에 관해서는 다른 법률에 특별한 규정이 있는 경우를 제외하고 이 법이 우선적용된다(법 제4조). 전자의 '산업기술'은 후자의 '영업비밀'과 비교해 볼 때 다음 몇 가지 점에서 차이가 있다.

첫째, 산업기술보호법의 적용을 받는 산업기술은 대부분 영업비밀보호법상 영업비밀의 형태로 존재한다. 그러나 산업기술보호법은 영업비밀을 보호받기 위해 요구되는 '비공지성'이나 '비밀관리성' 요건을 명시적으로 규정하고 있지 않다. 다만, 동법 제14조 제1호에서 '부정한 방법으로 취득한 산업기술을 공개하는 행위'를 금지되는 침해행위로 규정하고 있어 공개되지 않은 형태의 산업기술을 보호하고 있음을 알 수 있다.

한편, 산업기술보호법의 적용을 받는 기술이 비밀로 유지되고 있는 것이라고 한다면, 과연 '특허기술'과 같이 공개된 것도 산업기술의 대상이 되는지가 문제된다. 기술은 '영업비밀'이라는 보호복을 입기도 하고, 때로는 '특허'라는 보호복을 입을 수도 있다. 이 점에서 산업기술보호법은 공개된 특허라고 하여 보호대상에서 배제하지 않는다.

특허가 산업기술보호법에서 의미가 있는 것은 제11조의 국가핵심기술의 '수출통제'와 관련이 있다. 국가핵심기술의 수출을 통제하는 이유는 국가핵심기술의 해외 유출이 국가안전보장과 국민경제에 지대한 영향을 줄 수 있는 경우를 사전에 예방하기 위한 것이다. 예를 들면, 통신 관련 최신 국가핵심기술이 특허권 양도에 의해서 중국, 인도 등 외국정부의 영향을 받는 해외 공기업에게 이전되어 향후 우리나라 국가안보는 물론 통신시장의 경쟁력에 중대한 영향을 줄 것이 우려되는 경우라면 당연히 동법 제11조에 의거하여 통제할 필요가 있다. 나아가 산업기술은 관계중앙행정기관의 장이 소관 분야의 산업경쟁력 제고 등을 위하여 법률 등에 따라 지정·고시 등을 하는 기술로서 고시 또는 인증 등을 위한 구비서류에 특허·실용신안 출원 또는 등록 내역을 제출하도록 하고 있다.

이러한 점들을 고려해 볼 때 기밀형태의 기술뿐만 아니라 공개된 특허도 국가핵심기술이 될 수 있으며, 이 법 제11조의 수출통제의 대상이 될 수 있다. 즉 국가핵심기술인 특허를 양도하거나 실시권 허락으로 해외로 기술이전을 하는 경우 제11조에 따른 승인 또는 신고를 해야 한다. 이 법 제14조에서 금지하고 있는 산업기술의 유출 및 침해행위 유형 중 공개된 특허 형태의 국가핵심기술 규제는 제5호/제6호(부정한 승인/신고)와 관련되어 있으며 제14조 제1호에서 제4호까지는 영업비밀로 존재하는 산업기술의 유출을 규율하고 있다.

둘째, 산업기술은 중앙행정기관의 장이 소관 분야의 산업경쟁력 제고 등을 위하여 특별히 법률 등으로 지정·고시하는 첨단기술, 신기술, 국가핵심기술 등에 해당하므로 그 경제적 가치가 일반적으로 통상의 기술보다 높다고 할 수 있다. 따라서 부정경쟁방지법상 영업비밀의 요건인 '경제적 유용성' 보다 더 높은 수준의 가치를 가진 기술이라고 할 수 있다.

셋째, 산업기술보호법은 기술상의 정보만을 대상으로 하고 있으나, 부정경쟁방지법은 기술상의 정보뿐만 아니라 경영상의 정보도 보호대상으로 하고 있다.

넷째, 산업기술보호법상 산업기술을 보유하는 '대상기관'은 기업뿐만 아니라 비영리연구기관, 대학 등을 포함한다(법 제2조 제4호). 동법이 제정될 당시 영업비밀보호법의 처벌 대상은 '기업'의 영업비밀로 한정하고 있어서 양자의 적용대상에 차이가 있었다. 그러나 개인의 경제활동이 활발해지면서 기업 외에 개인이나 비영리기관이 보유한 영업비밀 보호의 필요성이 증대되자 2013년 7월 30일 영업비밀보호법을 개정하여 개인이나 비영리기관의 영업비밀을 유출한 자도 형사처벌의 대상으로 포함하였고, 이로써 산업기술보호법의 적용대상과 상당 부분 겹치게 되었다.

03. 산업기술 보호를 위한 종합지원 체계

산업기술의 유출방지 및 보호에 관한 종합계획 등 수립·시행

산업통상자원부장관은 관계 중앙행정기관의 장과 협의한 후 산업기술보호위원회의 심의를 거쳐 산업기술의 유출방지 및 보호에 관한 종합계획을 3년마다 수립·시행하여야 한다(법 제5조, 시행령 제2조). 관계 중앙행정기관의 장은 이 종합계획에 따라 세부계획을 수립·시행하여야 한다(법 제6조). 종합계획은 산업기술의 유출방지 및 보호에 관한 기본목표와 단계별 추진방안, 기반구축, 연구개발, 정보수집·분석, 국제협력, 교육·홍보 등 사항을 포함하도록 하고 있으므로 산업기술보호법은 범부처적 기술보호 정책을 체계적으로 추진할 수 있는 법적 근거를 처음으로 마련하였다는 점에서 의의가 있다.

산업기술보호위원회

산업기술의 유출방지 및 보호에 관한 사항을 심의하기 위하여 산업통상자원부장관 소속으로 산업기술보호위원회를 두고 있다(법 제7조 제1항).[44] 동 위원회는 산업기술의 유출방지 및 보호에 관한 종합계획의 수립·시행, 국가핵심기술의 지정·변경 및 해제, 국가핵심기술의 수출, 국가핵심기술을 보유하는 대상기관의 해외인수·합병등에 관한 사항(법 제11조의2) 등에 관한 사항을 심의한다(법 제7조). 2011년 개정으로 '대상기관이 수행하는 국가연구개발사업의 보호실태조사에 관한 사항'을 삭제하고 이를 산업통상자원부장관의 고유 권한으로 두었다.

산업기술보호위원회는 위원장인 산업통상자원부장관을 포함한 25인 이내의 위원으로 구성하며, 위원으로 관계중앙행정기관의 차관·차장, 정보수사기관의 장이 지명하는 자를 포함한다. 또한, 관련 분야에 학식과 경험이 풍부한 자로서 위원장이 성별을 고려하여 위촉하는 자를 5인 이상 포함하도록 하여 전문성을 높이고 있다(법 제7조 2항). 또한, 위원회의 심의 안건을 사전에 검토·지원하기 위하여 실무위원회를 두고, 실무위원회 소속으로 분야별 전문위원회를 두고 있다.

보호지침 및 실태조사

산업통상자원부장관은 산업기술을 보유한 기업·연구기관·전문기관·대학 등이 활용할 수 있도록 하기 위하여 산업기술의 유출 및 보호를 위하여 필요한 사항을 관계 중앙행정기관의장과 협의한 후 보호지침으로 제정하여 보급하고 있다(법 제8조 제1항). '산업기술보호지침'은 국가핵심기술을 포함한 산업기술의 유출을 방지하고 보호하기 위해 필요한 방법·절차 등을 규정하고 있다.[45] 또한, 동 지침 제43조에 따라 마련한 '산업보안 안내서'는 산업기술 유출·침해 예방 및 보

---

44) 산업기술보호위원회는 과거 국무총리소속하에 국무총리를 위원장으로, 산업통상자원부장관을 간사위원으로, 그리고 관계중앙행정기관의 장과 산업기술의 유출방지업무를 수행하는 정보수사기관의 장 등을 위원으로 설치되었으나 2013년 8월 22일 산업통상자원부장관 소속으로 이관되었다. 또한, 산업기술분쟁조정위원회를 산업기술보호위원회의 특별위원회로 설치하여 업무의 유연성과 효율성을 높였다.

45) 산업기술보호지침, 산업통상자원부고시 제2021-12호, 2021. 1. 15. 제정.

호 조치, 산업기술 유출 및 침해 대응 및 복구 방법, 산업기술계약시 보호방법 등의 구체적인 절차와 기준을 제시하고 있다.

한편, 산업통상자원부장관은 필요한 경우 대상기관의 산업기술의 보호 및 관리 현황에 대한 실태조사를 실시할 수 있다(법 제17조 제1항). 위에서 언급한 보호지침은 대상기관이 자율적으로 기술보호를 함에 있어서 그 방안을 제시하고 있으므로 실태조사에 있어서 적절한 기술보호 조치가 이루어졌는지 여부를 판단하는 기준이 될 수 있다. 산업통상자원부장관은 제10조의 규정에 따른 국가핵심기술의 보호조치 및 제12조의 규정에 따른 국가연구개발사업의 보호관리와 관련하여 필요하다고 인정되는 경우 대상기관의 장에 대하여 개선을 권고할 수 있다(법 제13조 제1항).

<국가핵심기술 보호 체계>

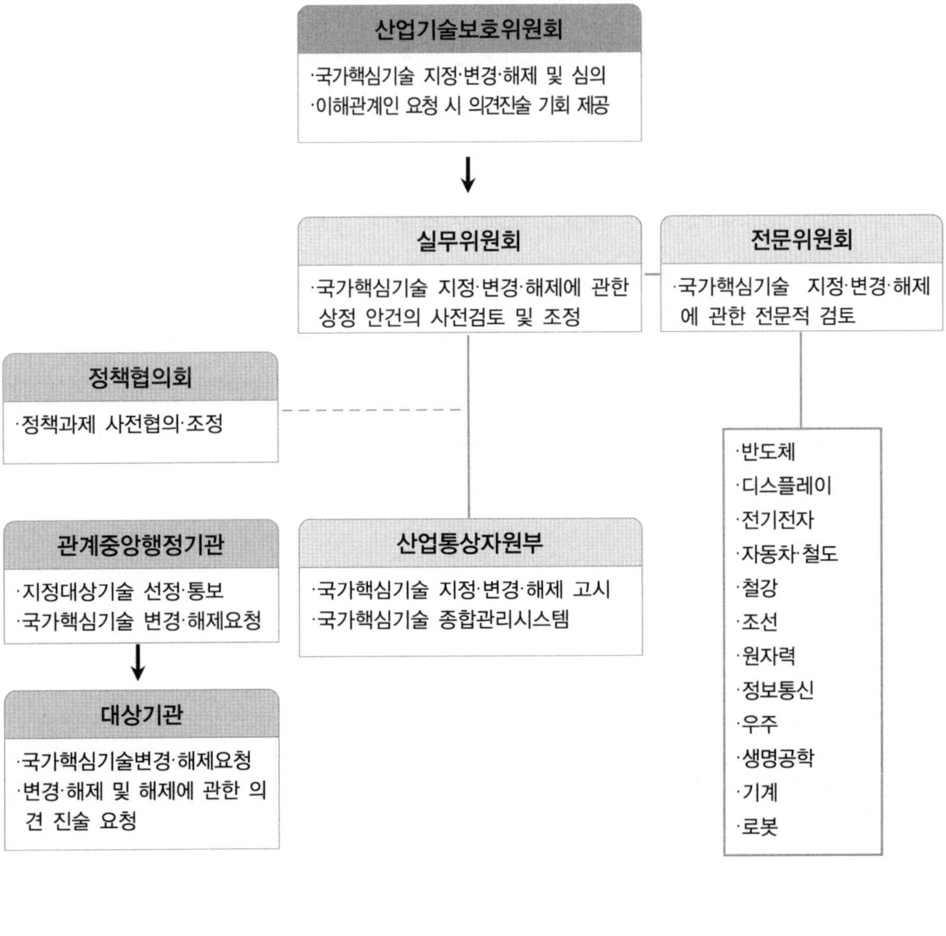

04. '국가핵심기술'의 지정과 수출통제

산업기술보호법의 가장 큰 특징은 정부가 일정한 절차를 거쳐 국가핵심기술을 지정하고, 지정된 국가핵심기술을 매각, 이전 등의 방법으로 수출하고자 하는 경우에 산업통상자원부장관의 승인을 받거나 신고하도록 하고 있다.

국가핵심기술의 지정

산업통상자원부장관은 관계 중앙행정기관의 장으로부터 그 소관의 국가핵심기술 지정대상기술을 통보받아 산업기술보호위원회의 심의를 거쳐 '필요 최소한의 범위'에서 국가핵심기술로 지정할 수 있도록 하되, 이해관계인에게는 의견진술의 기회를 부여하고 있다(법 제9조 제1항). 지정된 국가핵심기술은 산업통상자원부장관에 의해 고시된다(법 제9조 제4항). 법 제9조에서 국가핵심기술의 지정을 '필요 최소한의 범위'에서 정하도록 한 것은 사유재산에 대해 제한을 법률로써 하되 필요한 최소한으로 한 헌법 정신에 따른 것이다.[46] 주의해야 할 것은 동법은 국가핵심기술을 지정할 뿐 이를 보유하고 있는 대상기관을 지정하는 것이 아니다.

국가핵심기술을 지정할 때에는 해당기술의 글로벌 경쟁력과 산업성장 주기뿐만 아니라 국가안보 및 국민경제에 미치는 파급효과, 시장점유율, 해당 분야의 연구동향 및 기술 확산과의 조화 등을 종합적으로 고려한다(법 제9조 제2항). 또한, 대상기관은 해당 기관이 보유하고 있는 기술이 국가핵심기술에 해당하는지에 대한 판정을 대통령령으로 정하는 바에 따라 산업통상자원부장관에게 신청할 수 있다(법 제9조 제6항).

---

46) 헌법 제23조 3항에서 "공공필요에 의한 재산권의 수용, 사용 또는 제한 및 그에 대한 보상은 법률로써 하되, 정당한 보상을 지급하여야 한다."고 규정하고, 또한, 제37조 2항에서 "국민의 모든 자유와 권리는 국가안전보장, 질서유지 또는 공공복리를 위하여 필요한 경우에 한하여 법률로써 제한할 수 있으며, 제한하는 경우에도 자유와 권리의 본질적인 내용을 침해할 수 없다."고 규정하고 있다.

<국가핵심기술 지정대상 범위 예시>

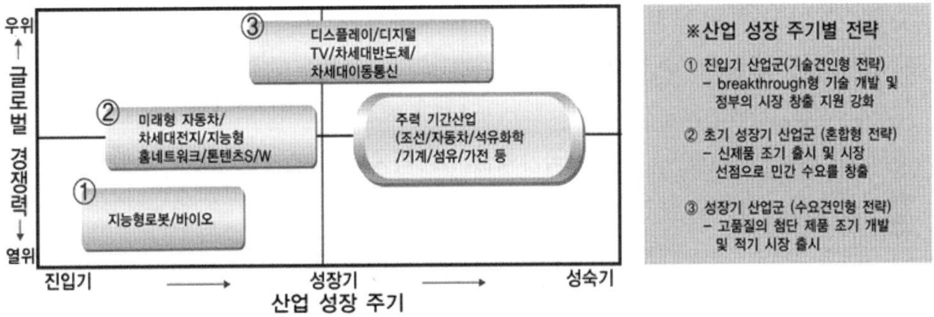

국가핵심기술 지정 현황

국가핵심기술은 현재 산업기술보호위원회 심의를 거쳐 반도체, 디스플레이, 전기전자, 자동차·철도, 정보통신, 조선, 철강, 원자력, 생명공학, 우주, 기계, 로봇 등 12개 분야에서 73개 기술이 지정되어 있다.47)

앞서 언급한 바와 같이, 이 법 제9조에서 국가핵심기술의 지정은 '필요 최소한의 범위'에서 정하도록 규정하고 있다. 현재 산업통상자원부장관 고시로 지정된 국가핵심기술은 73개로 한정되어 있지만 개별 기술에 대한 해석은 광범위하게 읽혀 적용받는 대상기술의 범위가 지나치게 확장될 소지가 있다. 국가핵심기술을 보유한 민간기업의 재산권을 제한함에서 목적의 정당성, 수단의 적합성 등과 함께 '침해의 최소성'을 갖추어야 한다.48) 따라서 헌법상 '최소성의 원칙'에 따라 현재와 같이 상위개념에 해당하는 기술을 고시하는 방식을 개선하여 해당 기술을 구성하는 하위기술을 함께 고시하는 것이 바람직하다고 본다. 다

47) 2007년 8월 정부는 제1차 산업기술보호위원회를 개최하여 8개 분야에 40개의 기술을 국가핵심기술로 지정하였으며, 2010년 8개 분야 총 50개, 2015년 9월 7일 47개, 2016년 11월 28일 61개, 2018년 1월 15일 64개, 2019년 7월 8일 69개, 2021년 7월 14일 71개, 2022년 12월 73개를 지정하였다.

48) 헌법 제37조 제2항에서 "국민의 모든 자유와 권리는 국가안전보장·질서유지 또는 공공복리를 위하여 필요한 경우에 한하여 법률로써 제한할 수 있으며, 제한하는 경우에도 자유와 권리의 본질적인 내용을 침해할 수 없다."고 규정한다. 기본권을 제한함에 있어서 국가 작용의 한계를 명시한 것으로 이를 '과잉금지의 원칙(비례의 원칙)'이라고 하며, 크게 목적의 정당성, 수단의 적합성, 침해의 최소성, 법익의 균형성 등을 고려한다.

만, 현재와 같은 추상적 수준의 상위 기술개념을 고시하는 방식을 개선한다는 취지로 지나치게 구체적이고 상세하게 고시하는 것은 기술보호의 취지를 오히려 형해화할 우려가 있으므로 피해야 한다.

〈국가핵심기술 목록〉

분 야	기술명
반도체 (11개)	30 나노 이하급 D램에 해당되는 설계·공정·소자기술 및 3차원 적층형성 기술
	D램에 해당되는 적층조립기술 및 검사기술
	30나노 이하급 적층 또는 적층 3D 낸드플래시에 해당되는 설계·공정·소자기술
	낸드플래시에 해당되는 적층조립기술 및 검사기술
	30나노급 이하 파운드리에 해당되는 공정·소자기술 및 3차원 적층형성 기술
	모바일 Application Processor SoC 설계·공정기
	LTE/LTE_adv Baseband Modem 설계기술
	대구경(300mm 이상) 반도체 웨이퍼 제조를 위한 단결정 성장 기술
	픽셀 1㎛ 이하 이미지센서 설계·공정·소자 기술
	시스템반도체용 첨단 패키지 (FO-WLP, FO-PLP, FO-PoP 등) 조립·검사 기술
	디스플레이 패널 구동을 위한 OLED용 DDI(Display Driver IC) 설계기술
디스플레이 (2개)	8세대급(2200x2500mm) 이상 TFT-LCD 패널 설계·공정·제조(모듈조립 공정기술은 제외)·구동기술
	AMOLED 패널 설계·공정·제조(모듈조립공정기술은 제외)기술
전기전자 (4개)	전기자동차用 등 중대형 고에너지밀도(파우치형 265Wh/kg이상 또는 각형은 파우치형의 90%)
	리튬이차전지 설계, 공정, 제조 및 평가기술
	500kV급 이상 전력케이블 시스템(접속재 포함) 설계·제조 기술
	600mAh/g 이상의 초고성능 전극 또는 고체전해질 기반 리튬이차전지 설계, 공정, 제조 및 평가기술
자동차 철도 (9개)	가솔린 직접분사식(GDI) 연료분사시스템 설계 및 제조기술
	하이브리드 및 전력기반 자동차(xEV) 시스템 설계 및 제조기 (Control Unit, Battery Management System, Regenerative Braking System)
	수소전기자동차 연료전지시스템(수소저장·공급, 스택 및 BOP) 설계 및 공정·제조기술
	LPG 직접분사식(LPDi) 연료분사시스템 설계 및 제조기술
	Euro 6 기준 이상의 디젤엔진 연료분사장치, 과급시스템 및 배기가스 후처리 장치 설계 및 제조기술(DPF, SCR에 한함)

	자동차 엔진·자동변속기 설계 및 제조기술(단, 양산 후 2년 이내 기술에 한함)
	복합소재를 이용한 일체성형 철도차량 차체 설계 및 제조 기술
	속도 350km/h 이상 고속열차 동력시스템 설계 및 제조 기술(AC 유도전동기·TDCS 제어진단·주전력 변환장치 기술에 한함)
	자율주행자동차 핵심 부품시스템 설계 및 제조기술(카메라 시스템, 레이더 시스템, 라이더 시스템 및 정밀 위치탐지 시스템에 한함)
철강 (9개)	FINEX 유동로 조업기술
	항복강도 600MPa 급 이상 철근/형강 제조기술[저탄소강(0.4% C이하)으로 전기로방식에 의해 제조된 것에 한함]
	고가공용 망간(10% Mn 이상) 함유 TWIP강 제조기술
	합금원소 총량 4%이하의 기가급 고강도 철강판재 제조기술
	조선·발전소용 100톤이상급(단품기준) 대형 주·단강제품 제조기술
	저니켈(3% Ni이하) 고질소(0.4% N이상) 스테인리스강 제조기술
	인공지능 기반의 초정밀 도금(분해능 0.1㎛급) 제어기술
	딥러닝 인공지능 기반의 고로조업 자동제어 기술
	인장강도 600MPa 이상의 고강도 강판제조를 위한 스마트 수냉각 기술(엔지니어링, 제어기술 포함)
조선 (8개)	고부가가치 선박(초대형컨테이너선, 저온액화탱크선, 대형크루즈선, 빙해화물선, 가스연료 추진선, 전기 추진선 등) 및 해양시스템(해양구조물 및 해양플랜트 등) 설계기술
	액화가스 화물창, 연료탱크의 설계 및 제조 기술
	3천톤 이상 선박·해양구조물용 블록탑재 및 육상에서의 선박·해양구조물 건조 기술
	5,000마력 이상 디젤엔진·크랭크샤프트·직경 5m이상 프로펠러 제조기술
	자율운항(경제운항, 안전운항 등) 및 항해 자동화, 선박용 통합제어시스템 기술
	조선용 ERP/PLM시스템 및 CAD기반 설계·생산지원 프로그램
	선박용 핵심기자재 제조기술(BWMS 제조기술, WHRS 제조기술, SCR 및 EGCS 등 대기오염원 배출저감 기자재 제조기술)
	가스연료 추진선박용 연료공급장치, 재액화 및 재기화장치 등 제조기술
원자력 (5개)	원전 피동보조급수계통 기술
	원전 증기발생기 2차측 원격 육안검사 기술
	중성자 거울 및 중성자 유도관 개발기술
	연구용원자로 U-Mo 합금핵연료 제조기술
	신형 경수로 원자로출력제어시스템 기술

정보통신 (7개)	LTE/LTE_adv 시스템 설계기술
	기지국 소형화 및 전력을 최소화 하는 PA 설계기술
	LTE/LTE_adv/5G 계측기기 설계기술
	초고속 데이터 송·수신이 가능한 기가급 이동무선백홀(Backhaul) 기술
	SDN(소프트웨어 정의 네트워크) 구현을 위한 광통신 핵심 기술
	통신장비에 적용을 위한 양자이론 기반 퀀텀(Quantum) 리피터 기술
	5G 시스템(빔포밍/MIMO 및 이동통신망) 설계기술
우주 (4개)	고성능 극저온 터보펌프 기술
	극저온/고압 다이아프램 구동방식 개폐밸브 기술
	초고해상도(고도 500Km기준 50cm급) 광학위성 고속기동 정밀 자세제어계 설계 기술
	구경 1m이상 위성탑재 전자광학 카메라 조립·정렬·검사 기술
생명공학 (4개)	항체 대규모 발효정제 기술(5만 리터급 이상의 동물세포 발현·정제 공정기술)
	보툴리눔 독소제제 생산기술(보툴리눔 독소 균주 포함)
	원자현미경 제조기술(True non-contact mode 기술, Narrow Trench 측정기술, 30nm급 이하 반도체소자 3차원 분석기술, 300mm 이상의 대면적 시료 나노 계측기술, SPM 융합기술)
	바이오마커 고정화 기술을 응용한 감염질환용 다종 면역 분석 시스템 기술(3종 이상, 민감도 및 특이도 95% 이상 성능 구현)
기계 (7개)	다축 복합가공 터닝센터의 설계 및 제조기술
	고정밀 5축 머시닝센터의 설계 및 제조기술
	중대형 굴삭기 신뢰성 설계 및 제조 기술
	Off-road용 Tier 4F 배기규제를 만족하는 디젤엔진 및 후처리 시스템 설계기술
	트랙터용 부하감응형 유압식 변속기 설계 및 제조 기술
	Low GWP 냉매 대응 고효율 터보 압축기 기술
	저진동, 저소음, 동적 안정감을 갖춘 인간친화형 승강기 시스템 설계 및 운영 기술
로봇 (3개)	복강경, 내시경 및 영상유도 수술로봇 시스템설계 기술 및 제조기술
	작업영역을 공유하는 고밀도 공정 작업용 로봇 운영 및 제어 기술
	영상 감시 기술 기반의 로봇 경비

국가핵심기술에 대한 보호조치

국가핵심기술을 보유·관리하고 있는 대상기관의 장은 국가핵심기술의 유출을 방지하기 위하여 일정한 조치를 하여야 한다(법 제10조 제1항). 일정한 조치에는 ① 보호구역의 설정·출입허가 또는 출입 시 휴대품 검사, ② 국가핵심기술을 취급하는 전문인력의 이직 관리 및 비밀유지 등에 관한 계약 체결, ③ 그 밖에 국가핵심기술 유출 방지를 위하여 대통령령으로 정하는 사항이 있다.

보호조치 의무는 국가핵심기술을 보유하고 있는 대상기관에 한하며 부여되며, 누구든지 정당한 사유 없이 이러한 보호조치를 거부·방해 또는 기피하여서는 아니 된다(법 제10조 제3항). 여기서 대상기관이라 함은 산업기술을 보유한 기업·연구기관·전문기관·대학 등을 말하는 것으로서 개인은 포함되지 않는다(법 제2조 제3호). 따라서 이 법의 적용을 받는 국가핵심기술은 기업, 대학, 연구기관 등이 보유한 직무발명이라고 할 수 있다.

2019년 개정 법률(제16476호, 2019. 8. 20, 시행 2020.2.21)에서 "국가핵심기술을 취급하는 전문인력의 이직 관리 및 비밀유지 등에 관한 계약 체결"이 추가되었다. 이는 기술의 유출이 대부분 내부 직원에 의해서 이루어진다는 점을 고려한 것이다. 따라서 대상기관은 핵심 개발인력이나 임직원에 대해서 전직금지 서약서와 비밀유지서약서를 미리 받아 두는 것이 바람직하다.

국가핵심기술의 수출통제

국가핵심기술의 해외 수출은 크게 '승인'이 필요한 경우와 '신고'가 필요한 경우로 나누어진다.

1) 국가핵심기술의 수출승인

대상기관이 보유하고 있는, 국가로부터 연구개발비를 지원받아 개발한 국가핵심기술을 해외 매각, 기술이전 등의 방법으로 수출하고자 하는 경우 산업통상자원부장관의 승인을 얻어야 하며(법 제11조 제1항), 산업통상자원부장관의 승인을 얻지 아니하거나 부정한 방법으로 승인을 얻어 국가핵심기술을 수출한 경우에는 그 국가핵심기술의 수출중지·금지·원상회복 등의 조치를 명할 수 있도록 하고 있다(법 제10조 제7항). 또한, 침해행위로 보아 형사제재의 대상으로 삼고 있다.

여기서 '수출'은 자국의 기술을 다른 국가로 보내는 것을 의미하며, 그 방법에 있어서 기술의 매각, 이전 등으로 이루어진다. 기술이전이란 양도, 실시권 허락, 기술지도, 공동연구, 합작투자 또는 인수 · 합병 등의 방법으로 기술이 기술보유자(해당 기술을 처분할 권한이 있는 자를 포함)로부터 그 외의 자에게 이전되는 것을 말한다(기술이전촉진법 제2조 2호). 따라서 대상기관이 국가핵심기술을 다른 국가에 있는 기업에게 양도하거나 실시권을 허락하는 것은 수출에 해당한다. 그러나 기술의 이전을 수반하지 않는 해외 특허출원은 기술의 수출이라고 볼 수 없다.

한편, 국가 R&D형 국가핵심기술의 수출 승인 여부를 판단함에 있어서 국가안보뿐만 아니라 국민경제적 파급효과 등을 종합적으로 검토한다. 현재까지 접수된 승인 건 대부분은 통상적이고 합법적인 기술거래에 해당하여 거의 대부분이 승인되었다. 한편 국가핵심기술을 보유한 대상기관이 승인을 얻지 아니하거나 부정한 방법으로 승인을 얻어 국가핵심기술의 수출을 한 경우, 산업통상자원부장관은 정보수사기관의 장에게 조사를 의뢰하고, 조사결과를 위원회에 보고한 후 위원회의 심의를 거쳐 해당국가핵심기술의 수출중지 · 수출금지 · 원상회복 등의 조치를 명령할 수 있다(법 제11조 제7항).

2) 국가핵심기술의 수출신고

대상기관이 보유·관리하고 있는 승인대상이 아닌 국가핵심기술을 해외 매각·기술이전 등의 방법으로 수출하고자 하는 경우에는 사전에 산업통상자원부장관에게 신고하도록 하고 있다(법 제11조 제4항). 이와 같이, 순수 민간 국가핵심기술에 대하서는 승인이 아닌 신고사항으로 규정하고 있으며, 국가핵심기술의 수출에 대한 통제 여부를 판단함에 있어서 승인 시에 국가안보뿐만 아니라 국민경제적 파급효과 등을 종합적으로 보는 것과 달리, 국가안보성만을 기준으로 국가핵심기술의 수출중지 · 수출금지 · 원상회복 등의 조치 여부를 판단한다(법 제11조 제5항). 한편 신고대상 국가핵심기술의 수출을 하고자 하는 자는 해당국가핵심기술이 국가안보와 관련되는지 여부에 대하여 산업통상자원부장관에게 사전검토를 신청할 수 있다(법 제11조 제6항). 산업통상자원부장관은 신고대상인 국가핵심기술의 수출이 국가안보에 심각한 영향을 줄 수 있는 경우뿐만 아니라 신고하지 아니하거나 허위로 신고하고 국가핵심기술을 수출한 경우에는 그 국가핵심기술의 수출중지·금지·원상복귀 등의 조치를 취할 수 있도록 하였다(법 제11조 제7항). 승인 대상이 되는 국가핵심기술과 달리 순수 민간기술인 국가핵심기술의 미신고 및 허위신고에 대해서는 형사제재에서 제외하고 있다.

<국가핵심기술의 수출승인 및 신고절차>

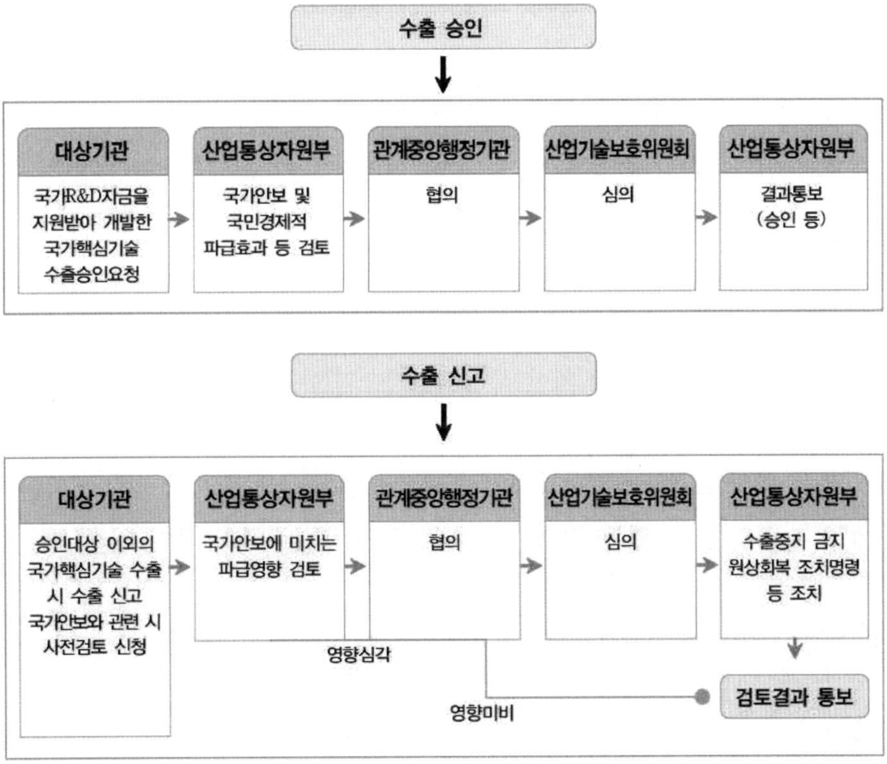

- 국가연구개발비를 지원받은 경우 : 수출승인
- 국가연구개발비를 지원받지 않은 경우 : 수출신고

05. 국가핵심기술을 보유하는 대상기관의 해외인수합병 규제

배경과 필요성

국가핵심기술의 유출은 불법적인 방법 외에도 국가핵심기술을 보유한 국내기업의 해외인수·합병(M&A), 합작투자 등에 의해서도 발생한다. 중국, 미국, 유럽 주요국 등은 해외 전략기업을 전부 사들이는 M&A를 통해 글로벌 경쟁우위를 차지하려고 노력한다. 최근 들어 시간이 많이 소요되는 R&D를 통한 기술획득보다는 M&A를 통해 기술뿐만 아니라 인력과 제반 인프라를 함께 확보하는 것이 세계적 추세가 되었다.[49] 그러나 2011년 개정 전에는 이를 규제할 방안이 국내에는 마련되어 있지 않았다. 국가핵심기술을 획득한다는 측면에서 M&A는 '매각'과 실질적으로 차이가 없고, M&A 형식을 가장한 매각 사례가 발생할 경우 동법 제11조만으로는 이를 규제할 수가 없다.

동조를 입법하기까지 많은 우여곡절이 있었다. 국가핵심기술의 유출을 목적으로 한 국내기업의 해외인수·합병 등과 같이 합법적이지만 국가핵심기술의 유출이 우려되는 외국인 투자가 증가하자 이에 대한 근본적인 대책을 강구하기 위한 입법적 방안이 제시되었으나[50] 외국인투자를 위축시킬 수 있다는 반대에 부딪혀 해외인수·합병 등에 의한 국가핵심기술이 유출 상황을 계속적으로 방관하는 상황에 놓이게 되었다. 따라서 2011년 개정 법률은 외국인투자를 위축시키지 않는 범위에서 국가핵심기술의 해외유출을 목적으로 한 외국인 투자를 사전에 방지·차단할 수 있는 최소한의 법적 장치를 마련하여 국가핵심기술을 보

---

49) 손승우, "[시론]미중 기술패권 다툼 속 한국의 산업보안은 문제없나?", 아시아경제, 2018.8.28. http://www.asiae.co.kr/news/view.htm?idxno=2018100111305076328

50) 2007년 5월(의안번호 제1805150호)과 2009년 6월(의안번호 제6645호)에 M&A 등에 의한 국가핵심기술 유출 규제를 골자로 하는 산업기술보호법 개정안이 박근혜 의원의 대표발의로 제안된 바 있다. 또한, 국가안보에 중대한 영향을 미치는 외국인 투자규제 입법으로서 「국가안보에 중대한 영향을 미치는 외국인 투자 등의 규제에 관한 법률안(이병석 의원 대표발의, 2009. 6. 19. 의안번호 제5213호: 2009. 6. 22. 지식경제위원회 회부)」, 「국가경제에 중대한 영향을 미치는 외국인 투자 등의 규제에 관한 법률안(이병석 의원 대표발의, 2007. 3. 15. 의안번호 제6229호: 임기만료 폐기)」, 「국가안보에 반하는 외국인투자 규제법안(이상경 의원 대표발의 2006. 12. 29. 의안번호 제5893호: 임기만료 폐기)」 등이 있다.

호하고 국가산업경쟁력 강화 및 국민경제 안정에 기여하고자 하였다(법 제11조의2).

미국의 기술획득형 M&A 규제

미국은 기술획득형 M&A를 가장 활발히 규제하고 있다. 2007년 제정된 미국 「외국인투자 및 국가안보에 관한 법률(Foreign Investment and National Security Act: FINSA)」의 경우 해외 자본에 의한 미국 기간산업 인수·합병 등 거래 시 거래자의 자율적 신고를 원칙으로 정하고 있다.[51] 그러나 FINSA는 자율적 신고를 기반으로 사전 규제를 원칙으로 하지만 국가안보 및 국민경제에 상당한 영향을 미치는 외국인의 투자 거래가 성사된 상태에서도 자체 조사할 수 있으므로 실질적으로는 사전신고를 강제하는 효과가 있다. 미국은 FINSA에 근거하여 미국 밖에서 이루어지고 있는 M&A라도 자국의 안보에 영향을 미치는 경우에는 역외적용을 하였다.

2018년 8월 제정된 「외국인투자위험심사현대화법(Foreign Investment Risk Review Modernization Act of 2018: FIRMMA)」는 심의대상을 확대하였다. 이전에는 합병·인수가 심의대상이었으나, FIRMMA는 군사 또는 민감한 정부시설에 인접한 부동산 거래(매매 또는 리스)는 물론 핵심기술 · 핵심인프라 · 개인(민감)정보와 관련된 기타 투자(비지배적 투자(non-controlling investments), 소수지분 투자 의미) 거래도 심의할 수 있도록 하여 국가안보 개념을 확대하였다.

해외투자 촉진정책과의 조화

2011년 개정 시에 그 대상을 '국가로부터 연구개발비를 지원받아 개발한 국가핵심기술'을 보유한 대상기관에 한하여 해외 인수·합병, 합작투자 등 외국인투자를 진행하려는 경우에는 산업통상자원부장관에게 미리 '신고'하도록 규정하였다. 당시 법은 민간 R&D에 의해 개발한 국가핵심기술을 보유한 대상기관을 해외자본이 M&A 하더라도 이를 통제하지 않았다. 이는 동조 도입 당시 해외투자에 의존이 높은 우리나라에서 M&A를 규제하는 것에 상당한 부담이 있었고, 해외투자 위축을 최소화하기 위하여 신고대상을 '국가핵심기술' 가운데 국가로부터 연구개발비를 지원받아 개발한 국가핵심기술을 보유한 대상기관으로 제한

51) 이와 관련된 자세한 내용을 위하여, 손승우, "산업기술 유출형 M&A에 대한 규제방안", 「법학연구」 제20권 제2호, 충남대학교 법학연구소, 2009.12.30. 참조..

하고 있다.

그러나 현재 지정된 국가핵심기술 중 국가의 지원을 받아 개발한 기술은 낮은 비율을 차지하고 있어 동 조항의 적용대상은 매우 제한적이다. 또한, 실무적으로 M&A 통제는 위원회의 심의를 거치도록 하여 정상적인 M&A거래는 규제를 하지 않도록 하고 있으므로 외국인 투자위축의 효과는 실제로 미미할 것으로 평가된다. 따라서 동조 도입 이후 국가핵심기술이 늘어나는 추세에 비례해 해외 경쟁자들의 기술탈취형 인수·합병 등 기술 유출 수법이 교묘해지고 있어 국가핵심기술에 대한 보안을 보다 강화해야 하며, 민간투자 기술 보유기관의 M&A에 대해서도 통제장치를 마련해야 한다는 주장이 지속적으로 제기되었다.

이에 2019년 개정 법률에서 국가 연구개발 지원을 받아 개발한 국가핵심기술을 보유한 국내기업을 외국기업이 인수·합병하는 경우 정부의 승인을 받도록 하였다. 그리고 국가 연구개발 지원을 받지 않은 경우라도 신고하도록 개정이 이루어졌다.

승인과 신고

국가 연구개발 지원을 받아 개발한 국가핵심기술을 보유한 국내기업을 외국기업이 인수·합병하는 경우에는 미리 산업통상자원부장관의 승인을 받도록 하고, 국가 연구개발 지원을 받지 않은 경우에는 신고하여야 한다(법 제11조의2 제1항 및 제5항). 승인 및 신고시점과 관련하여 실무적으로 적용의 어려움이 있을 수 있다. M&A는 크게 당사자 비밀약정 체결, 실사 진행, 공정거래위원회 등 관련 정부기관의 인허가 취득, 본계약 체결 등으로 나눌 수 있는데, 어느 단계에서 신고가 이루어져야 하는지가 문제된다.

1) 외국인투자의 범위

해외인수·합병 등 외국인투자의 범위는 모든 외국인투자를 규제대상으로 하지 않으며 일정한 요건을 갖춘 외국인투자를 심의대상으로 하고 그 요건은 대통령령으로 정하고 있다(동조 제1항). 예를 들면, 외국인이 단독으로 또는 외국인의 배우자, 8촌 이내의 혈족, 4촌 이내의 인척 등과 합산하여 법 제11조의2 제1항에 따른 대상기관의 주식 또는 지분을 100분의 50 이상 소유하려는 경우 등 해당 기업의 경영상 지배권을 실질적으로 취득하려는 경우에 한하고 있다(영 제18조의2 제1항). 외국인투자의 형태는 인수·합병, 합자투자, 국가핵심기술이 있는 영업부문의 양도, 임원겸임 등이 있을 수 있다.

2) 신고의 주체

동조 제1항과 제5항은 해외 인수합병을 하려는 대상기관은 사전에 승인과 신고를 하도록 규정하고 있다. 즉 해외 인수합병을 하려는 주체가 대상기관인 경우이다. 그런데 해외 자본이 적대적 M&A를 통해 대상기관을 지배하고자 할 경우도 있다. 이 경우에는 대상기관이 그러한 해외인수·합병등이 진행되는 것을 알게 된 경우 지체없이 산업통상자원부장관에게 신고하여야 한다(법 제11조의2 제2항 및 제6항). 이는 해외 기업이 국가핵심기술 획득을 목적으로 대상기관의 지분을 매입하는 경우와 같이 사후적으로 그러한 사실을 인지하게 된 경우에 대상기관으로 하여금 신고하도록 하여 사전 승인 및 신고의 결점을 보완하는 것이다. 사후신고는 원칙적으로 대상기관뿐만 아니라 인수·합병 등을 하려는 외국인에게도 부여되어야 하지만 해외투자 위축을 고려하여 대상기관의 사후신고의무를 규정하고 있다.

위원회 심의 및 중지·금지·원상회복 조치

산업통상자원부장관은 제1항에 따른 승인신청을 받은 경우 해외인수·합병등이 국가안보에 미치는 영향을 검토하여 관계중앙행정기관의 장과 협의한 후 위원회의 심의를 거쳐 승인할 수 있다. 이 경우 산업통상자원부장관은 승인을 할 때 필요하다고 인정되는 조건을 달 수 있다(동조 제4항). 여기서 승인 조건이란 국가핵심기술의 유출로 인해 발생할 수 있는 국가안보에 대한 영향을 경감시키기 위하여 필요한 조치를 포함한다.

산업통상자원부장관은 제1항 및 제5항·제6항에 따른 국가핵심기술의 유출이 국가안보에 심각한 영향을 줄 수 있다고 판단하는 경우에는 관계 중앙행정기관의 장과 협의한 후 위원회의 심의를 거쳐 해외인수·합병 등에 대하여 중지·금지·원상회복 등의 조치를 명할 수 있다(동조 제3항). 국가안보에 심각한 영향을 줄 수 있는 인수합병에 대해서는 중지·금지 등 조치 외에도 다양한 시정조치를 명할 수 있다. 여기에는 주식의 전부 또는 일부의 처분, 임원의 사임, 영업의 양도, 해외인수·합병등에 따른 국가안보에 대한 영향을 경감할 수 있는 영업방식 또는 영업범위의 제한 등 국가안보에 대한 영향을 경감시키기 위하여 필요한 조치이다.

한편 대상기관이 해외인수·합병 등과 관련하여 다음 각 호의 사항에 관하여 의문이 있는 때에는 산업통상자원부장관에게 미리 검토하여 줄 것을 신청할 수 있다(동조 제8항). ① 해당 국가핵심기술이 국가안보와 관련되는지 여부, ② 해당 해외인수·합병등이 제1항의 승인대상인지 여부 및 제5항·제6항의 신고대상인지 여부, ③ 그 밖에 해당 해외인수·합병등과 관련하여 의문이 있는 사항 등에 대하여 사전 검토를 신청할 수 있다.

국가핵심기술을 보유한 대상기관이 제1항에 따른 승인을 얻지 아니하거나 거짓이나 그 밖의 부정한 방법으로 승인을 얻어 해외인수·합병등을 진행한 경우 또는 제5항 및 제6항에 따른 신고를 하지 아니하거나 거짓이나 그 밖의 부정한 방법으로 신고를 하고서 해외인수·합병등을 한 경우에는 정보수사기관의 장에게 조사를 의뢰하고, 조사결과를 위원회에 보고한 후 위원회의 심의를 거쳐 해당 해외인수·합병등에 대하여 중지·금지 등 필요한 조치를 명할 수 있다(동조 제9항).

하이디스 사건

1983년 현대그룹은 현대전자산업을 설립하였고, 이후 현대그룹이 분해되고 반도체 시장에 불황이 겹치면서 2001년에 채권단은 반도체 부문인 하이닉스반도체와 LCD 디스플레이 부문인 하이디스로 분사하였다. 하이닉스는 오랜 채권단 체제를 거치면서 존속하였으나, 채권단은 외자 유치를 위해 하이디스를 중국 BOE그룹에 매각하였다. BOE는 하이디스가 보유한 핵심기술 200건을 포함해 총 4331건의 LCD 디스플레이 기술을 중국으로 유출하였다. 기술을 확보한 BOE는 2006년 하이디스를 부도 처리하였다. 2017년 기준 세계 대형 TFT-LCD 시장에서 BOE의 점유율은 21.7%를 기록하고, 출하량 기준으로 세계 1위가 되면서 10년 만에 LCD 분야에서 한국을 추격하였다.

쌍용자동차 사건

2004년 중국 최대 자동차 기업인 상하이자동차는 국내 쌍용자동차 지분을 인수하여 자회사로 만들었다. 그런데 2007년 국가 R&D 지원을 받아 개발하던 하이브리드 자동차 중앙통제장치와 디젤엔진 변속기 등의 핵심기술이 상하이자동차로 유출되었다는 의혹이 쌍용자동차 노조에 의해 제기되었다. 2007년 4월부터 시행된 산업기술보호법에 따라 해당 기술은 국가핵심기술로 지정되어 있었다. 동 사안에서 회사 대주주인 상하이자동차와의 라이선스 계약을 놓고 노조는 기술유출을 주장한 반면, 경영진은 합법적인 기술이전이라고 주장하였다. 그러나 검찰은 산업기술보호법이 아닌 쌍용자동차 연구소 하이브리드 자동차 개발 담당 센터장과 연구원을 영업비밀보호법 위반과 배임죄 혐의로 기소하였다.

이에 대해 법원은 해당 기술인 중앙통제장치 소스코드는 국책사업 이전부터 독일 FEV와 기술용역계약으로 개발한 것으로 정부출연금이 사용되었다고 보지 않았다. 또한 하이브리드 자동차 회로도는 이미 공개된 기술을 바탕으로 한 것으로 영업비밀에 해당하지 않는다고 하여 무죄 판결로 종결하였다(서울중앙지방법원 2012. 3. 6. 선고 2009고단 6996 판결).

☞ 위 두 사건은 산업기술보호법이 제정되기 이전에 발생한 M&A 관련 사건이라는 점에서 법률 적용의 한계가 있었다. 만약 이 사건의 대상기술들이 영업비밀이 아닌 산업기술 또는 국가핵심기술로 지정되고 산업기술보호법의 적용을 받았더라면 그 결과는 다르게 나왔을 것이다. 두 사건은 산업기술보호법을 제정하게 된 직접적인 동기가 된 사례이기도 하다.

06. 산업기술 유출규제

산업기술 유출 및 침해행위 금지

산업기술보호법은 산업기술의 유출 및 침해행위를 금지하면서 그 행위 유형

을 모두 10가지로 규정하고 있다.[52)]

1) 부정한 방법으로 산업기술을 취득·사용·공개하는 행위

첫 번째 유형은 "절취 · 기망 · 협박 그 밖의 부정한 방법으로 대상기관의 산업기술을 취득하는 행위 또는 그 취득한 산업기술을 사용하거나 공개(비밀을 유지하면서 특정인에게 알리는 것 포함)하는 행위"(법 제14조 1호)이다. 이 유형은 부

52) 산업기술보호법 제14조(산업기술의 유출 및 침해행위 금지) 누구든지 다음 각 호의 어느 하나에 해당하는 행위를 하여서는 아니 된다.

1. 절취 · 기망 · 협박 그 밖의 부정한 방법으로 대상기관의 산업기술을 취득하는 행위 또는 그 취득한 산업기술을 사용하거나 공개(비밀을 유지하면서 특정인에게 알리는 것을 포함한다. 이하 같다)하는 행위
2. 제34조의 규정 또는 대상기관과의 계약 등에 따라 산업기술에 대한 비밀유지의무가 있는 자가 부정한 이익을 얻거나 그 대상기관에게 손해를 가할 목적으로 유출하거나 그 유출한 산업기술을 사용 또는 공개하거나 제3자가 사용하게 하는 행위
3. 제1호 또는 제2호의 규정에 해당하는 행위가 개입된 사실을 알고 그 산업기술을 취득 · 사용 및 공개하거나 산업기술을 취득한 후에 그 산업기술에 대하여 제1호 또는 제2호의 규정에 해당하는 행위가 개입된 사실을 알고 그 산업기술을 사용하거나 공개하는 행위
4. 제1호 또는 제2호의 규정에 해당하는 행위가 개입된 사실을 중대한 과실로 알지 못하고 그 산업기술을 취득 · 사용 및 공개하거나 산업기술을 취득한 후에 그 산업기술에 대하여 제1호 또는 제2호의 규정에 해당하는 행위가 개입된 사실을 중대한 과실로 알지 못하고 그 산업기술을 사용하거나 공개하는 행위
5. 제11조제1항의 규정에 따른 승인을 얻지 아니하거나 부정한 방법으로 승인을 얻어 국가핵심기술을 수출하는 행위
6. 국가핵심기술을 외국에서 사용하거나 사용되게 할 목적으로 제11조의2제1항에 따른 승인을 받지 아니하거나 거짓이나 그 밖의 부정한 방법으로 승인을 받아 해외인수 · 합병등을 하는 행위

6의2. 국가핵심기술을 외국에서 사용하거나 사용되게 할 목적으로 제11조의2제5항 및 제6항에 따른 신고를 하지 아니하거나 거짓이나 그 밖의 부정한 방법으로 신고를 하고서 해외인수 · 합병등을 하는 행위

6의3. 제34조 또는 대상기관과의 계약 등에 따라 산업기술에 대한 비밀유지의무가 있는 자가 산업기술에 대한 보유 또는 사용 권한이 소멸됨에 따라 대상기관으로부터 산업기술에 관한 문서, 도화(圖畵), 전자기록 등 특수매체기록의 반환이나 산업기술의 삭제를 요구받고도 부정한 이익을 얻거나 그 대상기관에 손해를 가할 목적으로 이를 거부 또는 기피하거나 그 사본을 보유하는 행위

7. 제11조제5항 · 제7항 및 제11조의2제7항 · 제9항에 따른 산업통상자원부장관의 명령을 이행하지 아니하는 행위
8. 산업기술 관련 소송 등 대통령령으로 정하는 적법한 경로를 통하여 산업기술이 포함된 정보를 제공받은 자가 정보를 제공받은 목적 외의 다른 용도로 그 정보를 사용하거나 공개하는 행위

정한 방법, 즉 절취 · 기망 · 협박 등의 방법으로 산업기술을 취득, 사용, 공개하는 행위를 말한다. 앞서 설명한 바와 같이, 산업기술은 특허 또는 영업비밀 형태로 존재할 수 있는데, 이 경우에는 영업비밀로 존재하는 산업기술을 대상으로 하고 있다. 부정경쟁방지법에서 영업비밀에 대한 침해행위를 금지하고 있는데, 그 행위 유형과 유사하다. 그렇다면 양 법률 간의 관계를 어떻게 보아야 할지가 문제된다. 산업기술보호법은 산업기술과 국가핵심기술을 특별히 대상으로 하고 있다는 점에서 영업비밀보호법에 대하여 '특별법적 지위'를 가진다. 따라서 산업기술에 대한 침해행위에 대해서는 산업기술보호법이 우선 적용된다고 할 수 있다.

그리고 이 법은 부정경쟁방지법상 영업비밀이 되기 위해 요구되는 비공지성과 비밀관리성 요건을 반드시 요구하지 않는다는 점에서 차이가 있다. 즉 관계 중앙행정기관의 장이 지정·고시한 산업기술을 부정한 방법으로 해당 산업기술을 취득하기만 하면 처벌을 받을 수 있으므로 부정경쟁방지법보다 완화된 기준을 규정하고 있다. 그런데 금지되는 유출행위에는 부정한 방법으로 '공개'하는 행위나 비밀유지의무자의 행위 등을 포함하고 있어서 산업기술 중에는 공공연하게 알려져 있지 않는 소위 '비공지성'의 산업기술을 대상으로 하고 있음을 알 수 있다. 그러나 이 법은 부정경쟁방지법상 '비밀관리 노력'을 요구하지 않으므로 비공개된 기술자료를 부정한 방법으로 취득, 사용, 공개하게 되면 처벌할 수 있다는 점에서 부정경쟁방지법과 다르다고 할 수 있다.

제14조 1호는 부정한 방법에 의한 산업기술 취득 또는 사용·공개행위를 침해행위로 규정하고 있으므로 산업기술을 부정한 수단으로 취득한 뒤 사용하지 않더라도 취득행위만으로도 위반행위가 된다.

2) 비밀유지의무자의 침해행위

두 번째 유형은 "제34조의 규정 또는 대상기관과의 계약 등에 따라 산업기술에 대한 비밀유지의무가 있는 자가 부정한 이익을 얻거나 그 대상기관에게 손해가 발생할 것을 알면서도 유출하거나 그 유출한 산업기술을 사용 또는 공개

하거나 제3자가 사용하게 하는 행위"이다(법 제14조 2호)

동법 제34조에서는 대상기관의 임 · 직원이나 국가핵심기술을 다루는 실무자, 분쟁조정업무를 수행하는 자 등의 비밀유지의무를 부여하고 있다. 또한, 대상기관과의 기술양도, 라이선싱 등과 같은 계약을 체결하면서 자연스럽게 해당 산업기술에 대한 비밀유지의무를 부여받은 자도 동 행위의 대상이 될 수 있다. 이러한 비밀유지 의무가 있는 자가 재직 중 또는 퇴직 후, 그리고 계약 중 또는 계약 종료 후에 '부정한 이익을 얻거나' 또는 '그 대상기관에게 손해가 발생할 것을 알면서도' 산업기술을 사용 또는 공개하거나 제3자가 사용하는 경우에는 침해행위가 성립된다.

2023.1.3. 동 조항을 개정하여 '목적범'을 '고의범'으로 변경하였다. 기존에는 비밀유지의무자의 범죄가 성립하기 위해서는 '부정한 이익을 얻거나 그 대상기관에게 손해를 가할 목적'이 있어야 하는데, 이를 입증하기가 까다로워 그간 처벌이 어려웠다. 동 개정을 통해서 부정한 이익을 얻거나 그 대상기관에게 손해가 발생하는 것을 알면서 유출하는 등의 행위를 한 경우에도 처벌되도록 하여 그 실효성을 높였다.

3) 부정취득등을 알고 산업기술을 취득등을 하는 행위

세 번째 유형은 "제1호 또는 제2호의 규정에 해당하는 행위가 개입된 사실을 알고 그 산업기술을 취득 · 사용 · 공개하거나 산업기술을 취득한 후에 그 산업기술에 대하여 제1호 또는 제2호의 규정에 해당하는 행위가 개입된 사실을 알고 그 산업기술을 사용하거나 공개하는 행위"이다(법 제14조 3호).

이 행위는 선의 취득과 관련된 것이다. 산업기술을 부정한 방법으로 취득한 자로부터 해당 기술을 정당한 거래의 방법으로 취득한 선의의 제3자, 즉 산업기술이 부정한 방법으로 취득되었다는 것을 모르는 자에게는 산업기술 침해의 책임을 묻지 않는다. 그러나 부정하게 취득된 사실을 알고 해당 산업기술을 취득하는 경우, 또는 산업기술을 먼저 취득한 이후에 해당 기술이 부정하게 취득되었다는 사실을 알고 그 기술을 계속 사용하거나 공개하는 행위는 침해가 될 수 있다.

4) 중과실로 산업기술을 취득등 하는 행위

네 번째 유형은 "제1호 또는 제2호의 규정에 해당하는 행위가 개입된 사실을 중대한 과실로 알지 못하고 그 산업기술을 취득·사용 및 공개하거나, 산업기술을 취득한 후에 그 산업기술에 대하여 제1호 또는 제2호의 규정에 해당하는 행위가 개입된 사실을 중대한 과실로 알지 못하고 그 산업기술을 사용하거나 공개하는 행위"이다(법 제14조 4호).

이 행위는 앞서 설명한 세 번째 유형과 같은 맥락에서 이해할 수 있다. 앞선 행위는 산업기술을 부정한 방법으로 취득하였다는 것을 아는 자의 행위라면, 여기는 부정취득 사실을 중대한 과실로 알지 못하고 취득, 사용, 공개하는 행위를 대상으로 한다. 여기서 '중대한 과실'이란 거래상 요구되는 주의의무를 현저하게 태만하여 부정취득행위의 사실을 알지 못하는 것을 말한다. 예들 들면, 거래 관계에서 잘 알지 못하는 사람으로부터 대상기관의 산업기술 자료를 통상의 수준보다 현저히 낮은 가격으로 매매 제안이 있는 경우에, 매수자가 이상한 점에 대해 아무런 확인을 하지 않고 해당 기술을 취득하였다면 중과실이 있다고 볼 수 있다. 즉 매수자가 조금만 주의를 기울였다면 산업기술이 부정한 방법으로 취득되었다는 사실을 알 수 있었다면 중대한 과실이 있다고 볼 수 있다.

5) 부정 승인 후 국가핵심기술의 수출 또는 부정 승인·신고 후 대상기관의 해외인수·합병 행위

다섯 번째부터 일곱 번째 유형은 국가핵심기술을 부정한 방법으로 승인받은 뒤 수출하거나, 부정한 방법으로 승인을 받거나 허위신고 후 대상기관을 해외인수·합병하는 행위이다.

구체적으로 ① '제11조제1항의 규정에 따른 승인을 얻지 아니하거나 부정한 방법으로 승인을 얻어 국가핵심기술을 수출하는 행위'(법 제14조 5호), ② '국가핵심기술을 외국에서 사용하거나 외국에서 사용될 것임을 알면서도 제11조의2제1항에 따른 승인을 받지 아니하거나 거짓이나 그 밖의 부정한 방법으로 승인을 받아 해외인수 · 합병등을 하는 행위'(법 제14조 6호), ③ '국가핵심기술을 외국에서 사용하거나 외국에서 사용될 것임을 알면서도 제11조의2제5항 및 제6항에 따른 신고를 하지 아니하거나 거짓이나 그 밖의 부정한 방법으로 신고를 하고서 해외인수 · 합병등을 하는 행위'(법 제14조 6호의2)이다. 앞서 제2호와 같이, 제6호 및 제6호의2도 2023.1. 개정을 통해서 목적범을 고의범으로 변경하였다.

주의할 것은 형사처벌 대상은 국가핵심기술의 수출승인을 제대로 하지 않은 경우이고 신고사항은 제외된다. 왜냐하면 국가핵심기술을 수출하면서 신고를 하지 않거나 거짓으로 신고한 경우에는 해당 수출을 중지하거나 금지하는 등의 조치를 통해서 치유할 수 있기 때문이다. 한편 해외 인수 · 합병과 관련해서는 제대로 된 승인 및 신고를 하지 않은 경우 모두 처벌대상이 된다.

6) 사용권한 소멸 후 산업기술 관련 자료의 반환 및 삭제 요구 거부행위

여덟 번째 행위는 "제34조 또는 대상기관과의 계약 등에 따라 산업기술에 대한 비밀유지의무가 있는 자가 산업기술에 대한 보유 또는 사용 권한이 소멸됨에 따라 대상기관으로부터 산업기술에 관한 문서, 도화(圖畵), 전자기록 등 특수매체기록의 반환이나 산업기술의 삭제를 요구받고도 부정한 이익을 얻거나 그 대상기관에 손해를 가할 목적으로 이를 거부 또는 기피하거나 그 사본을 보유하는 행위"이다(법 제14조 제6호의3). 이 행위는 주로 퇴사를 앞둔 임직원에 의해 이루어진다. 대상기관의 임직원이 재직 중에 산업기술을 취급하는 업무를 한 경우에는 일정한 비밀유지의무가 발생하며, 회사는 퇴직을 앞둔 자에게 산업기술과 관련된 일체의 자료를 반환하거나 자택이나 제3의 장소에 보관 중인 자료를 삭제할 것을 요구하게 된다. 그런데 이러한 요구를 받고도 부정한 이익을 얻거나 그 대상기관에 손해를 가할 목적으로 이를 거부 또는 기피하거나 그 사본을 보유하게 하면 동법상 침해행위가 된다.

7) 수출중지·금지 등 명령 불이행 행위

아홉 번째 행위는 "제11조제5항 · 제7항 및 제11조의2제7항 · 제9항에 따른 산업통상자원부장관의 명령을 이행하지 아니하는 행위"이다(법 제14조 7호). 이 법 제11조 제5항의 예를 들면, 산업통상자원부장관은 신고대상인 국가핵심기술의 수출이 국가안보에 심각한 영향을 줄 수 있다고 판단하는 경우에는 관계중앙행정기관의 장과 협의한 후 위원회의 심의를 거쳐 국가핵심기술의 수출중지 · 수출금지 · 원상회복 등의 조치를 명할 수 있다. 대상기관이 이러한 명령을 받고도 이행하지 않는 경우 금지행위를 위반하는 것이다.

8) 적법한 경로로 취득한 산업기술 정보의 목적 외 사용행위

열 번째 행위는 "산업기술 관련 소송 등 대통령령으로 정하는 적법한 경로를 통하여 산업기술이 포함된 정보를 제공받은 자가 정보를 제공받은 목적 외의 다른 용도로 그 정보를 사용하거나 공개하는 행위"이다(법 제14조 8호). 이 행위의 예를 들면, 산업기술 관련 특허 소송이나 산업기술의 유출 및 침해에 관한 소송을 수행하는 변호인, 법무법인의 직원 등이 대상기관으로부터 제공받은 관련 기술자료 정보를 그 소송 목적 외의 다른 용도로 사용하거나 제3자에게 공개하는 행위가 포함될 수 있다. 또한, 이 규정은 국가핵심기술 관련 정보가 공공기관에 대한 정보공개청구 제도를 통해 공개되어 유출됨으로써 발생할 수 있는 국가적인 피해를 방지하기 위한 목적도 있다.[53]

53) 정보공개법 제9조 제1항에서 비공개가 가능한 구체적인 경우를 8가지로 제시하고 있는데, 여기에는 '다른 법률 또는 법률에서 위임한 명령(국회규칙·대법원규칙·헌법재판소규칙·중앙선거관리위원회규칙·대통령령 및 조례로 한정한다)에 따라 비밀이나 비공개 사항으로 규정된 정보(제1호)', '국가안전보장·국방·통일·외교관계 등에 관한 사항으로서 공개될 경우 국가의 중대한 이익을 현저히 해칠 우려가 있다고 인정되는 정보(제2호)' ... '법인·단체 또는 개인(이하 "법인등"이라 한다)의 경영상·영업상 비밀에 관한 사항으로서 공개될 경우 법인등의 정당한 이익을 현저히 해칠 우려가 있다고 인정되는 정보(단, 사업활동에 의하여 발생하는 위해(危害)로부터 사람의 생명·신체 또는 건강을 보호하기 위하여 공개할 필요가 있는 정보, 위법·부당한 사업활동으로부터 국민의 재산 또는 생활을 보호하기 위하여 공개할 필요가 있는 정보는 제외)(제7호) 등이 있다.

산업기술 침해신고 및 조사

국가핵심기술 및 국가연구개발사업으로 개발한 산업기술을 보유한 대상기관의 장은 산업기술의 유출 및 침해행위가 발생할 우려가 있거나 발생한 때에는 즉시 산업통상자원부장관 및 정보수사기관의 장에게 그 사실을 신고하여야 하고, 필요한 조사 및 조치를 요청할 수 있다(법 제15조 제1항).

2019년 개정 법률에서 침해행위에 대한 신고 시 필요한 조치와 함께 "조사"를 요청할 수 있도록 수정하였다. 따라서 산업기술 유출에 대해서 산업통상자원부 및 정보수사기관은 신고에 따른 사실조사 등을 할 수 있게 되었다. 실제 중소기업의 경우에는 기술유출 시 적절한 대응을 하지 못하는 경우가 대부분이며, 특히 침해사실을 입증하지 못하여 기술이 유출되어도 구제를 받지 못하는 경우가 많다. 따라서 행정기관의 조사를 통하여 유출 및 침해사실에 대한 입증이 용이해져 권리 구제에 도움이 될 것으로 평가된다.

수사기관을 제외한 산업통상자원부와 국가정보원 등 정보기관이 동 법률에 따라 행하게 되는 조사는 행정조사의 성격을 가진다. 다만 동 조사가 실효성을 갖기 위해서는 산업기술 유출 및 침해행위에 대한 구체적인 조사 절차와 기준(예, 조사공무원의 증표, 조사범위 및 방법 등)이 요구되며, 이를 시행령에 마련할 필요가 있다.

산업기술 침해행위에 대한 금지청구권 등

법 제14조의2 제1항에서 "대상기관은 산업기술 침해행위를 하거나 하려는 자에 대하여 그 행위에 의하여 영업상의 이익이 침해되거나 침해될 우려가 있는 경우에는 법원에 그 행위의 금지 또는 예방을 청구할 수 있다."고 규정하고 있다. 2011년 개정으로 신설된 것으로 산업기술 침해행위에 대한 예방적 조치를 새롭게 둠으로서 규제의 실효성을 높이고자 한 것이다. 그간 동 법률은 산업기술 유출경로의 다수를 차지하는 전직 직원 등에 의한 유출에 관하여 침묵하고 있었다.[54] 이 청구권은 사업자간 청구권으로서 민사적 구제수단이며, 행정

법적 성격이 강한 동법에 두는 것이 다소 어색할 수 있으나 산업기술 보호에 실효성을 제고할 수 있다는 점에서 긍정적으로 평가받고 있다.

동조 제2항은 대상기관이 제1항에 따른 청구를 할 때에는 침해행위를 조성한 물건의 폐기, 침해행위에 제공된 설비의 제거, 그 밖에 침해행위의 금지 또는 예방을 위하여 필요한 조치를 함께 청구할 수 있도록 규정하고 있다. 또한, 제1항에 따라 산업기술 침해행위의 금지 또는 예방을 청구할 수 있는 권리는 산업기술 침해행위가 계속되는 경우에 대상기관이 그 침해행위에 의하여 영업상의 이익이 침해되거나 침해될 우려가 있다는 사실 및 침해행위자를 안 날부터 3년간 행사하지 아니하면 시효의 완성으로 소멸한다(동조 제3항). 그 침해행위가 시작된 날부터 10년이 지난 때에도 또한 같다.

산업기술분쟁조정위원회 및 산업기술보호협회

산업기술의 유출에 대한 분쟁을 신속하게 조정하기 위하여 산업통상자원부장관 소속하에 산업기술분쟁조정위원회를 설치하도록 하였다(법 제23조).

대상기관은 산업기술의 유출방지 및 보호에 관한 시책을 효율적으로 추진하기 위하여 산업통상자원부장관의 인가를 받아 산업기술보호협회를 설립하여, 산업기술보호를 위한 지원, 정책의 개발 및 협력, 교육, 연구, 실태조사 등의 업무를 하고 있다.

비밀유지의무 등

산업기술을 보유한 기업·연구기관·전문기관·대학 등의 임직원 및 이 법에 따른 지정·사전검토·조사접수·상담·연구개발 및 분쟁조정 등의 업무를 수행하는 자에 대한 비밀유지의무를 명시하고, 이를 위반한 자에 대하여 5년 이하의 징역이나 10년 이하의 자격정지 또는 5천만원 이하의 벌금에 처하도록 하고 있다(법 제34조 및, 제36조 제5항).

---

54) 국가정보원의 산업기술 유출에 대한 2004년 이후 유형별 통계분석 자료에 의하면, 침해주체별 유형으로는 전직직원(114건, 56.2%), 현직직원(50건, 24.6%), 협력업체(23건, 11.3%), 투자업체(3건, 1.3%), 기타(23건, 11.3%)로 조사되어 전직직원과 현직직원의 공모관계에 의한 기술유출이 대다수를 차지하고 있음을 알 수 있다.

07. 산업기술 유출·침해에 대한 구제

손해배상

산업기술의 유출 및 침해행위를 함으로써 대상기관에 손해를 입힌 자는 그 손해를 배상할 책임을 진다(법 제22조의2 제1항). 또한, 2019년 개정에 따라 산업기술 침해행위가 고의적인 것으로 인정되는 경우 법원이 손해로 인정되는 금액의 3배의 범위에서 배상액을 정할 수 있도록 하는 징벌적 손해배상제도가 도입되었다(법 제22조의2 제2항).

벌칙

원칙적으로 산업기술을 부정한 방법으로 유출한 자에 대하여 해외유출의 경우 15년 이하의 징역 또는 15억원 이하의 벌금에 처하며, 국내유출의 경우에는 10년 이하의 징역 또는 10억원 이하의 벌금에 처하되, 징역형과 벌금형을 병과할 수 있으며, 미수범과 예비·음모한 자의 경우에도 처벌할 수 있다(법 제36조, 제37조). 주의할 것은 법 제14조 제2호 및 제6호의2는 2023년 개정으로 목적범을 고의범으로 변경하였으나, 제36조 제1항 및 제2항에서 국가핵심기술 및 산업기술의 "해외유출"에 한해서는 외국에서 사용하거나 사용되게 할 "목적"을 처벌요건으로 규정하고 있다.

특히 법 제36조 제1항에서 "국가핵심기술을 외국에서 사용하거나 사용되게 할 목적으로 제14조 제1호부터 제3호까지의 어느 하나에 해당하는 행위를 한 자는 3년 이상의 유기징역에 처한다. 이 경우 15억원 이하의 벌금을 병과한다." 라고 규정하고 있다. 즉 제14조 제1호부터 제3호에 해당하는 행위로 '국가핵심기술'을 '해외'로 유출하는 경우에는 3년 이상의 유기징역, 즉 형량의 하한선을 정하는 방식으로 강력하게 처벌하고 있다.

제14조 행위 중 제4호·제6호·제6호의2 및 제8호를 제외하고 "국내로" 유출 또는 침해하는 행위에 대해서는 10년 이하의 징역 또는 10억원 이하의 벌금에 처하고 있다(법 제36조 3항). 따라서 중과실에 의한 침해(4호)나 부정한 승인·신

고로 대상기관을 해외 인수합병등을 하는 행위(6호, 6호의2), 그리고 적법한 경로로 취득한 산업기술 정보의 목적 외 사용행위(8호)에 관해서는 동 조항이 적용되지 않지만 제1항 및 제2항의 적용은 받게 된다.

제14조 제4호(중과실에 의한 침해행위) 및 제8호(적법한 경로로 취득한 산업기술 정보의 목적 외 사용행위)의 해당하는 행위를 한 자는 3년 이하의 징역 또는 3억원 이하의 벌금에 처한다(법 제36조 4항). 그리고 비밀유지의무를 규정한 제34조의 규정을 위반하여 비밀을 누설하거나 도용한 자는 5년 이하의 징역이나 10년 이하의 자격정지 또는 5천만원 이하의 벌금에 처하도록 규정하고 있다.

<산업기술의 침해와 처벌>

구분(제14조)	위반행위	처벌(제36조)
부정한 방법 침해(1호)	절취·기망·협박 등 부정한 방법의 취득·사용·공개 행위	[국가핵심기술의 해외유출](제1호~제3호) 3년 이상의 유기징역과 15억원 이하의 벌금 병과 [해외유출] 15년 이하의 징역 또는 15억원 이하의 벌금(제4호 제외) [국내유출] 10년 이하의 징역 또는 10억원 이하의 벌금(제4호, 제6호, 제6호의2, 제8호 제외) 범죄행위로 얻은 재산 몰수 또는 추징, 징역과 벌금 병과 가능
비밀유지의무 위반(2호)	비밀유지의무자의 부정한 방법에 의한 유출·사용·공개 행위	
취득자의 침해행위(3호)	제1호 또는 제2호의 부정한 행위를 알고 취득·사용·공개 행위	
국가핵심기술의 승인 없이 또는 부정한 승인으로 수출(5호)	정부지원 국가핵심기술의 수출승인 없이 또는 부정한 승인으로 기술을 수출한 행위	
부정한 승인·신고로 대상기관을 해외 인수합병 등을 하는 행위 (6호, 6호의2)	국가핵심기술을 외국에서 사용되게 할 목적으로 법에 따른 승인을 받지 않거나 신고하지 아니하거나 거짓 등의 방법으로 승인·신고하여 해외인수·합병 등하는 행위	
사용·보유 권한 소멸 후 삭제 또는 반환 요구를 받고도 이를 거부하는 행위(6호의3)	비밀유지의무가 있는 자가 산업기술에 대한 보유 또는 사용 권한이 소멸됨에 따라 대상기관으로부터 산업기술에 관한 문서, 도화(圖畵), 전자기록 등 특수매체기록의 반환이나 산업기술의 삭제를 요구받고도 부정한 이익을 얻거나 그 대상기관에 손해를 가할 목적으로 이를 거부 또는 기피하거나 그 사본을 보유하는 행위	
수출중지·금지 등 명령 불이행 행위(6호의7)	제11조제5항·제7항 및 제11조의2제7항·제9항에 따른 산업통상자원부장관의 명령을 이행하지 아니하는 행위	

적법한 경로로 취득한 산업기술 정보의 목적 외 사용행위(8호)	산업기술 관련 소송 등 적법한 경로를 통하여 정보를 제공받은 자가 정보를 제공받은 목적 외의 다른 용도로 그 정보를 사용하거나 공개하는 행위	
중과실에 의한 침해행위(4호)	·제1호·제2호의 부정행위를 중대한 과실로 알지 못하고 취득·사용·공개 행위 ·선의취득 후에 제1호·제2호의 부정행위를 중대한 과실로 알지 못하고 사용·공개하는 행위	3년 이하의 징역 또는 3억원 이하의 벌금

다음 어느 하나에 해당하는 자는 1천만원 이하의 과태료에 처한다(법제39조).

① 제10조제3항을 위반하여 국가핵심기술의 보호조치를 거부·방해 또는 기피하는 자

② 제15조제1항의 규정에 따른 산업기술 침해신고를 하지 아니한 자

③ 제17조에 따른 산업기술보호 실태조사를 위한 자료요청에 특별한 사유 없이 응하지 않거나 허위로 자료를 제출한 자

Discussion

주제 **EUREKA와 산업기술보호법의 관계**

설명 현재 유럽에는 46개 유럽 정회원국으로 구성된 "유레카(EUREKA)"라는 범 유럽 R&D 네트워크가 있다. 유레카 네트워크는 1985년 유럽 18개국이 미국에 대응해 중소기업 중심의 시장지향적 산업기술 개발 공동체 조성을 목표로 설립되었다. 우리나라는 2009년 유레카 준회원국으로 가입하고, 2018년부터는 파트너국으로 활동하였으며, 2022년 비유럽권 국가로는 처음으로 정회원국이 되었다. 과거 의장국(독일)이 우리나라 산업기술보호법상 국가핵심기술에 해당하는 경우 해외 매각, 이전 등에 대해 산업기술보호위원회의 심사와 지식경제부(現 산업통상자원부) 장관의 승인을 받도록 하는 것은 EUREKA의 자유로운 공동기술 개발정신과 배치될 수 있다는 우려를 제기한 바 있었다. 그러나 우리나라는 지난해까지 총 200과제를 지원하고, 유럽의 첨단기술 보유 기업·연구소와 공동 연구를 희망하는 국내 기업에 기술협력 동반자를 연결해주는 '코리아 유레카데이'를 개최하는 등 활발한 기술협력 활동을 전개하고 있다. 유레카 정회원국 승격으로 유레카 내 정책 결정의 의결권을 확보하고, 신규 프로그램 승인 권한을 가지게 되어 공급망 선

점 경쟁, 탄소중립과 디지털 전환 등 글로벌 당면과제에 기술협력을 주도할 수 있다는 평가를 받는다.

Explanation

이 사안의 핵심은 국가핵심기술을 보유한 대상기업이 국내법에 따라 설립한 외국기업 또는 외국기업의 국내지사(Branch)에 국가핵심기술을 이전하는 것이 산업기술보호법 제11조에 따른 국가핵심기술의 '수출'에 해당하는지 여부이다. 동법 제11조제1항에서 국가로부터 연구개발비를 지원받아 개발한 국가핵심기술을 보유한 대상기관이 해당 국가핵심기술을 '외국기업 등'에 매각 또는 이전 등의 방법으로 수출하고자 하는 경우에는 산업통상자원부장관의 승인을 얻어야 한다고 규정하고 있다.

동법은 '수출'에 대한 명확한 정의 규정이 없으므로 '수출'의 일반적인 정의에 따라 국경을 넘어 기술이 이전되는 것을 전제로 해석하는 것이 일반적이다. 그간 수출통제는 월경(越境) 개념을 기준으로 적용해왔다. 따라서 국가핵심기술을 국내에 소재한 외국기업으로 기술을 양도하는 것은 동법의 대상이 되지 않는다고 볼 수 있다. 한편 국내 소재 외국법인이라도 해외 본사의 지배를 받고 있는 경우라면 수출통제를 받을 수 있다는 견해도 있다. 그러나 동법 제11조를 위반할 경우 형사처벌로 이어지기 때문에 현행 규정을 확대하여 해석하는 것에는 한계가 있다.

한편 사안에서 국내에 소재한 B사는 동법 제11조제1항의 '외국기업 등'에 해당하는지 여부도 문제된다. 동조는 '외국기업 등'에 대한 정의가 없다. 일반적으로 국내기업이라 함은 우리나라 상법에 따라 설립된 법인을 말하므로 B사와 같이 중국에 본사를 둔 기업이라고 하더라도 국내법인으로 보게 된다. 따라서 이 기준에 따르면 국가핵심기술을 국내에 소재한 B사로 이전하는 것은 '수출'에 해당하지 않게 된다. 다만, 외국기업 본사 직원이 한국에 출장을 와서 대상기관의 국가핵심기술을 양수받는 경우에는 한국에서 일어난 외국기업의 유출이라고 볼 수 있다.

이상과 같이 국가핵심기술을 국내에 소재하는 외국기업으로 이전하는 경우에 관한 법 해석이 전문가에 따라 다르므로 이를 명확히 규제하기 위해서는 '수출 개념'의 재정립하고 적용 범위를 확대하는 입법적 해결이 요구된다.

그 밖의 지식재산권 및 국제적 보호

Chapter 19 반도체배치설계·식물신품종·콘텐츠 보호

A사는 콘텐츠제작자로서 만화 저작권자 C와 저작물 사용계약을 체결하고 해당 만화를 바탕으로 만화 온라인디지털콘텐츠를 제작하여 자사의 인터넷사이트(www.comicplus.com)를 통하여 유료로 이용자에게 제공하였다. A사는 위 온라인콘텐츠에 'www.comicplus.com'이라는 회사 URL을 표시하여 자사가 이 인터넷사이트 운영자임을 명시하고, 이 사건 만화가 서적으로 출판된 출판일을 표시하였다. 그러나 A사는 이 사건 만화 온라인콘텐츠의 제작 및 표시 연월일을 표시하지 않았다. 한편, 콘텐츠사업을 하고 있는 B는 A사가 상당한 노력으로 제작한 이 사건 만화 온라인콘텐츠를 무단으로 복제하여 전송하였다. 이에 A사는 이러한 복제 및 전송행위를 「콘텐츠산업 진흥법」 제37조 제1항을 위반한 것으로 형사고발하였다. A사의 주장은 타당한가?

01. 반도체배치설계 보호

배치설계의 보호 필요성

반도체 배치설계란 반도체집적회로를 제조하기 위하여 여러 가지 회로소자 및 그들을 연결하는 도선을 평면적 또는 입체적으로 배치한 설계를 말한다(반도체배치설계법 제2조 제1호). 이 배치설계는 적게는 수만 개 이상의 전자부품들을 포함하고 있는 반도체 칩으로 불리는 반도체집적회로(semiconductor integrated circuit: IC)의 제조공정에 필요한 설계도면이며, 고도의 기술과 많은 연구개발 비용이 소요된다. 1980년대 반도체집적회로를 무단으로 도용하는 사례가 증가하면서 배치설계에 대한 독자적 보호의 필요성이 대두되었다. 그러나 반도체집적회로는 특허의 대상이 되었지만 배치설계 자체는 특허발명의 대상이 되지 않았다. 또한, 이를 문학, 학술, 예술 작품 등을 보호대상으로 하는 저작권법으로 보호하는 것도 적절하지 않았다. 이에 우리 정부는 1992년 12월 8일 「반도체집적회로의 배치설계에 관한 법률」(이하, “반도체배치설계법”)을 제정하여 반도체집적회로 배치설계를 독립된 지식재산권으로 보호할 수 있는 법적 기반을 마련하였다.

<배치설계권의 설정등록 절차>

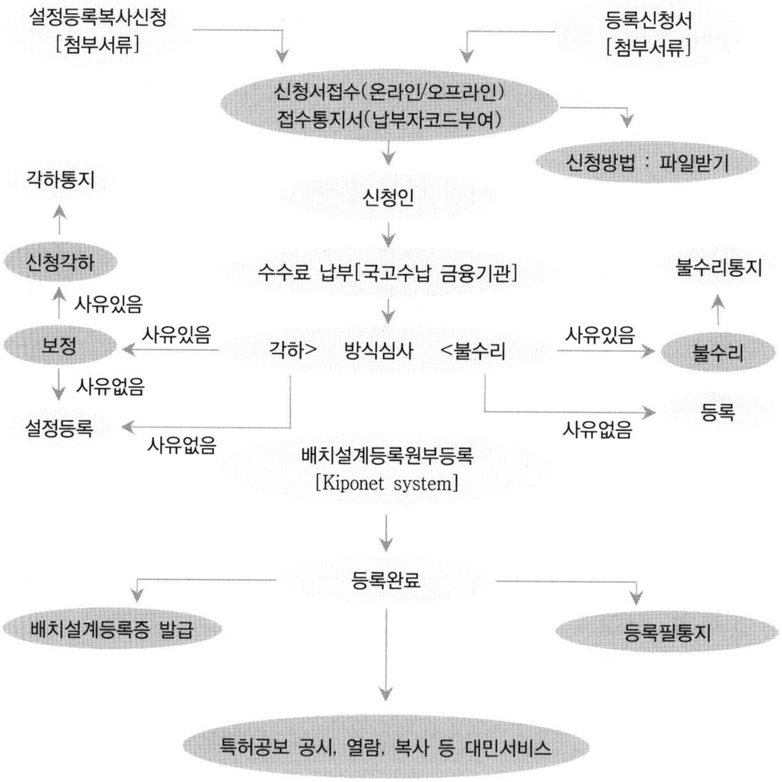

자료: 특허청 (http://www.kipo.go.kr)

배치설계권의 등록

배치설계권은 창작성이 있는 배치설계를 특허청장에게 설정등록함으로써 발생한다(반도체배치설계법 제6조). 여기서 “창작”이란 배치설계 제작자의 지적(知的) 노력의 결과로 통상적이 아닌 배치설계를 제작하는 행위를 말한다. 이 경우 통상적인 배치설계 요소의 조합으로 구성된 경우라도 전체적으로 볼 때 통상적이 아닌 배치설계를 제작하는 행위는 창작으로 본다(법 제2조 제3호).

설정등록의 신청은 배치설계의 창작자 또는 그 승계인이 영리를 목적으로 최초로 이용한 날, 즉 최초의 상업적 이용일로부터 2년 이내에 하여야 한다. 따라서 최초의 상업적 이용일로부터 2년 내에 등록신청을 하지 않으면 해당 배치설계는 누구든지 자유롭게 이용할 수 있게 된다. 배치설계를 등록하려는 자는 설정등록신청서와 배치설계파일 및 설명서 등을 특허청에 제출해야 한다.

배치설계권의 효력

배치설계권을 설정등록한 자 또는 그로부터 권리를 승계한 자는 설정등록된 배치설계에 관하여 영리목적으로 이용하는 권리를 독점한다(반도체배치설계법 제8조). 다만, 배치설계권자가 타인에게 그 배치설계를 독점으로 이용할 수 있는 권리(전용이용권)를 설정한 경우, 전용이용권자가 그 배치설계를 이용하는 권리를 독점하는 범위에서는 그러하지 아니하다. 배치설계권자는 다른 지식재산권과 동일하게 자신의 권리를 양도 또는 공유할 수 있으며, 질권의 목적으로 제공할 수 있다.

여기서 이용이란 ① 배치설계를 복제하는 행위, ② 배치설계에 따라 반도체집적회로를 제조하는 행위, ③ 배치설계에 따라 제조된 반도체집적회로 또는 반도체집적회로를 사용하여 제조된 물품을 양도·대여하거나 전시(양도·대여를 위한 경우로 한정) 또는 수입하는 행위를 말한다(반도체배치설계법 제2조 제4호).

그러나 다음과 같은 경우에는 배치설계권의 효력이 미치지 않는다(반도체배치설계법 제9조). ① 교육·연구·분석 또는 평가 등의 목적이나, 개인이 비영리적으로 사용하기 위한 배치설계의 복제 또는 그 복제의 대행, ② 역분석(reverse engineering)의 결과에 따라 제작된 창작성이 있는 배치설계, ③ 배치설계권자가 아닌 자가 제작한 것으로서 창작성이 있는 동일한 배치설계, ④ 적법한 반도체집적회로 등을 인도받은 자가 영리를 목적으로 양도·대여를 하거나 양도·대여를 위한 전시·수입하는 경우, ⑤ 불법으로 복제하여 제조된 반도체집적회로 등에 대하여 선의이며 과실없이 인도받은 자의 영리를 목적으로 한 양도·대여나 양도·대여를 위한 전시·수입하는 경우 등이다.

배치설계권이나 전용이용권을 침해한 자는 민·형사 책임을 진다[1]. 배치설계권의 중요성에도 불구하고 실제 배치설계권을 둘러싼 소송은 거의 발생하지 않고 있다.

존속기간

배치설계권의 존속기간은 설정등록일로부터 10년이다(반도체배치설계법 제7조 제1항). 배치설계권의 존속기간은 영리를 목적으로 그 배치설계를 최초로 이용한 날부터 10년 또는 그 배치설계의 창작일부터 15년을 초과할 수 없다(반도체배치설계법 제7조 제2항).

업무상 창작한 배치설계의 창작자

국가·법인·단체 및 그 밖의 사용자의 업무에 종사하는 자가 업무상 창작한 배치설계는 계약이나 근무규칙 등에 달리 정한 것이 없으면 그 법인 등을 그 배치설계의 창작자로 한다(반도체배치설계법 제5조). 이 규정은 저작권법상 업무상 저작물에 관한 것과 유사하다.

02. 식물신품종 보호

보호의 필요성

세계는 종자산업 선점을 위하여 경쟁적으로 식물 유전자원 수집과 보호에 나서고 있다. 우리나라는 특허법 시행 초기부터 식물발명을 특허법으로 보호하고 있다. 그러나 당시 특허법은 유성번식을 특허의 대상으로 하지 않았으며[2],

1) 제45조(침해죄 등) ① 배치설계권이나 전용이용권을 침해한 자는 3년 이하의 징역 또는 3천만원 이하의 벌금에 처하거나 이를 병과(併科)할 수 있다.

2) 2006년 10월 1일 개정 특허법은 "무성적으로 반복 생식할 수 있는 변종식물을 발명한 자는 그 발명에 대하여 특허를 받을 수 있다"라고 규정한 제31조를 삭제하여 유·무성 번식식물 여부에 관계없이 식물발명을 보호하게 되었다.

식물의 특성상 완전한 재현성을 만족하기 어려워 식물신품종을 보호하기에 충분하지 않았다. 이에 식물신품종육성자의 권리를 보호하기 위하여 1995년 12월 6일 「종자산업법」 을 제정하고, 종자은행을 설립하는 등 종자전쟁시대에 대비하고 있다.

그러나 2001년 독일 코르데스사 등 외국계 종묘회사와 장미, 국화, 심비디움(양란), 딸기 등 신품종에 대한 로열티 분쟁을 계기로 식물신품종에 대한 특허법에 의한 보호의 한계를 인식하고 특별법의 제정이 요구되었다. 이에 신품종에 대한 육성자의 권리를 보호하고 농림수산업의 발전을 도모하고자 2012년 6월 1일에 「식물신품종 보호법」 을 제정하였다. 식물신품종 보호를 위한 국제적 논의는 1961년 파리에서 채택된 UPOV(International Union for the Protection of New Variety of Plant)협약으로 발전하였고, 동 협약은 몇 차례 개정을 통하여 세계 각국의 국내법에 영향을 미쳤다.

품종보호의 대상

이 법에 따라 품종보호를 받을 수 있는 대상은 모든 식물이다(식물신품종 보호법 제3조). 여기서 "품종"이란 식물학에서 통용되는 최저분류 단위의 식물군으로서 이 법 제16조에 따른 품종보호 요건을 갖추었는지와 관계없이 유전적으로 나타나는 특성 중 한 가지 이상의 특성이 다른 식물군과 구별되고 변함없이 증식될 수 있는 것을 말한다(법 제2조 제2호).

품종보호의 요건

품종으로 보호받기 위해서는 품종은 ① 신규성, ② 구별성, ③ 균일성, ④ 안정성, ⑤ 품종명칭을 갖추어야 한다(법 제16조).

① **신규성**(novelty)

품종보호 출원일 이전(우선권을 주장하는 경우에는 최초의 품종보호 출원일 이전)에 대한민국에서는 1년 이상, 그 밖의 국가에서는 4년(과수(果樹) 및 임목(林木)인 경우에는 6년) 이상 해당 종자나 그 수확물이 이용을 목적으로 양도되지 아니한 경우에는 그 품종은 신규성을 갖춘 것으로 본다(법 제17조제1항). 특허권과 달리 품종권은 보호 출원 전에 1년 이상의 유예기간 동안 판매나 유통을 위하여 제공되지 않을 것을 요구하고 있는데 이는 신품종에 대한 시장의 반응을 조사할 기회를 주기 위한 것이다. 이러한 신규성은 일반 대중은 품종을 입수하지 않고 품종에 대한 정보만으로 해당 종을 재생산할 수 없다는 점에서 의미가 있다.

다음 각 호의 어느 하나에 해당하는 양도의 경우에는 제1항에도 불구하고 신규성을 갖춘 것으로 본다. ① 도용(盜用)한 품종의 종자나 그 수확물을 양도한 경우, ② 품종보호를 받을 수 있는 권리를 이전하기 위하여 해당 품종의 종자나 그 수확물을 양도한 경우, ③ 종자를 증식하기 위하여 해당 품종의 종자나 그 수확물을 양도하여 그 종자를 증식하게 한 후 그 종자나 수확물을 육성자가 다시 양도받은 경우, ④ 품종 평가를 위한 포장시험(圃場試驗), 품질검사 또는 소규모 가공시험을 하기 위하여 해당 품종의 종자나 그 수확물을 양도한 경우, ⑤ 생물자원의 보존을 위한 조사 또는 「종자산업법」 제15조에 따른 국가품종목록에 등재하기 위하여 해당 품종의 종자나 그 수확물을 양도한 경우, ⑥ 해당 품종의 품종명칭을 사용하지 아니하고 제3호부터 제5호까지의 어느 하나의 행위로 인하여 생산된 부산물이나 잉여물을 양도한 경우(법 제17조 제2항)

② **구별성**(distinctness)

품종보호 출원일 이전(우선권을 주장하는 경우에는 최초의 품종보호 출원일 이전)까지 일반인에게 알려져 있는 품종과 하나 이상의 중요한 특성에 있어서 명확하게 구별되는 품종은 구별성을 갖춘 것으로 본다(식물신품종 보호법 제18조 제1항). 구별성의 판단은 식물의 잎 모양, 줄기의 길이, 색상 등 외관적 특징뿐만 아니라 저항성, 병충해, 성숙기 등 특성도 고려한다. 여기서 일반인에게 알려져 있는 품종이란 유통되고 있는 품종, 보호품종, 품종목록에 등재되어 있는 품종, 농림수산식품부령으로 정하는 종자산업과 관련된 협회에 등록되어 있는 품종 등을 말한다(식물신품종 보호법 제18조 제2항). 다만, 품종보호를 받을 수 있는 권리를 가진 자의 의사에 반하여 일반인에게 알려져 있는 품종은 제외한다. 품종보호를 받기 위하여 출원하거나 품종목록에 등재하기 위하여 신청한 품종은 그 출원일이나 신청일부터 일반인에게 알려져 있는 품종으로 본다(식물신품종 보호법 제18조제3항).

③ **균일성**(uniformity)

품종의 본질적 특성이 그 품종의 번식방법상 예상되는 변이(變異)를 고려한 상태에서 충분히 균일한 경우에는 그 품종은 균일성을 갖춘 것으로 본다(식물신품종 보호법 제19조). 신품종은 유성 또는 무성 생식에 의한 번식에 있어서 그 특성이 균일하게 나타나야 한다. 이러한 균일성은 아래 설명하는 안정성과 함께 신품종의 농업생산에 있어서 가장 중요한 요소라고 할 수 있다.

④ **안정성**(stability)

품종의 본질적 특성이 반복적으로 증식된 후(1대 잡종 등과 같이 특정한 증식주기를 가지고 있는 경우에는 매 증식주기 종료 후를 말한다)에도 그 품종의 본질적 특성이 변하지 아니하는 경우에는 그 품종은 안정성을 갖춘 것으로 본다(식물신품종 보호법 제20조). 안정성은 신품종의 특성이 여러 세대를 거쳐 배양되어도 안정적으로 유지되는 것을 말한다.

⑤ **품종명칭**(denomination)

품종보호를 받기 위하여 출원하는 품종은 1개의 고유한 품종명칭을 가져야 한다(식물신품종 보호법 제106조 제1항). 대한민국이나 외국에 품종명칭이 등록되어 있거나 품종명칭 등록출원이 되어 있는 경우에는 그 품종명칭을 사용하여야 한다(식물신품종 보호법 제106조 제2항). 품종명칭은 해당 품종이 속한 식물의 속 또는 종의 다른 품종의 품종명칭과 같거나 유사하여 혼동할 염려가 있는 것은 등록 받을 수 없으며, 또한, 숫자로만 표시하거나 기호를 포함하는 것도 등록될 수 없다(식물신품종 보호법 제107조). 또한, 품종명칭의 등록출원일보다 먼저 「상표법」에 따른 등록출원 중에 있거나 등록된 상표와 같거나 유사하여 오인하거나 혼동할 염려가 없어야 한다.

품종보호권의 설정등록

품종보호권은 설정등록을 함으로써 발생한다(식물신품종 보호법 제54조). 설정등록을 위해서는 출원을 하여야 하며(선출원주의), 심사를 거쳐 품종보호의 요건을 모두 만족시켜야 한다. 출원인은 농림수산식품부령으로 정하는 품종보호 출원서를 작성하여 농림수산식품부장관에게 제출하여야 한다. 품종보호 출원심사는 특허출원심사와 유사하기 때문에 「특허법」을 일부 준용하고 있다.

품종보호권의 효력

품종보호권의 존속기간은 품종보호권이 설정등록된 날부터 20년(채소)으로 한다. 다만, 과수와 임목의 경우에는 25년으로 한다(식물신품종 보호법 제55조). 품종보호권자는 업으로서 그 보호품종을 실시할 권리를 독점한다. 다만, 그 품종보호권에 관하여 전용실시권을 설정하였을 때에는 전용실시권자가 그 보호품종을 실시할 권리를 독점하는 범위에서는 그러하지 아니하다. 품종보호권에 대한 침해에 대해서는 민형사적 구제를 받을 수 있다. 침해죄의 경우 7년 이하의 징역 또는 1억원 이하의 벌금에 처해지며, 침해금지청구, 손해배상청구, 신용회복청구 등 민사적 구제를 받을 수 있다.

03. 디지털콘텐츠 보호

디지털콘텐츠 보호 필요성

◦「콘텐츠산업진흥법」 제정

세계 최고의 IT 인프라를 구축하고 있는 우리나라는 국가의 차세대 신성장 동력으로서 디지털콘텐츠(Digital Contents; 'DC')산업의 중요성을 인식하고 콘텐츠의 생산·유통·소비를 디지털화하여 온라인상의 거래를 활성화하고자 2002년 1월에 「온라인디지털콘텐츠산업발전법」(이하, "온디콘법")을 제정하였다.[3] 온디콘법의 한쪽 축에서는 DC산업을 범정부 차원에서 체계적으로 육성하고 국가 경쟁력을 강화하기 위하여 DC사업의 창업촉진, 전문인력 양성, 국제협력 강

3) 온라인디지털콘텐츠산업발전법 2002. 1. 14. 법률 제6603호.

화 등 다양한 진흥정책을 마련하고 있다.

이 법의 다른 축에서는 콘텐츠의 디지털화 가치를 보호하기 위한 법적 장치를 마련하고 있다. 이 법은 콘텐츠의 디지털화 및 온라인화에 투하된 비용과 노력에 대한 경제적 가치를 담보하고자 저작권법의 독점배타적 권리의 부여와는 달리 부정경쟁방지 법리를 적용하여 온라인디지털콘텐츠 제작자의 영업상 이익을 보호하고 있다. 타인이 상당한 노력으로 제작하여 표시한 온라인디지털콘텐츠의 전부 또는 상당한 부분을 복제·전송함으로써 디지털콘텐츠제작자의 영업상 이익을 침해하는 행위를 부정경쟁행위로 금지하여 저작권법 등으로 보호하지 못하는 콘텐츠의 디지털화 가치를 보완적으로 보호해주고 있다.

그런데 2008년 2월 정부조직개편에 따라 문화체육관광부가 (구)정통부의 디지털콘텐츠 정책 관련 업무를 이관 받으면서 콘텐츠산업의 진흥업무가 일원화 되었고, 또한, 디지털융합 환경의 급격한 변화추세에 따라 콘텐츠 산업의 융합적이고 종합적 기반조성이 필요하게 되었다. 이에 2010년 6월 '온라인디지털콘텐츠'로 한정하였던 기존 「온라인 디지털콘텐츠산업 발전법」을 「콘텐츠산업 진흥법」[4](이하 "콘텐츠산업법")으로 전면 개정하고 법률의 적용 범위를 '콘텐츠'로 확대하였다.

보호대상

이 법의 보호대상이 되는 "콘텐츠"란 부호·문자·도형·색채·음성·음향·이미지 및 영상 등(이들의 복합체를 포함한다)의 자료 또는 정보를 말한다(법 제2조 제1호). 또한, "콘텐츠제작자"란 콘텐츠의 제작에 있어 그 과정의 전체를 기획하고 책임을 지는 자(이 자로부터 적법하게 그 지위를 양수한 자를 포함)를 말한다(법 제2조 제4호). 콘텐츠는 크게 창작성이 있는 것과 그렇지 못한 것으로 구분할 수 있으며, 전자는 일반적으로 저작권법으로 보호받을 수 있으나 후자의 경우 저작권법상 데이터베이스에 해당되지 않는다면 그 법적 보호는 용이하지 않다.[5] 콘텐

4) 콘텐츠산업 진흥법, 법률 제10369호, 2010. 6. 10, 전부개정, 시행 2010.12.11.
5) 콘텐츠산업 진흥법 제4조 제2항에서 "콘텐츠제작자가 「저작권법」의 보호를 받는 경우

츠산업법은 저작권으로 보호받지 못하는 콘텐츠 중 그 제작에 있어서 상당한 노력과 자본을 투자한 것에 대하여 타인의 무단복제 등 부정경쟁행위로부터 그러한 투자를 보호함으로써 간접적으로 디지털화권 등을 보호하고 있다(법 제37조). 동조에 의해 보호받는 콘텐츠는 콘텐츠제작자의 '상당한 노력'으로 제작된 것에 한한다.

동조의 적용을 받는 콘텐츠의 예로서, 저작권 보호기간이 만료된 창작물을 상당한 자본을 투자하여 디지털화한 콘텐츠, 저작권자로부터 양도 또는 이용허락 계약 등을 통해 음원을 제공 받아 모바일용 벨소리, 통화연결음 등으로 변환하여 서비스하는 경우, 기존 아날로그 출판물을 저작권자와 저작물 양도 또는 이용허락 계약 등을 통하여 디지털화하여 서비스를 제공하는 경우, 각종 경품, 할인 정보 등의 데이터를 매일 업데이트하여 인터넷 홈페이지에 게재한 경우 등을 들 수 있다.

<디지털콘텐츠의 범위>

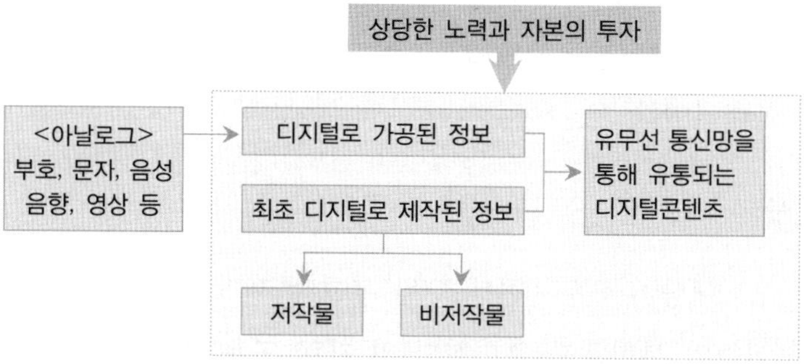

콘텐츠제작자 보호

1) 부정경쟁행위

저작권자는 저작권법에 따라 자신의 콘텐츠를 무단으로 복제·전송하는 행위 등으로부터 보호를 받을 수 있다. 그러나 상당한 노력과 비용을 투자하여 저작

에는 같은 법을 이 법에 우선하여 적용한다."고 규정하고 있다.

물을 "디지털화"하거나 아날로그콘텐츠에 새로운 가치를 부가한 콘텐츠제작자가 저작권자가 아닌 경우에는 현행 저작권법에 의한 구제를 받을 수 없다. 콘텐츠산업법은 정당한 권한 없이 타인이 상당한 노력으로 제작하여 표시한 콘텐츠의 전부 또는 상당한 부분을 복제·배포·방송 또는 전송하는 방법으로 콘텐츠사업자의 영업에 관한 이익을 침해하는 행위를 부정경쟁행위로 보고,[6] 그러한 행위를 한 자에게 손해배상과 형사처벌을 부과하였다(법 제38조, 제40조). 이는 콘텐츠의 무단복제에 대해 민법상 불법행위에 대한 구제수단 보다 신속하고 효율적인 구제수단을 부여하여 콘텐츠제작자의 영업상 이익을 보호하고 있다.

주의할 것은 부정경쟁행위가 되기 위해서는 타인의 '콘텐츠의 전부 또는 상당한 부분'을 복제·배포·방송 또는 전송하여야 하므로 경미한 양의 복제·전송 등의 행위는 처벌대상이 되지 못한다. 다만, 콘텐츠의 경미한 부분의 복제라도 그것이 반복적·지속적으로 이루어져 상당한 부분에 이르게 되면 '상당한 부분'의 복제로 볼 수 있다.

한편, 개정 이전에는 동 조항에서 "경쟁 사업자의 이익을 침해하여서는 아니된다"라고 규정하고 있어 부정경쟁행위의 주체가 될 수 있는 자는 "경쟁사업자"로만 한정되었다. 그러나 법률을 개정하여 "콘텐츠제작자의 영업에 관한 이익"을 보호 대상으로 하고 있어 그 부정경쟁행위의 주체는 반드시 경쟁사업자로 한정되지 않고 일반인으로 확대하고 있다. 또한, 여기서 동법이 보호하고자

---

6) 콘텐츠산업진흥법 제37조(금지행위 등) ① 누구든지 정당한 권한 없이 콘텐츠제작자가 상당한 노력으로 제작하여 대통령령으로 정하는 방법에 따라 콘텐츠 또는 그 포장에 제작연월일, 제작자명 및 이 법에 따라 보호받는다는 사실을 표시한 콘텐츠의 전부 또는 상당한 부분을 복제·배포·방송 또는 전송함으로써 콘텐츠제작자의 영업에 관한 이익을 침해하여서는 아니 된다. 다만, 콘텐츠를 최초로 제작한 날부터 5년이 지났을 때에는 그러하지 아니하다.
② 누구든지 정당한 권한 없이 콘텐츠제작자나 그로부터 허락을 받은 자가 제1항 본문의 침해행위를 효과적으로 방지하기 위하여 콘텐츠에 적용한 기술적보호조치를 회피·제거 또는 변경(이하, "무력화"라 한다)하는 것을 주된 목적으로 하는 기술·서비스·장치 또는 그 주요 부품을 제공·수입·제조·양도·대여 또는 전송하거나 이를 양도·대여하기 위하여 전시하는 행위를 하여서는 아니 된다. 다만, 기술적보호조치의 연구·개발을 위하여 기술적보호조치를 무력화하는 장치 또는 부품을 제조하는 경우에는 그러하지 아니하다.
③ 콘텐츠제작자가 제1항의 표시사항을 거짓으로 표시하거나 변경하여 복제·배포·방송 또는 전송한 경우에는 처음부터 표시가 없었던 것으로 본다.

법익은 바로 콘텐츠제작자의 영업상 이익임을 알 수 있다. 예를 들어 한 개인이 유럽 여행을 다녀오면서 여행 준비 과정에서부터 한국에 도착하기까지의 자세한 일정과 사진 및 설명 등을 자신의 블로그에 올려놓았는데, 이를 한 여행사가 허락 없이 그대로 옮겨 유료 회원들에게 제공한 경우라도 해당 정보는 영업상 이익을 향유하는 자의 것이 아닌 개인적인 것이므로 동법에 의해 보호받을 수 없다.

2) 보호기간

콘텐츠산업법에서는 콘텐츠에 대한 보호기간을 콘텐츠를 최초로 제작한 날부터 5년으로 하고 있다. 그리고 이미 제작된 콘텐츠에 '상당한 노력'을 투자하여 갱신된 부분이 있다면 해당 부분에 대해서는 그 보호기간이 연장될 수 있다.

3) 표시제도

콘텐츠제작자가 부정경쟁행위로부터 보호를 받기 위해서는 콘텐츠 또는 그 포장에 일정한 표시를 하여야 한다. 동법 제37조제 1항에서 대통령령으로 정하는 방법에 따라 콘텐츠 또는 그 포장에 제작연월일, 제작자명 및 이 법에 따라 보호받는다는 사실을 표시하도록 하고 있다. 이는 저작권법의 무방식주의와 달리, 보호주체, 보호기간 기산점, 이 법에 의하여 보호받는다는 사실 등 표시를 콘텐츠제작자의 의무사항으로 규정함으로써 이용자의 오인 또는 혼동을 예방하고 거래의 안전을 도모하기 위한 것이다.

4) 기술적 보호조치

동법은 콘텐츠 무단복제 등 침해행위를 효과적으로 방지하기 위하여 콘텐츠에 적용한 기술적 보호조치에 관한 규정을 두고 있다. 기술적보호조치를 회피·제거 또는 변경(무력화)하는 것을 주된 목적으로 하는 기술·서비스·장치 또는 그 주요 부품을 제공·수입·제조·양도·대여 또는 전송하거나 이를 양도·대여하기 위하여 전시하는 행위를 금지하고, 이를 위반한 경우 민·형사상 책임을 부과하고 있다.[7] 다만, 동법은 기술적보호조치의 연구·개발을 위하여 기술적보호조치를 무력화하는 장치 또는 부품을 제조하는 경우에는 침해로 보지 않는다.

디지털콘텐츠 이용자 보호

(구)온디콘법은 2005년 12월 개정을 통하여 디지털콘텐츠 거래시에 발생할 수 있는 이용자의 피해를 방지하기 위한 장치를 마련하였다. 우선, '청약철회'와 관련하여 콘텐츠제작자의 의무를 강화하였다. 디지털콘텐츠는 쉽게 복제된다는 이유로 실거래에서 대부분의 청약철회는 거절되거나 불가능하게끔 약관규정을 정하고 있고, 또한, 이용자는 콘텐츠의 품질을 사전에 확인하기 어려워 이용자의 피해가 증가하고 있다.

이를 위하여 콘텐츠산업법 제27조에서 콘텐츠제작자는 「전자상거래 등에서의 소비자보호에 관한 법률」 제17조제2항의 규정[8]에 따라 청약철회 및 계약의 해제가 불가능한 콘텐츠의 경우에는 그 사실을 콘텐츠 또는 그 포장에 표시하거나 사용상품의 제공, 한시적 또는 일부 이용 등의 방법으로 청약철회 등의 권리 행사가 방해받지 아니하도록 조치를 해야 한다고 규정하고 있다. 그러한 조치를 하지 않았을 경우에는 소비자의 청약철회 및 계약의 해제는 제한되지 아니한다.

---

7) 콘텐츠산업 진흥법 제40조(벌칙) ① 다음 각 호의 어느 하나에 해당하는 자는 1년 이하의 징역 또는 2천만원 이하의 벌금에 처한다.
   1. 제37조제1항 본문을 위반하여 콘텐츠제작자의 영업에 관한 이익을 침해한 자
   2. 제37조제2항 본문을 위반하여 정당한 권한 없이 기술적보호조치의 무력화를 목적으로 하는 기술·서비스·장치 또는 그 주요 부품을 제공·수입·제조·양도·대여 또는 전송하거나 이를 양도·대여하기 위하여 전시하는 행위를 한 자
   ② 제1항의 죄는 고소가 있어야 공소를 제기할 수 있다.

8) 전자상거래 등에서의 소비자보호에 관한 법률 제17조 제2항
   소비자는 다음 각 호의 어느 하나에 해당하는 경우에는 통신판매업자의 의사에 반하여 청약철회 등을 할 수 없다.
   1. 소비자에게 책임 있는 사유로 재화 등이 멸실 또는 훼손된 경우. 다만, 재화 등의 내용을 확인하기 위하여 포장 등을 훼손한 경우는 제외한다.
   2. 소비자의 사용 또는 일부 소비로 재화등의 가치가 현저히 감소한 경우
   3. 시간이 지나 다시 판매하기 곤란할 정도로 재화등의 가치가 현저히 감소한 경우
   4. 복제가 가능한 재화 등의 포장을 훼손한 경우
   5. 용역 또는 「문화산업진흥 기본법」 제2조제5호의 디지털콘텐츠의 제공이 개시된 경우. 다만, 가분적 용역 또는 가분적 디지털콘텐츠로 구성된 계약의 경우에는 제공이 개시되지 아니한 부분에 대하여는 그러하지 아니하다.
   6. 그밖에 거래의 안전을 위하여 대통령령으로 정하는 경우

또한, 콘텐츠산업법은 이용자 보호를 위하여 콘텐츠사업자의 자율적 준수를 유도하는 "디지털콘텐츠 이용자보호지침"과 과오금의 환불, 계약해지·해제의 권리, 피해보상 등을 담은 "표준약관"등의 제정을 권고하고 있으며(콘텐츠산업진흥법 제28조), 이에 따라 문화체육관광부는 디지털콘텐츠 이용자보호지침과 표준약관을 제정하여 시행해 오고 있다.

샘플 음악의 제공과 저작권 침해

'미리듣기' 서비스 제공행위가 저작권법상 동일성유지권의 침해를 구성하는지 여부가 다투어진 사건에서 고등법원과 대법원은 달리 판단하였다.

저작물의 동일성을 해치지 않는 범위 내에서 단순히 오·탈자를 수정하는 …정도를 넘어서 저작물의 내용, 형식 및 제호에 대한 추가, 삭제, 절단, 개변 등의 변경을 가하는 것은 동일성유지권을 갖고 있는 저작자만이 할 수 있고… 따라서 음악사이트의 운영자가 저작자의 동의를 받지 아니한 채 원곡의 일부를 절단하여 전송하는 미리듣기 서비스를 제공하거나, 원곡의 일부를 부분적으로 발췌, 변환, 저장한 후 구매자에게 통화연결음, 휴대폰벨소리 서비스를 제공하는 등의 행위는 특별한 사정이 없는 한 동일성 유지권 침해에 해당된다(서울고등법원 2008. 9. 23. 선고 2007나70720 판결).

이와 반대로, 대법원은 '미리듣기' 서비스 제공행위에 대해서 저작물 중 일부만을 발췌하여 이용하더라도 그 부분이 저작물의 전부인 것으로 오인되거나, 부분적 이용으로 저작물에 표현된 저작자의 사상·감정이 왜곡되거나 저작물의 내용이나 형식이 오인될 우려가 없는 경우에는, 그러한 부분적 이용은 저작물 전부를 이용하는 것과 이용하는 분량 면에서만 차이가 있을 뿐이어서 저작자의 동일성유지권을 침해한 것으로 볼 수 없다고 판시하였다(대법원 2015. 4. 9. 선고 2011다101148 판결).

한편, 콘텐츠산업법 제27조는 시용상품의 제공, 한시적 또는 일부 이용 등의 방법으로 청약철회 권리 행사가 방해받지 아니하도록 조치할 것을 규정하고 있다(예, 음악 1/6, 이러닝 1/20회 등).

Discussion

주제 **바람에 날려 온 특허종자를 재배하여 수확한 후 농경지에 재파종하는 행위는 특허권을 침해하는 것일까?**

설명 특허종자의 재파종이 특허침해를 구성하는지에 관한 최초의 사건인 Monsanto 사건(Monsanto Canada v. Schmeiser, 1 S.C.R. 902 (2004))에서 캐나다 연방대법원은 특허권자인 몬산토(Monsanto)사의 허가 없이 특허종자를 재배한 슈마이처(Schmeiser)는 특허권을 침해한 것이라고 판시한 바 있다. 이 사건에서 몬산토는 자신이 개발한 라운드업(Roundup®) 제초제에 내성을 가진 유전자변형 품종인 라운드업레디(Roundup Ready® canola)를 발명하고 특허권을 획득하였다. 이 사건 피고는 자신의 경작지에서 바람에 날려 온 라운드업레디를 우연히 발견하고 이를 농경지 일부에서 재배하여 수확하였다. 이후 몬산토의 경고에도 불구하고 피고는 이를 무시하고 재파종하였다. 이러한 행위에 대하여 몬산토는 특허권 침해를 주장하면서 법원에 금지명령 및 손해배상을 청구하였다.

캐나다 연방대법원은 특허 보호를 받는 종자를 무단으로 재배한 피고의 행위에 대하여 5:4의 차이로 특허권 침해를 인정하였다. 대법원은 피고의 특허종자 보유 행위를 목적물의 대기적(stand by) 이용 또는 대비적 유용성(insurance utility)을 구성할 수 있다고 보았다. 즉 특허 대상 종자를 보유하는 것은 장래 잠재적으로 해당 종자를 사용할 수 있으며, 또한, 다른 농부에게 이를 판매할 가능성이 존재한다는 점이 인정되었다. 다만, 피고는 발명의 이용으로부터 어떠한 발명적 이익을 얻은 것이 아니므로 손해배상 책임은 인정하지 않았다. 이 판례는 자가증식하는 종자에 대하여 특허소진이론(Patent Exhaustion Doctrine)의 예외를 인정하면서 특허권을 보호하고 있으나, 경작지의 특성상 개방된 공간에 바람이나 곤충에 의해 자연 유입된 식물종자라는 점, 농부의 노력으로 재배된 점, 그리고 상업적 판매나 양도가 이루어지지 않은 점 등이 충분히 고려되지 않았다는 비판이 제시되었다. 한편 특허소진이론이란 물품특허 또는 방법특허에 있어서 특허대상이 된 물품 또는 방법에 의하여 생산된 물품이 특허권자에 의하여 합법적으로 판매 또는 배포되었을 때 그 권리가 소진되어 해당 특허물품에 특허권의 효력이 미치지 않는다는 원칙이다.[9] 저작권법과 달리 우리나라 특허법에는 권리소진에 대한 명시적인 근거 규정이 없다.

9) 서울고등법원 2000. 5. 2. 선고 99나59391 판결.

Explanation

이 사건은 제1심 법원에서 피고인 B를 (구)온디콘법과 저작권법 위반(C의 저작권 침해)의 유죄로 인정하자, B는 이 사건 만화는 제작연월일, 이용조건 등의 표시가 없어 온디콘법의 보호대상이 아니라는 이유로 항소한 것이다.

(구)온디콘법 제18조 제1항은 "누구든지 정당한 권한 없이 타인이 상당한 노력으로 제작하여 표시한 온라인콘텐츠의 전부 또는 상당한 부분을 복제 또는 전송하는 방법으로 경쟁사업자의 영업에 관한 이익을 침해하여서는 아니된다. 다만, 온라인콘텐츠를 최초로 제작하여 표시한 날로부터 5년이 경과한 때에는 그러하지 아니하다."고 규정하고 있다. 따라서 동법이 보호하려는 온라인콘텐츠는 정보통신망에서 유통되고 있는 모든 온라인콘텐츠가 아니라 타인이 상당한 노력으로 제작하여 표시한 온라인콘텐츠 중 법 시행(2002.7.15) 후 최초로 제작된 것으로서 최초로 제작하여 표시한 날로부터 5년이 경과되지 아니한 것만을 그 보호의 대상으로 하고 할 것이고, 그 보호의 대상과 보호기간을 명확히 하고자 하는 취지에서 법 제17조 제1항은 "온라인콘텐츠제작자는 온라인콘텐츠의 제작 및 표시연월일, 온라인콘텐츠제작자의 성명, 온라인콘텐츠의 이용조건 등을 온라인콘텐츠 또는 그 포장에 표시하여야 한다."고 규정하여 이러한 표시를 의무사항으로 하고 있다.

대법원은 이러한 취지에서 온라인콘텐츠 사업자가 만화콘텐츠에 그 온라인콘텐츠의 제작 및 표시 연월일을 표시하지 않은 채 온라인콘텐츠의 원저작물의 출판일만 표시한 것만으로는 동법 제18조 제1항의 보호요건을 만족하지 않으므로, B가 만화 온라인콘텐츠를 복제하여 전송한 행위는 위법 제18조 제1항 위반죄에 해당하지 아니한다고 판시하였다(대법원 2006. 2. 10. 선고 2004도9073).

Chapter 20 지식재산권의 국제적 보호

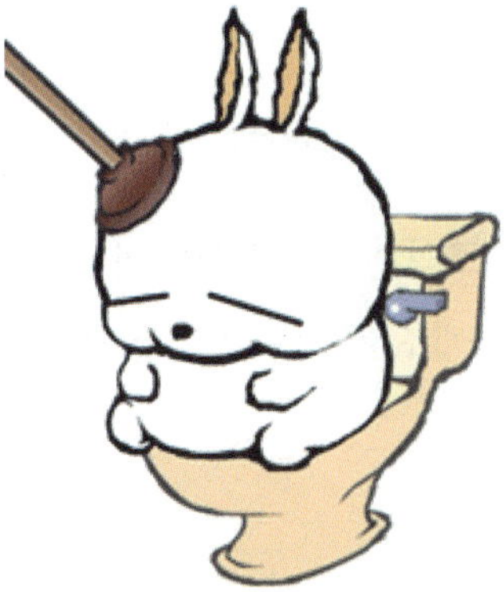
출처: http://www.mashimaro.co.kr

중국의 한 기업이 우리나라의 유명한 캐릭터인 '마시마로'를 중국 상표국에 상표출원하고 이를 사용하려고 하였다. 이에 마시마로에 대한 저작권과 한국 상표권을 보유하고 있던 국내 기업(CLKO엔터테인먼트)은 중국 법원에 저작권 침해 소송을 제기하였다. 중국 법원은 어떤 근거에서 국내 기업의 저작권을 인정할 수 있을까?

01. 지식재산권의 국제적 보호의 필요성

자동차, TV와 같은 유체물의 국제적 유통에 있어서는 시간적·공간적 제한을 받는 반면, 지식재산권의 대상이 되는 무체물은 그러한 제한 없이 자유롭게 국경을 넘나들 수 있다. 또한, 디지털 기술의 발전은 저작물 등을 저렴하고 용이하게 복제가 가능하도록 만들었다. 그리고 국경 없는 공간인 인터넷의 망을 통하여 불법복제물이 빠른 속도로 유통되면서 지식재산권에 대한 국제적 보호의 필요성이 대두되었다.

국가 간 지식재산권에 대한 인식과 법제도의 차이로 외국에서 지식재산권 침해가 갈수록 증가하게 되면서 각국의 상이한 기준을 조화시키기 위한 국제적 논의가 진행되고, 일부 강대국은 통상압력이라는 수단을 통하여 자국의 지식재산권을 보호하고 있다.

세계지식재산기구(WIPO, World Intellectual Property Organization)

동 기구는 산업재산권 보호에 관한 파리조약(1883), 저작권 보호에 관한 베른협약(1886), PCT 및 특허법조약 등을 관리하고 지식재산권 분야의 국제협력을 위하여 1967년 스톡홀름에서 체결된 세계지식재산권기구(WIPO) 설립조약에 따라 설립된 기구이다. 회원국은 193개국으로 한국은 1979년에 가입하였다.

02. 산업재산권 관련 조약

산업재산권 조약에는 산업재산권 보호에 관한 기본조약인 '파리조약'과 국제출원에 관한 '특허협력조약(PCT)'이 대표적이며, 그 밖에도 특허법조약 등이 있다.

파리조약

파리조약(Paris Convention for Protection of Industrial Property)은 산업재산권 보호에 관한 기본조약으로서 1883년에 제정되었다. 따라서 이 조약의 적용대상은 특허·실용신안·디자인·상표·서비스표·상호·원산지표시·원산지명칭 및 부정경쟁방지이다. 파리조약은 ① 속지주의(屬地主義) 원칙을 유지하면서 ② 내외국인 평등의 원칙과 ③ 우선권제도를 규정하여 외국에서도 산업재산권을 용이하게 취득할 수 있도록 규정하고 있다.

속지주의(屬地主義) 원칙에 따라 각국은 특허권의 성립 및 효력범위에 관하여 자유롭게 정할 수 있으며 외국에서 특허를 받으려는 경우에는 원하는 국가마다 출원하여 권리를 취득해야 한다(1국1특허의 원칙). 이와 관련하여 이 조약은 동일한 발명에 대해 여러 국가에서 취득한 권리는 다른 국가의 권리에 영향을 미치지 않고 병존한다는 '특허독립의 원칙'을 규정하고 있다.

내외국인 평등의 원칙(principle of assimilation with nationals)은 산업재산권의 출원이나 등록 등에 있어서 가입국의 국민을 내국인과 동등하게 대우하는 원칙이다.

우선권(right of priority) 제도는 조약가입국 중 한 국가에 출원을 한 후 일정기간(특허·실용신안 1년, 디자인·상표 6개월) 내에 동일 산업재산을 다른 가입국에 출원할 경우 그 출원일자를 처음에 출원한 국가의 출원일자로 소급적용해 주는 제도이다.

특허협력조약(PCT)

특허협력조약(Patent Cooperation Treaty, PCT)은 파리조약 제19조에 따라 체결된 특별협정으로서 국제출원절차의 간소화를 규정하고 있다. 이 조약은 1970년에 성립되었으며 우리나라는 1984년에 가입하였다. PCT에 의한 국제출원은 출원인이 자국 특허청에 특허를 받고자 하는 국가를 지정하여 PCT 국제출원서를 제출하면 각 지정국에서 정규의 국내출원으로 인정하는 제도이다.

PCT 이전에는 출원인이 특허등록을 받고자 하는 개별 국가에 그 국가에서 정한 방식과 그 나라 언어로 출원을 했으나, PCT에 가입한 국가의 출원인은 국내에서 국제조사 및 예비심사를 받을 수 있으므로 특허등록 가능성이 있는 출원에 대해서만 지정국가에 특허심사 청구를 함으로써 불필요한 번역료, 출원비용 및 대리인 선임료 등의 비용 낭비를 막을 수 있다.

WIPO는 선행기술조사결과 및 국제예비심사결과를 각국 특허청에 통보하게 되며 각국 특허청은 이 결과를 해당 출원의 심사에 이용하여 특허행정의 중복업무를 최소화한다. 그리고 특허청마다 개별적으로 시행하던 출원공개를 중앙집중적으로 WIPO에서 출원공개하면 각국 특허청은 이를 국내에서 공개한 것으로 인정한다.

03. 저작권 관련 조약

저작권과 관련된 국제조약에는 저작권에 관한 기본조약인 베른협약(Berne Convention), 세계저작권협약(UCC), 저작인접권에 관한 로마협약(Rome Convention), 그리고 WIPO 인터넷조약이라고 불리는 저작권조약(WCT) 및 실연음반조약(WPPT) 등이 있다.

베른협약

베른협약(Berne Convention for the Protection of Literary and Artistic Works)은 저작권 보호에 관한 기본 협약으로 1886년 성립하였다. 이후 여러 차례의 개정을 거치면서 저작권의 보호 수준을 강화하였으며 우리나라는 1996년 5월 21일에 가입하였다.

베른협약은 보호대상인 저작물을 문학·예술 저작물로 규정하고(제1조), 그 구체적인 예를 제2조 제1항에서 열거하고 있다. 여기에는 서적, 강연, 연극, 음악, 영상, 사진, 회화, 조각, 지도, 건축학 및 과학에 관한 저작물 등 일체가 포함된다. 따라서 이 조항에서 열거하는 저작물은 각 체약국의 입법 여부에 관계없이 협약 자체에 의해 보호받는다. 베른협약이 컴퓨터프로그램, 데이터베이스 등에 대해서도 보호를 하는지 여부가 명확하지 않으나, 후술하는 TRIPs와 WCT에서 이 모호성을 해결해 주고 있다. 양 협정은 컴퓨터프로그램과 데이터베이스를 보호하고 있으며 이들 협정의 회원국들은 베른협약 제1조 내지 제21조의 적용을 받는다.[10] 저작물의 보호요건으로 '고정'을 요구할 것인지는 체약국의 국내법에 유보하고 있다. 우리나라는 미국과 달리 저작물 성립에 고정을 요구하지 않으므로 고정이 되지 않는 강연이나 즉흥연주 등도 저작물로서 보호받을 수 있다. 한편 협약은 비체약국 국민의 저작물이라도 발행한지 30일 이내에 체약국에서 발행된 경우(동시발행)에는 저작물로서 보호받을 수 있도록 규정하고 있다(제3조). 그리고 저작권의 발생·취득에 있어 아무런 방식을 요구하지 않는 '무방식주의(non-formality)'를 규정하고 있다(제5조 2항). 따라서 저작권의 발생에 등록을 요구하지 않는다.

베른협약은 내국민대우 원칙을 정하고 있으며(제5조 1항), 국제 저작권 분쟁을 해결하기 위해 어느 국가의 법(준거법)을 적용할 것인지에 관하여 '보호국법주의'를 취하고 있다(제5조 제2항). 보호국법주의를 취함으로써 내국민대우의 원칙을 실현하고 있다. 즉 저작권자는 체약국의 국민이거나 저작물이 체약국 내에서 최초로

---

10) TRIPs 제2조(1)항 및 WCT 제1조(4)항.

발행된 경우에는 다른 체약국에서도 그 나라 국민과 동일한 보호를 받게 된다. 보호국법주의를 취할 경우 소제기를 받은 법원은 자국법을 적용하면 된다.

보호국법주의와 대응되는 원칙으로 본국법주의가 있다. 본국법주의는 저작물의 본국, 즉 저작물의 창작 당시 저작자의 국적 또는 그 저작물을 최초 발행한 국가를 기준으로 정하게 된다. 예를 들면, 저작권 침해분쟁이 한국에서 발생한 경우에도 당해 저작물이 칠레에서 창작되었다면 한국 법원은 한국 저작권법이 아닌 칠레 저작권법을 적용하게 된다.

베른협약은 저작인격권과 저작재산권 및 권리의 제한 등에 관한 사항을 규정하고 있다. 베른협약의 3단계 테스트(three-step test)는 복제권의 제한 기준으로 협약 제9조 제2항에서 "특별한 경우에 있어서 그러한 저작물의 복제를 허용하는 것은 협약국의 입법에 맡긴다. 다만 그러한 복제는 저작물의 통상적인 이용과 충돌하지 아니하여야 하며, 저작자의 합법적인 이익을 부당하게 해치지 아니하여야 한다."라고 규정하고 있다. 즉 복제권을 제한하기 위해서 ① 특정하고 특별한 것, ② 저작물의 통상적인 이용과 충돌하지 않을 것, ③ 저작자의 합법적인 이익을 부당하게 침해하지 않을 것 등 3가지 기준을 동시에 만족하여야 한다.

베른협약은 저작권의 존속기간을 저작자의 생존 동안과 사후 50년으로 정하고 있다. 이 협약으로 보호되는 권리는 저작인격권에 해당하는 공표권·성명표시권·동일성 유지권이 있다. 저작재산권으로 복제권·번역권·낭독권 등이 있다. 이 외에도 추급권이 규정되어 있으며 이를 도입할 것인지는 체약국의 의사에 맡기고 있다.

세계저작권협약

베른협약이 선진국 위주의 저작권제도를 담고 있어 그 보호가 강하고 2차 대전 후 미국을 비롯한 많은 UN회원국이 이 협약에 가입하지 않자 UNESCO의 주도로 개발도상국을 포함한 모든 국가의 가입을 유도할 수 있는 새로운 협약의 성립을 시도하였고 그 결과 '세계저작권협약(Universal Copyright Convention,

UCC)’이 1952년 제정되었다. 우리나라는 동 협약에 1987년 7월 1일에 가입하여 동년 10월 1일부터 시행하고 있다.

UCC는 저작물의 모든 복제물에 ⓒ표시, 저작권자의 성명, 최초 발행 연도 등 3개 사항을 표시하면 방식주의 국가에서도 자동적으로 저작권 보호를 받을 수 있도록 규정한 것이 특징이다(제3조). 이 협약에는 인격권에 관한 규정이 없고, 재산권에 관해서도 동 협약의 기본적 취지에 반하지 않는 한 국내법으로 예외를 인정할 수 있도록 하고 있으며, 번역권도 저작물의 발행 후 7년이 경과하면 일정한 조건 하에 강제허락이 가능하도록 하고 있다. 한편 UCC는 베른협약과의 충돌을 최소화하기 위하여 베른협약 체약국 상호간에는 베른협약이 우선 적용되도록 규정하고 있다(제17조).

로마협약

저작인접권 보호에 관한 조약으로 1961년 제정된 ‘실연자, 음반제작자 및 방송사업자의 보호를 위한 국제협약(International Convention for the Protection of Performers, Producers of Phonograms and Broadcasting Organization)’이 있다. 이는 ‘로마협약’이라고도 불리며 우리나라는 2008년 12월 18일에 가입하여 2009년 3월 18일부터 시행하고 있다. 이 협약은 저작인접권의 보호기간을 최소 20년으로 규정한다(제14조). 그리고 저작인접권자에 대한 최소한의 보호 기준을 규정하고, 음반의 2차 사용에 대한 정당한 보수의 지급을 체약국의 법령으로 정하도록 하고 있다.

인터넷협약: 저작권협약과 실연·음반협약

인터넷시대에 있어 새로운 디지털환경에 적응하기 위하여 1996년 12월 세계지식재산권기구(WIPO)는 인터넷협약인 ‘WIPO 저작권협약(WIPO Copyright Treaty, WCT)’과 ‘WIPO 실연·음반협약(WIPO Performances and Phonograms Treaty, WPPT)’을 제정하였다. 우리나라는 WCT에 2004년 3월 24일에 가입하였으며, WPPT에는 2008년 12월 18일에 가입하였다.

WIPO 저작권협약은 베른협약 제20조에 따른 특별협정이므로 베른협약 체약국간에 체결되나 WIPO 회원국들도 이 조약에 가입할 수 있다. 이 조약은 저작물로서 컴퓨터프로그램과 데이터베이스를 명시하고 있으며, 저작권으로서 배포권 및 그 권리의 소진, 대여권, 공중송신권을 규정하고 있다. 권리의 제한과 예외에 관해서도 '저작물의 통상적인 이용과 충돌하거나 저작자의 합법적인 이익을 부당하게 해치지 아니하는 특별한 경우'로 한정하여 엄격하게 규정하고 있다.

그리고 이 조약은 기술적 보호조치 및 권리관리정보에 관한 보호의무를 규정하고 있다. WCT 제9조에서 체약국은 본 조약 또는 베른협약상의 권리행사와 관련하여 저작자가 사용하는 기술적 보호조치를 무력화하는 것에 대한 충분하고 효과적인 법적 구제조치를 하도록 요구하고 있다.11)

WCT에서 일시적 복제를 복제의 범위에 포함시킬 것인지에 관한 논의가 있었으나 복제의 범위가 지나치게 확대될 것을 우려한 개발도상국과 서비스 과정에서 시스템상에 일시적 복제가 일어나게 되는 통신회사 및 OSP 사업자들의 반대 등으로 합의에 이르지 못하였다. 다만 해석에 관한 합의의사록(agreed-upon statement of interpretation)에 베른협약 제9조에 규정된 복제권의 개념이 디지털방식의 저작물 이용에도 그대로 적용되는 것으로 밝히는 것에 그쳤다.

※ 베른협약 제9조

(1) 이 협약이 보호하는 문학·예술 저작물의 저작자는 어떠한 방법이나 방식으로 이 저작물의 복제를 허락할 배타적 권리를 가진다.

한편 WIPO 실연·음반협약(WPPT)은 로마협약의 내용을 사실상 대체하였다고 평가된다. 이 협약은 베른협약의 기본적인 내용을 준수하며 음반, 음반제작자, 방송, 공중전달의 개념을 정의함에 있어서 '소리의 표현(representation of sounds)'이라는 새로운 개념을 추가하여 디지털 이용을 포섭하고자 하였다. 그리고 실연자에

11) WCT에서는 '복제통제형' 기술적 보호조치를 보호대상으로 하는데, 한미 FTA협상에서 미국 측이 요구한 것은 '접근통제형' 기술적 보호조치의 무력화를 금지하는 것이었다.

게 인격권을 부여하고 저작인접권자의 권리를 강화하는 규정을 담고 있다. 실연자의 보호기간을 최소 50년으로 규정하고 있다. 우리나라에서 2007년 6월 말부터 시행되었던 저작권법은 WPPT 가입을 앞두고 위의 내용을 상당부분 포섭한 바 있다.

위성협약

위성에 의해 송신된 프로그램 전송신호의 전달에 관한 협약(Convention relating to the Distribution of Programme-carrying Signals transmitted by Satellite)은 위성에 의해 중계송신되는 프로그램 전송신호가 지리적 적용범위 또는 무단으로 배포되는 것을 방지하기 위해 1974년에 브뤼셀 회의에서 채택되어 1979년에 발효된 협약이다. '위성협약'으로 불리며 우리나라는 2011년 12월 19일에 가입하여 2012년 3월 19일부터 시행하고 있다.

위성협약은 각 체약국은 위성으로 송신되는 모든 프로그램 송신이 의도되지 않은 배포를 방지하기 위해 충분한 조치를 취할 의무를 규정하고 있다. 이 협약에서 '배포(distribution)'는 저작권법에서의 의미와 달리, 방송사업자가 신호를 공중에 송신하는 것으로 정의한다. 그리고 승인을 받지 않은 배포는 무단배포로 간주한다. 이 협약은 방송 위성에서 송출된 신호를 일반 공중이 직접 수신하는 경우에는 적용되지 않는다.

시청각실연에 관한 베이징조약

청각 실연자 보호에 국한된 WIPO 실연·음반조약을 보완하여 시청각 실연 국제기준을 규정한 조약인 시청각 실연에 관한 베이징 조약(Beijing Treaty on Audiovisual Performances)으로 베이징에서 2012년 6월 24일 채택되어 2020년 4월 28일부터 발효되었다. '베이징조약'이라고 하며, 우리나라는 2020년 4월 22일 가입하여 2020년 7월 22일부터 시행하고 있다.

청각 실연자 보호에 국한된 WPPT를 보완하기 위한 베이징 조약은 시청각 실연자에게 자신의 실연에 대해 인격권과 복제권, 배포권, 대여권 및 방송권 등의 권리를 부여한다. 이 조약상 실연자에게 부여되는 보호기간은 실연이 고정된 연도의 말부터 기산하여 50년간 존속한다.

마라케시조약

마라케시 조약(Marrakesh Treaty)은 시각장애인을 포함한 독서장애인의 정보접근권을 보장하기 위해 2013년 6월 27일 모로코 마라케시에서 열린 세계지적재산권기구(WIPO)에서 채택되어 2016년 9월 30일부터 발효되었다. 공식 명칭은 "맹인, 시각 손상인 또는 그 밖의 독서장애인을 위한 발행 저작물의 접근 촉진을 위한 마라케시 조약(Marrakesh Treaty to Facilitate Access to Published Works for Persons Who Are Blind, Visually Impaired or Otherwise Print Disabled)"으로 우리나라는 2015년 10월 8일 가입하여 2016년 9월 30일부터 시행하고 있다.

마라케시 조약은 독서장애인을 위한 저작권 등의 제한과 예외에 관한 조약으로 체약국은 시각장애인 등 독서장애인을 위해 일반 저작물을 접근 가능한 대체자료로 제작·공급할 수 있도록 저작권에 제한 또는 예외를 두도록 하였다. 그리고 제작된 대체자료는 타국 기관이나 독서장애인에게도 배포하거나 수입할 수 있도록 허용하고 있다.

04. WTO / TRIPs

국제지식재산권 협정은 WIPO를 중심으로 파리협약, 베른협약, 로마협약 등 개별적인 국제협약에 의해 시행되어 왔다. 그러나 그 보호수준이 미약하고 관세 및 무역에 관한 일반협정(General Agreement on Tariffs and Trade, GATT) 체제의 다자간 규범내에 있지 않아 무역마찰의 주요 쟁점으로 포함되면서 WTO는 무역관련 지식재산권 보호에 관해 새로운 조약을 WTO협정의 부속서로 편입시켰다. WTO TRIPs 협정(Agreement on Trade Related Aspect of Intellectual Property Rights)은 1986년 우루과이라운드(UR)협상에서 논의가 시작된 지식재산권에 관한 내용을 1994년 UR협상이 타결되면서 새롭게 출범하는 WTO 협정의 부속협정의 하나로 포함시켰다.

TRIPs는 국제무역의 왜곡과 장애를 줄이고 지식재산권의 유효하고 적절한 보호를 촉진함과 아울러 이들 지식재산권의 보호가 오히려 무역장벽이 되지 않도록 보장하는 것을 목표로 하고 있다. 그리고 기존의 국제규범과 달리 집행절차나 분쟁해결절차를 규정하여 보호의 실효성을 높인 점과 지식재산권에 관한 종합적 협정이라는 점은 중요한 특징이라고 할 수 있다.[12] TRIPs 협정은 WTO 협정상의 다른 부속서들과 함께 WTO 협정의 일부를 구성하므로 WTO 회원국들은 지식재산권 관련 국내법령을 TRIPs 협정에 부합하도록 개정할 의무가 있다.[13] 또한, TRIPs상의 지식재산권 보호 의무를 위반한 경우 다른 분야에서도 보복조치를 할 수 있는 교차보복 조치를 인정하고 있다.[14]

TRIPs는 기본원칙으로 내국민대우의 원칙(national treatment)과 최혜국대우의 원칙(most favoured nation treatment), 최저기준(minimum standard) 원칙, 권리소진의 원칙 등을 규정하고 있다.

'내국민대우의 원칙'이란 각 회원국들은 자국 국민보다 불리한 대우를 타 회원국 국민에게 하여서는 아니된다는 원칙이다(제3조). 그러나 TRIPs는 이 원칙의 예외로서 회원국은 다른 회원국 국민에게 베른협약, 파리협약, 로마협약, 반도체집적회로에 대한 지식재산권에 관한 조약(Treaty on Intellectual Property in Respect of Integrated Circuits, IPIC)상의 예외조항을 적용할 수 있도록 하였다.[15] '최혜국대우의 원칙'이란 일방 회원국에 의해 다른 회원국의 국민에게 제공되는 이익, 혜택, 특권, 면제가 다른 모든 회원국의 국민에게도 즉시 그리고 무조건적으로 제공되어야 한다는 원칙이다(제4조). TRIPs 협정은 지식재산권 보호와 관련하여 최혜국대우 원칙을 처음으로 도입한 국제지식재산권 관련 협정이다.[16] '최저기준 원칙'은 TRIPs 협정을 위반하지 아니하는 한 회원국은 자국법

12) 송영식·이상정, 지식재산법 제7정판, 2005, 333면.
13) WTO 설립협정 제16조 제4항.
14) WTO 분쟁해결양해(DSU) 제21조 및 제22조.
15) TRIPs 협정 제3조 제1항 1문.
16) 기존 지식재산권 조약들은 속지주의를 원칙으로 하고 있고 지식재산권을 무역의 대상으로 보지 않았던 시대에 내국민대우의 원칙으로 충분했기 때문이다. 박덕영·이일호, 「국제저작권과 통상문제」, 세창출판사, 2009, 264면.

을 통하여 이 협정에서 요구되는 것보다 더 강하고 광범위한 보호를 할 수 있다는 원칙이다(제1조 제1항 2문). '권리소진의 원칙'은 병행수입(parallel import)과 밀접한 관련이 있는데, 이 문제에 대하여 선진국과 개도국 간의 상당한 견해 차이를 보였으므로 각국이 자유롭게 권리소진 정책을 결정하도록 하였다.

TRIPs 협정 제8조 제1항에서 회원국은 자국의 법 규정을 제정 또는 개정함에 있어 이 협정의 규정과 일치하는 범위 내에서 공중보건 및 영양상태를 보호하고, 자국의 사회·경제 및 기술적인 발전에 매우 중요한 분야의 공공이익을 증진시키기 위하여 필요한 조치를 취할 수 있도록 규정하고 있다. 이 조항은 개발도상국(개도국)의 강력한 주장으로 규정된 것으로 선진국은 의약품 등에 대한 특허 보호를 약화할 소지가 있어 원안에 반대하였고, 그 대안으로 "이 협정의 규정과 일치하는 범위 내에서"라는 제한문구를 추가할 것을 제안하여 합의를 이끌어냈다.[17)]

그리고 지식재산권 효력, 범위 및 이용에 관한 주요 내용으로 컴퓨터프로그램의 보호, 대여권의 설정, 색채상표와 등록여부에 관계없이 국내에 널리 알려진 유명상표의 보호, 디자인 및 실용신안의 보호, 지리적 표시의 보호, 특허보호, IC 배치설계의 보호, 영업비밀의 보호, 반경쟁 행위에 대한 조치 등에 관한 규정을 두고 있다.

TRIPs는 위조품과 같은 지식재산권 침해물품의 처리와 단속절차에 관한 국내절차와 세관절차 등을 마련하고 있다. 특히 상표권과 저작권 침해물품의 통관에 대해서는 엄격한 기준을 규정하고 있다. TRIPs는 지식재산 관련 분쟁을 해결하기 위한 방법으로 GATT 제22조 및 제23조상의 분쟁해결절차를 적용하고 있으며, TRIPs 패널과 이사회가 분쟁해결을 담당한다.

◦ 강제실시

강제실시(compulsory license)와 관련하여 TRIPs 협정은 이를 직접 규정하고 있지는 않으나 일반적으로 협약 제31조로부터 그 근거를 도출하고 있다. 동 조

---

17) 위의 책, 268면.

항에서는 특허권자의 승인 없이 정부 또는 정부의 승인을 받은 제3자가 특허발명을 사용할 수 있도록 규정하고 있다. 그러나 강제실시를 위해서는 엄격한 조건을 만족해야 한다. 지식재산을 사용하고자 하는 자는 강제실시권에 의한 사용에 앞서 '합리적인 상업적 조건으로 권리자로부터 승인을 얻기 위하여 노력해야 하며, 그럼에도 불구하고 그러한 노력이 합리적인 기간 내에 성공하지 못한 경우'에 한해서 인정된다. 또한, 권리자의 승인이 필요 없는 경우란 '국가 비상사태, 극도의 위기상황 또는 공공의 비상업적 사용'을 위한 강제실시로 한정하여 규정하고 있다.

TRIPs 협정에서 '공공의 비상업적 사용(public non-commercial use)'에 관한 구체적인 예를 적시하고 있지 않으므로, 앞서 언급한 협정 제1조 제1항 및 제8조 제1항을 토대로 회원국은 공중보건 및 영양상태를 보호하고, 자국의 사회·경제 및 기술적인 발전에 극히 중요한 분야에서 공공의 이익을 증진시키기 위하여 강제실시를 할 수 있다고 해석할 수 있다.

TRIPs 협정 제31(f)조에서 특허발명의 강제실시는 이것을 허락한 국가의 국내 수요를 주목적으로 사용되어야 한다고 규정하고, 제31(h)조에서 강제실시를 허락할 경우 그 경제적 가치를 고려하여 특허권자는 해당 상황에 적절한 보상을 받을 수 있도록 규정하고 있다.

◦ **도하각료선언문**

HIV/AIDS, 결핵, 말라리아 등과 같은 질병으로 심각한 공중보건 문제에 직면한 개도국들은 90년대 말부터 의약품에 대한 접근성을 보장하기 위해 TRIPs 협약의 모호성을 제거하기를 원하였다. 강제실시의 대상이 되는 의약품들은 특허 등 지식재산권으로 보호받고 있으며 대체가능한 다른 약제가 많지 않으므로 개도국들은 그 접근에 어려움을 겪고 있다.

강제실시의 적용은 개도국보다 선진국에서 적극적으로 활용되는 불균형이 초래되고 있다. 이는 강제실시의 적용에 있어 선진국과 다국적 제약사들의 정치적 압력과 무역보복에 대한 우려 등과도 관련되어 있다.[18] 2001년 미국 정부는 탄저병테러 위협사건 직후 강제실시를 하겠다고 독일 바이어 제약을 위협하여 특허약인 탄저병 해독제 시프로에 대해 80%의 할인가격을 유도해낸 적이 있다.19)

개도국들은 TRIPs 협정과 의약품에 대한 접근권 문제를 WTO 각료회의를 통해서 명확히 하기를 원하였다. 이에 2001년 11월 카타르 도하(Doha)에서 제4차 WTO 각료회의를 개최하여 별도의 도하 각료선언문(WT/L/540)을 채택하게 되었다. 선언문 제5조에서 각 회원국은 강제실시권을 허여할 권리 및 강제실시권 허여 요건에 관한 결정의 자유를 가지며, 각 회원국은 어떠한 것이 국가 비상사태 또는 극도의 위기상황을 구성하는지 결정할 권리를 가진다고 규정하였다. 또한, 에이즈, 결핵, 말라리아 및 기타 유행병과 관련한 공중보건위기가 동조의 위기상황에 해당되며 강제실시권을 발동할 수 있음을 인정하였다.

Discussion

주제 **월북 작가의 소설을 이용하여 영화를 기획하려고 하는데, 작가의 생존 및 유가족에 대한 정보를 전혀 알 수가 없다. 이 경우 북한의 저작물을 이용하려면 어떻게 해야 할까?**

설명 북한은 2001년 4월 저작권법을 제정하였으며, 2003년 4월에는 베른협약에도 가입한 바 있다. 따라서 국제협약에 따라 회원국 국민의 저작물인 북한의 저작물을 남한에서도 보호할 의무가 있으며, 이를 남한에서 이용하고자 할 때는 저작권자의 허락을 받아야 한다. 또한, 법원은 북한 저작물을 우리 저작권법의 적용대상으로 보고 있다. 그 근거로서 우리 헌법 제3조에서 대한민국의 영토는 한반도와 그 부속도서로 정하고 있으므로 북한을 포함한 한반도 전체에 우리의 헌법과 법률이 적용된다고 볼 수 있다(대법원 1990. 9. 28. 선고 89누 6396 판결). 법원은 납북되거나 월북한 작가가 북한 지역에 거주하면서 창작한 저작물에 대하여 그 작품들을 남한에서 발행하려면 아직 그 저작재산권의 존속기간이 만료되지 아니하였음

18) 남희섭, 특허발명의 강제실시, 2008, Ⅱ.1.나. <http://www.ipleft.or.kr/node/2484> 참조.

19) A. Jaffe & J. Lerner, Innovation and Its Discontents-How Our Broken Patent System Is Endangering Innovation and Progress, and What to do about It, Princeton University Press, 2004. p. 17.

이 명백한 경우 동인들이나 그 상속인들로부터 저작재산권을 양수 또는 이용 허락을 받거나 문화부장관의 승인을 얻지 않고는 이를 사용할 수 없다고 판시하기도 하였다(대법원 1990. 9. 28. 선고 89누6396 판결).

그런데 북한에 있는 저작권자로부터 이용허락을 받는 것은 현실적으로 쉬운 일은 아니다. 북한은 2004년 6월 북한 저작권을 통합 관리하는 기관으로서 '북한저작권사무국'을 설치하였고, 이 기관은 2004년 남한에 설립된 '남북경제문화협력재단(www.interkorea.org)'에 북한 저작물 이용을 위한 포괄적인 사전협상 권한을 부여하였다. 따라서 이 재단과의 협상을 통해 북한 저작물을 이용할 수 있는 길은 열려 있다.[20)]

한편, 북한 저작물 이용을 위한 다른 방법으로서 권리자 불명인 저작물의 이용을 위한 '법정허락제도'(저작권법 제50조)가 있다. 그러나 이 제도를 이용하기 위해서는 저작재산권자나 그의 거소를 알기 위한 상당한 노력을 입증하는 등의 법적 절차를 밟아야 한다.

Explanation

최근 캐릭터 마시마로에 대한 저작권 침해 소송에서 중국 법원은 최초로 자국 기업의 상표권보다 우리나라 저작권을 우선하여 인정한 사건이 있었다. 이 사건에서 중국 법원에 따르면, 가짜 마시마로(리우망토 마시마로)의 구성이 한국의 마시마로와 실질적으로 동일·유사하고 이를 복제·배포 및 전송한 행위는 한국 저작권을 침해한 것으로서 당해 침해행위를 중지하고 손해에 대한 배상을 하라고 판시하였다.

저작권법은 외국인의 저작물에 대하여 우리나라가 가입 또는 체결한 조약에 따라 보호한다고 규정하고 있다(제3조 제1항). 또한, 저작권법은 대한민국 내에 상시 거주하는 외국인의 저작물과 맨 처음 대한민국 내에서 공표된 외국인의 저작물(외국에서 공표된 날로부터 30일 이내에 대한민국 내에서 공표된 저작물 포함)

---

20) 남북경제문화협력재단은 북한 저작권사무국을 통해 저작권 동의를 받아 남측 사용 희망자와 계약을 체결하는 형태로 저작권 교류를 하고 있고, 분배받은 저작권료를 국내법원에 공탁하고 있다.

을 보호하고 있다(제3조 제2항). 그러나 외국인의 저작물이라도 그 외국에서 대한민국 국민의 저작물을 보호하지 아니하는 경우에는 그에 상응하게 조약 및 저작권법에 의한 보호를 제한할 수 있다(제3조 제3항). 이와 같이 우리 저작권법은 외국인 저작물에 대하여 '상호주의(Reciprocity)'를 규정하고 있다. 저작권에 관한 기본 조약인 베른협약(Berne Convention)에서는 이러한 상호주의를 천명하고 있는데, 중국과 우리나라를 비롯한 170개국 이상이 협약에 가입하고 있다. 중국은 1992년 10월 세계의 양대 저작권조약인 베른협약과 세계저작권조약(UCC)에 각각 가입하였다. 따라서 이 조약에 가입한 국가의 저작물은 상호 자국의 저작물과 동일하게 보호를 받을 수 있다.

색 인

손 승 우(孫承佑)

약력

미국 Wisconsin 주립대학 법학박사(S.J.D.)
단국대학교 법과대학 교수, 산학협력단장, 창업지원단장
유엔국제상거래법위원회(UNCITRAL) 자문위원
한국저작권위원회 감정전문위원, 저작권보호심의위원회 위원, 국가지식재산위원회 전문위원,
중소벤처기업부 자체평가위원회 위원, 국가지식재산위원회 지식재산인상,
과학기술정보통신부장관상, 산업통상자원부장관상, 문화체육관광부장관상 등
지식일자리포럼 회장, 한국지적재산권경상학회 회장, 한국지식재산교육연구학회 회장,
지식재산단체총연합회 부회장 등
컴퓨터프로그램보호위원회 책임연구원

현재

한국지식재산연구원 원장
중앙대학교 산업보안학과 교수
방위산업기술보호위원회 위원
산업기술분쟁조정위원회 위원
사법시험, 변리사시험, 행정고시 출제위원

저서

데이터법(세창출판사, 공저), 주요 이슈로 보는 디지털 통상 시대(산업통상자원부, 공저)
공정경제와 지식재산(세창출판사), 산업보안학(제2판)(박영사, 공저), 법학입문(박영사, 공저)
산업보안법(케듀아이, 공저), 인터넷, 그 길을 묻다(중앙북스, 공저), 지식재산 담보권에 관한
UNCITRAL 담보거래 입법지침 부속서(법무부, 공저) 등 저서 27편

지식재산법의 이해

지은이 / 손 승 우
펴낸이 / 조 형 근
펴낸곳 / 도서출판 동방문화사

인쇄 / 2023. 3. 10
발행 / 2023. 3. 10

서울시 서초구 방배로 16길 13
전 화 / 02) 3473-7294
팩 스 / 02) 587-7294
메 일 / 34737294@hanmail.net
등 록 / 서울 제22-1433호

저자와의 합의, 인지생략

파본은 바꿔 드립니다.
정 가 / 35,000원

ISBN 979-11-89979-64-5 93360